LES GRANDS EXPLORATEURS

LA MÉMOIRE DE L'HUMANITÉ

LES GRANDS EXPLORATEURS

sous la direction de

Nadeije Laneyrie-Dagen
maître de conférences à l'École normale supérieure

LAROUSSE

21 Rue du Montparnasse 75283 Paris cedex 06

Édition
Michel Guillemot

Rédaction
Florence Maruéjol (préhistoire et Antiquité)
Laurent Feller et Florence Maruéjol (Moyen Âge)
Véronique Larcade, Catherine Salles et Thierry Pécout (époque moderne)
Catherine Salles et Florence Maruéjol (époque contemporaine)

Lecture-correction
Service de lecture-correction Larousse

Mise en page
dddp

Iconographie
Nanon Gardin

Cartographie
Léonie Schlosser

Fabrication
Martine Toudert

Couverture
Gérard Fritsch
Studio Delporte & Vilotte

« Distributeur exclusif au Canada : les Éditions Françaises Inc. »

ISBN 2-03-505305- 6

AU LECTEUR

Comme les autres ouvrages de la collection « la Mémoire de l'Humanité », les Grands Explorateurs *sont présentés de façon chronologique, un fait succédant à un autre en fonction de la date à laquelle il se situe.*

Au récit de chaque événement est consacrée une double page. La date est repérable immédiatement, inscrite dans une vignette placée en haut de la page de gauche, de couleur verte pour les événements situés avant notre ère, de couleur rouge pour les dates de notre ère.

L'essentiel du texte s'attache à raconter les circonstances de l'événement, à mettre en scène les protagonistes. Ce récit s'enrichit d'informations supplémentaires, qui prennent place dans les encadrés. Lorsque le contexte historique explique en partie les éléments d'une situation, le temps, le lieu sont ainsi présentés en marge du texte principal, dans un encadré inscrit entre deux filets, verts pour les dates situées avant notre ère, rouges pour celles de notre ère. Si un témoin de l'événement, un contemporain du personnage évoqué ou un historien important parlent de celui-ci, un extrait de son témoignage est fourni dans un autre encadré inscrit entre deux filets, verts si l'événement ou la biographie sont antérieurs à notre ère, rouges dans l'autre cas. Il en va de même s'il faut donner des précisions de caractère technique concernant un aspect particulier du sujet traité. Un dernier encadré apparaît alternativement : il rétablit le récit dans une perspective de long terme, met celui-ci en rapport avec des faits apparentés ou des personnages dont la vie a quelque rapport avec ceux présentés dans le texte principal.

L'iconographie tient une place considérable dans ce livre. Les documents contemporains, à chaque fois que cela est possible, l'interprétation allégorique ou cinématographique d'un thème ou d'un personnage, reflet des fantasmes engendrés par ceux-ci, apportent sur chaque sujet la vision des témoins de l'époque et celle des générations suivantes.

Enfin, un index, à la fin de l'ouvrage, permet de retrouver aisément les personnages qui ont participé, à des titres divers, aux plus grandes explorations.

PRÉFACE

L'histoire de l'homme commence par une exploration : dans la vallée du Rift, les premiers hominiens quittent leur région d'origine, en quête de territoires de chasse et, de proche en proche, colonisent la Terre entière. De cette première exploration qui s'ignore aux conquêtes spatiales contemporaines, la curiosité de l'homme pour un univers inconnu a pris des formes multiples. Entreprise collective ou initiative individuelle, la recherche de terres nouvelles, de peuples insoupçonnés, se fait par des moyens de plus en plus complexes. À pied tout d'abord, ou à dos de mulet, de yak ou de dromadaire, des prêtres, des marchands, des curieux parcourent les continents, traçant puis sillonnant des routes caravanières. L'invention de la navigation à voile, au IIIe millénaire avant notre ère, offre à ces aventuriers de nouvelles voies : vers l'Afrique, le Nouveau Monde, l'océan Indien. Puis vient le temps de l'exploration mécanique avec les raids automobiles, les survols en avion de régions encore vierges, les plongées de sous-marins à des profondeurs extrêmes, ou, aujourd'hui, les fusées et les sondes qui portent l'exploration de l'homme au-delà de la planète.

Dans cette aventure longue de plusieurs millénaires, des intérêts considérables sont mis en jeu et rares sont les explorateurs qui se lancent sans le soutien financier et politique d'États ou de groupes d'influence. L'enjeu est souvent l'établissement de liens commerciaux. Cette motivation, qui inspire déjà les premiers voyages de découverte égyptiens, explique les liens que tentent de nouer les Chinois et les Romains aux alentours du début de notre ère ; elle permet surtout cette fabuleuse découverte que sera la révélation du Nouveau Monde. À la fin du XVe siècle, en effet, la volonté d'atteindre l'Asie par des routes maritimes plus rapides que les voies terrestres, contrôlées par les musulmans, lance les marins vers des destinations nouvelles : le contournement de l'Afrique, la découverte de l'Amérique et la première circumnavigation résultent de cette ambition. Mais l'exploration des régions bordant le pôle au nord de notre globe, au cours des siècles qui suivent, n'a pas non plus d'autre but, puisque les navigateurs audacieux qui bravent les icebergs ont pour seul objectif d'atteindre, par une route septentrionale, les riches régions d'Asie.

La colonisation, à des fins de domination, a tout naturellement suivi : les explorateurs ont frayé une voie dans laquelle les hommes politiques se sont aussitôt engagés. À partir du XVIe siècle, l'Amérique, l'Asie puis l'Afrique sont devenues les enjeux d'une rivalité qui n'eut plus rien de gratuit. Des troupes de Cortés massacrant les Aztèques dans

Tenochtitlán assiégée, au duel africain de Fachoda en passant par les rivalités des Français et des Anglais au Canada, l'histoire des explorations a ses heures tragiques. Mais l'aventure de la découverte du monde a heureusement une face plus positive. Dans cette épopée accomplie à force de volonté, où des hommes décidèrent de quitter leur pays, leur famille et leurs biens pour aller vers un inconnu aussi menaçant qu'attirant, des figures héroïques se détachent. L'aventure du véritable découvreur des régions américaines, le Viking Leif Eriksson, le fabuleux périple de Rabban Çauma, chrétien mongol parvenu jusqu'à Rome et Paris, ou l'équipée fatale d'un aérostatier décidé à vaincre l'extrême nord du globe —, tous ces grands moments peu connus de la conquête de notre planète sont racontés dans *les Grands Explorateurs,* au même titre que d'autres aventures plus célèbres et non moins passionnantes : la description du monde musulman parcouru par Ibn Hawqal ; les voyages de la famille Polo, marchands partis à la conquête de l'Asie au cœur du XIIIe siècle ; les exploits et les naïvetés de Christophe Colomb, qui ne comprit jamais qu'il avait découvert un continent ; la course tragique entre Scott et Amundsen pour être le premier au pôle Sud ; ou le parcours hardi d'Alexandra David-Neel, Européenne déguisée en mendiante, pour gagner Lhassa, la capitale interdite du Tibet.

L'histoire palpitante de ces voyages aux horizons lointains est marquée par des tournants fondamentaux. Au IVe siècle avant notre ère, l'expédition d'Alexandre le Grand jusqu'à l'Indus constitue un de ces tournants ; pour la première fois, l'Occident et l'Asie se rencontrent et une culture spécifique naît de ce contact : l'art du Gandhara. Une des étapes suivantes, moins heureuse, est le raidissement des rapports entre l'Europe chrétienne et la civilisation musulmane au Moyen Âge. Une mer se ferme : la Méditerranée ; des frontières que nul ne peut franchir s'établissent. Paradoxalement, cet événement aura des résultats positifs : pour rétablir des liens avec la partie du monde située au-delà de ces limites, les puissances occidentales se lancent sur la mer et découvrent une terre immense dont elles ignoraient l'existence : la révélation de l'Amérique transforme la vision médiévale du monde.

Les siècles qui suivent aboutissent à un désenchantement : les Amériques explorées, l'Australie et les terres glacées de l'Antarctique découvertes, il ne reste plus de sol que l'imagination puisse rêver de conquérir. Au XXe siècle, le progrès des communications accroît la frustration d'être dans un monde clos. Les explorateurs, alors, délaissent la surface de la Terre : ils dirigent leurs efforts vers les tréfonds du globe ou ses hauteurs. Les abîmes, les cratères, le fond des mers ou, au contraire, les pics les plus élevés sont alors visités. Mais ces ultimes efforts ne suffisent encore pas. Il faut à la curiosité humaine repousser les limites du possible. À la faveur des techniques spatiales, l'exploration, aux approches de l'an 2000, s'ouvre vers l'Univers entier : des fusées, habitées ou non, des sondes, des télescopes géants, relais de l'œil et de l'intelligence de l'homme, sont lancés dans l'espace, vers des objectifs toujours plus lointains. L'homme du XXIe siècle s'apprête à explorer un univers dont les plus hardis aventuriers du passé n'ont découvert, en fait, qu'une infime parcelle.

Nadeije Laneyrie-Dagen

SOMMAIRE

Préface *8*

CHRONOLOGIE DES ÉVÉNEMENTS

avant notre ère

900 000 La longue errance d'Homo erectus *12*
70 000 La conquête du monde *14*
2260 Hirkhouf *16*
1481 Vers le pays de Pount *18*
VIIe-VIe siècle Le périple d'Hannon *20*
600 Le périple de Nékao *22*
Ve siècle Hérodote *24*
401-400 La retraite des Dix Mille *26*
330-325 L'expédition d'Alexandre le Grand *28*
325-324 La navigation de Néarque *30*
325 Pythéas *32*
303 Mégasthène en Inde *34*
285-246 Ptolémée II Philadelphe *36*
138 Zhang Qian *38*
117-113 La traversée d'Eudoxe de Cyzique *40*
58-51 Les Commentaires *42*
25 L'expédition d'Aelius Gallus *44*

de notre ère

60 Les dangers de la navigation *46*
61-63 Une expédition scientifique *48*
83-92 Au pays d'Agisymba *50*
84 Agricola *52*
150 Claude Ptolémée *54*
IIIe-Ve siècle Les grandes invasions *56*
385 Sainte Paule *58*
629-645 Xuan Zang *60*
838-847 Le moine Ennin *62*
921 Le voyage d'Ibn Fadlan *64*
943-973 Ibn Hawqal et le monde musulman *66*
985-988 Erik le Rouge au Groenland *68*
1000 Leif Eriksson *70*
1139 Le Guide du pèlerin *72*
1165-1173 Benjamin de Tulède *74*
1184-1185 Les désillusions d'Ibn Djubayr *76*
1245-1247 Un franciscain en Mongolie *78*
1253-1255 Le missionnaire de Saint Louis *80*
1260-1269 Commerçants et aventuriers *82*
1271-1296 « Le Livre des merveilles » *84*
1287-1288 Rabban Çauma *86*
1289-1328 Un archevêque pour Khanbalik *88*
1296 Zhou Daguan *90*
1325-1377 Un globe-trotter musulman *92*
1402 Conquête et exploration *94*
1405-1433 Les voyages de Zheng He *96*
1455-1456 Un Vénitien au service du Portugal *98*
1466-1472 Le voyage d'Athanase Nikitine *100*
1479-1480 Un explorateur interlope *102*
1482-1485 Au-delà de l'équateur *104*
1487-1520 Pero da Covilha chez le Négus *106*
1488 Bartolomeu Dias *108*
1492-1504 L'invention d'un monde *110*
1498 La route des Indes orientales *114*
1500-1501 La découverte du Brésil *116*
1503-1505 L'île mystérieuse de Gonneville *118*
1508 Le nom du Nouveau Monde *120*
1508-1556 Sébastien Cabot *122*
1510-1511 Albuquerque « le Grand » *124*
1511-1547 L'action de Las Casas *126*
1512 La quête de la fontaine de jouvence ... *128*
1513 Balboa découvre un océan *130*
1518-1521 Deux civilisations s'affrontent *132*
1519-1522 Le premier tour du monde *134*
1524 De la Floride à Terre-Neuve *136*
1527-1535 Une épopée sanglante *138*

1534-1535 Jacques Cartier au Canada *140*
1542-1551 Un explorateur des âmes *142*
1533-1578 Le passage du Nord *144*
1555 La « France antarctique » *146*
1577-1580 Francis Drake *148*
1577-1583 Yermak et ses cavaliers *150*
1583-1610 Matteo Ricci *152*
1594-1596 Barents dans les mers boréales *154*
1595-1617 Walter Raleigh explore la Guyane *156*
1604-1660 Le triomphe des jésuites *158*
1605-1699 La recherche du continent austral...... *160*
1607-1611 Un quête dramatique.................. *162*
1608 Le Père de la Nouvelle-France *164*
1616 Schouten et Lemaire au cap Horn *166*
1632-1689 Tavernier au cœur de l'Orient *168*
1673 L'exploration du Mississippi........... *170*
1707-1726 Claude Sicard en Égypte............... *172*
1722 La découverte de l'île de Pâques *174*
1728-1741 Vitus Béring.......................... *176*
1735-1744 La Condamine descend l'Amazone.... *178*
1763-1767 John Byron dans le Pacifique *180*
1766-1769 Le voyage de Bougainville............. *182*
1769-1771 Le premier voyage de Cook *184*
1772-1779 Les derniers voyages de Cook *186*
1774-1794 Pigneau de Behaine en Cochinchine ... *188*
1785-1788 L'expédition de La Pérouse *190*
1786-1787 Le mont Blanc est vaincu *192*
1789-1792 Alexandre Mackenzie *194*
1795-1805 Les aventures de Mungo Park *196*
1798-1801 L'expédition d'Égypte *198*
1799 Humboldt et Bonpland................ *200*
1800-1803 Nicolas Baudin en Australie *202*
1803-1806 Krusenstern *204*
1804-1806 Lewis et Clark......................... *206*
1818-1845 Vaincre la banquise *208*
1820-1822 Frédéric Cailliaud...................... *210*
1822-1830 Jedediah Smith *212*
1827-1828 Le pèlerin René Caillié................. *214*
1830-1831 Richard et John Lander *216*
1831-1836 Le voyage du « Beagle » *218*
1840 Dumont d'Urville en Antarctique...... *220*
1840-1873 David Livingstone..................... *222*
1840-1841 2 500 kilomètres sans eau *224*
1842-1843 Les Marquises et Tahiti............... *226*
1842-1845 Un nouvelle vision de l'Ouest......... *228*
1843-1846 Le voyage du père Huc................ *230*
1856-1864 Burton, Speke et Grant *232*
1860-1861 L'épopée de Burke et de Wills *234*
1860-1862 D'Adélaïde à Port Darwin *236*
1866-1867 Les mystères d'un grand fleuve *238*
1869-1874 Nachtigal, du désert au lac Tchad *240*
1871-1889 Sur les fleuves de l'Afrique profonde .. *242*
1871-1885 Nikolaï Prjevalski en Asie.............. *244*
1875-1885 Savorgnan de Brazza *246*
1875-1896 S'approcher du pôle Nord *248*
1882-1916 L'aventure de Charles de Foucauld *250*
1886-1933 Sven Hedin sur la route de la soie *252*
1889-1890 L'expédition Bonvalot-D'Orléans...... *254*
1892-1953 Les pionniers de l'Himalaya *256*
1893-1895 Les voyages de Mary Kingsley......... *258*
1896-1897 La fin tragique de Salomon Andrée *260*
1897-1898 Français et Anglais à Fachoda......... *262*
1903-1912 Les conquérants du pôle Sud *264*
1905-1924 Robert Peary *266*
1924 Alexandra David-Neel................. *268*
1924-1925 La Croisière noire *270*
1925-1928 Les Roerich........................... *272*
1926-1929 Richard Evelyn Byrd.................. *274*
1931-1932 La Croisière jaune *276*
1931-1933 Michel Leiris *278*
1946-1948 Wilfred Thesiger en Arabie *280*
1948 Les expéditions polaires françaises..... *282*
1948 Le cratère du Nyiragongo............. *284*
1950 Port-Martin *286*
1950 Le commandant Cousteau *288*
1950 Jean Malaurie *290*
1960 Le bathyscaphe Trieste *292*
1961 Vostok 1 .... *294*
1969 Apollo 11 .... *296*
1973-1974 L'expédition Famous *298*
1980 L'exploration du monde souterrain.... *300*
1986 La station Mir *302*
1989 Les planètes lointaines................ *304*
1989-1990 Transantartica......................... *306*
1993... Le télescope spatial « Hubble » *308*

Index................................ *310*

Les hommes partent à la découverte du monde

LA LONGUE ERRANCE D'HOMO ERECTUS

Il y a à peine moins de un million d'années, les hommes de la préhistoire ont commencé à explorer la Terre. Partis d'Afrique orientale, le berceau de l'humanité, ils se sont d'abord dirigés vers l'Europe et vers l'Asie du Sud-Est.

Avant même que l'*Homo erectus,* apparu il y a environ 1,7 million d'années et parti d'Afrique il y a quelque 900 000 ou 800 000 ans, entreprenne son long voyage, d'autres hominiens — les ancêtres de l'homme — ont dû le précéder dans son errance. Car les archéologues ont récemment mis au jour, en France, en Espagne, en Italie et en Russie, des outils de pierre datés de 1 à 2 millions d'années environ. La présence de cet outillage prouve que des êtres capables de pensée sont parvenus en Europe bien avant l'*Homo erectus.* Mais, les sites préhistoriques de ces très lointaines époques n'ayant pas ou presque pas livré d'ossements humains, on ignore qui étaient exactement les premiers occupants de notre continent. S'agit-il de représentants d'*Homo habilis,* dont l'existence remonte à 3 ou 4 millions d'années ? Jusqu'à présent, les premiers explorateurs identifiés restent donc des groupes d'*Homo erectus.*

Le grand départ

Originaire de l'est de l'Afrique (Kenya, Tanzanie), l'*Homo erectus* quitte pour la première fois son territoire vers 1,5 million d'années pour se rendre dans le sud du continent. Quelque 600 000 ans plus tard, vers 900 000, il se lance dans une nouvelle aventure, en direction du nord cette fois. Certains groupes d'*Homo erectus* remontent vers l'Algérie tandis que d'autres se dirigent vers le Proche-Orient et vers l'Asie du Sud-Est. L'*Homo erectus* arrive en Europe plus tardivement, vers 600 000 ans. De si longs déplacements sont liés au mode de vie de ces premiers humains. L'*Homo erectus,* en effet, ne connaît pas encore l'agriculture ni l'élevage. Il subsiste grâce à la chasse et à la cueillette ; c'est un nomade, qui se déplace au gré des vicissitudes du gibier.
Habitant notre Terre au moment de l'ère glaciaire, une période de froid entrecoupée d'intermèdes plus tempérés, il vit, vers 900 000 ans, un épisode de réchauffement climatique : les précipitations deviennent très abondantes ; la végétation conquiert la zone du Sahara jusqu'alors aride.
Dès lors, les troupeaux de grands herbivores qui sont la proie de ces chasseurs empruntent de nouveaux itinéraires. Comme le désert ne forme plus pour eux une barrière infranchissable, ils remontent vers le nord — et des groupes d'hommes marchent à leur suite. Les déplacements d'*Homo erectus* n'ont rien d'une vraie migration, qui voit un peuple quitter sa terre pour s'établir dans une autre. Les chasseurs avancent lentement, par petites étapes. Lorsque la population d'un groupe devient trop importante, celui-ci se scinde. Une partie de ses membres s'installe plus loin, sur un territoire vierge.

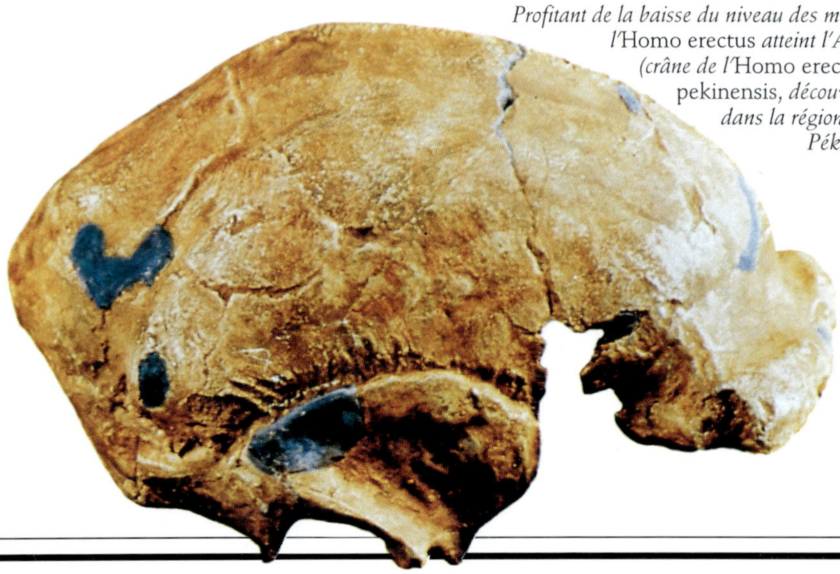

*Profitant de la baisse du niveau des mers, l'*Homo erectus *atteint l'Asie (crâne de l'*Homo erectus pekinensis, *découvert dans la région de Pékin).*

Vers l'Asie et l'Europe

Ainsi, de proche en proche, des groupes d'*Homo erectus* atteignent le Proche-Orient. Certains d'entre eux traversent ensuite l'Asie jusqu'à son extrémité sud-orientale tandis que d'autres s'acheminent vers l'ouest et parviennent en Europe. La progression des chasseurs, qui quittent les régions chaudes de l'Afrique, n'est pas gênée par les climats tempérés ou froids qui règnent en Asie et en Europe. En effet, les immigrants s'adaptent parfaitement aux nouvelles conditions atmosphériques.
Dès 900 000 ans, au moins, ces nouveaux arrivants parviennent à Java. La baisse du niveau des mers pendant l'ère glaciaire leur permet d'effectuer à pied la traversée entre le continent asiatique et l'île.
Vers 600 000 ans ou sans doute même auparavant, d'autres groupes s'installent en Chine. Ils sont allés très loin vers le nord-est jusqu'à la région de Pékin, où ils ont occupé la grotte de Zhoukoudian entre 460 000 et 230 000 ans avant notre ère. La caverne, qui servait d'habitat, a livré les ossements appartenant à 45 individus et des dizaines de milliers d'outils. En Europe, l'*Homo erectus* découvre des terres froides. La calotte glaciaire recouvre alors le nord de ce continent tandis que les glaces occupent les massifs montagneux. Mais le climat, froid, est stable et sec. Il favorise le développement de la vie animale. L'*Homo erectus* évolue parmi les rennes, les chevaux sauvages, les bœufs musqués, les cerfs, les mammouths et les rhinocéros laineux. D'abord présent dans le sud de la France, il se répand en Espagne, en Italie, dans le sud de l'Angleterre, en Allemagne et en Hongrie. La découverte du monde par l'*Homo erectus* s'achève vers 300 000 avant notre ère avec la disparition de l'espèce. C'est à son successeur, l'*Homo sapiens,* qu'il reviendra d'explorer et de conquérir la Terre et ses cinq continents.

→ **Voir aussi :** p. 14-15 (La conquête du monde).

*Originaire d'Afrique orientale, l'*Homo erectus *part à la découverte du monde (paysage de Buffalo Springs, au Kenya).*

*En suivant les troupeaux d'herbivores, l'*Homo erectus *remonte vers le nord de l'Afrique (peintures pariétales du Hoggar, en Algérie).*

Du premier homme à l'homme moderne

L'Homo habilis. Premier homme et premier ancêtre direct de l'homme moderne, l'*Homo habilis* est apparu vers 3 ou 4 millions d'années et s'est éteint vers 1,6 million d'années. Il a vécu dans l'est et dans le sud de l'Afrique. Peut-être s'est-il aventuré en Europe ? Il taille des outils et réalise des abris de branchages.

L'Homo erectus. Descendant d'*Homo habilis,* il est apparu vers 1,7 million d'années. Il disparaît vers 300 000 ans. Originaire d'Afrique, il a peuplé l'Asie et l'Europe. Il invente le feu et perfectionne les outils. Selon le climat, il vit en plein air, dans des cabanes ou des grottes. Le pithécanthrope (homme-singe redressé) de Java, le sinanthrope de Chine et l'atlanthrope d'Algérie sont tous de la famille de l'*Homo erectus.*

L'Homo sapiens. Descendant de l'*Homo erectus,* l'*Homo sapiens* archaïque est parfois difficile à distinguer de ses ancêtres. Cela a conduit certains spécialistes à considérer que l'*Homo erectus* n'est peut-être que le premier représentant de la lignée de l'*Homo sapiens.* L'*Homo sapiens* archaïque a donné naissance, à des dates et dans des lieux différents, à deux sous-espèces : l'*Homo sapiens neandertalis* et l'*Homo sapiens sapiens,* ancêtre direct de l'homme moderne. Le premier (homme de Neandertal) est originaire d'Europe. Il apparaît vers 100 000 ans et s'éteint vers 35 000 ans avant notre ère. D'Europe, les hommes de Neandertal gagnent l'Asie centrale en passant par le Proche-Orient. L'*Homo sapiens sapiens,* apparu vers 100 000 ans avant notre ère, découvre et peuple les cinq continents dès la préhistoire. En Europe, il apparaît vers 40 000 avant notre ère avec l'homme de Cro-Magnon.

L'homme de Cro-Magnon peuple les cinq continents

LA CONQUÊTE DU MONDE

Troupeau de mammouths à l'époque glaciaire (lithographie du XIXe siècle).

*Parti du Proche-Orient, l'*Homo sapiens sapiens *va se diriger vers l'Europe du Nord, alors recouverte par les glaces, et atteindre la Sibérie.*

Vers 100 000 ans avant notre ère apparaît en Israël l'ancêtre de l'homme moderne, l'*Homo sapiens sapiens*. Quelque 30 000 ans plus tard, des descendants de ce dernier quittent le Proche-Orient et se dirigent vers l'Asie. Ainsi commence la grande aventure de la conquête de la Terre.

L'*Homo sapiens sapiens,* également appelé homme de Cro-Magnon d'après l'abri-sous-roche où l'on a retrouvé le premier représentant européen de l'espèce, explore le monde durant la dernière glaciation. À cette époque, qui s'étend de 113 000 à 8 000 environ avant notre ère, la glace recouvre des régions actuellement tempérées telles que le nord de la Grande-Bretagne, de l'Allemagne ou de la Pologne et les pays scandinaves. En même temps, le niveau des mers baisse d'une centaine de mètres, découvrant de grandes étendues de terres. C'est ainsi que des îles, comme les îles Britanniques ou Java, se trouvent rattachées au continent et que l'Asie et l'Amérique sont reliées entre elles à la suite de l'assèchement du détroit de Béring.

Les premiers navigateurs

Parti du Proche-Orient, l'homme moderne progresse lentement jusqu'à l'Extrême-Orient. Tout comme *Homo erectus* qui l'a précédé des centaines de milliers d'années auparavant, il avance de proche en proche et non d'une seule traite. Le long voyage s'étale sur des générations. Attesté en Chine depuis 70 000 ans, l'homme moderne est présent en Thaïlande depuis au moins 40 000 ans et au Viêt Nam depuis 20 000 ans. Vers 29 000 ans avant notre ère, il profite de l'abaissement du niveau de la mer pour se rendre de l'Inde au Sri Lanka, à pied sec. Il y a 40 000 ans, les plus grands explorateurs de la préhistoire entreprennent la première expédition maritime de l'humanité. Sur des radeaux ou des canoës rudimentaires, des groupes d'*Homo sapiens sapiens* quittent le continent asiatique, qui s'étend alors jusqu'à Bali et à Bornéo. Ils traversent à la rame les divers bras de mer de l'archipel de la Sonde, qui ne dépassent pas 60 kilomètres de large. Cette équipée les mène en Australie et en Nouvelle-Guinée, qui ne forment alors qu'une seule terre. Dix mille ans plus tard, l'*Homo sapiens sapiens* occupe le sud du continent australien et la Tasmanie, accessible à pied sec.

*Vers le sud, l'*Homo sapiens sapiens *découvre l'Inde, la Chine puis l'Australie, comme en témoigne cette peinture pariétale aborigène.*

Ces hommes sont les ancêtres des aborigènes actuels. Le peuplement de la Polynésie par des navigateurs originaires du sud-est de l'Asie, qui progressent lentement d'île en île, se produit beaucoup plus tard. Il commence 3 000 ans avant notre ère pour s'achever par l'île de Pâques, vers 500 de notre ère, et par la Nouvelle-Zélande, vers 800.

Braver le froid

En Europe, où il arrive vers 40 000 avant notre ère, l'*Homo sapiens sapiens,* chasseur et cueilleur, rencontre la faune froide : rennes, mammouths, rhinocéros laineux, aurochs. Dans le midi de la France et en Espagne, le climat, moins rigoureux que dans le nord, lui offre une plus grande variété de végétaux ainsi que les produits de la mer. Doué de remarquables capacités d'adaptation, l'homme de Cro-Magnon s'aventure toujours plus loin vers le nord-est, à la poursuite du gibier. Il parvient dans des lieux où aucun homme n'a pénétré avant lui. Vers 30 000 avant notre ère, il conquiert des territoires aussi ingrats que les régions arctiques du nord de l'Asie. Contrairement au nord de l'Europe occidentale, la Sibérie n'est pas recouverte par les glaciers. Il y règne néanmoins un froid vif. Entre 35 000 et 20 000 avant notre ère, l'homme moderne chasse dans la toundra du nord-est de la Sibérie. Équipé d'épais vêtements en peau et en fourrure, il vit dans des huttes chauffées par un foyer qui brûle en permanence. En avançant toujours plus loin vers l'est en quête de gibier, les chasseurs de Sibérie franchiront le détroit de Béring et découvriront le Nouveau Monde. À la fin de la dernière glaciation, entre 15 000 et 8 000 ans avant notre ère, la Scandinavie, libérée des glaces, est colonisée par des chasseurs qui suivent le repli des animaux de climat froid vers le nord. Ils préservent ainsi un mode de vie millénaire.

Vers le Nouveau Monde

Les premiers hommes, partis de Sibérie, sont arrivés dans le Nouveau Monde par le détroit de Béring, reliant l'Asie et l'Amérique. Le détroit, dont la profondeur n'excède pas 50 mètres, a été asséché à deux reprises durant la dernière glaciation : la première fois entre 50 000 et 40 000 ans avant notre ère, la seconde fois entre 23 000 et 12 000 ans avant notre ère. Ces hommes ont donc pu le franchir à pied sec pendant ces périodes. Il n'est cependant pas complètement exclu qu'ils aient traversé le détroit alors qu'il était pris par les glaces ou encore qu'ils l'aient franchi à la rame comme les colonisateurs de l'Australie. La date à laquelle les conquérants du Nouveau Monde ont effectué cette traversée est aujourd'hui très discutée. La période, traditionnellement admise, est comprise entre 15 000 et 12 000 ans avant notre ère, mais les indices en faveur d'une arrivée plus ancienne dans le temps se multiplient. Au Brésil, les archéologues ont mis au jour des grottes et abris occupés entre 30 000 et 23 000 ans avant notre ère. Au Mexique, les spécialistes ont retrouvé les vestiges d'un homme qui a vécu il y a 20 000 ans. Jusqu'à présent l'Amérique du Nord n'a pas livré de restes aussi anciens. Mais, comme le peuplement de l'Amérique s'est fait du nord vers le sud, il semble bien que ces hommes aient découvert l'Amérique au moins trente mille ans avant notre ère et peut-être même davantage s'ils ont traversé le détroit de Béring lors de son premier assèchement.

Un goût limité pour la découverte

Les hommes de Neandertal, nommés d'après la vallée d'Allemagne qui a livré les premiers ossements connus de l'espèce, **ont moins voyagé que les hommes modernes.** Par groupes isolés, ils parcourent les vastes territoires d'Europe et passent de la toundra du nord du continent à la steppe proche des glaciers et aux forêts de pins et de chênes. Ces chasseurs de rennes et de cerfs installent leurs campements à l'air libre ou se réfugient dans des grottes et des abris-sous-roche. **Vers 70 000 ans avant notre ère, certains d'entre eux, peut-être poussés par un refroidissement climatique, partent pour le Proche-Orient** (Palestine, Irak). De là, ils progressent ensuite vers l'Asie centrale (Ouzbékistan).

L'homme de Neandertal cohabite pendant quelques milliers d'années avec son cousin *l'Homo sapiens sapiens,* puis s'éteint vers 35 000 ans avant notre ère. On ne connaît pas la cause exacte de sa disparition, mais on sait qu'il n'y a pas eu extermination. **Le remplacement d'une sous-espèce par l'autre s'est opéré progressivement.** Les hommes de Neandertal ont-ils été en partie assimilés par leurs cousins ou ont-ils été éliminés à cause de leur infériorité technique ? On l'ignore.

Un Égyptien explore la Basse-Nubie et le Soudan

HIRKHOUF

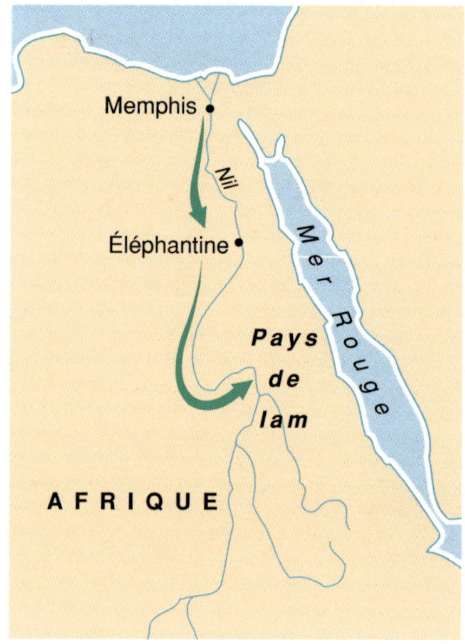

Les centaines d'ânes de la caravane servent au transport des marchandises destinées au troc avec les habitants du pays de Iam.

Prince d'Éléphantine, ville située à l'extrémité sud de l'Égypte, Hirkhouf a participé à quatre expéditions commerciales dans le lointain pays de Iam. Le dignitaire évoque fièrement ses voyages dans l'autobiographie qu'il fait graver sur la façade de sa tombe. Cette inscription constitue le premier compte rendu connu d'une exploration.

Au service du roi Mérenrê (2268-2254 avant notre ère) pour les trois premières expéditions, Hirkhouf accomplit son quatrième voyage au tout début du règne du jeune Pépi II (2254-2160 avant notre ère). L'Égypte est alors un pays prospère qui a besoin de riches matières premières pour fabriquer les objets de luxe dont s'entourent le roi, la cour et l'aristocratie. La royauté ayant le monopole du commerce, le souverain organise les expéditions et désigne leurs responsables. Hirkhouf effectue son premier voyage au pays de Iam avec son père « pour apprendre la route de cette contrée » et faire la connaissance de ses futurs interlocuteurs. Le souverain le nomme ensuite chef d'expédition. Unique témoin de l'histoire de la Basse-Nubie et du pays de Iam à cette époque, Hirkhouf laisse un témoignage précieux.

Une longue route

Avant le départ qui a lieu de Memphis, capitale et résidence royale (près du Caire actuel), Hirkhouf rassemble les marchandises destinées au troc et les quelques centaines d'ânes de sa caravane. Dans son autobiographie, il ne dit rien du nombre d'hommes qui l'accompagnent. Deux possibilités s'offrent ensuite au chef de la caravane quant au choix de la route, toujours terrestre. Il peut suivre la vallée du Nil jusqu'à Éléphantine puis continuer à longer le fleuve en Basse-Nubie jusqu'à l'arrivée au pays de Iam. Ou il peut préférer un chemin plus court qui passe à travers le désert de l'Ouest. Il quitte alors la vallée du Nil au niveau d'Assiout ou d'Abydos pour rejoindre l'oasis de Kharga et descendre en Nubie par la piste de Darb el-arbain (piste « des quarante jours », en arabe). À partir de l'oasis nubienne de Dungul, Hirkhouf et son équipe se dirigent vers l'est pour gagner le Nil ou alors ils empruntent la piste du sud-ouest qui conduit à l'oasis de Selima. De là, ils rejoignent aisément le Nil qu'ils longent jusqu'au pays de Iam, qui n'est plus très éloigné. Au cours de ses différentes expéditions, Hirkhouf choisit alternativement l'une ou l'autre route. Le premier voyage, dont nous ignorons le parcours, dure sept mois au total ; le deuxième, le long de la route d'Éléphantine, prend huit mois. À une allure moyenne de 15 kilomètres par jour, Hirkhouf parcourt 1 500 à 1 700 kilomètres entre Memphis et sa destination finale. D'après ce chiffre, le pays de Iam s'étend au sud-est de la troisième cataracte, dans la boucle du Dongola, qui fait aujourd'hui partie du Soudan.

Hirkhouf en Basse-Nubie

Pour atteindre le pays de Iam, Hirkhouf traverse la Basse-Nubie, formée des royaumes de Ouaouat, Irtchet et Satchou, qui se succèdent du nord au sud. Il assiste à leur unification progressive par un prince, qui réside à Aniba. Lors de sa deuxième expédition, Hirkhouf observe en effet que les deux premiers royaumes sont placés sous une même autorité. Au voyage suivant, il constate cette fois que l'ensemble de la Basse-Nubie est gouverné par le même chef. Hirkhouf, qui doit parcourir ces territoires pour retourner en Égypte avec ses marchandises, redoute des difficultés liées aux mutations politiques récentes. Aussi obtient-il du prince de Iam une solide escorte dont la seule vue éloigne toute idée d'attaque. L'effet produit par cette troupe sur les Nubiens permet d'évaluer les rapports de force dans la région et de mesurer la puissance du prince de Iam. Il est clair que le chef de la Basse-Nubie n'est pas de taille à affronter son voisin. Le peuple que domine le prince de la Basse-Nubie est sédentaire. Hirkhouf, qui reçoit de lui des bovidés et des chèvres, nous apprend qu'il pratique l'élevage.

Au pays de Iam

Carrefour commercial entre l'Égypte et les régions d'Afrique, situées au sud et à l'ouest du Dongola, le pays de Iam, limitrophe de la Basse-Nubie, est un royaume florissant. Comme nous l'apprend Hirkhouf, les échanges entre États se déroulent sous le

contrôle du souverain et seulement en sa présence. Ainsi, lorsque celui-ci arrive à Kerma, la capitale du royaume, lors de sa troisième expédition, il apprend que le prince de Iam est parti se battre à l'ouest du Nil contre les Libyens. Le dignitaire égyptien laisse alors sa caravane à Kerma, sous la garde de ses compagnons, et s'en va chercher le monarque sans lequel il ne peut conclure ses affaires. Hirkhouf négocie donc ses achats avec un pouvoir fortement centralisé, qui sait se faire respecter des nations étrangères. Le monarque de Iam est un souverain assez puissant pour traiter d'égal à égal le représentant d'une nation comme l'Égypte. Le prince de Iam, ravi de voir son client égyptien, qui contribue largement à la fortune de son État, retourne dans sa capitale afin de l'approvisionner sans tarder. Il lui fournit du bois d'ébène, de l'encens, de l'huile, de l'ivoire, des peaux de panthère et des bâtons de jet pour la chasse, chargés sur 300 ânes. Hirkhouf s'entend aussi avec le prince pour recruter des hommes qui grossiront les rangs de l'armée égyptienne. À quatre reprises, Hirkhouf s'est enfoncé courageusement dans une Afrique inconnue de son peuple, pour remplir ses missions commerciales. Son autobiographie, qui se cantonne aux limites étroites d'une littérature à vocation funéraire, retrace simplement les grandes lignes des voyages. On aimerait se projeter à la cour égyptienne pour écouter le récit haut en couleur que Hirkhouf dut y faire de ses aventures africaines.

En partant de l'extrême sud de l'Égypte, Hirkhouf s'enfonce vers une Afrique inconnue.

Lors de sa dernière expédition, Hirkhouf ramène un Pygmée au roi Pépi II.

Un Pygmée en Égypte

Au retour de sa dernière expédition, Hirkhouf avertit le roi Pépi II qu'il lui ramène un Pygmée. Dans la réponse qu'il envoie à son serviteur, le pharaon exprime sa fascination et sa curiosité pour cet être issu d'une Afrique noire lointaine et mystérieuse.

« Tu dis aussi dans ta lettre que tu ramènes un Pygmée. […] Reviens donc vers le nord, à la Résidence ; laisse tout et amène avec toi ce Pygmée que tu as rapporté du pays des habitants de l'horizon, vivant, en bonne santé et fort, afin qu'il danse pour le dieu et qu'il égaie et réjouisse le cœur du roi […].

Si tu descends avec lui dans le navire, fais en sorte que des hommes avisés demeurent autour de lui, des deux côtés du bateau, et prends garde qu'il ne tombe à l'eau. S'il est couché, durant la nuit, fais en sorte que des hommes avisés soient couchés auprès de lui, dans sa tente ; va voir dix fois dans la nuit. Car Ma Majesté souhaite voir ce Pygmée plus que tous les tributs du Sinaï ou de Pount. »

C. Lalouette, *Au royaume d'Égypte*, Paris, Fayard, 1991.

Une grande expédition navale sous Hatchepsout

VERS LE PAYS DE POUNT

En l'an 9 de son règne, c'est-à-dire en 1481 avant notre ère, Hatchepsout, reine d'Égypte, envoie une expédition dans le lointain pays de Pount. Celle-ci a pour objectif, comme elle le dit elle-même, de « rechercher les routes vers Pount, frayer des chemins vers les Échelles de l'encens, conduire l'armée par mer et par terre pour rapporter les merveilles du pays du dieu ».

Ce n'est pas la première fois que les Égyptiens s'aventurent dans cette contrée, sur la côte orientale de l'Afrique. Depuis la découverte du pays, mille ans auparavant, quelques expéditions s'y sont rendues. Mais, au moment où la reine met sur pied cette entreprise, l'Égypte, qui a subi de nombreux bouleversements, a cessé ses visites au pays de Pount depuis plus de trois siècles. Les hommes de Hatchepsout sont donc chargés de redécouvrir la région. Pour la reine, l'aventure constitue un événement majeur, digne d'être consigné sur les parois de son temple funéraire de Deir el-Bahari. En prévision de cette relation visuelle, la souveraine a envoyé dans ce pays étranger un ou plusieurs artistes. Doués d'un sens remarquable de l'observation et très habiles narrateurs, les dessinateurs et peintres de l'expédition ont donné au monde ses plus anciennes images d'exploration.

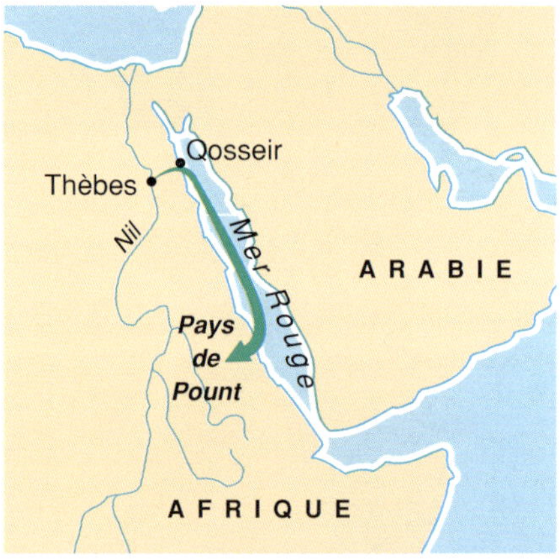

Le long de la côte orientale de l'Afrique

De Thèbes, la capitale située en Haute-Égypte, les envoyés de la reine gagnent un port de la mer Rouge, sans doute Qosseir, au débouché de la piste partant de la vallée du Nil. L'expédition, placée sous le commandement du chancelier Néhésy, se compose des équipages des navires, capitaines, rameurs, et de soldats. Les militaires ne sont pas là pour parer à d'éventuelles attaques, mais parce qu'ils sont mieux rodés à ce genre d'aventure que les civils. Les reliefs et les textes du temple de Deir el-Bahari ne donnent aucune précision sur le nombre de participants. Ils n'évoquent pas davantage les quantités de nourriture et d'eau nécessaires à la traversée. En revanche, ils figurent les poissons et crustacés qui abondaient dans la mer Rouge et devaient varier un peu le menu des marins. Les hommes s'embarquent sur cinq navires. On estime que la longueur des bateaux était comprise entre 20 et 30 mètres, leur largeur entre 6 et 7,5 mètres et leur tirant d'eau entre 1,5 et 2 mètres. Les vaisseaux sont propulsés par des rames et par une large voile carrée, attachée à un mât unique. La navigation, que les récifs rendent dangereuse par endroits, s'effectue le long de la côte. Tous les soirs, la flottille égyptienne rejoint le rivage et y passe la nuit. Vingt à vingt-cinq jours après le départ, les côtes de Pount sont en vue. Les navires ont parcouru 1 000 kilomètres entre Qosseir et leur destination.

Le conte du naufragé

Rédigé vers 2000 avant notre ère, le conte narre les aventures d'un navigateur qui échoue sur une île fantastique après un terrible naufrage en mer Rouge. Le récit met en évidence les dangers de la navigation et son aspect très aventureux. Dès que l'on s'éloigne des rives, on pénètre dans un monde inconnu et mystérieux.

« Je vais te raconter quelque chose de pareil à cela, qui m'est arrivé à moi-même tandis que j'allais aux mines du Souverain et que j'étais descendu sur la Très Verte à bord d'un navire de cent vingt coudées de long sur quarante coudées de large [soixante sur vingt mètres]. Cent vingt marins le montaient, de l'élite de l'Égypte [...]. Un orage avait éclaté alors que nous étions sur la Très Verte et avant que nous eussions atteint la terre. On continua de naviguer, mais l'orage redoubla, soulevant une lame de huit coudées. [...] Puis le navire périt, et de ceux qui étaient à bord il ne resta pas un seul. Et moi je fus déposé sur une île par une vague de la Très Verte. »

L'expédition embarque sur cinq bateaux dans un port de la mer Rouge et met environ vingt jours pour atteindre le pays de Pount (bateau égyptien, Le Caire, Musée égyptien).

À la rencontre du peuple de Pount

Dès leur arrivée, les Égyptiens sont chaleureusement accueillis par les souverains de Pount et leurs sujets. Le roi, vêtu d'un pagne court, se distingue par les anneaux de métal qui entourent une de ses jambes. Son épouse surprend les Égyptiens par son obésité et les bourrelets de graisse qui déforment son corps. S'agit-il d'une maladie ou d'une caractéristique ethnique ? Il est difficile de le savoir. Néhésy, qui a pris la tête d'un petit détachement militaire, offre à ses hôtes les produits manufacturés envoyés par sa souveraine. Aux colliers, bracelets, perles et armes s'ajoutent deux statues de culte, l'une de la reine Hatchepsout, l'autre d'Amon-Rê, le grand dieu d'Égypte. De leur côté, les Pountites présentent à Néhésy, debout devant une tente, des cadeaux parmi lesquels on reconnaît des anneaux d'or, équivalents des lingots d'or. Les reliefs de Deir el-Bahari ne permettent pas de savoir si le village des Pountites, qui a vivement intéressé les

Des descriptions précises du pays de Pount, telle cette hutte sous des palmiers, ont été ramenées par les artistes qui accompagnaient l'expédition (relief de la tombe de Hatchepsout, Deir el-Bahari).

Le roi et la reine du pays de Pount recevant les présents des Égyptiens (détail du bas-relief de l'expédition à Pount, Le Caire, Musée égyptien).

artistes, se trouve au bord de la mer ou à quelque distance à l'intérieur des terres. L'habitat a été fidèlement reproduit par les sculpteurs et les peintres. Derrière les palmiers doum apparaissent des huttes arrondies, dressées sur pilotis, qui sont accessibles par des échelles. L'agglomération possède également une chapelle, abritant une statue de divinité à laquelle le roi de Pount fait l'offrande d'un cône d'encens. Entre les arbres et les huttes, babouins et bœufs circulent librement. Pour acquérir les matières premières qu'ils sont venus chercher, Néhésy et ses hommes quittent la côte, avec l'accord du roi, et s'enfoncent dans les vallées de Pount.

À la découverte du pays

Guidés très certainement par les Pountites, les Égyptiens parviennent dans les régions limitrophes du Soudan et de l'Éthiopie, où poussent les arbres qui les intéressent. Ils abattent les ébéniers et débitent le bois précieux, réservé chez eux au mobilier le plus luxueux. Ils arrachent les arbres à résine aromatique, qui fournissent l'encens et la myrrhe pour le culte des dieux. Ils se conforment ainsi aux ordres de Hatchepsout, qui veut acclimater les précieuses essences en Égypte. Au cours du voyage, qui dure un peu plus de trois semaines à l'aller comme au retour, les artistes observent les girafes et les rhinocéros vivant dans les plaines. Ils ne manquent pas de les montrer à Deir el-Bahari. Grâce à la précision des représentations égyptiennes, qui sont les seules de ce genre pour les explorations antiques, il a été possible de localiser le pays de Pount. Les caractères ethnographiques, parure du roi et habitat sur pilotis, sont communs à certaines tribus du Soudan. Avec la faune et la flore, ils indiquent que le pays de Pount se situe à l'est du Soudan et au nord de l'Éthiopie, dans un espace compris entre les 22e et 12e parallèles nord.

Des Carthaginois sur la côte occidentale de l'Afrique ?

LE PÉRIPLE D'HANNON

Selon un ancien texte grec, connu par un manuscrit du IXe siècle de notre ère conservé à Heidelberg, le Carthaginois Hannon a dirigé une audacieuse expédition le long de la côte occidentale de l'Afrique. Parti de Carthage, il a franchi le détroit de Gibraltar, puis il a suivi le littoral marocain en direction du sud.

Seule l'existence du périple, confirmée par d'autres sources antiques, fait l'unanimité chez les historiens. Ceux-ci, en effet, ne sont d'accord ni sur les conditions du voyage telles que les décrit le manuscrit de Heidelberg, ni sur la valeur historique de ce texte. Pour certains, Hannon a réalisé un exploit et l'inscription est un compte rendu fidèle. Pour les autres, l'expédition n'a pas dépassé des limites très étroites et le récit grec doit beaucoup à la légende.

Vers l'Afrique inconnue

Chargé par Carthage d'explorer les côtes de la « Libye » — c'est-à-dire du continent africain — pour y fonder des établissements, Hannon réunit 60 navires à rames et à voile, et embarque de nombreux colons. Les navires quittent sans doute le port vers la fin du mois de mars, dès le retour de la belle saison. Deux jours après avoir franchi les Colonnes d'Hercule, ou détroit de Gibraltar, les navigateurs fondent la première ville, Thymiaterion, peut-être Tanger. Ils dépassent ensuite le cap Soloeis, identifié au cap Spartel, et font route encore une journée. Certains colons s'arrêtent dans des cités existantes, s'y implantent et en fondent de nouvelles. Les navigateurs reprennent la mer et se dirigent vers l'embouchure du fleuve Lixus (l'oued Loukkhos). Près de celui-ci, ils rencontrent des pasteurs nomades, parmi lesquels ils recrutent des interprètes. Au-delà de cette étape, Hannon quitte la partie relativement connue de la côte. Au bout de deux jours de navigation, le chef de l'expédition découvre un golfe dans lequel se trouve une île, baptisée Cernè, peut-être Herné, dans la baie du rio de Oro. L'île, aussitôt peuplée de colons, sert de base à des expéditions de reconnaissance. Les Carthaginois explorent l'embouchure du Chrétès, un grand fleuve, identifié au Sénégal, et un autre cours d'eau où vivent crocodiles et hippopotames. De Cernè, les bateaux repartent vers le sud. Au bout de vingt-deux jours de navigation et après avoir dépassé une montagne couverte de feu, dans laquelle on a parfois reconnu le mont Cameroun, Hannon parvient au terme du voyage. Il se trouve dans la Corne du Sud, pour certains historiens la baie du Biafra. Le manque de vivres l'oblige alors à faire demi-tour. Au cours du périple, Hannon et ses compagnons observent des montagnes couvertes d'arbres odoriférants, des feux qui brillent sur la côte. Ils rencontrent des indigènes inhospitaliers qui leur jettent des pierres, et des Africains apeurés qui s'enfuient à leur approche. Juste avant leur retour, les explorateurs vivent la dernière aventure du voyage.

Les trois femmes velues capturées par Hannon étaient probablement des singes.

Ils capturent et tuent trois femmes velues dont ils rapportent les peaux à Carthage...

L'impossible retour

Les conditions du retour ont conduit certains historiens à rejeter l'idée qu'Hannon ait pu mener à bien une expédition aussi lointaine le long de la côte occidentale de l'Afrique. Le

Carthage

La ville de Carthage, sur la côte tunisienne, est **une colonie fondée à la fin du IXe siècle** par des Phéniciens originaires de la cité de Tyr (aujourd'hui Sûr, au Liban). **À la fin du VIIe et au VIe siècle, elle devient une grande puissance maritime et commerciale**, implantée en Sicile et en Sardaigne. La cité carthaginoise, ou punique, que gouverne une aristocratie marchande, domine alors le bassin occidental de la Méditerranée. Au Ve siècle, après avoir échoué dans sa tentative de conquête de l'ensemble de la Sicile, Carthage se replie sur elle-même. **La ville connaît une nouvelle période d'expansion au IVe siècle.** D'après l'écrivain latin Pline l'Ancien, qui situe **le périple d'Hannon durant une période d'apogée, il faut donc dater celui-ci soit de la fin du VIIe-VIe, soit du IVe siècle.**

Au IIIe siècle commence l'affrontement de la cité punique et de Rome. Il s'achève en 146 avant notre ère par la prise et la destruction de Carthage par les Romains. Le temple de Baal-Hammon, où, d'après le manuscrit de Heidelberg, était gravé le récit du périple d'Hannon, disparaît alors.

À la tête d'une flotte de 60 navires, le Carthaginois Hannon franchit le détroit de Gibraltar et entreprend l'exploration des côtes atlantiques de l'Afrique.

cabotage entre le littoral du Sénégal et celui du Sahara occidental, en direction du nord, est en effet rendu très difficile, pour ne pas dire impossible, aux navires antiques par des courants et des vents qui portent en sens contraire. Ceux-ci sont particulièrement importants entre le cap Blanc et le cap Juby. Selon les spécialistes de la navigation, les navires d'Hannon, comme ceux des Phéniciens envoyés vers 600 avant notre ère par le roi égyptien Nékao faire le tour de l'Afrique, n'auraient pas pu lutter contre ces courants et ces vents. Ces bateaux, qui n'étaient pas conçus pour la haute mer et qui ne disposaient pas de boussole, n'auraient pas davantage pu contourner l'obstacle en passant au large, par les îles du Cap-Vert et les Açores. Avant les Portugais du XVe siècle, aucun marin, au Moyen Âge, n'a réussi un pareil aller et retour.

Un périple revu par les Grecs

À ce problème de navigation s'ajoutent l'absence de traces archéologiques dans des sites soi-disant colonisés comme l'île de Cernè/Herné ainsi que les doutes nés du texte même qui relate le périple. Le récit du manuscrit de Heidelberg, qui dit être la traduction grecque d'un texte punique gravé dans un temple de Carthage, a dû être rédigé au IIe ou au Ier siècle avant notre ère. Il est fortement marqué par les conceptions géographiques et par les légendes des Grecs. Selon la vision du monde de ces derniers, Hannon navigue le long d'une Afrique tronquée, en forme de trapèze qui se rétrécit vers la base. Le navigateur longe la côte ouest, où les Carthaginois découvrent un fleuve rempli de crocodiles et d'hippopotames qui n'est autre que le Nil, dont on situe alors la source à l'ouest de l'Afrique. L'expédition remonte ensuite la côte méridionale, imaginaire, et s'arrête à la Corne du Sud, nom que les Grecs donnent au cap Guardafui, considéré comme l'extrémité sud-est du continent africain. C'est en ce lieu que le récit place la rencontre des Carthaginois avec les trois femmes velues. Or, depuis une lointaine antiquité, les Grecs situaient au sud-est de l'Afrique la demeure des trois Gorgones, êtres fabuleux et monstrueux. La vraie expédition d'Hannon, dont l'existence est indiscutable, n'a sans doute pas dépassé le fleuve Lixus et s'est limitée à une reconnaissance systématique de la côte entre Gibraltar et Lixus. La seconde partie du périple, qui débute après le fleuve, est une création grecque.

Importante puissance commerciale et maritime, Carthage entreprend des expéditions pour trouver de nouveaux débouchés (tête sculptée, art phénicien).

600

Une flotte phénicienne a-t-elle contourné l'Afrique ?

LE PÉRIPLE DE NÉKAO

Faut-il croire l'historien grec Hérodote lorsqu'il affirme que vers 600 avant notre ère des marins phéniciens au service du roi d'Égypte Nékao II ont réussi la circumnavigation de l'Afrique ? Depuis l'Antiquité, le bref récit que l'écrivain fait de cette aventure dans les *Histoires,* ou *Enquêtes,* divise l'opinion entre partisans et adversaires du périple.

« La Libye [nom donné à l'Afrique] est, nous le savons, entièrement entourée par la mer, sauf du côté où elle touche l'Asie ; le roi d'Égypte Nécôs [Nékao] en a le premier à notre connaissance donné la preuve : [...] il fit partir des vaisseaux montés par des Phéniciens, avec mission de revenir en Égypte par les Colonnes d'Héraclès [détroit de Gibraltar] et la mer septentrionale. Partis de la mer Érythrée, les Phéniciens parcoururent la mer méridionale : à l'automne, ils débarquaient sur la côte de Libye, à l'endroit où les avait menés la navigation, ensemençaient le sol et attendaient la récolte ; moisson faite, ils reprenaient la mer. Deux ans passèrent ainsi ; la troisième année, ils doublèrent les Colonnes d'Héraclès et retrouvèrent l'Égypte. Ils rapportèrent un fait que j'estime incroyable, si d'autres y ajoutent foi : en contournant la Libye, dirent-ils, ils avaient le soleil à leur droite. »

Un trajet de 27 000 kilomètres

Ces lignes, écrites par Hérodote cent cinquante ans après le voyage, forment l'unique attestation du périple de Nékao. Les inscriptions égyptiennes n'en conservent aucune trace. Pour cette expédition difficile et hasardeuse, le roi d'Égypte s'adresse aux experts en navigation de l'époque, à savoir les Phéniciens, installés sur la côte de Palestine. Embarqués vraisemblablement sur plusieurs gros navires, à voile carrée et à rames, les navigateurs partent de la mer Érythrée, terme qui désigne la mer Rouge et l'océan Indien. Ils contournent ensuite l'Afrique sur la mer méridionale et reviennent par la mer septentrionale, c'est-à-dire la Méditerranée. Ils ont ainsi parcouru 27 000 kilomètres dont 17 000 sur des eaux complètement inexplorées. De la côte africaine, les marins de ce temps ne connaissent en effet que les 10 000 kilomètres qui s'étendent du détroit de Gibraltar à la mer Rouge et de Suez au cap Guardafui. La flottille pratique le cabotage, serrant de près la côte qui lui sert de refuge tous les soirs. En ce temps-là, la navigation de nuit est en effet exclue sur une mer inconnue.

Un exploit possible

Certains auteurs considèrent que le périple est réalisable techniquement avec les navires de l'Antiquité, peu élaborés et dépourvus d'instruments de navigation. En effectuant le trajet d'est en ouest et en quittant l'Égypte au mois de novembre, les hommes de Nékao bénéficiaient pendant la majeure partie du voyage de courants et de vents favorables. Les partisans du périple n'expliquent guère cependant comment les navigateurs ont franchi l'obstacle majeur des courants et des vents contraires entre le Sénégal et le cap Juby. Ont-ils abandonné leurs navires et continué par la voie terrestre ? C'est une possibilité. La durée du voyage, indiquée par Hérodote, est un argument en faveur de la circumnavigation. En trois ans, les navigateurs ont couvert la distance à une vitesse moyenne d'une quarantaine de kilomètres par jour et ils ont fait deux arrêts de six mois pour se reposer et cultiver des céréales. Ils n'ont pu faire ces longues haltes que sur la côte nord-ouest du Cap et sur la côte occidentale du Maroc, seuls endroits du parcours propices à la culture des céréales. Enfin, l'incrédulité d'Hérodote, qui rejette l'idée que le Soleil du matin ou de midi soit apparu au cours du périple à la droite des marins, constitue pour beaucoup une autre preuve de la réalité de l'expédition. La réflexion de ce grand voyageur montre qu'il s'agit du résultat de l'expérience des marins et non de théories échafaudées par les savants. Si cette expédition a vraiment eu lieu, quel but poursuivait-elle ? En organisant cette mission d'exploration, Nékao II, qui imaginait, comme tous ses contemporains, une Afrique de taille réduite, cherchait peut-être à ouvrir une route maritime.

Une belle légende

Avare de détails, Hérodote n'évoque pas les contacts des navigateurs avec les peuples d'Afrique. Il ne dit pas un mot des maladies tropicales, des fièvres qui ont dû causer des pertes humaines importantes. On peut aussi s'étonner que le périple n'ait pas amené les géographes des VIe et Ve siècles, et Hérodote avec eux, à modifier leur vision tronquée de l'Afrique.

Pour ces érudits, la côte africaine s'arrête au cap Guardafui à l'est, se prolonge vers l'ouest puis remonte vers le nord, où elle rejoint le détroit de Gibraltar. Ils se représentent donc ce continent comme un trapèze aux dimensions très éloignées de la réalité. Force est d'admettre que la circumnavigation n'a eu aucun résultat scientifique. Or, on conçoit mal qu'elle n'ait pas au moins permis de corriger l'erreur concernant la taille de l'Afrique. Hérodote n'a-t-il alors rapporté qu'une légende ? Celle-ci est-elle née des besoins de la propagande égyptienne contre l'Empire perse, maître du pays depuis 525 avant notre ère ? Les Égyptiens prétendraient avoir réussi là où les Perses, représentés selon Hérodote par Sataspès, ont échoué. Ou s'agit-il d'une invention grecque, transmise en toute bonne foi par Hérodote ? En recourant aux traditionnelles sagesse et expérience des Égyptiens, elle appuierait les théories des Grecs sur la géographie de l'Afrique. Dans l'un et l'autre cas, les auteurs de la fable auraient soigné les détails de façon à rendre le récit plausible.

Le monde vu par les anciens Grecs (mappemonde d'Hécattée).

Pour entreprendre le tour de l'Afrique, le roi égyptien Nékao II fait appel à des experts en navigation : les Phéniciens.

Bien qu'il soit improbable que les Phéniciens de Nékao II aient réussi à contourner l'Afrique, le récit de l'expédition fait par Hérodote paraît plausible (navire phénicien, relief en pierre, Londres, British Museum).

Deux tentatives avortées

D'après les auteurs anciens, la circumnavigation de l'Afrique a attiré deux autres candidats qui ont navigué d'ouest en est.

Le Perse Sataspès. Hérodote raconte la tentative du Perse juste après le périple de Nékao. Reconnu coupable de viol, Sataspès est condamné par le roi Xerxès (485-465 avant notre ère) à faire le tour de l'Afrique. Parti d'Égypte, l'explorateur franchit le détroit de Gibraltar. On ne sait quelle distance il a parcourue avant que le découragement ne le détermine à faire demi-tour. De retour dans son pays, il subit le supplice du pal auquel la mer lui avait permis d'échapper.

Le Grec Eudoxe de Cyzique. Premier navigateur à avoir atteint l'Inde à partir de l'Égypte, Eudoxe, toujours en quête d'aventure, entreprend la circumnavigation de l'Afrique. Après un premier voyage de reconnaissance, il s'embarque pour l'expédition définitive. On ne l'a jamais revu.

Une enquête magistrale menée à travers le monde

HÉRODOTE

Esprit curieux de toute chose, Hérodote raconte ses nombreux voyages dans ses Histoires *(buste en marbre, réplique romaine, Naples, Musée national).*

Des cités grecques d'Asie Mineure à la Perse, de l'Égypte et de la Libye à la mer Noire, Hérodote parcourt des milliers de kilomètres. Il n'est pas le premier Grec à voyager de la sorte, mais il est le premier dont l'œuvre se soit intégralement conservée. Son ouvrage est un document unique sur les pays qu'il a visités.

Dans l'œuvre magistrale dont il est l'auteur, les *Histoires,* ou *Enquêtes* (tel est le sens exact du mot *historiai*), Hérodote expose les résultats de l'étude qu'il a menée sur le terrain pour déterminer les causes des guerres médiques qui ont opposé les Perses aux Grecs jusqu'en 449 avant notre ère. Tout en suivant cette ligne directrice, l'auteur fait de nombreuses digressions pour décrire les contrées explorées au cours de ses recherches. Doué d'un esprit très curieux, d'un sens aigu de l'observation et d'une plume alerte, Hérodote décrit de manière vivante un monde encore très largement inconnu des Grecs de son époque.

Une vie mal connue

Celui que l'orateur romain Cicéron a surnommé « le père de l'histoire » a curieusement beaucoup parlé des autres, mais très peu de lui-même. À en croire la tradition antique, **Hérodote est né en 485-484 avant notre ère et s'est éteint vers 425.** Contraint de quitter sa ville d'origine, **Halicarnasse** (aujourd'hui Bodrum, en Turquie), pour des raisons politiques, il s'exile sur l'île égéenne de **Samos.** L'historien fait plusieurs séjours à Athènes, où il côtoie la brillante société du temps, dominée par des hommes tels que le philosophe Socrate, le poète tragique Sophocle, le sculpteur Phidias et Périclès, le dirigeant de la cité.

Vers 444 avant notre ère, Hérodote se joint aux colons grecs qui fondent la cité de **Thourioi, dans le sud de l'Italie.** C'est là, dans sa nouvelle patrie, qu'il passe les vingt dernières années de sa vie.

Bien que les voyages aient occupé une partie importante de son existence, **on ne sait pas à quelles dates précisément Hérodote les a effectués.**

Une curiosité insatiable

Hérodote s'intéresse à tout. Il décrit aussi bien le calendrier de 365 jours des Égyptiens et l'armement en bronze des Scythes que les crocodiles et les hippopotames du Nil ou les moutons d'Arabie. Il traite également des ressources agricoles des pays, de la médecine, de l'urbanisme. À Babylone, il remarque, par exemple, les doubles remparts, les rues rectilignes encadrées par des immeubles de trois ou quatre étages et la fameuse tour de Babel. Lorsqu'il se change en géographe, le Grec s'efforce de comprendre la configuration des régions qu'il découvre. Dans le sud de l'Ukraine, il s'interroge sur la mer Caspienne voisine. Il apprend que celle-ci ne communique pas avec la mer Noire, contrairement à l'opinion admise, et qu'elle est bordée d'un côté par la chaîne du Caucase, la plus haute du monde connu, et de l'autre par une immense plaine, identifiable aux steppes du Turkestan. Témoin d'abondantes chutes de neige en Ukraine, le Méditerranéen est frappé par le climat très rigoureux qui règne dans ces régions. À des milliers de kilomètres de là, en Égypte, le voyageur est intrigué par le Nil, sa crue et ses alluvions qui font du pays « un don du fleuve ». Bien renseigné, Hérodote se représente correctement la contrée, avec son vaste delta, au nord, et son étroite vallée bordée de montagnes, au sud. Au contact des peuples, Hérodote se fait ethnologue. Les langues, les costumes, les habitudes alimentaires, les fêtes et les pratiques religieuses, les mariages, les funérailles, rien ne lui échappe.

Une vénération pour l'Égypte

Comme il l'avoue lui-même dans les *Histoires,* Hérodote réserve une place à part à l'Égypte : « Je vais maintenant parler longuement de l'Égypte, car nul autre pays au monde ne contient autant de merveilles, et nul autre pays ne présente autant d'ouvrages qui défient toute description. » Lorsque Hérodote remonte le Nil de la Méditerranée à Éléphantine (actuelle Assouan), l'Égypte a déjà 2 500 ans d'histoire derrière elle. L'ancienneté et la sagesse de son peuple impressionnent le Grec. Celui-ci s'étonne de voir les Égyptiens faire tout à l'inverse de ses compatriotes : « Chez eux, les femmes vont au marché et font le commerce, les hommes gardent la maison et tissent. [...] Les prêtres des dieux portent ailleurs les cheveux longs : en Égypte, ils ont le crâne rasé. [...] Ailleurs, la coutume veut que, dans un deuil, les plus proches parents du mort coupent leurs cheveux : les Égyptiens, après le décès d'un parent, laissent croître leurs cheveux et leur barbe, alors qu'il étaient rasés auparavant. Partout ailleurs, hommes et animaux vivent séparés : en Égypte, ils vivent ensemble. [...] Ailleurs, on laisse les parties naturelles telles qu'elles sont, sauf chez les peuples qui ont adopté la coutume égyptienne : les Égyptiens pratiquent la circoncision. »

Hérodote porte une attention toute particulière à la religion égyptienne. Il évoque les temples, les prêtres et leurs règles de pureté, les oracles, les animaux sacrés et les fêtes des divinités, nombreuses et très populaires, ainsi que les rites funéraires et l'embaumement. Pour relater l'histoire de l'Égypte, l'auteur des *Histoires* s'entretient longuement avec les prêtres, dépositaires des archives et des traditions historiques. Il enrichit ces doctes connaissances d'anecdotes savoureuses, de fables glanées ici et là auprès des gens du peuple.

Vrai ou faux

On a souvent reproché à Hérodote son manque d'esprit critique, sa crédulité et son imagination. Ces accusations, injustes, oublient que l'historien a vécu il y a vingt-quatre siècles. Sa culture et celle des peuples qu'il rencontre sont très différentes de la nôtre. Les hommes de ce temps mélangent souvent histoire, mythes, superstitions et légendes. Hérodote ne dispose pas des moyens de vérification d'aujourd'hui pour démêler cet écheveau. Toutefois, si on a appelé Hérodote « le père de l'histoire », ce n'est pas sans raison. L'auteur des *Histoires* est foncièrement honnête et s'efforce d'être impartial. Il insiste fréquemment sur le fait qu'il parle de ce qu'il a vu et entendu. Quand ses renseignements sont de seconde main, il le signale. L'archéologie est heureusement venue au secours d'Hérodote. Elle a notamment démontré l'exactitude du récit des funérailles royales scythes, longtemps considéré comme une pure invention. Les archéologues, qui ont retrouvé ces tombes dans le sud de la Russie, ont confirmé que le roi était enterré avec des femmes, des serviteurs et de nombreux chevaux. Grâce à ses voyages, Hérodote a ouvert de nouveaux horizons à ses contemporains. Il leur a fait découvrir des peuples et des coutumes dont beaucoup ne soupçonnaient même pas l'existence.

La civilisation égyptienne séduit particulièrement Hérodote, par sa richesse tout autant que par sa singularité (préparation d'une momie, peinture murale de la XVIIIe dynastie, Florence, Musée archéologique).

Au sud de l'actuelle Russie, Hérodote s'intéresse aux traditions funéraires des Scythes (vase scythe, Saint-Pétersbourg, musée de l'Ermitage).

De la vallée du Tigre à la mer Noire à travers le Kurdistan

LA RETRAITE DES DIX MILLE

Durant l'hiver de 401-400 avant notre ère, une armée de mercenaires grecs est contrainte de traverser les régions inconnues du Kurdistan et de l'Arménie pour rejoindre la mer Noire et rentrer en terre grecque.

Les soldats grecs, recrutés par le Perse Cyrus pour lutter soi-disant contre un peuple ennemi de l'empire, participent en fait à une tentative de coup d'État contre son frère, le roi Artaxerxès. Après la défaite et la mort de Cyrus à Counaxa, près de l'actuelle Bagdad, les Grecs obtiennent la vie sauve et un guide, le général perse Tissapherne, qui leur montre la route du retour. Mais celui-ci les trahit. Il exécute leurs chefs et leur barre l'accès à la route royale qui les ramènerait sans encombre vers l'ouest. L'armée grecque n'a d'autre solution que de remonter vers le nord et de s'enfoncer, en plein hiver, dans les montagnes inhospitalières du Kurdistan et de l'Arménie.

Une armée peu homogène

À partir de cet épisode pénible, l'un des hommes, le soldat Xénophon, qui est aussi philosophe et historien quand il ne choisit pas de s'engager, prend le commandement de l'expédition. Dans *l'Anabase*, il raconte la progression puis la retraite des mercenaires, au nombre de dix mille pour la postérité et de treize mille en réalité au début de l'aventure. Comme le fait apparaître le récit de Xénophon, la marche vers la mer Noire, qui se transforme en véritable exploration des montagnes du Kurdistan et de l'Arménie, n'est pas facilitée par l'individualisme des mercenaires grecs, aux origines géographiques les plus diverses. Les membres de la troupe qui se lancent à l'assaut des montagnes ont largement démontré pendant toute la première partie de l'expédition qu'ils n'obéissaient qu'à leur intérêt personnel. Menteurs, pillards, insolents envers leurs chefs, qu'ils vont jusqu'à menacer, insulter, voire lapider, les soldats ne sont pas des modèles de discipline. Cette armée,

Après la mort de Cyrus, les Perses cherchent à se débarrasser au plus vite de l'armée des mercenaires grecs (guerriers, vase grec d'Eucharides, Paris, musée du Louvre).

peu maniable, est en outre accompagnée par de nombreuses femmes. Dès le début de l'ascension des montagnes du Kurdistan, les Grecs allègent le train de l'armée en abandonnant les captifs, réduits en esclavage, et les bêtes de somme non indispensables.

Un parcours complexe

Pour atteindre leur destination, les Dix Mille suivent le Tigre vers le nord-ouest et parcourent les montagnes du Kurdistan, qui culminent à 3 000 mètres par endroits, jusqu'au fleuve Centritès (Bohtan Sou). Après avoir franchi ce dernier, ils débouchent sur le plateau d'Arménie, à l'ouest du lac de Van. Les mercenaires conservent la même direction jusqu'à l'Euphrate occidental puis bifurquent vers l'est, le long du fleuve Phasis (Aras), ce qui les éloigne de leur but. Lorsqu'ils réalisent leur méprise, peut-être due à une confusion sur le nom du fleuve, ils reprennent la direction du nord puis s'orientent vers l'ouest. Ils finissent par découvrir le fleuve Harpasos (Tchorokh Sou), qu'ils longent vers l'ouest. Enfin, ils abandonnent les bords du cours d'eau pour rejoindre la ville de Gymnas, la première citée par Xénophon depuis le début de la retraite. Les explorateurs malgré eux parcourent encore une centaine de kilomètres avant d'entrer dans la cité de Trébizonde, sur la mer Noire.

L'exploit des Dix Mille

Durant la traversée du Kurdistan, qui dure sept jours, les Grecs sont constamment harcelés par les Kurdes. Leur pénible escalade des routes étroites et escarpées des montagnes, sans l'aide de guides, se mêle à l'obligation de livrer périodiquement de violents combats et d'éviter — la plupart du temps — les pierres et les flèches envoyées par d'invisibles ennemis installés sur les hauteurs. Chaque col atteint doit être conquis par les armes : les premiers arrivés mènent la bataille, mais les soldats restés à l'arrière pour protéger le passage du train de l'armée sont encore plus exposés, contraints à se défendre dans un relief qu'ils connaissent mal et sur des positions qu'ils ne peuvent choisir. Au cours d'une attaque kurde, 300 mercenaires sont ainsi massacrés. Lorsqu'ils n'ont pas à se battre, les Grecs ont encore à lutter contre le brouillard et le froid de la mauvaise saison, les fortes pluies et le manque de vivres. L'arrivée au fleuve Centritès, qui sépare le Kurdistan de l'Arménie, marque, pensent les Dix Mille, le terme de leurs épreuves. En fait, il n'en est rien. Avant de franchir le fleuve, les rescapés de l'expédition de Cyrus doivent affronter les Arméniens, qui tentent de leur interdire le passage. Ensuite, ils s'enfoncent, avec ou sans guides selon les étapes, dans un pays hostile, au climat très rude. Une nuit, alors que l'armée, selon son habitude, campe en plein air pour ne pas mettre en jeu sa sécurité en se dispersant dans les villages, « il tombe une telle épaisseur de neige, qu'on ne voyait plus ni les armes ni les hommes étendus ». La neige se combine avec le vent du nord, glacial, la température très basse et la pénurie toujours croissante de vivres, pour éclaircir les rangs des Dix Mille. « Ceux des soldats que la neige avait rendus aveugles et ceux à qui le froid avait gangrené les doigts de pied » sont abandonnés, sans trop de remords, semble-t-il. D'autres mercenaires sont si fourbus que plus rien ne peut les faire avancer, ni la raison ni la menace ennemie. Au moment où l'armée entière est sur le point de céder au découragement, elle trouve enfin refuge dans des villages moins hostiles. Les Grecs s'y reposent et retrouvent courage pour reprendre la route. Ceux des survivants qui parviennent au but, dans un état d'épuisement total, ont accompli un exploit physique admirable, donnant au monde grec, grâce au récit de leur chef Xénophon, une leçon de courage et d'endurance.

Trahis par leurs guides, les soldats doivent affronter les montagnes du Kurdistan et de l'Arménie.

Chez les Arméniens

Malgré les épreuves qui l'accablent, Xénophon s'intéresse, en explorateur et non en soldat menant la retraite, aux régions qu'il traverse et à leurs habitants. À son retour, il décrit l'habitat et les mœurs des Arméniens.

« Les habitations étaient souterraines ; leur ouverture ressemblait à celle d'un puits, mais en bas elles étaient larges. On avait creusé des entrées pour le bétail et les gens descendaient par une échelle. Dans ces demeures, il y avait des chèvres, des moutons, des bœufs, de la volaille, et les petits de ces animaux. Toutes ces bêtes étaient nourries là-dedans avec du foin. On trouva aussi du blé, de l'orge, des légumes et du vin d'orge dans des cratères. Le long des bords nageaient des grains d'orge, mêlés de chalumeaux sans nœuds, les uns plus longs, les autres plus courts. Toutes les fois qu'on avait soif, il fallait se mettre ces chalumeaux à la bouche, et sucer. Cette boisson était très forte, si on n'y versait pas d'eau. Dès qu'on y était habitué, elle était tout à fait agréable. »

Xénophon, l'Anabase, *II, livres IV-VII.*

Le froid, la famine et les attaques surprises vont décimer les rangs des mercenaires (détail du fronton du temple d'Athéna d'Égine, Munich, Glyptothek).

La marche des Grecs à travers l'Iran et l'Inde

L'EXPÉDITION D'ALEXANDRE LE GRAND

Avec ses guerriers, Alexandre le Grand emmène un groupe de savants pour explorer les pays conquis (Alexandre le Grand, mosaïque romaine, Naples, Musée national).

En 334 avant notre ère, Alexandre le Grand entreprend de conquérir l'immense Empire perse. Quatre ans plus tard, il contrôle l'Asie Mineure, l'Égypte, la Syrie et la Mésopotamie et s'élance sur les traces du souverain perse, en fuite. Cette poursuite marque le début d'une extraordinaire expédition.

Pour la première fois dans l'histoire de l'humanité, une armée de conquête entreprend, tout en combattant, l'exploration scientifique de vastes territoires. À l'époque d'Alexandre le Grand, roi de Macédoine et maître de la Grèce, les cartes géographiques s'arrêtent aux portes de Suse, capitale de l'ancien pays d'Élam. Rares sont les Méditerranéens qui sont allés au-delà. C'est vers cette partie inconnue du continent asiatique que s'aventurent le conquérant et ses troupes.

Une entreprise bien préparée

Pour l'expédition en Asie, Alexandre le Grand réunit 30 000 fantassins environ et 4 000 à 5 000 cavaliers. Aux soldats, le roi joint des écrivains comme son historiographe officiel, Callisthène, ou encore le philosophe Onésicrite, chargé par exemple de pénétrer la doctrine des brahmanes en Inde. Deux secrétaires sont en outre nommés pour tenir le journal de l'expédition. Les marches, les étapes, les contingents, les combats, le nombre de soldats tués, les comptes rendus des conférences de l'état-major ainsi que les sacrifices aux dieux et les décisions gouvernementales, tout est noté par les deux hommes dans les *Éphémérides royales*. Alexandre s'entoure également d'une équipe de techniciens dont font notamment partie les architectes Aristobule et Deinocratès, qui tracent le plan des villes fondées par le souverain sur le parcours de l'expédition, et l'ingénieur des mines Gorgos, qui répertorie les ressources minérales et métallifères dans les pays traversés. À ces techniciens s'ajoute l'équipe des arpenteurs *(bèmatistes)*, qui mesure les trajets effectués et note les chiffres sur un journal d'étapes. Ces spécialistes évaluent les distances en se fondant sur la durée des marches et en tenant compte du relief. Leurs mesures seront utilisées par les géographes grecs pour établir les cartes des régions orientales.

De la Perse à l'Inde

De 330 à 325, Alexandre et son armée parcourent des milliers de kilomètres dans des conditions qui sont parfois extrêmement dures. Ils traversent des déserts brûlants, où l'eau est rare, des montagnes enneigées, où règne un froid très vif, et subissent les pluies et les inondations. En 330, l'expédition quitte Suse et se lance à la poursuite du souverain perse vaincu. C'est le début d'une longue marche qui mène les Grecs du sud au nord de l'Iran. La course s'achève non loin de la mer Caspienne après l'assassinat du fugitif par un noble perse. L'armée grecque continue alors sa marche vers l'est afin de conquérir la partie orientale de l'Empire perse, qui s'étend jusqu'à l'Inde. Elle pacifie tour à tour l'Hyrcanie (au sud de la mer Caspienne), la Parthie (au centre de la Perse), l'Arie et la Drangiane (à l'est) avant de remonter vers le nord-est en direction de l'Asie centrale. L'expédition traverse la chaîne de montagnes de l'Hindou Kouch (dans l'Afghanistan actuel), couverte de neige, et redescend vers la Bactriane et la Sogdiane, où elle soumet la population. Alexandre dépasse Samarcande puis revient sur ses pas. Il tourne désormais son attention vers l'Inde. Il fait campagne dans le Pendjab et conduit ses troupes jusqu'au fleuve Hyphase (actuel Beas). L'armée, fatiguée, refuse alors de continuer. Alexandre, contraint d'organiser le retour à Suse, fait construire une flotte pour descendre l'Indus. Une partie de l'armée, commandée par Cratère, quitte le fleuve et passe par l'Arachosie, au nord, tandis qu'Alexandre navigue jusqu'à la mer d'Oman. Il se dirige avec une seconde partie de l'armée vers le désert de la Gédrosie (Mekran et Baloutchistan). Un troisième groupe s'embarque avec Néarque, nommé amiral de la flotte, et longe les côtes de l'Inde et de la Perse.

Une œuvre colossale

L'équipe scientifique emmenée par Alexandre rapporte une masse d'informations sur les pays visités. Les connaissances géographiques ainsi acquises doublent la surface du monde connu. Dans leur relation de l'expédition, les savants décrivent les climats, l'hydrographie, la faune, la flore, les peuples et leurs coutumes, la géologie. Tous sont frappés par les climats, celui de l'Inde, où alternent saison sèche et saison des pluies et des inondations, celui du désert de la Gédrosie, très sec, ou encore celui de la région de Suse, brûlant en été. Les Grecs se sont beaucoup intéressés aux animaux et à la végétation. Au cours du périple en Inde, ils ont côtoyé des éléphants d'Asie, des perroquets imitant la voix humaine, des singes et des serpents de différentes espèces. Des tigres, ils n'ont vu que les peaux. Quant à la végétation, les compagnons d'Alexandre ont plus particulièrement remarqué les figuiers banians, les cotonniers et le riz de l'Inde, ainsi que les plantes odoriférantes du désert de Gédrosie. En Inde, les historiens de l'expédition découvrent des peuples aux mœurs très différentes des leurs. Ils rencontrent les brahmanes, membres de la caste sacerdotale, qui mènent une vie ascétique, et ils entendent parler d'étranges coutumes telles que l'exposition des cadavres aux vautours et la crémation des veuves. L'expédition d'Alexandre a non seulement élargi de façon considérable l'horizon géographique et culturel du monde occidental, elle a aussi ouvert l'Iran et l'Inde à la civilisation du monde grec.

→ **Voir aussi** : p. 30-31 (La navigation de Néarque).

L'influence grecque consécutive à l'expédition d'Alexandre est visible dans la statuaire hindoue (deux moines, art du Gandhara, Paris, musée Guimet).

En Inde, les compagnons d'Alexandre s'intéressent tout particulièrement à la faune et à la flore qu'ils découvrent (la Vie d'Alexandre le Grand, *miniature du* XVe *siècle, Reims, bibliothèque municipale).*

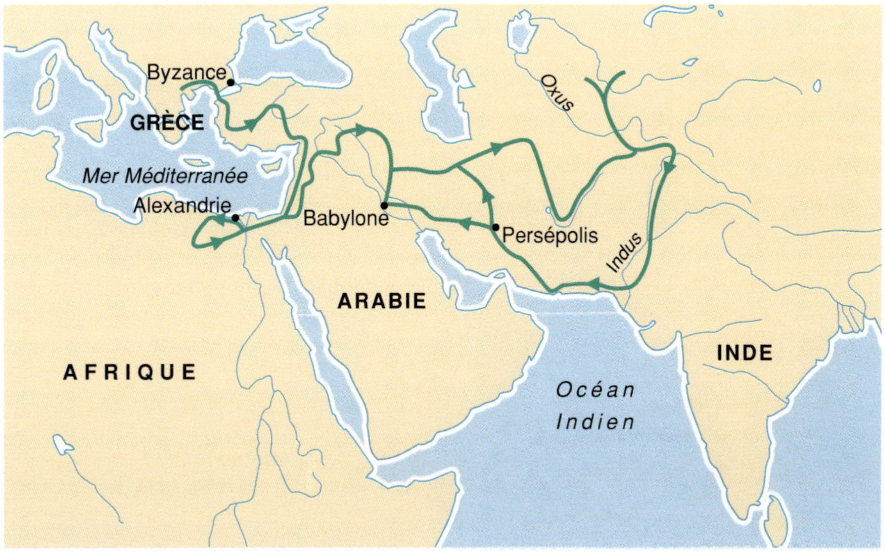

De l'Indus à l'embouchure de l'Euphrate

LA NAVIGATION DE NÉARQUE

En 325 avant notre ère, lorsque Alexandre le Grand organise le retour de son armée du delta de l'Indus à la ville de Suse, dans l'ancien pays d'Élam, il divise ses troupes en trois groupes. Chacun d'eux suit un itinéraire différent. Celui qui est placé sous le commandement de Néarque revient en longeant les côtes de la mer d'Oman et du golfe Persique.

La tâche que confie Alexandre à Néarque, qui fut le compagnon de sa jeunesse, ne consiste pas simplement à convoyer ses soldats. Il s'agit, en fait, d'une véritable mission d'exploration qui a pour but de déterminer s'il est possible d'établir des relations commerciales régulières entre l'Indus et l'Euphrate. Quelques années plus tard, Néarque a relaté sa traversée dans un ouvrage, aujourd'hui perdu, sans doute appelé *Navigation côtière.* On connaît partiellement ce récit, grâce aux citations des auteurs anciens.

Une traversée difficile

Néarque prend la mer avec un nombre d'hommes et de bateaux que l'on ne peut qu'évaluer — sans doute quelque 150 navires emportant 5 000 soldats, choisis en fonction de leurs connaissances maritimes. À Port-Alexandre (aujourd'hui Karachi, au Pakistan), l'amiral attend vingt-quatre jours durant que les vents de la mousson s'orientent au nord-est. À la mi-octobre 325, il donne le signal du départ et commence à longer les côtes de l'Inde. Sur une importante partie du parcours, qui correspond à la Gédrosie (régions actuelles du Mekran et du Baloutchistan), les navigateurs longent une côte désertique et sablonneuse où l'eau douce est rare. Les marins doivent souvent s'enfoncer dans les terres pour en trouver. La nourriture, qui n'est guère plus abondante, constitue un problème incessant. Alexandre, qui progresse par l'intérieur de la Gédrosie, avait prévu de ravitailler régulièrement la flotte ; or il n'y parvient qu'une seule fois. Livrés à eux-mêmes, Néarque et ses compagnons souffrent donc de la faim. La disette finit par les contraindre à attaquer les villages indigènes pour s'emparer de leurs maigres provisions. Les marins se rabattent aussi sur les cœurs de palmiers dattiers, dont Néarque signale souvent la présence sur la côte. Parfois, les navigateurs sont obligés d'affronter les indigènes, simplement pour débarquer, avant même de songer à s'alimenter. Affamés, les explorateurs sont ainsi confrontés à une navigation rendue difficile par les écueils et les récifs. Ils essuient une tempête qui détruit trois de leurs navires. Parvenus en Carmanie (Kerman et Baloutchistan, en Iran), au bord du golfe Persique, ils trouvent enfin une région fertile où apaiser leur faim. La navigation continue jusqu'à l'embouchure de l'Euphrate — où la vase ralentit la progression de l'expédition sur une centaine de kilomètres — et s'achève par la remontée d'un fleuve qui mène aux abords de Suse.

Une mission bien remplie

Malgré les multiples difficultés du voyage, Néarque tient scrupuleusement le journal de bord : il y indique tous les renseignements que lui apporte la reconnaissance approfondie de la côte. Comme Alexandre le lui a demandé, le chef de l'expédition décrit ports et mouillages. Ainsi, non loin de Port-Alexandre, il fait escale dans un lieu surnommé « le Port des femmes », qui est « grand, circulaire, profond, à l'abri des lames, mais l'accès en est étroit ». Il n'oublie pas d'indiquer s'il y a de l'eau douce, élément vital, et quelle est sa qualité. L'amiral s'intéresse aussi aux îles, qui peuvent servir de refuge en cas d'hostilité de la part des habitants de la côte, et aux golfes, dont il s'applique à faire le tour. La durée des étapes et la distance qui les sépare font naturellement partie des précieuses informations notées sur le journal de bord. Les mœurs des peuples tiennent une place de choix dans le récit du parcours de l'Inde à la Perse. Il importe en effet de savoir quelle peut être la réaction des habitants de la côte envers des navires de commerce, mais on peut subodorer que le chef de l'expédition est saisi parfois

La rencontre de la flotte de Néarque et des baleines (gravure du XIXe siècle).

La rencontre avec les baleines

« Néarque raconte que lorsqu'ils [les marins] quittèrent Kyïza (sur la côte du Mekran), ils ont vu à l'aube la mer soulevée, comme projetée par le souffle violent d'une tempête ; effrayés, ils demandèrent aux pilotes quel était ce phénomène et quelle en était la cause ; ceux-ci répondirent que c'étaient des baleines qui, en passant dans la mer, soufflent l'eau en l'air ; alors les marins terrifiés laissèrent échapper les rames de leurs mains. Néarque allait les encourager, les rassurait et, quand il passait devant un bateau, il donnait l'ordre de tourner l'éperon vers les baleines comme pour leur livrer bataille, en poussant le cri de guerre parmi le bruit des vagues, de battre l'eau de nombreux coups de rames et de faire un grand vacarme. Ainsi rassurés ils marchèrent contre les bêtes au signal donné. Comme ils en approchaient, ils se mirent à crier à tue-tête, à sonner de la trompette, à faire retentir le plus loin possible le bruit de leurs rames. Alors, les baleines, qu'on voyait déjà près de la proue des navires, plongèrent tout effrayées, remontèrent bientôt à la surface près de la poupe, et se remirent à souffler de l'eau de mer plus loin. »

Arrien, l'Inde.

d'un enthousiasme entièrement gratuit devant le caractère insolite des peuples qu'il découvre. Néarque rapporte par exemple que, chez les Orites, peuplade de la côte indienne, les hommes ont « le corps velu, la tête chevelue » et sont vêtus de peaux de bêtes ; leurs ongles, véritables griffes avec lesquelles ils découpent le poisson, étonnent le Grec. Le navigateur signale que les Orites ne connaissent pas le fer et qu'ils utilisent des pierres pour tailler le bois. Des ichtyophages, installés sur la côte de la Gédrosie, Néarque dit qu'ils pêchent le poisson à l'aide de filets en écorce de dattier ; ils mangent leurs prises crues ou il les font sécher au soleil avant de les transformer en farine, puis en pain. Les bêtes aussi sont nourries avec cette farine, car il n'y a pas d'herbe. Ces indigènes habitent des huttes bâties avec des ossements de poisson ou de baleine.
Le compagnon d'Alexandre complète ses observations nautiques, géographiques et ethnographiques par des remarques sur la faune et la flore. Ainsi, il est le premier Méditerranéen à signaler l'existence des palétuviers au bord de l'océan Indien et à naviguer près des baleines. Dans le domaine commercial, l'expédition ne sera pas suivie d'effets : les difficultés extrêmes qu'elle a rencontrées conduisent Alexandre à abandonner l'idée de relier l'Inde à la Perse par la mer. Sur le plan scientifique, en revanche, cette exploration minutieuse des côtes indienne et perse est une grande réussite.

→ **Voir aussi** : p. 28-29 (L'expédition d'Alexandre le Grand).

Une partie de l'expédition d'Alexandre rentre par la mer, sous les ordres de l'amiral Néarque (miniature perse du Roman d'Alexandre*, Saint-Pétersbourg, Institut d'études orientales).*

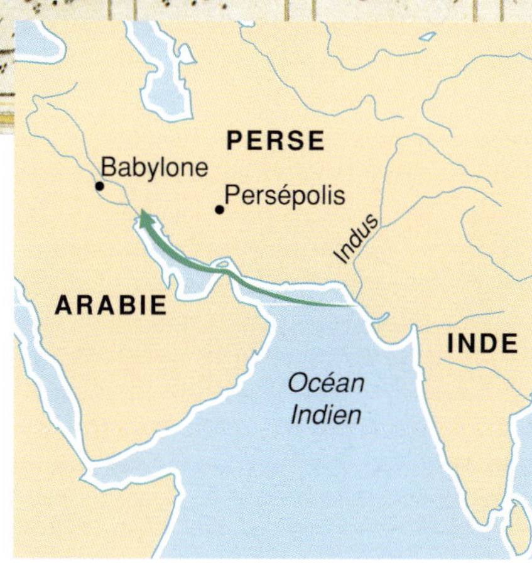

Si l'expédition est un échec quant au projet d'ouvrir une route commerciale, elle permet aux Grecs de faire de nombreuses observations, notamment chez les ichtyophages qui font sécher le poisson sur les plages.

325

Un navigateur grec à la découverte de l'Angleterre

PYTHÉAS

Au moment où Alexandre le Grand s'élance à la découverte de l'Orient, Pythéas, Grec de Marseille, dirige une expédition qui repousse les frontières du monde connu du côté de l'Occident. Son périple, qui le mène de l'Atlantique à la mer du Nord et à la mer Baltique, compte parmi les plus beaux exploits de l'Antiquité.

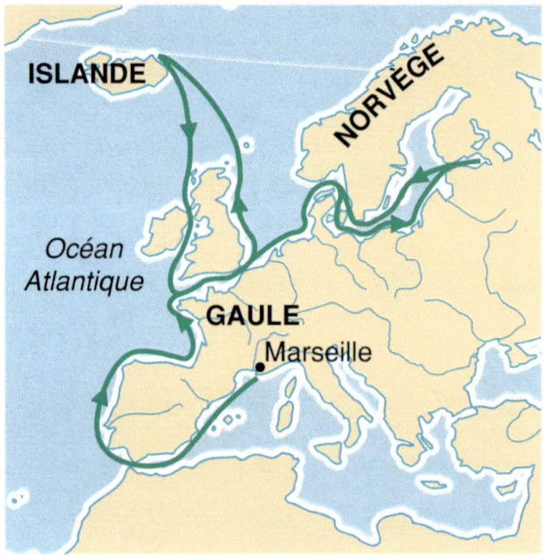

Pythéas découvre que l'ambre vient de la mer Baltique (Amour et Psyché, objet en ambre, art romain, Aquileia, Musée archéologique).

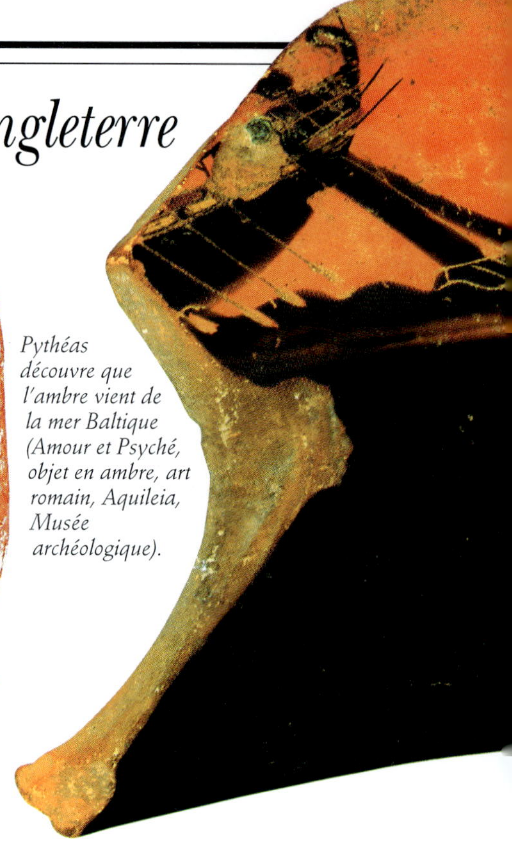

Des peuples primitifs

À l'époque de Pythéas, la Grande-Bretagne est occupée par un fond de population venu de la péninsule Ibérique et par des peuples celtes. Voici ce qu'en dit le Massaliote, cité par Diodore de Sicile :

« Ils ont des habitations fort pauvres faites le plus souvent de roseaux et de bois. Ils font leur provision de blé en coupant les épis et en les conservant dans des abris couverts. De ces réserves, ils tirent chaque jour les vieux épis, qu'ils égrènent et travaillent de façon à y trouver nourriture. Pour ce qui est de leur caractère, ce sont des gens très simples et bien éloignés de cet esprit vif et méchant qui est celui des gens d'aujourd'hui. Leur façon de vivre est rudimentaire et n'a rien à voir avec cette vie molle et voluptueuse qui naît de la richesse. On dit aussi que l'île est peuplée, et que l'air y est tout à fait froid, comme il est naturel pour un pays qui se trouve sous l'Ourse même. Ils ont de nombreux rois et chefs, et généralement vivent en paix les uns avec les autres. »

Diodore de Sicile,
Bibliothèque historique, *V, 21.*

Pour des raisons commerciales, l'entreprenante et riche cité grecque de Massalia aide Pythéas, brillant mathématicien et astronome, à organiser une expédition qui le mènera dans le nord de l'Europe. Sans doute espère-t-elle découvrir l'origine de l'étain et de l'ambre, qui lui parviennent à travers la Gaule, et en organiser différemment le transport. Pythéas relate le périple dans deux ouvrages, perdus, mais dont le souvenir s'est maintenu à la faveur des mentions qu'en font les auteurs grecs et latins.

Au-delà des colonnes d'Hercule

Pour une expédition de cette envergure, Pythéas part au moins avec deux navires. Sans doute s'agit-il de trières, bâtiments rapides et résistants, propulsés à la voile et à la rame, qui couvrent en moyenne 160 kilomètres par vingt-quatre heures. Des équipages de 150 à 200 hommes manœuvrent ces bateaux, d'une longueur de 50 mètres. Le savant grec prend la mer au début du mois d'avril, dès le retour de la belle saison. De Massalia aux Colonnes d'Hercule (détroit de Gibraltar), la navigation est aisée, car les côtes de Gaule et d'Espagne sont familières aux marins. La première difficulté consiste à passer le détroit de Gibraltar, jalousement gardé par les Carthaginois. Installés en Afrique du Nord, ces derniers contrôlent le passage de l'Atlantique à la Méditerranée et protègent leur monopole commercial. Pythéas surmonte-t-il cet obstacle en franchissant le détroit en cachette ? Ou obtient-il une autorisation de la part des Carthaginois ? On l'ignore. Après Gibraltar, Pythéas pénètre dans l'inconnu. Il suit le littoral espagnol et débouche dans le golfe de Gascogne. Là, le vaillant capitaine embarque peut-être des pilotes indigènes qui le conduisent en Armorique (nom ancien de la Bretagne) par la haute mer et lui évitent le fastidieux cabotage le long de la côte gauloise. L'Armorique réserve à l'explorateur ses premières découvertes. Pythéas reconnaît la pointe du Raz, extrémité la plus occidentale de la région, et il constate que la péninsule se détache fortement de la côte gauloise. Plus loin, il identifie l'île d'Ouessant.

Toujours plus loin

L'expédition laisse bientôt derrière elle l'Armorique et continue vers les « îles Britanniques », ainsi que les nomme Pythéas. Le navigateur et ses compagnons abordent en Cornouailles, au cap Belerion, où ils découvrent les lieux de production de l'étain. Après les avoir visités, les Grecs entreprennent de faire le tour de la Grande-Bretagne dans le sens orient-occident. Ils doublent le cap Kantion, à l'est de l'Angleterre, et voguent vers le nord. Là, le chef de l'expédition interrompt sa circumnavigation pour se lancer dans une aventure audacieuse. Guidé par des pilotes locaux, il met le cap vers la haute mer, en direction du nord. Six jours plus tard, il aperçoit les côtes de

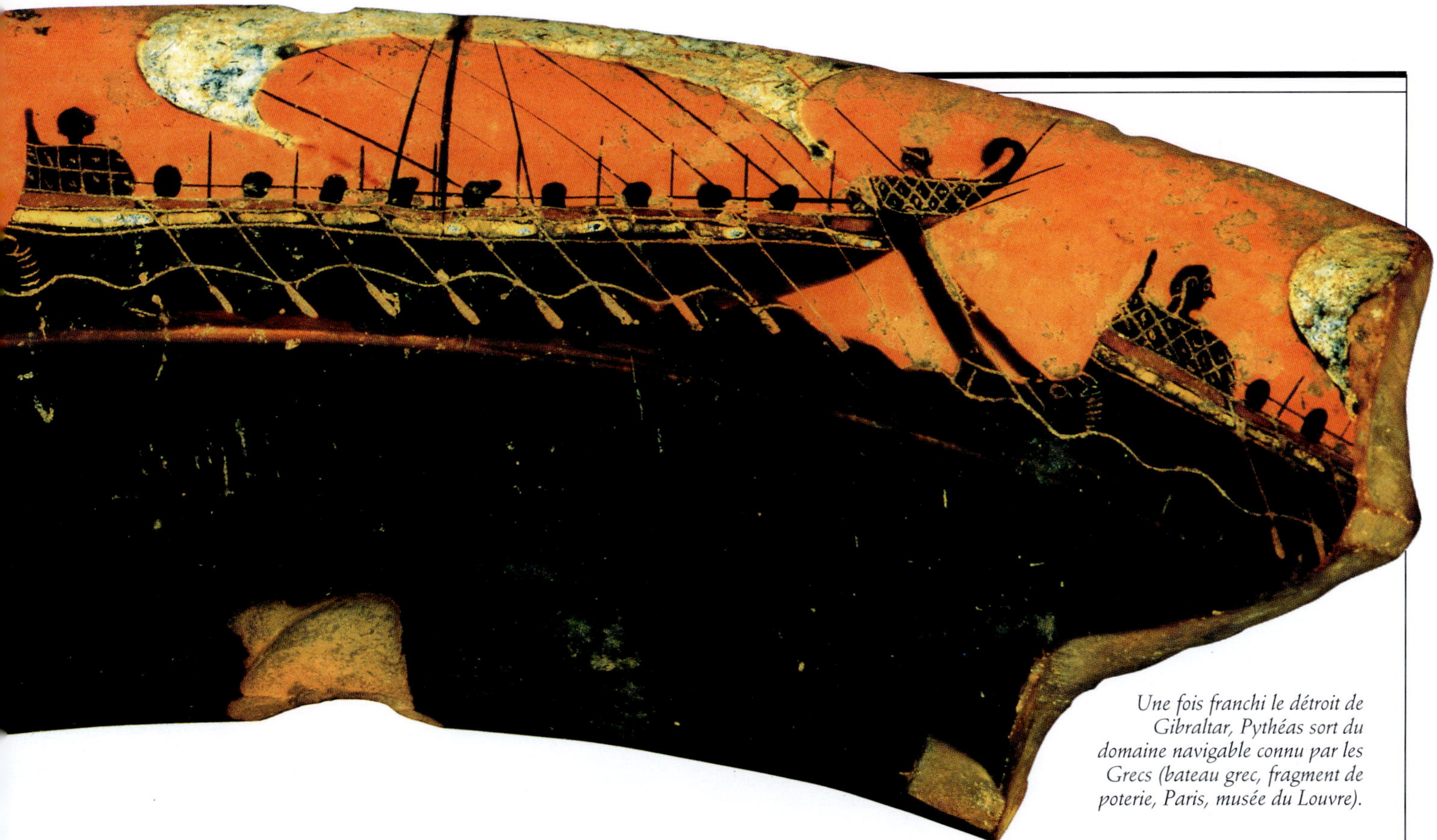

Une fois franchi le détroit de Gibraltar, Pythéas sort du domaine navigable connu par les Grecs (bateau grec, fragment de poterie, Paris, musée du Louvre).

l'« île de Thulé » — une terre qui est plus probablement l'Islande que la Norvège. Cette prouesse accomplie, l'expédition reprend le tour de la Bretagne et rejoint ainsi la Cornouailles. Ce n'est encore qu'une étape, et le début d'une nouvelle exploration. Pythéas et ses hommes d'équipage longent cette fois le littoral de l'Europe continentale, vers l'est. Après avoir contourné le Jütland, ils pénètrent dans la mer Baltique et découvrent les régions productrices d'ambre. Peut-être Pythéas s'enfonce-t-il ensuite dans le golfe de Finlande avant de retourner enfin vers sa patrie ?

La moisson scientifique

L'aventure, si elle ne procure que de modestes résultats sur le plan commercial, enrichit considérablement le domaine de la connaissance. Pythéas est le premier à décrire la géographie de l'Angleterre. Il discerne sa forme triangulaire et détermine le rapport entre les trois côtés du triangle. Instruit par des observations astronomiques précises, l'explorateur estime à 1 700 kilomètres la distance qui sépare Marseille de la pointe septentrionale de la Grande-Bretagne. Il ne se trompe que de 100 kilomètres ! Intrigué par les marées, inconnues en Méditerranée, Pythéas se fait aussi physicien. Il met ceux-ci, flux et reflux, en relation avec les mouvements de la Lune et du Soleil. À Thulé, région proche du pôle, il est témoin d'autres phénomènes naturels extraordinaires : « Aux jours du solstice, le soleil s'approchant davantage du pôle du monde, éclaire d'un jour continu, pendant six mois les terres qui sont sous lui, et il y a inversement nuit continue lorsque le soleil, au solstice d'hiver, passe de l'autre côté de la Terre. » À un jour de navigation au nord de Thulé, Pythéas est le premier à voir le pack, mélange de glaçons et d'eau en cours de congélation, qui lui rend la navigation impossible. En Cornouailles, le Massaliote se passionne pour l'extraction et le travail de l'étain. Il suit toutes les opérations, de la mine à la vente aux étrangers. Cet amour pour les sciences ne l'empêche nullement de s'intéresser aux hommes. Trois siècles après le périple, certains auteurs latins nient l'existence de l'expédition et traitent Pythéas de menteur. Cette incrédulité obligera les Romains à redécouvrir la Grande-Bretagne entièrement par eux-mêmes.

→ **Voir aussi :** p. 52-53 (Agricola).

Près de l'île de Thulé (il s'agit probablement de l'Islande), Pythéas découvre les premiers icebergs.

Le premier Européen sur les bords du Gange

MÉGASTHÈNE EN INDE

En 303 avant notre ère, le Grec Mégasthène, envoyé comme ambassadeur dans le royaume indien Maurya, parvient jusqu'au Gange. C'est la première fois qu'un Occidental s'enfonce aussi profondément dans l'Inde.

Mégasthène remplit sa mission diplomatique pour le compte du souverain grec Séleucos Ier Nikator, fondateur de l'Empire séleucide, héritier des territoires conquis en Asie par Alexandre le Grand (Asie Mineure ou Turquie actuelle, Syrie, Mésopotamie et la partie occidentale de l'Empire perse). Il se rend auprès du roi Chandragupta Maurya, dont le royaume, nouvellement constitué, domine le nord de l'Inde et la partie orientale de l'Empire perse, soumise précédemment par Alexandre le Grand. En 303, le roi grec et le roi indien, rivaux en Perse, s'accordent sur les limites de leurs territoires respectifs. Mégasthène, qui effectuera plusieurs séjours en Inde, se met en route après le rétablissement de la paix.

Mégasthène s'intéresse aux peuples indiens et décrit leurs mœurs (yogis en méditation, miniature du XVIIe siècle, Paris, bibliothèque Sainte-Geneviève).

Le monde connu s'élargit

Entre Peshawar et Palimbothra ou Pataliputra (aujourd'hui Patna) sur le Gange, Mégasthène voyage sur la voie royale qui franchit le Pendjab, progresse le long des monts Siwalik et traverse la plaine du Gange. L'ambassadeur grec, qui parcourt des milliers de kilomètres en Inde, complète les données géographiques rapportées par l'expédition d'Alexandre. Dans l'ouvrage qu'il rédige sur ce pays et qui est aujourd'hui perdu, Mégasthène apprend à ses contemporains que la chaîne de l'Himalaya se prolonge vers l'est et il énumère un certain nombre d'affluents de l'Indus et du Gange. Surtout, il signale à ses contemporains l'existence de la vaste plaine du Gange. De la lointaine île de Ceylan (aujourd'hui Sri Lanka), dont il entend parler, il dit qu'elle est réputée pour ses perles et son activité commerciale le long de la côte orientale de l'Inde. Plus qu'aux caractères physiques du pays, Mégasthène s'intéresse aux hommes. Il ne néglige pas pour autant la faune et la flore. Mais, dans ces deux domaines, il apporte peu de renseignements nouveaux par rapport aux comptes rendus des membres de l'expédition d'Alexandre.

Mœurs indiennes

Mégasthène, qui fait œuvre d'ethnologue, recueille le nom de 118 peuples indiens et décrit l'organisation sociale du pays. Il répartit la société en sept classes professionnelles : les religieux, les agriculteurs, les bergers et les chasseurs, les artisans et les commerçants, les guerriers, les inspecteurs et, enfin, les conseillers royaux qui détiennent les principaux postes de l'État. Mais il ne mentionne pas la véritable structure hiérarchique de la société indienne, formée de quatre castes : les brahmanes ou religieux, les guerriers, les paysans et la classe inférieure, auxquels s'ajoutent les intouchables. Peut-être a-t-il traduit ce système en termes convenant mieux au mode de pensée grec. La qualité de ses informations, puisées directement auprès des brahmanes, n'est en tout cas pas en cause. Mégasthène explique de manière détaillée les fonctions et les activités des hommes qui composent les sept classes. L'ambassadeur de Séleucos a également interrogé les brahmanes sur les croyances religieuses. Création de l'univers, de forme sphérique, par les dieux, origine des éléments, immortalité de l'âme et vie future conçue comme la vraie vie, la vie heureuse, conception du bien et du mal alimentent les discussions entre le Grec et les Indiens. Il admire l'ascétisme de certains brahmanes qui « vivent nus, l'hiver, exposés au soleil, l'été, quand le soleil est brûlant, dans les prés et les lieux humides sous de grands arbres (figuiers indiens) ». Une vingtaine d'années après l'expédition d'Alexandre le Grand, Mégasthène repousse les frontières du monde connu du fleuve Beas jusqu'au Gange et enrichit beaucoup la connaissance de la société de l'Inde.

Mégasthène et ses compagnons prolongent l'exploration effectuée par Alexandre le Grand sur le Gange.

Des résultats trompeurs

Mieux connaître l'Asie. Vers 285 avant notre ère, le roi Séleucos Ier Nikator, désireux d'ouvrir de nouvelles routes commerciales entre l'Inde et son empire et de s'informer sur le nord de l'Asie, confie l'exploration de la mer Caspienne à un de ses hommes de confiance, l'amiral Patrocle. Il reprend là un projet caressé par Alexandre le Grand et abandonné à la mort du conquérant.

Une exploration incomplète. Patrocle remonte la côte occidentale de la mer Caspienne et fait demi-tour avant d'avoir atteint son extrémité nord. Il navigue ensuite le long de la côte sud. Cette exploration partielle, combinée avec des renseignements recueillis auprès des populations locales et mal interprétés, donne naissance à de grossières erreurs qui se perpétueront longtemps.

Une géographie méconnue. Patrocle affirme que les fleuves Oxus et Iaxartès se jettent dans la mer Caspienne et non dans la mer d'Aral et il considère qu'il est possible de se rendre d'Inde à la mer Caspienne par bateau. En outre, il confirme l'idée fausse de certains géographes grecs qui font communiquer, au nord, la mer Caspienne avec l'océan.

La chasse aux éléphants (cosmographie universelle *d'André Thevet, Vincennes, Service historique de la Marine).*

La chasse aux éléphants

Mégasthène évoque le déroulement de la chasse aux éléphants, activité de la troisième caste, celle des chasseurs : « Les Indiens choisissent un lieu plat et exposé au soleil, puis ils creusent un fossé tout autour. […] La terre qu'ils retirent en creusant, ils la déposent sur les deux bords du fossé en guise de mur ; puis, dans le remblai du bord extérieur, ils se font des abris souterrains, en y ménageant des ouvertures ; par là la lumière peut pénétrer et ils observent les bêtes quand elles s'avancent et entrent dans l'enclos. Alors, après avoir placé trois ou quatre femelles, les mieux apprivoisées, dans l'enceinte, ils laissent un seul accès par le fossé en y établissant un pont […]. Les chasseurs se tiennent à l'écart, blottis dans les abris creusés dans le fossé […]. Quand donc ils [les éléphants sauvages] s'approchent de l'enceinte, ils entendent le barrissement des femelles, ils en sentent l'odeur, ils s'élancent à la course et se dirigent vers la barricade ; ils font le tour du fossé et quand ils ont trouvé le pont, ils se précipitent par là dans l'enceinte. Les chasseurs capturent ensuite les éléphants sauvages, affaiblis par la faim et la soif, avec l'aide d'éléphants dressés. Ceux-ci se battent contre les bêtes prises au piège et les soumettent.»

Arrien, l'Inde.

Un roi grec explore le Soudan et la mer Rouge

PTOLÉMÉE II PHILADELPHE

Quand Ptolémée II Philadelphe (285-246 avant notre ère) monte sur le trône d'Égypte, les expéditions envoyées dans le nord du Soudan par les anciens pharaons ne sont plus qu'un lointain souvenir. Le souverain grec décide de redécouvrir cette région. En même temps, il s'intéresse à la mer Rouge, qu'il ouvre à la navigation grecque.

Ptolémée II Philadelphe est le fils de Ptolémée Ier, général d'Alexandre le Grand et fondateur de la dynastie grecque des Ptolémées, ou Lagides, qui gouverne l'Égypte entre 323 et 30 avant notre ère. Il est le maître d'un empire puissant qu'il protège et qu'il agrandit. Pour livrer ses guerres, le souverain a besoin d'éléphants. Ces animaux, équivalents de nos blindés modernes, sont indispensables pour enfoncer les lignes adverses et se défendre contre les pachydermes que ses ennemis, eux, possèdent déjà. Pour se procurer ces bêtes, le roi organise des expéditions au Soudan et le long de la rive africaine de la mer Rouge.

Pour la chasse et le transport des éléphants

Au début de son règne, Ptolémée II mène en personne une campagne militaire en Basse-Nubie. Il soumet les principautés situées entre l'Égypte et Méroé (capitale du royaume de Koush), et noue des relations régulières avec ce royaume. Son intervention permet aussi de rétablir les deux anciennes voies commerciales, celle des pistes caravanières du désert et celle du Nil. Mais il apparaît bientôt que ces routes, difficiles, conviennent mal à l'acheminement des éléphants. Pour améliorer le transport de ces grands animaux et découvrir de nouveaux terrains de chasse, le souverain grec entreprend alors l'exploration de la côte africaine. Il envoie des chasseurs et des navigateurs reconnaître le rivage au moins jusqu'au détroit de Bab el-Mandeb, qui ferme la mer Rouge. Les explorateurs relèvent la configuration du littoral orienté vers le sud-est. Ils mesurent la côte en journées de navigation, puis ils convertissent les temps obtenus en distances. Les paysages, montagnes et déserts, qui s'étendent au-delà de la côte, sont repérés. Les ressources — aromates, pierres, par exemple — sont recensées. Sur la côte du Soudan, à la latitude de la cinquième cataracte du Nil, l'un des chefs d'expédition, nommé Eumède, trouve un lieu favorable où il fonde la ville de Ptolémaïs des Chasses (à côté de Port-Soudan). Celle-ci est toute proche d'une région riche en éléphants. D'autres explorateurs s'aventurent entre le littoral et le Nil, et ouvrent une piste entre Méroé et Ptolémaïs. Désormais, il est possible de transporter toutes les marchandises provenant du Soudan, et pas seulement les éléphants, par la mer Rouge.

Ptolémée II Philadelphe et sa sœur Arsinoé II (camée grec, Vienne, Kunsthistorisches Museum).

Le Soudan dévoilé

Esprit curieux, passionné de zoologie, Ptolémée II ne se limite pas à l'exploration du littoral et à l'ouverture de pistes et de routes maritimes. Il envoie aussi des explorateurs dans les régions de Méroé et de Khartoum. Les historiens et géographes de l'Antiquité ont conservé les noms et les observations de Grecs intrépides, chasseurs ou savants, qui ont visité l'intérieur du Soudan. Philon, Dalion, Aristocréon, Bion, Simonide, Satyros, Eumène sont quelques-uns d'entre eux. Les voyageurs évoquent Méroé, triangle de terre isolé par le Nil et son affluent l'Atbara, et une île baignée par le Nil et par son affluent le Nil Bleu. Les Grecs portent un grand intérêt aux peuplades, au milieu qui entoure celles-ci, à leur mode de vie et aux animaux qu'elles élèvent ou qu'elles côtoient. Ils remarquent que « la plupart de ces tribus et surtout celles qui habitent près

Il rencontre de nombreuses tribus, dont celle des Chasseurs qui s'attaquent aux fauves.

L'Égypte et le Soudan

Déjà **dans l'Ancien Empire,** l'Égypte a envoyé des expéditions dans la région de la Haute-Nubie, dans le nord du Soudan actuel (expédition d'Hirkhouf au pays de Iam, dans la boucle du Dongola) et sur la côte soudanaise de la mer Rouge (pays de Pount).

Aux XVIIe et XVIe siècles avant notre ère, tandis que l'Égypte se débat avec ses problèmes intérieurs, émerge en Haute-Nubie **le premier royaume de Koush, qui a Kerma pour capitale.** Cet État est détruit par les pharaons du Nouvel Empire, qui conquièrent les territoires s'étendant jusqu'à la quatrième cataracte et exercent leur influence jusqu'à la cinquième cataracte. Après cinq cents ans de domination égyptienne, ces régions retrouvent leur indépendance.

Au VIIIe siècle avant notre ère se constitue **un second royaume de Koush.** Ses rois envahissent l'Égypte et la dirigent jusqu'en 656 avant notre ère.

À l'époque de Ptolémée II, le royaume de Koush existe toujours. Il a pour capitale Méroé et pour souverain Ergaménès.

du fleuve ont la peau noire, le nez camus et les cheveux crépus. Ils sont d'un caractère tout à fait farouche et manifestent leur sauvagerie, moins toutefois par leur tempérament que par leurs usages ». Les tribus sont différenciées par leur mode d'alimentation. Les Mangeurs-de-racines se nourrissent des racines de roseaux arrachés au sol. Les Mangeurs-de-bois consomment les rameaux tendres des arbres tandis que les Mangeurs-de-graines ramassent les fruits des arbres et cueillent une sorte de chou-rave. Les Chasseurs, peu nombreux, groupés en bandes, tuent les bêtes sauvages. Les Mangeurs-d'éléphants capturent les bêtes isolées, non sans risques. Les émissaires de Ptolémée II leur proposent de livrer, en échange de belles récompenses, les éléphants vivants au lieu de les dévorer. Les Mangeurs-d'éléphants rétorquent qu'ils ne changeraient pas leur mode de vie même contre le royaume du souverain d'Égypte. D'autres tribus se nourrissent d'autruches ou de sauterelles, ou vivent de la chasse aux oiseaux. Enfin, la majorité des Soudanais sont les pasteurs nomades qui « tirent leur subsistance, toute leur vie durant, de la viande, du lait et du fromage de leurs troupeaux ».

Mystérieuse Arabie

Ptolémée II étend rapidement ses explorations à l'autre rive de la mer Rouge. La reconnaissance de la côte de l'Arabie jusqu'au détroit de Bal el-Mandeb incombe à un certain Ariston. Dans son compte rendu, repris par les auteurs anciens, le navigateur décrit les oasis hérissées de palmiers, les îles, les hautes montagnes aux couleurs superbes qui bordent la mer. Le chef de la flotte signale le petit nombre de ports, les plaines fertiles arrosées par des sources abondantes, les golfes, les écueils et les barres rocheuses, les bancs de sable, les dangers de certains courants. À nouveau, les peuples — commerçants, agriculteurs, éleveurs de dromadaires — sont répertoriés. Les ressources — plantes odoriférantes et métaux — sont inventoriées. L'exploration systématique de la mer Rouge, menée par Ptolémée II, se double de l'aménagement de ports sur la côte égyptienne (Arsinoé, Bérénice) et peut-être d'escales sur le littoral de l'Arabie, ainsi que de la remise en service du canal reliant le Nil à la mer Rouge. Tout est fait pour développer le commerce entre l'Égypte et ses voisins.

L'expédition qu'il entreprend au Soudan a pour but la capture d'éléphants pour son armée (mosaïque, Tunis, musée du Bardo).

138

Un Chinois à la découverte de l'Ouest

ZHANG QIAN

En 138 avant notre ère, le fonctionnaire impérial Zhang Qian franchit la frontière de la Chine et se dirige vers l'ouest afin de rencontrer le peuple des Yuezhi. Au terme d'une aventure qui dure treize ans, il réussit à établir les premiers contacts entre l'Occident et sa terre natale.

Par son voyage, Zhang Qian ouvre la route aux Chinois pour l'exportation de la soie vers les pays de l'Ouest (Femmes préparant la soie, Boston, Museum of Fine Arts).

Au tournant du IIe et du Ier siècle avant notre ère, l'empereur Wudi (140-87 avant notre ère), le plus célèbre souverain de la dynastie Han, mène une lutte farouche contre les hordes des Xiongnu, une branche de nomades pillards d'appartenance mongole, peut-être apparentés aux Huns de l'Occident. Contre cet ennemi qui menace l'Empire, les prédécesseurs de Wudi ont construit la Grande Muraille, à partir de 300 avant notre ère. Wudi, lui, songe à prendre l'offensive. Ayant appris par des Xiongnu prisonniers que leur chef a infligé une très sérieuse défaite aux tribus des Yuezhi et que ceux-ci ne songent qu'à prendre leur revanche, le Fils du Ciel décide d'envoyer un ambassadeur auprès de ce peuple, installé, pense-t-il, dans le Gansu — la province qui borde immédiatement, au sud, la Mongolie. Le dignitaire Zhang Qian se porte volontaire pour remplir cette mission périlleuse.

Une liberté longtemps attendue

Pour rejoindre le Gansu, l'ambassadeur se dirige vers le nord-ouest ; c'est dire qu'il lui faut traverser le pays des Xiongnu. Il n'a pas plus tôt passé la Muraille qu'il est intercepté et emmené en captivité avec la centaine d'hommes qui l'accompagne. Dix ans durant, Zhang Qian vit en compagnie de ses geôliers. Loin de le maltraiter, ceux-ci pourvoient à ses besoins en lui accordant notamment une épouse. Pendant son séjour forcé, le dignitaire chinois observe à loisir les coutumes de ses adversaires. Ces nomades se déplacent à la suite de leurs troupeaux de chevaux, vaches, moutons et chameaux, et ils se nourrissent de viande et de lait, contrairement aux Chinois qui sont principalement végétariens. Des tentes en feutre leur servent de logis. Les hommes, excellents cavaliers et archers, sont de fameux guerriers. Zhang Qian, qui n'oublie pas la tâche que lui a confiée l'empereur, attend patiemment que la surveillance dont il est l'objet se relâche. Dès que l'occasion se présente, il s'enfuit avec ses hommes vers l'Asie centrale.

La route de la soie

L'expression « route de la soie », due au géographe allemand Ferdinand von Richthofen, ne remonte qu'au XIXe siècle. Mais les voies que cette route emprunte sont, quant à elles, très anciennes.
Certaines, comme la route du lapis-lazuli entre le nord-est de l'Afghanistan et l'Iran, datent du IIIe millénaire avant notre ère. D'autres, entre la Chine et la Bactriane, s'ouvrent à la fin du IIe siècle avant notre ère, avec Zhang Qian notamment. C'est à cette époque que la soie, fabriquée en Chine depuis le IIIe millénaire, commence à transiter par cette piste qui relie l'Extrême-Orient à l'Occident. D'autres produits de valeur comme l'or, la cannelle, les épices, le vin et les chevaux, y circulent également.
La route de la soie a joué aussi un rôle capital dans la diffusion du bouddhisme. C'est en effet par cette voie que cette religion, née en Inde, a pénétré en Chine. C'est elle également que fréquentent les moines chinois qui se rendent en pèlerinage en Inde.

À la recherche des Yuezhi

Après un voyage de plusieurs dizaines de jours, Zhang Qian parvient au Fergana (aujourd'hui réparti entre l'Ouzbékistan, le Kirghizistan et le Tadjikistan). Les habitants de cette contrée, qui ont entendu parler de la Chine et de ses richesses, lui réservent un accueil chaleureux. Ils sont heureux de rencontrer enfin un Chinois ! L'ambassadeur apprend de leur bouche que les Yuezhi ont fui le Gansu après avoir été écrasés par les Xiongnu et qu'ils se sont fixés par force beaucoup plus à l'ouest. Le peuple du Fergana aide les étrangers à gagner les terres des Yuezhi en leur donnant guides et sauf-conduits. Du Fergana, Zhang

La Grande Muraille de Chine, construite à partir de 300 de notre ère pour arrêter les invasions des hordes des Xiongnu.

Lao Tseu chevauchant le buffle sur lequel il quitta la Chine pour aller vers les pays de l'Ouest, comme le fit aussi Zhang Qian (aquarelle, Paris, Bibliothèque nationale de France).

Qian passe en Sogdiane (dans l'Ouzbékistan actuel) puis en Bactriane (aujourd'hui le nord de l'Afghanistan). Ces royaumes, jadis soumis par Alexandre le Grand, ont été gouvernés par les Grecs jusqu'à leur conquête récente par les Yuezhi. Zhang Qian parvient finalement auprès de ce peuple. Mais sa mission est un échec complet. Les Yuezhi, éloignés de leurs anciens ennemis, ont perdu toute idée de revanche et une alliance militaire avec la Chine n'offre à leurs yeux aucun intérêt. Attachés à leur nouveau domaine, ils ne songent qu'à le faire prospérer et à entretenir de bonnes relations avec l'Occident. Zhang Qian séjourne un an en Bactriane puis reprend la route vers son pays. À nouveau capturé par les Xiongnu, il profite cette fois d'une querelle de succession pour s'échapper au bout de un an.

Un rôle de pionnier

Malgré l'échec de son ambassade, le périple du fonctionnaire chinois, qui l'a retenu treize ans hors de chez lui, n'a pas été vain. Premier Chinois à avoir exploré l'Ouest, Zhang Qian a découvert en effet un monde complètement inconnu en Asie. Il a mis en contact les cultures chinoise et grecque et favorisé les échanges entre ces deux anciennes civilisations. Sur son chemin, le diplomate chinois s'est intéressé à de nombreux peuples et tribus qu'il a décrits dans le rapport remis à son empereur. Au Fergana, les habitants, qu'il estime à plusieurs centaines de milliers, sont sédentaires et agriculteurs. Ils cultivent le riz, le blé et la vigne, et élèvent de magnifiques chevaux. Ces gens possèdent des cités, ceintes de murailles et riches de maisons construites en dur. En Sogdiane, Zhang Qian signale la présence de nomades. En Bactriane, les Yuezhi, bons guerriers, n'ont eu aucun mal à circonvenir une population qui excellait dans le commerce mais pas dans l'art de la guerre. Les coutumes de cette contrée intriguent fort le Chinois, qui y découvre des pièces de monnaie frappées à l'effigie des souverains grecs. Il s'étonne de l'écriture qui court horizontalement et non verticalement comme les caractères chinois. Durant son séjour chez les Yuezhi, l'émissaire impérial entend parler de la Perse, de la Babylonie et de la Syrie, pays très peuplés, occupés par des agriculteurs. Dans ces pays vit un oiseau extraordinaire que l'on monte comme un chameau et qui pond des œufs aussi gros que des jarres — il s'agit évidemment de l'autruche... Zhang Qian apprend aussi que l'Inde reçoit des produits de Chine. Fort de ces renseignements, il incitera l'empereur à faire explorer les routes du Sud pour établir des relations avec les contrées occidentales sans avoir à traverser les terres des Xiongnu. De ses voyages, l'ambassadeur rapporte enfin la vigne et la luzerne. Tous ces renseignements et découvertes, et le fait que l'ambassadeur chinois ait pu aller si loin et revenir sain et sauf, sont surtout riches de promesses pour l'avenir. Les Chinois savent désormais qu'ils peuvent envisager de transporter leurs productions précieuses vers l'Occident. En chemin, ils trouveront des peuple relais, commerçants actifs qui prendront en charge les produits et les convoieront plus loin encore. Le voyage de Zhang Qian, ainsi, ouvre la voie au développement de ce qu'on appellera la « route de la soie ».

La première route directe est ouverte entre l'Égypte et l'Inde

LA TRAVERSÉE D'EUDOXE DE CYZIQUE

En ouvrant au monde occidental la première route directe entre l'Égypte et l'Inde, le Grec Eudoxe de Cyzique écrit, entre 117 et 113 avant notre ère, une page importante de l'histoire de la navigation et de celle des explorations.

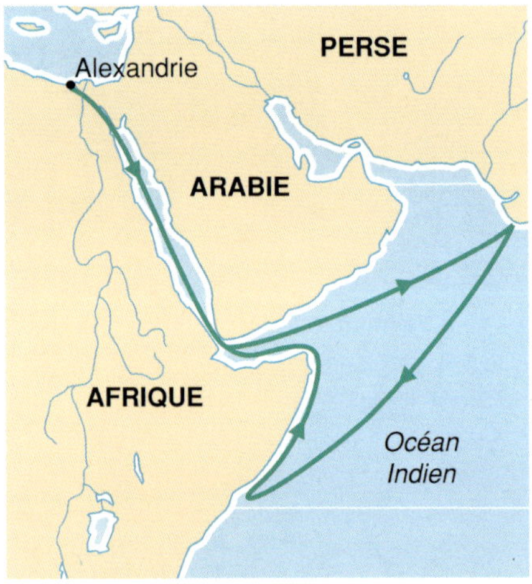

Eudoxe est originaire de Cyzique, cité grecque sous la domination romaine, qui s'élève au bord de la mer de Marmara (aujourd'hui en Turquie). Son appartenance à l'une des riches et puissantes familles de la ville vaut à Eudoxe d'être envoyé en mission à Alexandrie, la capitale de l'Égypte, avec le titre d'ambassadeur. Le représentant de Cyzique est alors âgé d'une trentaine d'années. Son rang et sa fonction lui permettent d'approcher facilement le souverain. Le trône d'Égypte est alors occupé par Ptolémée VIII Évergète II, membre de la dynastie lagide, ou ptolémaïque, qui règne sur le pays depuis le partage de l'empire d'Alexandre le Grand.

Un secret bien gardé

Alors qu'Eudoxe séjourne à la cour d'Alexandrie, des gardes-côtes en poste sur la mer Rouge découvrent un Indien à moitié mort, seul sur un navire échoué. Le rescapé est aussitôt conduit devant le roi. Mais l'Indien ne parle que sa langue. Aussi faut-il attendre qu'il ait appris les rudiments du grec pour connaître son histoire. Avec ses compagnons, il a franchi le détroit de Bab el-Mandeb, qui verrouille la mer Rouge. Là, son vaisseau est resté bloqué sur un récif ou un banc de sable. Tous ses camarades sont morts de faim avant la venue de la patrouille égyptienne. Il ajoute que son bateau a franchi le détroit par erreur. Cette affirmation est difficilement crédible étant donné la faible largeur du passage… L'Indien se méfie sans doute de la réaction du souverain et préfère ne pas lui avouer que l'expédition avait pour but de tenter de nouer des relations commerciales directes avec son pays. Depuis le IIIe siècle avant notre ère, l'Égypte importe d'Inde des marchandises qui lui parviennent par l'intermédiaire des Arabes. Les produits indiens sont débarqués par des navires arabes ou indiens dans des ports d'Arabie, puis acheminés en Égypte par voie de terre, à travers la Syrie, ou par bateaux. Pour remercier ses

Le port d'Alexandrie, en Égypte, avec son célèbre phare (reconstitution moderne).

hôtes de l'avoir sauvé et soigné, l'Indien offre de les conduire jusqu'en Inde et de leur révéler le secret de la navigation dans la mer d'Oman, que les Arabes conservent jalousement. Celui-ci réside dans la connaissance de la régularité des vents de la mousson.

Droit sur l'Inde

Ptolémée VIII, qui a perdu depuis peu le contrôle de la Syrie et en même temps celui du commerce arabe, s'empresse d'accepter la proposition. Il organise une expédition dont Eudoxe fait partie, mais dont il n'est pas le chef. Ce rôle a vraisemblablement été réservé à un Grec d'Égypte. Eudoxe, citoyen d'une ville amie, a sans doute été recruté par Ptolémée pour ses qualités commerciales. C'est lui en effet qui choisit les présents, c'est-à-dire les produits qui serviront de monnaie d'échange, et qui est chargé de sélectionner les marchandises à acquérir en Inde. Pendant l'été 117 avant notre ère, l'expédition appareille du port de Bérénice, sur la mer Rouge. Elle fait probablement du cabotage le long de la côte africaine jusqu'au cap Guardafui. Là, le pilote égyptien cède la place au navigateur indien. Sans hésitation, ce dernier prend la direction de la haute mer. Il profite des vents de la mousson qui, de mai à octobre, soufflent du sud-ouest et, de novembre à mars, du nord-est. Guidé par l'Indien, les Grecs arrivent peut-être à Barygaza (aujourd'hui Broach), au nord de la côte occidentale de l'Inde. Cette ville fait le commerce des pierres précieuses et des plantes aromatiques, produits qui composent la cargaison rapportée par Eudoxe. L'expédition, qui revient en 116 avant notre ère, est une réussite complète, sauf peut-être pour Eudoxe. L'ambassadeur de Cyzique se voit en effet confisquer par les douaniers égyptiens les articles achetés pour son compte ! Peu de temps après le retour des navigateurs, Ptolémée VIII meurt. Son épouse Cléopâtre III lui succède. La souveraine envoie une nouvelle fois Eudoxe en Inde.

Une nouvelle contrée

La seconde expédition, de plus grande envergure que la précédente, quitte Bérénice pendant l'été 115 avant notre ère. La traversée vers l'Inde se déroule dans les meilleures conditions. Le voyage de retour, en revanche, est beaucoup plus long que prévu. Les navigateurs ne se sont sans doute pas bien réglés sur les vents de la mousson et, au lieu d'entrer dans le golfe d'Aden, ils dérivent vers le sud. Ils finissent par rejoindre la côte africaine quelque part entre le cap Guardafui et l'île de Zanzibar, au large de la Tanzanie. Eudoxe de Cyzique et ses compagnons s'arrêtent en plusieurs endroits de la côte et découvrent des terres inconnues, peuplées d'indigènes. Les Grecs échangent avec ces derniers des figues, du vin et du pain contre de l'eau et des guides. Ils enseignent aussi à certains Africains qu'ils rencontrent l'art de faire du feu, ce qui provoque un très vif enthousiasme de leur part. Eudoxe profite même de son séjour pour établir un petit lexique linguistique. En 113 avant notre ère, il est enfin de retour à Alexandrie. Ses marchandises personnelles sont à nouveau confisquées tandis que lui-même est accusé de détournements. Il ne lui reste plus qu'à quitter son pays d'accueil. Désormais, Eudoxe poursuivra un seul but : parvenir en Inde en faisant le tour de l'Afrique afin d'éviter l'Égypte. Cette recherche lui coûte finalement la vie puisqu'il disparaît en tentant cette circumnavigation de l'Afrique.

Îlot de sable sur la mer Rouge.

Un certain Hippale

Tandis que l'historien grec Poseidonios impute à son contemporain Eudoxe de Cyzique la découverte de la régularité des vents de la mousson, la tradition historique de l'Antiquité en attribue la paternité au navigateur Hippale.
La seule explication possible est qu'Hippale et Eudoxe de Cyzique ont traversé l'océan ensemble. Hippale était probablement l'un des membres anonymes de l'équipage qui a accompagné à deux reprises Eudoxe en Inde. Peut-être était-il même l'un des officiers auxquels le pilote indien a communiqué son savoir.
Après qu'Eudoxe eut quitté l'Égypte à la suite de ses démêlés avec les souverains lagides, Hippale dut révéler la découverte à ses contemporains et a sans doute lui-même effectué d'autres voyages vers l'Inde. C'est la raison pour laquelle les Anciens ont considéré qu'Hippale était à l'origine de l'ouverture de la route de l'Inde et de l'utilisation des vents de la mousson.

Afin de ne plus dépendre de l'Arabie pour commercer avec l'Inde, les Égyptiens partent à la recherche d'une route maritime directe (fragment de stèle funéraire).

La Gaule vue par son conquérant

LES COMMENTAIRES

Paysan gaulois. La société gauloise était divisée en trois groupes : les paysans, les prêtres et les guerriers.

En 58 avant notre ère, Jules César, gouverneur des provinces de Gaule transalpine et cisalpine (sud de la Gaule et nord de l'Italie) et d'Illyrie (côte dalmate), pénètre avec son armée dans la Gaule indépendante afin de protéger un peuple allié de Rome de la migration des Helvètes, partis de Suisse. Ainsi commence la guerre des Gaules.

Pendant huit ans, César, occupé à soumettre les nombreux peuples gaulois, parcourt le pays à la tête de son armée comme personne ne l'a fait avant lui. Des campagnes militaires annuelles mènent le général et ses lieutenants de la Gaule transalpine à la Belgique, de la Loire aux Pyrénées et de l'océan Atlantique au Rhin. César est même le premier « civilisé » à franchir le Rhin. Très vite, le conquérant publie les *Commentaires de la guerre des Gaules*, qui renseignent ses compatriotes non seulement sur ses faits d'armes, mais aussi sur le pays et ses habitants.

Le point de vue de César

Les druides «s'occupent des choses de la religion, ils président aux sacrifices publics et privés, règlent les pratiques religieuses ; les jeunes viennent en foule s'instruire auprès d'eux et on les honore (...). Tous ces druides obéissent à un chef unique qui jouit parmi eux d'une très grande autorité (...). Chaque année à date fixe, ils se réunissent en un lieu consacré, dans le pays des Carnutes, qui passe pour occuper le centre de la Gaule (...).

(...) Tout le peuple gaulois est très religieux, aussi voit-on ceux qui sont atteints de maladies graves, ceux qui risquent leur vie dans les combats ou autrement, immoler ou faire vœu d'immoler des victimes humaines et se servir pour ces sacrifices du ministère des druides ; ils pensent en effet qu'on ne saurait apaiser les dieux immortels qu'en rachetant la vie d'un homme par la vie d'un autre homme et il y a des sacrifices de ce genre qui sont d'institution publique. Certaines peuplades ont des mannequins de proportions colossales, faits d'osier tressé, qu'on remplit d'hommes vivants : on y met le feu et les hommes sont la proie des flammes. Le supplice de ceux qui ont été arrêtés en flagrant délit de vol ou de brigandage ou à la suite de quelque crime passe pour plaire davantage aux dieux. Mais, lorsqu'on n'a pas assez de victimes de ce genre, on ne craint pas de sacrifier les innocents.»

César, la Guerre des Gaules, *livre VI, 13 et 16.*

Peuples et territoires

Dans les premières lignes de son ouvrage, César présente à ses contemporains les peuples de la Gaule, qu'il répartit de manière assez arbitraire en trois grands groupes : Belges, Aquitains et Celtes, autrement dit, Gaulois en latin. Les Belges vivent dans le nord, les Aquitains dans le sud-ouest tandis que les Celtes occupent le reste du pays. Au fil de son récit et des batailles, César est amené à dresser un inventaire des peuples, également appelés cités. Il en répertorie plusieurs dizaines. Tandis que certains, comme les Ambirarites des bords de la Meuse ou les Ptianiens, installés en Aquitaine, bénéficient d'une simple mention, qui est aussi la seule attestation de leur existence, d'autres ont droit à de longs développements. C'est le cas des Vénètes du Morbihan auxquels César s'intéresse dans l'optique de la conquête. Marins expérimentés, les Vénètes possèdent un grand nombre de navires, bien adaptés à la navigation sur l'océan, et contrôlent le commerce, très lucratif, avec la Bretagne (Grande-Bretagne). Ils résident à l'extrémité de langues de terre ou de promontoires, difficilement accessibles aux assaillants.

L'organisation politique et sociale

César consacre plusieurs paragraphes au régime politique, aux classes sociales et aux us et coutumes des Gaulois. Ses descriptions, bien que brèves, forment la source principale de l'histoire de la Gaule d'avant la conquête. Le général romain remarque que les peuples gaulois, indépendants, s'unissent parfois par des alliances ou par des liens de clientélisme. Ainsi, les grandes cités qui se disputent l'hégémonie, comme les Arvernes (Auvergne), les Éduens (Bourgogne) ou les Séquanes (Franche-Comté), s'attachent des peuples moins puissants. Chaque année, les nations participent à un Conseil des Gaules. À la tête de chacune d'elles se trouve soit un roi, soit un vergobret, c'est-à-dire un magistrat élu pour un an qui a tout pouvoir sur ses sujets. César explique que la société gauloise est divisée en trois classes : le peuple, dont la condition est comparable à celle d'esclave, les chevaliers, qui constituent une riche aristocratie guerrière, aguerrie par une éducation militaire spéciale à l'âge de l'adolescence, et enfin les druides. Ces derniers, passés par une longue formation, « veillent à l'observation des rites dans les sacrifices publics et privés, règlent les pratiques religieuses » et sont responsables de la justice. Ils jugent les litiges entre peuples et entre particuliers, notamment lors de leurs assises annuelles, qui se tiennent sur le territoire des Carnutes (Beauce, Orléanais). Un druide, nommé à vie, exerce son autorité sur tous les autres.

... *Mais, les prêtres gaulois semblent aussi avoir eu pour fonction de sacrifier des hommes (gravure du XIXe siècle).*

Guerrier gaulois. La civilisation gauloise est essentiellement militaire.

Les mœurs gauloises

Parmi les coutumes de ses adversaires, le conquérant de la Gaule retient surtout celles qui concernent l'habitat, la famille et la religion. Il observe que les Gaulois logent dans des fermes, isolées dans des clairières ou regroupées en villages. En cas de danger, ils se réfugient dans des places fortes nommées oppidums, qui se dressent au sommet d'une colline ou s'étendent à l'abri d'une rivière. En ce qui concerne la famille, le Romain n'est guère surpris par l'usage qui confère au père le droit de vie et de mort sur son épouse et ses enfants puisqu'il en va de même à Rome. En revanche, il est étonné par les funérailles gauloises, au cours desquelles on jette dans le feu tout ce que le défunt a chéri de son vivant. Des croyances funéraires, il ne retient que l'immortalité de l'âme du mort et le passage de celle-ci dans d'autres corps. Divisés sur le plan politique, les Gaulois, qui sont très pieux, sont unis par leurs pratiques religieuses. Ils adorent des divinités dont certaines sont citées par César, qui leur trouve un équivalent romain. Le principal dieu gaulois est ainsi un équivalent de Mercure, puisqu'il préside aux arts, aux voyages et au commerce. Il est entouré d'un dieu guérisseur identifié à Apollon, d'une déesse, patronne des travaux et des métiers, assimilée à Minerve, de Teutates, dieu de la Guerre correspondant à Mars et de Jupiter qui règne dans le ciel. À ceux-ci, César ajoute Dis Pater, dieu de la Mort. Le panthéon gaulois ne surprend donc guère César ; mais il note avec horreur, comme un fait certain et général, que, pour apaiser leurs dieux, les Gaulois pratiquent des sacrifices humains. Ce dernier fait a été confirmé par des découvertes archéologiques pour la peuplade belge des Bellovaques, fixés autour de Gournay-sur-Aronde, dans l'Oise, et pour les Celtes résidant dans l'actuelle ville de Saintes, où un sacrifice dont furent victimes 17 personnes, parmi lesquelles 3 enfants, eut lieu encore en 150 de notre ère. César, conquérant et explorateur de la Gaule, a le grand mérite d'avoir décrit le pays avant que ses nouveaux maîtres ne transforment sa structure politique et ne fassent disparaître ses anciennes coutumes au profit de la civilisation romaine.

Auguste envoie le préfet d'Égypte en Arabie

L'EXPÉDITION D'AELIUS GALLUS

En 25 avant notre ère, Auguste, le premier empereur de Rome, ordonne au préfet — c'est-à-dire au gouverneur — d'Égypte, Aelius Gallus, d'organiser une expédition en Arabie afin de reconnaître « les peuples et les lieux » et « de se concilier les Arabes ou de les soumettre ».

Commerçants ou bandits

Dans son Histoire Naturelle, *Pline l'Ancien évoque le récit d'Aelius Gallus :*

« Les autres découvertes [que les villes conquises dans le royaume de Saba] relatées à son retour sont : que les nomades vivent du lait et de la viande des animaux sauvages ; que le reste des tribus tire du vin des palmiers, comme le font les indigènes en Inde, et obtient de l'huile à partir du sésame ; que les Homérites forment la tribu la plus nombreuse ; que les Minéens ont une terre qui est fertile en palmeraies et en bois, et des troupeaux abondants ; que les Cerbani et les Agréens, et surtout les Chatramotites, sont d'excellents guerriers ; que les Carrei possèdent la terre arable la plus étendue et la plus fertile ; que les Sabéens sont les plus riches, à cause de la fertilité de leurs forêts, qui produisent les parfums, de leurs mines d'or, de leur terre agricole irriguée et de leur production de miel et de cire [...]. Les Arabes portent des turbans ou bien circulent avec leurs cheveux non coupés ; ils rasent leur barbe, mais portent une moustache — d'autres cependant laissent aussi leur barbe non rasée. Chose étrange parmi ces innombrables tribus, un nombre égal pratique le commerce ou vit de brigandage. »

Pline l'Ancien, Histoire naturelle, *livre VI, XXXII, 159.*

L'ordre d'Auguste s'applique plus précisément au royaume de Saba (le Yémen moderne), situé au sud-ouest de la péninsule arabique. Cette région, célèbre pour les parfums et les aromates qu'elle produit, importe et commercialise, n'a pas encore été explorée par les Méditerranéens. Elle a la réputation d'être très opulente. Cette richesse ainsi que le contrôle qu'exercent les Sabéens sur le détroit de Bab el-Mandeb, entre la mer Rouge et la mer d'Oman, ne pouvaient laisser longtemps Rome indifférente.

De mauvais débuts

Pour gagner l'Arabie, le préfet d'Égypte, Aelius Gallus, fait tout d'abord construire des navires de guerre. Sans doute songe-t-il alors à les utiliser pour s'assurer la possession du détroit de Bab el-Mandeb. Mais les difficultés de la navigation en mer Rouge le ramènent à une réalité plus immédiate et l'incitent rapidement à remplacer les premiers vaisseaux par de solides bateaux de transport. Finalement, en 25 avant notre ère, 130 navires quittent Arsinoé, sur le golfe de Suez, pour le port de Leukè Komè sur la côte de l'Arabie. À leur bord ont pris place 10 000 hommes. Ce corps expéditionnaire est composé de soldats romains, basés en Égypte, de 500 Juifs et de 1 000 Nabatéens. Ces derniers sont des Arabes, installés dans le nord-ouest de l'Arabie et le sud de la Jordanie actuelle. Les Nabatéens participent à l'expédition en tant qu'amis de Rome. Un des leurs, le ministre Syllaios, guide l'expédition à travers les sables de l'Arabie. Les premières difficultés surgissent dès la traversée de la mer Rouge. Le gros temps et les dangereux récifs qui bordent les côtes sont responsables de la perte de plusieurs bateaux et de leurs équipages. Après le débarquement à Leukè Komè, port de la Nabatène, l'eau et la végétation, impropres à la consommation rendent les soldats malades. Les uns sont atteints du scorbut, les autres d'une sorte de paralysie qui frappe les jambes. Aelius Gallus est contraint d'attendre pendant quelques mois la guérison de ses hommes.

Vers le lointain royaume de Saba

Lorsque Aelius Gallus et ses troupes quittent finalement Leukè Komè, ils se dirigent vers le sud-est. Ils traversent d'abord une région si aride qu'il faut impérativement transporter de l'eau à dos de chameau. Après de nombreux jours de marche, l'expédition parvient dans une région gouvernée par un parent de la famille royale nabatéenne. Le roi réserve un accueil chaleureux, et sans doute fort apprécié, au préfet d'Égypte et à ses compagnons. Trente jours sont ensuite nécessaires pour parcourir le pays qui n'offre qu'une pauvre nourriture : des céréales grossières, des cœurs de palmiers et du beurre, au lieu de l'huile consommée par les Méditerranéens. Après le royaume ami, les Romains pénètrent dans l'Ararène, région presque complètement déserte, occupée par des tribus nomades. Au bout d'une traversée de cinquante jours, les

Navire de guerre romains (Madrid, Museo Naval Laminas).

explorateurs découvrent, avec soulagement, la paisible et fertile oasis de Nagran. Ils sont enfin arrivés au royaume de Saba. Aelius Gallus, qui poursuit sa marche vers le sud et s'enfonce dans le pays des Sabéens, conquiert au passage quelques villes et tribus. Il s'arrête devant Marib, la capitale sabéenne, et l'assiège. Six jours plus tard, le manque d'eau et l'épuisement des soldats survivants le font renoncer à prendre la cité et le décident à décréter le repli. Le retour sur la mer Rouge, dans un port aménagé au nord de Leukè Komè, ne dure que deux mois au lieu des six de l'aller. La tragique expédition, qui s'achève en 24 avant notre ère, n'a obtenu aucun résultat économique ou stratégique. Elle a subi des pertes humaines énormes, qui n'ont même pas été causées par les combats. Sept hommes seulement sont tombés au champ d'honneur. Les autres ont été décimés par la maladie, le manque d'eau et les marches dans le désert.

L'expédition se solde par un échec : les hommes d'Aelius Gallus sont décimés par la soif et la faim dans le désert du sud de l'Arabie.

Les observations faites par Aelius Gallus sur l'Arabie seront longtemps les seules dont disposeront les Romains (camée, art du Yémen, Paris, musée du Louvre).

L'Arabie Heureuse

La terrible aventure d'Aelius Gallus et de ses troupes a pour seul mérite d'avoir enrichi le savoir géographique et ethnographique de l'Arabie Heureuse, nom que donnent les Romains à la partie méridionale de la péninsule arabique. Le préfet d'Égypte et son état-major ont recueilli de multiples informations sur les régions qu'ils ont découvertes de manière si pénible. Leurs écrits ont été largement utilisés par le géographe grec Strabon, ami personnel d'Aelius Gallus, et par l'écrivain latin Pline l'Ancien pour décrire l'Arabie et ses différents peuples et tribus. Strabon relate surtout le déroulement de l'expédition dont il attribue à tort l'échec au Nabatéen Syllaios pour défendre son ami. Il complète son récit par des observations sur les plantes aromatiques, une mention du vin de palme, la principale boisson alcoolisée, et par des remarques sur les relations familiales. Il signale ainsi que, dans la famille arabe, les frères ont plus d'importance que les enfants. De même que la désastreuse expédition des années 25 et 24 avant notre ère restera la seule exploration du sud de l'Arabie tentée par Rome, de même les renseignements rapportés sur cette partie du monde par Aelius Gallus constitueront longtemps la seule source de connaissance sur ses caractères physiques et sur ses mœurs.

L'apôtre Paul fait naufrage au large de Malte

LES DANGERS DE LA NAVIGATION

Vers 60 de notre ère, Paul, apôtre de Jésus, est transféré par bateau à Rome pour comparaître devant l'empereur. Au large de Malte, le navire qui le transporte fait naufrage. Cette mésaventure est presque commune pour le chrétien, qui a déjà échappé à deux accidents du même genre...

Pourtant, cela fait au moins deux mille cinq cents ans que différents peuples sillonnent la Méditerranée. Les Égyptiens d'abord, avec les premiers navires du monde, puis les Crétois et les Phéniciens sont partis à la conquête de la mer. Mais, durant l'Antiquité, les vaisseaux progressent peu dans le domaine technique. La navigation, sans carte et sans boussole, demeure empirique et fort aventureuse, comme en témoigne la fréquence des sinistres.

À bord du bateau rond

Paul a embarqué avec d'autres prisonniers et avec ses geôliers romains sur un navire de commerce qui fait voile vers l'Asie Mineure. Les bateaux marchands, appelés « bateaux ronds » à cause de leur forme, prennent en effet des passagers à leur bord, car il n'existe pas de navires réservés uniquement au transport des personnes. Outre la cargaison, les bateaux du type de celui sur lequel voyage Paul, d'un tonnage de 250 à 300 tonnes, peuvent emmener jusqu'à 200 ou 300 passagers : ce sont de véritables cargos à l'échelle, ou presque, des bâtiments modernes. Le bateau rond, dirigé par des rames gouvernails attachées aux bords arrière du navire, avance surtout à la voile. Les avirons sont réservés aux manœuvres délicates comme l'entrée dans les ports. Les voiles, fixées à un seul mât au début de l'Antiquité, sont réparties sur deux ou trois mâts à l'époque de Paul. La forme massive de la coque du navire et son gréement empirique ne lui permettent pas de naviguer au plus près du vent. Aussi, pour éviter les mauvaises surprises, les équipages ont-ils intérêt à ne rien ignorer du régime des vents et à ne pas s'embarquer durant les saisons où les risques de gros temps sont réels : l'oubli de cette précaution est la cause du troisième naufrage de Paul. À bord, les conditions de vie des prisonniers sont bien peu agréables. Même pour les passagers « libres », l'existence est dure : les rares cabines sont réservées aux plus fortunés, les autres dorment dans l'entrepont ou sous des tentes, en installant des nattes à même le sol. Paul et ses compagnons, eux, sont sans doute remisés dans la cale. Du moins leur fournit-on la pitance. Quant aux passagers volontaires, ils sont forcés d'emporter avec eux les vivres pour leur voyage, le maître du navire les approvisionnant seulement en eau potable.

Vers la catastrophe

En Lycie, sur la côte d'Asie Mineure, Paul et ses compagnons de voyage changent de navire. Ils montent à bord d'un cargo alexandrin qui se dirige vers l'Italie. Celui-ci fait escale en Crète. Paul, qui a une grande habitude des voyages maritimes, proteste que la saison de la navigation est terminée et qu'il est désormais dangereux de prendre la mer. Il n'est nullement écouté, ni par le capitaine ni par l'agent du propriétaire du bateau. À peine l'embarcation est-elle sortie du port que les

Le naufrage de saint Paul (Paris, bibliothèque Mazarine).

craintes de Paul se vérifient. « Le bateau fut emporté, incapable de remonter au vent, et, laissant porter, nous allions à la dérive. Filant sous le couvert d'une petite île, appelée Cauda, nous avons pourtant réussi de justesse à maîtriser le canot. Après l'avoir hissé à bord, on a eu recours aux moyens de fortune : ceinturer le bateau de cordages [pour éviter la dislocation] et, par crainte d'aller échouer sur la Syrte [la Libye actuelle], filer l'ancre flottante [pièce de bois maintenant le navire dans l'axe du vent] ; et l'on a continué de dériver. Le lendemain, comme nous étions toujours violemment secoués par la tempête, on jetait du fret, et, le troisième jour, de leurs propres mains les matelots ont affalé le gréement. [...] On n'avait plus rien mangé depuis longtemps. [...] C'était la quatorzième nuit que nous dérivions sur l'Adriatique ; vers minuit, les marins ont senti l'approche d'une terre. » Au matin, ils ont tenté d'échouer le navire sur la plage, « mais ils ont touché un banc de sable et y ont échoué le vaisseau ; la proue, enfoncée, est restée prise, tandis que la poupe se disloquait par les coups de mer. » En nageant ou en s'accrochant à des restes de l'épave, les 276 passagers réussissent à gagner la terre, y compris les prisonniers, à qui, heureusement, on n'a pas pas mis les fers.

La navigation au temps de Paul

Une audace nouvelle. Les marins du temps de Paul sont plus audacieux que leurs lointains prédécesseurs, sans doute parce qu'ils profitent de leur longue expérience. Au début de la navigation, on pratiquait le cabotage. On ne perdait pas les côtes de vue ou on avançait d'île en île. Les bateaux ne se déplaçaient alors que pendant la journée. Ils s'arrêtaient la nuit dans des abris naturels ou mouillaient près des plages. Avant l'invention de l'ancre, sans doute due aux Romains, les marins immobilisaient le navire à l'aide de lourdes pierres.

La nuit et les saisons. À l'époque de Paul, les bâtiments naviguent également durant la nuit. Ils s'orientent grâce aux astres. Depuis le IIe siècle avant notre ère, les navigateurs disposent de tables astronomiques, qui indiquent la position des astres au jour le jour, et de l'astrolabe, qui détermine la hauteur des astres par rapport à l'horizon. Ce sont là deux inventions de l'astronome grec Hipparque. En septembre ou octobre, la navigation s'arrête, pour ne reprendre qu'en mars.

Saint Paul, qui a déjà fait naufrage à plusieurs reprises, connaît bien les dangers de la navigation (portrait de saint Paul).

À défaut de cartes... Les navigateurs n'ont pas de cartes marines mais possèdent des ouvrages qui décrivent très précisément les côtes, les récifs, les mouillages et les ports. Le Périple de la mer Érythrée, œuvre d'un Grec du Ier siècle, énumère quantité de ports et de mouillages, ainsi que leurs caractéristiques, de la mer Rouge, du golfe Persique et de la côte orientale de l'Afrique jusqu'à Zanzibar et à l'Inde.

Les phares. Pour la sécurité des navires, on élève des édifices signalant les côtes et les ports, comme le célèbre phare d'Alexandrie, érigé au IIIe siècle avant notre ère.

Les trières

Les marines de l'Antiquité, hormis celle d'Égypte, sont équipées de deux sortes de vaisseaux : le bateau long, utilisé pour la guerre, et le bateau rond, destiné au commerce. Les Égyptiens n'ont employé que des bateaux longs, ancêtres de la trière. Les explorateurs ont utilisé les deux types de navires.

Le modèle classique de trière, représenté par la trière athénienne, mesure entre 30 et 37 mètres de longueur et entre 5 et 6 mètres de largeur. Celle-ci est propulsée surtout à la rame et possède une voile qui sert essentiellement d'appoint. De chaque côté du navire œuvrent trois rangs de rameurs, formés probablement d'une rangée supérieure et de deux rangées inférieures. Les navires phéniciens ont innové par rapport aux bateaux égyptiens en multipliant les rangs de rameurs. La vitesse de la trière peut atteindre jusqu'à 10 nœuds (un peu de plus de 18 kilomètres à l'heure). Comme sur le bateau rond, des rames lui servent de gouvernail. Les Romains adoptent le navire grec, sans lui apporter de changements significatifs et le nomment « trirème ».

Saint Paul prisonnier arrive à Rome pour comparaître devant l'empereur (gravure de J. Schnorr von Carolsfeld)

Des soldats romains remontent le cours du Nil

UNE EXPÉDITION SCIENTIFIQUE

Au cours de l'expédition, les Romains font des relevés précis du cours du fleuve nombre d'observations sur la faune et la flore (art romain, scène nilotique, Naples, Musée archéologique).

Le mystère du Nil

La question des sources du Nil, qui intrigue bien des auteurs de l'Antiquité, reste sans réponse à l'époque des empereurs romains.

Dès le Ve siècle avant notre ère, le voyageur et historien grec **Hérodote** mène une enquête sur cet étonnant cours d'eau. Il a adopté la théorie selon laquelle **le Nil prend sa source dans l'ouest de l'Afrique et coule à travers des étendues désertiques avant de bifurquer vers le nord,** à travers le Soudan et l'Égypte.

Cette idée est reprise par le géographe grec Strabon au Ier siècle avant notre ère, puis par Pline l'Ancien au Ier siècle de notre ère. Au IIe siècle, le géographe grec Ptolémée se fonde sur le récit d'un marin nommé Diogène, qui a navigué vers 50 de notre ère le long de la côte orientale de l'Afrique, et il donne au Nil un axe sud-nord qui situe les sources dans deux lacs d'Afrique. Le géographe est alors très proche de la vérité.

« Néron, un prince plein d'enthousiasme pour toutes les vertus, et particulièrement pour la recherche de la vérité, envoya deux centurions à la recherche des sources du Nil. J'ai entendu les deux officiers raconter le voyage qu'ils avaient fait. »

C'est ainsi que l'écrivain latin Sénèque, précepteur puis ministre de l'empereur Néron, présente l'expédition qui a tenté, entre 61 et 63 de notre ère, de localiser les sources du Nil. Cette extraordinaire aventure est également mentionnée par Pline l'Ancien, autre auteur contemporain des faits.

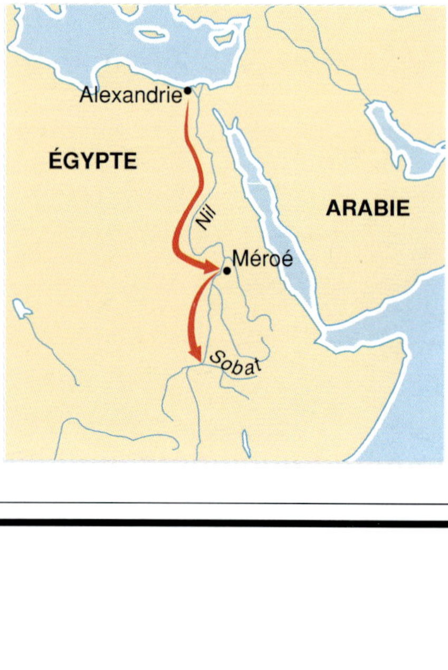

Agressivité ou curiosité ?

À en croire Pline, l'expédition au Soudan n'aurait pas été décidée par Néron pour de simples raisons scientifiques, mais elle aurait répondu à une volonté de conquête. L'empereur aurait chargé ses soldats d'une mission de reconnaissance, en partant de l'Égypte, qui est une possession romaine depuis l'an 30 avant notre ère. Les historiens d'aujourd'hui tendent à croire Sénèque plus que Pline ; les Romains ont rencontré au Soudan, à l'époque d'Auguste, quand le préfet d'Égypte Petronius a tenté de conquérir la Nubie et le royaume de Koush, de si terribles difficultés militaires qu'il est peu probable que Néron ait sérieusement songé à une entreprise de conquête, qui, stratégiquement, lui aurait rapporté peu d'avantages. Il est plus vraisemblable que le voyage eut en effet des visées géographiques — doublées peut-être de préoccupations commerciales. À l'époque de Néron, la localisation des sources du Nil constitue — et pour longtemps — un mystère opaque et irritant. L'empereur, peut-être encouragé par Sénèque, lui-même passionné par les phénomènes de la nature, a pu être séduit par l'idée d'attacher son nom à la résolution de ce mystère. L'entreprise présentait de plus le mérite de permettre, éventuellement, un développement des échanges de matières premières et de produits manufacturés entre l'Empire romain et Méroé, la capitale du royaume de

Au temps de Néron, les sources du Nil constituent un véritable mystère.

Koush qui domine alors le Soudan. Pline l'Ancien explique que Néron envoya en Afrique des prétoriens, c'est-à-dire des soldats appartenant aux troupes d'élite qui forment la garde impériale, ou prétoire. Les hommes étaient encadrés par des officiers : le tribun du prétoire et deux centurions. Les deux soldats cités par Sénèque ne sont donc manifestement pas partis seuls. La troupe comprenait aussi des experts chargés de mesurer les distances au sud d'Assouan, pour mettre fin aux polémiques, alors actuelles, sur les dimensions des terres constituant le Soudan.

L'expédition décidée par Néron semble avoir pour origine la curiosité géographique plutôt qu'un esprit de conquête militaire (trirème romaine, Rome, Musée archéologique).

Dans les profondeurs du Soudan

Lorsqu'ils remontent le cours du Nil en direction de Méroé, les Romains calculent donc les distances qui séparent les diverses localités qu'ils rencontrent sur leur chemin : ils les estiment en milles — la mesure de distance utilisée dans l'Empire romain, qui équivaut à mille pas (1 481,5 m). À partir de ces données, les militaires dressent une carte qu'ils remettent par la suite à Néron avec leur rapport. Sur cette carte détaillée, que Pline l'Ancien a eu l'occasion de voir, les dessinateurs ajoutent des détails concernant la faune et la flore qu'ils observent au cours de l'expédition. Ils indiquent les lieux à partir desquels les prétoriens remarquent les premiers perroquets, tel type de singes rares et particulièrement les babouins, ou singes à tête de chien. Au cours du périple, les soldats constatent encore que les palmiers constituent presque la seule espèce d'arbre représentée entre l'Égypte et le Soudan. Près de Méroé, ils découvrent enfin une herbe plus verte que celle foulée jusque-là et ils identifient des traces de rhinocéros et d'éléphants. La ville elle-même, avec ses rares monuments publics, déçoit fort les Romains. Elle leur paraît très éloignée des raffinements de leur civilisation urbaine.

Pourtant, la capitale réserve bon accueil aux soldats étrangers. Le souverain lui-même apporte son concours à l'expédition. Pour que les explorateurs continuent au-delà de Méroé et remontent le cours du Nil le plus aisément possible, il fournit une escorte et donne aux émissaires de Néron des recommandations pour les princes voisins.

Le fleuve énigmatique

Parvenus au confluent du Nil Bleu et du Nil Blanc, là où s'élève aujourd'hui Khartoum, les Romains décident de suivre le Nil Blanc. Ils comprennent que celui-ci est le véritable Nil et que le Nil Bleu n'est qu'un affluent. « Après bien des jours, disaient-ils, nous sommes arrivés à d'immenses marais. Les indigènes ignorent où ils finissent, et l'on ne peut espérer de le savoir jamais, tellement les eaux y sont embarrassées de grandes herbes et impraticables aux piétons et aux barques. Ces marécages fangeux et obstrués ne sont navigables que pour une petite nacelle montée par un seul homme. » Là prend fin l'aventure des soldats de Néron. En parvenant à la barrière infranchissable de la cuvette marécageuse des « sadd », située en amont du confluent du Nil avec le fleuve appelé Sobat, ils ont accompli un exploit qui ne devait pas être renouvelé avant le XIXe siècle.

Un négociant romain franchit le Sahara
AU PAYS D'AGISYMBA

Pour satisfaire les goûts du public difficile et toujours plus exigeant de l'amphithéâtre et réaliser par là même une bonne opération commerciale, le négociant Julius Maternus s'enfonce dans les profondeurs du Sahara, alors inconnu ou presque de ses compatriotes.

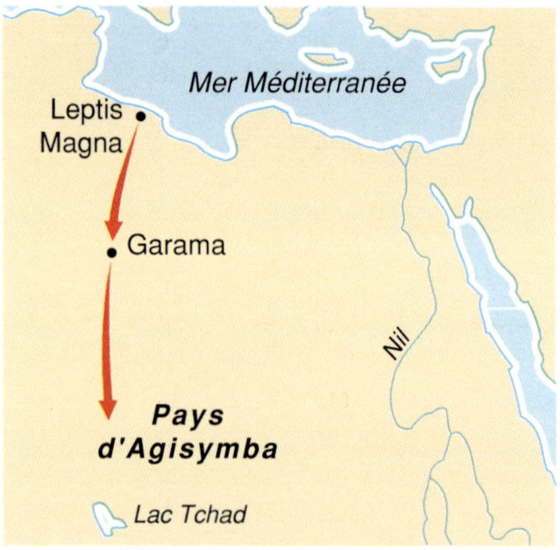

Le négociant Julius Maternus part en Afrique, au pays d'Agisymba, capturer des fauves pour les jeux du cirque dont le public romain est friand (mosaïque romaine, la capture d'un rhinocéros).

Une nouvelle vedette

Le poète Martial se fait l'écho des premières apparitions du rhinocéros bicorne au Colisée, le grand amphithéâtre de Rome, sous le règne de l'empereur Domitien.

« Les piqueurs aiguillonnaient craintivement un rhinocéros, et depuis longtemps la colère du terrible fauve se concentrait, si bien qu'on désespérait d'assister au combat annoncé. Enfin, la fureur qu'on lui avait connue auparavant revint au monstre : sur sa double corne, il enlève un ours énorme aussi aisément qu'un taureau envoie jusqu'aux astres les mannequins qu'on lui jette [...]. On l'a vu soulever sans peine d'un coup de tête deux taureaux à la fois ; le buffle farouche et le bison n'ont pu lui résister. Pour le fuir, un lion s'est jeté la tête la première sur les bancs. »

Martial, Épigrammes, *tome I, livres I-IV.*

Julius Maternus est en effet l'un des rares Romains à avoir exploré cette région de l'Afrique. Les auteurs anciens ne mentionnent que trois autres expéditions romaines, toutes trois à but militaire. Les motivations du voyage de Julius Maternus apparaissent donc tout à fait originales à une époque où l'exploration n'est le plus souvent que le préliminaire ou le complément de la conquête ou d'une démonstration de force.

Avec le roi des Garamantes

Entre 83 et 92 de notre ère, Julius Maternus part de la cité de Leptis Magna, située sur la côte de la Libye. Il est peut-être originaire de cette colonie romaine, qui est un port actif de Méditerranée. Sans doute entouré d'un certain nombre de compagnons, il se dirige vers le sud et traverse le désert de Cyrénaïque. Il parcourt en vingt jours le millier de kilomètres qui sépare Leptis Magna de Garama, aujourd'hui Djerma, la capitale des Garamantes. L'importante tribu libyenne des Garamantes, ancêtres des Touaregs, occupe la région du Fezzan. À l'époque romaine, elle est placée sous l'autorité d'un roi. C'est lui que l'intrépide commerçant vient trouver. Grâce aux bonnes relations qu'entretiennent alors Rome et les Garamantes, Julius Maternus obtient la permission de se joindre à l'expédition punitive que projette le souverain libyen dans le Sahara, au pays d'Agisymba. La campagne a pour but de réprimer l'agitation de tribus africaines sur lesquelles les Garamantes ont établi leur contrôle et de protéger en même temps le commerce qui transite par cette région. On ignore la localisation exacte du pays

Pour arriver au pays d'Agisymba, l'expédition doit traverser le désert du Sahara.

Expéditions antiques au Sahara

Julius Maternus a été précédé dans le désert du Sahara par trois expéditions.

Le voyage des Nasamons. L'historien et voyageur grec Hérodote, qui a vécu au ve siècle avant notre ère, rapporte que cinq jeunes nobles de la tribu des Nasamons ont réalisé la traversée complète du Sahara. Les Nasamons étaient installés sur la côte du golfe de Syrte, en Libye. Après avoir traversé le Fezzan et le Hoggar, ils ont peut-être continué jusqu'à la boucle du fleuve Niger.

Cornelius Balbus. Entre 21 et 20 avant notre ère, le gouverneur de la province romaine d'Afrique, Cornelius Balbus, combat les Garamantes. Il traverse le désert libyen jusqu'à Garama, la capitale de ses adversaires, mais ne s'enfonce pas davantage dans le Sahara. Aussitôt après cette expédition punitive, le gouverneur se retire dans sa province. Il n'a pas pour objectif de conquérir de nouvelles terres.

Septimius Flaccus. Sous le règne de l'empereur Domitien (81-96) et avant le voyage de Julius Maternus, le gouverneur de la province africaine de Numidie et commandant de légion, Septimius Flaccus, fait une démonstration de force au sud de la Libye. Après avoir dépassé le Fezzan, ou territoire des Garamantes, il marche pendant trois mois. Il couvre donc une distance inférieure à celle parcourue par Julius Maternus, dont le voyage a duré quatre mois et demi à partir de Garama. L'officier entend alors parler du pays d'Agisymba et de sa faune abondante et rapporte cette information en Afrique du Nord, où elle parvient à Julius Maternus.

d'Agisymba, qui se situait peut-être à la lisière sud du Tibesti. La traversée du Sahara entre Garama et le pays d'Agisymba dure quatre mois et demi. Comme moyen de transport, Julius Maternus et ses compagnons disposent surtout de chevaux. En effet, le dromadaire semble encore peu utilisé dans le Sahara en ce temps-là. L'expédition progresse lentement, d'un point d'eau à l'autre. Les puits sont bien connus des Garamantes, qui assurent les liaisons commerciales entre l'Afrique noire et la Libye.

Au pays des rhinocéros

Quelques années avant Julius Maternus, des soldats romains se sont aventurés dans le Sahara. Sans doute est-ce à travers eux que le commerçant a appris l'existence du pays d'Agisymba et de ses richesses animales. Fort de ces renseignements, Julius Maternus entreprend le long et pénible voyage qui le mène jusqu'aux fauves et aux bêtes sauvages. À son arrivée au pays d'Agisymba, le négociant est récompensé de ses peines. Ce qu'on lui a rapporté est exact. Il découvre bien une nouvelle espèce d'animaux : le rhinocéros bicorne. Cet animal va faire sensation à Rome. Quelle ne sera pas l'excitation des spectateurs des sanglants jeux du cirque, toujours avides de nouveautés, lorsque le rhinocéros bicorne pénétrera dans l'arène ! Car si les Romains se sont familiarisés avec l'espèce du rhinocéros à une corne (la seconde corne, très peu développée, n'est alors pas considérée comme telle), ils n'ont jamais vu de rhinocéros tels que ceux que découvre Julius Maternus. Le Romain chasse donc et capture lesdits rhinocéros, ainsi que d'autres de ces bêtes sauvages dont les arènes romaines font grande consommation. Il est regrettable que nous ne sachions rien du voyage du retour, qui, avec ce chargement encombrant, dut certainement être long et riche de péripéties variées.

La cité de Leptis Magna, sur la côte libyenne.

L'Angleterre conquise et explorée par Rome

AGRICOLA

Pour conquérir le nord de l'Angleterre, les Romains choisissent la voie maritime et se lancent dans l'exploration des côtes (bateau romain, détail d'un sarcophage).

Le bouclier de Battersea (art celte, 1er siècle avant notre ère, Londres, British Museum).

En 84 de notre ère, Cnaeus Julius Agricola, gouverneur de la province romaine « de Bretagne » — c'est-à-dire de Grande-Bretagne —, achève la conquête du nord de l'Angleterre et de l'est de l'Écosse, deux contrées inexplorées par ses compatriotes. Grâce à lui, les Romains complètent leur connaissance du pays.

Lorsqu'en 77 ou 78, Agricola est nommé gouverneur de la (Grande-)Bretagne par l'empereur Vespasien, Rome domine l'Angleterre à peu près jusqu'à la ligne comprise entre la Humber et l'estuaire de la Mersey. Les territoires situés au-dessus sont encore inconnus. Le nouveau chef de la province est chargé par Vespasien d'achever la conquête du pays en soumettant les peuples qui vivent au nord de cette limite. La contribution d'Agricola à la découverte des îles Britanniques est connue par les écrits du célèbre historien Tacite, qui n'est autre que le propre gendre du gouverneur.

L'étude du terrain

La première tâche du gouverneur de Bretagne est de soumettre définitivement le pays de Galles, encore agité par un vent de révolte. Il est libre ensuite de se tourner vers le nord du pays, son objectif principal. Avant de s'engager dans de vastes campagnes militaires et pour faciliter ensuite la politique d'assimilation des peuples soumis, le nouvel arrivant a besoin de connaître la topographie des lieux. Comment pourrait-il autrement s'orienter et faire circuler ses troupes ? Agricola, assisté de son armée, commence donc par explorer en profondeur des régions mal connues ou jamais visitées et à dresser des cartes simples. Tacite précise que son beau-père effectue lui-même la reconnaissance des estuaires, caractéristiques de la côte britannique, et des forêts. Au cours de ses expéditions, les combats avec les peuples ennemis ne sont pas rares.

Une avance régulière

Les opérations de conquête des régions septentrionales, bien préparées, conduisent d'abord les Romains jusqu'à la Tay et leur ouvrent, selon l'expression de Tacite, de nouveaux peuples. Agricola se replie ensuite sur la ligne formée par la Clyde et le Forth, fleuves qui constituent une frontière naturelle. Il consolide ses positions en construisant des forts et en y plaçant des garnisons. Le conquérant poursuit ensuite sa progression en effectuant une traversée en bateau, peut-être dans l'estuaire de la Clyde. Pour la première fois, le sud-ouest de l'Écosse est envahi. De nombreux peuples, inconnus jusque-là des Romains, sont vaincus. La campagne suivante, ordonnée par Domitien, empereur depuis 81, se déroule dans l'est de l'Écosse, au nord du Forth. Agricola, qui redoute l'attaque d'un ennemi, dont il évalue mal la puissance, sur des routes qu'il ne connaît pas, engage ses forces navales et ses troupes terrestres dans une reconnaissance de grande ampleur. La flotte explore le littoral et repère les ports. L'armée de terre détermine la position des forêts et des montagnes. L'avance se fait ainsi sur plusieurs fronts. Agricola dépasse la Tay et continue jusqu'à Strathmore. Au cours de cette expédition, il livre des combats difficiles, dont il sort victorieux. Sa dernière campagne

Après avoir soumis les révoltes du pays de Galles, Agricola s'aventure vers les régions moins connues du nord de l'Angleterre.

le mène au mont Graupius, lieu non identifié situé quelque part dans les monts Grampians. Il y livre une grande bataille qui marque le terme de la conquête et de la découverte. En effet, Domitien rappelle son gouverneur avant qu'il n'ait atteint la limite nord de la Bretagne. Les territoires conquis par Agricola au nord du Forth sont rapidement abandonnés. La frontière de la province est fixée à la ligne de la Clyde et du Forth.

Le pays et les hommes

Bien qu'il ait visité sa province de manière extensive et qu'il ait effectué de nombreux relevés de son littoral, Agricola ne corrige pas la grossière erreur de son temps qui consiste à situer la côte ouest de l'Angleterre face à l'Espagne. Ses campagnes n'évitent pas non plus au géographe grec Ptolémée de se tromper, un demi-siècle plus tard, dans le calcul de la latitude de l'Écosse qu'il oriente vers l'est et non vers le nord. Le gouverneur fait cependant des observations très justes sur les caractères du pays. Il constate par exemple que « nulle part ailleurs la mer ne règne plus largement, qu'elle pousse un peu partout un grand nombre de bras, que, lorsque elle monte ou baisse, elle ne s'arrête pas au rivage, mais qu'elle pénètre profondément dans les terres, y décrit des méandres, qu'elle s'insinue entre des hauteurs et des monts isolés comme en son domaine propre. » En bon Méditerranéen, le gouverneur n'apprécie guère le climat, « rendu déplaisant par de nombreuses averses et brouillards ». Celui-ci a pour seul avantage de ne pas être très froid. Agricola affirme aussi que les jours sont plus longs dans ces régions qu'en Italie. En ce qui concerne les peuples, le représentant de Rome confirme la parenté de certaines nations britanniques avec les Gaulois. Ces peuples partagent en effet les mêmes pratiques religieuses et la même ardeur au combat. Le conquérant romain s'intéresse aussi tout naturellement aux ressources de la province. Celle-ci est notamment productrice de céréales et de métaux, or et argent entre autres. En levant les derniers voiles sur ce mystérieux et inquiétant pays du Nord, les campagnes d'Agricola ouvrent la voie à la civilisation romaine.

Une lente découverte

De Pythéas à César. Explorée en 325 avant notre ère par le Grec Pythéas, la Grande-Bretagne reste encore isolée pendant près de trois siècles. En 56 et 55 avant notre ère, Jules César quitte la Gaule pour mener deux expéditions, mal préparées, en Angleterre. Est-ce à cause de la réputation de menteur que certains auteurs latins ont faite à Pythéas que César ne lit pas ou ne prend pas au sérieux les ouvrages du Grec ? S'il avait fait attention aux indications sur l'amplitude des flux et reflux océaniques, il n'aurait pas perdu une partie de sa flotte à cause d'une marée d'équinoxe. Les expéditions, qui ne s'enfoncent guère à l'intérieur des terres, portent peu de fruits. César n'apprend rien de nouveau sur la côte anglaise et il ignore tout des plus puissants peuples du Sud. Il constate cependant que le sud-est de l'Angleterre et la Gaule ont beaucoup de points communs.

Sous Claude et Néron. Les expériences de César restent sans lendemain. Ce n'est qu'en 43 de notre ère, sous l'empereur Claude, que Rome s'intéresse à nouveau à la Grande-Bretagne, pour en faire la conquête. Ce monde encore inconnu effraie tellement les soldats romains qu'ils refusent d'abord de traverser la Manche. Grâce aux données géographiques accumulées pendant les campagnes qui aboutissent à la soumission des territoires situés entre la côte sud-est, l'Avon et le Trent, les Romains peuvent enfin tracer la première carte de l'intérieur du pays. Sous Néron, la Cornouailles et le pays de Galles viennent agrandir la province contrôlée par les Romains.

Un géographe fait le point des connaissances

CLAUDE PTOLÉMÉE

Au milieu du Ier siècle de notre ère, le savant grec Claude Ptolémée rédige le Guide géographique, somme des connaissances géographiques dont dispose son temps. Son ouvrage est appelé à connaître une fortune extraordinairement durable : traduit en latin en 1410, copié à de fréquentes reprises, il devient le livre de référence majeur pour les érudits et les explorateurs du monde, aux XVe et XVIe siècles.

La ville de Constantinople : plan extrait de la Cosmographie *de Ptolémée (Paris, Bibliothèque nationale de France).*

Claude Ptolémée dans l'observatoire d'Alexandrie (gravure du XIXe siècle).

De Claude Ptolémée, on sait seulement qu'entre 125 et 141 il a travaillé à Alexandrie, qui est alors l'un des principaux foyers culturels de l'Empire romain. D'après les auteurs arabes qui ont préservé et traduit son œuvre, il a vécu soixante-dix-huit ans. Cela laisse supposer qu'il est né vers l'an 100 et mort vers 180. Scientifique aux multiples facettes, Ptolémée est non seulement géographe, mais aussi astronome, astrologue, mathématicien, théoricien de la musique et philosophe.

Un savant en chambre

Ptolémée n'est pas un homme de terrain. Ses écrits n'évoquent aucun voyage et ne font pas référence à des lieux qu'il aurait personnellement visités. Ses recherches, qui se fondent en grande partie sur les livres, ont pour cadre la très riche bibliothèque d'Alexandrie. Mais Ptolémée n'est pas qu'un compilateur. Il complète son savoir livresque par ses observations astronomiques et par ses calculs géométriques et trigonométriques. Parmi les ouvrages qu'il consulte figure en tête l'*Instruction géographique* de Marin de Tyr, grand géographe du premier tiers du IIe siècle de notre ère, et donc homme de la génération qui le précède. Ce volume, aujourd'hui perdu, sert de point de départ à Ptolémée. Le Grec critique la méthode de son prédécesseur et conteste le procédé cartographique que celui-ci utilise, mais il fait néanmoins de l'*Instruction* l'une de ses principales sources d'information. Les récits d'explorations fournissent aussi matière à sa réflexion. Le voyage de Pythéas, qui a laissé une relation de la découverte du nord de l'Europe, l'expédition d'Alexandre, connue par divers comptes rendus et par le journal d'étapes des arpenteurs, lui livrent maints renseignements. Mais il prête aussi attention à des aventures plus récentes, comme les expéditions des Romains Julius Maternus et Septimius Flaccus qui, les premiers, s'enfoncèrent dans le Sahara, ou les itinéraires des campagnes de Tibère en Germanie et d'Agricola en (Grande-)Bretagne, et il se sert aussi des cartes de l'administration romaine. Ptolémée n'ignore pas non plus l'œuvre des géographes du passé. Il cite Anaximandre qui, au VIe siècle avant notre ère, affirma le premier que la surface de la Terre était courbe et traça les contours du monde connu, ou encore Ératosthène, lequel, au IIIe siècle avant notre ère, réalisa la première mesure presque exacte de la circonférence de la Terre. Ptolémée connaît encore le travail d'Hipparque, le fondateur de la cartographie scientifique, auquel on doit l'idée de projeter sur un plan parallèles et méridiens. Enfin, le savant a lu l'*Enquête* d'Hérodote, le père de la géographie descriptive, qui, au Ve siècle avant notre ère, a détaillé les caractères physiques des pays et dépeint les peuples.

Un cartographe

L'ambition du *Guide géographique,* divisé en huit livres, est clairement définie dès le début : « Notre intention à nous a été, avec ce que nous avons vu nous-même ou avec ce que nous leur avons emprunté [aux auteurs anciens], d'esquisser une manière de carte générale du monde habité, afin de mettre à la disposition des amateurs de science tout ce qui peut leur être utile. » Ptolémée vise à une cartographie du monde plus qu'à une description des mœurs de ses peuples. Le *Guide* commence par proposer un système de projection cartographique et rassemble les données permettant d'établir des cartes régionales. Pour les trois continents, Europe, Asie, Afrique, Ptolémée recense 8 100 toponymes, répartis dans 82 régions. Pour les villes et les lieux remarquables, il donne les latitudes, établies à partir d'observations astronomiques, et les longitudes, souvent erronées, car leur mode de calcul est encore très imparfait. Le cartographe localise les peuples et il indique les durées du jour et de la nuit, du nord au sud en divers points du monde. La dernière partie de l'ouvrage fournit toutes les indications nécessaires pour dresser les cartes de 26 régions du monde. Il est probable que le cartographe lui-même est mort sans avoir encore dessiné les cartes projetées. Certaines copies du texte de Ptolémée contiennent pourtant ces cartes ; elles ont été exécutées, semble-t-il, par un ingénieur d'Alexandrie nommé Agathodaimon, qui dut les réaliser peu de temps après la disparition du géographe.

Le monde de Ptolémée

Le *Guide géographique* témoigne d'une conception du monde bien surprenante pour des regards modernes. Le monde connu y est représenté comme un ensemble de terres enserrant les océans. Ainsi, à l'est, l'Asie se rattache à la côte sud-est de l'Afrique et enveloppe l'océan Indien. La côte ouest de l'Afrique touche une terre inconnue et cerne ce que le géographe appelle le « golfe Éthiopien ». Au nord, Ptolémée imagine l'Europe et l'Asie avec des côtes qui se prolongent dans des directions différentes jusqu'à d'autres terres inconnues. Les cartes dessinées, qui concernent les régions plus ou moins explorées, montrent aussi bien des inexactitudes. L'Écosse, par exemple, se développe à l'est de la (Grande-)Bretagne ; l'Armorique disparaît de la côte gauloise ; le bassin méditerranéen est trop long, surtout dans sa partie occidentale ; dans l'Inde, le triangle du Deccan est omis. Le cartographe corrige en revanche quelques-unes des erreurs qui se sont perpétuées jusque-là. Il situe l'Irlande à l'ouest de l'Angleterre et non au nord. Il rectifie l'orientation des Pyrénées, qui s'étendent désormais d'est en ouest et non plus du nord au sud. Il fait de la mer Caspienne une mer fermée, caractéristique oubliée depuis Hérodote. Après Ptolémée, les géographes n'innovent guère jusqu'à la Renaissance et aux grandes découvertes. C'est d'ailleurs le *Guide géographique* qui invite Christophe Colomb à naviguer vers l'ouest pour ouvrir une nouvelle route maritime, plus courte, menant à la côte orientale de l'Asie. Il ne devait pas atteindre l'Asie, mais l'Amérique.

Une vision théologique du monde

Cosmas Indicopleustès, riche commerçant d'Alexandrie et sujet de l'Empire byzantin, rédige au VIe siècle une Topographie chrétienne. *La conception de l'Univers qu'il y expose manifeste une nette régression par rapport aux théories des savants grecs.*

L'image que le Byzantin se forme du monde, est fondée sur les saintes écritures. Elle nie la sphéricité de la Terre en affirmant que, si c'était le cas, cela signifierait cette chose absurde : que les hommes marchent par endroits la tête en bas. Pour Cosmas Indicopleustès, la Terre est au centre d'un univers représenté comme un grand coffre. Elle est entourée par l'océan, puis par le pays d'Éden, fermé aux hommes. Au nord, elle se termine par une grande montagne autour de laquelle gravitent le Soleil et la Lune. La voûte céleste surmonte la Terre et repose sur deux de ses extrémités. Cette conception symbolique et théologique du monde devait dominer la géographie médiévale jusqu'au XIIIe siècle.

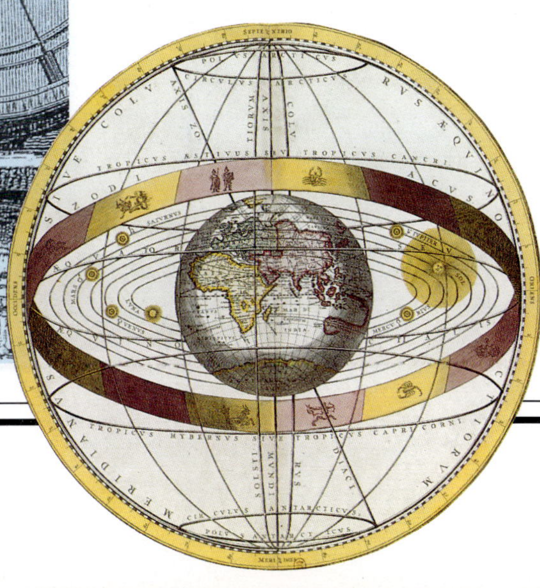

Une nouvelle vision du monde : le système de Ptolémée (gravure du XVIIIe siècle, Paris, Bibliothèque nationale de France).

Des déplacements de peuples bouleversent l'Occident

LES GRANDES INVASIONS

Tout au long de l'Antiquité, l'Égypte, la Grèce et Rome ont organisé des expéditions à but commercial, ou parfois scientifique, et des campagnes militaires qui ont pénétré dans des contrées sauvages et élargi les frontières du monde connu. À partir du IIIe siècle de notre ère, le mouvement s'inverse.

Désormais, ce sont les peuples barbares qui découvrent à leur manière, extrêmement brutale, les pays de vieille civilisation. Refoulés de leurs territoires par des ethnies plus violentes qu'eux-mêmes et attirés par les richesses des nations civilisées, ils déferlent sur Rome et ses provinces.

Les premiers coups

Au milieu du IIIe siècle, les Goths lancent leurs premières attaques contre l'Empire romain. Une partie d'entre eux ravagent les côtes de l'Asie Mineure (la Turquie actuelle). Ils traversent ensuite le détroit du Bosphore, dévastent la Thrace et les Balkans avant de contraindre Rome à leur abandonner la province de Dacie. Les Goths continuent à harceler les Romains sur la frontière du Danube jusqu'en 332, date à laquelle ils sont vaincus par l'empereur Constantin (307-337). Après avoir reconnu la suzeraineté de Rome, ils profitent d'une période de paix d'une quarantaine d'années, favorable aux échanges avec leur vainqueur. Au cours de cette période, une partie d'entre eux, les Wisigoths, découvrent le christianisme. Sur la frontière entre le Rhin et le Danube, Rome subit la pression des Alamans. En 260, ces Barbares réussissent leur percée et ils parviennent jusqu'aux portes de Milan. Repoussés sur la rive droite du Rhin, ils prennent possession des champs Décumates (le Brisgau actuel), entre le Main et le lac de Constance, et du nord de l'Helvétie. Tout au long du IVe siècle, ils s'efforcent de franchir le Rhin, mais ils sont contenus par les armées de Rome. Les Francs sont également très actifs au milieu du IIIe siècle. Ils enfoncent la frontière du Rhin, et se répandent à travers toute la Gaule. Des bandes descendent même jusqu'en Espagne. Partout, les Francs pillent, incendient et laissent des ruines fumantes. Pour tenter d'endiguer ce flot, Rome installe les Barbares sur son territoire — en contrôlant leur nombre et en faisant de ces colons les défenseurs de ses propres frontières. Elle leur accorde des terres, situées près des frontières, et leur confie en échange le soin d'empêcher les incursions de leurs semblables. Les nouveaux venus fournissent de plus en plus d'auxiliaires à l'armée romaine. Certains d'entre eux se hissent même aux plus hauts postes de commandement. L'Empire romain connaît une période de répit et ne se doute pas que le pire reste encore à venir.

Les Barbares, peuples nomades, vont d'abord se sédentariser au contact de l'Empire romain (guerrier barbare, Londres British Museum).

Le naufrage de l'Empire romain

Tout part cette fois de l'Asie centrale. De féroces tribus originaires de Corée et de Mandchourie repoussent les terribles Huns vers l'ouest. En 374-375, ils arrivent en Ukraine, où ils écrasent les Ostrogoths. Pour échapper à ce sauvage ennemi, Ostrogoths et Wisigoths refluent à leur tour vers l'ouest. Les premiers gagnent le nord du Danube. Les seconds se réfugient dans l'Empire romain, en Thrace et en Pannonie jusqu'en 401. Ils migrent alors vers l'Italie et ils pillent Rome neuf ans plus tard. Pour finir, ils remontent vers l'Aquitaine et vers l'Espagne. Leurs frères ostrogoths, quant à eux, fonderont un État en Italie à la fin du Ve siècle. Pendant ce temps, les Huns poursuivent leur marche vers l'ouest et font fuir devant eux Vandales, Burgondes et Alains, qui passent le Rhin le 31 décembre 406. Hormis les Burgondes, qui demeurent en Rhénanie puis se répandent en Savoie et dans la région de Lyon, ces peuples traversent la Gaule pour se rendre en Espagne. Chassés d'Espagne par les troupes de Rome, les Vandales se dirigent vers l'Afrique romaine et s'en emparent. Les Francs, fixés au nord de la Gaule, attendent leur heure. Avec leur chef Clovis, ils feront la conquête du pays entier à la fin du Ve siècle. En 447, Attila, souverain des Huns et chef d'un puissant et vaste royaume, sème la désolation dans toute l'Europe. Quatre ans plus tard, il pénètre dans le nord-est de la Gaule. Défait près de Troyes, il change d'objectif et s'attaque à l'Italie. Sa mort, en 453, met fin aux déprédations des Huns. Mais plus rien ne peut sauver l'Empire romain, qui n'a plus d'empire que le nom. Celui-ci disparaît définitivement en 476 avec son dernier empereur. Il laisse la place aux royaumes barbares tandis que l'Antiquité s'efface devant le Moyen Âge.

Le recul de la géographie

Bien qu'issus de régions encore mal connues ou inexplorées, comprises entre l'Empire romain et l'Asie centrale, les peuples barbares ne font aucunement progresser les connaissances géographiques concernant ces territoires. Quant à la civilisation romaine, elle n'intéresse les envahisseurs que dans la mesure où elle leur procure de grandes richesses. Les Barbares n'éprouvent pas plus de respect pour ses œuvres littéraires et artistiques que pour ses monuments, auxquels ils n'hésitent pas à mettre le feu lors de leurs opérations de pillage. Dans la tourmente des invasions et les profondes mutations politiques, sociales et intellectuelles qui s'ensuivent, personne ne se soucie de géographie. Ce sont les Arabes qui sauvent de l'oubli les ouvrages scientifiques de l'Antiquité, dont les écrits de Ptolémée, le dernier grand géographe et cartographe antique. La civilisation occidentale, qui se renouvelle à la suite de ce grand brassage de peuples, attendra le XVe siècle pour redécouvrir l'œuvre du savant grec et donner un nouvel élan à la géographie.

Repoussés vers l'ouest par les Huns, les Wisigoths, à leur tour, envahissent l'Italie et pillent Rome (gravure du XIXe siècle).

Les Barbares

Les envahisseurs barbares se répartissent en trois groupes. **Les Germains** sont des éleveurs et des agriculteurs qui vivent dans des villages. Parmi les Germains figurent **les Goths, répartis entre Wisigoths et Ostrogoths.** Partis de Scandinavie au début du IIe siècle, ils sont installés au nord-ouest de la mer Noire. **Les Francs,** établis sur le cours inférieur du Rhin, **les Alamans,** localisés entre le Rhin moyen et le haut Danube, et **les Burgondes,** qui ont quitté les rives de la Baltique pour la Vistule puis pour le Main, sont aussi des Germains. **Les Vandales,** issus de Scandinavie, établis au IIIe siècle entre la Vistule et l'Oder, font également partie de cet ensemble de populations.

Le deuxième groupe comprend **des Iraniens,** originaires du plateau d'Iran. Il s'agit notamment des **Alains,** qui vivent entre la mer Noire et la mer Caspienne. **Les Huns,** branche occidentale des **Xiongnu,** tribus mongoles ennemies héréditaires de la Chine, forment le troisième groupe. À partir du Ier siècle de notre ère, ils pratiquent l'élevage en Sibérie occidentale.

Grâce à la victoire de Constantin sur les Goths, les Romains réussissent quelque temps à contenir ces envahisseurs au-delà du Danube (gravure du XIXe siècle).

385

Une aristocrate romaine découvre les Lieux saints

SAINTE PAULE

Exaltée par le puissant désir de découvrir la Terre sainte et de voir de ses yeux les lieux où se sont déroulés les événements relatés dans la Bible, Paule, une noble veuve chrétienne, quitte Rome en août 385 et fait voile vers la Syrie et la Palestine.

Paule s'embarque en compagnie de Jérôme, prêtre et théologien, qui deviendra l'un des principaux Pères de l'Église. Dans l'une de ses *Lettres,* qui forme l'oraison funèbre de la pieuse femme, Jérôme évoque les étapes du pèlerinage et décrit la ferveur religieuse de Paule, qui explore les Lieux saints avec un enthousiasme passionné. Jamais, dans cet écrit, le saint ne signale sa présence, pourtant constante, à ses côtés au cours du pèlerinage, alors qu'il parle de celle d'une fille de Paule, Eustochie, et de celle de nombreux moines et religieuses.

Une voyageuse impatiente

« Oublieuse de son palais, de ses enfants, de sa domesticité, de ses domaines, de tout ce qui se rapporte au monde, elle brûlait de se diriger seule — si l'on peut dire — et sans suite, vers le désert des Antoine et des Paul. » Comme le souligne saint Jérôme, l'attirance de Paule pour la Terre sainte est si forte qu'elle n'hésite pas à abandonner une famille qui lui est chère, une vie de luxe et de confort pour entreprendre une expédition par mer puis par terre, non dépourvue de danger. Au IVe siècle, le pèlerinage en Orient, très onéreux, est encore réservé à une élite d'aristocrates cultivés. Partie de Rome avec ses compagnons de voyage, Paule fait une halte aux îles Pontiennes où plane le souvenir d'une femme exilée jadis par l'empereur Domitien pour avoir confessé la religion chrétienne. Après avoir dépassé Rhodes, le navire continue vers Chypre, où Paule est chaleureusement accueillie par l'évêque de l'île. Pendant dix jours, elle parcourt inlassablement les monastères du pays. Mais la réception de l'évêque et des frères ne saurait faire oublier à Paule le but de son voyage et sa hâte d'arriver en Palestine : « Elle souhaitait déployer ses

Les débuts du pèlerinage en Terre sainte

Le pèlerinage en Terre sainte commence à se développer lorsque cesse la période d'anarchie militaire du IIIe siècle, qui rend les voyages lointains presque impossibles, et après l'arrêt des persécutions chrétiennes, ordonnées périodiquement par les empereurs romains à partir de Néron (54-68 de notre ère).

Hélène et la mode du pèlerinage. En 326, Hélène, la mère de l'empereur Constantin, installé à Constantinople (la moderne Istanbul), se rend à Jérusalem où, selon une tradition, elle aurait mis au jour la croix du Christ. Elle fait construire des basiliques qui commémorent les épisodes de la vie du Christ à Jérusalem, sur le mont des Oliviers et sur le mont Sion, et à Bethléem. En 335, Constantin dédicace la basilique du Saint-Sépulcre, édifiée à l'emplacement du tombeau du Christ, retrouvé grâce aux fouilles qu'il a commandées.

Un pèlerin anonyme. En 333, un chrétien de Bordeaux, au nom inconnu, visite la Palestine et rédige le premier compte rendu détaillé de pèlerinage en Terre sainte. Le pèlerin de Bordeaux emprunte la voie terrestre et décrit de manière détaillée son itinéraire à travers la Gaule, l'Italie, les Balkans, l'Asie Mineure (Turquie actuelle) et la Syrie. Arrivé en Palestine, il s'immerge dans le monde biblique. Partout, dans tous les sites qu'il fréquente, il retrouve les épisodes, les personnages de la Bible.

Égérie. Égérie, dame de haut rang, originaire d'Espagne ou du sud de la Gaule et contemporaine de Paule, visite la Terre sainte entre 381 et 384. Elle relate son pèlerinage en Palestine et en Égypte dans une lettre envoyée à des religieuses.

Au IVe siècle, le pèlerinage aux Lieux saints, très onéreux, est réservé aux aristocrates.

L'embarquement de sainte Paule romaine à Ostie (peinture du Lorrain, Madrid, musée du Prado).

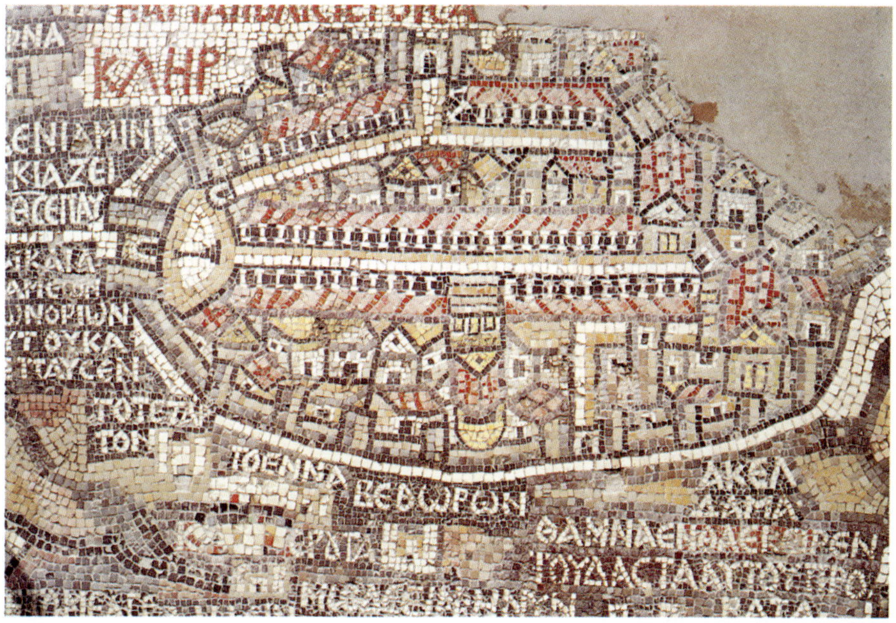

Plan de Jérusalem (mosaïque byzantine, Madaba, église Saint-Georges).

ailes, pour aller voir Jérusalem et les Lieux saints. Les vents, à son gré, soufflaient trop lentement ». L'aristocrate romaine débarque finalement sur la côte syrienne. Elle commence par se rendre à Antioche, où elle est reçue par l'évêque de la cité. De là, « la noble femme, qui se faisait porter en litière par les eunuques, partit en selle sur un petit âne » vers le pays de la Bible et du Christ.

Sur les traces de la Bible

Paule, chrétienne cultivée, passionnée par les écrits bibliques, et Jérôme, érudit traducteur de la Bible, connaissent les moindres épisodes et acteurs de l'Ancien et du Nouveau Testament. Lorsqu'ils parcourent la Terre sainte, ils recherchent les lieux mentionnés dans le texte sacré et y font revivre les personnages du récit. Dans leur quête, ils bénéficient de l'expérience des moines, des prêtres et des guides locaux, qui ont déjà reconnu et identifié une partie des vestiges matériels. Ainsi, à Bethléem, Paule visite l'étable où le « bœuf a reconnu son maître, et l'âne la crèche de son Seigneur ». À Naplouse, elle se recueille devant le puits de Jacob. Souvent, les objets et les lieux vénérés par les pèlerins, cachent d'anciens cultes sémitiques voués aux pierres, aux arbres et aux sources. À Jérusalem, à Bethléem, les églises, élevées sous le règne de l'empereur Constantin, favorisent le recueillement des pèlerins. Dans la ville de Jérusalem, Paule, infatigable, effectue une visite complète des endroits associés à la vie et à la Passion du Christ : « Elle mit tant d'ardeur et de zèle à faire le tour de tous les Lieux saints, qu'on ne pouvait l'en arracher des premiers visités, sinon pour qu'elle se dirigeât en hâte vers les autres. Prosternée devant la Croix, elle adorait le Seigneur, comme si elle l'y contemplait suspendu. Entrée dans le sépulcre de l'Anastasis [le sanctuaire de la Résurrection], elle baisait la pierre que l'ange avait écartée de la porte du Sépulcre ; quant à l'endroit même où avait été déposé le corps du Seigneur, comme si sa foi eût été assoiffée des eaux désirées, elle n'en pouvait détacher ses lèvres. »

Un périple complet

Le voyage en Terre sainte mène encore Paule et ses compagnons en Samarie et en Galilée. Elle découvre Nazareth, où Jésus a passé son enfance, Cana, lieu de son premier miracle, Capharnaüm, où il a prêché avant de se rendre à Jérusalem et le lac de Tibériade, « sanctifié par la navigation du Seigneur ». Paule gravit aussi le mont Thabor, où la tradition place la Transfiguration du Christ. L'aristocrate romaine se rend ensuite dans le désert égyptien du Ouadi Natroun, dans le nord-ouest de l'Égypte, berceau du monachisme. Elle est accueillie par les nombreux moines qui y résident. Son pèlerinage s'achève à Bethléem, où la pieuse femme fonde des monastères et termine ses jours. Paule, qui fait partie de la génération des pionniers du pèlerinage en Palestine, a largement contribué à ouvrir la route de la Terre sainte aux chrétiens d'Occident.

629-645

Le plus célèbre des pèlerins chinois visite l'Inde

XUAN ZANG

C'est en 629, à l'âge de vingt-six ans, que Xuan Zang entreprend le long et périlleux périple qui le mènera de Chine en Inde, sur les lieux saints du bouddhisme. Il revient dans son pays natal seize ans plus tard, après avoir parcouru vingt huit mille kilomètres et découvert de nombreux peuples.

Issu d'une famille de lettrés du Henan, Xuan Zang se voue très tôt au bouddhisme et devient moine. Alors qu'il étudie les textes sacrés, le jeune religieux constate que de nombreuses erreurs de traduction faussent leur compréhension. Il décide donc de traduire à nouveau ces textes. Mais il doit d'abord se les procurer dans leur pays d'origine, l'Inde. De son périple, il rapporte six cent cinquante sept manuscrits et la matière de deux ouvrages, comptes rendus de voyage modèles, rédigés par ses disciples.

Une heureuse rencontre

Érudit, passionné par les études bouddhiques, le moine a aussi le goût de l'action et du risque, comme le prouve le fait qu'il part seul et sans la permission des autorités chinoises. L'aventure commence dès la frontière, que Xuan Zang tente de franchir en fraude. Après avoir échappé de justesse aux flèches des gardes, il réussit, grâce à son éloquence, à convaincre les commandants des différents postes de le laisser passer. Il ne tarde pas à s'égarer dans le désert de Gobi. Alors qu'il est sur le point de mourir de soif, ses réserves

La pagode de la Grande Oie commémore les portraits du Bouddha rapportés de l'Inde par Xuan Zang

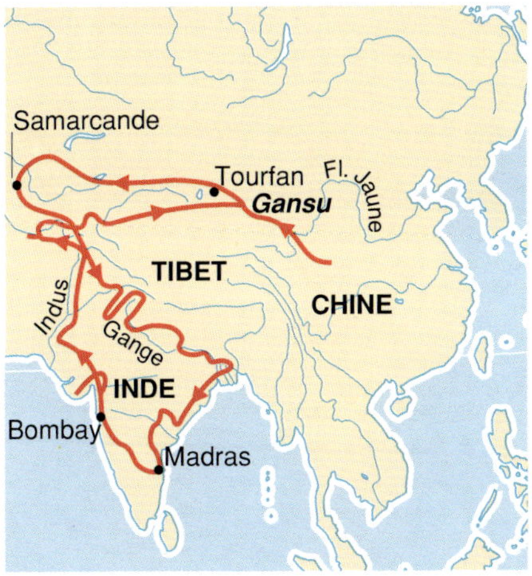

◁ *De son pèlerinage en Inde, Xuan Zang va rapporter de très nombreux manuscrits et des images du Bouddha.*

Bouddhisme et pèlerinage en Chine

De la ferveur à la persécution. Le bouddhisme, né en Inde au VIe siècle avant notre ère, se répand en Chine aux Ier et IIe siècles de notre ère, et s'épanouit entre le Ve et le IXe siècle. À cette époque, les pèlerinages des moines, qui recherchent les textes sacrés, se multiplient en Inde. La grande persécution de 843-845 marque le recul du bouddhisme en Chine.

De Fa Xian à Yi Jing. En 399, le moine Fa Xian, auteur du premier récit de pèlerinage conservé, visite l'Afghanistan, le Cachemire, l'Inde et le Bengale, Ceylan et Java. Il décrit le puissant empire du roi Chandragupta II, qui couvre le nord de l'Inde. Au VIe siècle, l'impératrice Hou de la dynastie des Wei du Nord, envoie Song Yun, un laïque, chercher des textes bouddhiques en Inde. Ce dernier est suivi au VIIe siècle par Xuan Zang, le plus illustre des voyageurs chinois, et Yi Jing, le dernier grand pèlerin bouddhiste. En 671, Yijing s'embarque à Canton, à destination du golfe du Bengale. Il arpente l'Inde jusqu'en 685, date à laquelle il s'installe à Palembang, centre bouddhique de Sumatra. Il revient en Chine en 695.

Pèlerin bouddhiste se rendant en Inde (peinture chinoise du IXe siècle, Paris, Bibliothèque nationale de France).

d'eau étant épuisées depuis cinq jours, Xuan Zang est sauvé par son cheval, qui le mène jusqu'à une source. Il retrouve la route des oasis du Gansu et du Xinjiang et, deux jours plus tard, il entre dans la ville d'Hami, où son arrivée fait sensation. Dès que le roi de Tourfan, la cité-État voisine, apprend la venue du religieux, il le fait quasiment enlever pour le conduire à sa cour. Le souverain, résolu à en faire le guide de son peuple, ne veut plus le laisser repartir. Xuan Zang entame alors une grève de la faim pour faire fléchir son geôlier. Le monarque, impressionné, cède et couvre le moine d'or, d'argent et de présents. Il lui fournit même des lettres de recommandation et une escorte d'une trentaine de personnes. Grâce à la générosité de son hôte, l'obscur pèlerin chinois se transforme en un voyageur au train fastueux, qui dispose de tous les atouts pour réussir son voyage.

Un pèlerin infatigable

Xuan Zang continue sa marche vers l'ouest. Après une terrible traversée de la chaîne enneigée du Tian Shan, où il perd quatorze compagnons, le pèlerin arrive sur le territoire contrôlé par le grand khan des Turcs, qui s'étend de l'Afghanistan à Tachkent. Il est de nouveau chaleureusement accueilli, et le souverain lui offre sa protection pour la suite du voyage, en direction du sud. Après Samarcande, Xuan Zang passe les Portes de Fer et débouche en Afghanistan. Au-delà de l'Hindu Kuch, qu'il franchit dans des conditions pénibles, il découvre la verte vallée de Bamiyan et ses deux colossales statues de Bouddha, taillées dans la falaise. Puis il continue sur Peshawar et le Cachemire. Avant de parvenir dans cette région, Xuan Zang et ses compagnons sont attaqués par des brigands, qui leur dérobent jusqu'à leurs vêtements. Du Cachemire, où il séjourne deux ans, le moine se rend au Pendjab. Il descend ensuite la vallée du Gange. Sur le fleuve, il est assailli par des pirates, adorateurs de la déesse Durga, qui conviennent que Xuan Zang ferait une très belle victime pour leur sanglante divinité. Le Chinois doit la vie à une tempête soudaine qui ramène les fanatiques à une réalité plus immédiate. Durant les dix années suivantes, Xuan Zang sillonne l'Inde, visitant les lieux saints et étudiant les enseignements des grands maîtres. Il explore Bihar, le Bengale et le Deccan, longe la côte orientale de la péninsule jusqu'à l'actuelle Madras et traverse celle-ci pour atteindre la côte occidentale, au sud de Bombay. Le pèlerin remonte finalement l'Indus, retraverse l'Hindu Kuch et retourne dans son pays par les oasis du Takla-Makan.

Un esprit encyclopédique

En dix-sept ans, Xuan Zang a visité cent dix royaumes et a recueilli des informations sur vingt-huit États supplémentaires. Chacun d'eux fait l'objet d'une description méthodique : périmètre du pays, climat, paysage, faune, ressources agricoles et minières, apparence physique des habitants, mœurs, langue, écriture et croyances. Le moine chinois mentionne aussi les couvents bouddhistes, le nom des moines et l'école à laquelle ils appartiennent. Il y dénombre les temples des hérétiques, consacrés aux divers cultes hindous. Les caractères généraux de l'Inde sont décrits dans une longue notice. Xuan Zang y évoque, entre autres, les castes, la division du temps, l'hygiène, les études, les lois et la justice ou encore l'administration, les habitudes et les tabous alimentaires, la médecine et les funérailles. Des villes et des villages, il rapporte par exemple : « Les rues et les ruelles sont tortueuses ; on voit des marchés clos au milieu de la voie publique, et là, sur deux lignes, les boutiques des marchands avec leurs enseignes. Les bouchers, les pêcheurs, les comédiens, les bourreaux et ceux qui enlèvent les ordures sont relégués en dehors des villes, et leurs habitations sont notoirement désignées. Quand ils vont et viennent dans les villages, ils se retirent sur le côté gauche du chemin. » Le voyage de Xuan Zang, qui fait date dans l'histoire du bouddhisme, a aussi considérablement accru les connaissances géographiques de la Chine.

Le difficile voyage d'un Japonais en Chine

LE MOINE ENNIN

« Ledit moine [Ennin], à la recherche de la Loi du bouddhisme est venu d'au-delà les mers. [...] Son intention, en quittant sa patrie, était de voyager en terre sainte [la Chine], d'y chercher des maîtres et d'y étudier la Loi [...], d'aller ultérieurement en pèlerinage à quelques-unes des montagnes fameuses ; de chercher la Voie et de remplir les pratiques [bouddhiques]. »

C'est en ces termes qu'Ennin, moine bouddhiste, d'origine japonaise, définit, dans une lettre adressée aux autorités chinoises, les raisons de sa venue dans l'Empire céleste. Arrivé en 838 pour un séjour de quelques mois, Ennin rencontre les plus grandes difficultés d'abord pour rester dans le pays, puis pour en repartir. Son retour au Japon est retardé jusqu'en 847, à cause de la grande persécution que mène contre le bouddhisme l'empereur Wou-tsong (841-846), porté vers le confucianisme et vers le taoïsme.

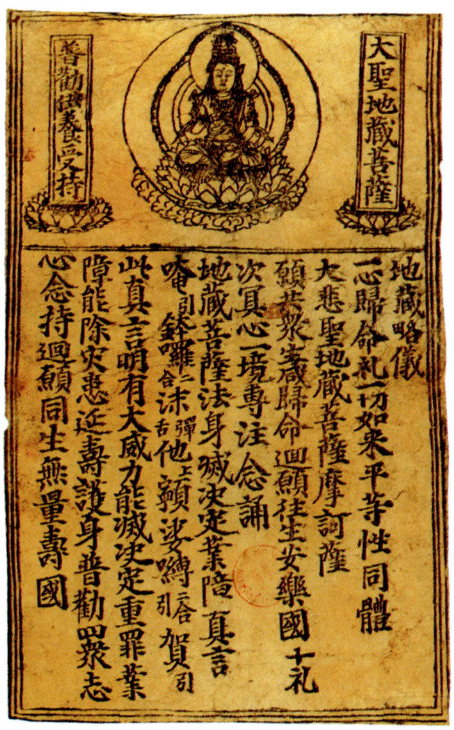

Figure d'un bodhisattva (sorte de saint bouddhique) surmontant le texte incantatoire qui lui est consacré (le bodhisattva Dizang, Paris, Bibliothèque nationale de France).

Un voyage contrarié

Ennin quitte son monastère, situé sur le mont Hiei, près de Kyoto, alors capitale du Japon, en profitant d'une importante ambassade qui se rend à la cour de Chine. L'expédition débarque à Chuh-chiang-chen, puis remonte un canal jusqu'à la ville de Yang-chou. Tandis que l'ambassade poursuit sa route vers Changan, la capitale (actuelle Xi'an), Ennin attend sur place l'autorisation de se rendre en pèlerinage au monastère du mont Tientai, de même obédience que la secte à laquelle il appartient. Il se heurte à un refus et se rembarque donc avec l'ambassade, lorsque celle-ci revient à Yang-chou. Mais Ennin, son serviteur et deux autres moines, abandonnés à l'est du Shantung par le bateau qui les ramène, demeurent finalement en Chine. Les quatre hommes passent l'hiver 839-840 dans cette province, au monastère du mont Chih. Là, Ennin décide de se rendre en pèlerinage aux monts Wu-tai, les Cinq Terrasses, dans le nord-ouest du pays. Des monts Wu-tai, il descend vers le sud-ouest pour atteindre Changan, où il demeure entre 840 et 845. Dans les deux années qui suivent, le moine traverse à nouveau le pays pour trouver, non sans mal, un port d'embarquement pour le Japon. Finalement, il aura parcouru quelque 6 000 kilomètres. En 840, sur le chemin des Cinq Terrasses et de Changan, les Japonais logent et mangent chez l'habitant ou dans les monastères. Selon les individus, l'accueil réservé aux religieux varie de la bonté, de la piété et de la cordialité à l'avarice et à la grossièreté. Le régime de leurs hôtes est végétarien : gruau au petit déjeuner, puis millet, riz et légumes assaisonnés de sauce de soja, et de vinaigre chez les paysans les mieux pourvus.

Une persécution acharnée

Ennin dresse le bilan des coups portés au bouddhisme.

« Au cours des trois ou quatre dernières années, conformément aux édits impériaux, les préfectures et les sous-préfectures ont réglementé les moines et les nonnes du pays ; on a achevé de les rendre à la vie laïque. Dans tout le pays, les halls de Bouddha, les monastères, les temples ont été détruits ; les écritures, les images, les vêtements des clercs ont été brûlés ; l'or des effigies des Bouddhas a été gratté ; les Bouddhas de bronze et de fer brisés, pesés, confisqués ; les préfectures et sous-préfectures ont saisi l'argent et les biens des monastères, leurs domestiques et leurs esclaves.

Les monastères n'ont pas été détruits dans quatre commanderies situées au nord du fleuve Jaune, où le bouddhisme a toujours été honoré ; là seulement les moines et les nonnes n'ont pas été soumis au règlement ; et le bouddhisme n'y a pas été le moins du monde inquiété. À maintes reprises, les commissaires impériaux sont venus pour enquêter et punir ; mais ils ont dit : « Si l'Empereur venait en personne détruire et brûler, cela pourrait se faire ; mais nous ne le pouvons pas. » »

Ennin, Journal d'un voyageur en Chine, *Albin Michel, Paris, 1961.*

L'ordre chinois

Durant son périple, Ennin a souvent affaire aux fonctionnaires locaux pour obtenir autorisations et lettres de créance ; cela lui permet de constater l'efficacité de l'administration puissante et tatillonne qui quadrille le pays. Grâce à elle, les voyageurs peuvent se déplacer en toute sécurité sur le vaste territoire. Dans son journal, le Japonais ne mentionne que deux foyers de brigandage, nés de la famine, dont il a entendu parler. Le moine s'émerveille du réseau serré de canaux, de rivières et de fleuves, qui facilite la circulation. Sur le canal qui le conduit à Yang-chou, il admire un spectacle inattendu : « Des bateaux de la gabelle, chargés de sel, par trois ou quatre, par quatre ou cinq, attachés les uns aux autres, côte à côte et en ligne, se suivent sans interruption sur plusieurs dizaines de li [une mesure chinoise valant 576 m]. » Pour traverser le fleuve Jaune, dont l'eau boueuse est très rapide, les Japonais se rendent dans une station à bac, bien organisée, où s'alignent de nombreuses embarcations. Ou bien ils empruntent un pont de bateaux. Sur les routes, voies étroites où circulent piétons, ânes et quelquefois voitures à deux roues, des bornes miliaires servent de repères aux voyageurs. Les Japonais s'engagent aussi sur des chemins non balisés, sur lesquels ils s'égarent à plusieurs reprises, rallongeant ainsi leur route.

À la rencontre du bouddhisme chinois

Dans les grands monastères qui jalonnent sa route, Ennin se consacre avec ferveur à l'accomplissement de sa tâche qui consiste à

En Chine, le moine Ennin admire l'efficacité de l'administration et l'ingéniosité de la circulation, notamment fluviale (miniature chinoise du XVIIIe siècle, Paris, Bibliothèque nationale de France).

étudier et copier les textes, et à reproduire les peintures bouddhistes, pour constituer autant de modèles capables de faire évoluer le bouddhisme dans son pays. Se heurtant au problème de la multiplicité des langues et des dialectes de la Chine, il communique avec ses interlocuteurs par l'intermédiaire de la langue littéraire — la langue écrite, plus fixe — ou du dessin au pinceau. L'un des points culminants du pèlerinage d'Ennin est sa visite aux Cinq Terrasses. Le Japonais est ému jusqu'aux larmes par la beauté du lieu saint, tapi dans les montagnes, au milieu des pins. Il visite les pagodes, les monastères, les grottes sacrées, qui occupent les cinq monts. Il assiste aux prières, aux prêches et aux offrandes. Il fait ses dévotions et partage les repas rituels avec les moines des lieux. Il contemple de saintes reliques rapportées de l'Inde et de magnifiques œuvres d'art, bannières, chapelets en pierres précieuses, joyaux, encensoirs, tapis. Ennin est moins disert sur son séjour dans la capitale, assombri par le déclenchement de la grande persécution. Le retour, qui s'effectue dans ce contexte dramatique, est fort pénible. Le moine japonais ressent durement les difficultés de la route à travers déserts et montagnes. Il souffre de voir que les monastères qu'il avait fréquentés à l'aller, tel celui du mont Chih, sont désormais en ruine. Lui-même est dépouillé et doit abandonner tous les documents qu'il avait patiemment rassemblés au fil des ans. À son retour au Japon, il n'a pu sauver que son journal…

Moine zen dans un paysage, près d'une cascade (peinture sur soie de Manotobu, Tokyo, Musée national).

Du Turkménistan aux rives de la Volga

LE VOYAGE D'IBN FADLAN

Le 21 juin 921 Ahmed Ibn Fadlan quitte Bagdad avec une ambassade que le calife dépêche chez les Bulgares, installés au confluent de la Volga et de la Kama. Il traverse l'Iran puis remonte vers le nord, en direction de la mer d'Aral, puis de la Volga.

C'est le roi des Bulgares, converti à l'islam, qui a réclamé au calife abasside al-Muktadir (908-932), le chef de la communauté musulmane, l'envoi de juristes et de professeurs, spécialistes de la religion. Heureux de cette ouverture dont il espère qu'elle débouchera sur l'établissement de relations commerciales profitables avec les Bulgares, le calife a volontiers accédé à cette requête.

Un secrétaire dynamique

Ibn Fadlan n'est pas l'ambassadeur, mais le secrétaire de la mission diplomatique, chargé de rédiger le rapport pour le calife. Il semble toutefois s'être vite affirmé comme le véritable maître de l'expédition. Le secrétaire est accompagné de l'ambassadeur, du beau-frère de celui-ci, d'un professeur et d'un juriste, qui abandonnent en cours de route, et enfin d'une escorte armée. La caravane compte un grand nombre de chevaux et de chameaux, chargés de présents et de marchandises. Partis de Bagdad en juin 921, les musulmans reviennent chez eux au printemps 923. Dans sa *Relation,* Ibn Fadlan raconte les péripéties du voyage aller et son séjour chez les Bulgares. Peut-être a-t-il évoqué aussi le retour dans sa patrie, mais cette partie de l'ouvrage est alors perdue. Le secrétaire décrit avec sagacité la vie des peuples qu'il découvre au cours de son périple. En homme qui appartient à une civilisation raffinée, il marque souvent de l'étonnement envers les mœurs rudes de ces populations.

Un hiver redoutable

Ibn Fadlan évoque tout d'abord le Kharezm, région située au sud de la mer d'Aral, où il passe une partie de l'hiver. Il est frappé par le

Intérieur d'une tente bulgare (une yourte) semblable à celles où le roi des Bulgares accueillit Ibn Fadlan.

Conversations dans un village à l'arrivée d'une caravane de voyageurs (miniature arabe d'Al-Wasiti, Paris Bibliothèque nationale de France).

climat très rigoureux. Gel persistant, vent violent, neige lui font qualifier le pays de « porte du froid de l'enfer ». Les habitants eux-mêmes désertent les rues et les marchés. La région étant forestière, les Kharezmiens possèdent du moins du bois bon marché. Mais les flambées ne réchauffent pas suffisamment les demeures au gré du secrétaire. Celui-ci choisit de monter la traditionnelle tente turque à l'intérieur même des maisons, et il y dort, enveloppé dans ses vêtements et ses fourrures. Malgré cette précaution, sa joue reste une fois collée à l'oreiller ! Le peuple du Kharezm, note-t-il, a des mœurs très frustes ; il parle une langue curieuse qui rappelle à Ibn Fadlan le « cri des étourneaux » ou le « coassement des grenouilles ». À la mi-février 922, la caravane reprend la route. L'hiver n'a rien perdu de sa rudesse. Les voyageurs, emmitouflés dans plusieurs couches de vêtements, parcourent des steppes désertiques et glaciales avant de parvenir chez les Oghouz. Cette peuplade turque nomade, qui se déplace avec ses tentes, frappe Ibn Fadlan par sa misère et une existence qui lui semble comparable à celle des bêtes. En bon musulman, qui fait régulièrement ses ablutions, l'envoyé du calife est choqué par la saleté de ses hôtes. Ceux-ci ne se nettoient pas « après les souillures des excréments » et « n'ont aucun contact avec l'eau, particulièrement en hiver ». Les hommes se rasent la barbe, mais pas la moustache. Les femmes, qui vont non voilées et qui participent à la vie commune, constituent un autre sujet de curiosité pour le musulman. La médecine sommaire des Oghouz le surprend également. Chez ce peuple, le malade est installé dans une tente isolée et confié aux soins d'esclaves. Sa famille ne s'en approche plus jusqu'à ce qu'il meure ou qu'il guérisse…

Au royaume bulgare

Le 12 mai 922, Ibn Fadlan et ses compagnons arrivent sur la Volga, où ils sont accueillis par le roi des Bulgares, qui les loge dans des tentes. Le souverain organise une grande réception dans sa propre tente, très vaste et ornée de tapis arméniens et d'un trône recouvert de brocart byzantin. La lecture des lettres du calife et de son vizir est suivie d'un banquet offert par le monarque. Le secrétaire constate que chaque convive dispose de sa propre table et que le roi seul fait le service. À la fin du repas, chacun emporte les restes qui demeurent sur sa table. Pendant son séjour, Ibn Fadlan s'informe sur les ressources alimentaires. À la viande de cheval, au millet, au blé et à l'orge, qui témoignent de la sédentarisation d'une partie de ce peuple nomade, s'ajoutent les pommes, les noisettes, en abondance, et les airelles rouges ou fraises des bois. En guise de graisse, les Bulgares ne connaissent que celle extraite du poisson, dont l'odeur forte rebute Ibn Fadlan. La durée des jours, très longs sous cette latitude en été, émerveille Ibn Fadlan. Il s'étonne en apprenant qu'à l'inverse, en hiver, la nuit est extrêmement prolongée. Chez les Bulgares, Ibn Fadlan rencontre des marchands russes qui disposent là d'un établissement quasi permanent. Il assiste aux funérailles de l'un d'entre eux. Le récit qu'il fait de cette cérémonie forme le passage le plus dramatique de la *Relation*. Le mort, paré de ses plus beaux atours, est transporté sur un bateau, puis il est rejoint par une jeune esclave, contrainte de s'allonger à ses côtés. « Deux [hommes] saisirent ses deux pieds, deux autres saisirent ses mains ; la vieille, appelée Ange de la Mort, arriva, lui mit sur le cou une corde de façon que les deux extrémités divergeassent et la donna à deux hommes afin qu'ils tirassent sur la corde. Puis, elle s'approcha d'elle, tenant un poignard à large lame, et elle se mit à le lui enfoncer entre les côtes et à le retirer tandis que les deux hommes l'étranglaient avec la corde, jusqu'à ce qu'elle fût morte. » Le plus proche parent du mort allume ensuite le bûcher préparé sous le navire. « Et le feu embrasa le bois, puis le bateau, puis la tente, l'homme, la fille et tout ce qui se trouvait sur le bateau. »

Ibn Fadlan s'étonne de la rudesse de la vie des Bulgares, qui contraste fortement avec sa vie d'homme de grande culture (miniature arabe, Paris, Bibliothèque nationale de France).

Bulgares et Russes

Les Bulgares, d'origine turco-mongole, **apparaissent dans l'histoire au Vᵉ siècle** sur les traces des Huns. Ils se répartissent **en Bulgares occidentaux,** installés sur le bas Danube, **et en Bulgares orientaux,** fixés sur le cours moyen de la Volga et dans la région du confluent de la Volga et de la Kama, où s'élève Balghar, la capitale. **Le royaume des Bulgares orientaux prospère entre le IXᵉ et le XIIIᵉ siècle,** grâce notamment à un commerce dynamique.

Le terme « russe » est fort probablement d'**origine scandinave.** Aux IXᵉ et Xᵉ siècles, il désigne les Scandinaves qui s'infiltrent **dans les territoires des Slaves orientaux** tandis que d'autres Scandinaves, surnommés Normands, envahissent et pillent l'Europe occidentale. **Les Russes, appelés aussi Varègues,** sont à la fois des commerçants et des guerriers. À la fin du IXᵉ siècle, ils **fondent le premier État russe,** qui a Kiev pour capitale.

943-973

L'apogée de la géographie arabe

IBN HAWQAL ET LE MONDE MUSULMAN

Vers le début des années 950 a lieu, peut-être à Bagdad, une rencontre entre deux géographes. L'un, al-Istakhri, est en train de compiler un livre dans lequel il décrit le monde musulman, qu'il a entièrement visité. Le second, Ibn Hawqal, est un commerçant toujours en route et doué d'un esprit d'observation singulièrement perçant.

Les critiques que formule, courtoisement sans doute, Ibn Hawqal envers le travail de son aîné al-Istakhri, mettent en cause le caractère incomplet des observations de celui-ci. Âgé, al-Istakhri ne peut songer à reprendre ses voyages pour parfaire son œuvre. Il charge donc son cadet de le faire à sa place, l'autorisant à reprendre son manuscrit et à lui apporter toutes les modifications qu'il jugera souhaitables ou nécessaires. C'est ainsi qu'Ibn Hawqal, légataire d'al-Istakhri, entreprend de rédiger, à partir de sa propre expérience, une description des pays de l'islam.

Un voyage de trente ans

Ibn Hawqal est originaire de la Mésopotamie, c'est-à-dire l'actuel Irak. Nous ignorons la date de sa naissance. Mais nous savons, parce que lui-même le dit, qu'il quitte sa ville natale de Nisibis, située sur le Tigre au nord-ouest de Mossoul, le 15 mai 943. Jusqu'en 973, il parcourt le *dar-al-islam* — la partie de la terre où domine l'islam. Il se dirige d'abord vers l'ouest, visitant l'Afrique du Nord, l'Espagne, l'Égypte et le nord du Sahara, entre 943 et 951. Vers 955, le voici à l'autre extrémité du monde musulman, en Arménie et en Azerbaïdjan. Après quoi, il revient vers le centre de l'Empire abbasside alors à son apogée. Entre 961 et 969, il est en Haute-Mésopotamie, puis en Irak, dans le Khouzistan, en Perse, et enfin dans le Khorassan et en Transoxiane, c'est-à-dire aux limites extrêmes de la progression musulmane vers le nord-est, sur les confins du monde des steppes où tourbillonnent les bandes encore inorganisées de guerriers nomades, mongols et turcs. En 973, il aborde en Sicile ; on perd ensuite sa trace.

Commerçant et missionnaire

La curiosité est naturellement l'une des causes de ce voyage qui n'en finit pas. Ibn Hawqal désire voir, pour décrire et expliquer les mœurs des habitants des contrées de l'islam. Mais sa pérégrination a aussi des

La vision du monde par un géographe arabe du XIIe siècle (copie de la carte d'Edrisi, Paris, Bibliothèque nationale de France).

Après avoir parcouru le nord de l'Afrique, Ibn Hawqal se dirige vers la Turquie et poursuit son voyage jusqu'en Sicile (miniature arabe du XIIIe siècle, Paris, Bibliothèque nationale de France).

Les géographes arabes

La géographie, c'est-à-dire à la fois la description et la représentation du monde, joue un rôle essentiel dans la culture musulmane médiévale. Les administrateurs d'un empire qui, dès le VIIIe siècle, s'étend de l'Atlantique aux confins de l'Himalaya, ont besoin d'informations précises et concrètes sur les pays qu'ils gouvernent, ne serait-ce que pour des raisons fiscales.

Pour réunir ces informations, les géographes arabes mettent à contribution tout ce qui, du savoir antique, leur est parvenu. Mais la grande nouveauté de la géographie arabe réside cependant dans l'attention soutenue dont les rapports de l'homme et de son milieu font l'objet. L'expérience directe et l'observation personnelle prennent, d'autre part, une importance considérable. On travaille de première main, et ce que l'on n'a pas vu soi-même, on s'attache, si la tradition est douteuse, à le critiquer. Les sources, enfin, se diversifient, puisque la géographie n'hésite pas à intégrer à sa description, par exemple, des catalogues de prix.

causes économiques et religieuses. Marchand, Ibn Hawqal profite de ses déplacements pour acheter et pour vendre. Il ne va pas à l'aventure, vivant de l'hospitalité, au demeurant naturellement offerte et non moins naturellement acceptée, des habitants des contrées qu'il traverse. Il sait pourvoir à ses besoins et connaît la valeur des choses, le sens des flux commerciaux, les besoins des différentes régions ainsi que leurs productions. Son œuvre abonde en notations pratiques sur ce qu'offre, et à quel prix, chacun des pays traversés. En Espagne, il remarque ainsi que les denrées sont humaines, et non seulement matérielles : « Un article d'exportation bien connu consiste dans les esclaves, garçons et filles, qui ont été enlevés en France et dans la Galice, ainsi que dans les eunuques slaves. On leur fait subir la castration près de ce pays : l'opération est faite par les commerçants juifs. » Peut-être le voyage a-t-il encore d'autres raisons, plus occultes. Sans doute, il est impossible d'affirmer qu'Ibn Hawqal fut le propagandiste de qui que ce soit, mais il n'en affirma pas moins des idées politiques et religieuses précises, à la diffusion desquelles son long itinéraire n'est peut-être pas étranger. L'islam du Xe siècle est en effet traversé de courants intellectuels complexes et riches, et les débats philosophiques y sont nombreux. Tous ont des implications politiques. Ibn Hawqal est favorable aux options de l'islam chiite de la dynastie qui gouverne alors en Égypte, celle des Fatimides. Cette position explique les critiques acerbes auxquelles il soumet les musulmans d'Espagne et de Sicile. Les premiers sont moqués pour leur incapacité militaire : « Leurs soldats ne présentent pas un beau spectacle à voir [...]. Ni moi-même ni personne n'avons jamais vu un homme monté sur un cheval de sang [...] qui chausse les étriers [...] : ils craignent, en cas de chute, que leur pied ne reste accroché ». Ibn Hawqal constate que, dans ces conditions, le calife de Cordoue ne peut disposer, face aux chrétiens du nord de la Péninsule qui tentent de reconquérir l'Espagne, de la brillante cavalerie dont il aurait besoin. Les Siciliens, quant à eux, sont brocardés pour l'indigence de leur réflexion, la pauvreté de leurs connaissances théologiques et la place prépondérante que tiennent, dans la vie intellectuelle de l'île, les maîtres d'école, catégorie sociale, selon Ibn Hawqal, parfaitement bornée et ignorante : « Les maîtres d'école [...] y occupent des degrés divers dans le domaine du déséquilibre et de la sottise, et, en tout cas, dépassent la démence des maîtres d'école de tous les pays et des imbéciles de chaque région. Cela va si loin qu'ils discutent sur le souverain [...], et qu'ils emploient des expressions injurieuses en parlant de ses défauts. » Ces excès sont, bien sûr, de ceux qu'entraîne la polémique religieuse et politique. Ibn Hawqal, en fait, vise tous ceux qui prônent un autre islam que le sien. La géographie du Mésopotamien est une géographie humaine qui cherche l'exactitude et vise à l'utilité, mais on y voit aussi, en creux, la trace des débats et des combats de son temps.

Le monde musulman au Xe siècle

La seconde moitié du Xe siècle marque **le déclin du califat de Bagdad.** Celui-ci éprouve de plus en plus de difficultés à contrôler ses provinces périphériques. L'Espagne est la première à s'être détachée du califat unitaire, dès le VIIIe siècle. L'Afrique du Nord puis l'Égypte ne sont plus contrôlées dès le IXe siècle.

Par ailleurs, à la cour des califes, l'élément turc prend un poids de plus en plus important, tant dans l'armée que dans les bureaux, au détriment des Arabes, et surtout des Persans, jusque-là dominants dans l'administration de l'empire.

La vitalité économique, enfin, ne se trouve plus, comme aux VIIIe-IXe siècles, en Mésopotamie, mais **en Espagne et en Afrique du Nord,** qu'irrigue l'or venu d'Afrique par les routes du Sahara sous le contrôle des Berbères, seuls à les connaître.

Troupeau de chameaux : ces animaux étaient utilisés par les marchands qui, tel Ibn Hawqal, parcouraient le monde musulman (miniature arabe du XIIIe siècle, Paris, Bibliothèque nationale de France).

La pointe extrême de la conquête normande

ERIK LE ROUGE AU GROENLAND

Vers 980, un chef de clan viking est assassiné par son fils, Erik le Rouge. Celui-ci doit fuir la Norvège où s'est déroulé le drame. Il emmène avec lui les hommes du clan qui ont choisi de lui rester fidèles, ainsi que son fils, Leif.

Les fuyards atteignent d'abord la côte occidentale de l'Islande. Le refuge, toutefois, n'est pas assez lointain. Il leur faut se lancer à l'aventure et, sur la foi de renseignements glanés auprès de pêcheurs islandais, au péril de l'Atlantique nord, chercher plus à l'ouest un asile nécessaire.

La route du nord-ouest

Les Vikings sont craints en Europe pour les descentes qu'ils font, les pillages et les massacres qu'ils commettent. Pourtant, ce ne sont pas des conquérants, mais d'abord des marchands, et donc des explorateurs, et aussi des pêcheurs : la piraterie n'est considérée par eux que comme une activité complémentaire, le moyen de se procurer rapidement des marchandises qu'ils revendent ailleurs. Voici plus d'un siècle que les tribus établies sur les fjords norvégiens lancent des expéditions, de plus en plus loin, soit vers l'ouest et le sud-ouest, c'est-à-dire vers les royaumes saxons d'Angleterre et vers la Gaule carolingienne. Ils contribuent pour beaucoup à la destruction d'un ordre politique stable dans ces régions. Une autre de leurs routes d'expansion est le nord-ouest. Ils sont, dans cette direction, moins à la recherche de territoires peuplés à piller que de matières premières, de zones de pêche nouvelles ou de produits rares, comme l'ambre, dont leur aristocratie est si friande. Les îles qu'ils découvrent ainsi sont pauvres et

Les Vikings à l'assaut du monde

Les hommes du Nord, **« Northmann », ou Normands, appelés aussi Vikings, c'est-à-dire, dans leur langue, « pirates »,** se répandent dans tout l'univers connu.

Les Suédois partent vers l'est et la Baltique. Ils commercent avec Novgorod et descendent les fleuves de la Russie jusqu'à la Caspienne et la mer Noire. Ils fondent, ou contribuent à fonder, à Kiev, le premier État russe.

Norvégiens et Danois se dirigent vers l'ouest. Les Danois visitent régulièrement les côtes gauloises et finissent par fonder, en 910, autour de Rouen, le premier État normand. La conquête de l'Angleterre, en 1066, est l'ultime avancée de cette expansion dans le nord de l'Europe.

Puis, à partir de 1020, **d'autres Normands, apparentés à ceux installés en Gaule, en fait les cadets de familles trop nombreuses, s'installent en Italie méridionale.** Ils s'emparent de cette région avant la fin du siècle, aux dépens des Lombards, des Byzantins et des musulmans de Sicile.

Erik le Rouge atteint le Groenland (gravure du XXe siècle).

fort semblables à la Norvège. Mais ces nouveaux territoires permettent de déverser le trop-plein de leur population. Les Vikings atteignent ainsi, reconnaissent et peuplent en partie le nord des îles Britanniques, l'archipel des Shetland, dès le début du VIIIe siècle, puis vers 800, les Orcades et les Féroé. De là, pointant toujours audacieusement vers le nord-ouest, ils découvrent l'Islande, où ils établissent des pêcheries.

Le Groenland

Erik le Rouge n'a pas, à partir de la côte nord-occidentale de l'Islande, une grande distance à parcourir afin de parvenir au Groenland, qu'il touche en 986 et 988. Plein d'optimisme, il nomme la nouvelle terre, le « Pays vert », dénomination qu'il porte encore. Le climat du Xe siècle, plus doux et plus humide que celui des siècles suivants, explique que ce nom n'ait pas alors été totalement injustifié. C'est d'ailleurs cette douceur relative, qui, en faisant reculer vers le nord la limite de la banquise, a permis aux explorations de cette époque d'aller si loin vers le nord. Erik est apparemment si content de sa découverte qu'il décide d'y installer une colonie de peuplement dont il serait le chef. Retourné en Islande, il trouve assez de volontaires pour repartir avec lui définitivement. Ces premiers colons réussissent leur implantation. Le Groenland devient, avec eux, le fournisseur des produits précieux de la Scandinavie : peaux de phoques, fourrures d'ours et ivoire de morses. Une quinzaine d'années plus tard, le fils d'Erik, Leif, quitte le Groenland pour une nouvelle expédition, encore plus à l'ouest. À son tour, il découvre une terre — probablement la terre de Baffin : c'est dire qu'il a atteint l'Amérique. Mais, totalement dépourvu des moyens de se représenter l'espace, c'est-à-dire de cartes, il ne peut concevoir l'idée que la côte sur laquelle il aborde est celle d'un gigantesque continent. Habitué à la navigation par cabotage, à des terres fermes constituées par des successions d'îles, il ne dut nullement prendre conscience de l'immensité des espaces à l'intérieur desquels il aurait pu s'enfoncer...

→ **Voir aussi :** p. 70-71 (Leif Eriksson).

Le Groenland après Erik

Des colons venus de l'est. La terre découverte par les Norvégiens n'est pas entièrement vierge. Deux fois déjà, vers 2000 avant notre ère et au début de celle-ci, des peuplades de chasseurs arctiques, venues d'Amérique du Nord, ont atteint l'île et s'y sont installées. Mais ces communautés n'ont pas survécu, lorsque les variations climatiques ont durci le climat du nord. Au moment même où Erik s'établit avec les premiers colons norvégiens, d'autres migrants, venus de l'ouest, arrivent sur la côte nord-ouest de l'île, fondant la culture de Thulé.

Esquimaux et Norvégiens. Cinq cents années durant, les deux cultures vivent côte à côte, en s'ignorant, ou en se combattant. La colonie scandinave, qui atteint 4 000 âmes à son apogée, est rattachée à la fois à la Norvège (traité de 1261) et au Danemark (1380). Mais elle disparaît finalement, victime d'un refroidissement climatique et du manque de ravitaillement venant d'Europe.

L'âge de la pêche. Vers 1500, les Esquimaux restent donc seuls maîtres de l'île : leurs descendants sont les Groenlandais actuels. La région, oubliée de l'Occident, est redécouverte en 1585 par l'Anglais John Davis : alors commence l'épopée de la chasse à la baleine.

De nos jours, le Groenland est devenu beaucoup plus froid qu'au temps d'Erik le Rouge.

Habitation viking reconstituée au Danemark (site de Fyrkut, Jutland).

Les Vikings débarquent en Amérique

LEIF ERIKSSON

Toujours avides d'aventures, les Vikings installés au Groenland s'embarquent pour explorer des terres inconnues (miniature anglaise du XIe siècle).

Les exploits des Vikings en Amérique du Nord sont connus par les sagas scandinaves, épopées historiques, teintées de légende, qui ont été rédigées en langue islandaise au XIIIe siècle. La saga d'Erik le Rouge, qui se fonde sur une tradition orale ancienne, attribue à Leif Eriksson, ou « Leif fils d'Erik », l'exploration de l'Amérique.

Les navires des Vikings

Les embarcations des Vikings nous sont bien connues grâce à l'archéologie. En effet, les princes normands se faisaient enterrer avec leur embarcation. Quelques-unes ont été retrouvées.

Le navire caractéristique est le knorr, *large de 4,5 m et long de 16,5 m. Il s'agit d'un bateau de transport de marchandises. Il n'est pas ponté, et sa coque est construite à clins, c'est-à-dire que les planches qui la composent se recouvrent partiellement l'une l'autre, assurant une excellente étanchéité. Il est propulsé par une voile, les rames ne servant que d'auxiliaires en cas de manque de vent.*

Le navire utilisé pour la guerre est le snekkja. *Construit selon les mêmes principes, il est plus long, plus large et plus rapide, pouvant mesurer jusqu'à 25,5 m de long sur 5,4 m de large. Naviguant aussi bien à la voile qu'à la rame, il sème la terreur sur les rivages européens et jusqu'à l'intérieur des terres, car sa maniabilité lui permet de remonter les fleuves. Sa proue décorée d'une tête de dragon (drak) peinte de couleurs vives, comme les boucliers multicolores appendus aux bordés, donne à ce navire son autre nom, le* drakkar.

Drakkar viking (Olso, Norvège).

Vikings et Indiens d'Amérique

La Saga d'Erik le Rouge *décrit ainsi les Indiens : « C'étaient des hommes noirs et de chétive apparence, leurs cheveux étaient laids, ils avaient de grands yeux et de larges pommettes. »* Le Récit des Groenlandais *rapporte la première rencontre entre les deux peuples : « Alors ils aperçurent les Skraelings, une grande troupe d'hommes sortit de la forêt. Le bétail de Karlsefni se trouvait dans le voisinage, le taureau se mit à meugler très fort ; les Skraelings furent pris de peur et se sauvèrent, emportant leur chargement de petit-gris, de zibelines et d'autres fourrures, ils se dirigèrent vers la ferme de Karlsefni et ils voulurent pénétrer dans les bâtiments mais Karlsefni fit barricader les portes. Ni les uns ni les autres, ils ne parvenaient à comprendre la langue de leurs interlocuteurs. Les Skraelings déposèrent alors leurs ballots de marchandises, les ouvrirent et les leur offrirent ; ils souhaitaient surtout avoir des armes en échange, mais Karlsefni interdit qu'on leur en vendît. Il s'avisa alors d'un expédient, voici ce qu'il fit : il demanda aux femmes de leur apporter du lait, ils voulurent en acheter et ne voulurent rien acheter d'autre. Ainsi s'acheva l'expédition commerciale entreprise par les Skraelings. »*

M. Gravier, la Saga d'Erik le Rouge et le Récit des Groenlandais, *Aubier, Paris, 1955.*

Intérieur d'une maison dans l'île Saint-Laurent : les terres découvertes par Leif Eriksson sont probablement le Canada où même le nord des États-Unis (Paris, bibliothèque de la Marine).

La découverte du continent américain par les Vikings aux alentours de l'an 1000, qui a longtemps fait l'objet de controverses, est aujourd'hui communément admise. Les textes contiennent en effet des descriptions trop précises pour appartenir uniquement au domaine de la fantaisie. En outre, les vestiges archéologiques, mis au jour sur le site de l'Anse aux Meadows, au nord de Terre-Neuve, semblent bien confirmer la présence des audacieux navigateurs vikings en Amérique du Nord.

Une découverte fortuite

Dans les dernières années du Xe siècle, le commerçant Bjarni Herjolfsson quitte la Norvège au cours de l'été avec un navire, chargé de marchandises. Il fait voile vers l'Islande, où il compte passer l'hiver en compagnie de son père. Or, celui-ci a émigré au Groenland. Après avoir appris cette nouvelle, Bjarni décide de rejoindre son géniteur dans la nouvelle colonie norvégienne. La traversée, qui s'effectue en partie dans un épais brouillard, conduit le navire et son équipage vers une terre inconnue. Les marins ignorent où ils sont, mais ils savent qu'ils ne sont pas au Groenland. Prudemment, ils longent la côte pendant deux jours sans jamais descendre sur la rive. Bjarni est un commerçant avisé qui ne souhaite pas prendre de risques inutiles. En suivant de plus en plus loin le rivage, les marins remarquent que la terre, d'abord plate et glacée, devient ensuite rocailleuse et boisée. Après cette brève reconnaissance, les Norvégiens reprennent la direction de l'est. Ils arrivent au Groenland au bout de quatre jours. Le récit de la découverte, due au hasard d'une navigation qui s'effectue sans carte, sans boussole et sans pilote, excite la curiosité des compatriotes de Bjarni, toujours avides d'aventures. Vers l'an 1000, Leif, l'un des fils d'Erik le Rouge, décide de partir en exploration.

Une exploration consciencieuse

Leif Eriksson rachète le navire de Bjarni et recrute sans doute une partie de son équipage. Décidant d'entreprendre le voyage dans le sens inverse de son prédécesseur, il aborde en premier lieu dans la zone rocheuse, gelée et sans herbe. Il l'appelle Helluland, le « Pays des pierres plates » — historiens et géographes identifient généralement cette région avec le nord de l'île de Terre-Neuve. Le Norvégien se dirige ensuite vers le sud. Il atteint un pays boisé, avec de grandes plages de sable blanc, qu'il nomme Markland, le « Pays des forêts ». Cette description correspond à la Nouvelle-Écosse. Deux jours supplémentaires de navigation mènent les Norvégiens à une terre que Leif baptise Vinland ou « Terre des vignes », en raison de la présence de vigne sauvage. Sa localisation pose davantage de problèmes. S'agit-il de la région du golfe du Saint-Laurent ou d'un territoire compris entre Boston et New York ? Les avis divergent. Leif se livre à une exploration intensive des nouveaux espaces. Il demeure au Vinland durant tout l'hiver, à l'abri de vastes maisons construites avec ses compagnons. Au printemps, il retourne au Groenland avec une moisson de renseignements, notamment sur la végétation et les animaux des contrées visitées. Au Vinland, Leif a, par exemple, repéré en plus du raisin, du blé sauvage, de l'herbe verte, en hiver comme en été, de beaux saumons et du gibier en quantité.

Les premiers colons

Le voyage de Leif Eriksson détermine son frère Thorvald à approfondir l'exploration des nouveaux territoires. Au Markland, Thorvald rencontre les premiers habitants de la contrée, les Skraelings ; il perd d'ailleurs la vie dans un combat contre ceux-ci. L'équipage retourne au Groenland et relate la malheureuse expédition. Cela ne décourage pas les candidats, décidés à tenter leur chance. Thorstein, frère de Leif et Thorvald, s'efforce de gagner le Vinland pour récupérer le corps de son parent. Mais il retourne au Groenland sans avoir rempli sa mission. Le riche marchand Thorfinn Karlsefni, qui entreprend de coloniser le Vinland, est plus heureux. Il équipe trois bateaux, où prennent place 160 hommes, parfois suivis de leur compagnes, et du bétail. Au Vinland, où ils résident durant trois années, les colons bâtissent des demeures et cultivent le sol. Au début de leur séjour, ils réussissent à établir des rapports de troc avec les Skraelings. Sous ce nom, les Norvégiens désignent à la fois les Indiens du Vinland et les Esquimaux du Markland. Avec les Indiens du Vinland, les colons échangent du lait et des bandes de tissu contre des fourrures et des peaux. Mais les relations entre les deux groupes se détériorent rapidement. Devant l'hostilité croissante des indigènes, Thorfinn se résigne à ramener tout le monde au Groenland. Ainsi prend fin la présence des Vikings en Amérique du Nord. Les colons, en trop petit nombre, n'ont pas pu résister à une population locale agressive. Peu à peu, la route du Vinland s'efface des mémoires, tout comme la découverte de l'Amérique par Leif Eriksson et ses intrépides compagnons. Il faut attendre 1497 pour que Jean Cabot redécouvre le nord du continent américain.

→ **Voir aussi :** p. 68-69 (Erik le Rouge au Groenland).

Un livre aide les chrétiens à voyager

LE GUIDE DU PÈLERIN

Pèlerin de Saint-Jacques avec, sur le chapeau, la coquille (statue du XVe siècle, Lisbonne, musée d'Art ancien).

Durant tout le Moyen Âge, les milliers de chrétiens qui partent en pèlerinage se transforment en explorateurs malgré eux. Vers 1139, le « Guide du pèlerin de Saint-Jacques-de-Compostelle », peut-être rédigé par un moine de Parthenay du nom d'Aimery Picaud, se propose de les guider sur les chemins qui mènent au sanctuaire dédié à l'apôtre, dans le nord-ouest de l'Espagne.

Saint-Jacques-de-Compostelle, qui abrite le tombeau de saint Jacques le Majeur, est, avec Jérusalem où repose le Christ et Rome où demeurent les restes de l'apôtre Pierre, l'un des trois grands lieux de pèlerinage du Moyen Âge. Dès sa mise au jour, en 813, la sépulture du saint attire des foules de chrétiens. L'auteur du *Guide* considère qu'il est de son devoir de faire profiter de son expérience ses coreligionnaires qui se lancent à l'aventure sur des routes souvent peu sûres.

Choisir sa route

Le *Guide*, qui forme le cinquième chapitre d'un ouvrage consacré à saint Jacques, s'ouvre sur la description des quatre itinéraires qui traversent la France et conduisent les pèlerins jusqu'à l'Espagne. « Il y a quatre routes qui, menant à Saint-Jacques, se réunissent en une seule à Puente la Reina, en territoire espagnol. » La première « passe par Saint-Gilles [du Gard], Montpellier, Toulouse et le [col du] Somport. » C'est la route du Midi, celle qu'empruntent les pieux voyageurs venus d'Italie, de la Provence et du Languedoc. La deuxième, qui est la route d'Auvergne, a pour étapes « Notre-Dame du Puy, Sainte-Foy de Conques et Saint-Pierre de Moissac ». La troisième part de Sainte-Marie de Vézelay et traverse « Saint-Léonard en Limousin et la ville de Périgueux ». Il s'agit de l'itinéraire de la Bourgogne et du Limousin. Enfin, la dernière, la route de Paris, dont le point de départ se situe à l'église Saint-Jacques-la-Boucherie (dont la tour Saint-Jacques est aujourd'hui le seul vestige), passe par « Saint-Martin de Tours, Saint-Hilaire de Poitiers, Saint-Jean-d'Angély, Saint-Eutrope de Saintes et la ville de Bordeaux. » L'auteur du *Guide* énumère ensuite les étapes comprises entre les Pyrénées et Saint-Jacques-de-Compostelle, afin de permettre au pèlerin d'évaluer ses dépenses et donne aussi des renseignements pratiques. Entre le Somport et Puente la Reina, le voyageur trouvera des « bains royaux dont les eaux sont toujours chaudes ». Au-delà, il parviendra à Estella, « où le pain est bon, le vin excellent, la viande et le poisson abondants », puis à León, résidence du roi de Castille et de León, pleine de félicités. Le *Guide* s'étend longuement sur la qualité de l'eau et déconseille aux pèlerins de se désaltérer n'importe où : « En un lieu, dit Lorca, vers l'est, coule un fleuve appelé le ruisseau salé ; là, garde-toi bien d'en approcher ta bouche ou d'y abreuver ton cheval, car ce fleuve donne la mort ». Le rédacteur met aussi en garde les fidèles contre les tarifs prohibitifs des passeurs et s'emporte contre les droits de péage excessifs.

Une page de géographie

Pour les pèlerins qui ont peu de connaissances géographiques, le *Guide* rappelle le nom des régions et les situe les unes par rapport aux autres. Il signale, par exemple, à ceux qui circulent sur la route du Midi que, après la Garonne, ils arriveront dans le pays gascon, en Aragon et en Navarre. Il évoque les res-

Une visite complète

À Saint-Jacques-de-Compostelle, le Guide *satisfait pleinement la curiosité du pèlerin grâce à ses descriptions minutieuses. Voici, par exemple, comment il dépeint le portail des Orfèvres de la basilique de l'apôtre :*
« Le portail méridional de la basilique apostolique comporte, ainsi que nous l'avons dit, deux portes et quatre vantaux. À la porte de droite, extérieurement, on a sculpté sur le premier registre au-dessus des vantaux la Trahison du Christ *de façon remarquable. Ici, Notre-Seigneur est attaché à la colonne par la main des Juifs ; ici, il est flagellé ; là, Pilate siège à son tribunal comme pour le juger. Au-dessus, sur un autre registre, la bienheureuse Marie, mère du Seigneur, est représentée avec son fils à Bethléem ainsi que les trois rois qui viennent visiter l'enfant et sa mère, lui offrant leur triple présent, puis l'étoile et l'ange les avertissant de ne pas retourner auprès d'Hérode. Sur les jambages de cette même porte dont ils semblent garder l'entrée, il y a deux apôtres, l'un à droite, l'autre à gauche. De même, à la porte de gauche, il y a sur les montants deux autres apôtres. »*

Cité in J. Vielliard, Le Guide du pèlerin de Saint-Jacques-de-Compostelle, *Librairie J. Vrin, Paris, 1984.*

sources des différentes contrées et il définit les mœurs de leurs habitants. Le Bordelais produit un vin de grande qualité et regorge de poissons. Les Landes bordelaises forment un pays désolé, une plaine sablonneuse où l'on manque de tout, sauf de miel, de millet, de panic — une sorte de millet — et de porcs. Les villages y sont rares. On se méfiera des insectes, guêpes ou taons, dont les piqûres sont fort désagréables, et des sables dans lesquels on s'enfonce en marchant. La Gascogne est couverte de bois et de prés, de rivières et de sources pures. La Castille est un pays riche en or et en argent. Envers les habitants, l'auteur du *Guide* ne se montre pas toujours d'une grande impartialité. S'il dit des Poitevins qu'ils sont vigoureux, bons guerriers, vêtus avec élégance, beaux, spirituels, généreux et hospitaliers, il écrit en revanche des Navarrais que c'est un peuple barbare, méchant, « noir de couleur, laid de visage, féroce et sauvage ». Il reconnaît néanmoins qu'ils paient leurs impôts normalement et qu'ils sont bons chrétiens.

De sanctuaire en sanctuaire

Le *Guide* se préoccupe aussi de tourisme religieux. Il invite les pèlerins à découvrir les sanctuaires qui abritent les tombeaux des saints célèbres, intercesseurs privilégiés auprès de Dieu, et leurs reliques aux pouvoirs miraculeux. Ainsi l'ouvrage recommande aux chrétiens qui parcourent la route du Midi de se recueillir sur les sépultures de saint Trophime et de saint Césaire à Arles, de prier devant la splendide châsse, richement décorée, qui renferme le corps de saint Gilles à Saint-Gilles-du-Gard. Ces restes vénérables, signale-t-il, guérissent les maladies, les piqûres de serpent et délivrent du démon. À Vézelay, au départ de la route de la Bourgogne, Dieu pardonne leurs fautes aux pécheurs pour l'amour de sainte Marie-Madeleine. En outre, « la vue est rendue aux aveugles, la langue des muets se délie, les bossus se redressent, les possédés sont délivrés et d'ineffables bienfaits sont accordés à beaucoup de fidèles ». Sainte Foy à Conques, saint Front à Périgueux, saint Martin à Tours, saint Hilaire à Poitiers, saint Jean-Baptiste à Andély, saint Eutrope à Saintes et saint Isidore à León sont les plus célèbres figures sacrées que les pèlerins vénéreront au cours de leur périple sur les conseils de leur *Guide*.

Le retour des pèlerins (détail d'une miniature du XVe siècle, Chantilly, musée Condé). Même si les routes sont balisées, le pèlerinage est l'occasion de grands voyages, seulement entrepris à l'époque par les moines évangélisateurs et les marchands.

Saint-Jacques de Compostelle : la cathédrale, construite au-dessus du tombeau de saint Jacques, est, avec Jérusalem et Rome, une des trois grandes destinations de pèlerinage, au Moyen Âge.

Un rabbin espagnol à la rencontre des juifs du monde

BENJAMIN DE TULÈDE

Entre 1165 ou 1167 et 1173, le juif d'Espagne Benjamin de Tulède quitte sa terre natale pour un voyage qui le mène dans le sud de la France, en Italie, à Constantinople, à Chypre et à Rhodes, en Syrie, en Terre sainte, à Bagdad et en Perse. Il revient par Aden et l'Égypte.

Benjamin de Tulède est-il un commerçant ou un simple pèlerin ? Ou encore est-il un émissaire des communautés juives d'Occident, chargé de chercher une terre d'émigration en Orient ? On l'ignore, car dans *le Livre des voyages,* relation de son périple, il ne parle pas de lui. On sait simplement qu'il est originaire de Tulède, en Navarre, et qu'il porte le titre de rabbin. Son ouvrage dépeint de manière vivante les contrées visitées et dresse l'état des communautés juives au XIIe siècle.

Benjamin de Tulède : un rabbin juif qui n'hésite pas à se mêler aux musulmans sur les pistes caravanières du Proche-Orient (gravure du XIXe siècle).

De l'Espagne à Constantinople

De Saragosse, son point de départ, Benjamin de Tulède gagne le midi de la France et Marseille, où il s'embarque pour Gênes. Puis il se rend à Pise. Il est étonné par le gouvernement des deux cités italiennes, qui ne sont pas dirigées par un roi ou un prince, mais par des magistrats qu'elles désignent. Le voyageur

Jérusalem, d'après une peinture du XVIe siècle (Budapest, musée des Beaux-Arts). Au centre, la « belle voûte » décrite par Benjamin de Tulède : autrement dit, le Saint-Sépulcre.

se rend ensuite à Rome, capitale de la chrétienté, où il contemple les vestiges de l'Antiquité et les églises Saint-Pierre de Rome et Saint-Jean de Latran. Il quitte la Ville éternelle pour le sud de l'Italie et Capoue, Pouzzoles, Sorrente. Dans cette cité, le rabbin remarque qu'« on recueille une certaine huile qu'on appelle *petroleo,* dont on se sert pour des médicaments ». Après Naples, Benjamin de Tulède atteint Otrante, où il prend le bateau pour Corfou et la Grèce. Il découvre Corinthe, Thèbes et les Valaques de Roumanie, qui « courent comme des chevreuils, et descendent les montagnes pour piller et voler les terres des Grecs ». De Grèce, le juif espagnol poursuit son voyage vers Constantinople (l'actuelle Istanbul). La capitale de l'Empire byzantin le fascine par son opulence et son intense activité commerciale. Des kyrielles de marchands, venus des régions les plus diverses, s'y donnent rendez-vous. Pour Benjamin de Tulède, il n'y a que Bagdad qui puisse rivaliser en splendeur avec la cité byzantine. Sainte-Sophie, seule église « dans l'univers où l'on trouve autant de richesses », et le palais impérial des Blachernes, qui regorge de merveilles, d'or et de pierres précieuses, suscitent particulièrement son admiration.

Le Juif errant

La légende du Juif errant apparaît pour la première fois dans la Chronique du moine Matthieu Paris, *écrite en 1228, et dans le* Flores historiarum *de Roger de Wendover, qui remonte également au XIIIe siècle. Le Juif errant est alors un certain Cartaphile, portier de Ponce Pilate, témoin converti de la Passion du Christ, qui attend son retour en Arménie.*

En 1602, la légende, imprimée pour la première fois, se transforme. Au portier de Ponce Pilate succède un cordonnier juif du nom d'Ahasvérus, condamné par le Christ à marcher éternellement pour l'avoir empêché de se reposer lorsqu'il portait sa croix.

D'abord incarnation du peuple accusé d'avoir crucifié Dieu, l'éternel voyageur devient ensuite le symbole du peuple errant, dispersé à la surface du globe. À la fin du XVIIIe et au XIXe siècle, la légende, reprise par des écrivains tels que Goethe, Schiller ou Eugène Sue, devient populaire.

De la Terre sainte à l'Égypte

Benjamin de Tulède fait ensuite voile vers Rhodes, Chypre et la Terre sainte. À Jérusalem, petite ville très peuplée, entourée de murailles, Benjamin de Tulède visite le Saint-Sépulcre, la mosquée d'Omar, ou Dôme du Rocher (« une grande et parfaitement belle voûte »), et le mur des Lamentations, « muraille qui est un reste de celle du Temple » et où tous les juifs vont prier. Après avoir arpenté la Palestine, le voyageur s'achemine vers la Syrie, où l'attendent Damas, belle et grande ville aux nombreux jardins et vergers, et les cités antiques de Baalbek et Palmyre. De Syrie, le rabbin se rend en Iraq et à Bagdad, la capitale des califes abbassides. Le souverain, qui est aussi le chef de l'islam, réside dans un superbe palais entouré de jardins où vivent toutes sortes d'animaux. Nombreux sont les pèlerins en route pour La Mecque qui se pressent dans la ville dans l'espoir d'apercevoir le calife et, qui sait, peut-être de baiser le bord de sa robe. Pour la fête du Ramadan, le calife, accompagné d'une somptueuse escorte, se rend à la mosquée, où il prêche. Après Bagdad, Benjamin de Tulède explore la Mésopotamie, où il contemple les ruines de Babylone, puis la Perse. Là, il recueille des informations sur l'Inde, le Tibet et la Chine, nation qu'il est le premier à mentionner par écrit en Europe. Le rabbin songe ensuite au retour qui s'effectue par Aden et par l'Égypte. Il remarque que ce pays très chaud où il ne pleut pas est irrigué par le Nil, qui déborde de son lit une fois par an, et par un réseau de canaux. Au Caire, il décrit le nilomètre, qui sert à mesurer le niveau de la crue du fleuve. À Alexandrie, il admire le phare, l'une des sept merveilles du monde antique, et le port, très fréquenté. Enfin, il est charmé par la beauté de la Sicile, où il fait escale avant de regagner l'Espagne.

La diaspora juive

Tout au long de son périple, Benjamin de Tulède recense les communautés juives et leurs maîtres spirituels et il s'intéresse à leurs occupations, leurs professions. À Rome, il compte deux cents juifs, parmi lesquels le pape Alexandre III recrute certains de ses ministres, tel son intendant des Finances. Au pied du mont Parnasse, le rabbin rencontre des agriculteurs juifs qui « sèment et moissonnent leurs terres », fait rare, méritant d'être signalé. À Thèbes, en Grèce, vivent « deux mille juifs, lesquels sont les meilleurs ouvriers de la Grèce en soie et en pourpre ». Constantinople compte deux mille cinq cents juifs, toutes sectes confondues. Parmi eux, il y a des ouvriers de la soie ainsi que beaucoup de marchands et de gens riches. Dans cette ville aucun juif, sauf le médecin du roi, n'a le droit de circuler à cheval. Les Byzantins, qui n'aiment pas les juifs, ne leur ménagent ni leurs insultes ni leurs coups. Les tanneurs vont jusqu'à jeter leurs eaux sales devant les portes des juifs, qui supportent patiemment ces vexations. À Tyr, les juifs fabriquent un verre très réputé. À Jérusalem, où ils sont au nombre de deux cents, ils détiennent le monopole de la teinturerie, comme dans l'ensemble de la Terre sainte et en Grèce. Les quelque mille juifs de Bagdad jouissent de la protection et du respect du calife, homme d'un grand savoir qui lit et écrit l'hébreu. Le souverain a élevé des juifs au rang de ministre. Dans les villes d'Iraq et de Perse, les communautés juives, très denses, rassemblent parfois jusqu'à plusieurs dizaines de milliers de personnes. Le rabbin clôt sa description de la diaspora par l'Allemagne et la France, pour lesquelles il ne dispose que de renseignements de seconde main.

Repas juif selon le rite ashkénaze (enluminure hébraïque, Jérusalem, musée d'Israël). Tout au long de son voyage, le rabbin juif a visité ses coreligionnaires et dressé l'état des communautés juives.

Un musulman dans la Sicile normande

LES DÉSILLUSIONS D'IBN DJUBAYR

Le 17 octobre 1184, une nef provenant d'Alep fait naufrage au large de Messine, où séjourne alors le roi Guillaume II. À bord se trouvent des pèlerins revenant de La Mecque, dont Ibn Djubayr, qui rapporte l'incident. Le roi envoie aussitôt des embarcations à la rescousse du navire en perdition, et, à la surprise des naufragés, fait bon accueil à l'équipage comme aux passagers.

L'accident se produit au moment où Guillaume le Bon (1166-1189) prépare une expédition contre l'Afrique du Nord. Telle est d'ailleurs la raison de sa présence à Messine, où se trouve le plus grand arsenal de Sicile. Les voyageurs, bien traités et libres de leurs mouvements, ne peuvent cependant quitter l'île avant le printemps 1185 et l'exécution des projets militaires de Guillaume II. Ibn Djubayr en profite pour visiter la Sicile, et amasser les renseignements nécessaires à une description précise. Il voit les principales villes, s'attarde à Palerme, où, considéré comme un personnage important (il appartient à l'une des plus anciennes familles arabes installées en Espagne), il est reçu partout, chez les notables musulmans comme à la cour du roi.

Un pèlerin ordinaire

Ibn Djubayr est originaire de Grenade. Il appartient à cette Espagne musulmane menacée par l'avancée de la reconquête chrétienne, la *Reconquista,* mais non encore condamnée. Depuis 1147, en effet, tout le sud de l'Espagne, le *shark-al-Andalus,* est intégré à l'empire berbère des Almohades, la dynastie qui domine l'ensemble de l'Afrique du Nord et ce qui reste des possessions musulmanes en Espagne. Sous l'impulsion des Almohades, un coup d'arrêt a été donné à la Reconquête, et Ibn Djubayr peut penser que les chrétiens, à terme, seront battus et repoussés. L'islam, à ses yeux, reste une force conquérante. La révélation qu'il a de la Sicile, terre naguère musulmane et reprise par les chrétiens à la fin du XIe siècle, s'avère, de ce fait, bouleversante. L'éducation d'Ibn Djubayr est celle d'un jeune aristocrate : il a étudié les sciences religieuses et les belles-lettres. Il est pieux et même rigoriste. Il est également, ainsi que le montre son œuvre, un grand écrivain et un observateur né. Il entame une carrière administrative auprès du gouverneur de Grenade, puis décide, après un incident que ce pieux musulman juge grave (à la suite d'une certaine circonstance, il a été contraint de boire du vin), de faire le pèlerinage de La Mecque. Il part en 1183, et l'accident qui le fait aborder en Sicile se produit au retour. Les mois passés dans l'île ne constituent donc qu'un fragment du voyage d'Ibn Djubayr et donc une toute petite partie de son récit. Mais l'expérience sicilienne est une révélation à la fois passionnante et traumatisante : le musulman découvre, sous des dehors brillants, une communauté que menace l'apostasie. Il trouve à la force de l'islam une limite, celle de la tolérance et de l'intérêt des chrétiens.

Le voyage sicilien

La liberté dont l'étranger qu'il est jouit sur les terres du roi Guillaume est le premier point qui frappe Ibn Djubayr, ainsi que la sécurité qu'il éprouve sur les routes qu'il parcourt sans jamais rencontrer de brigands. Plus fondamentalement, son attention est retenue par les villes, par l'entourage royal, et par la situation de la communauté musulmane. Les musulmans ont conservé leurs mosquées, et leurs communautés, à Palerme comme à Trapani, semblent florissantes. De plus, Ibn Djubayr découvre avec stupeur que les chrétiens eux-mêmes semblent parfois adopter les coutumes musulmanes. Ainsi, les femmes de Palerme sont toutes voilées, qu'elles soient chrétiennes ou musulmanes. De même, le roi Guillaume II possède un véritable harem et gouverne comme un souverain oriental. Mieux encore, ses concubines sont musulmanes, et les chrétiennes du harem se sont converties à l'islam ! Tout le palais est d'ailleurs peuplé de musulmans, depuis les pages jusqu'aux gardes, en passant par la plupart des conseillers politiques les plus écoutés du roi. Le vaincu triompherait-il du vainqueur, et se produirait-il une islamisation progressive de la classe dirigeante de l'État ? Ibn Djubayr, dans un premier temps, le croit, et s'en réjouit. La réalité, qu'il découvre lentement, est autre et plus amère à ses yeux. L'attrait de l'islam joue, non sur ceux qui détiennent véritablement le pouvoir, mais plutôt sur leurs serviteurs. L'adoption de quelques coutumes ou habitudes vestimentaires n'a pas de sens théologique. Surtout, les chrétiens, de plus en plus nombreux dans l'île, se montrent aussi d'une intolérance croissante. Dès 1160, de véritables pogroms se sont produits à Palerme, qui ont amené les musulmans à se grouper dans un ghetto. La protection du roi a pour borne sa bonne volonté, alors que les chrétiens, comme les juifs, ont, en terre d'islam, un statut juridique précis qui, quoique humiliant, garantit tout de même les personnes et leurs biens — c'est ce que l'on appelle la *dhimma,* un mot qui signifie « soumission ». Or, Ibn Djubayr le constate peu à peu, les musulmans de Sicile vivent dans la plus extrême précarité : leurs biens peuvent, à tout moment, leur être confisqués, leurs filles enlevées sans qu'un recours soit toujours possible. L'avenir de la communauté, dans ces conditions, se trouve menacé : les enfants des notables, en particulier, sous la contrainte ou de façon spontanée, tendent à abjurer la foi de leurs ancêtres, et Ibn Djubayr, stupéfait, s'entend supplier par la fille d'un de ses hôtes, de l'emmener en Espagne pour lui faire épouser un bon musulman. Cette prise de conscience de l'impossibilité pour les musulmans de préserver leur foi au sein d'une nation majoritairement chrétienne a, dans la vie d'Ibn Djubayr, une conséquence : lorsque les progrès de la Reconquête finissent par menacer Grenade, il choisit de s'expatrier. Il meurt ainsi au Caire, en 1217.

Guillaume II le Bon, roi de Sicile, agenouillé devant la Vierge (mosaïque de la cathédrale de Monreale). Le souverain, maître d'un royaume peuplé de chrétiens, de musulmans et de juifs, fit bon accueil à ses hôtes forcés.

Grenade : le palais de l'Alhambra. Ibn Djubayr est originaire de cette partie de l'Espagne musulmane qui, à la fin du XIIe siècle, connaît ses dernières heures de gloire.

L'Occident chrétien et les musulmans

Chrétiens et musulmans se connaissent mal. Côté chrétien, c'est dans le second quart du XIIe siècle seulement que l'on s'inquiète de traduire le Coran en latin. Les musulmans, quant à eux, considèrent les chrétiens comme des polythéistes, du fait du dogme de la Trinité.

Les deux mondes sont en guerre aux deux extrémités de la Méditerranée. **En Orient, les royaumes latins,** fondés vers 1100 lors de la 1re croisade (1095-1099), résistent mal aux attaques des Turcs commandés par Saladin. La 2e croisade (1147-1149) est un échec. La 3e (1189-1192), menée par le roi de France Philippe Auguste et le roi d'Angleterre Richard Cœur de Lion, ne résout rien. **En Occident, les Almohades** grignotent les positions conquises un siècle auparavant par les Castillans.

L'islam traverse donc **une phase conquérante,** qui culmine dans les deux dernières décennies du siècle, avec les défaites chrétiennes de Hattin en Syrie et d'Alarcos en Andalousie. **Mais l'offensive musulmane est brisée en Occident en 1212, à la bataille de Las Navas de Tolosas.** Quant aux royaumes latins, ils disparaissent au XIIIe siècle.

Représentation symbolique de la route maritime vers La Mecque (enluminure ottomane, Istanbul, palais de Topkapi). En 1184, le hasard d'un naufrage oblige des pèlerins à séjourner dans l'État d'un roi chrétien. Parmi eux se trouve Ibn Djubayr.

1245 - 1247

Jean du Plan Carpin à la cour du grand khan

UN FRANCISCAIN EN MONGOLIE

Le grand khan Guyuk, interlocuteur de Plan Carpin.

En 1245, le pape Innocent IV, désireux de savoir ce que sont les Mongols, ce peuple qui presse si fort les Turcs sur leurs arrières, envoie une ambassade à la cour du chef suprême, à Karakorum. Elle est dirigée par un homme de valeur, un franciscain, Giovanni da Pian Carpino — Jean du Plan Carpin.

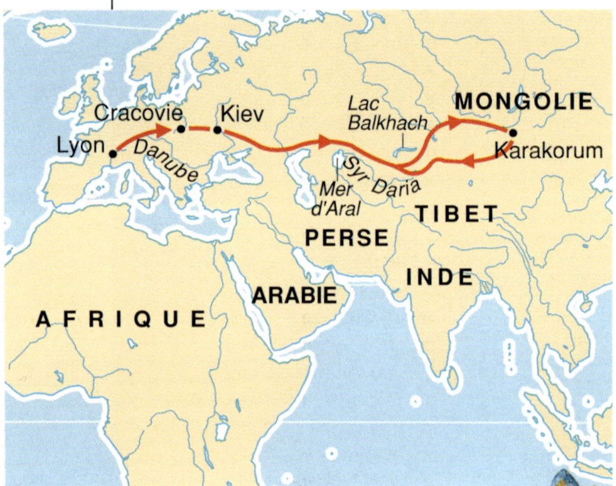

Celui-ci est un disciple très proche de saint François — le fondateur de l'ordre —, qui le désigne, au début des années 1220, comme son représentant en Saxe. Après la mort du saint, la carrière de Jean du Plan Carpin se poursuit à l'intérieur de l'ordre. Il acquiert une réputation de diplomate, et accumule une expérience suffisante pour que le pape Innocent IV le distingue à son tour et le choisisse pour cet honneur redoutable : représenter la chrétienté occidentale auprès du khan des Mongols.

Ambassadeur et missionnaire

Les informations dont dispose l'Occident sur les Mongols sont nombreuses mais insuffisantes. Elles ne sortent que lentement et mal d'une épaisse gangue de merveilleux créée et entretenue par les récits embellis des voyageurs. Innocent, l'un des grands hommes d'État du Moyen Âge, veut des informations sûres. Il en a besoin à plus d'un titre. D'une part, il est conscient que la croisade, désormais, n'est plus qu'un rêve. L'Occident chrétien ne peut songer à délivrer et à tenir durablement Jérusalem, en affrontant seul le monde musulman. D'autre part, il sait que les Mongols exercent, depuis le début du siècle, c'est-à-dire depuis le temps de Gengis Khan, une terrible pression sur l'est du monde ottoman — la puissance politique qui domine l'islam. Aussi nourrit-il le projet d'une alliance de revers, qui permettrait de prendre les musulmans en étau. La mission de Plan Carpin est donc claire. Elle consiste à étudier la possibilité et les moyens de cette alliance.

Le voyage

Plan Carpin part de Lyon, où se trouve alors le pape, le 16 avril 1245. Son itinéraire lui fait longer le

Lecture d'une lettre du grand khan au pape (enluminure du Livre des merveilles *de Marco Polo, Paris, Bibliothèque nationale de France). Le rêve de convertir l'empereur mongol entretint à plusieurs reprises l'illusion qu'une croisade commune pourrait prendre en étau les forces musulmanes.*

Siège d'une ville par les Mongols (miniature persane, Paris, Bibliothèque nationale). Et si les terribles pillards venus de l'est retournaient leurs armes contre les musulmans ?

Danube. Il passe par Kiev, qu'il quitte en février 1246, non sans s'y être procuré des fourrures précieuses qu'il compte offrir au khan. De là, il se dirige vers le nord de la mer Caspienne et, longeant le Syr Daria, il atteint la mer d'Aral. Il passe par le sud du lac Balkhach, rejoint par la Dzoungarie les hauts plateaux de la Mongolie et atteint Karakoroum, la capitale de l'empire (actuelle Oulan-Bator) le 22 juillet 1246, cinq mois après avoir quitté la Pologne, et plus d'un an après avoir reçu sa mission du pape. Il emprunte donc cette route de la soie que, depuis si longtemps, suivent les caravanes venues de Chine. Au retour, il suit le même itinéraire. Il quitte Karakoroum le 13 novembre 1246, après un séjour de quatre mois, est de retour à Kiev le 9 juin 1247 et à Lyon en novembre de la même année.

Le séjour

Plan Carpin arrive à Karakoroum au moment même où les Mongols élisent un nouveau khan, Guyuk, après un interrègne de cinq années. Il est porteur d'une lettre d'Innocent IV, qu'il remet à ce dernier. La réaction du souverain est de brutale curiosité. Il connaît peu et mal l'Occident, que les hordes des cavaliers de son peuple attaquent, avec quelles cruautés et quelles violences, en Ukraine et en Russie. Il subodore sans doute qu'il y a là encore un monde à subjuguer, comme l'a été la Chine, dans le demi-siècle précédent. Une partie de sa réponse est dans la proposition de l'envoi d'une ambassade mongole en Occident. Plan Carpin est assez fin pour voir ce que cette démarche a de déplacé, voire de périlleux pour la chrétienté. L'Europe n'a rien à gagner de découvrir aux émissaires éventuels du khan, d'une part sa richesse, d'autre part sa désunion. L'ambassadeur du pape élude donc avec courtoisie la proposition qui lui est faite de repartir avec des représentants de Guyuk. Au reste, Plan Carpin, qui entend repasser par Kiev, craint de ne pouvoir garantir la sécurité d'envoyés mongols dans des régions où la population est excédée par les incursions répétées des sujets du khan. Il ne se fait pas d'illusion non plus sur la teneur des propos que les Mongols pourraient tenir aux autorités politiques ou religieuses européennes. Il est porteur, en effet, d'un message, aussi bref que clair, et où l'on devine bien des menaces : le khan ordonne aux souverains chrétiens et au pape de se soumettre à lui et de lui rendre hommage, comme déjà le font la plupart des peuples de l'Asie. L'ambassade est, dès lors, sans objet, parce que aucune des deux parties n'a rien à proposer à l'autre qu'une entière et immédiate soumission : conversion au christianisme pour les Mongols, insertion dans l'empire asiatique pour les chrétiens…

L'Asie mongole

Au début du XIIIe siècle, les Mongols, commandés par **Gengis Khan** et confinés jusque-là aux limites du désert de Gobi, s'élancent à la conquête de l'Asie.

Gengis réussit à unifier leurs tribus très divisées et maîtrise tous les hauts plateaux de l'Asie centrale. Vers l'ouest, il atteint la mer d'Aral et Samarkand. Vers l'est et le sud, il entreprend la conquête de la Chine et s'empare de l'actuelle Pékin.

Ses fils parachèvent son entreprise. **Kubilay Khan s'empare de l'empire chinois des Song en 1279.** La Chine est désormais unifiée sous le commandement d'une dynastie mongole.

L'Europe est atteinte par d'autre fils de Gengis Khan à partir de 1222. Les principautés russes et ukrainiennes reconnaissent, par la force, la souveraineté mongole : c'est en allant porter le tribut de sa principauté au grand khan que meurt Alexandre Newski.

Des incursions rapides, mais sans tentatives de conquête, ont lieu en Europe centrale, et jusque sur l'Adriatique durant tout le XIIIe siècle. L'expansion mongole s'arrête cependant d'elle-même dans le dernier tiers du siècle.

→**Voir aussi :** p. 80 (Le missionnaire de Saint Louis) ; p. 88 (Un archevêque pour Khanbalik).

Les franciscains : des évangélisateurs diplomates

Une mission d'évangélisation. Fondé par François d'Assise après 1209, l'ordre franciscain s'investit rapidement dans une entreprise d'apostolat évangélique auprès des Infidèles, qu'ils soient musulmans ou païens. Les premiers martyrs franciscains trouvent la mort du vivant même de saint François.

Diplomates malgré eux. Agissant hors d'Europe, les moines évangélisateurs rencontrent nécessairement la politique des États. Les païens sont aussi avides d'informations que les chrétiens, et le missionnaire se trouve fréquemment dans une situation délicate : il passe pour le représentant d'une puissance, ce qu'il n'est pas nécessairement. Il lui faut prendre garde à ne pas provoquer ses hôtes, ni à leur révéler, sur la chrétienté, plus qu'il n'est utile.

Des experts. Le résultat est que les franciscains acquièrent une compétence diplomatique remarquable, qu'ils mettent bientôt au service soit du pape, soit des rois ; et notamment du roi de France. Ils sont les meilleurs connaisseurs des pays lointains, de leurs élites, qu'ils fréquentent pour mieux les convertir, du petit peuple, de ses croyances et de son mode de vie.

Guillaume de Rubrouck évangélisateur des Mongols

LE MISSIONNAIRE DE SAINT LOUIS

Louis IX, présent en Orient entre 1249 et 1254, est amené à plusieurs reprises à entrer en contact avec les Mongols. Il leur dépêche, en 1250, une ambassade, qui se solde par un échec. En 1253, une équipe de missionnaires part à son tour pour l'empire des steppes, avec l'aval du roi de France.

Le bruit court, en effet, et avec insistance depuis quelques années, que l'un des petits-fils de Gengis Khan, Sertak, s'est fait chrétien. L'espoir naît alors de voir tout l'Empire mongol basculer, contre l'islam, dans le camp chrétien. Les différentes missions diplomatiques envoyées à la cour du grand khan — celle de Plan Carpin puis, quelques années plus tard, celle d'André de Longjumeau — n'ont pu parvenir à rien, celui-ci exigeant, comme préalable à toute discussion, la reconnaissance par ses interlocuteurs de sa souveraineté sur le monde. L'expédition de Guillaume de Rubrouck vise à obtenir, en faisant appel aux sentiments chrétiens de l'élite mongole, ce que les relations diplomatiques n'ont pu jusqu'alors obtenir.

Guillaume de Rubrouck chez Sertak

Sertak campe sur la Volga. C'est là qu'ira le rejoindre le franciscain Guillaume de Rubrouck. C'est un Flamand. Installé depuis longtemps en Terre sainte, il désire participer à l'œuvre de conversion des païens d'Asie entreprise par son ordre. Le roi de France finance sa mission, mais celle-ci n'est pas officielle, et l'initiative en a été prise par le moine, non par le roi, peu soucieux de s'engager officiellement cette fois. Guillaume rassemble autour de lui une petite équipe : mieux vaut ne pas être seul dans ces entreprises. Il est à Constantinople en mai 1253. De là, il rejoint la Crimée et, après avoir erré quelque temps entre Dniepr et Volga à la recherche du camp de Sertak, il le rejoint à Saraï à la fin du mois de juillet. Commence alors un malentendu qui vaut à Guillaume de faire le voyage de Karakorum. Les missionnaires ne veulent, en effet, qu'une chose, obtenir l'autorisation de prêcher librement. Pour cela, ils se sont munis de recommandations officielles émanant du roi de France et de l'empereur de Constantinople, Baudouin. Or, Sertak prend ces lettres pour les lettres de créance définissant la mission d'une ambassade. D'autre part, la rumeur publique, précédant les voyageurs, en fait effectivement des ambassadeurs occidentaux. Sertak, embarrassé, décide donc d'envoyer Guillaume à Karakorum, où le khan Möngke pourrait prendre les décisions opportunes. Entre-temps, Guillaume commence sa mission : il s'agit d'abord pour lui de vérifier si Sertak est ou non chrétien. Il célèbre donc la messe devant le prince — et acquiert la conviction que le Mongol n'est pas chrétien. Sur ce point, il semble se tromper : Sertak s'est effectivement fait baptiser, mais selon le rite chaldéen. Il a même appris à lire. En tout cas, il ne veut pas comprendre que la portée du voyage de Rubrouck est uniquement religieuse.

De la cour de Sertak à celle de Möngke

Les Mongols ont, pour gouverner leur si vaste empire, une poste très perfectionnée, qui permet de rejoindre le centre politique à partir de la périphérie dans les plus brefs délais. Grâce à elle, Guillaume de Rubrouck, transformé malgré lui en personnalité officielle, parcourt en trois mois la distance qui sépare la moyenne Volga de Karakorum. La lettre de recommandation que lui a confiée le roi de France suit le même chemin, mais est égarée par l'administra-

Saint Louis et l'Orient

Louis IX de France — le roi Saint Louis — **est le dernier souverain européen à s'être effectivement croisé.** Son action au Moyen-Orient permet de retarder de quelques années l'inéluctable écroulement, face à la poussée turque, des royaumes latins fondés à la fin du XIe siècle.

La mission qu'il confie officieusement à Guillaume de Rubrouck vient **en complément de l'action militaire qu'il entreprend alors.** Nous sommes en effet au début du règne de Louis : **en 1253, il se trouve en Syrie, encore traumatisé par l'échec dramatique de son action militaire contre l'Égypte** — à Mansourah, au début de 1250, l'armée croisée a subi une épouvantable défaite et le roi lui-même a été fait prisonnier par l'ennemi. Même s'il continue en Orient à œuvrer à la défense des positions chrétiennes — il demeure sur place jusqu'en 1254 —, il sait désormais que la victoire est incertaine. Les événements militaires de la dernière croisade, dans laquelle il trouvera la mort, lui donneront raison.

La mission de Rubrouck est donc celle de la dernière chance. Prêtant l'oreille au conte médiéval évoquant un homme d'Église qui serait aussi roi, quelque part dans la lointaine Asie, Louis IX se prend à espérer que le prince mongol dont il entend parler, ce Sertak, petit-fils de Gengis Khan, est ce souverain mystérieux : le prêtre Jean. Et il imagine dès lors que cette alliance de revers dont a rêvé quelques années plus tôt le pape Innocent IV va devenir possible...

Lors des croisades, Saint Louis entre en contact avec les Mongols.

tion mongole, ce qui est source de nouvelles difficultés. À Karakorum, Guillaume de Rubrouck a la surprise de trouver des compatriotes, déracinés, présents là dans l'espoir d'une fortune possible dans l'entourage d'un grand prince, ou simplement retenus contre leur gré par la volonté du khan. Il peut remplir sur place son ministère sacerdotal et conférer librement les sacrements aux chrétiens. Il prêche aussi et s'efforce d'obtenir des conversions. Le khan Möngke accepte volontiers qu'il expose devant lui le contenu de la foi chrétienne. Guillaume découvre à la cour mongole un monde bigarré, qui reflète la diversité et l'immensité de l'Empire. Il prend contact avec le bouddhisme et, d'autre part, noue des liens avec des communautés chrétiennes demeurées des siècles éloignées du reste de la chrétienté, toutes choses que, quelques années auparavant, Plan Carpin n'a pas eu le temps ou la possibilité de faire : Rubrouck reste, en effet, six mois pleins à Karakorum, avant que Möngke ne se décide à le renvoyer à Louis IX, muni d'une longue lettre dans laquelle il réitère l'exigence qui fut celle de tous ses prédécesseurs : que le roi de France se soumette à lui, faute de quoi il lui fera la guerre.
Rubrouck rentre donc au Moyen-Orient sans avoir converti le souverain mongol. Il est de retour à Nicosie à la fin du mois de juin 1255 : Louis est alors de retour en France depuis un an. Le voyageur rend compte de sa mission par écrit, fournissant au roi de France des informations essentielles sur la réalité et l'imminence du péril mongol dans un récit intitulé *Itinéraire vers les régions orientales.*

→**Voir aussi :** p. 78 (Un franciscain en Mongolie).

Le voyage de Rubrouck en Tartarie : l'audience de Sertak (gravure du XVIIIe siècle, Paris, Bibliothèque nationale de France).

Chez les Mongols, Rubrouck a la surprise de retrouver des compatriotes qui ont édifié une merveilleuse fontaine pour le khan (gravure du XVIIIe siècle, Paris, Bibliothèque nationale de France).

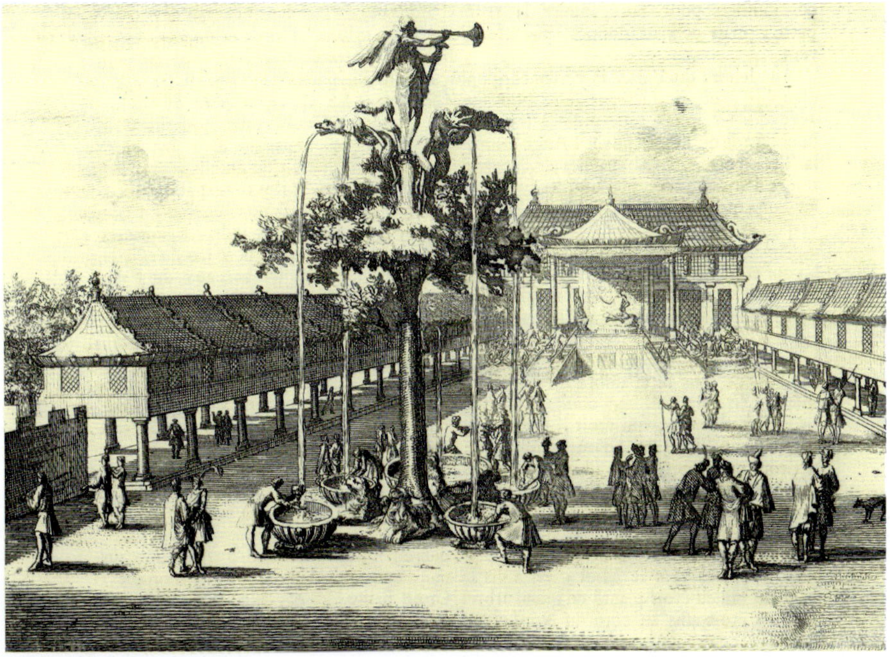

Matteo et Niccolo Polo, de Venise à Pékin

COMMERÇANTS ET AVENTURIERS

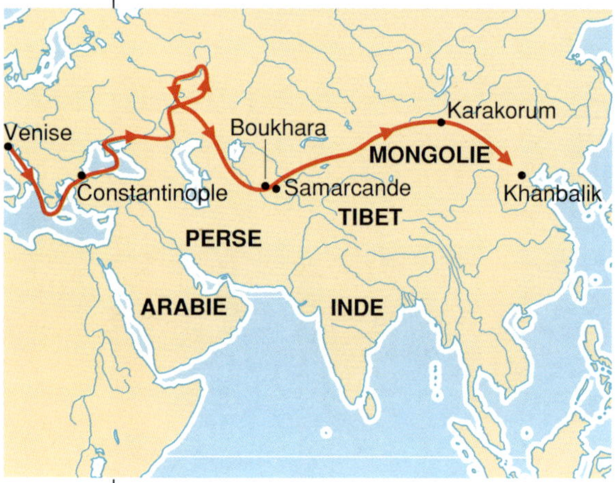

En 1269, le légat du pape à Acre reçoit la visite de deux marchands qui se présentent comme des ambassadeurs du grand khan Kubilay. Ils sont porteurs d'un message par lequel le souverain mongol prie le chef de l'Église chrétienne de lui envoyer cent docteurs et savants...

Les deux marchands, des Vénitiens, ont quitté l'Occident en 1255. Ils reviennent d'un fabuleux voyage, au cours duquel ils recueillent plus de renseignements sur l'Orient que Plan Carpin et Rubrouck réunis, esprits curieux mais que gênait leur statut officiel et qui, hommes d'Église, ne pouvaient pas avoir les mêmes centres d'intérêts que ces laïcs préoccupés de commerce.

Saisir la fortune

Matteo et Niccolo Polo suivent, en fait, dans un premier temps et d'assez près, les chemins ouverts par les deux ambassadeurs. Ils résident pendant quelques années à Constantinople, alors sous domination vénitienne, quoiqu'un empereur d'origine franque y gouverne officiellement encore. Ce déplacement, pour des Vénitiens, est un fait banal. L'ouverture de Venise sur la mer oblige ses citoyens, qui vivent du commerce, à partir souvent pour longtemps, laissant dans la métropole toute leur famille. Ainsi, il est probable que Niccolo part avant la naissance de son fils, Marco, et que son intention — comme celle de son frère — n'est de rentrer qu'après avoir réuni un capital suffisant pour vivre en paix jusqu'à la fin de sa vie et contribuer ainsi à l'ascension sociale de sa famille. Niccolo et Matteo savent que plus le trafic auquel ils se livreront sera risqué, plus il sera d'un rapport élevé ; ils sont prêts, en conséquence, à saisir toutes les opportunités. Les deux ambassades, celle du pape et celle du roi de France, ont montré qu'il est possible d'entretenir des relations avec les Mongols ; si l'Occident ne peut faire alliance avec le khan, il peut du moins commercer avec lui... Matteo et Niccolo décident de tenter cette chance et, en 1260, ils choisissent pour terrain d'expérimentation la région la plus occidentale de l'Empire mongol, le khanat de la Horde d'Or, dans le bassin de la Volga, autonome et dirigé par son propre chef, ou khan, Berké. Ils partent chargés de bijoux. Ceux-ci plaisent aux Mongols. Leur souverain leur en achète une partie très cher et les autorise à vendre librement le reste. Les deux frères ne se contentent pas de serrer l'argent qu'ils obtiennent en échange ; mais ils en investissent l'essentiel, achetant des objets introuvables en Occident et dont ils savent qu'ils tireront un excellent prix à leur retour à Venise.

La guerre et ses conséquences

En 1262, Matteo et Niccolo Polo décident de quitter la région. Mais c'est pour s'apercevoir qu'ils ne peuvent plus atteindre la mer Noire : les Mongols se font la guerre entre eux, et toutes les routes sont coupées ou dangereuses. Les Vénitiens décident alors d'emprunter un autre chemin, en contournant par l'est les États belligérants. Cette décision fortuite les amène à vivre une aventure extraordinaire. Par des routes que nul Occidental ne connaît alors, ils arrivent à Boukhara. Le développement de la guerre entre les tribus, qui embrase toute l'Asie centrale, fait qu'ils demeurent là encore durant trois années, sans savoir s'ils pourront repartir. La présence dans cette région des deux Occidentaux étonne quelque peu les dignitaires mongols. L'un d'eux insiste pour que les marchands l'accompagnent à la cour du grand khan, le fameux Kubilay, qui règne à Pékin — alors nommée Khanbalik, la « Ville du khan » — et chez

L'empereur, ou khan, Kubilay, fondateur de l'Empire mongol et protecteur des deux Vénitiens Matteo et Niccolo Polo (peinture du XVIIe siècle, Paris, Bibliothèque nationale de France).

Venise et l'Orient

Au XIIIe siècle, **Venise est à l'apogée de sa puissance militaire, politique et économique.** La république, après s'être détachée de la tutelle de Byzance, formellement acceptée jusqu'au XIe, domine le bassin de la Méditerranée.

L'étape essentielle de la conquête de cette domination est constituée par **la 4e croisade, dont les Vénitiens obtiennent, en 1204, le détournement... sur Byzance.** La seconde Rome subit alors un pillage dont elle ne pourra se remettre. L'Empire latin de Constantinople, aux mains de la dynastie des comtes de Flandre, dure jusqu'en 1261, année où les Grecs chassent les Francs de Byzance. Durant cette période, **le doge** ajoute à ses titres celui de Seigneur du quart et demi de l'empire d'Orient : il est le **véritable maître des lambeaux de la puissance byzantine.**

Byzance est un cas extrême. Mais, **dans tous les ports du Moyen-Orient et de la mer Noire, les Vénitiens occupent des positions dominantes,** parfois âprement contestées par leurs concurrents génois. Des quartiers entiers, groupés autour d'églises dédiées à saint Marc, le patron de Venise, leur sont concédés.

lequel il doit se rendre en ambassade. Niccolo et Matteo, qui n'ont pas grand-chose à faire à Boukhara, se mettent en chemin : il leur faut une année entière pour rejoindre Khanbalik, où ils sont fort bien reçus.

À la cour de Kubilay Khan

Les Mongols, mis en appétit par les rares informations qu'ils ont obtenues des deux franciscains récemment venus chez eux, sont ravis de voir arriver ces marchands, qui n'ont quant à eux aucune raison de se taire. Kubilay, arrivé au pouvoir en 1260, n'a d'ailleurs jamais vu encore aucun Occidental. En homme avide de savoir, il interroge les deux frères, qui lui livrent bien volontiers toutes sortes de renseignements — d'autant plus dépourvus d'importance politique, d'ailleurs, que les marchands ont quitté l'Occident trop longtemps auparavant pour être porteurs de secrets considérables. Les communications entre les Mongols et les deux Italiens ne posent aucun problème, Matteo et Niccolo Polo maîtrisant à cette date parfaitement le mongol. La description qu'ils donnent au souverain de leur monde attise sa curiosité. Aussi, désireux d'en savoir davantage, il décide, transformant paradoxalement Matteo et Niccolo Polo en ses propres ambassadeurs, de faire au pape cette curieuse demande : l'envoi dans ses États de cent docteurs qui puissent faire connaître aux Mongols le savoir de l'Occident. Toute la force de persuasion des Polo ne peut faire que le pape, d'ailleurs sollicité seulement par des intermédiaires, accède à la demande de Kubilay. Le pontife veut bien, néanmoins, envoyer, par leur entremise, des cadeaux d'amitié au khan de Pékin. En 1271, les Polo repartent donc, afin de rendre compte et de continuer des relations commercialement fructueuses. Dans cette nouvelle aventure les accompagne un jeune homme : Marco, le fils de Niccolo.

→**Voir aussi :** p. 78 (Un franciscain en Mongolie) ; p. 80 (Le missionnaire de Saint Louis) ; p. 84 (« Le Livre des merveilles »).

L'arrivée des frères Polo auprès de Kubilay (enluminure du Livre des merveilles *de Marco Polo, Paris, Bibliothèque nationale de France).*

Le déchargement des bateaux dans un port d'Asie (enluminure du Livre des Merveilles, *Paris, Bibliothèque nationale de France) : le commerce avec l'Asie, producteur d'épices et de soies, est le mobile du voyage des Vénitiens, peuple traditionnellement tourné vers la mer et le commerce.*

Un récit qui résume 25 années de voyage

« LE LIVRE DES MERVEILLES »

L'incapacité de figurer les particularités de ce monde si lointain qu'est la Chine se conjugue avec l'invention de détails fantaisistes (enluminure du Livre des merveilles*).*

En 1298, Venise et son ennemie traditionnelle, Gênes, se font la guerre. À la tête d'une des cent galères vénitiennes — qui, au large de la côte dalmate, sont battues par les navires génois —, un marchand, voyageur revenu six ans plus tôt de la lointaine Chine, est fait prisonnier. Marco Polo séjourne trois ans dans les prisons génoises : à cet accident, nous devons le récit de son voyage, et donc des informations beaucoup plus circonstanciées que celles que nous possédons sur le périple précédent de son père et de son oncle.

Pour s'occuper, en effet, Marco fait à son compagnon d'infortune, le notaire Rustichello de Pise, le récit détaillé de ce que lui, son père et son oncle ont vécu pendant vingt-cinq années en Chine. Le manuscrit qui en résulte, *la Description du monde,* appelée aussi *Il Milione,* ou plus souvent *le Livre des merveilles,* connaît un succès considérable aussitôt qu'il est rendu public. Accueillies parfois avec scepticisme, les descriptions que Marco Polo donne de la Chine suscitent en tout cas un intérêt considérable. Christophe Colomb, le découvreur de l'Amérique, lira et commentera de sa main un exemplaire du *Livre des merveilles.*

Un succès de librairie

La Description du monde *est le titre donné par Marco Polo au livre qu'il dicte à Rustichello. C'est l'un des grands succès d'édition du Moyen Âge. Rédigée en français, l'œuvre connaît, très peu de temps après son achèvement, une diffusion phénoménale : cent quarante-trois manuscrits nous sont parvenus, la majorité en langues romanes (français, provençal, catalan, toscan, aragonais, vénitien, etc.) : le livre est traduit aussitôt qu'achevé.*
L'imprimerie accroît encore ce succès remarquable : la première édition imprimée du Livre des merveilles, *comme on l'appelle désormais couramment, lorsqu'on ne l'intitule pas* le Million, *date de 1477. Elle est faite en allemand et est élaborée à Nuremberg. La version italienne (ou plutôt vénitienne) de ce texte date de 1496. Les Français ne disposeront du texte imprimé qu'en 1559.*
La valeur historique du Livre des merveilles *est immense. Marco Polo dispose d'une excellente mémoire et parvient à faire la synthèse de 25 ans de souvenirs, sans notes et sans graves erreurs. Il décrit clairement, même lorsqu'il ne comprend pas ce qu'il voit, comme c'est le cas pour le papier-monnaie.*

Vers Khanbalik

Entraîné par Matteo et Niccolo, Marco a quitté Venise pour l'Orient en 1271, à 17 ans. La route que les voyageurs empruntent cette fois est d'abord terrestre. Elle les conduit des côtes anatoliennes, par l'Iran, variante méridionale de la route de la soie, jusqu'à Tabriz ; les chemins sont sûrs ; arrivés là, les voyageurs apprennent que tout l'est de l'Iran est à

Pékin, vu par un enlumineur occidental, d'après les récits de Marco Polo (enluminure du Livre des merveilles, *Paris, Bibliothèque nationale de France). La capitale de l'Empire mongol est représentée à la manière d'une bourgade occidentale…*

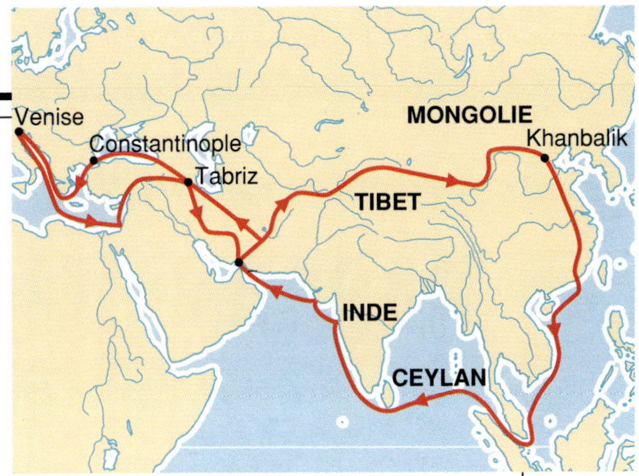

feu et à sang du fait d'une guerre qui, une fois de plus, oppose entre elles les tribus mongoles. Les marchands obliquent donc vers le sud et se rendent à Ormuz, où ils cherchent à s'embarquer. Là, ils apprennent qu'ils ne pourront aborder en Chine méridionale, elle aussi à feu et à sang parce que Kubilay est en train de la conquérir. Derechef, Marco et ses parents changent donc de route et se dirigent cette fois résolument au nord. C'est encore la route de la soie qu'ils empruntent, mais cette fois dans son trajet le plus septentrional. Ainsi, de marche en contremarche, il ne leur faut pas moins de quatre ans pour rejoindre leur but, Khanbalik.

Administrateur et diplomate

Marco Polo sait à coup sûr le mongol — il a eu le temps de l'apprendre en route, de Matteo et Niccolo —, et il parle probablement aussi le persan. Mais il ignore le chinois. Séduit par le jeune homme, le grand khan, qui a besoin d'hommes compétents et dévoués, décide de l'employer. Il lui confie probablement de moins hautes charges que Marco, complaisamment, ne s'en vante à Rustichello de Pise, mais il utilise ses compétences d'homme habitué aux chiffres, notamment pour des tâches d'administration fiscale, et même il lui confie, comme il le fait pour son oncle et son père, diverses missions diplomatiques, tout au moins en sous-ordre. Ces fonctions amènent Marco à voyager à travers la Chine, désormais unifiée sous la férule de Kubilay. Il se rend une fois au Yunnan, visite une grande partie de la côte, suivant le canal impérial qui unit Khanbalik à l'embouchure du fleuve Bleu (Yang Tse Kiang). Aussi les descriptions qu'il livre de l'immense empire sont-elles remarquablement précieuses.

Retour à Venise

En 1291, les deux frères et Marco décident, fortune faite, de retourner dans leur patrie. Ils profitent d'une ambassade envoyée par Kubilay en Perse : celui-ci les charge d'escorter une princesse mongole, « Belle du Ciel », à la cour du roi de Perse. Les Polo choisissent la voie maritime. Ils longent la côte indochinoise, traversent le détroit de Malacca, touchent Ceylan et atteignent à Ormuz, où ils débarquent. Ils trouvent le roi de Perse en Azerbaïdjan. Ayant mené à bien leur mission, ils se dirigent vers la mer Noire, où ils s'embarquent à Trébizonde pour Constantinople. Ils sont de retour à Venise en 1295.

La caravane transportant les frères Polo et leur fils ou neveu Marco, à travers les montagnes de l'Asie (détail d'un atlas du XIVe siècle, Paris, Bibliothèque nationale de France).

La monnaie de Kubilay

Marco Polo, marchand préoccupé de techniques financières, se montre admiratif devant l'invention de la monnaie de papier qu'il découvre lors de son voyage en Chine :

« Il est réel que la monnaie du Grand Sire est en cette ville de Khanbalik, et établie en telle manière qu'on peut bien dire que le grand khan possède parfaitement l'alchimie.

Or sachez qu'il fait faire telle monnaie comme je vous dirai ; à des hommes fait prendre l'écorce d'arbres que nous nommons mûriers [...]. Ils en prennent la peau mince qui est entre l'épaisse écorce extérieure et le bois, et qui est blanche. De cette peau mince, il leur fait faire des feuilles semblables à celles du papier-coton, et elles sont toutes noires. Et lorsqu'elles sont faites, il les leur fait couper de telle manière : la plus petite vaut [...] environ une moitié de tornesel [...], la plus grande, dix besants d'or. Toutes ces feuilles reçoivent le sceau du Grand Sire, faute de quoi elles ne vaudraient rien. Elles sont fabriquées avec autant de soin et de garantie que si c'était de l'or pur, car maints officiers nommés pour cela écrivent leur nom sur le billet, y apportant chacun sa marque.

Et quand ces monnaies sont faites [...], il fait faire tous ses paiements et les fait distribuer en toutes les provinces et royaumes dont il est le maître : et nul n'ose les refuser, car il lui en coûterait la vie. »

Marco Polo, le Livre des merveilles.

Un moine chrétien venu de Chine en Occident

RABBAN ÇAUMA

C'est sa foi chrétienne qui jette Rabban Çauma sur la route de l'Occident et de Jérusalem. Rien — ni la fatigue, ni les dangers du voyage, ni la distance immense à parcourir — ne peut détourner le moine nestorien, venu de Chine, de son projet de pèlerinage, à Bagdad d'abord, capitale du nestorianisme, puis à Jérusalem et, à défaut, à Rome.

Au moment de son départ, Rabban Çauma, qui s'est retiré du monde, habite une grotte située non loin de Pékin (Khanbalik). Il y reçoit de nombreux chrétiens qui viennent écouter sa parole. Né dans une famille d'origine mongole fixée dans la capitale, Rabban Çauma a reçu une éducation soignée et s'est orienté dès sa jeunesse d'abord vers le sacerdoce puis vers la vie monastique. Il est âgé de plus de quarante ans lorsqu'il quitte son pays. Son périple est connu par un ouvrage consacré à Rabban Marcos, son compagnon de voyage, devenu patriarche de l'Église nestorienne. Ce texte se fonde en partie sur le propre journal de Rabban Çauma.

L'ambassadeur du roi Argoun

L'entreprise de Rabban Çauma et de Rabban Marcos bénéficie du soutien des autorités chinoises, qui fournissent aux pèlerins des subsides et des sauf-conduits. Le métropolite (archevêque nestorien) de Pékin leur remet des lettres de recommandation pour les nestoriens rencontrés en chemin. Après une périlleuse traversée de l'Asie centrale, alors secouée par des révoltes, les deux Chinois arrivent sains et saufs dans l'est de l'Iran. Ils se reposent dans des monastères nestoriens avant de poursuivre leur route vers Bagdad, siège de leur Église depuis l'époque du califat abbasside. En chemin, ils ne manquent pas de visiter monastères et lieux saints. Le pèlerinage à Jérusalem s'avère finalement impossible à cause de l'insécurité des routes.

Après une tentative avortée pour rentrer chez eux, les deux hommes demeurent au Moyen-Orient. Ils y séjournent lorsque survient la mort du patriarche *(catholicos)*. Rabban Marcos est désigné pour lui succéder et son élection est confirmée par le roi mongol Argoun, parent et vassal du grand khan de Chine, qui contrôle alors l'Iraq et la Perse.

Le souverain — lui-même bouddhiste, mais époux d'une nestorienne et ennemi des musulmans — envisage la conquête de la Palestine et de la Syrie ; il profite du désir de Rabban Çauma de prolonger son voyage vers Rome pour lui confier une mission diplomatique. L'ambassadeur est chargé de soumettre au souverain pontif et aux principaux monarques d'Occident une proposition d'alliance avec le roi Argoun, afin de mener ensemble un combat visant à encercler les musulmans de Terre sainte.

De Constantinople à l'Italie

En 1287, Rabban Çauma et sa suite s'embarquent donc, à Trébizonde, sur la mer Noire, à destination d'abord de Constantinople (l'actuelle Istanbul). Accueilli en grande pompe par l'empereur byzantin *(basileus)*, le moine mongol est logé dans un palais. Des dignitaires lui servent de guide et lui font visiter les prestigieuses églises de la cité. Rabban Çauma est émerveillé, en particulier par la célèbre basilique Sainte-Sophie : « Elle avait trois cent soixante colonnes, toutes taillées dans le marbre. Quant au dôme de l'autel, personne ne peut en parler à celui qui ne l'a pas vu, ni dire quelle est son élévation et sa grandeur. »

L'ambassadeur d'Argoun navigue ensuite vers l'Italie et découvre avec étonnement l'Etna ou le Stromboli : « Parvenu au milieu de la mer, il vit une montagne de laquelle s'élevait de la fumée pendant le jour, et sur laquelle on voyait du feu pendant la nuit. »

Le moine débarque à Naples, où il assiste à une bataille navale. Il s'étonne des mœurs guerrières occidentales, plus douces que celles des Mongols puisque les combats ne font de « tort à personne en dehors des combattants ». À Rome, Rabban Çauma a une déconvenue : le pape, en effet, vient de mourir. Il est reçu du moins par les cardinaux, qui entretiennent de longues disputes théologiques avec lui. Des moines montrent au chrétien venu de si loin les plus magnifiques sanctuaires de Rome. Ils le conduisent notamment à la basilique Saint-Pierre, à la cathédrale Saint-Jean-de-Latran et à l'église Sainte-Marie-Majeure.

Ces pèlerinages achevés, Rabban Çauma décide de se rendre en France — son intention est de revenirà nouveau à Rome après l'élection du pape.

De la France à Rome

En France, Rabban Çauma est reçu avec de grands honneurs par le roi Philippe IV le Bel, qui l'installe dans une belle demeure parisienne et confie aux grands de son royaume le soin de le guider dans la ville.

Le souverain en personne lui montre la basilique de Saint-Denis et « les cercueils des rois défunts et leurs images, en or et en argent, placées sur leurs tombeaux », puis l'emmène à la Sainte-Chapelle.

Là, Rabban Çauma « monta avec le roi vers un tabernacle d'or que le roi ouvrit. Il en tira un reliquaire de cristal dans lequel se trouvait la Couronne d'épines [du Christ] [...]. La Couronne se voit à l'intérieur du reliquaire,

Lettre du roi mongol Argoun à Philippe le Bel (Paris, Archives nationales).

Si l'Occident a envoyé marchands et missionnaires en Asie, avec Rabban Çauma, c'est le christianisme oriental qui vient en Europe (peinture chinoise des IXe-Xe siècles, Paris, Bibliothèque nationale de France).

Des nestoriens en Chine

Le christianisme en Chine est antérieur aux communautés laborieusement créées par la mission évangélisatrice de Montcorvin. Très tôt, **le message du Christ est passé en Asie, par le biais des communautés nestoriennes.**

Les nestoriens sont à l'origine les disciples de Nestorius, patriarche de Constantinople de 428 à 431. Ils professent une doctrine qui affirme que **les deux natures, divine et humaine, du Christ correspondent à deux personnes distinctes.** Ils considèrent la Vierge Marie comme la mère du Christ, mais non comme la mère de Dieu.

Ces points de vue sont considérés comme hérétiques par les catholiques, et, après la condamnation de la doctrine en 431 par le concile d'Éphèse, **les nestoriens, expulsés de l'Empire romain, s'installent en Chaldée et en Assyrie, puis dans la Perse des rois sassanides, avant de gagner, pour certains d'entre eux, le Khouzistan, la Bactriane, la Tartarie et même le Malabar, côte ouest des Indes, et la Chine.**

sans que celui-ci soit ouvert, grâce à la transparence du cristal. » À Paris, le moine est frappé par les milliers d'écoliers « qui étudiaient les sciences ecclésiastiques et profanes, c'est-à-dire l'interprétation et l'explication de tous les livres saints ; la sagesse, c'est-à-dire la philosophie et la rhétorique avec la médecine, la géométrie, l'arithmétique et la science des planètes et des étoiles ; ils sont constamment occupés à écrire, et tous reçoivent du roi la nourriture. » Rabban Çauma part ensuite pour Bordeaux, où il rencontre le roi d'Angleterre. Après quoi il retourne en Italie, où un nouveau pape, Nicolas IV, a été élu. Le dimanche de Pâques 1288, il assiste à la messe dite par le pontife, vêtu des « ornements sacrés de pourpre, tissus en or et ornés de pierres précieuses et de perles fines ».

Au cours de son périple en Occident, Rabban Çauma a vu bien des merveilles et des coutumes fort différentes de celles de sa lointaine Chine ; lui-même, en retour, a suscité l'étonnement et l'intérêt des peuples qu'il visitait. Son voyage, en revanche, se solde par un véritable échec diplomatique : pas plus que les ambassades occidentales auprès du souverain mongol, l'ambassade envoyée par Argoun en Occident ne parvient au but dont l'Orient et l'Occident rêvaient : le combat commun et concerté contre les musulmans du Proche-Orient.

→**Voir aussi :** p. 88 (Un archevêque pour Khanbalik).

Le XIIIe siècle est marqué par un culte particulièrement important pour les reliques. En France, le roi lui-même, Philippe IV le Bel, présente à Rabban Çauma le tabernacle contenant la sainte épine (enluminure du XIe siècle, Paris, Bibliothèque nationale de France).

Jean de Montcorvin, ambassadeur auprès du grand khan

UN ARCHEVÊQUE POUR KHANBALIK

Tout au long du XIIIe siècle, l'Occident rêve d'établir des liens avec l'Empire mongol, qui gouverne alors l'Asie, de la Volga jusqu'à Pékin. En 1289 encore, le pape Nicolas IV charge le franciscain Giovanni da Montecorvino d'établir de façon durable des relations avec le grand khan. Cette ambassade se transforme en mission, et Montecorvino devient le premier archevêque de Pékin (Khanbalik).

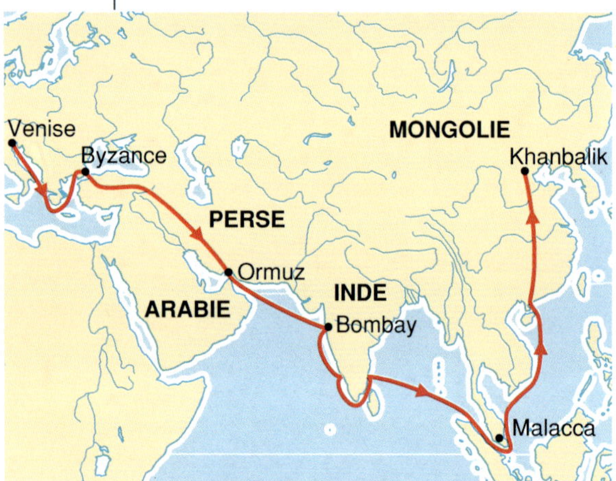

Le palais de l'empereur de Chine (Paris, Bibliothèque nationale de France). La dynastie mongole, à la différence des souverains chinois qui lui succéderont, se montre tolérante envers l'enseignement que délivrent les quelques missionnaires chrétiens arrivés là.

Giovanni da Montecorvino — Jean de Montcorvin — est particulièrement bien préparé pour une telle mission. Il a de l'Orient une très grande expérience, ayant vécu en Arménie et en Perse. On sait avec une quasi-certitude qu'il parle le tartare. Il passe pour être également médecin.

L'alliance mongole

Nicolas, en envoyant le franciscain, poursuit la même chimère que ses prédécesseurs sur le trône de saint Pierre : il rêve sinon d'une alliance de revers contre les Turcs — les précédentes ambassades ont appris à l'Occident que le grand khan mettait comme préalable à toute entente la reconnaissance par les autres États de leur subordination à son égard —, du moins d'une opération de conversion massive de l'Empire, dont l'histoire retiendrait qu'il en fut le promoteur. L'extrême tolérance religieuse des Mongols, incompréhensible pour le monde chrétien, favorise le malentendu : dans le respect de la diversité des croyances, le pape lit le détachement à l'égard du paganisme et l'attente de la foi chrétienne. C'est ce qui lui permet de penser, comme l'avait cru Saint Louis auparavant, que les sujets du khan sont prêts à recevoir la parole du Christ. Le voyage de Montcorvin est attentivement préparé. En premier lieu, l'envoyé du pape bénéficie des renseignements sur la cour de Pékin que, en 1269, Niccolo et Matteo Polo ont rapportés, les informations plus récentes ne lui sont pas encore parvenues, puisque, en 1269, les Polo, accompagnés de Marco, sont seulement sur le chemin du retour de leur seconde expédition. L'ambassadeur sait, d'autre part, s'entourer d'une petite équipe remarquablement choisie : un dominicain, Niccolo da Pistaoia, qui mourra en Inde, et surtout un marchand, Pietro da Lucalonga, dont le sens pratique fera merveille. Ces hommes expérimentés sont habitués aux voyages et aux difficultés de routes mal connues, et les incertitudes de la situation politique en Asie ne leur font pas peur.

Le récit d'Odéric de Pordenone

« Un jour que [le grand khan] entrait à Khanbalik, notre évêque, ses frères mineurs et moi-même, nous allâmes à sa rencontre à deux journées de la ville. Nous nous rendîmes en procession vers le souverain qui trônait sur son char. Nous portions devant nous une croix fixée sur une haute hampe et nous chantions l'antienne Veni, Sancte Spiritus. *Lorsque nous fûmes arrivés à proximité du char impérial, le grand khan, ayant reconnu nos voix, nous fit avancer jusqu'à lui. Et, comme nous approchions, la croix haute, il se découvrit en enlevant sa coiffure, dont le prix est inestimable, et fit révérence à la croix. Mais comme l'étiquette veut que personne ne paraisse jamais devant Sa Majesté sans lui faire un don, nous lui présentâmes un plat d'argent plein de fruits qu'il prit très aimablement ; il fit même le geste d'en goûter un. »*

La voie maritime

Rubrouck et Plan Carpin avaient voyagé exclusivement par voie de terre à partir de la mer Noire. Montcorvin, lui, choisit un autre itinéraire, moins éprouvant physiquement. Il se rend d'abord de Venise à Byzance. Puis il traverse la Perse jusqu'à Ormuz. Tous les commerçants vénitiens savent que, de là, il est aisé de trouver un navire qui aille en Chine. Ce que l'on ne sait pas (il faut attendre pour cela les expéditions portugaises du XVe siècle), c'est qu'il est possible de rejoindre Ormuz en contournant l'Afrique. Montcorvin s'embarque donc, et rejoint l'Inde en 1291. Il la contourne en 13 mois : rien ne presse. Il n'est pas, comme Plan Carpin ou Rubrouck, un voyageur pressé. Il prend le temps de convertir des hommes. Le voilà à Bombay puis à Calicut, et enfin sur la côte est. Là, il s'arrête pour prier sur le tombeau de saint Thomas, l'évangélisateur de l'Inde, dont on pense alors qu'il a fondé la petite communauté chrétienne indienne. La grande aventure maritime commence ici : quittant la côte de Coromandel, les voyageurs se dirigent vers le détroit de Malacca, entre Sumatra et l'actuelle Malaisie.

De là, faisant cap au nord, ils atteignent la côte de la péninsule indochinoise ; ils sont alors à mi-chemin, puisque c'est à Tsiangkiang qu'ils débarquent. Ils finissent la route à pied et atteignent Khanbalik (Pékin) en 1294, cinq années après être partis.

Le pape donne l'ordre à deux franciscains d'aller évangéliser l'Empire mongol (détail d'une miniature du Livre des merveilles, *Paris, Bibliothèque nationale de France). Les franciscains, plusieurs siècles avant les jésuites, portèrent la parole chrétienne en Asie.*

Un long séjour

Jean de Montcorvin reste à Khanbalik jusqu'à sa mort, en 1328. L'Occident a connaissance de son prodigieux voyage et du déroulement de sa mission grâce aux lettres qu'il fait parvenir au pape, en les confiant à des voyageurs sur le chemin du retour. La première arrive à Rome en 1307 : on croit jusque-là, non sans quelque apparence de raison, que Montcorvin est mort depuis longtemps... En réalité, le religieux franciscain a déjà accompli alors une œuvre considérable. Il a fondé à Khanbalik une première communauté catholique. Le nouveau pape, Clément V, consacre bientôt cette réussite en nommant Montcorvin évêque de Pékin ; il lui adjoint trois autres franciscains, chargés de le rejoindre — et de lui faire savoir son nouveau titre. Puis, en 1318, une nouvelle mission de liaison est envoyée par le pape régnant — désormais Jean XXII. Elle est assurée encore par un franciscain, Odéric de Pordenone. Celui-ci rejoint Khanbalik par le même itinéraire que Montcorvin, puis revient, après trois ans de séjour, par la voie de terre, en suivant à peu près l'itinéraire qu'avait emprunté Rubrouck. Pordenone rapporte, outre une foule de détails sur les pays traversés, dont il a examiné les mœurs en esprit curieux, l'étonnante et rassurante nouvelle de l'existence d'un archevêque et d'une chrétienté en gestation en Chine mongole. Celle-ci apparaît, dès lors, comme une terre de mission.

→**Voir aussi :** p. 84 (« Le Livre des merveilles »).

Giovanni da Montecorvino (Jean de Montcorvin), premier archevêque de Pékin (peinture chinoise du début du XXe siècle).

Le christianisme en Chine

Une incompatibilité culturelle. Quelque effort qu'ils aient pu faire, les chrétiens ne sont jamais parvenus à convertir la Chine. On se heurte là à une question qui dépasse, et de loin, la simple organisation de missions ou même l'affirmation d'une domination politique ou économique. En Chine, les chrétiens rencontrent, longtemps sans en prendre conscience, une civilisation plus ancienne que la leur, qui a sa propre religion, un corpus solide de croyances, totalement incompatibles avec le christianisme.

Une tolérance temporaire. La tolérance des Mongols s'explique par leur origine non chinoise ; elle témoigne plus d'une indifférence de principe que d'une sympathie envers le christianisme. Or, cette tolérance s'achève avec la dynastie. Quand la famille chinoise des Ming se substitue aux Mongols, en 1368, les conditions favorables que rencontraient les missions disparaissent. Elles ne renaîtront plus jamais, même pas à l'époque moderne, où les empereurs mandchous ne toléreront les jésuites qu'à condition qu'ils soient discrets.

1296

Un Chinois visiteur d'Angkor

ZHOU DAGUAN

En 1296, le Chinois Zhou Daguan, qui n'occupe aucun emploi officiel, mais est certainement lié à de grands dignitaires de son pays, accompagne une ambassade au Cambodge. Dans son compte rendu de voyage, il décrit cette contrée et ses mœurs avec une extraordinaire précision.

L'auteur des *Mémoires sur les coutumes du Cambodge* et ses compagnons mettent cinq mois pour se rendre de Chine à Angkor. Cette cité est alors la capitale d'un royaume fondé en 802 par le peuple khmer. À la fin du XIIIe siècle, le royaume d'Angkor est encore puissant. C'est donc une civilisation qui brille de tout son éclat que découvre Zhou Daguan au Cambodge.

Le pays et ses ressources

Zhou Daguan (Tchéou Ta-kouan), qui a embarqué avec l'ambassade dans un port de Chine, longe la côte jusqu'à l'embouchure du Mékong. Il constate que les marins éprouvent bien des difficultés à trouver la bouche du fleuve, qui est précédée de bancs de sable et masquée par les roseaux. Une fois celle-ci découverte commence la lente remontée du cours d'eau à travers le Cambodge. Zhou Daguan s'abîme dans la contemplation des larges estuaires du Mékong et de ses rives bordées par d'épais fourrés et par une forêt luxuriante, qui retentit du cri de nombreux animaux. Il aperçoit ensuite une immense plaine couverte de céréales et dépourvue d'arbres, dans laquelle se rassemblent les buffles sauvages. Plus loin, les céréales sont remplacées par les bambous. La navigation fluviale conduit les Chinois jusqu'au Grand Lac (Tonlé Sap), qu'ils traversent pour atteindre Angkor, située au nord-est de cette vaste étendue d'eau. Zhou Daguan relève que le Cambodge est soumis au régime de la mousson avec alternance d'une période de forte pluie et d'une longue période de sécheresse. Il signale que le pays, qui ne connaît ni le gel ni la neige, produit trois à quatre récoltes par an. Les paysans cultivent du riz et des légumes : oignon, moutarde, poireau, aubergine, pastèque, citrouille, courge et d'autres espèces dont Zhou Daguan ignore le nom. Ils font aussi pousser des fruits : pêche, banane, litchi et orange.

Le voyageur chinois s'intéresse également aux animaux. Parmi les bêtes sauvages, il remarque le rhinocéros, l'éléphant, le bœuf sauvage, le tigre, la panthère, l'ours, le sanglier, le cerf. Les animaux d'élevage sont représentés par la poule, le canard, le bœuf, le cheval, le porc et le mouton.

Le jour de l'An

À Angkor, les Khmers célèbrent ainsi le premier mois de l'année :

« En avant du palais on assemble une grande estrade pouvant contenir plus de mille personnes. On la garnit entièrement de lanternes et de fleurs. En face, à environ vingt tchang, on réunit des montants de bois et on les assemble en des échafaudages élevés, de la forme des mâts pour la construction des stupas, et hauts de plus de vingt tchang. Chaque nuit on en construit trois ou quatre, ou cinq ou six. Au sommet, on place des fusées et des pétards. Ces dépenses sont supportées par les provinces et les maisons nobles. La nuit tombée, on prie le souverain de venir assister au spectacle. On fait partir fusées et pétards. Les fusées se voient à plus de cent li [40 kilomètres] ; les pétards sont gros comme des pierriers [machine de guerre], et ébranlent toute la ville. Mandarins et nobles prennent part à la fête avec des cierges et de l'arec [fruit]. Leurs dépenses sont considérables. Le souverain invite aussi au spectacle les ambassadeurs étrangers. Il en est ainsi pendant quinze jours et puis tout cesse. »

Zhou Daguan,
Mémoires sur les coutumes du Cambodge.

Angkor Thom et ses habitants

Zhou Daguan décrit fidèlement Angkor Thom, c'est-à-dire la « Grande Ville », la nouvelle cité édifiée par un roi qui a régné à la fin du XIIe et au début du XIIIe siècle, Jayavarman VII. La ville est entourée d'une enceinte percée de cinq portes, qui décrit un carré parfait, ainsi que d'un très large fossé. Les chaussées d'accès sont équipées de ponts. La ville s'ordonne autour d'un temple-montagne (Bayon), composé d'une tour d'or entourée de nombreuses autres tours (plus de vingt selon Zhou Daguan, en réalité quarante-deux). Au nord de cet ensemble se dresse le palais royal, qui abrite une autre tour d'or. Inaccessible aux étrangers, il contient, d'après ce que Zhou Daguan a entendu dire, de nombreuses merveilles. « Ce sont ces monuments — pense le visiteur — qui ont motivé ces louanges du Cambodge riche et noble que les marchands [chinois], depuis leur venue, ont prodiguées à ce pays. »

Les demeures obéissent à des règles fixées selon le rang de chacun. Ainsi, les appartements privés du roi sont les seuls édifices, avec les temples, à exhiber des tuiles de plomb. Ceux des dignitaires et des nobles s'ornent de tuiles de terre. Les maisons du peuple et les communs sont quant à eux couverts de chaume. Le peuple n'a pas le droit d'imiter la disposition des résidences des nobles. Les petits fonctionnaires, placés sous

Scène mythologique ornant une porte du sanctuaire de Banteay Srei, dédié à Visnu : combat entre Krisna et son oncle, le roi Kamsa.

les ordres des dignitaires, sont nombreux dans la cité. Les esclaves, capturés dans les peuplades des montagnes, le sont aussi. Seules les personnes très pauvres n'en possèdent pas. Les esclaves, privés de droits, ne jouissent d'aucune considération. Les habitants d'Angkor Thom, s'étonne Zhou Daguan, ont le teint très noir. Ils portent le chignon ; ils dénudent leurs épaules. L'usage des tissus à ramages est strictement réglementé selon le rang et le sexe.

Croyances et mœurs

Zhou Daguan observe l'existence de trois groupes religieux, mais il n'identifie bien que celui des bonzes bouddhistes. Il ne sait pas exactement ce que font les brahmanes, qui constituent la classe sacerdotale de la religion hindoue, ni le clergé d'un troisième culte — sans doute également hindou. Les bonzes, vêtus de jaune, adorent Bouddha, représenté dans leurs temples par une unique image. Ils récitent de très nombreux textes et sont consultés par le roi pour les affaires graves. Ils se chargent de l'éducation des enfants laïcs qui vont à l'école, princes et autres nobles mêlés. Le Chinois s'étonne de la cruauté des mœurs judiciaires des Khmers — ou Cambodgiens. La peine capitale est appliquée par l'ensevelissement du condamné vivant ; les moindres châtiments vont de l'ablation de doigts des pieds ou des mains à l'amputation du bras. Zhou Daguan est particulièrement horrifié par la pratique de l'ordalie, qui consiste à exiger d'une personne soupçonnée d'un vol qu'elle plonge la main dans de l'huile bouillante. Si la main ressort intacte, l'accusé est innocent. Si elle est brûlée, il est coupable… Pour se soigner, les Cambodgiens achètent des remèdes sur le marché. Ils font aussi appel à des sorciers qui « sont tout à fait risibles » selon Zhou Daguan. Les morts sont exposés aux vautours, qui les décharnent, ou ils sont brûlés, ce qui évite aux corps de pourrir lentement.

Par leur extraordinaire diversité et leur précision, les *Mémoires sur les coutumes du Cambodge* de Zhou Daguan, retourné en Chine en 1297 avec l'ambassade qu'il accompagnait, constituent un document exceptionnel sur la civilisation d'une ville dont ne demeurent aujourd'hui que de somptueuses ruines.

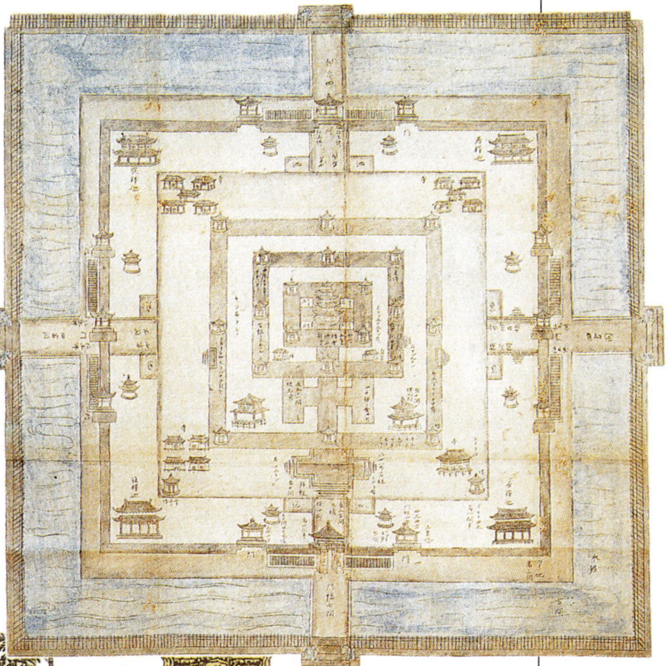

Le plan d'Angkor, tel que le voyageur chinois du XIIIe siècle le livra à la postérité.

Le Bayon, une « tour d'or entourée de plus de vingt tours de pierre », temple-montagne décrit par Zhou Daguan, autour duquel s'organisait la cité d'Angkor.

Ibn Battuta prolonge son pèlerinage

UN GLOBE-TROTTER MUSULMAN

En 1325, Ibn Battuta, jeune habitant aisé de la ville de Tanger, décide de satisfaire à l'obligation qu'a tout musulman de participer au moins une fois dans sa vie au pèlerinage de La Mecque, s'il en a les moyens... Il ne revient au Maroc qu'en 1349, pour en repartir presque aussitôt. Durant ce voyage infini, il visite pratiquement toutes les contrées gagnées à l'islam, et leurs marges païennes ou chrétiennes.

À la fin de sa vie, il dicte à un secrétaire le récit de ses aventures, renouvelant profondément un genre littéraire classique, illustré avant lui par des hommes comme Ibn Djubayr, le compte rendu de voyage.

Un pèlerinage qui se prolonge

L'itinéraire emprunté par Ibn Battuta pour se rendre en Arabie est terrestre, et lui fait longer la côte sud de la Méditerranée. C'est par curiosité et par goût de l'aventure qu'il décide de ne pas revenir immédiatement dans sa patrie. Il veut voir le cœur historique du monde musulman, la Syrie, l'Iraq, où Bagdad connaît alors, avant la furie de Tamerlan, les dernières lueurs d'une splendeur pluriséculaire. Il revient ensuite en Arabie, où, en 1327 et 1330, il réitère son pèlerinage. Sa curiosité n'est pas satisfaite et, à vrai dire, ne le sera jamais. Il se dirige vers l'Afrique. Il en longe la côte orientale jusqu'à Kilwa, au sud de Zanzibar. Revenant par Oman et Ormuz, c'est-à-dire par le golfe Persique, il emprunte la route dont les Portugais, plus d'un siècle plus tard, comprendront qu'elle peut être atteinte en contournant l'Afrique.

L'Orient lointain l'attire, et il veut désormais — nous sommes en 1332 — aller jusqu'en Inde. Il ne trouve pas, en Arabie, de navire pour l'y conduire, et décide donc d'y accéder par voie de terre. Effectuant un large détour, au

Ibn Battuta (1304-1377) : un voyageur musulman du Moyen Âge contemple les ruines de l'Égypte pharaonique...

Le pèlerinage

L'obligation de se rendre une fois dans sa vie en pèlerinage à La Mecque fait partie des devoirs que tout bon musulman doit accomplir, s'il le peut. C'est Mahomet lui-même qui, lors de son dernier séjour dans la ville sainte de l'islam, en 632, fixe les rites à respecter. Certains de ceux-ci sont très anciens et se rattachent directement à des pratiques existant déjà avant le début de la Prédication.

Le principal de ces rites est constitué par **les sept tours que le croyant doit effectuer autour de la Ka'aba,** qui abrite la pierre noire, apportée là par Abraham. Tous les gestes effectués par les pèlerins, cependant, répètent les gestes du Prophète : jets de pierre, course entre les deux vallées, ablutions à la source Zem-Zem, etc.

Carte musulmane montrant le monde islamique connu avec pour centre La Mecque, qui fut la première destination d'Ibn Battua (Paris, Bibliothèque nationale de France).

cours duquel il n'est pas impossible qu'il soit passé par Constantinople, qui n'est plus que l'ombre d'elle-même, une ville amoindrie, dominée par les Vénitiens, il va d'abord vers le khanat de la Horde d'Or, c'est-à-dire vers le bassin de la Volga. De là, passant par Boukhara, le Khorasan et l'Afghanistan, il rejoint le bassin de l'Indus, en 1333.

L'Inde et la Chine

Jusqu'à présent, Ibn Battuta, quoique voyageur audacieux, a toujours rayonné à partir d'un centre qui est le cœur même du monde musulman. Il passe les quinze années suivantes en Extrême-Orient, aux marges récemment acquises et islamisées. C'est sans doute pour lui l'essentiel de son aventure : il rencontre là des sociétés et des paysages profondément différents de ce qu'il a vu jusqu'à présent. Il est désormais dans sa pleine maturité, sans que cela crée chez lui le moindre désir de stabilité. En Inde, à Delhi, capitale d'un État musulman qui s'étend désormais sur presque tout le sous-continent, il obtient une charge de juge *(cadi)*. C'est une sinécure qui va lui permettre de continuer ses voyages. Il devient, au demeurant, un personnage officiel du sultanat, qu'il représente au moins une fois lors d'une ambassade envoyée à l'empereur mongol, en 1342. Ibn Battuta, après avoir longé la côte de Malabar jusqu'à Calicut, ne s'embarque pas pour la Chine : ses jonques sont naufragées ; son ambassade n'aura pas lieu. Il part toutefois et arrive aux îles Maldives, au sud-ouest de la côte de Malabar. Là, on le refait cadi, ce qui lui donne un moyen de subsistance. Il apprécie fort les femmes de ces îles, la facilité avec laquelle on les épouse et on en divorce. Il reste 18 mois, puis s'embarque pour Ceylan et le golfe du Bengale. En 1345, il réussit enfin à partir pour la Chine, qu'il touche au port de Zaitun (Chinkiang).

On ne sait pas s'il a ou non été jusqu'à Pékin. Pour y accéder, il lui eût suffi d'emprunter le canal impérial, comme Marco Polo et tous les voyageurs désirant rejoindre la capitale. Quoi qu'il en soit, même si, pour une raison ou une autre, il répugne à s'enfoncer à l'intérieur des terres, il voit, à l'aller et au retour, toute la côte de la Chine méridionale.

Vers l'Afrique

Il ne revient pas en Inde ni aux Maldives, mais, par le détroit de Malacca et la mer d'Oman, il rejoint Ormuz et, de là, Bagdad, où il apprend que son père est mort quinze ans auparavant. Il effectue alors un autre pèlerinage à La Mecque. Il peut suivre, sur son chemin, et sans jamais être atteint par la maladie, les ravages de la peste noire qui atteint, en 1348, toutes les contrées qu'il traverse : Iraq, Syrie, Égypte. Enfin, près d'un quart de siècle après être parti, il rentre chez lui, par voie de mer, cette fois. Il est à Fez en novembre 1349, mais il ne s'arrête que peu de temps à Tanger. Il participe tout d'abord à une expédition militaire en Espagne, destinée à défendre le royaume de Grenade contre la Castille. En 1352, il dirige une ambassade au Mali. Les empires africains sont alors au faîte de leur puissance et de leur richesse. Il en donnera une des rares descriptions, sinon la seule, que nous en ayons. Il meurt en 1370, ou en 1377, après avoir raconté par écrit sa vie aventureuse, au cours de laquelle il a parcouru 120 000 km !

→**Voir aussi** : p. 76 (Les désillusions d'Ibn Djubayr)

Navire musulman (détail d'une enluminure arabe).

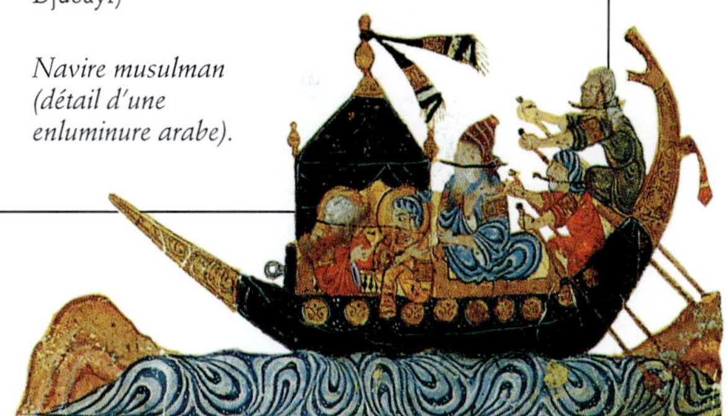

Les narrations de pèlerinage

L'obligation du pèlerinage fait de tout musulman un grand voyageur potentiel. Il est normal que nombre de musulmans, après leur retour, aient laissé une trace écrite de ce qui constitue souvent l'aventure d'une vie : Ibn Djubayr et Ibn Battuta sont les plus fameux.

Les Andalous et les Africains du Nord. Le genre littéraire qu'ils illustrent, la rihla, diffère de la géographie en ceci qu'il ne s'agit que de raconter ce que l'on voit, de narrer une expérience personnelle, tout en notant les faits curieux, et non pas de décrire le monde. Ce genre est propre à la culture andalouse et maghrébine, excentrée par rapport aux lieux de mémoire du monde musulman. Les voyageurs veulent nécessairement voir, en plus des lieux saints de l'islam, les lieux les plus fameux de son histoire, l'Arabie, certes, mais aussi, si possible, la Syrie et l'Iraq. Ibn Djubayr, au XIIe siècle, passe par Damas avant de reprendre la route de l'Espagne.

La Mecque comme centre. Dans ces conditions, il est normal que le récit s'articule autour de La Mecque, présentée comme le but ultime du voyage, mais aussi comme le centre de nouvelles pérégrinations. Ibn Djubayr entre parfaitement dans ce cadre, et la narration de l'étape qu'il fait accidentellement en Sicile s'intègre à un genre codifié. Ibn Battuta, quant à lui, va beaucoup plus loin, dans tous les sens du terme : la nature même de son voyage amène à donner une ampleur nouvelle à ce genre littéraire.

Jean de Béthencourt et Gadifer de La Salle aux Canaries

CONQUÊTE ET EXPLORATION

En 1402, le Normand Jean de Béthencourt et le Poitevin Gadifer de La Salle entreprennent de conquérir et de coloniser les Canaries. À cette date, l'archipel, découvert au début du siècle précédent, a simplement été reconnu. C'est aux deux Français qu'il appartient d'en faire l'exploration.

L'archipel des Canaries, connu dès le XIIIe siècle, n'a pas encore été exploré quand l'expédition française menée par Béthencourt et Gadifer de La Salle y aborde.

Pour armer les trois navires qui quittent le port de La Rochelle le 1er mai 1402, les deux gentilshommes ont vendu tous leurs biens. Recherche de la fortune, soif d'aventure et désir de gloire, telles sont sans doute les raisons qui conduisent Jean de Béthencourt et Gadifer de La Salle à s'embarquer pour ces îles lointaines. À cela s'ajoute peut-être pour le Normand, qui exerce l'activité de pirate, la nécessité de fuir la justice. Les deux religieux membres de l'expédition, et auteurs du *Canarien, livre de la conquête et conversion des Canaries,* avancent pour leur part comme principale motivation l'évangélisation des populations indigènes.

Une installation difficile

Dès l'escale de Cadix, les difficultés commencent. Des membres de l'équipage désertent, convaincus qu'ils trouveront dans les îles une mort certaine : la population indigène des Canaries, les Guanches, a la réputation d'être extrêmement primitive et de ne pas faire de quartier à ceux qu'elle considère comme des envahisseurs. Les navires repartent avec des effectifs réduits, et l'archipel est en vue au bout de cinq jours de navigation. Les Français débarquent dans l'île de Lanzarote, où ils trouvent d'abord un village précipitamment vidé de ses habitants. Le lendemain, ceux-ci se montrent, timides et pacifiques. Deux interprètes, emmenés par les Français, établissent les premiers contacts et organisent une entrevue avec le roi de l'île. On échange des présents. Béthencourt et Gadifer de La Salle s'assurent d'un recours contre un éventuel revirement de la population en érigeant un château fortifié qu'ils appellent « le Rubicon ». Mais les marins répugnent à demeurer indéfiniment sur place. Béthencourt prend le parti de les reconduire en Europe pour revenir avec de meilleures recrues. Resté seul, Gadifer de La Salle connaît de nouveaux ennuis. Un jeune noble dévoyé, membre de l'expédition, se mutine et commet les pires méfaits. Il s'entend notamment avec l'équipage d'un navire espagnol de passage dans l'archipel à qui il vend des Guanches comme esclaves… Avant de s'enfuir à bord du bateau étranger, il livre aux Espagnols le château du Rubicon avec ses armes

Le départ de Béthencourt et de Gadifer de La Salle du port de La Rochelle (gravure d'après une miniature du XVe siècle).

Hierro, ou l'île de Fer

« Ici nous parlerons d'abord de l'île de Fer, qui est l'une des plus éloignées. Nous dirons que c'est une très belle île ; elle contient sept lieues de long et sept de large. […]
Le pays est haut et assez plat, rempli de grands bosquets de pins […] Et les terres sont bonnes pour labourer, pour le blé et la vigne et pour toutes autres choses. Et on y trouve beaucoup d'autres arbres qui portent des fruits de différentes variétés. Et il y a des faucons et des éperviers, des alouettes et des cailles en grande quantité […]. Les eaux sont bonnes et il y a un grand nombre d'animaux, à savoir des porcs, des chèvres et des brebis. Il y a des lézards aussi grands qu'un chat, ils ne font pas de mal et sont bien laids à regarder. Les habitants d'ici, hommes et femmes, sont des personnes d'une grande beauté. Les hommes portent des lances qui ne sont point ferrées, car ils n'ont point de fer, ni d'autre métal. Il pousse du blé de toutes sortes en grande quantité. »

Le Canarien, livre de la conquête et conversion des Canaries.

et provisions. La colère des Guanches, qui se rebellent à leur tour, retombe sur le malheureux Gadifer. C'est avec un immense soulagement que celui-ci assiste à l'arrivée du navire que Jean de Béthencourt a obtenu du roi de Castille — tandis que lui-même est pour l'instant resté sur le continent. Le calme revenu, Gadifer de La Salle décide d'explorer l'archipel sans attendre le retour de son compagnon. Il visite les six autres îles habitées des Canaries, Fuerteventura, Hierro (« l'île de Fer »), la Grande-Canarie, Gomera, Tenerife et Palma.

La fin d'une aventure

Le retour de Béthencourt à Lanzarote suscite un renouveau de tension, des divergences opposant cette fois le Normand au Poitevin. Gadifer de La Salle reproche à son associé d'avoir prêté hommage au roi de Castille pour le royaume des Canaries en échange de son aide et de sa protection. Il n'apprécie guère, en fait, que Béthencourt se soit accaparé le royaume des Canaries, obtenant d'Henri III de Castille le titre de « seigneur des îles Canaries » ! Les deux hommes surmontent leur désaccord le temps de faire la conquête de Fuerteventura et de la Grande-Canarie. Puis ils se rendent en Espagne pour demander l'arbitrage d'Henri. Gadifer de La Salle, débouté de ses demandes, regagne la France — il s'efface définitivement de l'histoire des Canaries. De retour dans l'archipel, en revanche, Béthencourt poursuit son œuvre de pacification et de colonisation. En 1405, il appareille pour la Normandie afin de recruter de nouveaux colons : des soldats, des paysans, des artisans. Le voyage de retour est le dernier qu'il effectue aux Canaries. Avant son départ définitif, il confie l'administration de son royaume à son neveu Macio. Treize ans plus tard, en 1418, il se trouve forcé de céder définitivement son bien à la Castille pour échapper à la ruine.

Les Canaries dévoilées

La présence éphémère des Français a correspondu à l'époque de l'exploration de l'archipel. Les nouveaux venus s'émerveillent de la beauté des îles et de leurs habitants, du climat doux et des possibilités offertes à l'agriculture et au commerce. Sur certaines parties de l'archipel, comme à Lanzarote et à Hierro, ils constatent que la population, victime des rafles des trafiquants d'esclaves, est devenue peu nombreuse. Dans tous les cas, ils relèvent les dimensions et la configuration des terres. Fuerteventura par

Jean de Béthencourt aux Canaries : au XVe siècle, on pensait encore que l'archipel correspondait aux restes de l'Atlantide.

exemple « contient environ 18 lieues [72 km] de long et 8 [32 km] de large, mais à un endroit elle ne contient qu'une lieue [4 km] d'une mer à l'autre ». À Tenerife, les Français repèrent la plus haute montagne des Canaries et rencontrent un peuple qui ne s'est jamais laissé réduire en esclavage. À la Grande-Canarie, ils contemplent la ville la plus renommée de l'archipel et remarquent que les hommes sont nus, à l'exception d'un pagne en feuilles de palmier, et que beaucoup ont le corps tatoué. Palma offre aux Français le spectacle de ses forêts de dragonniers, arbres qui produisent le sang-de-dragon, gomme très recherchée qui entre dans la composition des remèdes médiévaux. Le sang-de-dragon forme avec l'orseille, un lichen utilisé comme colorant pour les teintures, l'une des principales et fort lucratives ressources des Canaries. À Gomera, les nouveaux maîtres des Canaries sont frappés par la langue des indigènes — « la plus étrange des îles » — et par leur façon de parler — « avec les lèvres saillantes comme s'ils étaient sans langue ».

Les dernières grandes expéditions chinoises

LES VOYAGES DE ZHENG HE

« Nous avons traversé plus de cent mille lis [40 000 kilomètres], d'immenses étendues d'eau et nous avons affronté dans l'océan des vagues aussi hautes que des montagnes s'élevant jusqu'aux cieux ; et au loin nous avons vu des contrées barbares tapies dans la transparence bleutée de légères vapeurs. »

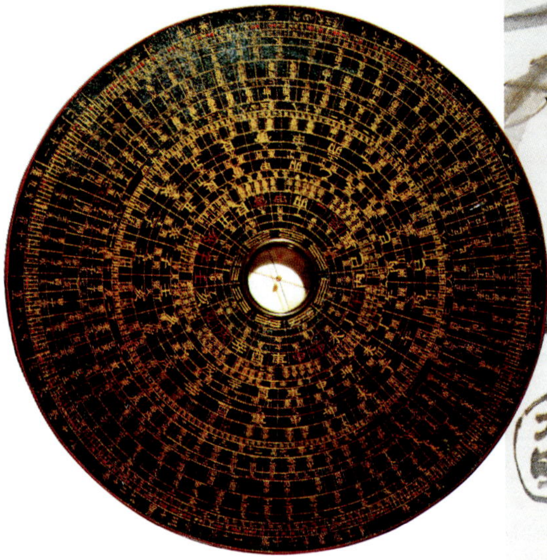

Boussole chinoise. Cet instrument, que l'Occident ne découvrira que bien plus tard, est utilisé par les navigateurs chinois à partir de 1100.

Zheng He (1371-1435) : un navigateur et diplomate au service de la dynastie des Ming (peinture chinoise moderne).

Une avance technique remarquable

Grâce à d'importantes innovations techniques, les bateaux chinois sont en avance sur ceux de l'Occident. Depuis le Xe siècle, le gouvernail axial et peut-être même déjà le gouvernail d'étambot a remplacé les rames latérales faisant fonction de gouvernail. Les cales des bâtiments sont divisées en compartiments étanches afin de lutter efficacement contre les voies d'eau.
D'autre part, les navigateurs chinois sont les premiers à utiliser, à partir de 1100, la boussole pour la navigation.

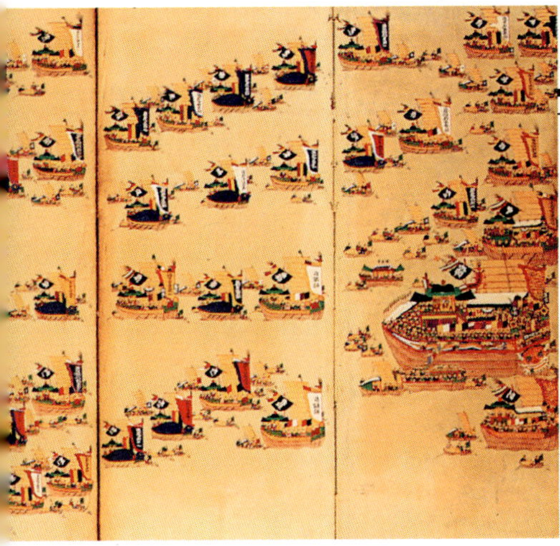

Flotte chinoise approchant des côtes (peinture chinoise, décoration de meuble).

L'âge d'or de la marine chinoise

À partir du IIIe siècle de notre ère, la Chine cesse de pratiquer uniquement le cabotage et entreprend **des traversées à longue distance.**

Dès la fin du Ve siècle, sans doute, des navires chinois atteignent **le fond du golfe Persique.** Ils relient régulièrement les îles du Sud-Est asiatique et se rendent parfois dans les ports de l'Inde.

Au XVe siècle, les expéditions de Zheng He mènent pour la première fois des vaisseaux chinois **jusqu'en Afrique.** Entre le XIe et le XVe siècle, la puissante marine de l'Empire céleste règne donc en maître sur les mers. Mais cet âge d'or cesse presque aussitôt.

Cette inscription, gravée sur une stèle érigée en Chine par l'amiral Zheng He, commémore les expéditions maritimes organisées à sept reprises par cet officier pour le compte des empereurs Yongle et Xuande de la dynastie Ming. Entre 1405 et 1433, la flotte chinoise, placée sous le commandement de cet eunuque musulman, sillonne l'océan Indien à des fins commerciales. Les navires, qui visitent plus de trente pays, parviennent jusqu'à l'Afrique. Leurs voyages élargissent notablement l'horizon de la Chine.

La flotte au trésor

Pour ces expéditions de grande envergure, le souverain de Chine fait construire à grands frais les nombreux navires qui composent la flotte au trésor, comme se nomme la flotte chinoise. Chaque périple engage plusieurs dizaines de vaisseaux impériaux. À la tête de la flotte se trouve le bateau de l'amiral, long de 130 mètres et large de 55 mètres environ, qui est luxueusement aménagé. La richesse du décor vise à impressionner les dignitaires et les ambassadeurs étrangers invités à bord, et à leur montrer la puissance de la Chine. La somptueuse nef est accompagnée de bâtiments de guerre, rapides et faciles à manœuvrer, et de bateaux qui transportent les troupes. Les chevaux et les produits destinés au commerce (porcelaines et soieries essentiellement) sont chargés sur d'autres embarcations. Les énormes quantités de vivres, nécessaires au ravitaillement d'un équipage qui peut mobiliser jusqu'à trente mille hommes, voyagent sur des bateaux à provisions. L'eau est, quant à elle, chargée dans des navires-citernes. Outre l'amiral, les capitaines de navires, les commandants militaires et les officiers, l'équipage comprend des secrétaires qui rédigent les documents officiels, des fonctionnaires qui veillent au respect du protocole, un astrologue qui observe le ciel, des traducteurs, des artisans chargés de réparer les navires, et près de deux cents médecins et pharmaciens.

Les jonques chinoises et l'océan Indien

Les deux premières expéditions, qui se déroulent de 1405 à 1407 et de 1407 à 1409, ont pour but le port de Calicut, situé au sud de la côte occidentale de l'Inde. Elles font escale au royaume du Champa (sud-est du Viêt Nam), à Java, à Sumatra, à Malacca dans la péninsule de Malaisie, et à Ceylan. Le troisième voyage, qui a lieu entre 1409 et 1411, ne dépasse pas l'île de Ceylan. La quatrième expédition (1413-1415) visite les ports d'Indonésie et l'île de Ceylan. La flotte se scinde ensuite en deux. Tandis que la majeure partie des bateaux se dirige vers le golfe Persique et le port d'Ormuz, les navires restants font voile vers le golfe du Bengale. Lors du cinquième voyage (1417-1419), la flotte au trésor se rend dans les ports d'Asie, désormais familiers, puis dépasse le port d'Ormuz. Pour la première fois, elle atteint la ville d'Aden, sur la côte méridionale de l'Arabie. L'aventure se poursuit jusqu'à la côte orientale de l'Afrique, où les navires chinois découvrent les côtes de la Somalie et du Kenya et les localités de Mogadishu, Brava et Malindi. Au cours de la sixième expédition (1421-1422), la flotte se divise de nouveau à Sumatra. La flotte principale, commandée par un lieutenant de Zheng He, relie directement Aden puis l'Afrique. Pendant ce temps, l'amiral retourne en Chine avec les autres vaisseaux. Après le décès de l'empereur Yongle, en 1424, les périples sont interrompus durant neuf ans. Son petit-fils Xuande renoue avec la tradition et lance le septième voyage (1431-1433). C'est la dernière grande expédition navale chinoise. La flotte quitte Nankin et se rend au Siam, à Java, à Palembang, à Ceylan et à Calicut où elle se partage. Certains de ses vaisseaux remontent jusqu'à Duffar et Djedda, sur la côte occidentale de l'Arabie, et atteignent l'Afrique. L'amiral Zheng He, âgé d'une soixantaine d'années, meurt sur le chemin du retour, non loin de Java. Ses funérailles sont célébrées en mer. Après cette expédition, la Chine perd sa suprématie sur les mers de l'Asie et laisse le champ libre aux Portugais et aux Espagnols.

À la rencontre des peuples

Le travail des secrétaires embarqués a permis que soient rédigées des relations de ces voyages. Celles-ci montrent les réactions des Chinois face aux peuples étrangers qu'ils découvrent. À Java, les marins se distraient en suivant les duels à mort de gladiateurs javanais. Les combattants, armés de lances en bambou, s'affrontent au son des tambours. Le vainqueur donne une pièce d'or à la famille du mort et reçoit comme récompense sa veuve ou une esclave. Les Chinois assistent aussi à des funérailles où la veuve se jette dans le bûcher, comme en Inde. Ceylan frappe les Chinois par ses richesses. Près de la résidence royale s'élève une montagne qui « regorge de rubis de toutes sortes et d'autres pierres précieuses. Les gemmes sont sans cesse arrachées du sol par les pluies abondantes, cherchées et trouvées dans le sable charrié au bas de la colline par les torrents. » Quant aux huîtres perlières, elles abondent sur le rivage. À Ceylan toujours, les Chinois s'étonnent de la vénération du peuple pour les vaches : « Ils ne se risquent pas à manger la viande des vaches, ils se contentent de boire le lait. Quand une vache meurt, ils l'enterrent. C'est la peine capitale pour quiconque tue une vache secrètement [...]. »

En Arabie, pays riche en plantes aromatiques, les médecins et pharmaciens chinois recherchent avidement les plantes médicinales qu'ils importent chez eux. En Afrique, les représentants de l'empereur constatent que les contrées sont pauvres et que leur principal intérêt commercial réside dans les animaux exotiques.

Alvise Ca'da Mosto sur les côtes de l'Afrique de l'Ouest

UN VÉNITIEN AU SERVICE DU PORTUGAL

« Me voyant jeune et apte à supporter les plus grandes fatigues, désireux de voir le monde et des terres qu'aucun Vénitien n'avait vues jusqu'à ce jour, espérant en outre tirer profit et honneur de ce voyage, je résolus de partir. »

C'est en ces termes qu'Alvise Ca'da Mosto évoque, plus tard, les motifs qui, jeune homme, lui ont fait prendre la route. Sa décision, alors, était presque un coup de tête ; immobilisé par le mauvais temps au cap Saint-Vincent, non loin de la résidence d'Henri le Navigateur, alors qu'il se rendait en Flandre avec un convoi vénitien, il se laisse convaincre de participer aux expéditions africaines de ce prince, décrites comme très lucratives. Ce jeune noble de vingt-deux ans dont la famille est ruinée voit dans la proposition qui lui est faite une occasion de faire fortune.

Un Vénitien à l'ouest de l'Afrique

Ca'da Mosto navigue sur une caravelle armée par Henri le Navigateur et emporte en Afrique des produits d'échange qu'il a achetés à crédit. Le contrat précise que, au retour, les bénéfices seront partagés par moitié entre le prince et lui. Le navire, qui quitte le Portugal en mars 1455, emmène des esclaves noirs comme interprètes. Il met le cap sur Santo Porto, sur Madère puis sur les Canaries. Il prend ensuite la direction du cap Blanc et de la baie d'Arguin. Là, Ca'da Mosto recueille des renseignements sur Ouadane, centre qui accueille les caravanes du Soudan et de Tombouctou. Dans cette région, le Vénitien côtoie les Azenègues, ou Sahadja, peuple du Maghreb central et occidental. Après le cap Blanc, il continue vers le fleuve Sénégal, qui sépare deux populations, les Azenègues et les Noirs, et deux contrées très différentes, la première, désertique, et la seconde, verdoyante. Au bord du fleuve, le marchand visite le petit royaume de Sénégal. Après quoi il fait une longue escale au royaume de Budomel —

Alvise Ca'da Mosto débarquant en Afrique (Venise, palais des Doges).

Les Noirs découvrent les Blancs

« Les Noirs, hommes et femmes, accouraient pour me [Ca'da Mosto] regarder, comme si j'étais une merveille. Il leur semblait fort singulier de voir un chrétien en pareil lieu, n'en ayant jamais vu auparavant, et ils ne s'étonnaient pas moins de ma blancheur que de mes habits, qui étaient à la mode espagnole : un jupon de damas noir et un mantelet de laine grise ; ces effets ne laissaient pas de les surprendre, car ils n'avaient jamais vu de laine. Certains touchaient mes mains et mes bras, crachaient et frottaient avec leur salive pour voir si ma blancheur était vraie ou feinte ; quand ils comprirent que j'avais la peau blanche, ils en furent tout ébahis. [...]

Beaucoup de choses stupéfient les Noirs, comme par exemple nos arbalètes et plus encore nos bombardes. [...] Ils s'étonnèrent aussi du son de la cornemuse [...]. La voyant ainsi bigarrée avec des franges au sommet, ils crurent que c'était quelque animal vivant qui chantait avec autant de voix différentes et ils en tirèrent un grand sujet de plaisir et d'étonnement. [...] Un autre sujet d'ébahissement fut l'ingéniosité de notre navire : le gréement, le mât, les cordages, les ancres. Ils croyaient même que les yeux qu'on peint sur la proue des navires étaient véritables et que le navire voyait où il allait sur mer. »

Voyages en Afrique noire d'Alvise Ca'da Mosto (1455 et 1456), *trad. F. Verrier, Paris, 1994.*

Henri le Navigateur (1394-1460), promoteur de l'expansion portugaise en Afrique (Lisbonne, musée d'Art ancien Nuno Gonçalvez).

Henri le Navigateur et l'Afrique

L'infant Dom Henrique de Portugal (1394-1460), connu sous le nom d'Henri le Navigateur bien qu'il ait très peu navigué, **consacre sa vie à l'exploration du littoral de l'Afrique de l'Ouest.** Profit, curiosité scientifique et conversion des populations indigènes déterminent le prince à organiser de nombreuses expéditions.

En 1434, l'écuyer Gil Eanes franchit enfin le redoutable cap Bojador (en fait, le cap Juby et non le cap Bojador actuel, situé plus au sud). Il réussit à revenir par la haute mer et les Açores en profitant du régime des vents et des courants.

Le cap Blanc est atteint en 1443 par Nuno Tristam. Cette année-là, les Portugais fondent le comptoir d'Arguin, au sud du cap Blanc. **En 1446, Nuno Tristam et Alvaro Fernandes découvrent l'embouchure du Sénégal** et naviguent jusqu'à la Casamance. En 1447, lors de sa troisième expédition, Nuno Tristam est tué par les autochtones à l'embouchure de la Gambie. **En 1456, les Italiens Usodimare et Ca'da Mosto atteignent l'embouchure du Geba et les îles Bissagos.** La même année, Diogo Gomes remonte la Gambie sur 400 km. **En 1460,** après la mort du prince Henri, **Piero de Sintra atteint la Sierra Leone.**

comme on appelle le seigneur de la contrée —, à quelque 160 km du fleuve. Au large de ce territoire, il croise deux caravelles, celle d'un noble génois nommé Antoniotto Usodimare et celle d'un homme du prince de Portugal. Les trois navires, qui poursuivent le même but de découverte, voguent de conserve vers le sud. Ils atteignent l'embouchure de la Gambie, où ils sont fort mal accueillis par la population locale. Devant tant d'hostilité, les équipages refusent de remonter le fleuve et d'aller plus loin. Les caravelles rentrent alors au Portugal, où elles arrivent en décembre 1455.

Une nouvelle aventure

L'année suivante, une deuxième expédition réunit de nouveau Ca'da Mosto, Usodimare et un homme de l'infant. Ca'da Mosto, enrichi par le premier voyage, arme cette fois sa caravelle. Ainsi, il ne devra plus qu'un quart des bénéfices à son bienfaiteur. Au cours de ce voyage, la petite flotte prise dans une tempête dérive vers le large et découvre, semble-t-il, l'archipel du Cap-Vert. Elle reprend sa route et parvient à l'embouchure de la Gambie, qu'elle réussit à remonter sur une centaine de kilomètres. Les navigateurs, qui font du commerce avec les indigènes, sont déçus par le peu d'or qu'on leur offre. Ils reviennent ensuite sur la côte et ils repèrent l'embouchure de la Casamance et du Geba. Les maladies et les fièvres qui frappent les équipages les contraignent à faire demi-tour, après avoir fait une halte dans l'archipel des Bissagos.

Un monde étrange

Dans la relation de ses voyages, Alvise Ca'da Mosto évoque, sans condescendance, un monde noir encore très largement inconnu en Europe. Son récit, vivant et détaillé, décrit les climats, les paysages, la faune et la flore et fournit des indications sur la durée du jour et de la nuit et sur le ciel observé sous ces latitudes. Ca'da Mosto se préoccupe de l'organisation politique et sociale et des croyances religieuses des royaumes visités. Il remarque que les habitants sont pauvres et qu'ils vivent dans des villages formés de huttes de paille. Ils ne connaissent ni les villes ni l'art de bâtir en pierre. Le Vénitien est séduit en revanche par l'aspect physique de ces hommes et de ces femmes, très noirs, très grands et très bien bâtis. Généralement peu vêtus, ils se couvrent les organes génitaux de peaux de bête ou de tissus de coton. Ca'da Mosto vante aussi l'hospitalité des habitants du royaume de Sénégal. Mais il est évident que ce négociant pense davantage à s'enrichir qu'à observer les mœurs de populations qu'il continue à considérer comme essentiellement sauvages.

Navire portugais (carreaux de faïence, Madrid, Musée naval).

Carte de l'ouest de l'Afrique, réalisée au temps d'Alvise Ca'da Mosto et d'Henri le Navigateur (Venise, palais des Doges).

Un marchand russe sur les routes de l'Inde

LE VOYAGE D'ATHANASE NIKITINE

En 1466, lorsque le marchand russe Athanase Nikitine quitte la ville de Tver, sur la Volga, et qu'il se dirige vers la mer Caspienne, il ignore qu'il part pour un voyage qui durera six ans et le mènera jusqu'en Inde. Il est le premier Russe, et sans doute aussi le premier Européen, à s'enfoncer dans la région du Deccan.

Le but initial du périple de Nikitine est le royaume de Chirvan, situé à l'ouest de la mer Caspienne (dans le Daguestan actuel). Pour s'y rendre, le négociant descend le cours de la Volga jusqu'à son embouchure. Peu avant l'arrivée à la mer, ses marchandises, chargées sur un navire, sont pillées par des pirates. Nikitine perd tous ses biens. Ruiné, il choisit de partir à l'aventure, tout seul. Il traverse l'Iran jusqu'au port d'Ormuz, sur le golfe Persique, où il s'embarque pour l'Inde.

Le discours du marchand

Athanase Nikitine rapporte ses aventures dans une courte relation intitulée *le Voyage au-delà des trois mers* (la Caspienne, l'océan Indien et la mer Noire, qu'il traverse pour revenir en Russie). D'Ormuz, le marchand fait voile vers le port de Diu, sur la côte occidentale de l'Inde, qu'il atteint après une traversée de seulement quatre jours.

Il navigue ensuite en direction du sud jusqu'à la ville de Chaul, où il débarque. Son itinéraire terrestre le mène dans le Deccan, dominé alors par le sultanat musulman des Bahmanides (États actuels du Maharashtra et de l'Andhra Pradesh et nord du Karnataka). Dans ses écrits, l'explorateur malgré lui ne perd jamais de vue l'aspect commercial de son voyage. Sa *Relation* accorde une place considérable aux informations concernant les productions et les échanges. Ces renseignements sont destinés aux négociants russes qui pourraient être tentés de suivre les traces de ce précurseur.

Ormuz est décrit comme un grand port où aboutissent gens et marchandises de tous les horizons, mais qu'il vaut mieux éviter car les droits de douane y sont élevés. Cambay, dans l'État du Gujerat, est un port très important de l'océan Indien. On y fabrique du tissu de soie, du taffetas, des étoffes de laine brute et l'on y prépare de la teinture d'indigo. La ville reçoit et vend de la laque, de la cornaline et peut-être aussi des clous de girofle. Plus au sud, le port de Dabhol, également très actif, est plus spécialisé dans les chevaux, qui viennent notamment d'Égypte et d'Arabie. Bîdar, la capitale de l'État bahmanide, possède un marché aux chevaux, aux tissus de brocart et de soie, et aux esclaves noirs. Selon Nikitine, ces marchandises ne sont pas toutes intéressantes pour la Russie. La foire qui se tient annuellement près de la même ville est, à son avis, un meilleur endroit pour traiter des affaires. Des marchands venus de l'Inde entière s'y retrouvent pour y proposer les produits les plus divers. Nikitine consacre aussi de longs passages aux qualités de l'hébergement et aux singularités de la nourriture — il ne néglige pas non plus de mentionner la complaisance des hôtesses d'hôtelleries.

De la pauvreté à la somptuosité

Durant les deux ans et demi de son séjour en Inde, Athanase Nikitine se familiarise petit à petit avec les caractères du pays et avec les mœurs de ses habitants. Peu de temps après son arrivée dans le pays, il fait connaissance avec la saison de la mousson, qu'il assimile à l'hiver.

Il séjourne dans la ville de Junnar, édifiée au sommet d'une montagne, durant une partie de cette saison. Il remarque que tout n'est « que boue et eau, jour et nuit ». C'est le moment aussi où les paysans labourent et sèment le riz, le blé, les pois et les légumes, qui forment la base de l'alimentation indienne. Le marchand est fréquemment suivi par une foule d'Indiens,

Un haut lieu de la religion hindoue

Nikitine rapporte sa visite à Parvata, identifiée au site sacré Çrî-Çaila, à 250 kilomètres au sud de Bîdar :

« Je me suis entendu avec des Indiens pour aller à Parvata, qui est leur Jérusalem, ou comme La Mecque pour les musulmans : c'est là que se trouve leur plus grand butkhâna [palais d'idoles]. J'ai donc marché un mois avec mes Indiens pour y parvenir. [...] Le butkhâna est très vaste : comme la moitié de Tver ; il est en pierre ; on y voit les actes du But [idole ; ici une forme de Çiva] ; il y a tout autour douze cercles de sculptures, qui montrent les miracles du But et toutes les formes sous lesquelles il leur est apparu. [...] Pour les miracles du But, l'Inde entière se rassemble dans le butkhâna. Près du butkhâna, il y a des vieilles femmes, et des jeunes aussi, qui se rasent entièrement la tête et [les hommes] se font couper tous les poils, raser la barbe aussi bien que la tête. [...] En général, il y a vingt mille personnes réunies dans le butkhâna ; mais par moments il y en a bien cent mille. »

Athanase Nikitine, le Voyage au-delà des trois mers.

Procession religieuse en Inde (miniature moghole, Londres, Victoria and Albert Museum). Le Russe orthodoxe découvre avec admiration les croyances et pratiques religieuses d'un monde si lointain du sien.

à la peau noire, qui n'ont encore jamais vu d'homme blanc. Lui-même s'étonne dans ses récits des mœurs vestimentaires des femmes Indiennes, qui ne se couvrent ni la tête ni la poitrine. Elles enfantent, remarquent-t-il, une nombreuse progéniture, et cette forte fécondité explique le fort peuplement que connaît ce pays. Dans le centre de l'Inde, c'est-à-dire le royaume bahmanide dans lequel il s'attarde, les disparités sociales le frappent particulièrement : « Les paysans sont très pauvres, mais les nobles, riches et fastueux : on les porte sur des chaises d'argent, et on fait marcher devant eux jusqu'à vingt chevaux harnachés d'or ; et derrière eux viennent trois cents hommes à cheval, cinq cents fantassins, dix trompettes, dix timbaliers et dix joueurs de flûte. » Le sultan dispose d'une escorte plus impressionnante encore, qui mobilise des milliers d'hommes. Son palais, qui se trouve à Bîdar, est « merveilleux, partout des reliefs et de l'or ; la moindre pierre est sculptée et décorée d'or ».

À la fin du Moyen Âge, le territoire russe jouxte les terres mogholes, sur lesquelles Athanase Nikitine s'aventure le premier (carte de l'Empire russe au XVIe siècle, Paris, bibliothèque des Arts décoratifs).

Cavalier russe (gravure en couleur, XVIe siècle, Paris, Bibliothèque nationale de France). Parti pour la rive ouest de la Caspienne, le marchand russe continue finalement son voyage jusque dans le Deccan.

Un chrétien angoissé

Dans un pays qui ne connaît que les religions indiennes et l'islam, le chrétien qu'est Athanase Nikitine est amené à s'interroger sur lui-même et sur ses croyances. Déconcerté, il voudrait pouvoir retrouver la paix en lisant les textes chrétiens — mais ses livres de prières et le calendrier des fêtes religieuses mentionnant les astreintes d'abstinence qu'il avait emportés avec lui au départ de Tver lui ont été volés avec ses autres biens par les pirates. Nikitine en vient à s'intéresser de plus en plus aux pratiques rituelles et aux idées religieuses des hindous et des musulmans. Il discute avec les adeptes de ces religions et finit par conclure qu'elles ne sont pas toujours si différentes de la sienne. Le Russe se met alors à jeûner, selon le rite chrétien, pendant le mois de ramadan, c'est-à-dire en même temps que les musulmans. Il se demande tout de même si ce type de démarche ne le transformera pas en un adepte d'Allah... Pressé de se convertir à l'islam par un musulman, il refuse. Mais son inquiétude augmente quand son interlocuteur lui dit : « En vérité, tu prétends que tu n'es pas musulman, mais la religion chrétienne tu ne la connais pas. » C'est cependant en chrétien qu'il quitte l'Inde et retourne en Russie, où il meurt avant de parvenir à Smolensk.

Eustache Delafosse s'attaque au monopole des Portugais

UN EXPLORATEUR INTERLOPE

Lorsqu'en 1479 le marchand flamand Eustache Delafosse fait voile vers la côte occidentale de l'Afrique, il n'ignore pas qu'il se lance dans une aventure extrêmement périlleuse. La maison de commerce de Bruges qui finance l'expédition est également consciente des risques. Mais l'espérance de profits élevés l'emporte sur la prudence.

Navire débarquant ses marchandises (détail d'une gravure en couleur du XVIe siècle).

L'île des lépreux

« Nous arrivâmes aux îles [...]. Il y en a dix, et une seule est habitée. Dans ces îles, l'homme ou la créature atteints de lèpre guérissent en deux ans. [...] En deux ou trois jours, nous pêchâmes beaucoup de poisson, assez pour notre subsistance pendant plus de six semaines. Nous y prîmes aussi une grande tortue que nous mangeâmes, et nous la trouvâmes très bonne. C'est grâce à ces tortues que le lépreux se guérit : il en mange, il s'oint de leur sang, il utilise leur graisse pour accommoder tous ses aliments ; et voilà comment, au bout de deux ans, les malades se trouvent bien purgés et guéris de leur lèpre. [...] Ces tortues sont bien grandes, puisque de leur écaille on fait un bon pavois, assez grand pour s'en couvrir quand on a besoin de batailler. [...] Pendant la pêche, nous allâmes jouer sur l'île, et nous y prîmes des petits oiseaux qui ne s'épouvantaient point de nous, car ils n'avaient jamais vu personne et ne savaient point ce que sont les gens. »

Voyage d'Eustache Delafosse sur la côte de Guinée, au Portugal et en Espagne.

Tous savent en effet que les Portugais, qui sont arrivés les premiers sur la côte de l'Afrique de l'Ouest, protègent jalousement cette région du monde de la convoitise des autres nations européennes. En 1474, le roi Alphonse V émet une ordonnance qui punit de mort et de la confiscation des biens les navigateurs qui seront surpris sur les eaux que le Portugal considère comme siennes. Ses caravelles pourchassent les navires interlopes, c'est-à-dire ceux qui enfreignent la loi et naviguent en fraude.

Sur les traces des Portugais

De l'Écluse, port avancé de Bruges, Eustache Delafosse gagne le nord de l'Espagne, qu'il traverse jusqu'à Séville. Là l'attend une caravelle, la *Mondadine,* armée et chargée par l'agent de sa maison de commerce à Séville. Dans la relation qu'il a laissée de son périple, le marchand ne donne de détails ni sur le tonnage, ni sur le nombre de marins, ni sur la cargaison destinée au troc. La suite du récit indique cependant que le chargement comprend des bassins de barbier et des anneaux de laiton. Les autres marchandises n'étaient sans doute guère plus coûteuses. La *Mondadine* quitte Cadix le 2 octobre 1479. Elle fait escale à Safi, sur la côte marocaine, puis aux Canaries, dans les îles de Lanzarote et de Hierro. Le bateau poursuit sa route vers le Cap-Vert, où il rencontre deux autres caravelles interlopes. Les trois vaisseaux décident de naviguer de conserve. Ils doublent l'île de Los et parviennent à la Sierra Leone. La petite flottille franchit sans encombre les basses de Sainte-Anne et leurs dangereux récifs et atteint la côte de la Graine de paradis, appellation qui dérive du nom donné alors à la malaguette, l'épice du pauvre, très lucrative sur le plan commercial. Eustache Delafosse et ses collègues des autres bateaux commencent leur négoce. Dès qu'il a terminé, le Flamand, imité par l'une des caravelles seulement, reprend la mer en direction du but ultime de son voyage : La Mine, région située au bord du golfe de Guinée, à l'embouchure de la Volta (dans l'actuel État du Ghana). Le 14 décembre 1479, les navires accostent près d'Accra.

Comptoir portugais sur les côtes de l'Afrique occidentale (détail de la carte de Cantino, Londres, British Museum). Le tort de Delafosse fut d'oser s'attaquer au monopole qu'avaient les Portugais dans la région.

Le roi noir et le caravanier arabe (détail d'un atlas catalan, Paris, Bibliothèque nationale de France). Dans un voyage trop bref, Eustache Delafosse découvre les réalités politiques et commerciales de l'Afrique et en fait le compte rendu en français.

Une mauvaise surprise

Dès le lendemain de sa visite au roi et au vice-roi du pays, le manse et le caramanse dans la langue du pays, Eustache Delafosse commence ses opérations commerciales. Quatre à cinq jours s'écoulent cependant avant que les marchands de l'intérieur du pays ne descendent de leurs montagnes et ne traitent avec le Flamand. Les échanges, qui se déroulent sous les meilleurs auspices, sont brutalement interrompus par l'irruption de quatre caravelles portugaises. Celles-ci ont tôt fait de s'emparer du bateau d'Eustache Delafosse. Deux autres bâtiments partagent l'infortune de la *Mondadine,* son compagnon de navigation et un bateau arraisonné en mer. Les Portugais, parmi lesquels figure le célèbre navigateur et explorateur Diogo Cao, confisquent les navires et leurs cargaisons. Les équipages sont renvoyés en Espagne sur l'une des caravelles saisies tandis que les « gens importants », selon l'expression d'Eugène Delafosse, sont retenus prisonniers. Comble de malheur, le Flamand est contraint de vendre sa marchandise pour le compte de ses geôliers et fait du porte-à-porte avec ses bassins de barbier. Le 28 mars, les Portugais quittent La Mine pour le Portugal. Ils font escale sur la côte de la Graine de paradis, où ils complètent leur chargement en achetant des épices et des esclaves. Les navires se dirigent ensuite vers les îles du Cap-Vert et la haute mer. Le 20 mai, ils sont de retour au Portugal. Eustache Delafosse et ses camarades de captivité sont rapidement fixés sur leur sort. Condamnés à mort par la justice royale, les captifs soudoient le gardien de leur prison et s'évadent. Le marchand flamand fuit vers l'Espagne, où il est secouru par l'agent de sa compagnie à Séville.

Terres inconnues

Le récit de voyage d'Eustache Delafosse restera longtemps le seul témoignage écrit en français sur cette région de l'Afrique, contrôlée par le Portugal. En bon commerçant, le Flamand s'intéresse surtout aux informations relatives au négoce. Il est émerveillé par la malaguette et par les pirogues de la côte de la Graine de paradis. Il s'intéresse moins aux habitants, dont il dit simplement qu'ils vivent nus, à l'exception des organes génitaux, et sont de nature confiante. À cet endroit, il constate que les esclaves sont bon marché. Une femme et son enfant ne coûtent qu'un bassin de barbier et trois ou quatre grands anneaux de laiton. À La Mine, ils sont revendus 60 grammes d'or, ce qui représente un beau bénéfice… Dans ce dernier endroit, Eustache Delafosse élabore un lexique qui doit aider les commerçants à dialoguer avec les indigènes. « En ce pays-là, les marchands s'appellent *berenbues.* L'or s'appelle *chocqua.* «Soyez les bienvenus» se dit *bere bere.* Et le jeu d'amour se dit *chocque.* […] Toile, c'est *fouffe. Coucque roucq,* c'est un poulet. […] *Bora,* c'est un anneau de laiton qui se met au bras. *Dede,* c'est bon. » Pendant le voyage de retour vers le Portugal, le Flamand se lie d'amitié avec le pilote de son navire. Il apprend comment les Portugais se sont procuré des vivres frais, riz, beurre et miel : ils ont simplement pillé un village de la côte. Le commerçant se renseigne sur la navigation, l'astronomie et recueille les légendes des marins. Au Cap-Vert, il observe les tortues géantes, qu'il considère avec ses contemporains européens comme un remède souverain contre la lèpre.

Diogo Cao atteint le Congo et le cap de la Croix

AU-DELÀ DE L'ÉQUATEUR

« C'était en l'an de la création du monde six mille six cent quatre-vingt et un, de la naissance de Notre-Seigneur Jésus-Christ mille quatre cent quatre-vingt deux, que le très haut, très excellent et très puissant prince, le roi Jean II de Portugal, envoya découvrir cette terre et y déposer ces *padroes* par Diogo Cao, écuyer de sa maison. »

Lors de ses deux missions d'exploration en Afrique, en 1482 et en 1485, Diogo Cao emporte des colonnes de pierre surmontées d'une croix (*padroes* en portugais), taillées sur ordre du roi Jean II. Les piliers remplacent les croix de bois, matériau périssable, plantées jusque-là par les navigateurs portugais dans les territoires nouvellement découverts. L'inscription, toute prête, est complétée sur place par l'explorateur, qui grave les noms de membres de l'expédition et les dates. Diogo Cao est le premier à avoir transporté et dressé ces monuments qui marquent l'avancée portugaise le long du littoral africain tout en proclamant la prise de possession de la côte par son pays.

Diogo Cao au Congo

Quand, en 1482, le roi Jean II envoie Diogo Cao poursuivre l'exploration de la côte atlantique, le navigateur n'est pas un nouveau venu en Afrique. En effet, le marchand flamand Eustache Delafosse signale sa présence à La Mine (sur la côte de l'actuel Ghana) en 1479. Le commerçant, surpris par les Portugais alors qu'il navigue en fraude dans la région, éprouve une vive antipathie pour ce « bien mauvais drôle » qui a confisqué sa caravelle et qui est devenu son geôlier. Diogo Cao quitte sans doute le Portugal au printemps de 1482. Pour se ravitailler en nourriture et en eau, il fait escale à La Mine, où ses compatriotes viennent d'achever la construction d'une

Soldat portugais — vu par un sculpteur africain (Paris, musée des Arts africains et océaniens).

Diogo Cao érige un pilier (padrao) *sur les côtes méridionales de l'Afrique de l'Ouest (peinture du XXe siècle, Lisbonne, Musée naval).*

forteresse. Après avoir dépassé l'équateur et le cap Sainte-Catherine (cap Lopez), le navigateur s'aventure dans des étendues inconnues. Il érige sa première colonne, ou *padrao* à l'embouchure d'un fleuve immense, atteinte au mois d'août. Ce cours d'eau s'appelle le Congo d'après le royaume du même nom qu'il traverse. Les indigènes l'appellent « le Zaïre ». Son courant est si impétueux que ses eaux boueuses pénètrent très profondément dans la mer. Le fleuve est bordé de villages densément peuplés, dont les habitants se précipitent à la rencontre du navire. Les Africains de cette contrée se montrent pacifiques. Ils sont, comme les populations des régions de la côte déjà connues, très noirs et ils ont des cheveux crépus. Malgré tous leurs efforts, les interprètes noirs emmenés par les Portugais ne parviennent pas à comprendre la langue des riverains du Congo. Diogo Cao, qui recourt alors au langage des gestes, apprend que le roi du pays réside à plusieurs journées de marche de la côte. Il envoie une ambassade auprès du souverain. Alors qu'il attend le retour de ses hommes, il établit des relations fort amicales avec les Congolais. Au bout de plusieurs mois, ses envoyés n'étant pas revenus, il décide de continuer sa mission d'exploration. Il emmène quatre indigènes qu'il présentera à son roi et il laisse un message avertissant ses émissaires qu'il reviendra les chercher ultérieurement.

Toujours plus au sud

Diogo Cao reprend la direction du sud et parvient au cap Santa-Maria (actuel Cabo do Lobo, en Angola). Il élève un nouveau pilier et fait sans doute demi-tour peu de temps après. Il rentre au Portugal, où les quatre Africains sont reçus avec de grands honneurs par le roi Jean II. Ils sont habillés avec magnificence et initiés à la langue portugaise. À l'automne de 1485, Diogo Cao part pour sa seconde mission au service de Jean II. Il met le cap vers le fleuve Congo, où il dépose les quatre Africains et où il retrouve ses compagnons, qui ont été bien traités. Puis il repart vers le sud. Il double le cap Santa-Maria et navigue jusqu'à la baie des Tigres (en Angola), où il élève un pilier. Les épaisses forêts du Congo et le littoral fertile de l'Angola cèdent bientôt la place à une côte désertique (le désert de Namib), dominée par une chaîne de montagnes arides que Diogo Cao baptise « la Serra Parda ». La navigation s'effectue dans des conditions très éprouvantes. Au danger des écueils et des hauts-fonds s'ajoutent des vents et des courants de plus en plus forts, qui sont toujours contraires. La nourriture s'épuise, les réserves d'eau sont difficiles à reconstituer. Diogo Cao dresse, semble-t-il, sa dernière colonne de pierre au cap de la Croix (aujourd'hui Walvis Bay, en Namibie), à 21° 50' de latitude sud. Au retour, l'explorateur fait escale au Congo. Il remonte le fleuve en direction de la capitale, située à 200 km de la côte, afin de rencontrer le souverain. Après cette visite, on ignore ce qu'il est advenu du navigateur. Peut-être est-il mort pendant le voyage de retour. Avant de disparaître, Diogo Cao a accompli une œuvre immense. Il a découvert au moins 2 700 km de côte et il a établi des relations avec le puissant roi du Congo, qui réclame la venue de Portugais pour instruire son peuple et le convertir au catholicisme. Mais en 1485 les Portugais n'ont toujours pas répondu à la question qui les tourmente depuis des décennies : peut-on contourner l'Afrique pour atteindre les Indes ?

→**Voir aussi :** p. 102 (Un explorateur interlope) ; p. 106 (Pero da Covilha) ; p. 108 (Bartolomeu Dias).

Dans la seconde moitié du XVe siècle, les côtes de l'Afrique demeurent plus que jamais une chasse gardée portugaise (Atlas Miller, Paris, Bibliothèque nationale de France).

Les explorations portugaises après 1460

Juste après la mort d'Henri le Navigateur, **en 1460, les explorations portugaises** le long de la côte occidentale de l'Afrique **parviennent jusqu'à la Sierra Leone.** Elles marquent un temps d'arrêt jusqu'en 1469, année où **le roi du Portugal Alphonse V (1438-1481) cède le monopole du commerce** avec l'Afrique noire (à l'exception du comptoir d'Arguin) **au marchand de Lisbonne Fernao Gomes.** Le contrat est assorti **de l'obligation de découvrir** chaque année plusieurs centaines de kilomètres de côtes à partir de la Sierra Leone. Jusqu'au retour du monopole du commerce et des explorations à la Couronne portugaise, en 1475, **les agents de Fernao Gomes font grandement progresser la connaissance du littoral africain.** Ils découvrent le trafic d'or de La Mine (dans l'État actuel du Ghana) et les îles de São Tomé et Príncipe, non loin de l'équateur. En 1475, l'équateur est dépassé et le cap Sainte-Catherine (actuel cap Lopez, au Gabon), atteint.

Jean II (1481-1495), qui monte sur le trône du Portugal en 1481, **donne une nouvelle impulsion aux explorations.** L'année suivante, Diogo Cao dépasse le cap Lopez, qui forme alors la limite des terres connues, et découvre le fleuve Congo (Zaïre). En 1485, il atteint presque le 22e degré de latitude sud. C'est à son compatriote **Bartolomeu Dias** qu'il revient finalement de **doubler le cap de Bonne-Espérance, en janvier 1488.**

Jean II de Portugal : le successeur de Henri le Navigateur soutint à son tour les explorations portugaises au long cours.

La fabuleuse ambassade de Jean de Portugal

PERO DA COVILHA CHEZ LE NÉGUS

À la fin du XVe siècle, le mythe du prêtre Jean, ce souverain catholique censé régner quelque part en Orient, continue à nourrir les fantasmes, même ceux d'esprits bien avertis. Au Portugal, le roi Jean II — celui-là même qui charge Bartolomeu Dias de découvrir un passage vers l'Asie en contournant l'Afrique — croit trouver en Abyssinie — l'actuelle Éthiopie — ce royaume fabuleux.

Il dépêche chez le négus, le roi du pays, un homme chargé d'en apprendre plus sur le royaume et, plus pratiquement, d'explorer les routes qui permettront de rejoindre la mer Rouge et ainsi d'abréger le voyage vers les Indes, productrices d'épices. Pero da Covilha est cet homme. Nous ne savons à peu près rien de lui, sinon qu'il a déjà effectué des voyages, au Maghreb en particulier, et qu'il parle l'arabe. Il apparaît dans l'histoire en 1487. On le perd de vue en 1490, alors qu'il s'enfonce à l'intérieur de l'Afrique. Il réapparaît, à la stupéfaction générale, en 1520, lorsqu'une ambassade portugaise parvient au cœur de l'Abyssinie.

Une alternative

Dans leur recherche d'une route directe vers l'Inde, les Portugais hésitent, à la fin des années 1480, entre deux possibilités. En même temps qu'il fait explorer la route par mer, Jean II décide d'expérimenter la voie terrestre, par le royaume du négus. Il est encouragé dans son entreprise par le fait que ce souverain a envoyé auparavant des ambassades en Europe pour obtenir, contre les Égyptiens, une alliance de revers. Jean sait que l'Éthiopie touche aux rives de la mer Rouge et qu'elle est proche des sources du Nil : la mission dont il charge Covilha est pour lui riche d'espoirs. Le fait que, à plusieurs reprises, des envoyés officiels de différents souverains soient partis sans jamais revenir — telle, encore, l'ambassade du roi d'Aragon Alphonse V dans les années 1440 — ne l'inquiète pas autrement. Il ne veut pas non plus s'interroger sur la question de savoir comment les hommes qu'il délègue en Afrique traverseront l'Égypte musulmane, qui, en ces temps de fanatisme et de lutte pour des territoires, ne veut entretenir aucun lien pacifique avec les États d'Occident. Seule compte à ses yeux une réalité, incontournable : l'existence, sur les hauts plateaux de l'Abyssinie, d'une chrétienté d'origine très ancienne, isolée depuis des siècles de la chrétienté latine.

Traversée vers l'Inde

Pero da Covilha quitte le Portugal en 1487 pour Rhodes et Alexandrie. Il prend alors l'habit du caravanier puis gagne, par voie de mer, le sud de la péninsule arabique et Aden

Un Blanc en Abyssinie : Pero da Covilha, envoyé du roi de Portugal, séjourna près de 35 ans dans l'actuelle Éthiopie, et s'y maria (miniature du Livre des merveilles, *Paris, Bibliothèque nationale de France).*

— nous n'avons pas de précision sur les difficultés qu'il rencontra ou non en traversant l'Égypte déguisé en arabe. À Aden, il s'embarque de nouveau, pour l'Inde cette fois : la route est fréquentée et il n'a nul mal à trouver un bâtiment sur lequel naviguer. Il parvient à Calicut, puis revient à Aden en passant par Goa et Ormuz. Marco Polo, avant lui, ou Montecorvino ont suivi le même chemin, avec un itinéraire de départ distinct. L'originalité de Pero da Covilha est qu'il décide alors non de rentrer en Occident, mais d'explorer la côte orientale de l'Afrique : il cherche à remonter un grand fleuve qui pourrait traverser l'Afrique et le ramener directement sur l'Atlantique, ou bien il imagine, à son tour et de l'est vers l'ouest, de contourner le continent. Mais il ne va pas assez loin. Vents et courants contraires, moins connus et moins maîtrisés des musulmans, qui n'ont nul besoin de descendre si bas vers le sud puisqu'ils contrôlent les débouchés méditerranéens de toutes les routes asiatiques, l'empêchent de mener à bien l'expédition.

L'Éthiopie

Songeant à rentrer au Portugal faire son rapport au roi, Covilha rejoint Le Caire en 1490. Là, deux émissaires secrets de Jean lui intiment l'ordre impératif de repartir pour accomplir la seconde partie de sa mission : l'établissement de relations entre le négus d'Éthiopie et le Portugal. À cette date, et alors même que Dias vient d'accomplir victorieusement sa mission, le roi continue à penser que la route maritime vers l'Inde est trop longue et trop risquée. Covilha, obéissant, repart donc. Par la mer Rouge, il arrive à Zeila, près de Djibouti, et, de là, s'enfonce dans l'Ogaden. Pendant trente ans, ceux qui l'ont envoyé ignorent tout de son sort. Il ne peut rapporter sa mission qu'à l'ambassade de 1520, envoyée dans un tout autre contexte. À ce moment-là, la voie maritime par Bonne-Espérance est la route normalement utilisée pour rejoindre l'Inde. Covilha est bien reçu à la cour du négus. Le roi lui donne des terres et le marie à une femme du pays. Toutefois, il lui interdit de quitter le pays, pour des raisons mal connues. L'envoyé de Jean II ne reverra jamais le Portugal mais, en 1520, une nouvelle ambassade envoyée par le Portugal pour proposer son aide au nouveau négus, Lebna Denguel, alors aux prises avec l'expansionnisme des troupes musulmanes de l'imam Ahmad Graan, trouvera en lui le meilleur et le mieux informé des guides.

→ **Voir aussi :** p. 104 (Au-delà de l'équateur) ; p. 108 (Bartolomeu Dias).

Carte de l'Afrique de l'Est, avec la mention du roi Jean — ce souverain fabuleux à la fois chrétien et riche, que l'Occident espère découvrir en Afrique, à la fin du Moyen Âge, après l'avoir cherché en vain chez les Moghols (détail d'un atlas du XVe siècle).

Flotte portugaise dans le port de Cadix, prête à lever l'ancre pour l'Afrique (gravure du XVIe siècle).

Les conséquences des découvertes

L'or et les épices. Les expéditions portugaises sont organisées d'abord et avant tout pour trouver et rapporter ce dont l'Europe est dépourvue : l'or et les épices. L'or vient, au Moyen Âge, d'Afrique : les promoteurs des découvertes s'attendent à trouver les centres de production et espèrent pouvoir s'en emparer. Les épices viennent d'Orient, de l'Inde et de plus loin encore, selon un cheminement que l'Occident a du mal à comprendre, empruntant des routes qu'aucun marchand n'a jamais maîtrisées seul : il existe toujours des intermédiaires, que ce soient les Mongols, les Arabes ou les Vénitiens.

La fin des anciennes routes. Les entreprises portugaises ne permettent pas de mettre la main sur les mines d'or : l'approvisionnement en métal précieux sera renouvelé seulement par l'ouverture des mines mexicaines. En revanche, l'accès direct à l'Orient, finalement par la route maritime et non en traversant l'Éthiopie, bouleverse profondément des routes millénaires et fait disparaître des rentes de situation. Venise, pour l'Europe, est la première victime de ce nouvel ordre des choses. Elle connaît son apogée au XVIe siècle, au moment où elle perd son monopole de fait, où la maîtrise de la mer sur la Méditerranée lui est âprement contestée par les Turcs et où elle est exclue des nouvelles routes, accaparées par les flottes portugaises et espagnoles. Les routes de la soie, plus généralement, dès lors qu'apparaît la concurrence des navires, perdent en grande part leur intérêt économique.

Un Portugais double le cap de Bonne-Espérance

BARTOLOMEU DIAS

Bartolomeu Dias (v. 1450-1500), navigateur portugais, vainqueur du cap de Bonne-Espérance (peinture du XXe siècle, Lisbonne, musée de la Marine).

Parti de Lisbonne en 1486 avec trois navires, deux caravelles et une lourde nef de commerce, Bartolomeu Dias rejoint la pointe de l'Afrique le 16 août 1488. Cette aventure parachève près de trois quarts de siècle d'explorations, au cours desquelles les Portugais, marchands ou marins du roi, ont reconnu la côte occidentale de l'Afrique pour trouver des denrées rares, mais aussi dans l'espoir de découvrir un passage vers l'est.

Les Canaries, Madère, le cap Blanc en Mauritanie, le cap Vert au Sénégal, l'embouchure du fleuve Gambie, les îles du Cap-Vert à cinq cents kilomètres des côtes africaines, les côtes de la Guinée enfin, reconnues entre 1402 et 1462, constituent le prélude à l'exploration des côtes du golfe de Guinée. Celle-ci aboutit en 1483 à la découverte de l'embouchure du Congo par Diogo Cao, qui, deux années plus tard, en 1485, dépasse le 20e parallèle, avant de mourir — en deçà, toutefois, du tropique du Capricorne.

Des explorations scientifiques et commerciales

L'année suivante, un homme de trente-cinq ans environ, le Portugais Bartolomeu Dias, officier de marine expérimenté, reçoit de son souverain Jean II, qui vient d'éluder la proposition de Christophe Colomb d'aller vers l'ouest chercher un chemin vers les Indes, la mission de conduire le long des côtes ouest de l'Afrique une nouvelle exploration chargée de cartographier le rivage. L'expédition, qui compte en son sein le très fameux cartographe allemand Martin Behaim, consiste en deux caravelles, qui font route ensemble presque jusqu'au point extrême de l'avancée de Cao. Les levés faits à cette occasion permettent la réalisation et l'édition, en 1492, d'une carte marine complète jusqu'au 18e parallèle. Mais la mission de Dias ne s'arrête pas là. D'après le géographe grec Ptolémée, dont les écrits sont dans l'esprit de tous les aventuriers en mal d'exploration, le continent africain s'infléchit à partir de là en direction de l'est. Dias a obtenu de Jean la charge, une fois les travaux de cartographie menés à bien, de continuer plus au sud pour tenter de trouver une voie vers l'Asie, vers cette Inde en particulier capable de fournir à l'Occident les épices — la girofle, le poivre —, seules capables de rendre attrayantes des viandes qui, dans l'état de précaire conservation où on sait alors les garder, ont autrement une odeur et une saveur souvent insupportables… La mission a peut-être aussi pour objet de localiser enfin ce fabuleux royaume chrétien, dit « du prêtre Jean », que le Moyen Âge avait situé en Asie et que le XVe siècle finissant espère trouver quelque part sur le continent noir.

Une navigation périlleuse

À l'été de 1487, Dias ordonne donc à ses deux caravelles de cesser de suivre les côtes et, comprenant que les règles de la circulation de l'air et les courants marins à la surface du globe sont inverses dans l'hémisphère Sud de celles de l'hémisphère Nord, il les dirige résolument vers l'ouest, en haute mer, afin de rejoindre les vents dominants entre le trentième et le quarantième parallèle, qui viennent du nord-ouest. C'est donc en venant du sud que, par un apparent paradoxe, il rejoint la côte de l'Afrique australe, du côté des hautes montagnes du cap des Aiguilles, c'est-à-dire à l'est de l'actuel cap de Bonne-Espérance. Il continue alors vers l'est jusqu'à ce que, la côte s'infléchissant décidément vers le nord-est, il ait la preuve de la réussite. La pression de ses équipages, au bord de la révolte, le contraint alors à faire demi-tour, sans avoir donc atteint les Indes. Il rebrousse chemin, et les deux navires passent, cette fois, à quelques milles du cap qu'ils appellent « cap des Tempêtes » et qui deviendra, sous la pression du roi Jean II, le « cap de Bonne-Espérance », car il représente l'espoir d'une route vers les épices qui ne passe plus par l'intermédiaire des Arabes. Son retour triomphal à Lisbonne est bientôt marqué d'amertume : en 1497, quand le successeur de Jean II, Manuel Ier de Portugal, lance une nouvelle grande expédition par la mer, le long de l'Afrique, pour atteindre l'Inde, le commandement général en est confié à un jeune amiral, Vasco de Gama. Dias accompagne toutefois l'expédition jusqu'aux îles du Cap-Vert. Il meurt trois ans plus tard, dans un naufrage, au large… de Bonne-Espérance, alors qu'il participe à l'expédition de Cabral.

→**Voir aussi** : p. 104 (Au-delà de l'équateur) ; p. 114 (La route des Indes orientales) ; p. 116 (La découverte du Brésil).

La nouvelle route de l'océan Indien (mappemonde du XVIe siècle, Paris, Bibliothèque nationale de France).

Le cap des Tempêtes

Une découverte tardive. En doublant la pointe sud de l'Afrique, Dias en nomme l'une des avancées extrêmes « cap des Tempêtes ». À l'aller, venant du sud, le 16 août, une très violente tempête l'a empêché de le voir. Il ne le découvre que sur le chemin du retour, en louvoyant pour lutter contre les vents d'ouest qui rendent si difficile la route d'est en ouest, le passage de l'océan Indien à l'océan Atlantique.

Un lieu symbolique. En réalité, ce n'est pas le cap des Tempêtes qui constitue la pointe de l'Afrique, mais le cap des Aiguilles, situé à 34° 52' de latitude sud, c'est-à-dire 28' plus au sud, soit environ 52 km. Mais le passage du cap des Tempêtes, auprès duquel se trouve un excellent abri portuaire en eau profonde, site de la ville du Cap aujourd'hui, est beaucoup plus symbolique, puisqu'il annonce la fin des difficultés pour ceux qui ont su se frayer un chemin, alors tout neuf, depuis le golfe de Guinée pour entreprendre la nouvelle aventure qu'est, ensuite, la traversée de l'océan Indien.

Le passage du cap de Bonne-Espérance (détail d'une gravure en couleurs). Grâce à Dias, les efforts d'Henri le Navigateur puis de Jean se trouvent couronnés de succès : l'exploration des côtes d'Afrique conduit à la découverte d'une voie maritime vers les Indes.

Christophe Colomb prépare la découverte de l'Amérique...

L'INVENTION D'UN MONDE...

Le 12 octobre 1492, trois navires abordent dans un îlot des Bahamas. De leur bord descendent des hommes qui, portant la bannière des souverains catholiques Ferdinand d'Aragon et Isabelle de Castille, proclament l'appartenance de l'île à l'Espagne.

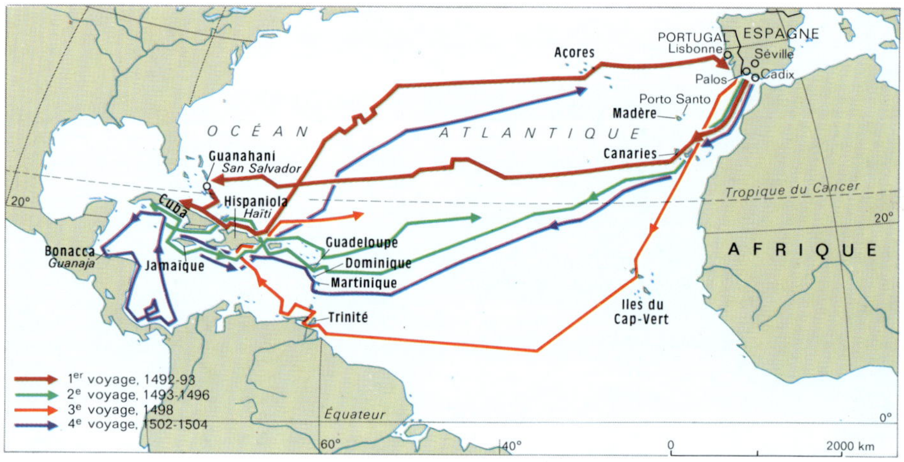

Christophe Colomb croit avoir touché le Japon. Il part aussitôt à la recherche des maisons à toits d'or dont Marco Polo affirmait l'existence. Il ne trouve que les huttes des Indiens et, en fait d'or, découvre seulement quelques pépites. Pourtant, il est persuadé d'avoir rejoint, par l'ouest, les bords extrêmes de l'Asie.

Une longue formation

Christophe Colomb est né en 1450 à Gênes. Là, il acquiert les rudiments d'une culture maritime. On lui apprend aussi la géographie de son temps, c'est-à-dire essentiellement la géographie méditerranéenne, et la cartographie, pour laquelle les Génois ont considérablement œuvré. À l'instar de Venise, Gênes, contrainte par un arrière-pays insuffisant pour subvenir aux besoins des habitants, s'est, dès le haut Moyen Âge, orientée vers la mer. Colomb, comme tant d'autres, s'embarque donc. Il participe à divers trafics en mer Égée et vers l'Angleterre, avant de rejoindre à Lisbonne, en 1477, son frère, qui tient dans la ville une officine de cartographe. C'est au cours de ces années portugaises qu'il élabore le projet de partir à la recherche des confins asiatiques en passant par l'ouest. La démarche est à la fois audacieuse et cohérente. Colomb lit beaucoup. Il connaît la conception du monde de Ptolémée, il a étudié Aristote, Isidore de Séville, Pline l'Ancien. Il lit aussi tout ce qui se publie et qui a trait à la connaissance ou à la description du monde.

La grande affaire de Colomb est de convaincre du bien-fondé de son projet : traverser la mer pour découvrir les Indes. Le scepticisme des conseillers du roi de Portugal, puis des Rois Catholiques eux-mêmes, était fondé ; mais Colomb, à défaut de parvenir aux Indes, découvre un continent (Madrid, palais du Sénat).

Les Rois Catholiques et l'expansion maritime

La fin de la Reconquista. 1492 est une date essentielle dans l'histoire espagnole, mais pas seulement à cause de la découverte de l'Amérique par Colomb, dont l'importance ne sera saisie que plus tard. En 1492, Isabelle de Castille et Ferdinand d'Aragon achèvent la reconquête de l'Espagne contre les derniers bastions musulmans (Reconquista) : la prise de Grenade, cette année-là, consacre la fin de l'existence, en Europe, d'un État musulman. Dans le même temps, l'unification religieuse du pays est parachevée par la conversion forcée des juifs.

Achever, dans le monde, une mission chrétienne. Dans ce contexte, les arguments religieux avancés par Colomb ont dû compter beaucoup pour entraîner l'adhésion des souverains. Le navigateur génois montre aux souverains comment la conquête de nouveaux territoires en Asie, ou au moins l'établissement d'une ligne commerciale directe avec ces pays lointains, sera pour eux une source de revenus nouveaux bien utiles pour lutter, en particulier, contre l'expansionnisme turc en Méditerranée, c'est-à-dire pour prendre le relais de Venise et de Gênes, qui commencent leur décadence. Le couple royal pourra aussi parfaire sa mission en travaillant à la conversion d'âmes qui ne connaissent pas encore le Dieu chrétien.

La dernière chance de l'Espagne. La prise de Grenade, en libérant Ferdinand et Isabelle du souci urgent de mener la lutte à l'intérieur, est l'événement qui permet à Colomb de lever les dernières hésitations des Rois. Le projet de Colomb paraît fou ? Les Espagnols n'ont pas grand-chose à perdre : les Portugais ont pris alors une telle avance dans la maîtrise des routes maritimes par l'Afrique que seules des conceptions nouvelles, comme celles du Génois, peuvent permettre au pays de combler son retard.

Totalement autodidacte, Colomb est certainement l'un des hommes les mieux informés de son temps sur les progrès de la géographie et de la cosmographie. Il sait, en particulier, que la Terre est une sphère, ce qui est la condition essentielle à la conception de son projet. D'autre part, Colomb est au courant de ce qui se dit dans les ports fréquentés par les marins portugais. La découverte des Açores, archipel situé à 1 500 km des côtes portugaises, date seulement du XIVe siècle, et nombreux sont les marins qui affirment l'existence d'autres îles encore plus à l'ouest. Là-dessus se greffent la croyance en de vieux mythes comme celui de l'Atlantide et, surtout, l'interprétation de Marco Polo. Colomb n'imagine nullement que puissent exister dans le monde d'autres continents que l'Europe, l'Afrique et l'Asie. Polo lui a appris qu'aux confins de la Chine existait un archipel doté de richesses fabuleuses ; il avance l'hypothèse que Cipango est un de ces archipels dont on présume l'existence, loin vers le couchant dans l'océan Atlantique. Pour rendre plus attractif son projet, Colomb le présente non seulement comme le moyen d'atteindre directement les Indes, lieu de la distribution des épices, mais aussi comme un espoir de trouver de nouvelles terres — même s'il n'imagine certainement pas l'étendue des espaces auxquels il va ouvrir l'accès. Il insiste aussi sur les aspects religieux de son projet : la conquête des âmes, en tout premier lieu.

Convaincre les souverains

Au Portugal, Colomb, marié à une noble personne et vivant pour l'essentiel dans l'île de Porto Santo, près de Madère, est le témoin des remarquables progrès des Portugais, qui, grâce à la détermination des souverains Henri le Navigateur et Jean II, entreprennent d'explorer les côtes africaines et de trouver, au sud, un passage vers l'Asie. Il participe, de façon marginale, à leurs entreprises, accompagnant les marins qui assurent la liaison avec la côte guinéenne. Il est présent à Lisbonne lorsque Bartolomeu Dias rentre triomphalement de l'expédition qui l'a mené jusqu'au-delà de l'Afrique australe. Au contact des géographes portugais et des marins, il apprend à localiser les terres, en latitude du moins, avec une admirable précision. Vers 1484, il propose au roi Jean de chercher l'Asie vers l'ouest. Le souverain ne manifeste aucun enthousiasme : il est trop engagé dans son programme africain pour disperser ses efforts. Déçu, Colomb porte son projet, en 1485, aux souverains espagnols. Malgré les appuis que le Génois s'est ménagés, et l'intérêt que Ferdinand et Isabelle prêtent à ses discours dès les premiers contacts, il lui faut attendre sept années avant d'obtenir leur aval : ses arguments ne parviennent pas à convaincre les diverses commissions appelées à juger l'entreprise dont il a conçu l'idée. Les principaux débats portent sur un sujet crucial : moins la possibilité de rejoindre l'Asie en naviguant vers le couchant que l'estimation des distances qu'il faudra alors couvrir, considérables si l'on se rapporte aux mesures de la Terre qu'a élaborées jadis Claude Ptolémée, et considérablement moindres selon les dires de Colomb, qui s'appuie sur des estimations — erronées — de géographes contemporains.

Mais le navigateur fait preuve d'un tel entêtement, d'une telle force de conviction qu'il finit par emporter l'adhésion, sinon des experts consultés, en tout cas des souverains eux-mêmes, ce qui est plus important : en 1492, Ferdinand et Isabelle lui accordent les crédits pour mener une expédition.

Christophe Colomb prend congé des Rois Catholiques (gravure en couleurs, Berlin, Bibliothèque artistique). Pour Ferdinand et Isabelle, la mission catholique de l'Espagne, qui vient de s'affirmer avec la Reconquista de toute la Péninsule, pourrait s'affirmer avec l'évangélisation de peuples lointains.

... Christophe Colomb prépare la découverte de l'Amérique

Le premier voyage

Le 3 août 1492, Colomb peut donc enfin s'embarquer. Sa flotte est composée de deux caravelles, la *Pinta* et la *Niña,* et du navire amiral, la *Santa Maria,* une caraque, énorme bateau de vingt-cinq mètres de long environ sur huit de large, d'un tirant d'eau de trois mètres, jaugeant 230 tonneaux. Pour éviter le vent d'ouest de l'Atlantique nord, les navires mettent le cap sur les Canaries, où les alizés du nord-est doivent les pousser vers l'ouest, le long du 28e parallèle. Le choix de cette route est judicieux : le convoi met 35 jours seulement pour rejoindre les Bahamas. Cela signifie pour les bateaux une moyenne de huit à dix nœuds — score très honorable. La seule vraie difficulté rencontrée intervient tard, dans la mer des Sargasses, à l'intérieur du triangle des Bermudes : alors, de longues algues flottantes interrompent la progression des navires. Les marins, nerveux, ayant le sentiment de naviguer vers un dangereux inconnu, sont au bord de la révolte : ils se croient pourtant beaucoup moins loin de l'Espagne qu'ils ne le sont en réalité, car Colomb a pris soin de leur cacher le chiffre véritable des distances parcourues. Heureusement, l'approche de la terre calme les esprits : à deux heures un quart du matin, dans la nuit du 12 octobre, alors que les bateaux suivent le vol des oiseaux de plus en plus nombreux qui indiquent l'existence d'un rivage, les gabiers montés dans la mâture poussent le cri tellement espéré : « Terre ! Terre ! » L'île qu'ils ont aperçue est appelée « Guanahani » par ses habitants, les Indiens Lucayas ; on pense aujourd'hui qu'il s'agit de la terre de Samana Cay, au sud de San Salvador — et Colomb, lui, la désigne du nom de « San Salvador » (Saint-Sauveur). Très vite commence l'exploration de la zone alentour. Elle conduit à la découverte de Cuba et de Haïti, que Colomb baptise « Hispaniola », et où il s'émerveille avec les

L'ambiguïté de Colomb : paradis ou continent nouveau ?

Le malheur de Colomb est qu'il a seulement pressenti que les terres où il avait abordé étaient celles d'un continent et que, dans le contexte mystique où il vivait, il a finalement écarté cette explication simple et rationnelle dans l'espoir d'avoir découvert bien mieux encore : le paradis terrestre. Ce fragment d'une lettre à Ferdinand et Isabelle le prouve assez :
« [...] L'Écriture sainte témoigne que Notre Seigneur fit le Paradis terrestre, qu'il y mit l'arbre de vie et que de là sort une source d'où naissent en ce monde quatre fleuves principaux [...]. Je ne trouve pas ni n'ai jamais trouvé un écrit des Latins ou des Grecs qui, d'une manière certaine, dise quel point de ce monde est le Paradis terrestre. [...] Je suis convaincu que là est le Paradis terrestre, où personne ne peut arriver si ce n'est par la volonté divine. Je crois que cette terre dont vos Altesses ont ordonné maintenant la découverte sera immense et qu'il y en aura beaucoup d'autres dans le Midi dont on n'a jamais eu connaissance. [...] Et je dis que si ce n'est pas du Paradis terrestre que vient ce fleuve [il s'agit de l'Orénoque], c'est d'une terre infinie, donc située au midi, et de laquelle jusqu'à présent il ne s'est rien su. Toutefois, je tiens en mon âme pour très assuré que là où je l'ai dit se trouve le Paradis terrestre [...] ».

Cité dans Christophe Colomb, la Découverte de l'Amérique, II, Relations de voyage, *trad. S. Estorach, M. Lequenne, Maspero, Paris, 1979.*

Colomb, jusqu'à sa mort, croit avoir atteint des îles inconnues à la périphérie de l'Asie. Les autochtones ont un curieux aspect ? Colomb ne renonce pas : il cherche les épices, les produits précieux que l'on va, alors, chercher dans la lointaine Asie.

La présentation des Indiens aux souverains espagnols (plaque de faïence du XXe siècle, Séville, place d'Espagne).

équipages de découvrir une nature luxuriante, des hommes et des femmes beaux et nus qui leur font bon accueil, portent pour certains d'entre eux des anneaux d'or pur et racontent qu'existe, à quelques journées de chez eux, un royaume regorgeant d'or... Cette reconnaissance faite, Colomb s'apprête à repartir vers l'Europe. Il embarque avec lui sept « sauvages » destinés à prouver aux Rois qui ont financé son entreprise qu'il a en effet découvert des îles insoupçonnées, mais il laisse sur place, dans la garnison de Navidad, sur Hispaniola, quarante hommes, car l'un des trois navires constituant l'expédition, la *Santa Maria,* s'est échoué sans remède le 25 décembre 1492. La traversée du retour est difficile, rendue dangereuse par des tempêtes et par des dissensions de plus en plus aiguës entre Colomb et le second de l'expédition, Martin Alonso Pinzon, commandant de la *Pinta.*

Le deuxième et le troisième voyage

L'arrivée en Europe, par le Portugal, où Colomb prend plaisir à débarquer, le 18 février 1493, est évidemment triomphante. À Barcelone, Colomb reçoit d'Isabelle, en larmes, le titre de grand amiral de Castille. Dès septembre suivant, il repart vers le couchant pour reconnaître plus complètement ces « Indes orientales » et en prendre possession au nom de l'Espagne, obtenant pour lui le titre de vice-roi. Il aborde cette fois aux Petites Antilles, retourne à Cuba pour découvrir que des marins qu'il avait laissés sur place ont été dévorés par les Indiens Caraïbes ; puis, après avoir entrepris la construction d'une ville, Saint-Dominique, qui deviendra sa résidence, il repart à la recherche des côtes... de Chine. Il ne parvient en fait qu'à mieux connaître les rivages cubains, et découvre la Jamaïque. Son retour en Espagne, sans or et sans épices, est accompagné cette fois de mouvements de mécontentement. Cinq ans plus tard, Colomb parvient à repartir. Au terme de cette troisième traversée, il découvre l'Orénoque et la côte de l'Amérique méridionale. Il commence alors à réaliser que ces terres qu'il longe et où il aborde ne sont pas l'Asie, mais une « quatrième partie du monde ». Son échec à trouver des produits, dont la nouvelle est transmise par des navires relais aux souverains espagnols, amène l'ordre de le renvoyer en Espagne, enchaîné par des fers.

Le dernier voyage

Le souverain espagnol lui fait grâce. Mais Colomb est à présent privé de son crédit. Il sombre dans un délire mystique inquiétant, ne porte plus qu'une robe de bure, clame avoir trouvé les approches du paradis et prédit que cette découverte est le prélude à la fin imminente du monde. Une ultime chance lui est donnée pourtant puisqu'il peut s'embarquer, le 15 juillet 1503, pour un quatrième voyage. Son exaltation et ses malheurs ne lui ayant pas fait perdre le sens de la navigation, il découvre cette fois le Honduras, longe le Costa Rica, le Panamá. Il n'y découvre aucun or, ni le paradis... et il rentre, en 1504, en affirmant qu'il doit quand même s'agir de l'Asie. Il meurt deux ans plus tard, et son manque de lucidité aura empêché que le continent qu'il a découvert porte son nom.

→**Voir aussi** : p. 108 (Bartolomeu Dias) ; p. 120 (Le nom du Nouveau Monde).

La caravelle

Les navires de Dias et de Vasco de Gama, ceux de Christophe Colomb, sont pour partie d'entre eux des caravelles. Ce type de bateau, le véhicule des Grandes Découvertes, apparaît au XVe siècle. C'est un navire très bien adapté à la navigation océanique, c'est-à-dire capable de résister aux fortes houles et aux coups de vents. Il est d'un tonnage moyen, de faible tirant d'eau et peut s'échouer facilement. Il est doté aussi d'un rebord haut et d'un gréement caractéristique, constitué par des voiles que l'on dit « latines », c'est-à-dire triangulaires, hissées grâce à une vergue, l'antenne.
À l'origine, la caravelle n'a que deux mâts. Les tonnages à transporter s'accroissant, le type se modifie par l'adjonction d'un troisième, voire d'un quatrième mât, et par celle d'un château à l'arrière du navire. Les caravelles de Colomb sont construites de cette manière.

L'arrivée dans les Caraïbes (gravure du XVIe siècle).

1498

Vasco de Gama atteint l'Inde

LA ROUTE DES INDES ORIENTALES

En janvier 1498, soit six ans après la découverte par Christophe Colomb de l'Amérique, qu'il croit être l'Asie, un convoi portugais composé de quatre vaisseaux touche le port de Calicut. C'est l'un des événements les plus considérables de l'histoire des découvertes. C'est aussi l'aboutissement de l'aventure portugaise promue par Henri le Navigateur.

L'expédition de Vasco de Gama bénéficie de l'accumulation des connaissances maritimes. Grâce à l'expérience et aux conseils de Dias, le navigateur portugais sait quelle route il doit prendre, dans l'Atlantique, pour bénéficier en permanence de vents favorables et rejoindre au plus vite le cap de Bonne-Espérance. Il a lu aussi les rapports de Covilha, parvenus à la cour du roi de Portugal au début de la décennie et qui lui permettent de mieux comprendre les conditions du voyage, l'Afrique passée, sur l'océan Indien. Ces connaissances lui permettent de tenter dans les meilleures conditions possibles d'achever le voyage accompli en partie seulement par ses deux audacieux prédécesseurs.

L'expédition

Pour des raisons mal connues, Manuel Ier préfère ce jeune homme qui n'a pas encore trente ans à des marins de plus grande expérience comme Dias. Le roi espère une réussite éclatante qui lui permettra de prendre sa revanche après l'expédition triomphale de Colomb, dont il a naguère refusé les services, et de rentrer dans ses fonds par des profits importants qui le dédommageront, et au-delà, des investissements perdus dans les expéditions précédentes. Quatre navires sont affrétés. Trois sont des nefs de fort tonnage, destinées à affronter la haute mer, et le quatrième est une caravelle, navire plus petit et maniable qui aura pour mission d'aller quérir le ravitaillement lorsque les bateaux passeront au large des comptoirs portugais d'Afrique, puis celle d'explorer les côtes avant d'y engager les lourdes et profondes coques des autres navires. Vasco de Gama lève l'ancre en juillet 1497. Une navigation audacieuse et bien menée lui permet de rejoindre l'extrémité sud de l'Afrique en ne faisant escale que deux fois, aux Canaries et aux îles du Cap-Vert. Comme Dias, il descend plein sud jusqu'au 30e parallèle puis infléchit sa route vers l'est-sud-est. Le cap de Bonne-Espérance est doublé le 22 novembre 1497. Le 25 décembre, Gama et sa flotte fêtent Noël dans une baie baptisée, pour cette raison, Natal (aujourd'hui Durban).

De la côte d'Afrique orientale à l'Inde

Remontant alors vers le nord, Vasco de Gama a l'occasion de vérifier à la fois l'exactitude et l'insuffisance des informations laissées par Covilha. La côte africaine compte alors une longue chaîne de petits ports prospères par où transitent, vers l'est, mais aussi vers la mer Rouge et l'Occident, l'or et l'ivoire du continent africain. Tout le commerce est là aux mains des musulmans. Les relations directes entre cette côte et l'Inde sont une longue tradition, et, depuis toujours, les principaux acteurs en sont les Arabes. À Melinde, en face de Zanzibar, Vasco de Gama embarque de force un pilote pour le guider jusqu'en Inde. Le 19 mai 1499, grâce à cette aide indispensable, les bateaux portugais, sains et saufs, atteignent la rade de Calicut. Un très vieux rêve est alors réalisé : celui d'un lien direct entre la source des épices et l'Occident chrétien.

Les difficultés indiennes

Vasco de Gama n'est pourtant pas au bout de ses peines. Dans les ports de la côte orientale de l'Afrique, les habitants, musulmans, et surtout les commerçants arabes, conscients des buts de la mission et des conséquences qui peuvent en résulter pour eux, manifestent à l'égard des Portugais une franche hostilité. Il en va de même en Inde, où l'existence d'États fortement structurés et dotés de puissants moyens d'action pour faire obstacle aux vues de l'explorateur, combinée avec la mauvaise volonté des marins et des commerçants arabes, qui font tout ce qu'ils peuvent pour égarer Vasco de Gama et l'empêcher de se procurer soie et épices, manque faire échouer l'entreprise. La déception de l'envoyé de Jean II est d'autant plus grande que les Portugais avaient cru jusqu'alors que les musulmans ne tenaient qu'un fragment de la route menant vers les épices, et non tous les États de l'Inde. Or, force est à Vasco de Gama de le constater, l'espace contrôlé par l'islam est beaucoup plus considérable que ce que l'opinion commune admettait : des régions entières de l'Inde sont entre les mains des musulmans. Vasco de Gama découvre aussi peu à peu, à sa grande déconvenue, que les pratiques commerciales auxquelles les Portugais se sont habitués sur les côtes africaines, c'est-à-dire le troc de bimbeloterie

Le départ des vaisseaux de Vasco de Gama (enluminure du Livro das Armadas, *Lisbonne, Académie des sciences).*

L'art de la navigation

Estimer la distance. Les marins savent estimer la vitesse de leur navire. Pour la connaître, ils lancent à la mer une corde étalonnée à l'aide de nœuds dont l'extrémité reste sur place, car elle est fixée à un plomb, puis ils la laissent filer pendant un temps donné. En renouvelant la manœuvre périodiquement, ils parviennent ainsi à estimer la distance parcourue quotidiennement.

Déterminer l'orientation. La question de la direction ne se pose plus en cette fin du XVe siècle, car les marins disposent depuis quelques décennies de l'instrument précieux qu'est la boussole. La seule difficulté est que l'on connaît encore assez mal les altérations du champ magnétique terrestre et la différence entre nord géographique et nord magnétique.

Calculer la latitude. Le calcul de la latitude est, quant à lui, relativement bien maîtrisé par les marins, qui savent établir la situation d'un objet sur l'arc méridien grâce au point astronomique. Un instrument d'optique, l'ancêtre du sextant, l'astrolabe, est perfectionné à la fin du Moyen Âge, de manière telle qu'il est désormais utilisable à bord d'un navire en mouvement.

Une incertitude : la longitude. En revanche, il reste difficile à la fin du XVe siècle, d'évaluer la longitude. Celle-ci ne peut être connue qu'en comparant l'heure locale à l'heure du méridien d'origine. On ne disposera d'une horloge assez précise pour obtenir un résultat fiable qu'en 1761. Le capitaine Cook sera le premier à l'utiliser.

contre des objets de valeur, sont dépourvues d'efficacité sur le territoire indien. Les marchands indiens n'ont que mépris pour les parures de verre tant appréciées des Noirs. L'investissement à engager sera donc plus lourd que prévu, même si les Portugais parviennent à accéder aux denrées qu'ils convoitent… plus lourd relativement, car le chef de l'expédition a la bonne surprise, en revanche, de constater que, au total, les épices proposées sur place sont à un prix dérisoire par rapport à leur valeur en Occident. Après bien des difficultés, les Portugais parviennent à négocier. Poivre, cannelle, gingembre, girofle sont embarqués à bord des trois plus gros navires, en grande quantité car ils tiennent peu de place. Vasco de Gama rapporte également nombre de pierres précieuses, achetées assez cher toutefois, car les Indiens ont une conscience exacte de la valeur de ces biens. Le retour s'effectue dans des conditions malaisées. Vasco de Gama n'a aucune raison de connaître le mécanisme de la mousson. Il s'embarque dans les pires conditions : il lui faut trois mois pour rejoindre l'Afrique. La flotte se disperse. On perd deux des quatre navires. L'équipage, épuisé, est atteint par le scorbut. Les survivants rejoignent Lisbonne en août 1499 ; les frais de l'expédition sont couverts soixante fois par la vente des épices, et la mission a apporté la preuve que l'Inde pouvait être rejointe par l'Afrique, et les épices livrées à l'Occident sans transiter par les marchands musulmans.

→**Voir aussi** : p. 106 (Pero da Covilha) ; p. 108 (Bartolomeu Dias) ; p. 124 (Albuquerque « le Grand »).

La rade de Calicut, en Inde (gravure du XVIe siècle). La réussite du navigateur commandité par le roi Manuel ouvre au commerce portugais une route dont elle garde longtemps le monopole.

Vasco de Gama (gravure en couleurs du XVIe siècle).

Hasard heureux ou plan bien conçu ?

LA DÉCOUVERTE DU BRÉSIL

Au tournant du XVe et du XVIe siècle, la concurrence que se livrent Castillans et Portugais dans la course aux découvertes, théoriquement réglée par le récent traité de Tordesillas (1494), se fait en réalité de plus en plus âpre. Les entreprises de Colomb, de ses compagnons, de ses rivaux et de ses successeurs menacent de réduire à rien l'avantage acquis par le Portugal grâce à la conquête de la côte africaine et à l'ouverture de la route des Indes.

Dans ces conditions, l'expédition du Portugais Pedro Alvares Cabral, noble d'ancienne famille au service de la royauté portugaise, apparaît comme une réponse au défi de l'Espagne. Fort des connaissances acquises auparavant par des marins comme Dias — qui participe à l'expédition et y trouve bientôt la mort — et Vasco de Gama, Cabral, sur l'ordre du roi Manuel Ier, s'embarque en direction de la haute mer atlantique, à la tête d'une importante escadre comprenant dix navires de transport, trois caravelles et mille deux cents hommes. Avant le départ, le souverain confie au marin un étendard afin que, en son nom, il prenne possession de terres nouvelles, s'il en trouve. La flotte quitte Lisbonne le 8 mars 1500.

Les côtes du Brésil, sur un atlas du XVIe siècle (Paris, Bibliothèque nationale de France).

La découverte du Brésil

On ne sait quelle est au juste la mission de Cabral dans l'Atlantique. Une tradition insistante et plausible, mais qu'aucune preuve n'étaye, veut que le Brésil ait déjà été découvert quelques années auparavant et que cette découverte ait été tenue secrète pour des raisons diplomatiques. Cabral aurait donc dû simplement l'officialiser en la répétant. En réalité, les conditions de la navigation suffisent à elles seules à expliquer que Cabral ait poussé si loin à l'ouest. Pour progresser vers le cap de Bonne-Espérance, les navigateurs doivent progresser dans l'océan jusqu'à trouver, au-delà des alizés, les vents d'ouest de l'anticyclone de l'Atlantique sud. La route est très longue et, jusqu'en 1500, les Portugais en Atlantique ne bénéficient d'aucun appui au sud des îles du Cap-Vert. Il est fort possible, par conséquent, que ce soit en cherchant une des îles pouvant servir d'escale que Cabral ait débarqué au Brésil, à Puerto Seguro (actuelle Bahia), le 23 avril 1500. Il baptise en tout cas la terre où il aborde, et sur laquelle il plante l'étendard de Manuel, « Vera Cruz » (la Vraie Croix) : le nom de *Brésil* viendra plus tard, de ce que le bois que l'on y trouve est rouge comme de la braise.

Le Brésil, terre connue ou inconnue ?

Les navigateurs de la fin du Moyen Âge, désireux de profiter du monopole, ne divulguent pas toujours immédiatement leurs découvertes ni les routes qu'ils ont empruntées. Ainsi, on dit que, dans le courant du XVe siècle, des Dieppois ont débarqué des oiseaux multicolores de leurs navires. Ils n'ont jamais voulu rien révéler de leur provenance.

L'enjeu, dans ce cas, n'est que commercial. **Or, la caractéristique essentielle des découvertes de la fin du XVe siècle est qu'elles impliquent fortement des États. La rivalité, de commerciale, devient politique.** Jean II est, en effet, furieux de voir, en 1492, le succès de l'entreprise de Christophe Colomb, parce qu'elle remet totalement en cause un premier partage de l'Atlantique qui avait été opéré en 1481.

Il prépare aussitôt une expédition concurrente. Il est prévu que le commandement en aille à **Francisco de Almeida**. On ne sait si cette mission eut lieu mais, si tel est le cas, alors, **c'est en 1493 ou en 1494 que le Brésil aurait été découvert une première fois.** Le secret en aurait été gardé jusqu'à ce qu'un règlement définitif soit intervenu dans l'attribution des terres nouvellement reconnues.

Les Indes

Dix jours après cette prise de possession, c'est-à-dire sans prendre le temps d'explorer ce qu'il croit n'être qu'une île, Cabral continue son voyage en revenant vers le sud-est afin de franchir Bonne-Espérance — c'est un argument supplémentaire pour penser que sa destination principale était bien la route traditionnelle des Portugais et non une exploration délibérée des régions du couchant. Mais, bien qu'entouré et secondé par les meilleurs marins portugais du temps, Cabral a mal choisi la date de son départ. Ayant quitté Lisbonne à la fin de l'hiver, il approche des hautes latitudes durant l'automne austral.

Cette erreur manque entraîner l'échec de l'expédition. Cinq vaisseaux, dont celui de Dias, sont perdus dans une effroyable tempête le 24 mai 1500, au large de Bonne-Espérance. Cabral n'a plus que six navires lorsqu'il touche Malindi, port de l'actuel Kenya, le 2 août. Mettant cap à l'est, il aborde à Goa le 22 août et à Calicut le 13 septembre.

Le commerce : la nécessité de recours à la force

En Inde, il connaît les mêmes difficultés que Vasco de Gama un an plus tôt : la concurrence des marchands arabes rend difficile tout négoce. Les commerçants de Calicut refusent de vendre aux Portugais quoi que ce soit, alors que les navires arabes continuent leur trafic coutumier.

Finalement, Cabral obtient, par la menace, que ses navires soient chargés en priorité, et prend lui-même en main l'application de l'accord : il arraisonne un navire arabe chargé avant les siens et confisque les marchandises. Ce geste hardi provoque une émeute en ville. Cabral doit alors partir en hâte pour Cochin (l'actuelle Kerala), qu'il rejoint le 25 décembre et où il se trouve confronté aux mêmes difficultés. Il réussit, toutefois, à passer un accord avantageux avec le roi de Cochin et repart

bientôt, ses cales bien remplies, vers Lisbonne, qu'il atteint le 21 juillet 1501. Les Arabes ont parfaitement saisi la portée de la menace. Aussi mettent-ils tout en œuvre pour empêcher les Portugais de profiter de leur nouvelle route. Dès lors, il devient évident que la prospérité du commerce avec l'Inde va dépendre de la capacité de l'État portugais à déployer en Asie une force militaire suffisante pour contraindre les Indiens à ne commercer qu'avec eux.

L'expansion commerciale passera par l'expansion militaire et politique : c'est une situation qui se maintiendra jusqu'à la fin de l'histoire coloniale. Dès 1502, donc, un an après le premier voyage de Vasco de Gama, Manuel Ier renvoie ce dernier en Inde, à la tête cette fois d'une imposante flotte de guerre. Dans l'année qui suit, les soldats ainsi transportés, menés par un général, le duc d'Albuquerque, mènent, dans le sud de l'Inde, des opérations destinées à déloger les Arabes des positions qu'ils détiennent.

Leur ténacité est couronnée de succès lorsque, en 1509, ils remportent sur une flotte venue d'Égypte une écrasante victoire navale au large de Diu : la route de l'Indonésie, où sont produites les épices, leur est alors ouverte sans conteste. Mais ce bénéfice immédiat n'est pas la conséquence la plus formidable du voyage de Cabral. Sans que le chef de l'expédition portugaise y ait prêté grande attention, le Brésil, ouvert aux explorateurs occidentaux grâce à lui, fournit au Portugal un immense territoire, dont la maîtrise va s'avérer essentielle pour ce pays.

→**Voir aussi** : p. 114 (La route des Indes orientales) ; p. 124 (Albuquerque « le Grand »).

L'arrivée sur les côtes du Brésil (peinture du XXe siècle, Rio de Janeiro, musée national d'Histoire). Grâce à Cabral, et grâce à une interprétation tendancieuse du traité de Tordesillas, le Portugal, qui risquait de se trouver éliminé de la conquête du Nouveau Monde, prend pied en Amérique.

Le traité de Tordesillas, ou le partage du monde entre les Portugais et les Espagnols, le 7 juin 1494 (peinture du XXe siècle, Lisbonne, Musée naval).

Le partage du monde : le traité de Tordesillas

Deux protagonistes. Au XVe siècle, seuls deux États sont en mesure de se lancer dans l'aventure que constituent les Grandes Découvertes, le Portugal et l'Espagne. La France et l'Angleterre sont accaparées par leurs querelles internes et les difficultés liées à la reconstruction de leurs économies. Quant à Venise et à Gênes, elles sont retenues en Méditerranée par la lutte qu'elles doivent mener contre les progrès des Ottomans, qui, bientôt, parviendront au cœur de l'Europe et menaceront leur domination traditionnelle en occupant jusqu'à la côte illyrienne.

Tensions et diplomatie. Les premières frictions entre Espagne et Portugal se produisent à propos des îles Canaries et du Maroc, que l'un et l'autre pays se disputent. Un accord est signé en 1480 à Evora, qui liquide les litiges existants. Mais, au fur et à mesure des progrès des explorations, ceux-ci renaissent. C'est pourquoi les deux parties décident de s'en remettre à l'arbitrage du pape. Celui-ci intervient une première fois en 1481 par la bulle Æterna regis, qui attribue au Portugal tous les territoires situés au sud des Canaries. Naturellement, la découverte de Colomb oblige à opérer des révisions. Une ligne de partage est définie par le pape Alexandre VI, en 1493, qui attribue tout ce qui se situe à l'ouest aux Espagnols et tout ce qui est à l'est, aux Portugais.

Le traité de Tordesillas. C'est sur la base de l'arbitrage pontifical que négociateurs portugais et espagnols, réunis à Tordesillas, en Castille, discutent. Ils choisissent un partage selon une ligne méridienne située plus à l'ouest que celle définie par Alexandre VI. Tout ce qui est à plus de 370 milles (soit environ 2 200 km) à l'ouest de ce méridien sera espagnol. Cela rend légitime l'appropriation du Brésil, qui se trouve en deçà de la ligne, par le Portugal et préserve l'essentiel, à savoir son monopole sur la route des Indes par l'Afrique. Le traité est signé en juin 1494.

L'aventure d'un marin normand

L'ÎLE MYSTÉRIEUSE DE GONNEVILLE

À Honfleur, le 24 juin 1503, un lourd navire baptisé l'*Espoir* appareille. La silhouette du bateau se distingue fort de celle des autres bâtiments du port, livrés au commerce habituel. L'aspect de l'*Espoir*, la présence, à bord, de « personnages de savoir » et d'amateurs d'émotions fortes, en plus des marins de métier, annoncent, comme la messe célébrée avant le départ, un long voyage vers l'inconnu.

Le capitaine, Binot Le Paulmier de Gonneville, un gentilhomme du pays qui a bâti sa réputation en commerçant, avec succès, à Lisbonne, est un lecteur fervent du récit de Marco Polo. Aussi, quand il a parlé de découvrir une route vers les contrées fabuleuses d'où les Portugais ramènent, à prix d'or, les épices si recherchées, on l'a écouté. Il a convaincu huit de ses riches concitoyens, rassurés par son expérience et sa respectabilité, d'appuyer son projet de leurs écus. Parce qu'il sait être exaltant, il entraîne, en somme, derrière lui, les plus calculateurs comme les plus fougueux.

Les « Indes méridionales »

Pour mettre toutes les chances de son côté, Gonneville a circonvenu et embarqué deux Portugais qui, grassement payés, doivent trahir les secrets de la route des Indes, jalousement gardés par les leurs. Mais le Normand n'a pas compté avec la fatalité et les caprices des éléments. En septembre, le scorbut frappe l'équipage : des marins meurent, d'autres sont si épuisés qu'ils ne peuvent plus fournir aucun travail utile. À la fin de novembre, l'un des deux pilotes portugais, probablement le plus expérimenté, meurt subitement. Puis, faute de vent, l'*Espoir* reste longuement immobilisé sur l'océan : l'équipage va-t-il mourir de faim et de soif ? Enfin, le navire sort du « pot au noir », mais pour être pris dans un effroyable ouragan.

Désorientés, Gonneville et ses compagnons touchent terre, le 5 janvier 1504, dans un pays riant qu'ils appellent, faute de mieux, « Indes méridionales ». Les habitants, à demi nus, parés des plumes chatoyantes des oiseaux de la forêt, offrent, six mois durant, à ces hommes exténués, une généreuse hospitalité. Ces « Indiens » forment une société au fonctionnement très élaboré sous l'autorité du tout-puissant roi Arosca. Ce dernier, sans sourciller, voit ses hôtes ériger une croix, le jour de Pâques (7 avril) 1504 et, selon le protocole traditionnel, prendre ainsi possession de l'endroit au nom du pape et du roi de France Louis XII. Arosca

Au début du XVIe siècle, le Normand Gonneville fait étape sur une île de l'hémisphère Sud, qu'on n'identifiera plus après lui. Alors commence la recherche, sur cet océan Pacifique mal connu, de terres que les imaginations du temps conçoivent bientôt grandes comme un continent et riches comme un pays de cocagne (gravure en couleur du XVIe siècle).

Au retour de Gonneville, l'attaque des pirates (Paris, Bibliothèque nationale de France).

est bien plus impressionné par l'efficacité des armes à feu des visiteurs, mais aussi par leurs miroirs et leur papier « qui parle » (c'est-à-dire l'écriture). Aussi, lorsque Gonneville manifeste son intention de rentrer en France, Arosca, de lui-même, lui propose d'emmener avec lui, en plus d'une cargaison de produits locaux, le plus jeune de ses fils, âgé de 15 ans, Essoméric. Accompagné d'un vieux serviteur, Namoa, le prince doit s'enquérir des merveilles de l'Europe pour les faire connaître aux siens par la suite.

Un retour piteux

L'*Espoir* reprend la mer le 3 juillet 1504. Le sort s'acharne de nouveau. La fièvre emporte, entre autres, le chirurgien du bord et Namoa. Essoméric lui-même, malade, est proche de la mort. Alors, pour sauver au moins son âme, on le baptise. Gonneville est son parrain et l'adolescent reçoit le prénom chrétien de Binot (Benoît). Il survit finalement, pour assister à un autre drame. En octobre, lors d'une escale, des cannibales attaquent : il faut se retirer en laissant les cadavres de compagnons. Mais le pire reste à venir. Alors qu'on touche presque au but, au large de l'île de Jersey, des pirates anglais prennent le bateau à l'abordage : c'est le massacre puis un pillage en règle. Les survivants reviennent à Honfleur les mains vides. Leur déposition contre les pirates est tout ce qui reste du voyage. Quant à Essoméric, adopté par Gonneville, il devient… son héritier. Marié à un « beau parti », il fait souche en Normandie : nul ne sait s'il eut ou non la nostalgie de son pays natal, où jamais il ne revint.

À la recherche de la terre de Gonneville

Il resterait à découvrir où se trouve cette terre mystérieuse, où Gonneville a assurément abordé et d'où il a ramené le jeune Indien. Au XVIIIe siècle figure sur les cartes, à une latitude incertaine dans l'hémisphère Sud, une « Terre de Gonneville » ou « des Perroquets ». La Compagnie française des Indes, à la recherche d'une escale sûre vers ses comptoirs, charge quelques-uns de ses meilleurs officiers de marine de la localiser. En 1738-1739, J.-B. Bouvet de Lozier finit par découvrir une île qui porte désormais son nom. En 1771, Kerguelen et Dufresne croient reconnaître à Madagascar les descriptions de Gonneville. Mais d'autres parlent de la Nouvelle-Zélande ou des Moluques. En fait, si l'on s'en tient au régime des vents et aux coutumes des sujets d'Arosca (l'usage du hamac notamment), il est probable que le Normand n'a fait, tout simplement, qu'un séjour au… Brésil.

Dynamisme et particularisme des ports français

Des ports ouverts sur le monde. Alors que le mauvais état des chemins et la lenteur des transports rendent les voyages pénibles et périlleux et réduisent la majorité des Français à l'horizon de leur village, **les habitants des ports vivent dans un monde à part** où les notions de distance et d'appartenance nationale n'ont plus la même valeur. **Des échanges commerciaux très anciens** créent entre les riverains de la Manche ou de l'Atlantique, par exemple, des liens étroits et une concurrence forcenée qui les rend audacieux. En 1364, des Normands auraient fondé en Guinée **des comptoirs** prospères appelés « Petit-Dieppe », « Petit-Paris », « Grand-Sestre ». Saint-Domingue est longtemps considérée comme une colonie exclusive de Saint-Malo.

Le handicap des ports français est de ne pas être soutenus par une volonté royale qui leur permettrait de se lancer, à l'instar des Portugais et des Espagnols, dans de vastes campagnes de découvertes. Au contraire, **il arrive parfois que des conflits d'intérêt surgissent entre les ports et le souverain français.** Dieppe est ruinée par une ordonnance douanière d'Henri II en 1549. Les marchandises qui passent à Bordeaux à la fin du XVIIe siècle ne sont quasiment pas destinées au royaume. Marseille se proclame « terre adjacente » (voisine mais indépendante). Quant aux marchands bretons, ils préfèrent recourir à la Banque d'Angleterre et, s'ils font appel au roi de France, c'est seulement pour lutter plus efficacement contre les chasseurs de baleine hollandais ou hambourgeois, par exemple.

Les premiers contacts avec les indigènes du Nouveau Monde

La France : un cas particulier. Les Français se démarquent des Espagnols. Parce qu'ils ne conduisent, au XVe siècle, que des expéditions isolées, à effectif réduit et à but uniquement commercial, ils traitent les indigènes en partenaires plutôt qu'en inférieurs à soumettre. Les récits de A. Thevet et de J. de Léry, qui ont séjourné chez les Topinambous du Brésil, font apparaître une certaine admiration et même de la fascination.

Un soutien apprécié. C'est d'autant plus compréhensible que les Français arrivent très éprouvés par le voyage en mer et que, malgré l'effet créé par leurs armes à feu, la « supériorité » semble du côté des « Indiens », qui disposent d'une technologie adaptée au milieu et maîtrisent les ressources d'une faune et d'une flore inconnues en Europe. Le mode de vie indigène paraît si séduisant que bon nombre de rescapés des tentatives françaises malheureuses de colonisation décident de l'adopter.

Une polémique. À l'autre bout du siècle, dans les années 1580, la destruction des établissements protestants français du Brésil et de Floride nourrit une polémique alimentée, notamment, par les écrivains huguenots Duplessis-Mornay et La Popelinière. Les Espagnols et les Portugais catholiques responsables d'avoir massacré les Indiens sont stigmatisés pour leur cruauté et leur injustice envers « Amériques nos amis », « nos alliés les Sauvages » ou encore « ces bonnes gens ». Sans doute, s'agit-il là de déclarations circonstancielles, que démentiront des prises de position ultérieures. Mais ces idées, diffusées largement par Montaigne dans ses Essais, contribuent à l'essor d'un mouvement de retour sur soi critique, appelé à marquer durablement la culture française.

Femme sauvage (gravure du XVIe siècle, Dresde, Kupferstichkabinett). Dans l'île où il aborde, les autochtones font bon accueil à Gonneville.

Amerigo Vespucci publie le « Mundus Novus »

LE NOM DU NOUVEAU MONDE

Les voyages de Colomb suscitent tôt envies et jalousies. Les accords passés entre le découvreur et les Rois Catholiques lui laissent, en effet, le monopole de l'exploitation de ses découvertes. À la cour d'Espagne, un parti d'hommes d'affaires avisés entreprend, dès 1499, de mettre fin à cette situation.

Les commanditaires et protecteurs de Colomb pour son expédition de 1492 se rendent vite compte de l'importance de la découverte effectuée. Il leur paraît en conséquence impensable de laisser perdurer une situation qui procure à l'amiral de la mer océane un monopole exclusif. Comme, par ailleurs, le crédit et l'autorité de Colomb diminuent au fil des retours de ses voyages, sans métal précieux ni soie ni épices, ceux qui pensent tirer pour eux un meilleur parti des terres lointaines et non identifiées d'où revient le Génois finissent par appuyer, à partir de 1499, avec l'appui du ministre Fonseca, le projet d'un voyage organisé sans le concours de Colomb.

Susciter la concurrence

Les ambitieux frustrés ne manquent pas. Colomb a, en effet, tenu en lisière un grand nombre de personnages d'envergure, qui supportent mal le rôle d'exécutant qui leur est réservé. Ces hommes ne se font pas non plus à l'idée très inégalitaire du partage des bénéfices de Colomb. Ils sont clairement poussés par la cupidité, et par elle seule, tandis que les motivations de l'amiral, plus complexes, laissent la place à de plus nobles sentiments. Or, ils sont aidés par le fait que les souverains espagnols ont le sentiment que la part qu'ils ont accordée à Colomb, avant d'entrevoir l'ampleur des découvertes qu'il a faites, est très excessive.

Certes, Isabelle et Ferdinand perçoivent une part des bénéfices procurés par la vente des produits que Colomb rapporte de ses voyages ; mais cette part est proportionnelle aux cargaisons transportées. Il faut donc multiplier les voyages et les initiatives afin d'accroître les rentrées, et un seul homme ne peut suffire à tous les voyages nécessaires. Enfin, les rapports que Colomb fait aux Rois espagnols sont difficilement compréhensibles : le navigateur se dit persuadé, alternativement, qu'il a découvert le paradis terrestre ; ou que les terres où il a abordé sont limitrophes de l'Asie ; ou encore qu'il s'agit d'un nouveau continent. La dernière hypothèse est celle qu'avancent de plus en plus fermement les experts qui entourent les souverains : elle vaut bien une vérification.

Hojeda et Vespucci

Hojeda est un officier du duc de Medinaceli, l'un des hommes qui ont le plus fait pour soutenir Colomb en 1492 et, dès lors, l'un de ceux que l'accaparement des bénéfices matériels frustre au plus haut point. Le duc le désigne pour mener une expédition sur la côte des Perles, c'est-à-dire au Venezuela, découvert par Colomb lors de son deuxième voyage. Le personnage a derrière lui un passé de navigateur expérimenté. Il a accompagné Colomb dans ses deux premiers voyages. Il s'est d'ailleurs fait remarquer, à cette occasion, par son tempérament violent. C'est un homme sans scrupules, prêt à tout pour de l'or. À Saint-Domingue (Hispaniola), il brutalise les Indiens et brûle leurs villages afin de s'emparer de leurs maigres trésors d'or. Il croit voir des pépites dans tous les fleuves. Cette âpreté et la violence qui en découle marquent son entreprise. Le duc de Medinaceli, son seigneur, lui confie le commandement de quatre caravelles avec l'autorisation de Fonseca, qui ne désire rien tant que de mettre fin à la situation créée.

La représentation du monde

Représenter. La connaissance du monde est inséparable de la représentation graphique que constitue la carte. Si, depuis longtemps, la sphéricité de la Terre est reconnue par les érudits et par les hommes d'Église, en revanche, on ne sait pas, jusqu'au début du XVe siècle, comment procéder pour projeter en plan les coordonnées d'un point situé sur un globe.

Ptolémée réactualisé. La solution de ce problème est venue, en 1406, avec la traduction, à Florence, de l'œuvre du savant grec du IIe siècle apr. J.-C. Claude Ptolémée. Celle-ci fournit les outils conceptuels nécessaires à l'élaboration de cartes nautiques utilisables. Le travail des Florentins est complété par les recherches conduites, principalement à Nuremberg, par les savants allemands, qui s'efforcent de corriger et d'ajuster le travail de Ptolémée. Dans le courant du XVe siècle, les échanges entre les géographes internationaux se multiplient et créent des conditions intellectuelles favorables aux grandes découvertes.

Découvertes ou vérifications ? On sait désormais que la zone intertropicale n'est pas le désert brûlant que la tradition y voyait ; on pressent puis on vérifie qu'il est possible de contourner l'Afrique par le sud. Enfin, un certain nombre de terres, des îles principalement, que les explorateurs du golfe de Guinée ont cru apercevoir lors de leur voyage de retour sont portées, de façon quelque peu hasardeuse, sur les mappemondes de plus en plus détaillées que les spécialistes dressent au fur et à mesure des informations que rapportent, durant tout le XVe siècle, les navigateurs portugais. Dès lors, il est évident que les navigateurs partent non pas à l'aventure, sans avoir la moindre idée de ce qui les attend, mais pour vérifier des points douteux ou problématiques.

La vision du monde, au début du XVIe siècle.

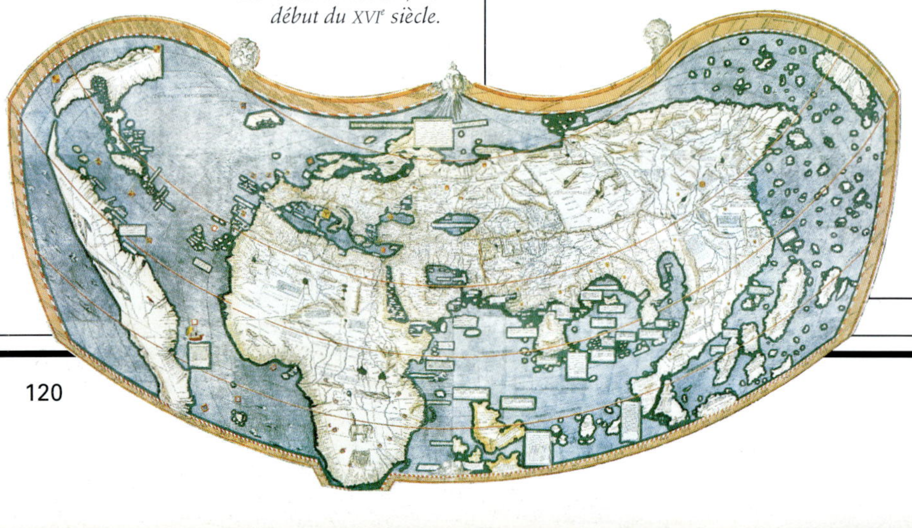

Amerigo Vespucci (1454-1512). Si Colomb, le premier, aborda au Nouveau Monde, à l'Italien Vespucci revient le mérite d'avoir identifié dans les terres découvertes, un nouveau continent.

Avec Vespucci commence le temps de la conquête par les armes : l'Italien veut, à tout prix et aussi bien par la force, découvrir de l'or.

Le but de l'expédition est d'approfondir la reconnaissance menée par Colomb en 1498 : on ne saurait mieux montrer qu'il s'agit de prescrire les droits absolus de celui-ci. Ce que veulent les Espagnols, ce sont aussi des renseignements fiables. À Hojeda se joint un Italien, Amerigo Vespucci, imposé par Fonseca. C'est un marchand originaire de Florence. Il travaille pour le compte d'une maison de commerce florentine qui possède un établissement à Séville. On attend de lui qu'il fasse un rapport fidèle et exploitable économiquement sur les terres découvertes. Les relations de Colomb, en effet, ne permettent pas de résoudre l'énigme géographique que posent ces terres. Un marchand dira plus facilement ce qu'il en est réellement.

L'exploration et la relation

Les quatre caravelles partent de Cadix en mai 1499. Tout l'été est employé à refaire les découvertes faites l'année précédente par Colomb. La flotte va, vers l'ouest, jusqu'au golfe de Venezuela et au lac de Maracaïbo et, vers l'est, jusqu'à l'actuel Surinam. Colomb a déjà couvert une partie de ce trajet. Celui d'Hojeda et de Vespucci est bien plus long. C'est bien un continent qui se révèle aux yeux des navigateurs effarés, et Vespucci est aussitôt certain qu'il ne s'agit pas de l'Asie. Avec un temps de retard, dû aux hésitations de Colomb, les Rois espagnols et bientôt l'Europe entière apprennent qu'il leur faut réviser entièrement leur vision du monde, et que la géographie de Ptolémée et des explorateurs des siècles passés se trouve entièrement bouleversée. Hojeda et Amerigo Vespucci, après leur retour, poursuivent chacun leur carrière. La formation de Vespucci lui donne un avantage : il sait présenter les faits. Quitte à les déformer quelque peu. Dans une relation de son voyage, parue à Florence en 1503, Vespucci passe totalement sous silence l'antériorité de l'exploration par Colomb de la côte vénézuélienne. Il s'attribue, d'autre part, tout le mérite du raisonnement montrant que le Nouveau Monde est un nouveau continent. Quelques années plus tard, en 1508, le géographe allemand Waldseemüller, auteur de la première mappemonde sur laquelle l'Amérique soit portée, donne en conséquence à cette *Quarta Parta* (quatrième partie) de la Terre le nom de baptême de celui qui est réputé l'avoir le premier touchée et identifiée, Amerigo !

→**Voir aussi** : p. 54 (Claude Ptolémée) ; p. 112 (L'invention d'un monde).

Un Italien explore les routes maritimes du Nord

SÉBASTIEN CABOT

En 1508, le Nouveau Monde, qu'on est sur le point d'appeler Amérique, est désormais reconnu comme un continent, barrière à la progression maritime vers l'Asie. Cette année-là, au service de l'Angleterre, Sébastien Cabot décide de tenter de contourner la vaste terre par le nord-ouest, ou de la traverser en y découvrant un passage, afin d'atteindre la Chine, baptisée Cathay, par un autre moyen qu'en longeant les côtes d'Afrique, comme le font les Portugais.

Cabot ne fait en réalité que répéter un voyage assez mystérieux, réalisé par son père, Jean, en 1497. Ce dernier, d'origine probablement génoise, s'est établi à Bristol à une date incertaine. Armant à ses frais un navire, le *Matthew,* entre mai et septembre 1497, il longe la côte américaine. On ne sait, cependant, ce qu'il a découvert, le point de son débarquement demeurant inconnu : ce peut être aussi bien Terre-Neuve que le Labrador ou le Maine…

L'océan Atlantique au début du XVIe siècle : une mer désormais fréquentée du nord au sud (Paris, Bibliothèque nationale de France).

Sébastien Cabot

Jean Cabot est récompensé de son exploit par Henri VII d'Angleterre, qui l'encourage à rééditer l'expédition. En 1498, le navigateur repart donc en direction du nord-ouest. Mais, cette fois, il ne reviendra pas. Son fils prend le relais, bénéficiant de la renommée de son père. Il acceptera d'ailleurs très facilement que les découvertes de celui-ci lui soient intégralement attribuées. Dix années après le second et définitif départ de son père, Sébastien Cabot arme à son tour un navire. Nous sommes en 1508. Le navigateur se dirige certainement très au nord puisque, dans ses rapport, il dit avoir vu des terres sur lesquelles le soleil ne se couche pas, et des mers où dérivent des montagnes de glace. Il fournit ainsi la première relation que nous possédions, émanant d'un Européen, sur l'océan glacial Arctique. Cependant, il ne parvient pas à trouver le fameux passage vers l'ouest. Il est contraint de rebrousser chemin, peut-être en ayant au préalable exploré la baie d'Hudson. Il décrit, en effet, les paysages et la faune caractéristiques de cette région : des forêts puis des étendues indéfiniment enneigées, des ours blancs, des rennes, qu'il compare à des cerfs ayant la taille de chevaux. Il est frappé, également, par l'abondance du poisson dans les eaux inconnues où il pénètre : saumons, esturgeons et surtout morues.

Comme son père l'avait fait, Sébastien Cabot rencontre des habitants dans ces contrées désolées, des hommes vêtus de peaux de bêtes et bien armés d'arcs, de lances et de gourdins. Leur attitude, dit-il, est plutôt hostile qu'amicale.

Autres voyages

Les découvertes des Cabot père et fils ne sont pas immédiatement exploitées. À cette époque, les États européens, et particulièrement l'Angleterre, n'ont nullement les moyens d'organiser des colonies de peuplement et ne voient d'ailleurs pas l'intérêt commercial qu'ils pourraient tirer de ces terres sauvages. Aussi Cabot, que le souverain d'Angleterre ne cherche pas à retenir, passe-t-il un moment au service de Charles Quint. Sa réputation lui permet d'obtenir la charge

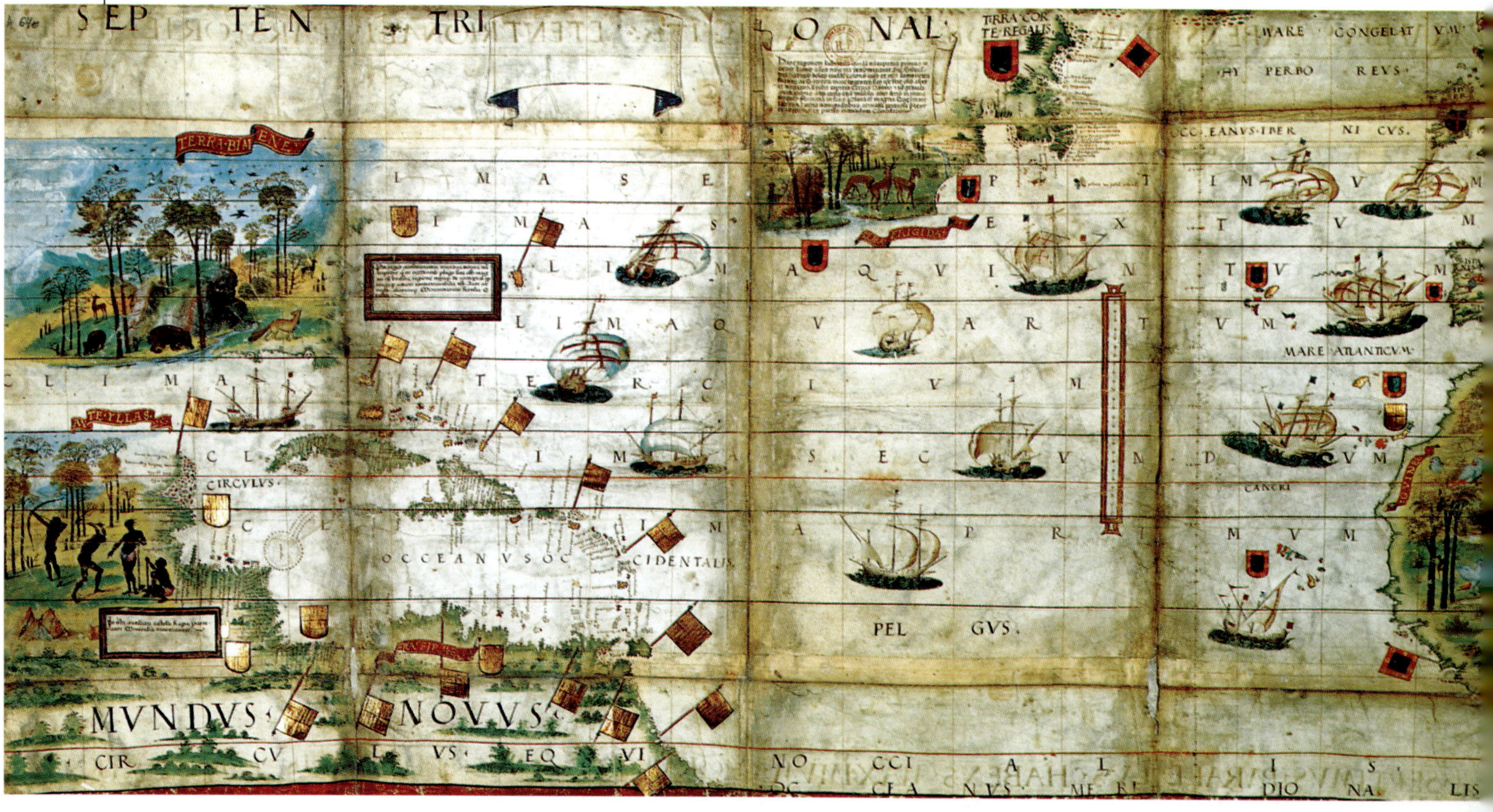

Jean Cabot (à gauche) et son fils Sébastien (à droite) [Bristol, Museum and Art Gallery] : deux Italiens au service de l'Angleterre, qui s'engage à son tour dans l'exploration maritime.

Sébastien Cabot au Labrador (gravure du XIXe siècle). Avec les Cabot commence une longue exploration : celle de la route du Nord-Ouest, pour traverser ou contourner le continent sans passer par les voies maritimes espagnoles ou portugaises, au sud.

de *piloto mayor,* où l'un de ses prédécesseurs s'appelait Amerigo Vespucci. Il a pour fonctions de s'assurer de la formation théorique des marins appelés à prendre des commandements et, surtout, doit superviser tous les travaux de cartographie entrepris par l'Espagne. Il dirige, à ce titre, une grande expédition qui, de 1526 à 1530, reconnaît le Rio de la Plata, le Paraná et le Paraguay. De retour en Espagne, il est disgracié pour avoir mal dirigé cette expédition. Envoyé en exil, il dresse une carte résumant l'ensemble des connaissances d'alors sur le continent sud-américain. Il quitte ensuite, vers 1549, le service du roi d'Espagne et retourne en Angleterre.

La recherche de la route du nord-est

La dernière partie de sa vie est tout entière consacrée aux trafics nordiques. À ce moment, Cabot ne voyage plus lui-même. Il se fait armateur et commandite des voyages extrêmement risqués ; il devient ainsi une figure notable dans le milieu des « marchands-aventuriers », terme désignant le groupe de ceux qui prennent des risques aussi énormes que les siens. En 1553, il envoie trois navires, vers le nord-est cette fois, toujours afin de rejoindre la Chine. Deux sont perdus au large du cap Nord, mais le troisième poursuit un étonnant parcours. Longeant la presqu'île de Kola, il pénètre dans la mer Blanche et aborde en Moscovie : on connaissait l'existence de cet État, mais les liaisons avec lui étaient, jusque-là, difficiles. Le capitaine du navire, Richard Chancellor, s'aventure jusqu'à Moscou. Il ne sera de retour en Angleterre qu'en 1556. Cet exploit renforce la fortune de Cabot. Désormais, en effet, les Anglais vont pouvoir entrer en contact avec les caravanes d'Asie centrale et se passer de l'intermédiaire très coûteux des navires de la Hanse, cette association de marchands de la Baltique qui détient de fait le monopole sur cette mer, seul accès, indirect, au bassin de la Volga.
Si Cabot a échoué, par le nord-ouest et par le nord-est, à trouver l'accès vers la Chine et ses richesses, il a du moins ouvert la voie au trafic des fourrures précieuses, procurées alors par les marchands venant de Sibérie et, plus tard, importées directement du continent nord-américain.

→**Voir aussi :** p. 144 (Le passage du Nord).

Souverains commanditaires et explorateurs

Les intérêts en jeu dans la conquête de l'Amérique sont, au bout du compte, énormes. On ne peut qu'être frappé, toutefois, de la minceur des investissements consentis au départ et de la pusillanimité des souverains, auxquels on venait tout de même offrir un monde. Christophe Colomb ne peut affréter que trois méchantes caravelles. Jean Cabot arme lui-même son navire. Même Magellan n'a que des moyens limités.
En fait, les souverains, ici, commanditent des entreprises risquées et au résultat trop incertain pour que des marchands osent, ou simplement puissent, s'en charger. Le voyage est périlleux : combien de nefs ou de caravelles se perdent-elles dans la réalisation de projets audacieux ? L'effort à soutenir est de longue haleine et suppose une continuité que seul un État structuré peut garantir.
Aucun marchand ne peut penser à une rentabilité de son investissement au bout de deux ou trois générations, surtout lorsque les entreprises sont à si haut risque.
C'est ce que font au contraire les rois portugais lorsqu'ils soutiennent l'entreprise d'exploration des côtes africaines et la recherche d'un passage vers l'Inde. Il importe toutefois de souligner qu'ils agissent aussi en tant qu'armateurs, espérant donc un profit, et non pas seulement en tant que détenteurs de la puissance publique.
Par ailleurs, les moyens des États, au début de l'époque moderne, eux aussi sont limités. Les responsables sont donc fréquemment contraints de différer l'exploitation des découvertes, faute de pouvoir assurer une logistique cohérente. L'aventure des Cabot sur le continent nord-américain, qui tourne court, en est le meilleur exemple et prouve combien est exceptionnel, par sa cohérence, le projet de maîtrise des territoires indiens par le Portugal.

1510-1511

Les Portugais maîtres de l'océan Indien

ALBUQUERQUE « LE GRAND »

Au début du XVIe siècle, le Portugal se résout à un formidable effort : il lui faut assurer la maîtrise de l'océan Indien, couler tous les navires arabes et construire, de Lisbonne aux Indes, une chaîne de points d'appui maritimes tenus par des garnisons. Le royaume du Portugal, en somme, doit supplanter partout la thalassocratie des musulmans.

Alfonso de Albuquerque (1453-1515) [peinture du XVIIe siècle].

En se rendant maître de Goa, point stratégique sur la côte de Malabar où se croisent marchands et civilisations, le 25 novembre 1510, après presque une année d'efforts, le noble portugais Afonso d'Albuquerque, nouvellement « vice-roi des Indes », remporte une victoire psychologique et gagne, du même coup, un tremplin pour de nouvelles conquêtes. Une étape décisive est franchie, alors, dans la réalisation de l'ambitieux projet géopolitique portugais.

Un vice-roi qui dérange

Issu de la très ancienne noblesse portugaise, fin lettré formé par les meilleurs savants, familier du roi Manuel Ier, Afonso d'Albuquerque comprend mieux que personne l'urgence pour le Portugal de consolider systématiquement les acquis des cinq années précédentes. À 56 ans, fort de l'expérience d'expéditions difficiles (sur la côte marocaine en 1495 et en Inde en 1503), il doit d'abord s'imposer dans son propre camp : il est nommé en effet pour remplacer à Cochin (Kerala) son concitoyen Francisco de Almeida, premier Portugais à porter le titre de vice-roi des Indes et tombé en disgrâce parce qu'il joue, sur place, le rôle de potentat, oubliant qu'il est lié par des rapports de sujétion avec la métropole. Avant de se présenter à Almeida, Albuquerque, qui quitte le Portugal en 1506, commence quant à lui par défendre les intérêts de son roi en mer Rouge et dans le golfe Persique. Il se couvre de gloire à Socotora, prend Ormuz et répond au sultan,

qui exige sa soumission, en lui faisant porter, en guise de tribut, des boulets et des fusils. Trois ans plus tard seulement, après avoir vaincu l'insubordination de ses officiers, il s'en va annoncer au précédent vice-roi qu'il vient le remplacer. Celui-ci, loin de s'incliner, fait jeter le nouveau venu au cachot sans autre forme de procès. Albuquerque ne doit son salut qu'à l'arrivée d'une flotte en provenance du Portugal, qui lui permet de faire valoir ses titres officiels et de chasser Almeida.

La réussite

C'est l'année d'après que, l'ouest de l'océan Indien étant en partie occupé par les Vénitiens, il entreprend la conquête systématique de la zone orientale de cette mer. Goa prise, il mène l'année suivante une expédition couronnée de succès dans la péninsule malaise. Après neuf jours de combats furieux, malgré une infériorité numérique considérable, Malacca, le grand centre de redistribution des précieuses épices de l'Insulinde, tombe. Exploitant ces démonstrations de force, Albuquerque envoie vers les royaumes encore mystérieux de Siam, de Pégou (Birmanie), de Java et de Cochinchine des ambassades qui reçoivent tribut. Son mérite est ainsi d'imposer l'autorité portugaise, après avoir contribué à faire disparaître, dans une large mesure, le pavillon arabe, qui régnait en maître depuis des siècles dans la région. Sous les ordres d'Albuquerque, l'administration portugaise s'enracine en douceur, en prenant soin de ne pas heurter les coutumes locales. Des écoles et des hôpitaux sont fondés, les mariages mixtes, entre Portugais et femmes asiatiques converties au catholicisme, sont encouragés — le vice-roi des Indes octroie des terres et du bétail aux nouveaux ménages. Respecté, populaire d'une certaine manière, Albuquerque parvient à grossir de nom-

Les Portugais dans l'océan Indien

Depuis Vasco de Gama (1502), la carreira (route/empire) des Indes repose sur **l'envoi tous les ans d'une flotte, ou *armada*, de 15 à 20 navires** (entre 1 000 et 1 500 hommes).

Profitant du fait que le monde musulman est déstabilisé à l'ouest par l'offensive des Turcs, **les Portugais gagnent du terrain sur les côtes du continent indien grâce à des hommes de valeur : Vicente Sodré,** qui conquiert Cochin et Cananore en 1503, **Duarte Paches** puis **Soares,** qui défont les forces du samorin (souverain) de Calicut. À partir de 1505 se développent les éléments d'un contrôle permanent : **des forteresses, des factoreries, une flotte de guerre qui reste sur place.**

Francisco de Almeida, le premier vice-roi des Indes, assure une victoire décisive en 1509. Brisant une contre-offensive égyptienne, animée par les Vénitiens et qui ont fait accord avec le sultan, il prend Diu (2 février), ce qui place durablement les Portugais en position de force dans la région.

En se rendant maître de ce port considérable, Albuquerque donne un formidable élan à l'expansion portugaise dans l'océan Indien (Goa, sur la côte de Malabar, Paris, Bibliothèque nationale de France).

breuses recrues indigènes les rangs clairsemés des Portugais qui l'accompagnent dans les expéditions qu'il conduit pour achever d'ouvrir à son pays l'accès de la mer Rouge et de l'Extrême-Orient, ce que les Arabes nomment les « portes du monde ».

Un rêve inachevé

Afonso d'Albuquerque est prêt à tout pour parvenir à ses fins : pour affaiblir son ennemi le puissant sultan d'Égypte, il songe un moment, sérieusement, à raser une montagne d'Abyssinie pour détourner le Nil... Il envisage une autre fois de monter une expédition en Arabie afin d'enlever les restes du Prophète et d'exercer, grâce à eux, un chantage sur les musulmans.

Finalement, il se borne à des actions raisonnables : le bombardement d'Aden en 1513 et la reprise en main d'Ormuz, qui s'était soulevée, en 1515. Grâce à cette dernière victoire, compte tenu de l'hostilité entre les Persans et les Turcs, l'Inde portugaise voit s'élargir encore son horizon commercial. Mais Afonso d'Albuquerque finit par être desservi par ses mérites mêmes. Calomnié par des envieux à Lisbonne, où l'on murmure que, à son tour, il agit en souverain en oubliant son maître le roi de Portugal, il tombe dans un discrédit qui met fin à ses fonctions.

Conscient de son malheur, il anticipe en quelque sorte les conséquences de sa disgrâce en mourant de la dysenterie, avant de rejoindre l'Occident, le 15 décembre 1515, au large de Goa, capitale d'un empire pour la construction duquel il a tant fait.

→**Voir aussi** : p. 114 (La route des Indes orientales).

Les Indes portugaises

Hanté par l'idée de la croisade, Albuquerque, qui a choisi de mourir dans son habit de commandeur de l'ordre de chevalerie de Santiago, a peut-être trop bien réussi sa mission, justifiant ainsi la violence de ses détracteurs.

Des contraintes écrasantes. L'exclusivité des circuits commerciaux de l'océan Indien est difficile à maintenir, à cause des faibles effectifs portugais dans la région. De plus, l'administration coloniale de la « Casa de India », qui est basée à Lisbonne, est à la fois trop tatillonne et inefficace.

Une concurrence redoutable. Surtout, cette monopolisation remet en cause des réseaux d'échange séculaires. Depuis toujours, en effet, les riverains de l'océan Indien utilisent pour naviguer les vents réguliers qui soufflent de mai à octobre de l'Afrique vers l'Inde, puis, en sens inverse, de novembre à février. Ces convois « traditionnels » voient d'un très mauvais œil se développer ceux des nouveaux venus portugais. Successeurs de ces derniers, les Hollandais, au XVIIe siècle, profiteront des rivalités entre les uns et les autres pour imposer leur propre monopole de fait.

Un « palankin » (palanquin) à la mode de Goa (gravure du XVIe siècle).

1511-1547

La mauvaise conscience des conquistadores

L'ACTION DE LAS CASAS

Fixé à Cuba à partir de 1511, le prêtre Bartolomé de Las Casas dénonce l'injustice qui est à l'origine de la prospérité espagnole dans le Nouveau Monde : le mépris radical des Indiens et leur exploitation éhontée.

Portrait allégorique de Bartolomé de Las Casas (peinture du XIXe siècle, Mexico, Musée national d'Art).

Las Casas n'est pas le premier Occidental à vitupérer les exactions des conquérants venus d'Europe à l'égard des indigènes d'Amérique. Mais sa personnalité et son expérience donnent un retentissement considérable à sa protestation. Fils d'un compagnon de Colomb, Las Casas, né en 1474 à Séville, accompagne dès 1498 son père dans le deuxième voyage de l'explorateur aux îles, puis traverse de nouveau l'Atlantique en 1502. Entré quelques années plus tôt dans l'ordre dominicain, licencié en droit, il cultive le projet de mener de l'autre côté de l'Océan une double carrière, ecclésiastique et administrative. En 1510, il est d'ailleurs ordonné prêtre à Saint-Domingue — cette ordination est la première qui ait lieu outre-Atlantique. Mais, progressivement, il découvre les réalités sociales et économiques du Nouveau Monde, et cette révélation le conduit à un travail intérieur qui modifie radicalement sa destinée. Il accomplit son premier acte politique à son propre détriment : bénéficiant, comme les autres colons espagnols, du système de l'*encomienda,* ou *repartimiento,* qui met à leur disposition des terres et des serfs indiens pour les exploiter, il renonce à sa concession et donc aux indigènes attribués par le gouvernement.

Une alternative à l'encomienda

À Cuba, où il réside à partir de 1511, il se lance dans des prêches vigoureux contre les violences commises par les Espagnols : conscient du déclin numérique de la population américaine, soumise à un travail forcé rigoureux, exposée aux violences, aux maladies et à l'alcool, il exhorte ses compatriotes à plus de modération à son égard. L'hostilité qu'il rencontre le conduit à retourner en Espagne pour tâcher d'y obtenir l'oreille du souverain : il arrive en Europe peu avant le décès de Ferdinand le Catholique. Ce prêtre avisé connaît trop bien la réalité sur le terrain pour exiger des solutions radicales. La principale difficulté, pour l'exploitation du nouveau continent, réside dans le manque de main-d'œuvre. Las Casas en vient un moment à proposer de substituer systématiquement aux

Après la conquête espagnole

L'hécatombe. Si les envahisseurs européens, comme Cortés, laissent des milliers de victimes dans leur sillage, ce sont surtout les microbes qu'ils véhiculent avec eux (comme celui de la rougeole, par exemple) qui font les ravages les plus considérables sur des populations non immunisées. Ainsi, de 80 millions d'Amérindiens à la fin du XVe siècle, on serait passé, un siècle plus tard, à moins de 10 millions. Cette dépopulation, synonyme de main-d'œuvre défaillante pour les Espagnols, explique largement le recours à la traite des Noirs.

La fin des civilisations précolombiennes. Des foyers durables de résistance se manifestent, ainsi celui des Araucans au Chili, mais la conquête entraîne, c'est le plus évident, la destruction de l'organisation sociale et politique préexistante. Le bouleversement vient aussi de ce que les Européens introduisent de nouvelles données dans l'agriculture : ils importent, par exemple, du bétail qui concurrence, voire menace (il n'y a pas de clôtures), les cultures traditionnelles indigènes.

Une protection limitée. Parce qu'il permet de dégager de juteux profits, le système de l'encomienda reste en vigueur jusqu'au XVIIe siècle. Des ordonnances royales de 1576 à 1589, après les Lois nouvelles, largement inappliquées, tentent cependant de l'adoucir. Lors du concile de Lima, en 1583, les autorités de l'Église font obligation, en termes prudents, de « préparer les Indiens à la vie sociale ». En fait, ce ne sont ni un changement des mentalités ni les progrès relatifs du métissage qui entraînent la disparition de l'institution seigneuriale de l'encomienda. Ce sont les contraintes de l'exploitation du sol, laquelle est fondée sur les grandes propriétés : les haciendas.

Les derniers instants d'un cacique indien (gravure du XVIe siècle, illustrant la Très Brève Relation de la destruction des Indes *de Las Casas). Le prêtre qui assiste le condamné est Las Casas lui-même.*

Las Casas s'est préoccupé de convertir les Indiens, autant que de les protéger. Il respectait en eux des hommes dotés d'une âme, mais non une civilisation.

Les « Indiens »

Au moment des Grandes Découvertes, **ceux qu'on appelle « Indiens » sont répartis en zones de peuplement dispersées.** Les Européens rencontrent d'abord **les Arawaks** dans les Antilles, **les Caraïbes** sur les côtes du Venezuela et de la Guyane, et **les Tupis** au Brésil. Sur le pourtour du golfe du Mexique vivent notamment **les Séminoles** (en Floride) et, plus à l'ouest, **les Muskogis et les Pueblos.** L'Amérique centrale, au sud de **l'Empire aztèque,** est occupée par **les Mayas.** Le long de la cordillère des Andes, du nord au sud, habitent **les Chibchas,** et **l'Empire inca** regroupe **les Karas, les Quechuas, les Aymaras et les Araucans.**

Tous ces peuples, qui vivent sans contact les uns avec les autres et dont les caractères ethniques et linguistiques sont extrêmement divers, ont en commun de **ne connaître ni les chevaux, ni (hormis les Mayas) l'écriture, ni les armes à feu.** Mais ces dernières supportent mal le climat tropical, et les armes d'obsidienne des Aztèques, notamment, sont redoutables pour les Européens dans les combats qui les opposent aux Indiens.

Les modes de vie sont très différents. **Mais les grands empires précolombiens ne sont pas les seuls pôles de civilisation élaborée.** Ainsi, les Arawaks disposent pour la culture du manioc d'un système dit « conucos », hautement productif, qui peut nourrir des densités de population comparables à celles des régions les plus prospères d'Europe.

Indiens des esclaves noirs importés d'Afrique... Surtout, il suggère d'inventer des règles nouvelles pour fixer les rapports entre la population indigène et les Européens. En 1520, il obtient l'autorisation d'expérimenter son projet d'une colonie d'un type nouveau sur la côte de Cumana, au nord du Venezuela. Mais les indigènes, échaudés par ce qu'ils connaissent de la réalité espagnole dans les zones voisines, font un mauvais accueil aux nouveaux venus. Handicapée par les guerres que se livrent entre elles les tribus indiennes, l'expérience se termine en bain de sang.

Les « Leyes nuevas »

Affecté par ce désastre, Bartolomé de Las Casas se retire, dix ans durant (1522-1531), à Saint-Domingue, où il écrit une *Histoire générale des Indes,* œuvre majeure dont la publication accroît son autorité. L'extension de l'*encomienda,* sur les territoires de l'ancien Empire aztèque, le pousse à intervenir de nouveau activement. En 1533, au Nicaragua, il dénonce la brutalité de la conquête espagnole. Quatre ans plus tard, il entreprend de faire d'une zone insoumise *(tierra de guerra),* le Tezulutlan, la *tierra de la Vera Paz* — la « terre de la Vraie Paix » : un modèle d'évangélisation pacifique. Après quoi, en 1542, il rejoint l'Espagne, à l'injonction de son ordre. Cette fois, son renom est tel qu'il est plus facilement écouté. En 1542, l'empereur Charles Quint promulgue les Lois nouvelles *(Leyes nuevas).* Elles reprennent et approfondissent des textes plus anciens destinées à protéger les Indiens. La nouvelle réglementation interdit de réduire ceux-ci en esclavage et prévoit la disparition de l'*encomienda.* Par ailleurs, l'action de Las Casas reçoit une forme de reconnaissance officielle, car il devient évêque de Chiapas, aux confins du Mexique et du Guatemala.

Un évêque controversé

Le succès de Las Casas est pourtant relatif. Dans son propre diocèse, parce qu'il tire avec rigueur les conséquences des *Leyes nuevas,* refusant les sacrements à ceux qui conservent des esclaves indiens, les autorités locales lui sont hostiles. Là où il ne se trouve pas en personne, la situation est bien pire. Au Pérou, la législation de Charles Quint déclenche une révolte des colons espagnols. L'empereur, en conséquence, ne fait rien pour hâter la fin de l'*encomienda,* et Las Casas, désavoué par ses supérieurs, doit finalement quitter son évêché. Revenu en Espagne en 1547, il ne renonce pas à la lutte. Il soutient notamment une vive polémique contre le docteur Sepulveda. Ce dernier, s'appuyant sur Aristote, prétend qu'il existe des êtres vivants à l'apparence humaine mais dépourvus d'âme, que les Indiens font partie de ces créatures, et qu'il est fondé de les réduire en esclavage. Las Casas, au contraire, affirme que les Indiens sont des hommes à part entière, que les maltraiter est non seulement contraire au message évangélique, mais que c'est aussi se priver d'un moyen de régénérer le christianisme par leur sincère conversion. Pour défendre ces idées qui dérangent, Las Casas publie clandestinement, en particulier, *la Brevísima Relación de la destrucción de las Indias,* un texte qui fait scandale et connaît une large diffusion. Le vieux défenseur des Indiens s'éteint en 1566, à 92 ans, en s'accusant de n'avoir pas fait encore assez pour ces derniers.

→**Voir aussi :** p. 132 (Deux civilisations s'affrontent) ; p. 138 (Une épopée sanglante).

Ponce de León découvre la Floride

LA QUÊTE DE LA FONTAINE DE JOUVENCE

Le 3 mars 1512, deux navires quittent Boriquen, l'actuelle Porto Rico. Ils partent en exploration vers le nord-ouest. Comme c'est souvent le cas, ils ont été équipés aux frais d'un seul riche « entrepreneur ». Il s'agit de Juan Ponce de León : un homme qui n'a plus rien à prouver...

Descendant d'une des plus vieilles familles d'Espagne, ancien page du roi Ferdinand, Ponce de León est, dès cette époque, une figure légendaire : on raconte qu'il a accompagné Christophe Colomb lors de son second voyage. Il a participé activement à la conquête d'Hispaniola (Haïti), si bien qu'on l'a nommé « adelantado » de l'île de Boriquen. Il l'a soumise et il a amassé, par la suite, une fortune considérable. Rien ne lui manque, si ce n'est la vigueur, qui l'abandonne, et ses tempes, qui blanchissent : il atteint l'âge avancé, pour son temps, de 50 ans... Or le Nouveau Monde semble fait, seulement, pour les jeunes conquérants. L'expédition qu'il organise relève du fol espoir de vaincre le temps inexorable.

Bimini la prodigieuse

Ponce de León s'en va chercher l'île de Bimini. Là, selon le récit d'Indiens qu'il a passionnément interrogés, se trouve une source dont les eaux ont la vertu de rajeunir ceux qui les boivent. Comment ne pas y croire ? L'exploration de l'Amérique commence à peine, les Européens vont d'étonnement en étonnement, tout y paraît possible et réalisable. Et puis le désir le plus cher de Ponce se mêle aux souvenirs de son éducation soignée à la cour. En étudiant le grec et le latin, il s'est imprégné de la mythologie de l'Antiquité, qui rapporte que la déesse Junon évita les outrages de l'âge et parut toujours appétissante à Jupiter, son époux, parce qu'elle se baignait régulièrement dans la fontaine de Jouvence... Les légendes chrétiennes, elles aussi, ont répercuté le thème de cette fontaine merveilleuse dont l'eau lustrale, comme celle du baptême, régénère l'âme et redonne aux corps leur beauté et leur vigueur.

Les Pâques fleuries de 1512

Suivant les indications de ses informateurs, Ponce de León longe, au sud, l'archipel des Lucayes, ou îles Bahamas. Le 27 mars, il fait escale pour la première fois. Les bateaux abordent sur une terre que Sébastien Cabot, au service d'Henri VIII d'Angleterre, a aperçue, seize ans plus tôt, en cherchant un passage vers la Chine et les Indes. En fervents catholiques qu'ils sont, Ponce de León et ses hommes célèbrent, ce jour-là, la fête des Rameaux, que l'on nomme, à l'époque, « Pâques fleuries ». Comme la végétation est particulièrement luxuriante dans cette région, le nom demeure : « Florida » — la Floride. Comme bon nombre de ses prédécesseurs en d'autres lieux de l'Amérique, Ponce de León n'a nullement conscience qu'il se trouve dans une partie d'un vaste continent. Il croit avoir atteint une grande île, qui lui plaît et l'inquiète à la fois par son étendue et ses vastes marécages grouillant d'une insaisissable activité. Comme il ne trouve pas en ces parages la fameuse fontaine qu'il cherche, l'adelantado de Boriquen décide de poursuivre son voyage. Explorant les Lucayes, il va d'une île à une autre. Il admire les paysages, paradisiaques, et, saisi d'une sorte de démence, boit à toutes les sources qu'il rencontre... naturellement sans résultat. À la fin du mois d'août, le mauvais temps bloque l'expédition, presque un mois durant, sur la côte de Guatao. Alors, le navigateur retrouve un peu de bon sens, à moins qu'il ne soit à bout de forces, car il décide de laisser à son lieutenant Juan Perez de Ortubia le soin d'explorer l'archipel à la recherche de Bimini et de sa fontaine miraculeuse. Il retourne, quant à lui, à Boriquen. À son arrivée, le 5 octobre, il est accablé de railleries : ne le voilà-t-il pas plus grisonnant, plus usé que jamais, lui qui se faisait fort, en partant, de revenir rajeuni de vingt années au moins !

Un échec complet

Moqué, Ponce de León ne s'avoue pas vaincu. Il fait voile vers l'Espagne pour vanter les merveilles de la Floride. Il obtient du roi la permission d'en faire la conquête en bonne et due forme. Sa fortune personnelle lui permet de lever des hommes et d'équiper trois caravelles à Séville. Ces forces s'avèrent insuffisantes une fois arrivées de l'autre côté de l'Atlantique. Elles se heurtent une première fois à la farouche résistance des Indiens Séminoles, qui les repoussent à la mer. Un second assaut, en 1521, permet de débarquer, près de la ville actuelle de Tampa. La victoire est sans lendemain. Bientôt, la petite armée de Ponce de León est taillée en pièces. Le chef lui-même, atteint d'une flèche à la cuisse, échappe de peu au massacre avec sept de ses compagnons et parvient à gagner péniblement Cuba.

Il meurt peu après, à La Havane, miné par l'infection de sa blessure mais aussi par une profonde dépression : non seulement il n'a pas rajeuni, mais il a échoué à rééditer, en raison de son âge, les exploits de sa jeunesse !

→**Voir aussi :** p. 122 (Sébastien Cabot).

Le débarquement sur les côtes de Floride (gravure du XVIe siècle).

Ponce de León (gravure en couleurs du XVIIe siècle).

Conquistador ou gouverneur ?

Des risque-tout. Les entradas (incursions), expéditions d'exploration et de conquête, relèvent largement de l'initiative et du financement de particuliers établis au Nouveau Monde à partir du début du XVIe siècle. Les risques importants ne découragent pas les vocations, et les entreprises se multiplient dans un climat de compétition brutale, car les bénéfices escomptés sont mirifiques.

L'intervention de la métropole. Le roi d'Espagne se préoccupe naturellement de prendre le contrôle des expéditions, qu'il autorise à cette époque sans engager l'argent de sa cassette. Quand une entreprise est en passe de réussir, il promeut le marchand ou l'aventurier qui en est à l'origine en un fonctionnaire de haut rang : il le nomme adelantado, l'équivalent d'un gouverneur colonial. La compétence de ce gouverneur s'étend sur un territoire aussi précisément délimité que possible pour éviter (mais ce n'est pas toujours le cas) les conflits éventuels avec d'autres entradas.

Une toute-puissance relative. Le pouvoir de l'adelantado est très étendu, notamment en matière judiciaire : il a pratiquement droit de vie et de mort sur ses subordonnés. Mais il se trouve flanqué d'office d'assistants qui rognent d'autant ses prérogatives. Il s'agit du « trésorier et alguazil majeur », qui exerce les fonctions d'intendant et de commissaire de police ; du contador, chargé du prélèvement du « quint royal » sur le butin et les revenus — c'est-à-dire un cinquième des profits obtenus ; du factor et veedor, sorte d'inspecteur des finances pour le compte du roi ; enfin du « commissaire » chargé de superviser l'action des missionnaires, car la conquête doit aller de pair avec l'évangélisation.

Ponce de León et ses hommes dans la dense forêt de Floride (gravure en couleurs du XIXe siècle). Le naïf explorateur goûta, dit-on, toutes les eaux qu'il put trouver…

1513

À travers l'isthme d'Amérique centrale

BALBOA DÉCOUVRE UN OCÉAN

Au début du XVIe siècle, la recherche d'un passage vers l'est à travers le continent américain nouvellement découvert est la grande entreprise des explorateurs. En Amérique centrale, dans la région actuelle du Panamá, Vasco Nunez de Balboa entraîne ses hommes à pied à travers ce qu'il croit être — et ce qui est en effet — la région la plus étroite entre l'océan Atlantique et une autre mer, dont il suppute l'existence toute proche.

Vers 10 heures du matin, le 25 septembre 1513, la poignée d'Espagnols épuisés qui sont sous ses ordres, et que mènent des guides indiens, aperçoivent la dernière crête qui les sépare de cette mer vers laquelle ils marchent depuis vingt journées harassantes. Solennellement, leur chef décide de gravir seul ce dernier obstacle. Lorsqu'il parvient au sommet, il s'agenouille et lève les mains vers le ciel. Il est le premier Européen à contempler un spectacle grandiose : l'océan que Magellan, sept ans plus tard, baptisera « Pacifique ». Le 29 septembre, Balboa terrasse enfin les Indiens défenseurs de la plage. Alors, entouré de ses lieutenants, il fait quelques pas dans les flots. Une bannière dans une main, l'épée dans l'autre il prend officiellement possession pour le roi Ferdinand de ce qu'il nomme pour lors, « la mer du Sud ».

Lévriers de combat contre flèches empoisonnées

Balboa a une revanche à prendre. Nobliau sans le sou, il a cru au mirage du Nouveau Monde. Installé à Hispaniola (Haïti), il est bientôt couvert de dettes. En 1510, poursuivi par les créanciers, il s'embarque clandestinement, caché dans une barrique ou une voile, pour participer à une expédition dans la région de San Sebastian. Son énergie, sa force de conviction parviennent à convaincre les colons installés là, et qui survivent dans des conditions extrêmement précaires, d'aller tenter leur chance ailleurs, dans la zone plus clémente du Darien, que Balboa connaît pour l'avoir explorée quelque temps auparavant. Dans le Darien, Balboa, simple membre de l'expédition, parvient bientôt à surclasser les chefs et à prendre leur place. Il les chasse et les condamne à une mort certaine en les forçant à prendre la mer sur de mauvais bateaux incapables de naviguer. Solide, énergique, décidé à s'enrichir à toute force, il est entièrement dépourvu de scrupules. Contre les indigènes du lieu et leurs redoutables flèches au curare, il emploie, outre ses maigres troupes, des lévriers de guerre dressés pour tuer. Son préféré, Leoncillo, a laissé son nom dans l'histoire.

Les révélations des Indiens

Balboa veut trouver de l'or. Les chef indiens locaux — les caciques — ont l'idée de se débarrasser de lui en l'envoyant à l'est, où se trouve, affirment-ils, une mer gigantesque. Dans les fleuves qui s'y jettent, on retire l'or avec des filets... L'or, le passage vers l'est — ces promesses fabuleuses suffisent pour décider Balboa à s'enfoncer dans l'inconnu. Avec 190 Espagnols et 100 indigènes, en juin 1513, il se lance donc à l'assaut de la jungle intérieure. Les tribus indiennes rencontrées, lorsqu'elles ont l'audace de résister, sont massacrées avec l'aide de la meute de chiens. Il en va de même pour la poignée d'Indiens qui tâchent d'interdire à l'expédition l'accès à la mer — sur le golfe actuel de San Miguel —, quatre jours après le passage de la dernière montagne. Balboa reste une demi-année sur place. Il rentre en janvier 1514 à Santa Maria de la Antigua, après quatre mois d'absence avec, notamment, 800 esclaves et 40 000 pesos d'or. Balboa est

Les conquistadores n'éprouvent aucune pitié envers les Indiens, dont les armes s'avèrent presque aussi redoutables que leurs fusils.

D'une mer à l'autre

Une idée ancienne. Dès le XVIe siècle, des projets naissent. L'historien Gomera, notamment, propose de creuser, à travers les quelques kilomètres de l'isthme, un canal reliant les deux océans. Mais l'Espagne, soucieuse d'éviter la concurrence de navires étrangers dans ses colonies, s'y oppose.

La ruée vers l'or. En 1848, la découverte de gisements de métal précieux en Californie accroît considérablement le trafic maritime sur la côte pacifique des États-Unis et, parallèlement, l'importance stratégique de la région. Or, les distances rendent les communications problématiques entre l'est et l'ouest du continent. L'idée du canal est relancée.

Un Français à l'œuvre. En 1880, Ferdinand de Lesseps, qui s'est déjà illustré dans le creusement du canal de Suez, entreprend des travaux, qui échouent. Aux difficultés climatiques et techniques s'ajoutent des malversations financières. C'est l'énorme « scandale de Panamá » (1892), qui ébranle le monde politique français.

La fin des travaux. En mai 1904, les États-Unis reprennent le chantier : un mois auparavant, l'ancienne Compagnie française de Panamá a été rachetée pour 210 millions de francs. Une révolution, en novembre 1903, qui aboutit à l'indépendance de la région de Panamá auparavant colombienne, leur a assuré une influence prépondérante dans cette zone. Sous la direction du génie militaire américain, le canal (à écluses), après 10 ans de travaux, est achevé le 3 août 1914.

sûr d'avoir trouvé le fabuleux pays de Cipango (Japon), décrit naguère par Marco Polo. Il ne sait pas que les rumeurs qui le guident ont trait sans doute à l'Empire inca, dont Pizarre, un de ses compagnons, devient vingt ans plus tard le conquérant.

Condamné à mort

Pourvu désormais — pour peu de temps — du titre ronflant d'« *adelantado* de la mer du Sud », auréolé de prestige, impitoyable et pourtant estimé — idéal, en somme, sur le terrain —, Balboa ne parvient pas à s'adapter à la phase suivante de la conquête, celle des administrateurs et des « politiques ». Ainsi, on l'écarte au printemps de 1514 en donnant un nouveau gouverneur officiel à la région qu'il contrôle. Les manœuvres de ses ennemis à la cour ne sont pas étrangères à une telle décision... Si Balboa accepte d'abord de s'effacer lorsqu'un nouveau maître de la « Castille d'Or » (comme on appelle alors la contrée) vient prendre ses fonctions, la tension monte rapidement entre lui-même et le nouveau délégué du roi, Pedro Arias de Avila. Un véritable « combat des chefs » s'engage alors, et la situation générale de cette colonie en plein essor se dégrade. Le mariage — par procuration — de Balboa avec la fille du nouveau gouverneur, restée en Espagne, n'est qu'une réconciliation de façade. En 1517, alors que Balboa s'affaire à Acla, le nouveau port de la région sur l'Atlantique, à la préparation d'une nouvelle expédition vers le sud, on décide d'en finir avec lui. Il est arrêté, mis aux fers. Après un simulacre de procès pour rébellion, il est décapité avec ses plus fidèles compagnons. Lorsque sa tête tombe du tronc d'arbre qui sert de billot, il a 42 ans.

→**Voir aussi :** p. 134 (Le premier tour du monde) ; p. 156 (Walter Raleigh explore la Guyane).

Avec Vasco Nunez de Balboa, l'océan Pacifique est atteint pour la première fois par la voie terrestre, à travers l'isthme américain (gravure en couleurs du XVIIIe siècle).

Barque précolombienne, symbolisant la légende de l'Eldorado (Bogota, musée de l'Or).

À la recherche de l'or

Si l'expédition de Balboa découvre un nouvel océan, son but était moins de trouver une nouvelle mer que de parvenir au pays fabuleux regorgeant de richesses dont les Indiens lui avaient parlé.

Balboa et ses contemporains ne peuvent pas ne pas croire à l'existence d'un tel pays. Depuis l'Antiquité court la légende **d'un pays fabuleux regorgeant de trésors.** Dans la mythologie grecque, **Heraklès** (Hercule) va cueillir les pommes d'or du jardin des Hespérides, **Jason** et les Argonautes partent chercher la Toison d'or en Colchide. Au Moyen Âge, l'imaginaire biblique apporte sa contribution, mêlant aux fables immémoriales la quête du Paradis terrestre. L'imprécision des connaissances géographiques nourrit les fantasmes : on parle de l'Afrique d'où **le roi Salomon** aurait tiré ses richesses et qui abriterait peut-être le royaume du mystérieux et riche Prêtre Jean. Surtout, Marco Polo et son Livre des merveilles font rêver à l'Orient, évoquant le luxe de **Cipango** — le nom par lequel les Occidentaux commencent à désigner le Japon.

Au début du XVIe siècle, **la découverte de terres inconnues ouvre aux amateurs d'or des horizons inespérés.** Comme la valeur de l'or, denrée raréfiée, est alors au plus haut, les aventuriers se précipitent en Amérique pour y trouver les mines fabuleuses... qui y sont effectivement.

1518-1521

Cortés démantèle l'Empire aztèque

DEUX CIVILISATIONS S'AFFRONTENT

En 1518, aux Antilles, nombreux sont ceux qui, tel Hernan Cortés, venus d'Espagne dans l'espoir de profits rapides, se sentent spoliés. La prospérité des grandes concessions qui quadrillent les îles décline. Rebelle ou décimée par les épidémies, la main-d'œuvre indienne vient à manquer.

Les ambitieux frustrés poussent au lancement d'une expédition de grande envergure vers le continent, où des incursions ont révélé l'existence d'une population nombreuse, qu'on pourrait asservir, et la présence d'or, dont il sera facile de se saisir. Poussé par ce groupe de pression, le gouverneur de Cuba, Diego Velasquez, accepte de lancer dans l'aventure onze vaisseaux de gros tonnage. Pour chef de l'expédition, il a d'abord nommé Cortés, dont il a apprécié les services lorsqu'il a entrepris la conquête de l'île. Au dernier moment, il lui vient des doutes sur la capacité réelle de cet homme, qui a alors 33 ans, à mener à bien une aussi considérable entreprise ; mais, avant qu'il puisse lui retirer le commandement de la flotte, l'homme a mis à la voile et s'est éloigné, de telle sorte qu'on ne peut plus guère songer à le rattraper.

Une femme indispensable

L'armada de Cortés atteint les côtes du Yucatan en février 1519. Elle compte quelque 200 Indiens des îles, 553 soldats, 110 marins et 16 chevaux — des animaux infiniment précieux puisqu'il faut les importer tout exprès d'Europe. Les Indiens rencontrés se montrent dès l'abord agressifs — Cortés réussit à les vaincre grâce à ses troupes nombreuses. En gage de soumission, il reçoit, parmi d'autres jeunes captives, Tenépal, dite bientôt « la Malinche », fille d'un cacique (chef) vaincu, qui devient sa maîtresse et, surtout, sa plus précieuse conseillère. La jeune femme met en effet au service de son maître et amant une intelligence exceptionnelle et sa connaissance du pays et des mœurs. Convertie au catholicisme, appelée dès lors « doña Marina », elle apprend à parler espagnol et sert d'interprète aux Européens.

Hernan Cortés et l'empereur aztèque Moctezuma (gravure en couleurs du XIXe siècle).

Le retour de Quetzalcoatl

Grâce à doña Marina, Cortés découvre les divisions des indigènes et leurs haines intestines. Il comprend la nécessité d'utiliser à ses fins les rancœurs que suscite l'hégémonie de la grande puissance régionale, l'Empire aztèque, sur les peuples soumis. Il s'allie donc aux Totonaques et aux Tlaxcalans et marche sur la capitale de l'Empire, Tenochtitlan — l'actuelle Mexico —, massacrant sur le chemin les habitants de la ville de Cholula. Nouvelle violence qui ajoute à la terreur superstitieuse que fait naître l'Espagnol depuis son arrivée. Soutenus par des mythes ancestraux, les Indiens voient en effet dans cet homme arrivé de la mer, dans ce barbu aux yeux clairs, la réincarnation du dieu Quetzalcoatl, dont le retour est censé précéder de peu la fin du monde. D'ailleurs, le nouveau venu ne brise-t-il pas les statues sacrées, ne profane-t-il pas systématiquement les temples, sans que jamais les dieux le foudroient ? L'empereur lui-même, Moctezuma, esprit mystique, est troublé. Il tente d'abord de dissuader les Espagnols de continuer leur route, puis accepte qu'ils entrent dans sa capitale, mettant ainsi la main dans un engrenage qui fait bientôt de lui un misérable otage (novembre 1519).

Rien n'est gagné

Cortés, en s'engageant dans une véritable conquête de l'intérieur des terres, a largement outrepassé la mission que lui avait confiée Vélasquez et qui consistait en un simple aller-retour. Au moment où il croit tenir au bout de son épée l'Empire aztèque, l'arrivée d'une flotte envoyée par le gouverneur cubain avec ordre de le maîtriser et de le ramener prisonnier dans l'île remet en cause sa réussite. Parti avec ses fidèles à la rencontre des troupes débarquées, cet exceptionnel meneur d'hommes parvient à les « retourner » et à les mettre à son service. Mais, pendant son absence, ses lieutenants, laissés à eux-mêmes dans Tenochtitlan, ont commis des erreurs fatales. Avides de se saisir le plus vite possible de l'or de la capitale, ils ont pénétré de force dans les temples et massacré, au cours d'une cérémonie religieuse, des centaines de notables de l'Empire. Ce geste insensé déchaîne la colère de la population. Les troupes espagnoles, rejointes en hâte par leur commandant et les hommes arrivés de Cuba, se retrouvent encerclées dans la ville aztèque, et le souverain collaborateur est tué par une flèche tirée par un homme de son peuple. Le 10 juillet 1520, les soldats tentent une sortie : c'est la « Noche triste », la Triste Nuit, au cours de laquelle la majorité des conquérants espagnols meurent dans leur tentative d'évasion. Les pertes, effroyables, pourraient justifier une retraite. Mais Cortés et les soldats survivants, puisqu'ils ont désobéi aux ordres du représentant du roi d'Espagne à Cuba, n'ont d'autre choix que de triompher ou de mourir. Un an après la Triste Nuit, Cortés réussit à reprendre le dessus : le 13 août 1521, après un terrible siège de quatre jours, il s'empare de Tenochtitlan et connaît son apothéose. En remerciement de sa victoire et du butin qu'il offre à la Couronne, il reçoit le titre de gouverneur de la Nouvelle-Espagne et se trouve investi d'une autorité sans limite pour consolider et accroître ses conquêtes. Le triomphe de Cortés dure en réalité peu de temps. Trop puissant, le nouveau gouverneur excite les jalousies, et les pires calomnies circulent, à la cour d'Espagne, sur son prétendu esprit d'indépendance. Rappelé dans la métropole en 1527, remplacé à son poste par un fonctionnaire sans éclat, il repart pour le Mexique en 1530, sans être rétabli dans ses fonctions, s'en va explorer la Californie, au cours d'une expédition qu'il finance de son propre argent (1536), et participe finalement à l'expédition, manquée, menée par les Espagnols contre Alger en 1541.

→ **Voir aussi :** p. 126-127 (L'action de Las Casas) ; p. 138-139 (Une épopée sanglante).

La Malinche, captive indienne devenue la femme de Cortés et son plus précieux allié (enluminure espagnole du XVIe siècle).

La « Noche triste » (10 juillet 1520), ou défaite (provisoire) des soldats espagnols devant la résistance aztèque (peinture espagnole du XVIIe siècle).

Le Mexique après la conquête

Une nouvelle capitale. Les ruines de Tenochtitlan servent à combler la lagune environnante, et la ville construite à cet emplacement prend le nom de Mexico. Le choc créé par la défaite des Aztèques entraîne par contrecoup la soumission de plusieurs nations indiennes voisines. Mais des régions entières résistent farouchement à la poussée espagnole. Ainsi le Honduras en 1525, le Michoacan en 1529, le Yucatan en 1544. En fait, après l'anéantissement en trois ans de l'empire de Moctezuma, la conquête de l'ensemble de l'Amérique centrale dure jusqu'au milieu du XVIe siècle.

Une nouvelle administration. Dès 1522, Charles Quint a fait des terres conquises la « Nouvelle-Espagne », dirigée par un gouverneur (Cortés dans un premier temps) dont le pouvoir est limité par l'autorité de l'Audiencia, une assemblée d'administrateurs venus de métropole, qui constitue la véritable instance de décision et prévient le développement d'un pouvoir personnel fort.

Une nouvelle culture. Malgré le désir de Cortés de favoriser ses alliés d'hier, les Tlaxcalans, les Indiens subissent le système des repartimientos : ils sont attribués, par milliers, en même temps que de vastes concessions de terres, à des colons auxquels on interdit formellement le célibat. Alors qu'affluent les missionnaires (franciscains surtout), les conversions, volontaires ou non, à la religion des vainqueurs sont massives.

L'Empire aztèque

L'Empire aztèque est une construction récente et fragile. Héritiers des civilisations maya (IVe-Xe siècle) et toltèque (IXe-XIIIe siècle), **les Aztèques, ou *Mexicas*, sont venus du nord au XIVe siècle s'installer aux abords de la lagune de Tenochtitlan**. Ils ont, depuis le début du XVe siècle, **soumis progressivement les peuples des plateaux du Mexique central,** qu'ils exploitent férocement.

Dotés **d'une agriculture prospère** fondée sur la culture du maïs et du manioc en exploitations semi-collectivistes, les Aztèques fascinent et horrifient à la fois les Espagnols. D'un côté, ils font preuve d'un **raffinement** qui n'a rien à envier à l'Europe (villes et monuments impressionnants, connaissances scientifiques poussées, hiérarchie sociale élaborée dominée par les prêtres) ; de l'autre, ils pratiquent une religion polythéiste qui impose des **sacrifices humains** pour assurer le fonctionnement harmonieux du cosmos.

1519-1522

Magellan atteint l'océan Indien en passant par l'ouest

LE PREMIER TOUR DU MONDE

Le 6 septembre 1522, un navire accoste au petit port espagnol de San Lucar. À son bord, 18 hommes épuisés que commande un aventurier, Sébastien del Cano. C'est là tout ce qui reste de l'escadre confiée trois ans plus tôt à Ferdinand Magellan.

Les indigènes des Mariannes, dans leurs étranges pirogues à balancier (enluminure du XVIe siècle, Paris, Bibliothèque nationale de France).

La mort de Magellan n'aura pas été vaine. L'entreprise, conduite à son initiative, achevée sans lui, livre au roi d'Espagne et empereur du Saint Empire romain germanique un accès aux Indes qui ne longe pas l'Afrique, sous domination portugaise, et permet à son État de rattraper le retard qu'il avait pris en direction de l'Asie depuis le franchissement du cap de Bonne-Espérance par Vasco de Gama. L'expédition donne par ailleurs à Charles Quint l'occasion d'affirmer sa domination sur de nouvelles terres : les Philippines et, surtout, les Moluques, où se trouvent les meilleures épices. Enfin, la connaissance que les Européens ont du monde se trouve considérablement améliorée par la réussite de ce prodigieux périple.

Vers l'ouest

Magellan, âgé d'une quarantaine d'années en 1519, peut passer à cette date pour un aventurier aigri. Portugais, de naissance noble, ayant servi son pays aux Indes et y ayant reçu une blessure qui l'a laissé boiteux, il ne réussit pas à mener la grande carrière dont il rêve au service du roi Manuel. C'est pourtant à lui qu'il va proposer le projet de rejoindre l'Inde par l'ouest : Magellan ne fait que reprendre et approfondir les intuitions de Christophe Colomb afin de leur donner corps. On sait en effet depuis 1508 et le voyage d'Amerigo Vespucci que Colomb n'a pas atteint les Indes, mais une terre jusque-là inconnue. L'isthme que l'on appellera « de Panama » a été traversé pour la première fois en 1513, par Balboa : de l'autre côté du nouveau continent se trouve une mer libre. Magellan propose de rechercher le passage symétrique du cap de Bonne-Espérance, qui donnera accès à cette mer. Il lui arrive la même aventure qu'à Colomb : le roi de Portugal l'éconduit. Le navigateur s'en va donc, comme son prédécesseur, soumettre son projet au roi d'Espagne, qui, après bien des hésitations, accepte de le soutenir. Magellan, naturalisé espagnol, se voit confier le commandement d'une escadre de cinq navires à bord desquels se trouvent 265 hommes originaires de neuf nations différentes.

Le détroit de Magellan

La navigation est, au début, presque routinière : Magellan vise les îles du Cap-Vert, puis, de là, se dirige vers le sud-ouest. Il touche le Brésil à la latitude de Rio de Janeiro, où il relâche le 13 décembre 1519. Il est au Rio de la Plata le 11 janvier 1520 et, en avril, à la fin de l'été austral, à San Julian, par 49° de latitude sud. Durant l'hivernage, très rude, des mutineries éclatent, que Magellan réprime avec une impitoyable sévérité. Il perd un de ses navires, envoyé en reconnaissance le long de la côte. Quatre bateaux repartent donc à la fin du mois d'août et, le 21 octobre

La mort de Magellan devant les Philippins (27 avril 1521).

1520, découvrent un passage entre la Terre de Feu et la Patagonie : c'est le détroit nommé, depuis, d'après le patronyme du navigateur. À ce moment, l'inquiétude et le mécontentement recommencent à agiter les hommes de Magellan. Chacun a conscience que la suite de la navigation se produira sur des mers entièrement inconnues, et probablement dans des conditions de difficultés extrêmes. Un des navires, avec tous les marins et l'état-major, rebrousse chemin, avant que Magellan s'en aperçoive et puisse l'en empêcher. Le 28 novembre 1520, cependant, Magellan est dans le Pacifique.

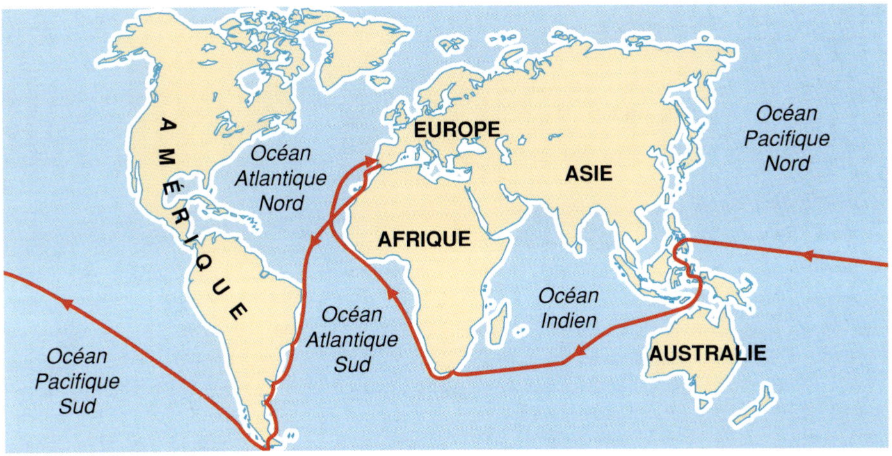

Le Pacifique

Les déserteurs ont vu juste. Aucun relais n'existe sur la côte du Chili, et le ravitaillement, dans ces conditions, est impossible, aussi bien pour les vivres que pour l'eau fraîche. Magellan, cependant, sait ce qu'il fait et où il doit aller. Il a déjà navigué à la latitude des Moluques. Son principal souci, mais il est de taille, vient naturellement de la longitude. Les navigateurs, parmi lesquels les Portugais sont nombreux, reconnaissent avec soulagement les constellations de l'hémisphère, et la Croix du Sud, qui guide depuis si longtemps l'exploration des côtes africaines, leur permet de se diriger au mieux. Manquant par malchance tous les archipels situés à cette latitude, mais dont ils ignorent bien sûr l'existence, les trois navires subsistants demeurent quand même 99 jours en mer avant de pouvoir avitailler : c'est seulement le 6 mars qu'ils relâchent à Guam, dans les îles Mariannes. La traversée s'est effectuée dans le calme — d'où le nom de *Pacifique* que le chef de l'expédition donne au nouvel océan —, mais sous un soleil de plomb ; les équipages ont été décimés par le scorbut, les survivants sont épuisés et affamés. Après que les hommes ont fait relâche un temps suffisant, le convoi repart, se dirige par une erreur de cap vers les futures Philippines, dont Magellan prend possession au nom du roi d'Espagne et où il entreprend de faire respecter sa souveraineté. C'est au cours d'une opération de maintien de l'ordre que le capitaine est mortellement blessé par une flèche indigène.

Un retour difficile

Les lieutenants de Magellan ne se montrent pas à la hauteur de leur tâche. Certes, ils vont aux Moluques, proclament l'appartenance d'une des îles de l'archipel à l'Espagne et remplissent les cales des navires des épices tant convoitées. Mais les deux tiers des hommes sont morts et il a fallu abandonner un autre bateau avant de quitter les Philippines. Les Portugais, d'ailleurs, qui contrôlent la région et apprécient fort peu de voir leur monopole battu en brèche, se sont montrés inamicaux. Un dernier vaisseau est perdu, ce qui contraint à laisser aux Moluques une partie du chargement, confié à la garde de ceux qui n'ont plus le courage ou la force de continuer. Le 13 décembre 1521, le dernier navire repart sous le commandement de Sébastien del Cano, un ancien bagnard basque que ses qualités ont fait reconnaître pour chef par ses camarades. Le voyage s'effectue dans des conditions atroces. La route choisie est celle de Bonne-Espérance. Alors que le navire — il s'agit de la *Victoria* — comptait soixante hommes au départ, dix-huit seulement arrivent en Espagne, le 6 septembre 1522.

→**Voir aussi** : p. 130-131 (Balboa découvre un océan) ; p. 136-137 (De la Floride à Terre-Neuve).

Magellan et son détroit

Les fruits de l'expérience. Magellan a, en partant, une assez bonne idée de ce qui l'attend : il bénéficie de l'expérience accumulée depuis plusieurs générations par les marins portugais. Il sait, en particulier, que descendre très au sud multipliera inévitablement les difficultés de navigation qu'il lui faudra surmonter. Il prévoit la possibilité de s'avancer jusqu'au 75e degré de latitude, c'est-à-dire de ce que nous savons être le cercle polaire.

Un passage très problématique. Magellan pressent en outre que le sud du continent américain risque d'être encore plus difficile à franchir que le cap de Bonne-Espérance. Le détroit qu'il découvre se situe en effet au-delà du 50e parallèle. Cela signifie que, au-delà de la limite méridionale du Nouveau Monde, la houle d'ouest n'est plus brisée par aucun obstacle, même lointain : les vagues peuvent donc atteindre des hauteurs monstrueuses.

La recherche du détroit. Dans ces conditions, le navigateur considère qu'il vaut mieux passer un mois à explorer un chenal étroit que courir le risque de passer outre la terre qui s'étend au sud, qui est pour nous la Terre de Feu. L'une des îles qui en forment la pointe extrême est le cap Horn. Magellan sait pertinemment qu'en recherchant le passage vers l'ouest, il va à contre sens de la circulation atmosphérique. Mais il sait aussi que ses navires sont trop fragiles pour supporter les mers dangereusement fortes des latitudes extrêmes.

Le détroit de Magellan, au sud du Nouveau Monde : le symétrique du cap de Bonne-Espérance (atlas du XVIe siècle).

Giovanni da Verrazano longe l'Amérique du Nord

DE LA FLORIDE À TERRE-NEUVE

En 1524, un Florentin au service du roi de France, Giovanni da Verrazano, longe les côtes de l'Amérique du Nord de la Floride à Terre-Neuve. Verrazano est un homme de bonne naissance. Il appartient à une riche famille de commerçants. Les liens des siens avec les milieux négociants français expliquent qu'on l'ait poussé à proposer ses services au souverain François Ier.

Les Français et les découvertes

Les rois de France se désintéressent longtemps des découvertes et de l'exploration du monde, occupés qu'ils sont à mobiliser leurs moyens pour des actions dans le vieux continent. **Pendant que les Portugais consacrent l'essentiel de leur énergie à contourner l'Afrique, les Français sont ainsi occupés à panser les plaies de la guerre de Cent Ans.** Les deux décennies qui suivent la reconquête de Bordeaux sont d'abord employées à cela. **Puis, à la fin du XVe siècle, la priorité est accordée au mirage de la conquête de l'Italie.** L'État n'a pas les moyens d'avoir à la fois une grande politique continentale et une politique maritime audacieuse.

Lorsque la France enfin, imagine de se lancer dans l'aventure des explorations, les Espagnols et les Portugais — mais non les Anglais — se sont déjà emparés des routes de l'Atlantique sud et se sont, de surcroît, partagé les territoires encore à découvrir (traité de Tordesillas). **Il ne reste plus qu'à rechercher le fameux passage du nord-ouest.** La maîtrise de l'Atlantique nord est, cependant, très vite perçue comme un enjeu important : à Terre-Neuve sont installées des pêcheries d'un excellent profit. L'exploitation des richesses naturelles du continent américain ne peut, faute de forces suffisantes, être entreprise sur-le-champ.

La nature des occupations et la fortune de sa famille font que Verrazano a reçu une éducation très complète. Il est au fait des problèmes de la géographie de son temps, de ses découvertes les plus récentes et de ses énigmes. L'un des premiers, sinon le premier (les Cabot ont eu le même projet avant lui), il entreprend de découvrir, vers le nord du nouveau continent, le seul passage vers l'ouest non contrôlé par les Espagnols, symétrique de celui que Magellan est allé chercher vers le sud quelques années plus tôt.

François Ier et les marchands

Au début des années 1520, et avant le désastre de Pavie (1525), le roi de France, au faîte de sa puissance et de sa gloire, prend conscience des avantages stratégiques peut-être décisifs que le Portugal et l'Espagne ont su conquérir depuis plus d'un demi-siècle. À son tour, il décide de participer à l'aventure. Son souci n'est probablement pas de conquérir des terres et de les peupler par des colons venus de métropole : l'Espagne, première de tous les États européens, commence alors seulement à se lancer dans une telle entreprise en Amérique centrale. Mais le souverain, pressé par un groupe d'hommes d'affaires puissants, des Dieppois comme Jean Ango, des Rouennais ou des Lyonnais, ambitionne d'ouvrir au négoce de son pays des voies vers les épices et les soieries d'Orient, qui ne soient pas placées sous le monopole de fait des Portugais ou des Espagnols.

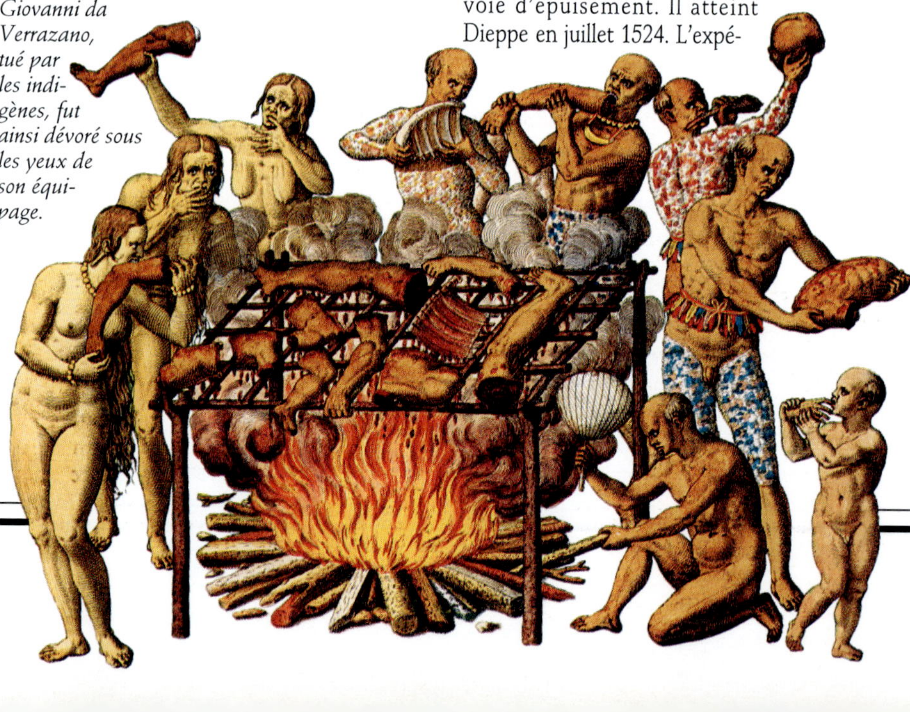

Scène de cannibalisme aux Antilles (gravure de Théodore de Bry). Giovanni da Verrazano, tué par les indigènes, fut ainsi dévoré sous les yeux de son équipage.

L'exploration

Verrazano quitte Dieppe au début de l'hiver 1523-1524 avec quatre navires. Rejoint par un bâtiment rapide, il reçoit l'instruction de poursuivre sa route avec une seule caravelle. Son équipage, une cinquantaine de marins, est tout entier normand. Sa route, parallèle à celle de Colomb jadis, est toutefois beaucoup plus septentrionale. C'est pourquoi sa navigation vers l'ouest lui permet de toucher non pas les Caraïbes, mais directement le continent nord-américain, sans doute au cap Fear, dans l'actuelle Caroline du Nord. Remontant vers le nord, il fait escale dans la baie de l'Hudson et arrive finalement au cap Breton. Son accostage s'étant effectué par 34 degrés de latitude, et le cap Breton étant au-delà du 45e parallèle, puisque sa route a été continuellement nord-est, il a longé la côte américaine sur plus de 2 500 kilomètres. Il s'agit là d'une reconnaissance. En dehors des inévitables étapes pour collecter de l'eau douce et de quelques incursions à l'intérieur des terres, dont l'une lui permet de capturer un jeune Indien qu'il ramènera en France, Verrazano ne prend pas le temps d'explorer les littoraux qu'il découvre. La description qu'il en rapporte est remarquable mais reste sommaire. Son voyage est trop bref, surtout, pour qu'il dresse lui-même un relevé précis des côtes : le seul but de l'entreprise est de découvrir le passage vers l'ouest.

Le retour

Verrazano est à Terre-Neuve au printemps de 1524. Il lui faut alors rentrer, ses vivres étant en voie d'épuisement. Il atteint Dieppe en juillet 1524. L'expé-

Pêcherie à Terre-Neuve : peu après le voyage de Verrazanno, des établissements de pêche sont établis sur les côtes nord-américaines qu'il a reconnues.

Giovanni Verrazano et ses hommes en Floride (gravure de Théodore de Bry).

dition n'a pas permis de découvrir de passage au nord-ouest. Ses apports scientifiques sont, cependant, essentiels. Verrazano établit que le Nouveau Monde est continu, et sa reconnaissance lui fait supputer qu'il n'est relié à aucun autre continent. L'étendue de la barrière qu'il oppose entre l'Europe et l'Asie est désormais perçue dans toute son ampleur, puisque les acquis de son voyage se combinent avec ceux, parvenus en Europe deux ans auparavant, des survivants du tour du monde de Magellan, qui ont fait mesurer l'extension de l'Amérique vers le Sud. Ce que l'on ignore encore, c'est l'épaisseur de la nouvelle terre, c'est-à-dire l'ampleur des surfaces à parcourir au-delà des côtes aperçues ou explorées.

Rédigés dans un rapport officiel, véritable compte rendu de mission écrit dès le retour du navire au port, sous forme d'une lettre adressée au roi François Ier, les résultats de l'expédition de Verrazano sont diffusés dans toute l'Europe, et étudiés avec passion par les marchands occupés de négoce international. Si l'Italien n'est pas parvenu à trouver un passage au cours de sa première mission, les renseignements qu'il a réunis ne semblent mettre aucun empêchement à sa réussite lors d'une prochaine exploration. Aussi Verrazano n'a-t-il pas de difficulté pour trouver des commanditaires afin d'armer un nouveau bateau. Dès la fin de l'année 1524, il a quasiment réuni les fonds nécessaires pour repartir à la belle saison suivante. Mais la conjoncture politique change brutalement. La France essuie des défaites militaires telles que l'exploration du monde est, désormais, reléguée à l'arrière-plan des priorités du souverain, qui doit donner son accord et, quand même, son soutien financier. Verrazano repart finalement en 1526, grâce à l'argent d'un consortium d'armateurs dont fait notamment partie Ango. Son voyage n'aboutit cependant à aucun résultat nouveau. Il tente une nouvelle et ultime expédition vers l'ouest en 1528. Cette fois, il aborde bien plus au sud, dans les Antilles.

Au cours d'une reconnaissance sur un rivage, il est fait prisonnier par des Indiens, qui le massacrent et le mangent sur la plage, face à son navire au mouillage…

→ **Voir aussi :** p. 122-123 (Sébastien Cabot).

La représentation du continent américain

Cartographier. Du récit de Giovanni da Verrazano, son frère, Girolamo, tire, en 1527, une carte générale, aujourd'hui exposée à Rome, à la bibliothèque Vaticane. Cette carte montre bien le fait nouvellement assimilé par la science géographique et que les voyages postérieurs ne feront que confirmer : le Nouveau Monde est totalement distinct de l'Afrique, comme de l'Asie. Elle présente l'ensemble du monde connu, tel que l'on peut alors le percevoir.

Nommer. Le voyage de Verrazano permet aussi de donner, une première fois, un nom aux points saillants des côtes. Une première fois, car la plupart des noms attribués par Verrazano ont été remplacés. Verrazano appelle ainsi l'Amérique du Nord Francesca pour honorer le roi de France, commanditaire de son expédition. Le nom de Nouvelle-France est donné, apparemment, à ce que l'on baptisera ensuite, deux siècles plus tard, « Nouvelle-Angleterre ». Verrazano, enfin, donne à l'actuel Maryland et à la Virginie le nom d'Acadie. Ce nom désigne aujourd'hui une région du Canada, et une autre du Mississippi, du fait de la déportation, au XVIIIe siècle, des Français d'Acadie, comme on disait alors, jusqu'au delta de ce grand fleuve, où vit aujourd'hui encore une population partiellement francophone.

Pizarro brise l'Empire inca

UNE ÉPOPÉE SANGLANTE

En 1524, à Panama, l'aventurier Francisco Pizarro s'associe avec un ancien enfant trouvé animé de la même ambition que lui, Diego de Almagro, afin de réunir les fonds et les appuis nécessaires pour une expédition vers le sud, à la recherche d'un pays mystérieux, aussi riche que l'Empire aztèque, que les Indiens de la région nomment « Birù » ou « Pirù ».

Pizarro, pourtant, pourrait aspirer à une paisible retraite. Il approche de la cinquantaine — c'est déjà la vieillesse pour un conquistador. Né en Estrémadure, un des trois fils bâtards d'un petit gentilhomme désargenté et d'une servante, il a dû faire ses preuves très tôt. Il n'a jamais eu le temps d'apprendre à lire ou à écrire, et il ne signe même pas son nom. Il a été de toutes les expéditions de Balboa avant d'aider à sa déchéance. Pour cela, il a été largement récompensé : il a des terres, des centaines d'Indiens travaillent à son profit. Il pourrait continuer à faire fortune dans l'élevage, mais il préfère tenter ce qui pourrait être la dernière grande aventure de sa vie.

Une caravane de lamas transporte les cargaisons d'or à travers la cordillère des Andes (gravure de Théodore de Bry, Paris, Bibliothèque nationale de France).

Une persévérance payante

De premières tentatives, à partir de 1524, échouent lamentablement. Partis par mer le long des côtes du Pacifique, les explorateurs essuient de redoutables cyclones puis, tâchant de remonter les cours d'eau, se prennent dans les marécages, souffrent de la chaleur, des fièvres et de l'hostilité des Indiens. En 1526, une nouvelle expédition, de nouveau dramatique, manque être la dernière. Averti des épreuves que traversent les hommes, le gouverneur de Panama envoie une mission chargée de les rapatrier. Pizarro, sur le sable du désert, trace une ligne avec son épée : que ceux qui la franchissent l'accompagnent plus au sud, tandis que les autres rentreront à Panama. Treize hommes acceptent de franchir la ligne — les *Trece de la Fama,* les Treize de la gloire. La troupe ainsi réduite reçoit du moins la promesse qu'elle recevra des renforts — Diego de Almagro se chargeant lui-même de recruter et de ramener ces hommes supplémentaires. Effectivement, de nouveaux hommes finissent par rejoindre les isolés. La progression, d'abord maritime, puis fluviale et terrestre, reprend donc, dans des conditions de souffrance extrême. Enfin, les conquérants atteignent la ville de Tumbez. Les merveilles qu'ils y voient confirment au-delà de leurs espérances la richesse de l'empire dont elle dépend. Mais, pour envisager une conquête, il faut des moyens. Le gouverneur de Panama se montrant réticent, Pizarro se rend lui-même en Espagne et obtient de Charles Quint qu'il lui confie des hommes en nombre suffisant pour mener son entreprise. Son ambassade auprès de l'empereur lui permet en outre de se voir confier l'autorité suprême sur les territoires qu'il aura conquis, au détriment d'Almagro, qui ne reçoit que des responsabilités subalternes (juillet 1529).

Atahualpa détrôné

Avec 180 hommes et 27 chevaux, secondé par ses frères, ramenés d'Espagne, Pizarro progresse au Pérou, sans plus désormais rencontrer d'obstacle important (1531). L'Empire inca est alors aux prises avec une querelle de pouvoir, et l'empereur Atahualpa a la faiblesse de croire qu'il va pouvoir utiliser les troupes des Européens pour se débarrasser définitivement de son rival Huascar. En fait, le souverain se retrouve bientôt prisonnier de Francisco Pizarro (16 novembre 1532). Celui-ci commence par exiger une fabuleuse rançon de plusieurs kilos d'or et d'argent, qui lui est remise et qu'il distribue à ses hommes, en spoliant Almagro et le clan qui a commencé à se former autour de lui ; puis il fait exécuter l'empereur, au mois de juin 1533. Théoriquement, Manco Capac, frère du défunt, règne désormais mais n'est évidemment qu'un prête-nom pour Pizarro, qui se conduit en véritable maître du pays. La capitale, Cuzco — la ville la plus importante et de loin la plus riche du pays —, est désormais entre les mains des Espagnols, et les lieutenants de Pizarro se voient distribuer territoires et travailleurs indiens. Pizarro, quant à lui, rompant symboliquement avec le passé, pose les fondations d'une nouvelle capitale, Lima, mieux située pour les liaisons avec Panama et l'Espagne (janvier 1535).

Un conquistador contesté

Le succès de Pizarro n'est pourtant pas aussi complet qu'il le paraît. D'abord, il doit faire face à une insurrection générale des Indiens, conduite par Manco Capac, qui échoue de justesse devant Cuzco. Ensuite, il doit affron-

L'Empire inca

Fondé au XIIIe siècle par le légendaire Manco Capac, l'Empire inca, qui a connu son apogée au début du siècle précédent, s'étend au début du XVIe siècle **de Quito à la Bolivie d'aujourd'hui. Cuzco en est la capitale.**

Cet empire est **une théocratie.** Tout est organisé en fonction de **l'empereur, ou *Inca,*** fils du Soleil, et des prêtres qui le servent (et qui sont nommés « incas » eux aussi) : des travaux des champs au stockage des denrées et à leur distribution en passant par des déplacements de main-d'œuvre pour les grands travaux.

Le fait de ne connaître ni la roue ni l'écriture n'entrave pas l'efficacité **d'une bureaucratie nombreuse** ni l'application d'une réglementation poussée. D'autant que l'empire est quadrillé par **un remarquable réseau routier** et que ses sujets disposent de **techniques perfectionnées en architecture, tissage, céramique et métallurgie** de l'or, de l'argent et du cuivre.

C'est à peine si l'empire est ébranlé par la **querelle de succession** qui s'est élevée à la mort de l'Inca Huayna Capac (1493-1525), entre ses deux fils Huascar et Atahualpa, ce dernier étant finalement vainqueur.

ter les troupes d'Almagro, révolté de n'être qu'un simple *adelantado* bien doté alors que Pizarro a été fait marquis du roi, et déçu des minces profits qu'il retire des territoires qu'il a eus en partage.

Une véritable guerre commence, marquée par la bataille de Las Salinas (avril 1538), qui aboutit à la défaite puis à l'exécution, en juillet, d'Almagro. Le calme ne revient pas pour autant. Les Indiens mènent une guérilla et les almagristes ne désarment pas. Profitant de la présence d'un enquêteur venu d'Espagne, ils prennent d'assaut la maison de Pizarro, le 26 juin 1541 et l'assassinent. La paix ne se rétablit pas pour autant, et les Espagnols doivent lutter de longues années durant contre la résistance, aussi acharnée que désespérée, des Indiens.

→**Voir aussi :** p. 126-127 (L'action de Las Casas).

Quelques compagnons de Pizarro

Ses frères. Hernando (v. 1508-v. 1560) : envoyé en Espagne, il est arrêté pour sa participation au procès et à l'exécution d'Almagro ; il reste emprisonné 20 ans. Gonzalo (v. 1502-v. 1548) : nommé gouverneur de Quito, il part en 1541-1542 avec Francisco de Orellana à la recherche, au-delà des Andes, de l'Eldorado et du pays de la cannelle. C'est un désastre ; seulement 90 hommes sur 350 reviennent de cette expédition. Après la mort de son frère Francisco, Gonzalo fait parler de lui en conduisant une révolte de colons espagnols contre l'application des Lois nouvelles protégeant les Indiens (1544). D'abord victorieux contre le vice-roi Nunez Vela, il est finalement vaincu et mis à mort.

Sébastien de Benalcazar (fin du XVe s.-v. 1550). Fils d'un pauvre bûcheron, il a environ 15 ans lorsqu'il s'embarque pour le Nouveau Monde. Il participe activement à la conquête du Pérou et surtout à celle du Popayan (Équateur actuel), dont il devient gouverneur. Il part, lui aussi, à la conquête de l'Eldorado et s'y heurte aux conquistadores Federmann et Hernandez de Lugo. Dominé par son secrétaire, il commet d'impopulaires brutalités. Il meurt destitué et à moitié ruiné.

Pedro Valdivia (fin du XVe s.-1554). Envoyé au sud par Pizarro au début de 1540, il parvient, au bout de onze mois de marche épuisants, dans la vallée de Mapocho, ou « Chile ». Il y fonde la ville de Santiago (février 1541). Pendant près deux ans, il reste isolé, sans contact avec le Pérou, avec 150 Espagnols. En 1547, de retour au Pérou pour obtenir la reconnaissance officielle de ses exploits, il se trouve impliqué dans la guerre civile et contribue à la défaite de Gonzalo Pizarro. Il meurt au Chili, exécuté par les Indiens révoltés après une bataille au cours de laquelle ceux-ci l'avaient fait prisonnier.

Le retable doré de la cathédrale de Séville : la débauche d'or qu'on y voit fut rendue possible par l'afflux du métal précieux venu du Nouveau Monde.

De l'or et de l'argent : la rançon versée à Pizarro par Atahualpa, empereur du Pérou, ne l'empêcha pas d'être exécuté.

Les Français prennent pied dans le Nouveau Monde

JACQUES CARTIER AU CANADA

En 1534, François Ier appuie et finance l'expédition outre-Atlantique du Malouin Jacques Cartier. Comme, auparavant, celles de Verrazano et celles des Cabot, l'entreprise a pour but premier de découvrir le passage vers la Chine — Cathay — par le nord-ouest. Mais l'entreprise, cette fois, comporte aussi le projet d'une exploration de l'intérieur du continent nord-américain et même d'un début de conquête.

Jacques Cartier a quarante ans lorsqu'il part pour sa première grande expédition vers le nord américain. Il a déjà, il est vrai, beaucoup bourlingué : sur la route du Brésil, où les Dieppois vont chercher le « brésillet », ou bois à teindre en rouge, et probablement aussi en direction de Terre-Neuve, dans la zone de grande pêche à la morue fréquentée par les marins basques et bretons depuis alors au moins un siècle. C'est le grand amiral de la Marine royale de François Ier qui lui confie la tâche de continuer les efforts accomplis pour le roi par Verrazano afin de découvrir un passage maritime ignoré vers l'Asie et de donner ainsi à la France une chance de prendre, tardivement, une part cruciale dans le négoce des produits précieux venus d'Orient.

Un projet territorial nouveau

La nouveauté est que le roi de France, stimulé par les débuts de la construction de l'Empire espagnol en Amérique centrale et en Amérique du Sud, se prend de plus à rêver à la construction d'une « Nouvelle-France » qui serait l'équivalent du domaine espagnol, dans la partie nord du continent américain. Le préalable à la réalisation de cette ambition est une modification de la réglementation internationale. La bulle du pape Alexandre VI et le traité de Tordesillas (1494), en effet, excluent en théorie la France des profits de la découverte de nouveaux territoires, puisqu'ils partagent l'Atlantique entre seulement deux États : le Portugal et l'Espagne. Le premier travail des ambassadeurs du roi est d'obtenir une modification de ces textes, dont la papauté est à l'origine. Et, effectivement, François Ier obtient en 1533, à la grande fureur des Espagnols, qu'il soit dérogé aux dispositions prises à la fin du siècle précédent en ce qui concerne l'Atlantique nord. Dès lors, la route est libre pour des expéditions d'envergure, telle celle pour laquelle Cartier est commandité.

Le premier voyage de Jacques Cartier

Cartier part de Saint-Malo le 20 avril 1534 avec deux petits navires. Il arrive en moins de vingt jours en vue de Terre-Neuve et, empruntant le détroit de Belle-Isle qui sépare cette terre du Labrador, il atteint le golfe du Saint-Laurent. L'embouchure est si large qu'il peut alors culti-

L'estuaire du Saint-Laurent, ou la « Grande Baie », reconnu par Jacques Cartier (Paris, bibliothèque des Arts décoratifs).

Jacques Cartier avec trois bâtiments remonte le cours du Saint-Laurent (Paris, bibliothèque des Arts décoratifs).

Portrait de Jacques Cartier (1491-1557) [Paris, musée des Arts africains et océaniens].

ver l'illusion qu'il a trouvé un bras de mer, ou du moins une gigantesque voie d'eau qui lui permettra de traverser le continent d'est en ouest. Il s'engage dans la baie et entreprend la reconnaissance systématique des côtes du sud de la péninsule du Labrador et de l'ouest de Terre-Neuve. Il y passe deux mois, découvre, dans le courant de l'été, l'actuelle île de l'Assomption (alors nommée Anticosti), qui sépare le golfe de l'embouchure véritable du grand fleuve. Il est alors trop tard pour s'aventurer plus à l'ouest, et le Malouin se sait peu préparé pour les rigueurs d'un hivernage évidemment difficile. Aussi rentre-t-il en France, porteur d'informations qui permettent de cultiver de grands espoirs : il reste persuadé qu'il a trouvé la voie capable de mener les navires jusqu'à l'océan vu par Balboa et pratiqué, au sud, par Magellan dans son tour du monde.

Le voyage de 1535

Le roi décide en conséquence de financer une nouvelle expédition. En mai 1535, trois bateaux avec 110 hommes cette fois partent de Saint-Malo. Fin août, la petite escadre s'engage dans la « Grande Baie ». Des guides indiens, grâce aux contacts pris au cours du voyage précédent, les conduisent jusqu'au village de Stadaconé, sur l'actuel site de Québec. Là, le fleuve devient si étroit que Cartier doit abandonner deux des navires, trop gros, pour pouvoir continuer plus avant. Il s'arrête près d'un grand village iroquois, nommé Hochelaga, construit au pied d'une notable hauteur. Il la nomme Mont royal — Montréal. Il constate qu'il est impossible de remonter plus avant le fleuve, coupé désormais par des rapides. Très déçu, il retourne donc vers l'estuaire, où, cette fois, il hiverne, dans des conditions très difficiles. Ses équipages, en effet, sont décimés par le scorbut. Jacques Cartier sait désormais qu'il n'a pas trouvé le passage du nord-ouest. Désappointé, le roi, qui a par ailleurs d'autres soucis et qui doit mobiliser ses ressources pour faire face à la puissance croissante des Habsbourg en Europe, ne donne pas de suite à l'entreprise. Du moins pas immédiatement. Car, en 1541, il se souvient des terres trouvées et décide d'y fonder une colonie de peuplement. L'urgence de créer une réplique septentrionale à l'Empire colonial espagnol est rendue plus vive par les difficultés que connaît alors la France, dont la noblesse, laissée inoccupée par l'échec de l'entreprise italienne et troublée par les querelles religieuses entre catholiques et protestants, a besoin d'un exutoire pour son trop-plein d'énergie. L'amiral de Coligny lui-même, chef du parti huguenot mais soucieux de paix civile, encourage au départ les plus fougueux de ses coreligionnaires. Il espère d'ailleurs que la constitution puis la croissance d'une France de l'extérieur acquise à la Réforme influenceront à leur tour le destin religieux de la métropole. On utilise alors tout naturellement les compétences et le savoir de Jacques Cartier pour fonder, en amont du site de Québec, le premier établissement de colons français en Amérique. Mais le Malouin, parti en 1540 avec un groupe de volontaires dirigé par le noble protestant Jean-François de Roberval, ne demeure pas longtemps sur place. Dès juin 1542, il regagne la France, chargé d'une provision de ce qu'il croit être des diamants... et qui s'avère être du quartz. Il ne repassera plus l'océan.

→**Voir aussi** : p. 116-117 (La découverte du Brésil) ; p. 164-165 (Le père de la Nouvelle-France).

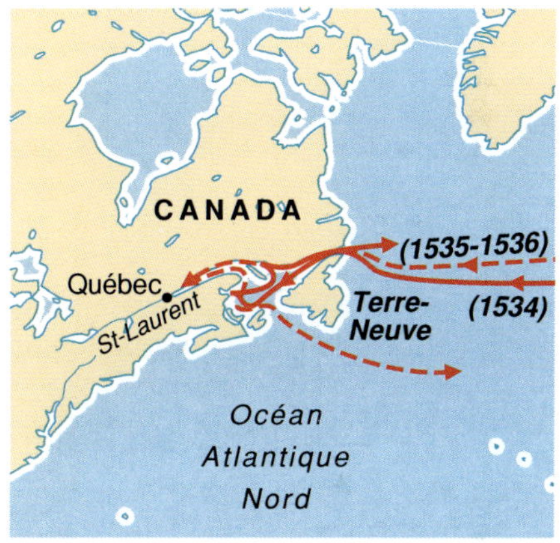

La France et l'Amérique au XVIe siècle

La présence des Français. Quoique l'État n'ait pas, au XVIe siècle, les moyens de développer une très grande politique maritime, faute de posséder une marine de guerre, les Français sont toutefois présents dans nombre d'entreprises. Rappelons, tout d'abord, que le voyage de Verrazano puis celui de Cartier sont, pour la connaissance de l'Amérique, d'une importance extrême : grâce à eux, les deux voies majeures de pénétration au cœur du continent nord-américain sont reconnues très tôt.

Leurs activités. D'autre part, si les expéditions officielles sont rares, les agents économiques français sont tout de même très actifs en Amérique. La pêche à la morue et la chasse à la baleine les amènent en premier lieu dans ces parages. La création d'établissements français à terre constitue pour ces pêcheurs un atout dans l'organisation de leurs campagnes. Des trafiquants de toute sorte sont aussi attirés dans le Nouveau Monde, attirés par l'espoir de monter de fructueux trafics avec les populations indiennes de la région, qui se montrent accueillantes. En échange d'armes et d'objets manufacturés de faible valeur en Occident, les nouveaux venus se procurent des fourrures, principalement de castor, qui sont grandement appréciées en France.

Leurs échecs. Ces liaisons, et les implantations qu'elles supposent, expliquent le seul succès de peuplement de la France en Amérique : celui du Québec. D'autres entreprises de peuplement ont lieu en effet. L'une d'elles, par exemple, est proche de l'actuelle Floride, sur une côte reconnue par Verrazano. Elle ne résiste pas à l'hostilité active des Espagnols.

François Xavier en Extrême-Orient

UN EXPLORATEUR DES ÂMES

Au milieu du XVIe siècle, l'évangélisation est, avec l'enrichissement, l'autre raison des explorations et des conquêtes. En mars 1551, François Xavier, un des dix jésuites de la première heure, est au Japon. Il y obtient audience du puissant « daïmio » (baron) de Yamaguchi, Ouchi Yoshitaka, et remporte auprès de lui sa première victoire, après deux années d'un séjour infructueux dans l'archipel...

Depuis la première rencontre des deux hommes, peu après l'arrivée de François Xavier dans l'archipel, en novembre 1549, l'attitude du Japonais n'a jamais dépassé le niveau d'une indifférence polie. L'Occidental, lui, s'est contenté d'observer une humilité et une réserve de bon ton, sans chercher à forcer la sympathie du daïmio. En ce jour de 1551, en revanche, le jésuite change d'attitude. Se présentant sous le titre ronflant d'ambassadeur du vice-roi des Indes, il apparaît revêtu de ses chatoyants habits sacerdotaux, et offre de magnifiques présents — des lunettes et une horloge. Cette fois, malgré l'obstacle de la langue et la sévérité de l'étiquette, l'intérêt du daïmio se manifeste : l'Européen peut songer à se faire écouter.

Un départ fortuit

Compagnon de la première heure et secrétaire d'Ignace de Loyola, Francisco de Jaso (François Xavier, 34 ans en 1540) paraît destiné à œuvrer, de manière décisive sans doute, mais obscure, à l'essor de la Compagnie de Jésus, qui n'en est alors qu'à ses débuts. Mais un missionnaire de plus haut rang que lui, destiné à évangéliser les Indes portugaises, tombe malade au moment où il s'apprêtait à partir. La mission de christianisation est la première tâche importante que le pape Paul III confie au nouvel ordre : il n'est pas question de différer plus longtemps. Sous la soutane, François Xavier garde la carrure et la fougue du gentilhomme basque espagnol qu'il fut naguère : il propose de partir lui-même aux Indes porter la bonne parole, et sa suggestion est acceptée. Le jésuite arrive donc à Gao, le 6 mai 1542, bien décidé à honorer la confiance qu'ont placée en lui les autres jésuites. Pour donner au christianisme un horizon plus vaste que celui des étroits comptoirs portugais, il entend, dès l'abord, voyager au maximum et porter la bonne parole, y compris chez les peuples qui ont eu jusqu'alors peu de relations avec les Occidentaux. Il obtient de premiers résultats, encourageants quoique superficiels, chez les pêcheurs du cap Comorin. Après quoi, en 1544, il se rend aux Moluques, mais il a plus de mal à se faire entendre dans la péninsule malaise, où il séjourne cinq ans durant.

Rencontre à Malacca

Convaincu et convaincant, au bout de longs entretiens, François Xavier parvient à rendre la paix de l'âme à un marchand japonais, Yagirô, qui traîne à Malacca hanté par un crime. Baptisé Paul de Sainte-Foi, ce dernier encourage le jésuite à prêcher dans son pays, en lui promettant de meilleurs succès que ceux qu'il rencontre sur place. François Xavier débarque donc à Kagoshima, sur l'île de Kiu Shu, le 5 novembre 1549. Il est aussitôt ébloui par l'univers qu'il découvre : la grande culture des Japonais, qui ne comptent presque pas d'illettrés, la rigidité de la morale, le goût prononcé pour les armes, mais aussi la courtoisie raffinée. Il commence aussitôt à apprendre le japonais et croit pouvoir conquérir le cœur du pays, en manifestant l'humilité qui doit être celle d'un saint homme. Aussi, revêtant l'habit d'un pauvre prêtre, il s'efface dans la suite d'un samouraï. La stratégie est inadaptée : François Xavier prend conscience de son échec lorsque, en janvier 1551, à Kyoto, la capitale, il essuie un brutal refus en venant demander audience à l'empereur. Dès lors, le jésuite adopte une attitude strictement inverse. Il ne cherche plus à présent qu'à impressionner les Japonais, en leur démontrant la supériorité de la culture européenne dans les domaines scientifique et technologique. Son projet est de se gagner l'élite de cette société hiérarchisée, dans l'espoir d'entraîner le reste à sa suite. Cette fois, le calcul est bon. Yoshitaka s'agenouille dévotement devant une image de la Madone, imité par ses proches et des fidèles, et François Xavier peut faire venir de nouveaux missionnaires.

Les limites d'une réussite

À son retour dans la colonie portugaise de Funaï, au milieu de novembre 1551, l'évangélisateur du Japon est accueilli en triomphateur. On lui apprend qu'Ignace de Loyola l'a élevé à la haute dignité de provincial des Indes, c'est-à-dire de responsable de l'ordre jésuite pour la totalité de l'Extrême-Orient. Mais le futur saint (il sera canonisé en 1622), qui compte alors à son actif une trentaine de milliers de baptêmes, ne se montre pas entièrement convaincu de la pérennité de son succès. Son habileté a consisté, pour faire pénétrer le christianisme au Japon, à jouer des conflits des grands seigneurs et de leurs clans — car l'archipel est alors déchiré par une guerre civile —, les nouveaux convertis ayant réussi, grâce à lui, à créer entre eux de nouvelles solidarités et des alliances. Le retour de la paix civile pourrait bien marquer rapidement le déclin de la religion si fraîchement enracinée. François Xavier décide donc d'entreprendre d'évangéliser... la Chine, qui à cette époque constitue le grand modèle pour les Japonais cultivés en matière de doctrine philosophique et religieuse. La nécessité de sauver des négociants portugais emprisonnés à Canton fournit au jésuite l'occasion de tenter cette évangélisation. Mais la mort l'empêche de mener à bien cette entreprise et même de commencer à lui donner corps : dans l'île de Sancian, au large de Canton, où il débarque avant de tâcher de rejoindre le continent, il attrape une mauvaise fièvre, dont il meurt, le 3 décembre 1552.

La mort de saint François-Xavier, au large des côtes chinoises (image chinoise du XIXe siècle, Chantilly-les-Fontaines).

→**Voir aussi :** p. 152-153 (Matteo Ricci) ; p. 158-159 (Le triomphe des Jésuites).

Un ordre fait pour les missions

La naissance de la Compagnie de Jésus. C'est en France, à Montmartre, en 1540, qu'Ignace de Loyola (mort en 1556), un ancien militaire basque, fixe les principes de la Compagnie de Jésus, dont les membres, après une formation poussée et grâce à une forte organisation interne indépendante de la hiérarchie de l'Église (hormis le pape), doivent se mettre au service, tous azimuts, des âmes.

Évangéliser au loin. Alors que se développe la Contre-Réforme — ou Réforme catholique, qui vise à endiguer les progrès du protestantisme —, les jésuites sont employés, dès 1542, à des missions d'évangélisation lointaines. Présents au Congo (1547), au Brésil (1549), en Éthiopie (1555), en Chine (1563), aux Philippines (1594), ils participent activement à l'exploration, rédigeant d'exceptionnels documents : des comptes rendus détaillés appelés Relations.

Des critiques. Mais, dissociant évangélisation et occidentalisation, leur action, souvent couronnée de succès, est contestée par d'autres ordres religieux et contrarie parfois les autorités coloniales : la destruction, au XVIIIe siècle, des communautés indiennes, ou « Réductions », formées par eux au Paraguay en est le plus fameux exemple.

Les jésuites au Japon (détail d'un paravent japonais de la fin du XVIe siècle).

Un miracle posthume de saint François-Xavier : la résurrection de la fille d'un habitant du Japon (peinture de Nicolas Poussin, Paris, musée du Louvre).

Deux civilisations voisines et rivales

Pensant retrouver en Inde les descendants de ceux qu'avait, selon la légende, évangélisés saint Thomas, à l'aube du christianisme, les missionnaires européens du XVe siècle sont confrontés à **un véritable imbroglio religieux.**

Tout d'abord, l'hindouisme, venu du fond des âges, est profondément enraciné dans le sous-continent indien, où il est associé au système des castes. Mais, depuis l'offensive turque du XIe siècle, l'**islam** s'est aussi largement implanté, contribuant à entretenir les guerres intérieures entre principautés. Suivant les routes commerciales, il a gagné notamment la péninsule malaise à la fin du XVe siècle.

Né en Inde au IVe siècle avant notre ère, **le bouddhisme** est l'autre grande religion conquérante de l'Extrême-Orient : en Chine et au Japon, il s'est superposé aux traditions locales, taoïsme et confucianisme d'un côté, shintoïsme de l'autre, avec le développement de sectes qui rappellent par certaines de leurs pratiques, le christianisme, ce qui facilite la prédication de François Xavier.

Les Anglais dans les mers froides

LE PASSAGE DU NORD

Au milieu du XVIe siècle, pour les pays tard venus aux Grandes Découvertes comme la France et l'Angleterre, la participation au grand commerce avec l'Asie passe par la conquête d'une route septentrionale nouvelle, puisque les Espagnols et les Portugais contrôlent déjà les routes océaniques du Sud.

À la suite de Sébastien Cabot, de Giovanni Verrazano et de Jacques Cartier, des navigateurs tentent de passer soit par le nord-est en contournant la Russie puis la Sibérie, soit par le nord-ouest en trouvant une voie qui contourne l'Amérique.

Le passage du Nord-Est

Dès 1553, une première expédition pour découvrir le « passage du Nord-Est » a été montée à l'initiative de la Compagnie des Marchands aventuriers de Londres et grâce aux conseils expérimentés de Cabot lui-même. Deux des trois bateaux qui composaient la flottille, la *Bonne-Espérance* et la *Bonne-Confiance,* commandés par les capitaines Willoughby et Durfort, séparés l'un de l'autre par une forte tempête à l'extrême nord de la Scandinavie, et forcés d'hiverner dans des conditions épouvantables sur la banquise de la Laponie russe, ne revinrent jamais à Londres. Leurs équipages, épuisés par le froid, la faim et le scorbut, moururent avant la fin de l'hiver — le journal du commandant Willoughby, retrouvé plus tard par des pêcheurs russes, s'interrompt en janvier 1554. Plus chanceux, le troisième navire, le *Bonaventure,* parvint en mer Blanche. Débarqué à l'embouchure de la Dvina, près d'un monastère (Cholmogory), son capitaine, Richard Chancellor, se rend jusqu'à Moscou, capitale de la Moscovie gouvernée par le tsar Ivan IV le Terrible, et noue avec les marchands russes, pour la première fois, des relations commerciales fructueuses, avant de revenir à Londres.

Une querelle avec les Esquimaux (Londres, British Museum).

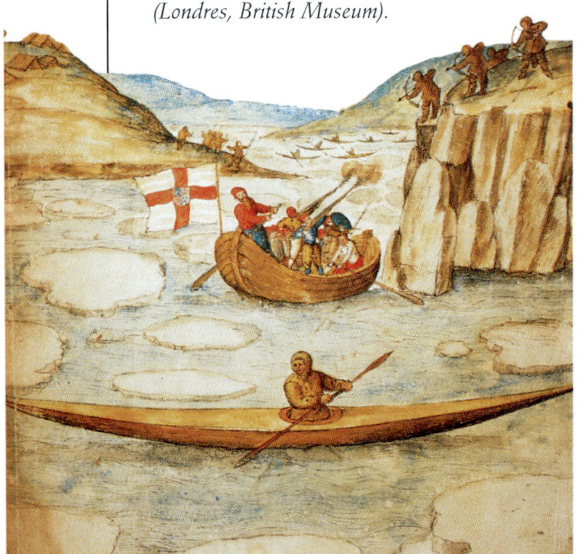

L'expédition de Burrough

L'année suivante — 1555 — les Marchands aventuriers anglais, alléchés par ces résultats obtenus dans la peine mais prometteurs, financent une nouvelle expédition. Quatre navires, cette fois, quittent Londres, envoyés en ambassade au tsar, pour signer un traité commercial avantageux. L'expédition s'acquitte de sa mission, mais, de nouveau, les pertes sont lourdes : un seul bateau rejoint le port de Londres, et Chancellor trouve la mort dans l'entreprise. Parallèlement à l'ambassade de ce dernier, les marchands londoniens financent un autre voyage, plus ambitieux encore. En avril 1555, un ancien pilote de Chancellor, Stephen Burrough, quitte Londres pour s'aventurer le plus loin possible vers l'est, afin d'entrer en relation directe avec les fournisseurs de fourrures de l'Arctique — et, le cas échéant, pour recueillir des informations sur le prolongement éventuel de la voie maritime vers l'Asie, c'est-à-dire la route de la Chine. Parvenu au large de la Nouvelle-Zemble (de deux mots russes, *Novaïa Zemlia,* qui veulent dire « Nouvelle Terre »), il affronte une si rude tempête qu'il décide de renoncer : les navires anglais ne sont pas faits pour voguer sur ces mers déchaînées. Cette expédition marque un terme provisoire dans l'avancée des Anglais vers l'est. L'exploration de cette zone ne reprendra que plusieurs décennies plus tard. Du moins les tentatives anglaises ont-elles ouvert aux bateaux occidentaux une voie qui ne passe plus par la mer Baltique, et ce progrès, déploré par la Hanse, est consacré par la fondation, qui répond aux vœux des Britanniques, de la ville de Port-Archange, autrement dit Arkhangelsk, à l'embouchure de la Dvina.

Les déconvenues de l'Atlantique nord

La route de la mer boréale s'avérant trop difficile, les marchands anglais se tournent de nouveau vers l'Occident. En 1558, un génial faussaire vénitien, Nicolo Zeno, révèle qu'il a découvert dans les archives de sa famille une lettre de la fin du XIVe siècle, rédigée par ses ancêtres navigateurs et accompagnée d'une carte dressée par ceux-ci, qui représente l'Atlantique nord. Ce document fantaisiste enflamme les imaginations, et les navigateurs anglais, en particulier, se risquent à l'utiliser comme un guide crédible… Ainsi, le capitaine Martin Frobisher (v. 1535-1594) réussit à se

Après Frobisher

L'expédition manquée de Frobisher met un terme provisoire à la recherche d'un passage vers le nord-ouest. Dès le début des années 1580, des navigateurs anglais, de nouveau, explorent ces régions.

Sir Humphrey Gilbert. En 1583, après avoir échoué dans la colonisation de Terre-Neuve, il disparaît corps et biens sur le chemin du retour.

John Davis. Rassemblant des fonds collectés parmi des marchands d'Exeter et de Londres, ce navigateur quitte Portsmouth en juin 1585. Il longe le Groenland occidental et parvient à la banquise arctique. En 1586 et 1587, il réussit à remonter plus au nord encore. Malheureusement, l'alliance de courants de surface et la présence de glaces dérivantes constituent de redoutables dangers. Emprisonnés dans une zone impraticable, les navires de Davis ne parviennent à se dégager que par miracle. De nouveau, l'expédition se conclut par un échec. Du moins le monde sait-il désormais que la carte de Zeno était entièrement fallacieuse.

Bateaux dans la tempête (détail d'une peinture de Mulier, Londres, Musée national maritime). Sur les mers des hautes latitudes, les marins de Cabot se trouvent confrontés au froid et à de terribles coups de vent.

Négociants russes, avec lesquels l'expédition de Cabot permit de tisser des liens commerciaux (gravure de 1553).

faire confier trois navires, en 1574, pour partir sur les pas des ancêtres de Zeno. Les bateaux sont médiocres, anciens et difficiles à manœuvrer : l'expédition parvient quand même au Groenland, puis, plus à l'ouest, longe les côtes orientales du Labrador et de la terre de Baffin, jusqu'à la baie qui porte aujourd'hui le nom du navigateur. Après quoi, le froid grandissant, les navires rentrent à Londres. Deux années plus tard, Frobisher repart après avoir réuni des fonds plus considérables encore et reçu l'appui du comte de Warwick. Parvenu dans les mêmes régions, il s'affronte avec les Esquimaux, enlève une famille entière pour la ramener en Angleterre comme preuve de ses découvertes, recueille quantité d'un métal qu'il croit aurifère et continue à explorer ce qu'il pense être le véritable passage vers la Chine, un « détroit de Magellan » septentrional. Ses récits enthousiastes emportent la conviction des Anglais : en 1578, une flottille de quinze navires lui est confiée, pour prendre possession de ces terres, avec les mines qu'elles sont censées posséder, et du détroit.

Errant presque au hasard sur ces mers inconnues, se heurtant aux glaces flottantes et dérivantes, l'expédition perd 40 hommes, et rapporte pour tout butin… une corne de narval que Frobisher offre à la reine Élisabeth en lui affirmant qu'il l'a prise sur une licorne. Pour comble de malheur, on s'est aperçu entre-temps que le métal rapporté en 1576 n'était que de la pyrite. Ces déconvenues mettent fin aux expéditions anglaises vers le nord-ouest pour quelques années.

→ **Voir aussi :** p. 122-123 (Sébastien Cabot) ; p. 154-155 (Barents dans les mers boréales).

Villegaignon colonise la baie de Rio

LA « FRANCE ANTARCTIQUE »

Le 10 novembre 1555, après 78 jours d'un voyage éprouvant, trois vaisseaux en provenance du Havre atteignent les côtes du Brésil. Solennisant l'événement par une salve de coups de canon, ils jettent l'ancre dans la baie de Ganabara.

Là se trouve l'estuaire d'une rivière, découverte trente ans plus tôt, au mois de janvier, par les Portugais. Du coup, l'endroit est nommé « Rio de Janeiro ». Les hommes débarqués des trois navires sont les pionniers d'un ambitieux projet qui veut faire du Brésil « la France antarctique », sous la conduite du chevalier Nicolas Durand de Villegaignon.

Du rêve à la réalité

Né vers 1510, le Champenois Villegaignon est un aventurier de la mer. Il a à son actif des expéditions contre les Turcs et les Barbaresques en Méditerranée et une audacieuse opération dans les eaux écossaises pour ramener en France la jeune Marie Stuart. Nommé vice-amiral de Bretagne, il espère prendre part à de grandes entreprises et aspire à de hautes fonctions. Sa soif d'action convainc le souverain Henri II qui, en 1553, lui confie la mission de diriger un voyage « exploratoire » au Brésil. Lors de ce voyage, il établit des liens de confiance avec un chef local, le Tupinamba Quoniambec, un colosse capable de supporter sans bouger le recul de petits canons installés sur ses épaules et qui préfère les Français aux Portugais. Car les premiers ne veulent pour le moment que commercer, alors que les seconds chassent les indigènes de leurs terres pour y créer des plantations. Cependant, le roi de France ne veut pas risquer de grandes sommes dans l'expédition : il accorde 10 000 livres seulement au vice-amiral pour monter, en 1554, une nouvelle expédition. Villegaignon a toutes les peines du monde à trouver des candidats à l'aventure : il finit par les recruter, pour l'essentiel, dans les prisons de Rouen et de Paris...

Les protestants arrivent

Fatigués par le voyage, éprouvés par la chaleur et par le paludisme, ces « têtes brûlées » obéissent mal à leur chef. Le voisinage des Tupinambas n'arrange pas non plus les choses, notamment à cause de leur fâcheuse habitude de manger leurs prisonniers ; mais ils mènent, par ailleurs, une vie apparemment sans contrainte, qui contraste avec la discipline que Villegaignon impose à ses hommes. Plutôt que de monter la garde dans le fort construit dès l'arrivée ou de cultiver les terres autour des cabanes de « Henriville », les colons préfèrent bientôt aller se ravitailler chez les Indiens, y fumer le « pétun » (tabac) et... y prendre compagne. Villegaignon, qui parvient de moins en moins à se faire écouter, finit par craindre pour sa vie et demande du secours à la France. Nous sommes en 1556, et son supérieur, l'amiral Gaspard de Coligny, protestant convaincu, voit là le moyen pour certains de ses coreligionnaires d'échapper à la persécution et de semer au loin le germe d'une France réformée qui pourrait influer dans l'avenir sur le sort religieux de la métropole. Villegaignon qui, par hasard, a fait ses études avec Calvin, ne présente pas d'objection ; mais l'arrivée d'un contingent de huguenots, en mars 1557, loin de renforcer sa position, va au contraire la compliquer singulièrement.

L'échec

Le chef de la France antarctique, qui se pique de théologie, se lance bientôt dans de subtiles controverses avec les nouveaux arrivants, mais ces débats dégénèrent rapidement en une lutte de personnes. Villegaignon, pour assurer son autorité, procède à des bannissements et même à des exécutions sommaires. Il ne parvient qu'à se faire détester davantage. En 1558, comprenant son échec, il regagne la France. Son retour est marqué par une intense polémique, et sa personne est attaquée tant par les catholiques, qui l'accusent d'avoir ouvert la France antarctique à l'influence

Les colons, dès leur arrivée, doivent construire un fort pour assurer leur sécurité, car les indigènes, les Indiens Tupinambas, se livrent volontiers au cannibalisme (Paris, service historique de la Marine).

Les Français au Brésil

Dès le début du XVIe siècle, des navires français abordent les côtes du Brésil. Ce sont **des marchands normands, parmi lesquels le capitaine Denis, de Honfleur, et Jean Ango, de Dieppe.** Ce dernier réalise d'importants bénéfices dans le commerce du bois de teinture rouge, ou « bois de braise », auquel le pays doit son nom.

En 1530, un comptoir fortifié est établi dans l'île Saint-Alexis. **Les premiers heurts se produisent avec les Portugais.** Cependant, des récits de voyageurs, plus ou moins imaginaires, connaissent un grand succès et mettent le Brésil à la mode : ainsi le moine franciscain **André Thevet**, cosmographe royal, parti avec Guillaume Le Testu au Brésil en 1551-1552, **publie en 1556 les *Singularités de la France antarctique...*,** et décrit pour la première fois la faune sud-américaine : paresseux, opossum, lamantin et tapir.

huguenote, que par les protestants qui s'estiment trompés par lui. Dans les dix années qui suivent, Villegaignon se défend contre ces attaques par des brochures venimeuses, qui ne lui permettent de retrouver aucune influence. Il meurt isolé, à Nemours, en 1571. Depuis longtemps, la France antarctique a sombré dans l'anarchie. Ceux des colons qui ne sont pas rentrés en France périssent en combattant les Portugais, qui s'emparent des lieux en 1560, ou se fondent dans le peuple des indigènes.

Après trois mois de voyage, Villegaignon touche les côtes du Brésil (Paris, service historique de la Marine).

Les indigènes mènent une vie apparemment sans contrainte (Paris, service historique de la Marine).

Heurs et malheurs des protestants français outre-mer

Une tragédie. Alors que s'annonce l'horreur des guerres de Religion, des protestants français s'embarquent au Havre, le 18 février 1562, sous la conduite de Jean Ribault et de René de Laudonnière. Ils s'installent sur la côte de Floride, reconnue près de quarante ans plus tôt par Verrazano. Ils fondent un hameau et se lient avec les Indiens Timucuas. Dans la nuit du 19 au 20 septembre 1565, profitant de leur écrasante supériorité numérique, les Espagnols établis dans la région massacrent tous les colons.

La réussite d'une poignée de réfugiés. La révocation de l'édit de Nantes (1685) pousse de nombreux protestants à quitter la France. Parmi ceux qui se réfugient en Hollande, 200 environ décident de partir pour l'Afrique du Sud et participent activement à la fondation de la colonie du Cap. Installés dans la vallée de Franschock, ils y apportent la culture de la vigne.

Des missionnaires. Dans le cadre des variations des zones d'influence qui accompagnent la formation des grands empires coloniaux au XIXe siècle, prenant parfois le relais de missions britanniques et se heurtant souvent aux missions catholiques, des protestants poursuivent un travail d'évangélisation à Madagascar, à Tahiti et en Nouvelle-Zélande notamment. L'œuvre du docteur Schweitzer à Lambaréné, au Gabon, en est le prolongement et l'illustration.

Le premier Anglais dans le Pacifique
FRANCIS DRAKE

La boussole compas de Francis Drake (Londres, National Maritime Museum).

La suprématie de l'Espagne sur les océans tout comme son monopole commercial avec ses colonies ont une contrepartie. Tout d'abord, les lourds galions du Roi Catholique sont des proies convoitées des pirates et corsaires de nations ennemies. Ensuite, la contrebande des esclaves sur les côtes américaines est bien tentante. Les Anglais ne sont pas en reste et l'un d'eux, Francis Drake, est à la fois un redoutable corsaire et un grand explorateur des océans.

Pirates, flibustiers et corsaires

La piraterie est une activité à laquelle se livrent aussi bien des marins que des bandits agissant sur les côtes (les naufrageurs). Elle consiste en opérations qui, toutes, violent le droit de la mer. Les pirates attaquent, pillent et raflent du butin pour leur propre compte.
Parmi eux, les flibustiers écument la mer des Caraïbes et l'Espagne tente périodiquement de les en déloger. Ils peuplent et explorent les archipels des Antilles, le littoral du Mexique et remontent jusqu'en Californie. La piraterie décline au XVIIIe siècle à partir du moment où les puissances sont capables d'effectuer une surveillance efficace des mers.
Le corsaire, quant à lui, agit au nom d'un État. Il reçoit d'un souverain des lettres de marque l'autorisant à combattre les navires ennemis, en principe en temps de guerre. Le butin qu'il peut amasser est répertorié par un commissaire de bord. Il doit être ramené et partagé avec le souverain. Cette méthode est utilisée par les nations ne disposant pas d'une marine régulière bien organisée, afin de gêner les puissances maritimes et surtout l'Espagne. L'audace de certains corsaires, tel Drake, les conduit à entreprendre des opérations risquées, aux marges du monde connu. Ils sont souvent d'habiles explorateurs.

Drake est né vers 1540. Après avoir participé aux raids du corsaire et contrebandier John Hawkins contre les possessions espagnoles des Antilles, de Vera Cruz et de Carthagène, il se livre à la course et au commerce interlope pour son propre compte, à partir de 1572. Ses incursions au Panamá désorganisent les transports de métaux précieux des Espagnols. Son expédition à terre lui permet de contempler depuis l'isthme la grande « mer Pacifique », sur laquelle il se jure de faire voguer des navires anglais.
Sa renommée de « terreur des Espagnols » le met bien en cour, au moment où la reine Élisabeth Ire (1558-1603) n'a pas de plus grand ennemi que l'Espagne. Aussi Drake n'a-t-il pas de mal à convaincre la souveraine de lui confier une petite escadre : il tentera de forcer les passages gardés par les Espagnols et de porter la guerre dans le Pacifique, jusqu'ici chasse gardée de l'Espagne et où personne ne s'attend à des raids ennemis. Parti le 15 novembre 1577 dans le plus grand secret, il traverse l'Atlantique, longe la Patagonie et

force le détroit de Magellan, malgré la rébellion d'une partie de ses hommes.

Du Chili au Mexique : les coffres du roi d'Espagne

Les Espagnols extraient des mines du Pérou de l'or et de l'argent en quantité. Expédié par voie terrestre jusqu'aux côtes du Pacifique, le minerai est ensuite chargé sur des navires qui le transportent jusqu'à l'isthme de Panamá. Le précieux chargement est alors emmené jusqu'au littoral oriental où il est chargé sur des galions ralliant les ports espagnols à travers l'Atlantique, en des convois puissamment armés. Drake décide d'attaquer là où personne ne l'attend. Pénétrant alors dans l'océan Pacifique, il longe la côte du Chili et fond sur tout navire aperçu. Les Espagnols, habitués à régner sans partage sur cette zone, n'escortent pas leurs convois. Il est facile pour Drake et son escadre de semer la terreur par le fer et le feu dans les possessions espagnoles et de remplir ses cales d'or et d'argent. En février 1579, il pénètre de nuit dans le port du Callao, au Pérou. Sabotant la flotte espagnole, il s'empare d'un navire de charge et rejoint la côte mexicaine. Avec une stupéfiante facilité, il investit une petite localité portuaire, la pille, s'enfuit, tombe sur un navire espagnol qui lui livre une série de renseignements utiles sur la traversée du Pacifique. Chargé de butin, il cingle vers l'ouest et fait flotter pour la première fois l'étendard de la reine au cœur de l'océan espagnol.

À l'assaut de l'océan Pacifique

Ayant commencé à remonter vers le nord pour tenter de découvrir, par l'est, ce passage tant cherché qui permettrait de contourner le continent américain, Drake doit finalement rebrousser chemin, devant les menaces de révolte de son équipage. Il fait alors relâche dans une baie, au nord de l'actuelle San Francisco, et, au nom de la Couronne britannique, prend possession de la région, qu'il nomme Nouvelle-Albion. Après quoi, il entreprend de quitter au plus vite cet océan qui risque bien de devenir un piège pour son navire. Il le traverse et rallie donc les Moluques, atteintes en octobre 1579. Évitant tout contact avec de trop fortes escadres espagnoles, le corsaire parcourt l'océan Indien et rejoint finalement Plymouth le 26 septembre 1580. Mais son butin conséquent et son exploit ne sont plus au goût du jour. Si le peuple anglais fait à Drake un accueil triomphal, si celui-ci devient de son vivant une figure légendaire, les milieux de la cour sont, en revanche, partagés : une trêve a été signée avec l'Espagne — les règles de la diplomatie voudraient que le butin soit restitué à ce pays. Élisabeth sait pourtant récompenser le navigateur : Drake est armé chevalier en avril 1581. La confiance qu'elle place en lui est un bon investissement : la tension une fois revenue avec l'Espagne, c'est encore lui qui, devenu amiral de la flotte, réussit à écraser l'Invincible Armada espagnole venue envahir l'Angleterre en 1588.

Drake meurt huit ans plus tard, en pleine mer, au combat, alors qu'il lutte encore contre les Espagnols des Caraïbes.

L'Anglais Drake, la « terreur des Espagnols » : un corsaire anobli par la reine Élisabeth Ire (gravure de J. Gilbert).

L'assaut de Drake sur le port espagnol de Saint-Domingue : au moment où l'Angleterre ne possède pas encore une marine suffisamment puissante, l'effort d'hommes tels que Drake s'avère particulièrement précieux.

Le monopole espagnol battu en brèche dans le Pacifique

Cavendish, successeur de Drake. Le périple de Drake dans le Pacifique suscite vite des émules, d'autant plus que le conflit entre l'Angleterre et l'Espagne reprend. Dès 1586, Thomas Cavendish tente de suivre la route ouverte par le corsaire d'Élisabeth. Traversant le détroit de Magellan, canonnant les établissements espagnols rencontrés, il se charge de butin. Il rentre en Angleterre en 1588.

Les Hollandais dans le Pacifique. Dernier coup porté à la suprématie navale espagnole, les Provinces-Unies emboîtent le pas à l'Angleterre. De 1598 à 1601, en forçant le détroit de Magellan et en réalisant pour son pays un premier tour du monde, le Hollandais Oliver Van Noort prouve à son tour que l'océan Pacifique n'est plus une mer espagnole.

1577-1583

Les cosaques à la conquête de la Sibérie

YERMAK ET SES CAVALIERS

Au XVIe siècle, l'exploration et la conquête du monde ne sont plus seulement maritimes, et ne s'effectuent pas uniquement en direction de l'Amérique ou de l'Asie. Dans l'est de la vieille Europe, une puissance en pleine expansion, la principauté de Moscovie nourrit des ambitions en direction des immenses plaines de l'Asie centrale.

Les cosaques, explorateurs et soldats

Les cosaques vivent aux marges des terres du prince de Moscovie. Ce sont probablement à l'origine **des fugitifs, des brigands, des paysans en rupture de ban, etc., désireux de tenter leur chance vers l'est.** Ils finissent par former une population souvent turbulente dont les princes de Moscovie tentent de canaliser les initiatives. **Le tsar les utilise pour repousser d'éventuelles invasions des peuples de l'Asie centrale,** comme celles des Tartares, ou comme auxiliaires dans ses armées lors des guerres contre les Turcs.

Les cosaques sont organisés en groupes menés par un *ataman.* Ces cavaliers, souvent aussi marchands et trappeurs, sont les principaux artisans de l'exploration de l'Asie centrale et de la Sibérie.

Après l'aventure de Yermak, on les retrouve **sur les chemins du Pacifique.** En 1639, ils sont présents aux limites extrêmes de la Sibérie. Mais l'exploration en profondeur du continent n'est pas achevée pour autant. Les Russes s'installent le long des axes de communication et des fleuves. En 1649, après la fondation d'Okhotsk, sur le Pacifique, la Sibérie tout entière est possession de l'Empire russe. Les cosaques entrent en contact avec les contrées relevant de l'empereur de Chine dans les années 1680. Enfin, ils s'installent **au nord de la Sibérie,** à l'embouchure de la Kolyma et de la Lena, et contribuent, à la fin du XVIIe siècle, à l'exploration visant à découvrir le passage du Nord-Est.

En 1522, avec la réduction du khanat de Kazan, le dernier obstacle tombe entre la Moscovie et la Sibérie — ou, comme on disait alors, la Tartarie. Quelques années plus tard, le tsar Ivan IV le Terrible (1533-1584) confie aux cosaques le soin d'explorer et de prendre possession en son nom des terres situées au-delà de l'Oural, avalisant en fait des opérations déjà menées auparavant, mais sans son ordre, par ces cavaliers entreprenants. Aucun plan d'ensemble n'est alors établi, aucun projet de colonisation ne voit encore le jour. Il s'agit seulement, dans l'esprit du prince, de se réserver des contrées riches en fourrures et de tenir les passages y conduisant, avant que les marchands russes, qui ont commencé à s'introduire en Sibérie, ne s'assurent le monopole d'un commerce fructueux.

Une équipée de fugitifs

L'ataman, ou chef, Yermak Timofeievitch dirige un groupe de cavaliers évoluant dans la région du Don. Soucieux d'échapper à la tutelle des tsars, qu'il ne peut affronter directement mais dont il juge l'autorité trop lourde, il décide de pousser vers l'est, dans des régions connues jusque-là seulement par des relations de voyageurs isolés. En 1577, il quitte donc ses bases et s'aventure en direction de l'Oural. Cette chaîne montagneuse marque la limite avec la région de Sibir, au-delà de laquelle les Russes placent la mythique terre de Gog et Magog, aux étendues incommensurables. Yermak rallie au passage de nombreux autres cavaliers, attirés par la perspective de gains territoriaux, et il peut ainsi, en 1580, envisager une véritable conquête de ce territoire inconnu. Le premier heurt avec les armées des Tartares qui peuplent la région se produit alors. Mais les cavaliers de Yermak volent de victoire en victoire. Bientôt, l'armée tartare est entièrement vaincue, et la zone de Sibir, qui forme une principauté depuis l'époque mongole, tombe entre les mains du chef cosaque. Yermak se souvient alors du prince de Moscou. S'il veut assurer la pérennité de sa conquête, il lui faut l'appui de ce dernier. Ivan le Terrible comprend aussitôt l'intérêt qu'il a à soutenir l'entreprise. Celle-ci va lui permettre de faire main basse sur des régions riches en fourrures qui sont l'objet d'un fructueux commerce

Un cosaque au XVIIe siècle (lithographie du XIXe siècle) : ces hommes farouches furent les artisans de la poussée vers l'est de la Russie.

La conquête de la Sibérie par Yermak (peinture russe du XIXe siècle, Moscou, Musée d'État russe).

depuis que les marchands anglais entretiennent des relations régulières avec la Moscovie ; et elle lui donne aussi l'occasion de mettre un terme aux menaces que font peser sur l'est de la Russie les raids périodiques que lancent les pillards tartares.

Un territoire immense

L'entreprise de Yermak reçoit aussi le soutien des Strogonov, une puissante famille de négociants moscovites qui a obtenu du tsar la concession de terres situées à l'est de l'Oural. Les Strogonov ont pour ambition de contrôler le commerce des fourrures avec les Anglais. Les cosaques leur servent de mercenaires : ils les couvrent d'assez d'argent pour leur permettre de se lancer dans de plus vastes opérations encore. En 1581, Yermak s'avance donc vers le bassin du fleuve Ob. Poursuivant sa route vers l'est, il franchit l'Ienisseï, au cœur de la Sibérie, puis la Lena en 1583. Il soumet ainsi un immense territoire, que sa faible population rendait difficile à défendre. Sur le pays, il fait peser une domination modérée, se contentant d'exiger des gens qui habitent les lieux le paiement d'une taxe en fourrures, principale richesse de la contrée. Mais il fonde aussi une série de fortins car il a conscience que la résistance des Tartares, des Kirghizes puis des Bouriates peut se réveiller. En effet, une révolte des Tartares, en 1589, aboutit au siège de Sibir, au cours duquel Yermak trouve la mort et qui se conclut par l'expulsion des cosaques. Cette reculade provisoire n'ôte rien aux acquis du conquérant : l'influence russe est désormais fortifiée en Sibérie et la route vers la conquête totale de cette région, commencée deux ans plus tard pour le compte du tsar Fedor Ivanovitch, est désormais ouverte.

Tente nomade dans le nord de la Sibérie. L'habitude de se déplacer a permis aux cavaliers cosaques d'être les éclaireurs des tsars russes dans les territoires orientaux.

1583-1610

Un jésuite en terre chinoise

MATTEO RICCI

En 1552, la mort de François Xavier, dans une île au large de Canton, laisse entièrement inaccompli le projet d'évangélisation de la Chine, qui était si cher au saint jésuite. Les membres de la Compagnie de Jésus, dès lors, n'ont de cesse que cette entreprise ambitieuse soit menée à bien.

En 1583, les membres de cet ordre — qui, depuis des années, attendent en vain, dans l'enclave portugaise de Macao, l'autorisation de passer dans « l'empire du Milieu » — voient enfin se réaliser leur rêve : le nouveau gouverneur de la province de Canton accepte qu'ils s'installent de façon permanente dans la ville de Tchao King Fou. Matteo Ricci, un homme de 31 ans, est, parmi ces jésuites, l'un des plus convaincus du bien-fondé de sa mission.

Dix-sept ans d'efforts et de persévérance...

Cet Italien d'Ancône a été formé à Rome, au collège jésuite, par un professeur lui-même passionné par le projet de François Xavier et qui finit par se rendre en Orient, le père Valignan. En 1578, avant même d'avoir terminé ses études de théologie, Ricci décide de partir à son tour : il se rend à Goa, où il poursuit sa formation. Mais il lui faut apprendre la patience. Certes, il a tiré la leçon du succès de François Xavier au Japon (et des échecs de ses prédécesseurs). Pour réussir, il faut que les évangélisateurs se démarquent des « bonzes » (religieux) locaux, un peu méprisés ; ils doivent exploiter les acquis, inconnus en Chine, de la science européenne. Ainsi, pour s'imposer, connaissant à fond la langue et la mentalité du pays, Ricci compte utiliser une carte qu'il a lui-même dessinée et où il a placé la Chine au centre du monde... Il a aussi rédigé un catéchisme en chinois. Malgré toutes ces précautions, il ne remporte que bien peu de succès dans les premières années de son implantation à Tchao King. En 1589, ses compagnons, lassés des tracasseries administratives qu'on leur fait subir, renoncent, et il reste seul dans la ville chinoise. Il choisit finalement de quitter les lieux et de se réfugier dans une autre cité, celle de Tchao Tchéou. Là, sa constance recueille ses premiers fruits : un certain Tchin-Taï-So, venu prendre d'abord des leçons de chimie et de mathématiques, finit par se convertir. Mais il est désormais manifeste que le christianisme ne peut prendre un véritable essor en Chine sans l'appui de l'empereur. Matteo Ricci doit donc se faire admettre à la cour. Pour y parvenir, le rusé jésuite obtient de ses supérieurs l'autorisation de porter l'habit si respecté des lettrés, ou mandarins, plutôt que la soutane. Mais sa première tentative, en 1595, est un échec : parti pour Pékin dans la suite d'un magistrat, il doit s'arrêter en chemin. La tension entre la Chine et le Japon complique les choses : ne prend-on pas le jésuite et ses compagnons pour des Japonais ? Traînant de Nankin à Pékin, Ricci continue sans se lasser à se forger une réputation de savant.

... finalement couronnés de succès

Enfin, la chance lui sourit. En mai 1600, pour des marchands portugais qui souhaitent se concilier les bonnes grâces de l'empereur Wang-Li en lui offrant des cadeaux, Ricci s'offre à jouer les ambassadeurs. Non sans mal arrive l'audience tant attendue. Ricci pique la curiosité du puissant monarque en mettant entre ses mains une petite lunette astronomique et une horloge — « une cloche sonnant d'elle-même », pour les Chinois. Il sait trouver les mots et gagner la faveur du souverain. Wang-Li accepte même que deux tableaux représentant le Christ et la Vierge Marie soient placés dans sa chambre. Rapidement, l'Italien devient un personnage d'autant plus écouté à la cour qu'il respecte scrupuleusement les usages et qu'il séduit les lettrés. Il présente le christianisme en soulignant ses analogies avec la pensée de Confucius... La conversion, à grand bruit, de puissants personnages, fait tache d'huile, comme l'escomptait celui qui se fait désormais appeler, à la chinoise, Li Ma-teou. En pleine réussite, mais épuisé, Ricci s'éteint à Pékin, à 68 ans, le 11 mai 1610. La foule nombreuse et distinguée qui assiste à ses obsèques témoigne qu'il est alors considéré comme un *shengren* — un sage, un saint. En dix ans, il a donné au christianisme en Chine des assises si solides (établissement d'une église et création d'un séminaire, notamment) que sa disparition ne parvient pas à l'ébranler.

L'observatoire astronomique créé par les jésuites à Pékin : démontrer la compétence technique de l'Occident apparut aux jésuites comme un moyen de démontrer la supériorité de la civilisation chrétienne.

La Chine à la fin du XVIe siècle

Chu Yüen-chang (appelé aussi Hung-wu), fondateur **de la dynastie Ming,** a chassé en 1368 le dernier empereur issu des conquérants mongols, Shun-ti.

Il y a alors en Chine **une minorité chrétienne.** Elle reflète le succès durable de l'action menée à partir du XIIIe siècle par le franciscain Montcorvin et ses émules, principalement des missionnaires franciscains. Mais **ces chrétiens chinois et les missions européennes, jugés « collaborateurs » de la dynastie déchue, font les frais de l'épuration qui s'ensuit :** les premiers sont persécutés et les secondes, chassées.

Les évangélisateurs catholiques doivent, en somme, repartir à zéro. Ils ont la subtilité **d'utiliser comme relais les activités des négociants portugais** — qui arrivent à Canton au XVIe siècle et obtiennent des concessions durables, particulièrement la ville de Macao en 1557. Mais les impairs et les exactions commis par ces **Folan-kis,** comme les appellent les Chinois, dégradent encore davantage l'image des Européens, face à **une civilisation aussi ancienne et élaborée que fière d'elle-même** et où le mépris de l'étranger est traditionnellement de rigueur.

La querelle des « rites chinois »

L'origine. Déjà l'action du jésuite de Nobili — qui, au Maduré, royaume de l'intérieur de l'Inde, vit en « brahmane » et agit en « gourou » auprès de la population locale — a fait l'objet de vives critiques. Mais c'est l'œuvre de Matteo Ricci et de ses successeurs qui soulève, en 1610, un brûlant débat de fond sur l'évangélisation. Les dominicains, les franciscains et les vicaires apostoliques des Missions étrangères reprochent aux jésuites d'« enchinoiser », et de trahir ainsi, à force d'accommodements, le message chrétien.

Une polémique passionnée. En 1645, le pape Innocent X désavoue les rites liés au culte des ancêtres que tolèrent les missionnaires pour les convertis chinois. Onze ans après, le nouveau pape, Alexandre VII, promulgue un décret contradictoire qui fait rebondir la controverse. D'autant plus qu'elle nourrit des débats internes passionnés en Europe : les jansénistes, d'abord, y trouvent des arguments pour leur conflit avec les jésuites ; puis elle devient un cheval de bataille des philosophes contre le catholicisme.

De lourdes conséquences. En 1708, des pièces décisives en faveur des jésuites, émanant de l'empereur K'ang-hi lui-même, disparaissent dans un naufrage et n'arrivent jamais à Rome. En 1742, le pape Benoît XIV condamne définitivement la méthode jésuite. Alors que les haines s'accumulent contre la Compagnie de Jésus, cette décision est un jalon décisif vers sa suppression, de 1773 à 1817. Fait encore plus grave, cette querelle affaiblit terriblement la crédibilité et l'efficacité des missions chrétiennes en Chine.

Le culte des ancêtres (aquarelle du XVIIe siècle, collection particulière) : les rites chinois peuvent-ils se combiner avec la foi chrétienne ? Telle est la question qui va dominer la réflexion théologique sur la Chine, à partir du XVIIe siècle.

L'arrivée de Matteo Ricci en Chine (gravure allégorique du XVIIe siècle, Chantilly-les-Fontaines).

→**Voir aussi :** p. 142-143 (Un explorateur des âmes) ; p. 158-159 (Le triomphe des jésuites).

Un Hollandais pris dans les glaces

BARENTS DANS LES MERS BORÉALES

Après les explorations des marchands anglais, les Hollandais se lancent à leur tour à la recherche d'un passage par le nord permettant d'ouvrir une nouvelle route vers la Chine. Les risques sont immenses, car, à cette époque, on ignore encore tout de la navigation dans les mers glacées de l'Arctique. Une mort cruelle, souvent, attend les navigateurs les plus intrépides.

Installés dans leurs comptoirs semi-permanents de la presqu'île de Kola, où ils pratiquent la pêche, les Hollandais, ou Bataves, suivent avec un intérêt mêlé d'inquiétude les tentatives que mènent les Anglais pour vaincre les eaux difficiles du nord de la Russie. Les grandes cités marchandes des Provinces-Unies nouvellement indépendantes, Amsterdam, Enkhuysen et Middelburg, n'ont pas de peine à se laisser convaincre de l'intérêt qu'il y aurait pour elles à découvrir, avant les Anglais, une nouvelle route vers la Chine.
Cette voie, outre les profits commerciaux qu'elle procurerait, permettrait au pays de se passer des Espagnols et des Portugais, ennemis jurés de ces protestants tout juste émancipés de la tutelle catholique et qui dominent toutes les voies commerciales du sud.

Sur les traces des Anglais

En juin 1594, après avoir collecté des fonds auprès des négociants, hollandais mais aussi français (notamment l'armateur normand Balthazar de Moucheron), le navigateur Cornelis Nay quitte ainsi l'île hollandaise de Texel, avec trois navires, pour une expédition en direction du nord-est.
Partie le 5 juin, la petite escadre atteint sans encombre la mer de Kara puis l'archipel de la Nouvelle-Zemble, dernier point connu des Occidentaux. L'expédition se scinde alors en deux groupes, deux navires contournant l'archipel par le sud, sous la direction de Nay lui-même, le troisième, commandé par le pilote Willem, ou Guillaume, Barents, en tentant de le contourner par le nord. Si Barents est arrêté par les glaces, au 78° de latitude nord, les bateaux de Nay, en revanche, après dix jours d'une lutte exténuante contre les icebergs, finissent par trouver une mer libre de glaces, par 71° de latitude nord. L'expédition revient donc en Hollande avec cette extraordinaire nouvelle : la découverte d'une voie navigable qui mène, sûrement, jusqu'aux terres de Chine tellement convoitées. Bientôt, son chef trouve sans difficulté l'argent pour monter une expédition plus importante. Sept navires partent donc l'année suivante, en 1595 — trop tard dans la saison pour échapper aux froids précoces des régions nordiques. Aussi les bateaux, à peine entrés dans la mer de Kara, se trouvent-ils forcés de rebrousser chemin, devant une mer entièrement gelée. Du moins l'expédition a-t-elle permis de cartographier en détail cette partie des mers polaires.

Du Spitzberg aux glaces maudites de la mer de Kara

En 1596, un ultime essai est tenté, cette fois avec seulement deux bateaux. Les marchands, découragés par les échecs précédents, ont hésité à investir. Les vaisseaux sont placés sous le commandement général, non plus de Nay, mais de son ancien pilote, Barents. Celui-ci prend la précaution de partir tôt — dès le 18 mai. Le 11 juin, c'est la découverte de l'île de l'Ours, puis, le 17, celle d'un ensemble de hautes terres neigeuses que Barents appelle « Spitzberg », ce qui veut dire « montagne pointue », et dont il prend possession au nom de son pays : de cet archipel probablement atteint autrefois par les Vikings, l'Occident avait alors entièrement perdu le souvenir.
Au Spitzberg, l'expédition se scinde en deux. Un des navires explore la côte est de ces nouvelles terres, tandis que Barents cingle vers le nord de la Nouvelle-Zemble. Il contourne celle-ci en osant s'orienter le plus possible au nord,

La navigation polaire

Les régions de l'océan Glacial arctique réservent aux explorateurs bien des surprises. Outre la rudesse du climat et la violence des tempêtes, la faible visibilité, accentuée par d'épaisses nappes de brume, fait de la navigation boréale une des plus risquées qui soient. De plus, les navires doivent affronter les courants qui entraînent avec eux des morceaux de banquise, des glaces dérivantes, capables d'éventrer les coques des vaisseaux. Jusqu'au XXe siècle, la navigation est effectuée exclusivement par des moyens visuels, c'est pourquoi les régions arctiques sont restées si longtemps inexplorées.

La cabane dans laquelle Barents et son équipage ont hiverné (gravure hollandaise du XVIIe siècle).

Une figuration largement imaginaire : les habitants de la Nouvelle-Zemble (aquarelle du XVIIe siècle).

pour tenter d'échapper aux difficultés que Nay et lui-même avaient rencontrées sur des routes moins septentrionales. C'est une grave erreur : on est déjà à la fin du mois de juillet et la mer, sous l'effet du refroidissement, commence à geler et à se refermer sur le navire comme une véritable nasse.
Bloqué par la banquise, le bâtiment subit la formidable poussée de la glace. Soulevé, il doit être abandonné. L'équipage entrepose vivres et combustible dans un abri construit sur la terre ferme. Pour la première fois, des Européens hivernent à une latitude très élevée. Ils affrontent des températures extrêmes, subissent les incursions d'ours affamés et, en outre, sont la proie du scorbut. Lorsque le printemps arrive, les survivants constatent que le bateau ne peut plus naviguer. Le gouvernail a été déchiqueté par la pression de la banquise.

Le dernier voyage de Guillaume Barents

Les marins doivent se résigner à tenter de gagner la côte russe sur les canots de secours, dans une mer toujours encombrée par des blocs de glace. Le 20 juin 1597, Barents, miné par le scorbut, épuisé, succombe avant d'avoir pu regagner une zone plus clémente. Les membres de l'équipage encore en vie sont recueillis par des pêcheurs russes qui leur fournissent des vivres. Parvenus enfin dans la presqu'île de Kola, les survivants sont rapatriés par un navire hollandais. L'expédition a échoué dramatiquement, mais elle a permis au moins de mieux mesurer les difficultés et les spécificités de la navigation dans cette région du monde. Effort vain ? Au moment où certains tâchent désespérément de forcer le passage vers le nord, d'autres, comme l'Anglais Drake, entreprennent de mettre à mal le monopole espagnol sur les routes océaniques. La recherche d'une voie septentrionale sera abandonnée dès que les routes traditionnelles commenceront à pouvoir être pratiquées par tous.
Seuls les chasseurs de baleine ont tiré profit d'une meilleure connaissance de cette région. Le Spitzberg est ainsi devenu une de leurs zones de chasse favorites.

La découverte de l'abri de Barents

La glace des pôles livre parfois les secrets des expéditions qui s'y sont à jamais perdues. L'aventure de la découverte de l'abri de Barents et de son équipage dans le Grand Nord en fournit la preuve.

Une cabane abandonnée dans les glaces. En 1871, un navire norvégien de chasseurs de phoques parvient au nord-est de la Nouvelle-Zemble. Là, l'équipage découvre une cabane abandonnée, battue par les vents. Le commandant Carsen décide d'aller voir de plus près, afin de s'assurer qu'il ne s'agit pas d'un abri de naufragés que l'on pourrait encore secourir. Ainsi, trois cents ans après les faits, il pénètre dans la base d'hivernage de Barents et de ses hommes. Tous les objets abandonnés par le navigateur et par ses compagnons d'infortune sont encore là, figés dans la glace.

L'ombre de Barents. Des armes, des ustensiles de cuisine, l'indispensable horloge destinée à mesurer les quarts et les tours de garde de chacun, des vêtements, tout un monde à jamais figé par le froid arctique réapparaît ainsi. Les objets rapportés sont maintenant conservés dans un musée.

Le navire de Barents bloqué et soulevé par les glaces en Nouvelle-Zemble (gravure du XVIIe siècle, Londres, British Library).

Pour l'or et pour la science

WALTER RALEIGH EXPLORE LA GUYANE

En 1593, pour avoir caché à l'ombrageuse Élisabeth Ire un mariage secret que celle-ci a finalement découvert, Walter Raleigh, favori de la reine, passe du jour au lendemain des fastes de la cour à l'obscurité du cachot, puis à un pesant exil à la campagne. Ce marin expérimenté, cousin du corsaire Drake, a déjà exploré l'Amérique du Nord et tenté de fonder la Virginie. Il profite de ses loisirs forcés pour lire récits de voyages et traités de géographie.

Alors naît un audacieux projet d'expédition vers l'embouchure d'un fleuve géant et mystérieux, aux confins de la mer des Caraïbes. Revenu en grâce, Raleigh obtient de s'embarquer, le 6 février 1595. Cette expédition assouvit sa soif de revanche, d'aventure et de grands espaces, mais elle répond aussi à un projet politico-financier que la reine d'Angleterre ne peut que soutenir : découvrir dans la partie sud de l'Amérique, qu'un décret pontifical a injustement réservée à l'Espagne, un Eldorado regorgeant de plus de métal précieux que le Pérou, et s'en rendre maître en dépit des catholiques espagnols.

Un coup de foudre

Parti avec trois navires, dont l'un est perdu corps et biens durant la traversée, Raleigh se laisse dériver par les courants, arrive aux Antilles puis à l'île de Trinidad, en face des côtes vénézuéliennes. Là, rompant avec toute prudence, Raleigh et ses hommes se livrent à un acte de guerre : ils prennent et incendient la petite bourgade de Saint-Joseph où vivent des colons espagnols. Après quoi, ils se lancent dans l'exploration d'une vaste région qui correspond à l'embouchure, immense et démultipliée, d'un gigantesque fleuve, l'« Ori-noko » — en langue indienne, l'« endroit où on pagaie très fort » —, autrement dit l'Orénoque. Avec une centaine d'hommes, les navigateurs remontent le fleuve, luxuriant imbroglio de marécages, de chenaux temporaires, de végétation tropicale, d'oiseaux et d'animaux aquatiques étranges, jusqu'à 100 milles à l'intérieur des terres. Ils découvrent un peu d'or — fort peu —, mais Raleigh se prend d'une passion désormais désintéressée pour le pays dans lequel il a ainsi pénétré. Rentré dès le mois d'août 1595 en Angleterre, il convainc de puissants personnages de financer une nouvelle expédition. En 1596, il repart donc, longeant plusieurs mois durant les côtes de la Guyane, reconnaissant la baie de Georgetown, l'embouchure du Surinam, découvrant le site de Cayenne, faisant établir des cartes et prenant lui-même force notes. À son retour, ces écrits et relevés lui servent à publier le compte rendu enfiévré de son voyage, la *Découverte du vaste, riche et bel empire de Guiane et de la ville d'or de Manao.*

Le sort s'acharne

Cependant, les deux expéditions de Walter Raleigh n'ont strictement rien rapporté à l'Angleterre ni à la Couronne : le navigateur n'a pris possession d'aucune terre, pas plus qu'il n'a découvert de mines d'or. Aussi Raleigh tombe-t-il de nouveau dans une demi-disgrâce, qui s'accroît sous le règne de Jacques Ier, successeur d'Élisabeth. Devenu opposant, le navigateur complote et se retrouve enfermé pendant treize longues années à la Tour de Londres. Il en sort vieilli et diminué, mais décidé à mettre ses dernières forces et ce qui reste de sa fortune dans une ultime expédition vers la Guyane. Il repart donc en août 1617, à la tête d'une importante flottille de dix-sept navires. L'aventure se solde par un échec total : Raleigh, malade, est incapable de mener à bien lui-même une nouvelle exploration de l'Orénoque ; de plus, il doit bientôt affronter les Espagnols, prévenus cette fois de son arrivée et décidés à en découdre. Dans le combat qui a lieu à Santo Tomas, le 1er janvier 1618, Walter Raleigh perd son fils et nombre de ses hommes, et se trouve forcé de rebrousser chemin, sans aucune gloire et de nouveau sans or. Cette fois, son souverain ne lui pardonne pas. Raleigh, arrêté, est condamné à mort le 28 octobre 1618 et décapité le lendemain.

→ **Voir aussi :** p. 130-131 (Balboa découvre un océan).

Des statues façonnées en or. Le mythe d'un pays où l'or se trouverait en abondance continuera à alimenter l'imagination des hommes jusqu'au début du XXe siècle (gravure de Théodore de Bry).

De nouveau le mythe de l'Eldorado...

Manao et l'homme d'or. À la fin du XVIe siècle, le mythe de l'Eldorado est toujours aussi vivace que du temps de Ponce de León, ou de Cortés et de Pizarro. En Amérique du Sud, des rites religieux indigènes l'alimentent, comme celui des Indiens Muiscas, qui consiste, pour le chef, à se plonger chaque année couvert de poudre d'or dans un lac où ses sujets jettent en manière de sacrifice des objets précieux. Poussés par des informations transmises de bouche à oreille et emportés par leur imagination, de nombreux aventuriers continuent à rêver à cet « homme doré » et à sa cité fabuleuse, dont Raleigh reprend le nom dans le titre de sa relation de voyage : Manao.

Une première localisation. Maintes expéditions sont lancées sur le versant amazonien des Andes. En 1538-1539, trois d'entre elles, respectivement commandées par les capitaines espagnol Hernan Pérez de Quesada, d'une part, et Sebastien de Benalcázar (ou Belalcázar) d'autre part, enfin par l'Allemand Nicolas Federmann, se retrouvent « nez à nez » : ils manquent de peu en venir aux mains. Toutefois, dès ces années 1530, on repère le lac Guatavita, lieu de la fameuse cérémonie des Muiscas. Mais l'accès de ce lac volcanique d'altitude est difficile, et il s'avère impossible d'en sonder le fond.

L'Eldorado est ailleurs. Influencé par l'Espagnol Berrio, Raleigh, après son voyage sur l'Orénoque, relance l'intérêt avec une nouvelle localisation : le lac Parime. Son talent littéraire aidant, il obtient une large audience : ses récits fantastiques auraient, dit-on, inspiré Shakespeare. Il fait des adeptes et l'Eldorado figure sur les cartes jusqu'à la fin du XVIIIe siècle.

La fin d'un mythe ? Au XIXe siècle, la « fièvre » de l'Eldorado sévit encore. Le géologue prussien Humboldt et le botaniste français Bonpland le cherchent au cours de leur expédition scientifique en Amérique du Sud. En 1912, avec des moyens techniques modernes, on assèche le lac Guatavita. Puis on croit bon d'attendre pour en fouiller le fond. La boue durcit en une nuit, formant un véritable ciment ; elle garde, sans doute à jamais, le secret de l'or de l'Eldorado.

L'Orénoque, fleuve de tous les dangers et de toutes les beautés, remonté en partie par Walter Raleigh (gravure de Théodore de Bry).

Sir Walter Raleigh et son fils.

Des brahmanes et des mandarins pour convertir l'Asie

LE TRIOMPHE DES JÉSUITES

L'Asie du Sud est celle des grandes civilisations plusieurs fois millénaires. Convertir ces peuples au christianisme est un vieux rêve nourri par l'Occident depuis le Moyen Âge. Mais les missionnaires, en particulier les jésuites, savent qu'ils sont confrontés à des religions aussi bien organisées que la leur et que leur entreprise sera difficile...

Depuis saint François Xavier, les membres de la Compagnie de Jésus ont adopté une stratégie commune de conversion, qui vise à manifester le plus grand respect pour la civilisation des peuples chez lesquels ils se trouvent, à montrer les points communs des philosophies et des religions locales avec le christianisme, et à tâcher de toucher, en premier lieu, les élites, avant d'entreprendre la conversion des masses.

Robert de Nobili aux Indes

Au début du XVIIᵉ siècle, un Italien, le père Roberto de Nobili, choisit de mettre en œuvre ces méthodes, jusqu'à les pousser à leurs conséquences extrêmes, dans le milieu hindouiste de la côte de Malabar où s'établit ce jeune jésuite (il est né en 1577), en 1604. Les trois premières années de sa mission aux Indes consistent à s'intégrer dans le tissu humain et social de la région, et à en apprendre les dialectes. À partir de 1608, il franchit un pas considérable, en sollicitant de suivre l'instruction des brahmanes et en adoptant leur mode de vie. Vêtu comme les saints hommes hindous, il observe leurs prescriptions religieuses, s'abstenant par exemple de manger tel aliment interdit. Après avoir pénétré de l'intérieur le milieu et la mentalité des brahmanes, et gagné leur attention et leur respect, il entreprend, enfin, de les convertir. Les brahmanes ont sur la population une influence si grande que la conversion de certains d'entre eux pourrait susciter un mouvement important de christianisation chez le peuple. De telles méthodes sont cependant regardées comme dangeureusement hétérodoxes par la plupart des clercs de la hiérarchie catholique. Nonobstant les premiers résultats, encourageants, qu'obtient Nobili, celui-ci est condamné en 1618 par l'archevêque de Goa. La papauté, à laquelle la Compagnie de Jésus est directement liée, décide cependant de continuer à le soutenir, et, en 1623, après quelques années d'incertitude, Nobili se fait accorder par le pape Grégoire XV le droit de continuer à sa guise sa mission sur la côte de Malabar. Il reste sur place et obtient nombre de conversions, jusqu'à sa mort en 1656. L'avenir de la mission, alors, paraît assuré, car Nobili a fait des émules, tel le père portugais Jean de Britto qui, à son tour, suscite de très nombreuses conversions.

Les jésuites, cartographes de la Chine

Au cours des mêmes années et avec des méthodes à peine plus orthodoxes, les jésuites continuent, en Chine, le travail entrepris à la fin du XVIᵉ siècle par leur prédécesseur Matteo Ricci. Désormais, ils disposent d'une forte implantation. L'empereur, qui apprécie leur savoir technique et scientifique comme leur habileté diplomatique, les traite à sa cour comme des mandarins de haut rang, requérant leurs services pour éta-

---

Les jésuites et la cartographie

Deux facteurs font évoluer la représentation du monde à partir du XVIᵉ siècle. D'une part, la découverte de nouvelles terres, l'Amérique en premier lieu, l'Australie, ou Nouvelle-Hollande, ensuite, et d'innombrables îles et archipels. D'autre part, un facteur technique : l'invention en 1569, par Gerhard Kremer, dit Mercator, de méthodes révolutionnaires de représentation des terres, fondées sur la projection.
Mais une autre innovation caractérise la cartographie, aux XVIIᵉ et XVIIIᵉ siècles. Désormais, les navigateurs ne sont plus les seuls à apporter à l'image du monde des transformations surprenantes. L'immensité des terres d'Asie commence à être reconnue et cartographiée, notamment par les jésuites.
Le père Matteo Ricci, le premier, effectue des relevés des régions de la Chine au début du XVIIᵉ siècle. Ses cartes sont appréciées à leur juste valeur par l'empereur de Chine, qui comprend aussitôt l'usage qu'en peut faire son administration. En 1655, le père Marino Martini publie un Atlas de la Chine.

Missionnaire en Inde, habillé et mangeant à la manière locale. La hiérarchie ecclésiastique hésita longtemps avant d'approuver cette pratique d'adaptation.

blir la cartographie de son pays ou pour effectuer des tâches administratives.

Alexandre de Rhodes, de l'Indochine à la Perse

Mais les jésuites œuvrent aussi dans le sud-est de l'Asie. Au Tonkin, région mal connue, un autre membre de la Compagnie, l'Avignonnais Alexandre de Rhodes, s'établit en 1623, venant de Macao, comptoir portugais concédé par la Chine. Il demeure une quinzaine d'années en Indochine, portant la parole chrétienne vers le sud, l'Annam puis la Cochinchine. Il se retire ensuite en Perse à partir de 1646, après avoir laissé la place au père Tissanier. Son but est alors d'explorer une voie terrestre plus sûre que la dangereuse route maritime du Cap où périssaient tant d'hommes — et tant de missionnaires aux services sollicités en vain... Alexandre de Rhodes meurt au Moyen-Orient en 1660.

→ **Voir aussi :** p. 142-143 (Un explorateur des âmes) ; p. 152-153 (Matteo Ricci).

L'arrivée des jésuites sur les îles Nirobar, au large de l'Inde (gravure du XVIIIe siècle).

Les jésuites au Japon (peinture du XVIIe siècle, Chicago, Art Institute).

Les Missions étrangères

Des prêtres... Dans la seconde moitié du XVIIe siècle, la réussite des missionnaires, notamment celle des jésuites, est telle qu'il faut songer non seulement à envoyer des prédicateurs dans des régions où la parole chrétienne n'est pas encore parvenue, mais aussi à former des prêtres pour encadrer les populations nouvellement converties.

... et des évêques. Conscient de cette nécessité, le Français Vincent de Maur, membre de la Compagnie du Saint-Sacrement, s'en va à Rome en 1658 solliciter, avec un groupe de prêtres, la nomination de quatre évêques comme vicaires apostoliques du Saint-Siège au Canada, au Tonkin, en Cochinchine et en Chine.

Le séminaire de la rue du Bac. En 1664 est fondée la société des Missions étrangères de Paris. Elle est destinée à former non des prêtres européens envoyés en mission, mais un clergé recruté localement, et qui passe en Europe seulement pour s'y former.

Qu'y a-t-il au sud du Pacifique ?

LA RECHERCHE DU CONTINENT AUSTRAL

Au début du XVIIe siècle, l'Amérique n'ayant plus guère de secret, l'intérêt des explorateurs se tourne vers de nouveaux horizons. On commence alors à présumer l'existence d'une terre inconnue, située aux latitudes méridionales de l'océan Pacifique.

Les montagnes de glace, ces icebergs qui ne peuvent s'être détachés que d'une terre, certaines légendes mélanésiennes, l'autorité des Anciens comme le géographe Ptolémée, la connaissance des côtes nord de la Terre de Feu, dont on ignore les limites, persuadent des explorateurs de braver les risques d'une navigation sur les eaux inconnues du sud du Pacifique pour tenter de découvrir cette terre.

Paysage avec des habitants de la terre de Van Diemen (la Tasmanie) [gravure du XIXe siècle].

Le voyage passionné de Queirós

Un ancien compagnon du navigateur espagnol Alvaro de Mendaña — qui, dans les dernières années du XVIe siècle, avait été l'un des premiers à croire en l'existence de cette terre et à la rechercher — se passionne à son tour pour la découverte de ce continent inconnu. Celui-ci est représenté sur quelques cartes dès 1570, où il figure avec une taille gigantesque et sous le nom de *Terra australis nondum cognita,* « Terre australe encore inconnue ». Le Portugais Pedro Fernandez de Queiróz, ou Quiróz, a en effet déjà parcouru les mers du Sud. Comme ses contemporains, il pense que le continent mystérieux doit s'étendre très au nord dans certaines parties des océans et descendre jusqu'au niveau du pôle Sud. N'obtenant aucun encouragement de la part de la royauté espagnole, unie alors avec celle du Portugal, il s'en va en 1600, année de jubilé, supplier le pape de l'aider et obtient effectivement son intervention. Philippe III lui accorde une petite division, deux navires et une patache à faible tirant d'eau, pour effectuer des reconnaissances près des rivages. Le 21 décembre 1605, Queiróz quitte dans cet équipage Callao, au Pérou, et fait route vers le sud-ouest du Pacifique. Il ne rencontre d'abord que des atolls isolés puis accoste aux Nouvelles-Hébrides, dont il prend possession. Il est alors persuadé d'avoir touché la partie nord du fameux continent, qu'il nomme « Terre australe du Saint-Esprit ». De retour dans la Nouvelle-Espagne, à Acapulco, le 23 novembre 1606, il ne parvient pas à convaincre les autorités locales de l'importance de sa découverte, ni, plus tard, en Europe, le roi lui-même. L'Espagne juge avoir suffisamment à faire avec l'Amérique pour se charger, en plus, d'un hypothétique nouveau continent. Queirós, incompris, traîne une existence misérable et meurt sans avoir pu repartir.

Les efforts des Hollandais

Au même moment, les Hollandais, qui se sont installés solidement dans l'île de Java depuis la fondation de la Vereenigde Ostindische Compagnie, la très célèbre VOC, ou Compagnie hollandaise des Indes orientales (1602), sont parfaitement placés pour lancer des reconnaissances vers le sud où de nombreux témoignages et indices laissent deviner l'existence d'une vaste terre. Ils envoient donc plusieurs expéditions. Ainsi, dès 1606, l'Amsterdamois Willem Janszoon, qui a mis la voile vers la Nouvelle-Guinée, reconnaît sans le savoir les côtes de l'Australie, qu'il prend pour celles de sa destination, et les décrit comme inhospitalières, « en grande partie déserte[s] [...], peuplée[s] de sauvages noirs, brutaux et cruels ». Sans repère précis, il ne peut identifier ses découvertes, pas plus que Colomb autrefois, abordant sans le reconnaître un continent, n'a reconnu les côtes d'Amérique. Neuf ans plus tard, en 1615, Willem Cornelisz Schouten et Jakob Lemaire — également originaires d'Amsterdam — entreprennent d'ouvrir une nouvelle route commerciale vers l'Asie. Ils ne peuvent passer par le détroit de Magellan, dont les Espagnols interdisent rigoureusement l'entrée, et ont le projet d'échapper au monopole qu'a obtenu la Compagnie des Indes, relayant les Portugais, sur la voie maritime du cap de Bonne-Espérance. Ils décident donc de joindre au sud la probable *Terra australis* et de longer ses côtes pour parvenir en Asie, sans qu'on puisse les accuser d'infraction aux règles internationales. Leur expédition aboutit à la découverte d'un nouveau cap, à l'est du détroit de Magellan — le célèbre cap Horn —, mais évidemment pas à celle du continent austral. L'exploration des régions méridionales de l'hémisphère Sud ne reprend qu'un peu avant le milieu du siècle et pour le compte exclusif de la Compagnie hollandaise des Indes orientales. En 1642, le gouverneur de Batavia — ville fondée par la Compagnie en 1619 — charge le célèbre navigateur Abel Janssen Tasman, familier de ces eaux, de tâcher de trouver une réponse à la question de l'existence ou non d'un continent austral. Tasman explore la mer de Corail puis le Pacifique sud, décrit le nord de l'Australie et, enfin, apercevant la Nouvelle-Zélande, croît y reconnaître la pointe septentrionale extrême du fameux continent austral. Parvenu au large de la Tasmanie, qu'il baptise « terre de Van Dienem » — du nom du gouverneur de la Compagnie des Indes —, il établit sans le savoir que l'Australie est une île, puisqu'il la contourne, mais de trop loin pour en aperce-

La « Terre australe » : un paradis tropical ?

Pour nous, **le continent austral est évidemment une terre glacée située au pôle.**

Au XVIe siècle, en revanche, trompés par les multiples côtes d'îles ou de continents non identifiés (l'Australie) qu'ils aperçoivent, à des latitudes fort septentrionales des mers de l'hémisphère Sud, les explorateurs imaginent volontiers **un continent immense et contrasté, véritable pays de cocagne** au climat tropical dans sa partie nord.

On pense que **cette vaste terre est peuplée de bons sauvages et d'animaux merveilleux. On espère aussi qu'elle recèle de formidables richesses...**

Au sud du globe, une large zone inconnue, dont personne ne sait encore qu'elle n'est occupée que par la glace (atlas géographique hollandais du milieu du XVIIe siècle, Paris, Bibliothèque nationale de France).

voir les côtes. Tasman repart deux ans plus tard dans la même zone et en rapporte des tracés cartographiques précis de la côte nord-australienne. Ses voyages, s'ils n'éclaircissent guère la perception d'ensemble que l'on a de cette partie du monde, améliorent du moins la connaissance du nord-ouest de l'Australie, laquelle, vaguement esquissée sur les cartes jusqu'alors et nommée « terre du Sud », reçoit alors le nom de Nouvelle-Hollande.

L'intervention des Anglais

À la fin du siècle, enfin, l'exploration de la région est menée par un flibustier anglais nommé William Dampier. Une première fois en 1686, voguant sans mandat ni but précis, il aborde l'Australie. Ses récits éveillent l'attention de l'opinion et des autorités. En 1699, agissant pour le compte de la marine royale britannique, il effectue des relevés de la côte australienne. Recherchant le continent austral beaucoup trop au nord dans les océans, les navigateurs ont donc fini par trouver un autre continent, qu'ils n'imaginaient pas. Il leur reste à atteindre les terres gigantesques situées plus au sud, dont ils savent désormais qu'elles ne pourront être approchées qu'à travers des difficultés semblables à celles rencontrées dans l'extrême Nord : du froid, des blocs de glace et une mer aux très violentes tempêtes.

→ **Voir aussi :** p. 166-167 (Schouten et Lemaire au cap Horn).

Un vaisseau du XVIIe siècle équipé pour de longs voyages : Tasman voyagea sur de tels bâtiments lorsqu'il parcourut le Pacifique sud.

Henry Hudson poursuit l'exploration du Nord

UNE QUÊTE DRAMATIQUE

Au début du XVIIe siècle, à la faveur des relations régulières que les Anglais entretiennent depuis plusieurs décennies avec les Russes d'Arkhangelsk, la navigation polaire commence à devenir plus familière. Les pièges redoutables de mers prises par les glaces et sujettes à de terribles tempêtes sont désormais mieux connus.

L'entreprise d'une exploration systématique des régions maritimes du Grand Nord, aussi bien à l'ouest qu'à l'est, à la recherche du passage tant convoité vers l'Asie, s'en trouve de nouveau stimulée.

Du Groenland au Spitzberg

L'homme qui se charge le premier de cette exploration est l'Anglais Henry Hudson. Les marchands britanniques s'occupant du négoce avec les Russes ont fondé à Londres une société, la Compagnie de Moscovie. Celle-ci procure au navigateur un peu d'argent — de quoi armer un modeste navire. En mai 1607, Hudson quitte donc les côtes anglaises. Grâce à un hiver particulièrement clément et à un printemps précoce, il trouve une mer libre de glaces jusqu'à des latitudes très élevées, évite les premières glaces rencontrées et tente en longeant la côte du Groenland de contourner cette île par le nord. Mais le navigateur se heurte alors au pack — la glace de mer — et, constatant son échec, revient en Angleterre. Au printemps 1608, il essaie une nouvelle fois

Henri Hudson, son fils John et un fidèle compagnon, dans la barque où ils furent abandonnés (lithographie du XIXe siècle).

L'improbable passage du Nord-Ouest

Le début du XVIIe siècle connaît les dernières grandes entreprises d'exploration du passage du Nord-Ouest. Avec le déclin de la puissance espagnole, d'autres routes s'ouvrent désormais aux marins anglais ou hollandais.

Au secours d'Hudson. En 1612, la Compagnie des marchands anglais, découvreurs du passage du Nord-Ouest, tente de retrouver l'infortuné Hudson. Après le retour et le jugement des mutins, un navigateur, Button, est dépêché au nord de l'Amérique. Il explore l'ouest de la baie d'Hudson sans trouver aucune trace de l'explorateur. Cependant, il dresse d'utiles relevés qui permettent de cartographier cette zone.

Les dernières entreprises. En 1615, l'expédition de Robert Bylot et William Baffin s'efforce de découvrir un passage entre le Groenland et le Canada. Perdus dans la myriade d'îles qui constitue l'archipel canadien, les deux marins pénètrent dans une zone qu'ils ne peuvent traverser du fait de la présence de la glace. Ils viennent de découvrir, enfin, l'entrée du fameux passage qui ouvre la voie vers le Pacifique — mais ils ne le savent pas. Sûr d'avoir échoué, Baffin rentre en Angleterre en août 1616 et affirme que le passage du Nord-Ouest n'existe pas. Il faut attendre plusieurs décennies pour que l'exploration de la région reprenne…

Pêche au morse dans le Groenland ou les Dangers de l'Océan glacial (peinture de Biard, musée de Dieppe).

La rencontre des Indiens sur les côtes du Canada.

d'atteindre les latitudes les plus élevées possibles et fait route cette fois vers l'est, en direction de la Nouvelle-Zemble, où avait naguère hiverné Barents. Une fois parvenu dans l'archipel, Hudson tente de cingler vers le Spitzberg. Mais les glaces dérivantes s'avèrent infranchissables. Il observe cependant que la région du Spitzberg n'est pas plus froide que l'archipel de la Nouvelle-Zemble, alors que ce dernier est situé bien plus au sud. Cela signifie que la température ne descend pas forcément lorsqu'on s'élève en latitude : comme Barents, Hudson en déduit qu'une mer libre de glaces et navigable une grande partie de l'année, une mer qu'il sait ne pas exister dans les zones un peu plus méridionales, pourrait se rencontrer plus au nord.

Du nord-est au nord-ouest

Mais les expéditions de Hudson ayant été sans aucun profit pour les financiers et marchands anglais, ceux-ci renoncent à investir dans une nouvelle aventure. Hudson se rend donc aux Provinces-Unies afin de trouver des fonds. La Compagnie néerlandaise des Indes orientales (la V.O.C.) accepte de soutenir l'entreprise. Au printemps 1609, le navigateur quitte la Hollande et double le cap au nord de la Norvège. Mais la mer est encore prise par les glaces et il doit renoncer à approfondir ses précédentes découvertes. Il choisit donc de s'orienter à l'ouest, pour tenter, comme lors de son premier voyage, de contourner le continent américain par le nord. De récentes expéditions terrestres des Français installés au Canada lui ont appris qu'il existait, au cœur du continent, de vastes étendues d'eau. Hudson espère que celles-ci communiquent avec le Pacifique et avec l'Atlantique. Il décide en tout cas de tenter sa chance. Or, déporté par les courants, il aborde le continent américain à des latitudes trop basses. Il lui faut longer la côte américaine vers le nord. Parcourant une zone où s'élève aujourd'hui l'agglomération de New York, il y observe un estuaire très profond, l'East River, et tente de remonter aussi loin que possible ce cours d'eau que l'on nomme aujourd'hui l'Hudson. Mais la navigation dans ces contrées inconnues, en direction d'un Nord qui les inquiète toujours plus à mesure que le temps passe, mène les hommes d'équipage au bord de la révolte. Hudson, par force, doit regagner l'Europe.

Un passage à travers les glaces

La dernière expédition d'Hudson est financée de nouveau par ses compatriotes. En avril 1610, il fait voile vers l'ouest pour reprendre ses prospections. Plusieurs fois au cours même de la traversée, son équipage donne des signes d'insubordination. Il doit faire halte en Islande pour tenter d'apaiser les conflits. Il longe ensuite la côte sud du Groenland et pénètre dans la baie qui porte désormais son nom, au cœur de l'archipel canadien. Comme il se propose de l'explorer et que la saison est avancée, il décide d'hiverner : depuis le malheureux voyage de Barents, on sait que des êtres humains peuvent supporter le froid de ces régions extrêmes, un hiver durant. Mais l'équipage, quant à lui, refuse cette décision. Le rationnement des vivres est mal organisé par l'explorateur. La mutinerie éclate. Le 23 juin 1611, Hudson, son fils et ceux des hommes qui lui sont restés fidèles, sont maîtrisés, jetés dans un canot et abandonnés à leur sort, avec quelques morceaux de viande et un peu d'eau, pour toutes provisions. Aussitôt la nouvelle connue à Londres, on dépêche des expéditions de secours. La recherche de survivants éventuels, puis celle des cadavres, se poursuit, en vain, jusque dans les années 1630.

→ **Voir aussi :** p. 154-155 (Barents dans les mers boréales).

1608

Samuel Champlain fonde la localité de Québec

LE PÈRE DE LA NOUVELLE-FRANCE

Samuel Champlain, né vers 1567, s'impose à la cour d'Henri IV comme un géographe de talent. Lorsqu'il s'embarque pour son premier voyage au Canada, en 1603, il a pour mission d'explorer et de répertorier les richesses de la Nouvelle-France. Il a déjà navigué avec les Espagnols et parcouru, par ailleurs, bon nombre de champs de bataille européens.

Champlain commence par explorer les rives du Saint-Laurent. Il ramène non seulement quantités d'informations mais aussi un véritable projet dont il ne se défera plus. Il s'agit de mettre correctement en valeur cette Acadie parcourue par quelques coureurs des bois et encore inexploitée. Que les indigènes se convertissent au christianisme et à l'agriculture, que des postes soient installés le long des voies de communication, que le commerce des fourrures se trouve stimulé, et la Nouvelle-France pourra alors servir de base à une exploration du continent. En créant un axe de commerce vers la Californie, on aura ainsi un débouché sur le Pacifique et, de là, vers la Chine. L'Acadie sera alors le pivot d'une grande prospérité commerciale.

Une première colonie en Acadie

Samuel Champlain obtient du roi l'envoi d'une première expédition en 1604, en Acadie. L'infatigable pionnier poursuit son exploration du fleuve Saint-Laurent et installe les premiers colons escortés par des marchands de fourrure. Il entretient de bons rapports avec les indigènes. Cependant, ce premier établissement centré sur Port-Royal végète. Champlain pense qu'en s'installant à proximité du Saint-Laurent, le commerce sera plus profitable. Mais quelques précaires installations ne sauraient lui suffire. En 1608, il décide de fonder un pôle de peuplement situé près de l'estuaire du Saint-Laurent et qui porte un nom indien : Québec. Il compte en faire un grand centre du commerce des fourrures. Grâce à la protection royale et à ses voyages en France où il plaide la cause des habitants de la Nouvelle-France, il obtient l'autorisation de constituer un monopole au bénéfice de ce nouveau territoire. Ainsi, tout commerce des fourrures, la principale richesse de la région, passe nécessairement par ses colons. En concentrant les bénéfices sur sa colonie, ce monopole profite à l'essor de cette dernière.

Les relations avec les Amérindiens

De plus, en s'alliant avec les tribus indiennes, notamment les Hurons et les Algonquins, Champlain peut poursuivre l'exploration de ces nouvelles terres. Mais les Iroquois, ennemis déclarés des Hurons, voient avec méfiance s'installer les Français. Ils mènent la vie dure aux premiers colons. Dès lors, de véritables guerres sont nécessaires pour s'imposer à ces Indiens. Ces guerres sont d'autant plus virulentes que les Anglais, rivaux des Français, s'allient bientôt aux Iroquois, et que les Hollandais profitent de l'occasion pour échanger des armes contre des fourrures. Pourtant, au bord du lac George, Champlain et ses alliés indiens finissent par écraser les Iroquois. La colonie française devrait ne plus connaître d'obstacles pour se développer.

Le développement de la colonie

En 1613, Champlain est nommé lieutenant-général du roi en Nouvelle-France. À partir de 1615 et après un nouveau voyage en France, il poursuit l'exploration vers l'ouest et n'a de cesse de relier sa colonie aux territoires riverains du Pacifique. Les cours d'eau sont des axes de pénétration essentiels dans ce pays vierge. Champlain et quelques Hurons, qu'il a recrutés comme auxiliaires de ses trop faibles troupes, suivent ainsi l'Ottawa et ses affluents, et parviennent sur les rives du lac Huron. Là, ils doivent faire face à une forte résistance des Iroquois, solidement retranchés. Le Français a reconnu de très vastes territoires, mais son grand dessein commercial n'arrive pas à se concrétiser. Pire, sa colonie est en butte aux assauts incessants des Anglais. Le commerce des fourrures est cependant stimulé en 1627 par la fondation, sous l'instigation de Richelieu, de la Compagnie de la Nouvelle-France. Grâce à l'action incessante de Champlain, la France se préoccupe désormais davantage de ses colons d'outre-Atlantique. Le fondateur de la Nouvelle-France meurt sur son continent d'adoption, à Québec, le 25 décembre 1635.

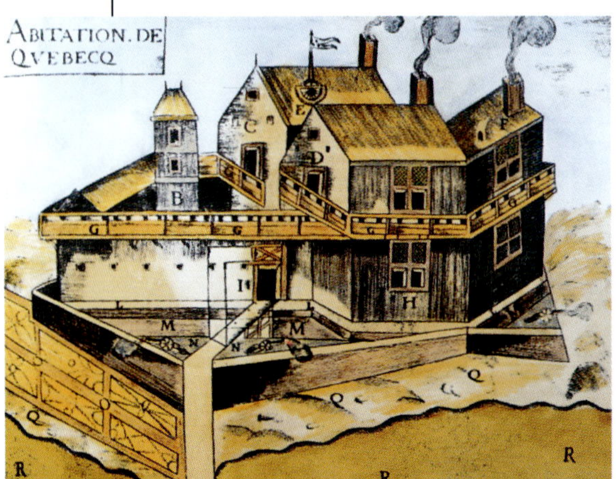

La demeure de Samuel Champlain à Québec (dessin de Champlain, extrait des Voyages, *1613).*

Avancer vers l'ouest

La colonie fondée par Champlain devient bientôt la base de départ d'une série d'expéditions terrestres menées parfois par de simples aventuriers. Pour pénétrer dans les terres, les explorateurs suivent les cours d'eau, naviguant en canoë ou usant du portage le long des berges quand il leur faut affronter des rapides.

Étienne Brûlé et l'exploration des Grands Lacs. En 1611, Brûlé est chargé par Champlain d'encadrer une tribu de Hurons. Familier des Indiens et du pays, il pousse ses reconnaissances jusqu'à l'actuelle Toronto. Il explore les rives des lacs Ontario et Huron et sillonne le lac Supérieur et le lac Érié. Mais sa vie de coureur des bois n'est pas du goût de tous. Comme il a adopté les coutumes et la religion des Indiens, il est convaincu d'hérésie et exécuté en 1633.

Jean Nicolet et la route du Pacifique. Le coureur des bois Jean Nicolet poursuit le rêve de Samuel de Champlain : relier l'Acadie aux rives du Pacifique ; il découvre le lac Michigan et remonte le cours du Wisconsin. Parvenu au cœur du continent, il écoute les Indiens lui affirmer qu'il existe au centre des terres une grande étendue d'eau. Mais il ne parvient pas à vérifier leurs dires. Il croit, cependant, que cette baie communique avec l'océan Pacifique. La légende persistera durant un siècle et demi encore.

Indigène d'Acadie (gravure en couleurs, Paris, bibliothèque des Arts décoratifs).

Bataille des Hurons menées par Champlain contre les Iroquois (dessin de Champlain).

1616

Une nouvelle route vers les Indes orientales

SCHOUTEN ET LEMAIRE AU CAP HORN

Au début du XVIIe siècle, les accès aux richesses de l'Extrême-Orient et à la route des épices sont jalousement gardés. Les Espagnols veillent sur le détroit de Magellan. Forcer ce passage est devenu possible depuis Drake, mais cela relève encore de l'exploit. La route du Cap est verrouillée par de solides monopoles. Ainsi, dans les Provinces-Unies, seule la Compagnie des Indes orientales est autorisée à utiliser cette route pour le commerce des épices.

Un marchand d'Amsterdam d'origine française, Isaak Lemaire, décide de se passer de la puissante Compagnie des Indes. Pour pratiquer indépendamment le commerce des épices sans enfreindre le monopole de la Compagnie des Indes et sans se heurter aux Espagnols, il cultive rien moins que le projet de trouver une nouvelle route, un passage insoupçonné.

L'invention d'un nouveau détroit

En juin 1615, Lemaire équipe deux navires de charge et les confie à son fils, Jakob, et à Willem Cornelis Schouten. Les deux bateaux traversent l'Atlantique en faisant route vers l'extrême sud du continent américain. Au large de la Patagonie, un incendie se déclare accidentellement sur l'un des bâtiments, qui est perdu. Entassés sur un seul navire, les Hollandais continuent leur progression vers le sud. Leur intention n'est pas de forcer le passage du détroit de Magellan, mais, avant d'y pénétrer, de bifurquer vers l'est et de suivre la côte septentrionale de ce que nous savons, aujourd'hui, être une île — la Terre de Feu — mais que les contemporains de Schouten et Lemaire, y compris les Espagnols (ou du moins feignent-ils de le croire), pensent constituer la pointe extrême de cette *Terra australis incognita* dont on commence alors à rêver l'exploration. Or, le tracé du littoral de ce pseudocontinent s'avère bien différent de ce que les navigateurs hollandais avaient supposé qu'il serait. Les navigateurs longent d'abord une côte orientée du nord-est au sud-ouest, comme ils s'y attendaient, mais, à un certain moment, ils se trouvent en face d'une île au-delà de laquelle il n'y a plus qu'une immensité d'eau. Ils sont arrivés au cap San Diego, face aux îles des États. Il leur faut emprunter ce détroit, qu'ils nomment du nom de l'instigateur de l'expédition, Isaak Lemaire, et se retrouvent au sud, doublent un nouveau cap, qu'ils appellent « Horn » ou « Hoorn », du nom de la ville natale de Schouten. Ils bifurquent ensuite vers le nord-ouest, faisant ainsi le tour de ce qu'ils savent désormais être une île, appendice très méridional de l'Amérique. Bientôt, les explorateurs se retrouvent à la latitude de la sortie du détroit de Magellan, mais bien au large, et ils n'ont plus qu'à continuer leur route à travers le Pacifique, au sud des routes que fréquentent les Espagnols.

La découverte du cap Horn

Dans leur journal, Schouten et Lemaire décrivent ainsi leur découverte du cap Horn :

« De bon matin le 24 janvier [1616] nous aperçûmes la terre par tribord, pas plus loin qu'un bon mille. Elle s'étendait de l'Est au Sud avec de très hautes montagnes toutes blanches de neige. [...] Le matin du 25 nous étions proches de [la terre] la plus à l'Est. Nous lui donnâmes le nom de Terre des États et appelâmes l'autre Terre de Maurice de Nassau. [...] Dans la soirée, le vent tourna au Sud-ouest de sorte que la nuit suivante nous courûmes au Sud avec une forte houle du Sud-ouest et une eau très bleue. Ceci nous fit penser, voire avec certitude, que c'était là la grande mer du Sud, ce dont nous fûmes très heureux, tenant pour certain que nous avions trouvé une route jusque-là inconnue à l'homme, ce que nous sûmes plus tard être la vérité. Vers le soir du 29, nous vîmes de nouveau une terre au Nord-ouest. Ce n'était que montagnes couvertes de neige, finissant en un angle aigu, que nous appelâmes le cap de Hoorn [...] »

Cité dans J. N. L. Baker, Histoire des découvertes géographiques et des explorations, *traduction M. Planiol, Paris, 1949.*

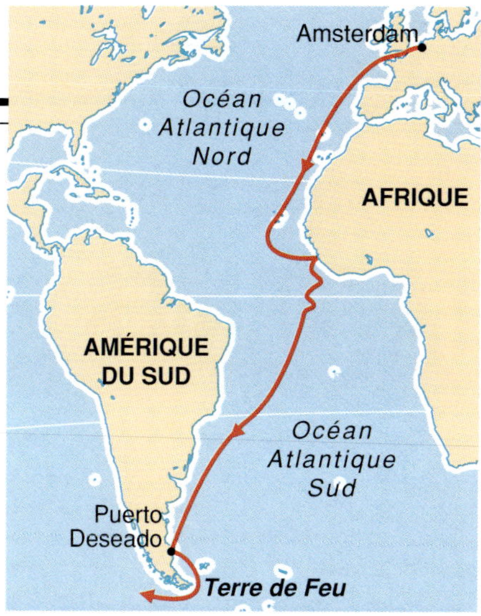

Les indigènes de la Polynésie (gravure du XVIIIe siècle).

Découverte de la Polynésie

En chemin, au printemps 1616, Schouten et Lemaire abordent une série d'îlots au milieu de l'océan. Ils débarquent pour se ravitailler et explorent ainsi une partie de l'archipel polynésien, les îles Tonga, les Samoa et les îles Salomon. Les premiers contacts avec les indigènes sont difficiles. Ceux-ci attaquent ; les Hollandais doivent utiliser le canon et le mousquet pour les disperser. Après quoi, à la faveur d'un échange de produits, l'entente finit par s'imposer. Les Hollandais accostent ensuite en Nouvelle-Guinée, où ils remplissent leurs cales d'épices en prévision de leur retour aux Pays-Bas. Ils font escale aux Moluques, puis rejoignent les établissements hollandais des Indes orientales.

Des imposteurs ?

À Java, possession des Provinces-Unies placée sous l'administration de la Compagnie des Indes orientales, les deux explorateurs révèlent leurs découvertes. Leur récit ne convainc personne : le gouverneur général de Batavia, sûr qu'il n'y a pas au sud de l'Amérique d'autre passage que le détroit de Magellan, les accuse d'imposture et saisit navire et chargement. Lemaire et Schouten sont renvoyés aux Pays-Bas pour y être jugés — le premier périt durant le voyage ; Schouten mourra en 1625, sans finalement avoir subi de sanction pénale. Cependant, les Espagnols, avertis, se doivent d'aller vérifier les dires des deux navigateurs. Sous le commandement des frères Nodal, et grâce à l'aide d'un ancien pilote de Schouten et de Lemaire, une flottille envoyée par l'Espagne constate que, effectivement, les marchands hollandais n'ont pas menti. La nouvelle de cette découverte devient un secret d'État, de sorte que la route du cap Horn ne sera mise à profit qu'à partir du siècle suivant.

→ **Voir aussi :** p. 160-161 (La recherche du continent austral).

Le cap Horn : au sud du détroit de Magellan, un autre cap existe, inconnu jusqu'au voyage de Schouten et de Lemaire.

Rencontre troublée avec les indigènes, dans l'archipel polynésien : les Hollandais durent faire usage du mousquet avant que ne s'établissent des relations plus pacifiques (gravure du XVIIe siècle).

Des fastes d'Ispahan à l'empire du Grand Moghol

TAVERNIER AU CŒUR DE L'ORIENT

Au XVIIe siècle, la très ancienne route terrestre vers la Chine, la route de la soie, à travers le Moyen-Orient, continue à fasciner les Occidentaux, habitués désormais à joindre l'Asie plutôt par la mer pour leurs expéditions commerciales. Fils d'un marchand de cartes géographiques, le protestant parisien Jean-Baptiste Tavernier se rend à Constantinople en 1630 et, de là, entreprend son premier voyage au cœur de l'Orient.

Le premier contact avec la ville turque suscite chez lui une très grande émotion. Il y reste une année entière dans le but de bien se familiariser avec cet Orient dont il décide de percer les nombreux secrets.

Sur la route des caravanes

Après quoi, l'occasion se présente de pénétrer plus avant dans ce monde si mal connu, avec le départ d'une caravane vers l'intérieur de l'Empire ottoman, en février 1632. Agissant en bon marchand, Tavernier voit dans cette équipée l'occasion de repérer des itinéraires et d'examiner les marchandises qui font l'objet du négoce. Partie des rives du Bosphore, la caravane suit l'axe commercial reliant Constantinople à la ville d'Ankara, sur le plateau anatolien. Le Français remarque avec admiration l'effort accompli par les autorités turques pour aménager sur les routes des gîtes, ou *caravansérails,* servant d'étapes aux marchands, à leur chargement et à leurs employés.

De proche en proche, la caravane parvient ainsi jusqu'aux limites orientales de l'Empire ottoman. À Tokat, où convergent les caravanes venues de Constantinople et celles parties de Bagdad et d'Ispahan, Tavernier s'étonne du cosmopolitisme des marchands. Dans cette cité se joignent d'ailleurs à la caravane turque des négociants grecs, arméniens et juifs. Après Tokat, l'expédition marchande s'engage dans une zone très montagneuse et parvient à la ville d'Erzeroum, étape ultime avant l'entrée dans les terres du chah de Perse.

Découverte de la Perse

Tavernier traverse tout d'abord une zone peuplée d'Arméniens, le long de la vallée de l'Araxe. Les Perses ont favorisé leur implantation et ils sont devenus d'actifs marchands. Il atteint ainsi Etchmiadzine. Puis il se rend à Erevan où il rencontre le gouverneur représentant le chah de Perse. Traversant les bazars de Tabriz, en Azerbaïdjan, il constate qu'il est

Alep, un des débouchés sur la Méditerranée, pour les caravanes venues d'Asie centrale (miniature orientale du XVIe siècle).

Un caravansérail, ou hôtellerie-relais, pour les négociants orientaux et leurs caravanes : l'organisation des voies caravanières fit l'admiration du marchand français Tavernier.

La Perse dans la littérature

« Espion du Grand Seigneur... ». Nombreux sont les Occidentaux qui voyagent à travers le Moyen-Orient, au XVIIe et au XVIIIe siècle. Leurs récits connaissent un large succès en France. À la curiosité pour une civilisation raffinée s'ajoute l'attirance pour un monde devenu ami, depuis que les souverains français, de François Ier à Louis XIV, ont osé se faire les alliés des Ottomans. Les récits orientaux sont à la mode, témoin le succès rencontré en France par la traduction de l'Espion du Grand Seigneur dans les cours des princes chrétiens de l'écrivain génois Marana, publié en 1684.

Les « Lettres persanes ». Inspiré en partie par le texte de Marana, et plus généralement par la mode des récits de voyage plus ou moins fantaisistes ainsi que par les traductions de contes (notamment celle des Mille et Une Nuits par le diplomate français Antoine Galland, éditées en 1704), Montesquieu publie en 1721 un roman épistolaire, correspondance de deux Persans d'Ispahan venus en Europe et qui révèlent leurs points de vue sur la France de la Régence. Les Lettres persanes sidèrent le public, en inversant les rôles traditionnels d'observateurs et d'observés, et elles obtiennent aussitôt un considérable succès.

au cœur d'actifs échanges entre Russes, Arabes, Turcs, Persans, Indiens et Tartares. Il arrive enfin à Ispahan, capitale de la Perse, au printemps 1632. Il établit des relations avec les marchands fournisseurs du souverain, et note ainsi les produits qu'il pourrait, à l'avenir, commercialiser. Les mosquées et les palais de la cité persane suscitent son admiration, mais il déplore le mauvais entretien général de la ville. D'Ispahan, il décide alors de se rendre à Bagdad ; puis, de là, il repart vers Alep, autre débouché caravanier sur la Méditerranée — et il rentre enfin en Europe par la voie maritime. Au début de l'année 1633, il est en France.

L'infatigable Tavernier

Son unique but, alors, est de repartir aussitôt. Cinq voyages successifs, après 1638, le mènent de nouveau en Orient, vers des régions de plus en plus lointaines. Parcourant la Syrie et la Mésopotamie, il traverse les déserts iraniens.

Parvenu en Inde, il pousse jusqu'en Asie du Sud-Est et débarque à Java, dans les Indes néerlandaises (la future Indonésie). Soucieux de raconter lui-même ses voyages, il n'hésite pas à enrichir son récit d'informations entendues sur place, concernant les régions où il ne peut se rendre : ainsi le Tonkin ou le Japon. En 1668, enfin, il rentre définitivement en Europe. Il nourrit alors un grand dessein : faire profiter l'État de son expérience, pour constituer une vaste entreprise dotée d'un monopole national et chargée de commercer dans les régions d'Asie centrale. Comme le roi de France manifeste d'autant moins de bienveillance à l'égard de son projet que Tavernier est protestant (nous sommes à la veille de la révocation de l'édit de Nantes, qui intervient en 1685), il se rend en 1684 à Berlin, chez l'Électeur de Brandebourg, Frédéric-Guillaume, pour le lui proposer. Là encore, cependant, il n'est pas écouté. Alors, malgré son âge, il conçoit le dessein de repartir vers le Levant, une dernière fois. Traversant le Danemark et la Suède, il se rend d'abord à Moscou, d'où il compte entreprendre son grand voyage. Alors qu'il est en pleins préparatifs, la mort le surprend, en mars 1689.

Jean Chardin, un des voyageurs français en Perse, devant le chah Abbas II.

Au-delà d'Ispahan

Au XVIIe siècle, outre les religieux missionnaires qui, tel le père Alexandre de Rhodes, voyagent et séjournent au Moyen-Orient pour y propager le christianisme, **des Occidentaux parcourent ces régions, principalement dans un but d'exploration.**

Le Romain Della Valle, J. de Mandelslo et A. Olearius sont quelques-uns de ces voyageurs. Mais les Français participent activement à la découverte de ces régions, de la Perse à l'Inde. Ainsi **le médecin François Bernier** livre, dans les années 1660, des descriptions admiratives de l'Inde moghole, et notamment de Delhi et d'Agra. De même, **Jean de Thévenot** sillonne la Turquie, l'Égypte, puis la Perse, et rejoint lui aussi l'Inde, entre 1664 et 1667. Enfin, **Jean Chardin,** fils d'un grand joaillier parisien, se rend en Inde en 1665 pour faire le commerce des diamants, gagne la Perse et se fixe à Ispahan. De retour en Europe, il devient agent de la Compagnie anglaise des Indes. En 1677, puis, en 1700, c'est le botaniste **Tournefort** qui est envoyé par Louis XV en Orient.

1673

Marquette et Jolliet descendent le « père des eaux »

L'EXPLORATION DU MISSISSIPPI

Le Mississippi, ou « père des eaux » : la question, à la fin du XVIIe siècle, est de savoir si ce fleuve, reconnu en amont, se jette dans le Pacifique ou dans l'Atlantique.

Un prêtre jésuite et un trappeur québecois : l'alliance réussie de deux hommes à l'histoire et aux tempéraments différents (gravure du XIXe siècle).

Au milieu du XVIIe siècle, l'avenir des possessions françaises d'Amérique repose, pense-t-on, sur les explorateurs. Pour la prospérité du royaume, qui dispose désormais de terres en Amérique du Nord et qui veut participer au grand commerce avec l'Asie, tout dépend de la découverte d'un passage navigable vers l'océan Pacifique. Il faut faire pièce à la fois aux Espagnols et aux colons anglais, voisins et rivaux.

Les Indiens ont déjà indiqué l'existence d'un fleuve d'une extraordinaire largeur, qui traverse longtemps des prairies sans arbres. On l'appelle Mïsipi ou Messisipi (« père des eaux »), on finit par dire Mississippi. Ce pourrait être la voie tant désirée. Mais les distances sont si grandes, les voyages si hasardeux et si périlleux qu'il faut des hommes d'une trempe exceptionnelle pour la reconnaître : Marquette et Jolliet sont de ceux-là !

Une équipe solide

Ils se complètent. Le gentilhomme d'origine lorraine Jacques Marquette, 35 ans, est un homme mûr, à l'échelle de la longévité de l'époque. Jésuite venu de France en 1666, il a une solide formation scientifique et la réputation d'un homme de terrain, ayant consacré, sur place, deux ans à l'étude de la langue et des mœurs des Algonquins. Entraîné par un rêve magnifique, le père Marquette — avec d'autres de ses contemporains — soutient que le Mississippi, dont quelques « coureurs des bois » connaissent le cours en amont, se jette dans la « mer Vermeille » (le golfe de Californie), c'est-à-dire dans le Pacifique, et non dans l'Atlantique. Louis Jolliet, Québécois de 27 ans, conjugue une ardeur juvénile à des dons déjà reconnus d'explorateur et de cartographe. Une sympathie immédiate se noue entre les deux hommes, malgré les différences de leurs parcours et de leurs caractères. Le plus jeune obtient des autorités un ordre de mission officiel et rejoint son aîné à la limite du lac Huron et du lac Michigan, en octobre 1672. Pendant près d'un an, ils préparent ensemble l'expédition.

Indiens et Français au Mississipi : une improbable idylle entre les Occidentaux et les Indiens d'Amérique. Les Indiens, cependant, servirent de guides aux explorateurs occidentaux.

Les moyens de l'exploration

Il faut s'adapter au climat. Dans le nord de l'Amérique, il faut tenir compte des rigueurs terribles de l'hiver : de longs voyages vers l'inconnu, en traîneau ou les raquettes aux pieds, sont à éviter. Puis vient la fonte des neiges, qui rend les déplacements plus difficiles. Bref, les limites de la belle saison s'imposent. Elle n'est pas pour autant de tout repos, notamment à cause des nombreux insectes qui laissent les hommes sans repos.

La nécessité de la voie d'eau. Dans la forêt impénétrable ou les étendues sans pistes, seuls, en fait, les fleuves et les rivières permettent de circuler sur de longues distances. Et il faut s'en remettre à l'expérience des Indiens. Comme eux, on utilise des canots très maniables, à faible tirant d'eau, faits d'écorces ou de peaux, légers et donc facilement transportables à dos d'homme entre deux rivières : c'est l'occasion de découvrir un sentier, ébauche peut-être d'une route future, un « portage ».

Les Indiens, guides indispensables. La présence des Indiens est d'autant plus précieuse qu'ils servent aussi bien de guides que de rameurs et de porteurs. À l'occasion, on emmène des Indiennes pour faire la cuisine, car les explorateurs européens doivent se nourrir comme les prétendus « sauvages », de pemmican (viande séchée) notamment, voire de lichen.

En descendant le Mississippi

Un premier projet de voyage du père Marquette a échoué en raison d'une guerre des Sioux contre les Hurons et les Ottawas. À présent, les Indiens les accablent des plus sinistres prédictions. Les deux hommes partent néanmoins en mai 1673, avec cinq compagnons et deux canots. Tout se passe bien ; ils descendent la baie Verte (Green Bay) à l'ouest du lac Michigan, puis remontent la rivière Renard (Fox River), et enfin, par des chenaux et après un portage, ils rejoignent le cours de l'actuel Wisconsin. Un mois après leur départ, ils naviguent sur le Mississippi, s'extasiant devant la fertilité du sol et l'abondance du gibier, notamment d'énormes troupeaux de bisons. Ayant rencontré les Indiens Peoria sur les rives de l'Iowa, ils ont la stupéfaction d'admirer, sur des falaises, en aval de l'embouchure de l'Illinois, d'immenses peintures représentant des créatures mythologiques. Le Missouri les surprend par la quantité de boue et d'arbres qu'il charrie en se jetant dans le Mississippi. En revanche, un peu au sud, ils ne prennent pas la mesure de l'importance d'un autre affluent du fleuve : l'Ohio. Parvenus au confluent avec l'Arkansas, ils décident de rebrousser chemin.

Mécomptes et coups du sort

Ils sont persuadés être arrivés tout près de l'embouchure — il leur faudrait encore, en réalité, trois semaines de voyage — et désirent éviter toute confrontation avec les Espagnols de Floride : car, ils ne peuvent plus se le cacher, le fleuve les a emportés vers l'est, vers l'Atlantique, et non, comme ils le souhaitaient, vers l'ouest... Empruntant le cours de l'Illinois pour le retour, ils se séparent au bord du lac Michigan, à la fin de septembre 1673. Marquette, renonçant à l'exploration, brûle d'aller évangéliser des âmes, et s'en va avec deux compagnons chez les Indiens Illinois. Parti en octobre 1674, il est terrassé par la maladie, après un hiver au village de Chicago, où l'armée française a établi un poste, et meurt sans pouvoir accomplir la mission qu'il s'était fixée. À Jolliet revient la charge d'aller annoncer à Québec la « mauvaise nouvelle » de la localisation de l'embouchure du Mississippi sur le golfe du Mexique. Privé de ses notes et de ses cartes après un naufrage aux rapides de la Chine, il arrive les mains vides. Pas plus au Canada, où le gouverneur Frontenac lui reproche son amitié avec un jésuite alors que lui-même a maille à partir avec cet ordre, qu'en France, où il se rend ensuite, il ne recueille de succès lorsqu'il soutient l'idée de la fondation d'une colonie sur les rives du Mississippi.

L'ouvrage perdu d'un père jésuite

CLAUDE SICARD EN ÉGYPTE

Supérieur de la mission de la Compagnie de Jésus au Caire, le père Claude Sicard réside dans cette ville de 1707 à 1726. Durant son séjour, il voyage à plusieurs reprises dans le pays afin de convertir les chrétiens coptes au catholicisme mais aussi pour satisfaire la curiosité de personnages aussi éminents que le Régent Philippe d'Orléans.

Homme cultivé — il possède parfaitement l'arabe —, esprit scientifique et critique, le père Sicard est personnellement intéressé par les aspects les plus divers de la civilisation égyptienne, passée et moderne. Il se plie en outre à la volonté du Régent, qui lui demande d'effectuer des recherches sur les monuments antiques. Le jésuite rassemble ses nombreuses observations dans un manuscrit, destiné à être publié. Cet ouvrage, très bien documenté, n'a malheureusement pas été retrouvé après sa mort, survenue au Caire, en 1726, lors d'une épidémie de peste. On en connaît néanmoins le plan et la teneur grâce aux lettres du religieux.

Un voyageur averti

Entre 1708 et 1722, le père Sicard se rend dans le Sinaï, où s'élève le monastère Sainte-Catherine, dans l'oasis du ouadi Natroun, au nord-ouest du Caire, qui abrite d'autres couvents, et dans le désert arabique, où se dressent les monastères de Saint-Antoine et de Saint-Paul. L'infatigable jésuite descend aussi le Nil en direction du Delta et des villes d'Alexandrie, de Rosette et de Damiette, et il remonte le fleuve et la vallée du Nil à deux reprises. Il est le premier Français à atteindre la première cataracte, barrière naturelle entre l'Égypte et la Nubie, et la ville d'Assouan. Claude Sicard perçoit bien la mentalité des Égyptiens, qu'il veille à ne pas heurter. Il tient compte des avertissements qu'on lui prodigue afin de ne pas s'attirer d'ennuis. Ainsi, il prend au sérieux l'idée bien ancrée parmi les villageois de Haute-Égypte que les temples antiques tout comme les vieilles églises fourmillent de trésors cachés. Ces gens considèrent que les Européens, habiles magiciens, ne viennent dans leur région que pour s'emparer de ces richesses. Dans les ruines de l'antique cité d'Antinoë, cela oblige par exemple le jésuite, qui n'utilise ni encre ni plume, à copier à la hâte les inscriptions des monuments afin de ne pas être pris par les autochtones pour « un enchanteur ou un nécromancien ». À Assouan, il parvient à amadouer les Nubiens effarouchés, qui l'accueillent avec leurs armes brandies, en leur offrant du tabac.

L'Égypte chrétienne

L'attention du jésuite se concentre d'abord sur les vestiges d'une Égypte qui fut le berceau du monachisme et la patrie des anachorètes, et sur le christianisme moderne. Pour visiter les monastères de Saint-Antoine et de Saint-Paul, Claude Sicard traverse une partie du désert arabique, situé à l'est du Nil, fort peu fréquentée par les étrangers et donc mal connue. Il en établit la carte à l'aide de son astrolabe. L'accès aux deux monastères, protégés par de hautes murailles dépourvues de portes, se fait par des paniers hissés par les moines. Les religieux, au nombre de quinze à Saint-Antoine et sans doute guère plus nombreux à Saint-Paul, sont des chrétiens coptes,

Paysage du Sinaï avec un monastère chrétien (gravure du XIXe siècle) : un spectacle que dut admirer le jésuite Claude Sicard lors de ses premières pérégrinations égyptiennes.

Tombeaux royaux de Thèbes

« Les sépulcres de Thèbes sont creusés dans le roc, et d'une profondeur surprenante. On y entre par une ouverture qui est et plus haute et plus large que les plus grandes portes cochères. Un long souterrain, large de dix à douze pieds, conduit à des chambres, dans l'une desquelles est un tombeau de granit [sarcophage] élevé de quatre pieds. [...] Salles, chambres, tout est peint depuis le haut jusqu'en bas. La variété des couleurs, qui sont presque aussi vives que le premier jour, font un effet admirable ; ce sont autant de hiéroglyphes qu'il y a de figures d'animaux et de choses représentées [...]. Il y a quelques-unes de ces chambres, où l'on voit différentes divinités représentées sous des figures humaines ; les unes ayant des têtes de loup, les autres de chien, de singe, de bélier, de crocodile, d'épervier. En d'autres endroits, ce sont des corps d'oiseaux avec des têtes d'hommes. »

Père Claude Sicard, Discours sur l'Égypte.

des schismatiques pour l'Église de Rome. Obéissance, pauvreté, chasteté, silence, prière, jeûne et longues séries de prosternations forment l'essentiel de la règle monastique, dure et austère. Les deux monastères comprennent une ou deux églises, des cellules, un réfectoire, un four, un puits, ainsi qu'un jardin où poussent fruits et légumes. Les échanges avec les religieux coptes, imprégnés de superstitions, ne sont guère intéressants. Sicard renonce rapidement à l'idée de les convertir. Les talents artistiques des moines ne forcent pas plus l'admiration du Français que leurs connaissances théologiques. Du décor de l'église de Saint-Paul, le jésuite dit laconiquement : « Le moine qui avait fait ces peintures nous dit qu'il n'avait jamais appris à peindre ; son ouvrage en était une preuve évidente. » Le voyageur se fait ensuite conduire par les moines aux grottes de saint Antoine, de saint Paul et des anciens ermites du désert. En Haute-Égypte, il ne manquera pas non plus de gravir les falaises qui conservent de nombreuses traces du séjour des anachorètes.

Vue du Nil à Philae (peinture de Lear, collection particulière).

Le temple de Philae : le père Sicard, trois quarts de siècle avant l'expédition d'Égypte, fut le premier Européen à en donner une description (dessin de D. Roberts).

Les sites pharaoniques

Quatre-vingts ans avant l'expédition d'Égypte, organisée par le général Bonaparte, le père Claude Sicard accomplit un travail remarquable, qui ne nous est hélas connu que de façon fragmentaire. Dans la région d'Assouan, il décrit le temple de Philae, dédié à la déesse Isis, le temple d'Éléphantine et les carrières de granit exploitées par les pharaons. Il découvre ensuite les sanctuaires de Kom-Ombo et d'Edfou, en partie ensevelis. Il est le premier Européen à assimiler l'antique capitale de Thèbes à la moderne Louqsor et à identifier les tombes royales. Le père Sicard, qui n'a pas les clés pour comprendre les scènes décorant les monuments antiques puisqu'on ignore encore tout de l'écriture hiéroglyphique, a laissé des notes si précises que l'on reconnaît aisément les édifices décrits. Ainsi à Tounah el-Gebel, il évoque un sacrifice au soleil qui est une scène d'adoration de l'astre par le roi Aménophis IV/Akhenaton et son épouse Néfertiti, gravée sur une stèle-frontière de l'antique cité d'Amarna. Le subtil jésuite ne s'est pas limité à l'étude des monuments antiques. Il s'est penché sur les coutumes des Égyptiens de son temps, sur les ressources du pays et son commerce, sur le rôle du Nil, sur les plantes et les animaux, sur les fours faisant éclore les œufs, sur le natron (qui servait pour conserver les momies), et il a dessiné une nouvelle carte du pays, qui corrigeait les erreurs de ses prédécesseurs.

L'ultime recherche d'une grande terre dans le Pacifique

LA DÉCOUVERTE DE L'ÎLE DE PÂQUES

Depuis la fin du XVe siècle, les découvertes de nouvelles terres se sont accumulées, et la vision que les hommes ont désormais du globe se trouve profondément modifiée par rapport à celle que se faisait le Moyen Âge. Pourtant, nombre de mythes subsistent : le Pacifique, en particulier, entretient encore toutes sortes de fantasmes.

En 1722, un marchand hollandais de 60 ans, Jacob Roggeveen, ancien fonctionnaire des Provinces-Unies aux Indes orientales, décide d'en avoir le cœur net. Reprenant une idée que son propre père avait conçue, il s'embarque avec le projet de vérifier les données éparses et trop souvent contradictoires rapportées par les explorateurs précédents. L'homme a obtenu un financement de la Compagnie des Indes occidentales. Il choisit de suivre la route ouverte par Schouten et Lemaire un siècle auparavant. Son but est de préciser la cartographie des îles au sein de l'océan Pacifique, et de confirmer ou non l'existence d'une terre gigantesque, relais à la mythique terre australe que l'on avait si longtemps cherchée, et que l'on baptise, au temps de Roggeveen, « Terre de Davis », du nom d'un marin qui, dans ses récits, dit l'avoir approchée en 1687, au large du Chili.

Sur les traces de Lemaire et Schouten

Trois navires quittent le port du Texel, dans les Provinces-Unies, en août 1721. Les difficultés s'accumulent au fil de leur traversée de l'Atlantique. Afin de se ravitailler, les Hollandais font halte au Brésil — ils y sont d'abord accueillis à coups de fusil par les Portugais. Une partie de l'équipage, séduit par l'argent facile que procure le commerce des esclaves, spécialité du port de São Paulo, déserte ensuite pour se lancer dans cette activité. Enfin, une terrible tempête disperse la flottille, de sorte que deux bateaux seulement se retrouvent, ayant doublé le cap Horn à la fin de l'année 1721. À cause de cette tempête, les bateaux rescapés ont été déroutés très au sud — tellement qu'ils ont manqué apercevoir ce que pourtant ils cherchaient en vain, l'imaginant plus au nord : le continent austral — notre Antarctique. Une escale au Chili permet aux deux équipages épuisés de recouvrer leurs forces, après tant d'épreuves. Ensuite, la petite flotte appareille de nouveau, afin de mener à bien sa mission : l'exploration du Pacifique. Les navires atteignent ainsi l'île Juan Fernández, à l'est du Chili, où ils ont la surprise de retrouver... le troisième bateau de l'escadre, qu'ils croyaient perdu corps et biens ! L'île, un véritable paradis terrestre où pousse en quantité l'avoine et où vagabon-

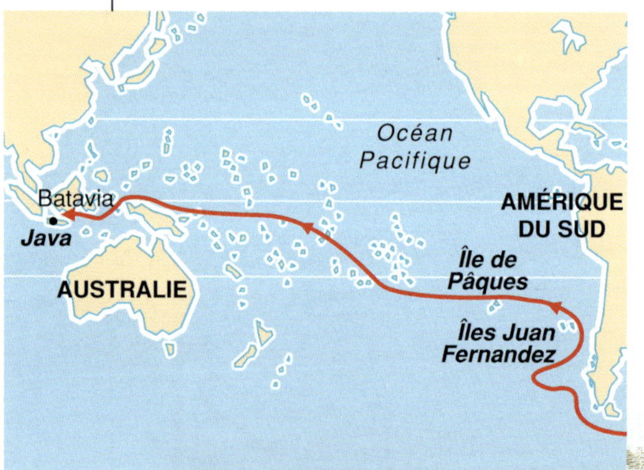

Robinson Crusoé, le naufragé solitaire imaginé en 1719 par Daniel Defoe : la terre où il est rejeté par la tempête est en réalité l'île Juan Fernandez, à l'est du Chili.

Pirogue de l'île de Pâques (gravure du Voyage autour du monde de La Pérouse, 1797).

Une île pauvre et désolée

Dédaignée par Roggeveen, l'île de Pâques frappe les imaginations des générations ultérieures, à cause des grandes statues qui sont dressées sur son sol, **vestiges d'une civilisation inconnue, à coup sûr bien plus ancienne que celle des indigènes rencontrés en 1722.**

Isolée au cœur d'une mer très profonde, cette terre volcanique offre **un paysage désolé, sans grande végétation et de peu d'intérêt économique pour les Européens.** Mais sa situation, sur la route de la Polynésie, lui vaut quelques visites d'explorateurs célèbres.

Ainsi, en 1774 — quatre ans après que l'île est devenue espagnole —, le navigateur anglais **James Cook** aborde ses côtes, et il est frappé à son tour par le spectacle curieux que lui offrent les grandes idoles.

Le Français **La Pérouse** débarque dans l'île en 1786. Cette terre le retient au point qu'il tente d'y implanter de nouvelles formes d'agriculture.

dent des chèvres, est celle-là même où échoua Alexander Selkirk, le modèle de Robinson Crusoé, le personnage créé par Daniel Defoe.

Le mystère de l'île de Pâques

Les trois bateaux ayant repris la mer en direction de l'ouest, le jour de Pâques 1722, Roggeveen aperçoit une terre à l'horizon. Elle est peuplée par des indigènes. Les premiers contacts sont paisibles, jusqu'à ce que, un incident au débarquement ayant provoqué la panique chez les habitants de l'île, le Hollandais, craignant une bataille inégale en hommes, ordonne de faire feu sur la foule. Remplis de stupeur et de crainte, les indigènes laissent désormais les nouveaux venus agir à leur guise. La première exploration de l'île conduit à la découverte d'une grande quantité de statues fichées dans le sol et de taille parfois colossale. Ces statues, au nombre de 550 comme le constate Behrens, un sous-officier qui sert d'historiographe à l'expédition, font l'objet d'une grande vénération de la part des indigènes — mais nul ne peut comprendre d'où vient la pierre qui les constitue, comment elles ont été érigées, et quelle est leur signification exacte. Une autre question qui se pose est celle de l'identification de cette terre. L'île de Pâques, ainsi dénommée d'après le jour où elle fut découverte, les indigènes l'appellent Rappa Nui, est-elle ou non la terre aperçue jadis par Davis ? En comparant les descriptions du XVIIe siècle avec ses propres observations sur place, Roggeveen conclut, sans doute trop rapidement, par la négative. Il quitte donc l'île aux mystérieuses idoles sans même avoir l'idée de la revendiquer pour son pays. (En 1770 seulement, c'est-à-dire près de cinquante ans plus tard, l'île, redécouverte par Felipe González, devient la possession officielle du roi d'Espagne.) Ensuite, les Hollandais rallient la Polynésie, reconnue jadis par Schouten et Lemaire. Ils manquent se perdre sur des récifs coralliens et se dégagent de peu de la myriade inextricable d'îlots où ils se sont égarés. Un navire, d'ailleurs, s'échoue et doit être abandonné, de sorte que deux bateaux seulement atteignent l'archipel des Tuamotu.

Accusé de contrebande d'épices

Roggeveen, alors, voudrait pousser plus loin, explorer la zone de la Nouvelle-Zélande et de l'Australie. Mais l'équipage, las d'errer sur ces mers inconnues, est au bord de la mutinerie. Le Hollandais donne donc à contrecœur l'ordre de rallier les Indes néerlandaises, par un trajet qui lui fait longer les côtes de la Nouvelle-Guinée. Parvenu à l'île de Java, le malheureux est accusé, tout comme l'avaient été Schouten et Lemaire en 1616, d'être passé par des routes interdites dans le but de se livrer à la contrebande d'épices, et ses navires sont saisis. Dès son retour aux Provinces-Unies, il parvient à prouver sa bonne foi et il est indemnisé. Il meurt en 1729.

Si son tour du monde — la dernière grande aventure à laquelle participent les Hollandais — a permis de découvrir l'île de Pâques, il n'a guère amélioré la connaissance du Pacifique. Il faut attendre la seconde moitié du XVIIIe siècle, et en particulier l'expédition de l'Anglais John Byron de 1764 à 1766, pour que les eaux de cet océan, désormais parfaitement balisées, ne puissent plus laisser de place au rêve d'une terre immense et heureuse s'étendant en son sein.

→ **Voir aussi :** p. 166-167 (Schouten et Lemaire au cap Horn) ; p. 184-185 (Le premier voyage de Cook) ; p. 190-191 (L'expédition de La Pérouse).

Premiers contacts avec les indigènes de l'île de Pâques et leurs statues (aquarelle du duc de Vancy).

Un Danois sur les eaux du Pacifique nord

VITUS BÉRING

À l'aube du XVIIIe siècle, le tsar Pierre le Grand (1682-1725) entreprend une exploration systématique de la Sibérie. Il reprend alors à son compte une tâche à laquelle les Occidentaux se sont attelés depuis le début du XVIe siècle : la recherche d'un passage par les mers septentrionales vers la Chine, en suivant les côtes du Vieux Monde.

L'exploration de l'Extrême-Orient russe

Avant Béring, au XVIIe siècle, des opérations de reconnaissance, sans rapport dans les moyens mis en œuvre, ont été entreprises dans l'Extrême-Orient russe, grâce aux cosaques.

De 1644 à 1648, **les cosaques de Dezhnev (ou Dejnev) explorent ainsi l'extrémité de la Sibérie,** à la recherche d'animaux à fourrure. En 1648, ils atteignent le point extrême-oriental de la côte, sans comprendre qu'ils viennent de découvrir le détroit entre la Sibérie et l'Alaska.

Au moment où Béring explore le littoral du Pacifique, deux Russes, **les frères Laptev (ou Laptiev) entreprennent de reconnaître l'océan Glacial Arctique.** En 1739, partant de l'embouchure de la Léna, Chariton Laptev se dirige vers l'ouest et son frère Dimitri vers l'est. Ils établissent une reconnaissance du littoral septentrional de la Sibérie, mais ils ne peuvent trouver une mer libre de glaces et ainsi ouvrir une route maritime susceptible d'être empruntée par le commerce.

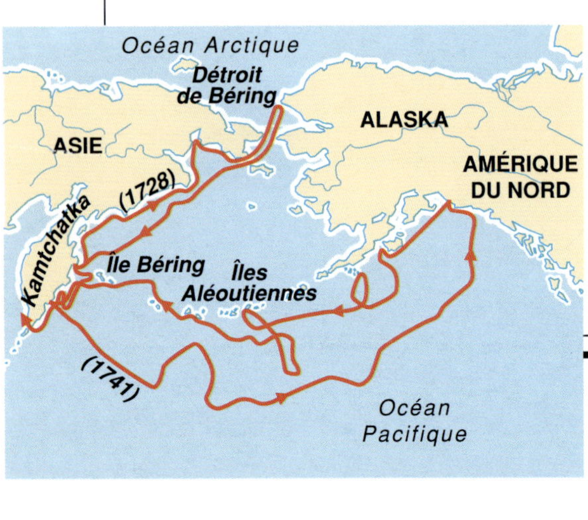

Vitus Béring (1680-1741), un officier danois qui s'était illustré pendant les guerres contre Charles XII, où le Danemark était allié à la Russie, reçoit de Pierre le Grand, dans la dernière année de règne du tsar, la charge de diriger l'ensemble des explorations par voie de mer. Les expéditions qu'il mène durant la décennie suivante conduisent sinon à la découverte d'une route maritime nouvelle, du moins à la reconnaissance d'une zone maritime et terrestre dans le Grand Nord, entre l'Asie et l'Amérique, qui était à peu près entièrement ignorée jusque-là.

Le détroit de Béring

La mission de Béring est d'une nouveauté radicale. Alors que toutes les expéditions navales sont parties de l'Ouest jusqu'alors , lui a pour tâche de remonter les côtes orientales de l'Empire russe, c'est-à-dire de longer les rivages du Pacifique en mettant le cap vers le nord, afin de vérifier, en premier lieu, si le continent américain et l'Eurasie sont reliés par un isthme, ou s'ils sont séparés par un détroit. Béring doit, pour le compte du tsar, reconnaître aussi la côte pacifique de l'Amérique et prendre possession de tous les territoires laissés libres par les Espagnols et les Anglais... Pour cette considérable mission, le Danois recrute un groupe important d'hommes : des officiers de navigation comme lui, des marins, mais aussi des ouvriers de construction navale. Quittant Saint-Pétersbourg avec cette forte équipe, il rallie la péninsule du Kamtchatka, base de départ de l'expédition maritime, par les routes terrestres, parcourant d'ouest en est les territoires soumis aux Russes. Parvenu sur place, il fait construire un navire pour la première fois adapté aux caractéristiques des mers polaires, c'est-à-dire conçu sur le modèle des embarcations utilisées pour le cabotage par les marchands russes des régions arctiques. L'expédition appareille à la mi-juillet 1728. Elle fait donc route vers le nord. Le temps est couvert et brumeux, la visibilité très faible. Le bateau progresse sans rencontrer d'obstacle terrestre, c'est-à-dire d'isthme, mais sans parvenir à voir non plus les côtes américaines. L'océan Glacial est atteint, et le détroit qui porte désormais le nom du Danois est franchi, mais cette découverte géographique ne permet pas au serviteur de la Russie — où règne désormais la tsarine Anna (1730-1740) — de prendre possession de terres nouvelles au nom de ce pays.

Les dangers de la navigation dans le Pacifique nord (gravure anglaise du XIXe siècle).

Une exploration systématique

Le succès du voyage de 1728 amène néanmoins l'impératrice à accorder d'énormes moyens à Béring, pour de nouvelles expéditions. Une mobilisation sans précédent est alors mise en œuvre : les garnisons de Sibérie sont prévenues de devoir apporter toute l'aide nécessaire aux explorateurs des terres d'Extrême-Orient, des dizaines d'officiers, de chercheurs (y compris étrangers : français comme l'astronome Louis Delisle, suédois et allemands), plusieurs centaines de marins, ouvriers et artisans sont dépêchés au Kamtchatka, pour préparer puis engager de nouveaux voyages d'exploration systématique des côtes et de l'intérieur. Il est prévu d'établir des relevés, mais aussi de recueillir des informations sur la zoologie, la botanique, la géologie et la géographie de ces contrées inconnues. Grâce à cette gigantesque entreprise se trouve répertoriée pour la première fois la flore sibérienne, et cartographié l'ensemble du littoral visité. Un port d'attache est fondé pour servir

Pierre le Grand visitant un chantier naval : le tsar de Russie entreprit de faire de son pays une grande puissance navale.

La vie dans le Grand Nord (gravure du XIXe siècle). Dix ans durant, des expéditions partirent du Kamtchatka à destination des régions septentrionales.

de base et de pôle à une éventuelle colonisation : Petropavlosk. Dix années durant à partir de 1733, date d'entrée en activité du port, des expéditions maritimes sont lancées depuis la nouvelle ville, à chaque début de printemps.

La découverte de l'Alaska

Les résultats de ces expéditions ne se font pas attendre. Spangenberg explore l'archipel des Kouriles. Spirikov rallie la côte américaine et longe les côtes de l'Alaska. Enfin, au printemps 1741, une petite division, commandée par Béring lui-même et comprenant des savants naturalistes, traverse le Pacifique. Tandis que l'un des navires, commandé par Tchirikov, s'égare et finit par rentrer après avoir exploré les îles Aléoutiennes, le bateau de Béring parvient en vue du continent américain : il accoste en Alaska en juillet 1741. Le retour est extrêmement pénible : en décembre 1741, Béring meurt lors d'une escale dans l'île qui portera désormais son nom, au large du Kamtchatka, avant d'avoir vu le terme de l'expédition. Les rescapés parviennent toutefois à rallier Petropavlosk en août 1742. La reconnaissance du Pacifique nord a, grâce à eux et aux autres participants des expéditions de Béring, considérablement progressé, et le monde sait en particulier que l'Asie et l'Amérique ne sont pas unies par un isthme.

L'Alaska, colonie russe

L'expédition de Béring et de ses lieutenants a pour principale conséquence la découverte de l'Alaska. On constate dès le premier voyage que cette zone est riche en animaux à fourrure.

L'hégémonie russe. Les Russes prennent possession de cette région au nom du tsar, mais le statut de territoire dépendant de celle-ci n'est défini qu'en 1799. De même, aucun établissement d'envergure n'y est fondé dans l'immédiat. La Compagnie américano-russe est chargée d'exploiter et d'administrer le nouveau territoire. Les Russes se contentent d'installer quelques stations et quelques comptoirs destinés à l'expédition des fourrures, comme Kodiak, Wrangell et Sitka.

L'Alaska aux États-Unis. La contrée finit par apparaître comme trop lointaine et de peu d'intérêt aux gouvernants russes. En 1867, le tsar Alexandre II la vend aux États-Unis d'Amérique pour 7 200 000 dollars-or. Ce territoire, qui recèle des mines d'or dans le Klondyke, exploitées à partir de 1896, devient le quarante-neuvième État de l'Union en 1959.

Du Pérou à Paris en passant par l'Amazonie

LA CONDAMINE DESCEND L'AMAZONE

Le Siècle des lumières voit se multiplier les explorations à but scientifique. La grande forêt amazonienne reste encore totalement vierge. Géographes, botanistes, naturalistes et géologues s'efforcent d'en mieux connaître les caractéristiques.

Le voyage décisif de Charles Marie de La Condamine est pourtant dicté, à l'origine, par d'autres impératifs que la reconnaissance géographique de la région. Un débat considérable agite alors les esprits éclairés. Il s'agit de savoir si la Terre est une sphère parfaite, dont tous les points sont également écartés du centre, ou bien si, au contraire, elle se trouve aplatie à ses pôles. La mesure systématique des méridiens sur la surface du globe est la meilleure manière de répondre à cette question. Le travail ayant déjà été réalisé en plusieurs parties du monde, en 1735, l'Académie des sciences de Paris décide d'apporter son aide à l'entreprise en dépêchant un collège de scientifiques pour effectuer des mesures dans la région mal connue du haut Pérou. La direction des opérations est confiée à La Condamine, parce que ce jeune officier, ami de Voltaire, « connaisseur des sciences » et qui a déjà voyagé le long des côtes africaines, paraît réunir toutes les qualités requises pour mener à bien cette mission.

Une pléiade de savants

La Condamine peut compter sur les services d'éminents spécialistes. L'astronome et mathématicien Pierre Bouguer et Louis Godin, représentants de l'Observatoire de Paris, sont du voyage. On emporte de nombreux instruments — horloges, pendules et chronomètres — afin d'effectuer des calculs de longitude et de latitude. Mais le botaniste et médecin Joseph de Jussieu est aussi parmi les passagers, preuve que l'expédition ne négligera pas de recueillir d'autres informations que celles concernant seulement la mesure de la Terre. L'équipe met la voile depuis La Rochelle et fait route vers les Caraïbes. Elle débarque à Carthagène, puis continue à pied à travers l'isthme de Panamá. Enfin, elle atteint Quito après avoir rejoint les côtes de l'actuel Équateur, alors sous gouvernement espagnol. Les hommes, à pied d'œuvre, commencent à effectuer leurs mesures. L'établissement des calculs de l'arc du méridien terrestre suppose qu'on procède par triangulation. Des repères sont donc installés sur les hauteurs de la Cordillère des Andes, qui encadre le site de Quito. La mission est menée à terme sans encombre. Après quoi, l'expédition se disperse : Bouguer rentre en France, Godin se fixe à Lima, Jussieu demeure à Quito. La Condamine, quant à lui, séjourne plusieurs années à Quito. Passionné par le pays, il veut en mener plus avant l'exploration.

Des Andes à la Grande Selve amazonienne

Assisté du colonel espagnol Maldonado, le Français établit une série de relevés des côtes du Pérou et de son arrière-pays, encore très mal connu des conquérants espagnols. Fasciné par l'Amazone, il décide ensuite d'en étudier le régime et le bassin. Il prépare donc une grande expédition destinée à redescendre le fleuve en partant du haut Pérou et à gagner son embouchure. Ce qui implique la traversée d'une région hostile, totalement inconnue, sur des milliers de kilomètres. Le 11 mai 1743, La Condamine quitte la localité de Cuenca, muni d'instruments d'observation, et s'enfonce dans

L'odyssée de Mme Godin

Devenu cosmographe du roi d'Espagne, un des compagnons de La Condamine, Louis Godin des Odonnais, épouse une Péruvienne. Forcé de quitter Lima après un tremblement de terre, il traverse l'Amazonie pour rejoindre Cayenne et rentrer en France.

Son épouse, qui s'est attardée en Équateur, doit le rejoindre un peu plus tard. L'expédition qui la mène s'égare à travers la jungle inextricable et, au fil des jours, elle reste la seule survivante de son escorte. Après avoir erré des mois durant à travers la forêt, elle finit, grâce à l'aide des Indiens, par rallier tout de même Cayenne !

Mallette pour transporter des plantes (aquarelle de 1785, Paris, Bibliothèque Mazarine)

Un botaniste en Amérique (peinture de Nicolas-Didier Boguet, La Rochelle, musée du Nouveau-Monde). Au Siècle des lumières, l'exploration des terres passe par l'investigation de la géologie, de la flore et de la faune.

À Cayenne, où il est retenu dans l'attente d'un navire, La Condamine étudie les mœurs des populations indigènes, et l'usage qu'ils font des végétaux locaux, notamment de l'hévéa producteur de latex.

la forêt. En plus de neuf mois d'une lente et périlleuse progression dans le milieu difficile de la forêt amazonienne, il recueille quantité d'informations sur les particularités du régime du fleuve et sur la flore locale. Il recueille en particulier de nombreuses variétés de plantes inconnues, dont les propriétés médicinales lui sont révélées par les Indiens.

La découverte du caoutchouc

Une plante attire particulièrement l'attention de La Condamine. Elle est appelée *cahuchu* et fournit une sève aux curieuses propriétés d'élasticité : il s'agit... du caoutchouc ! L'autre surprise de l'expédition concerne la population de la région. Alors que le Français pensait traverser une forêt aussi luxuriante et peuplée d'animaux que vide d'hommes, il découvre que de multiples groupes indiens vivent en Amazonie, et en profite pour étudier les mœurs de ces populations jusqu'alors insoupçonnées. Il ira même jusqu'à affirmer, à son retour, qu'il a rencontré les mystérieuses Amazones, ces femmes guerrières qui se passent d'époux, et dont la mythologie classique de l'Europe fait état.

Ayant enfin rejoint Cayenne, le 26 février 1744, La Condamine se rembarque pour la France. Ses découvertes connaissent un grand retentissement dans la communauté scientifique. Mais le bassin de l'Amazone, comme celui de l'Orénoque, reste encore longtemps fermé à toute intrusion régulière et à toute exploitation systématique des Occidentaux.

De la soif d'or à la curiosité scientifique

L'exploration de la forêt amazonienne n'a pas toujours été motivée par la seule curiosité désintéressée des savants. Le sud-est de la grande forêt a très tôt été parcouru par **des missionnaires courageux, mais aussi par des explorateurs peu recommandables.**

Les chasseurs d'esclaves de São Paulo, surnommés « paolistes », lancent ainsi des raids afin de capturer des Indiens et de les convertir au travail dans les plantations et les mines. Ils se heurtent à l'hostilité des jésuites, qui tentent de protéger et d'éduquer ces Indiens dans les réductions du Paraguay.

Des chercheurs d'or écument aussi cette région, à la recherche du mythique Eldorado. Le Mato Grosso est ainsi exploré par le Portugais Manuel Felix de Lima en 1742. En 1749, l'expédition de Francisco Leme, à partir du Pará, tente de découvrir de semblables richesses en empruntant la voie du Nord.

Les savants sont les autres types d'Occidentaux intéressés par l'étude de cette région équatoriale. Ainsi, en 1672, le physicien **Richer,** envoyé en Guyane par Colbert, constate, en examinant les oscillations d'un pendule de Huyghens, que le diamètre de la Terre à l'équateur doit être plus important qu'entre les deux pôles. Cette observation est à l'origine de l'expédition de **La Condamine,** qui doit se charger d'en vérifier l'exactitude.

Entre 1770 et 1790, **des botanistes** découvrent à leur tour l'Amazonie et ses riches ressources végétales : ainsi, **Joseph Dombey rapporte en Europe le cactus et la verveine, tandis que Pierre Poivre tire de la région de nouvelles épices.**

Le grand empire manqué d'un continent mythique

JOHN BYRON DANS LE PACIFIQUE

Au XVIIIe siècle, l'Angleterre se lance à la découverte du Pacifique. Dès 1740, elle donne mission à George Anson de pourchasser sur cette mer les navires espagnols. Puis, en 1763, le roi George III charge John Byron — un ancien collaborateur d'Anson — de découvrir dans ce secteur des terres sur lesquelles établir sa domination. Trois ans plus tard, deux autres hommes, Samuel Wallis et Philip Carteret, sont envoyés dans le Pacifique, avec une mission similaire.

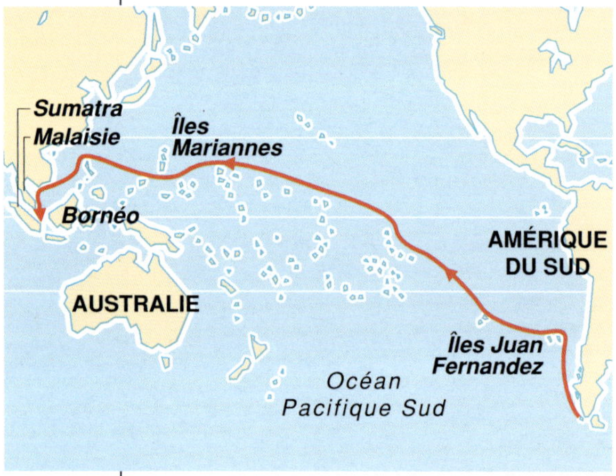

La rencontre de Byron avec les Patagons (gravure du XVIIIe siècle).

Tous ces efforts restent à peu près vains : l'Angleterre, son roi et ses navigateurs ont le tort de croire à l'existence d'un vaste et riche « continent austral » à découvrir au cœur du Pacifique — là où n'émergent, en réalité, que quelques îles.

Les grandes ambitions du roi George

En 1763, encouragé par les rapports encore relativement récents du voyage de George Anson dans le Pacifique, le roi d'Angleterre George III décide d'organiser un voyage de découverte autour du monde, dont les buts principaux seront de découvrir, entre le cap de Bonne-Espérance et le détroit de Magellan, des terres inconnues et d'établir une base aux îles Falkland, site stratégique pour contrôler les mers australes. Le commandement de l'expédition est confié à John Byron, qui a servi comme jeune officier dans la flotte d'Anson, a fait naufrage dans le détroit de Magellan et, repêché par les Espagnols, leur a faussé compagnie après trois années de captivité. En juillet 1764, Byron quitte Plymouth avec une frégate, le *Dolphin,* et une corvette, le *Tamar.*

John Byron, un explorateur désabusé

Conformément au programme dressé par le roi George, Byron fait escale aux îles Falkland, ou Malouines, dont Bougainville a entrepris la colonisation, et — sans tenir compte des prétentions françaises — il en prend possession au nom de la Couronne britannique. Après quoi, le navigateur débarque en Patagonie, où il s'émerveille de la richesse du pays en gibier et en végétation, et où, étrangement, il décrit les habitants comme des géants supérieurs à 8 pieds (près de 2,50 m !). Reparti, Byron atteint le Pacifique et y découvre quelques terres encore inconnues, auxquelles il donne un nom, tout en les annexant : les îles du Roi-George, du Prince-de-Galles, du Désappointement et du Duc-d'York. Mais il n'a jamais eu sur ces îles le sentiment d'avoir débarqué dans le paradis décrit par nombre de voyageurs du XVIIIe siècle. George Anson avait loué les paysages enchanteurs des îles Mariannes, et particulièrement leurs grasses prairies. Byron, qui y aborde le 28 juillet, en pleine saison des pluies, est loin d'éprouver la même admiration. En Malaisie, au sujet de laquelle un autre navigateur, Dampier, avait rédigé des descriptions extasiées, Byron s'indigne d'être accueilli avec hostilité par les indigènes, qui refusent ses dons traditionnels de verroterie et réclament de la bonne monnaie anglaise !

Après une dernière escale à Batavia, l'expédition reprend le chemin de l'Angleterre par les routes habituelles, parvenant en Europe en mai 1766. Si elle a apporté quelques nouveaux territoires au royaume britannique, elle n'a pas permis de découvrir le mythique continent austral et,

Un indigène des îles Marquises (gravure du début du XIXᵉ siècle)

quelques mois après le retour de Byron, de nouveaux voyageurs se lancent vers le détroit de Magellan.

Wallis et Carteret : quelques îles de plus

Le 22 août 1766, trois navires, le *Dolphin,* le *Swallow* et le *Prince-Frederik* — un bateau armé en flûte pour servir à l'approvisionnement —, appareillent de nouveau de Plymouth, cette fois sous le commandement du lieutenant Samuel Wallis. Après des escales aux Falkland et en Patagonie — où des observations d'évidence ramènent la taille des habitants à de plus justes proportions ! —, les bateaux se rendent de nouveau aux Malouines, où ils introduisent nombre d'essences végétales inconnues ou disparues ; puis ils pénètrent dans le détroit de Magellan. Là, une formidable tempête sépare le *Dolphin,* où se trouve Wallis, du *Swallow,* commandé par le capitaine Philip Carteret. Déporté par les vents, Wallis continue sa course vers l'ouest et arrive jusqu'à l'île de Tahiti (Sagitaria), où, premier Européen, il aborde le 17 juin 1767. Après des premiers contacts difficiles avec les indigènes, il se ménage les bonnes grâces de la reine Oberea (ou Puréa) qui l'invite à venir s'installer dans sa résidence pour soigner son scorbut... De grandes fêtes sont organisées par les Tahitiens en l'honneur des Anglais, qui, en échange, leur offrent des clous de fer, un métal inconnu dans l'île, ainsi que des poules, des animaux domestiques, qui s'acclimatent merveilleusement bien sur l'île, et des plants d'orangers et de citronniers. Après avoir quitté Tahiti le 27 juillet 1767 — dix mois avant que n'y débarque l'expédition française de Bougainville —, Wallis revient en Angleterre, non sans découvrir de nouvelles îles, telle celle qui porte son nom et qui deviendra possession française. Quant à Carteret, après sa séparation involontaire d'avec Wallis, il continue seul son périple dans le Pacifique équatorial. Il est le premier à emprunter le canal Saint-George entre la Nouvelle-Irlande et la Nouvelle-Bretagne et découvre plusieurs terres : l'île Pitcairn, la Nouvelle-Bretagne et les îles Sandwich (Hawaï), habitées par les Papous. Les expéditions britanniques, accomplies en même temps que celle de Bougainville, n'ont pu permettre la découverte d'un continent austral. Après le retour de Wallis et Carteret, c'est au capitaine Cook qu'est désormais confié le soin de diriger une nouvelle exploration dans le Pacifique.

→ **Voir aussi :** p. 182-183 (Le voyage de Bougainville) ; p. 184-185 (Le premier voyage de Cook).

À l'origine d'un grand espoir : le butin de George Anson

Alors que la Grande-Bretagne et l'Espagne sont en guerre, **l'amiral anglais George Anson reçoit en 1740 le commandement d'une flotte qui, jusqu'en 1744, accomplit un tour du monde à la poursuite des navires espagnols.**

Bravant les tempêtes et le scorbut, Anson s'empare d'un considérable trésor de guerre. Il se saisit surtout de **documents cartographiques secrets** établis par les Espagnols et qui décrivent les terres du Pacifique : **de manière erronée, mais non intentionnelle, ces cartes décrivent de gigantesques terres au centre du Pacifique, là où n'existent que des archipels.**

Les récits du voyage d'Anson et les révélations apportées par ces cartes sont lus avec beaucoup d'attention en Europe et sont à l'origine du nouvel intérêt porté dans la seconde moitié du XVIIIᵉ siècle par les Anglais à la recherche du continent austral.

La réception du capitaine Wallis par la reine Obérea à Tahiti : l'île, gouvernée par une femme, est décrite comme un éden par les premiers Européens qui y débarquent.

1766-1769

Un dilettante dans le Pacifique

LE VOYAGE DE BOUGAINVILLE

En 1766, Louis Antoine de Bougainville quitte Brest à bord de la frégate la *Boudeuse*. Sur commission du roi Louis XV, il doit explorer l'océan Pacifique où, depuis quelques années, les expéditions anglaises se multiplient. Son voyage, au but imprécis et aux résultats modestes, ouvre l'ère de la grande exploration d'une mer encore extrêmement mal connue.

L'organisation d'un voyage de cette nature revêt plusieurs significations. Certaines sont désintéressées : le globe n'est pas entièrement connu, et il s'agit d'abord de parfaire son étude, en faisant l'inventaire des terres émergées et en les cartographiant. Mais la France vient de subir de très durs revers en Amérique du Nord, face à l'Angleterre, et elle a dû céder le Québec à celle-ci. En subventionnant l'entreprise de Bougainville, Louis XV veut montrer que son pays continue d'être une grande puissance maritime, et que ses possibilités d'expansion outre-mer n'ont pas été atteintes par l'abandon des terres canadiennes.

Bougainville et l'aventure

Rejeton d'une riche famille de bourgeois parisiens, Bougainville, destiné au barreau, a préféré l'armée. Officier dans l'armée de Montcalm, il a participé à l'évacuation des troupes françaises en 1760. Après quoi, en 1764, il s'est lancé, pour le compte d'une société de colonisation, dans l'implantation d'un groupe de Français aux îles Malouines. Ce projet ayant avorté à cause de la décision française de céder ses droits sur l'archipel à l'Espagne en 1766, Bougainville est chargé de repartir, avec pour tâche d'organiser la passation de pouvoir. C'est alors qu'il propose à Choiseul, ministre des Affaires étrangères, de profiter de ce voyage pour se rendre ensuite dans le Pacifique, réalisant ainsi le premier tour du monde accompli par un Français pour le service du roi de France.

De la beauté des filles de Tahiti

« *[...] Malgré toutes les précautions que nous pûmes prendre, il entra à bord une jeune fille qui vint sur le gaillard d'arrière se placer à une des écoutilles qui sont au-dessus du cabestan. Cette écoutille était ouverte pour donner de l'air à ceux qui viraient. La jeune fille laissa tomber négligemment un pagne qui la couvrait et parut aux yeux de tous, telle que Vénus se fit voir au berger phrygien. Elle en avait la forme céleste. Matelots et soldats s'empressaient pour parvenir à l'écoutille, et jamais cabestan ne fut viré avec une pareille activité.* »

Bougainville, Voyages autour du monde.

Tahiti

Parti de Brest le 5 décembre 1766 sur la frégate la *Boudeuse,* et ayant expédié aux Malouines, où il doit donc faire une longue étape, une flûte chargée de vivres, l'*Étoile,* qui accompagnera l'expédition dans la suite du périple, Bougainville passe le détroit de Magellan en janvier 1768. Au printemps (automne austral), il navigue au milieu de l'archipel des Tuamotu et, le 2 avril 1768, aperçoit une haute montagne dominant une île verdoyante : Tahiti. Malheureusement pour Bougainville, l'île a été repérée et visitée au mois de juin précédent par l'Anglais Wallis, commandant la frégate *Dolphin,* et celui-ci en a pris possession au nom du roi George — donnant le nom du souverain à l'île (île du roi George). La douceur du climat, le bon accueil réservé par les habitants, leur prospérité

L'arrivée de la Boudeuse et de l'Étoile en rade de Tahiti (peinture de Gustave Alleaux).

Un explorateur dessinant d'après nature un oiseau exotique (gravure du XVIIIe siècle, Vincennes, Service historique de la Marine).

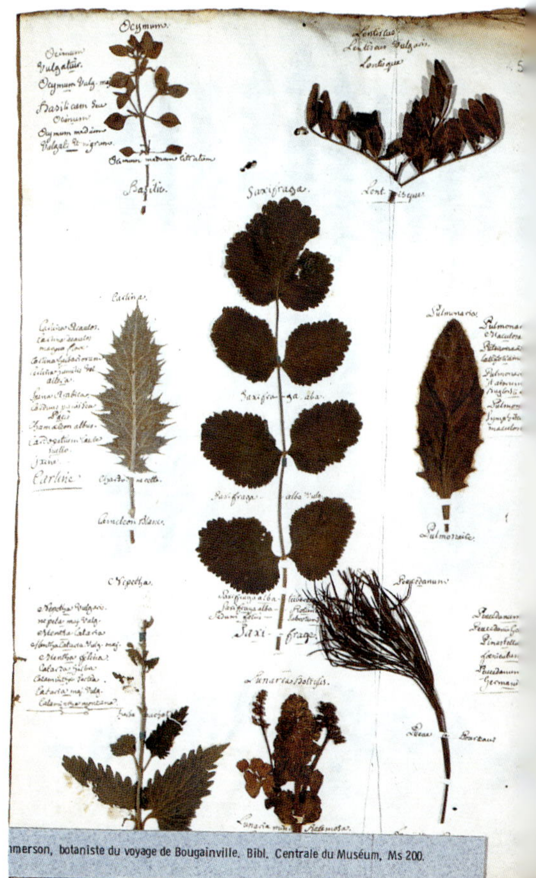

Une des pages de l'herbier de Commerson, le botaniste de l'expédition Bougainville (Paris, bibliothèque centrale du Museum).

font que l'île est perçue par les membres de l'expédition comme une sorte de paradis terrestre. Les Tahitiens — s'étonnent les Français — semblent ne jamais travailler. Pour se nourrir, ils se contentent de pêcher et de cueillir les fruits qu'une végétation exubérante produit en abondance. Ils vivent sans être gênés par le carcan de conventions et de rites qui règlent la société occidentale. La relation, à la fois enthousiaste et nuancée, que fait Bougainville de ses contacts avec les Tahitiens va fournir au thème du « bon sauvage », qui est alors à la mode, matière à un succès foudroyant.

Les découvertes géographiques de Bougainville

Après Tahiti, quittée le 16 avril, la navigation se poursuit, au milieu d'orages nombreux, par 20° environ de latitude sud. Bougainville aborde aux Samoa et aux Nouvelles-Hébrides, terre jamais explorée par les Européens et qu'il nomme Cyclades. Remontant ensuite vers le nord-ouest, il se heurte à la Grande Barrière de corail : il ne peut atteindre l'Australie, faute de découvrir une passe au travers des brisants qui sont continus depuis le tropique du Capricorne jusqu'au golfe de Papouasie. Repartant donc plein nord, la *Boudeuse* et l'*Étoile* atteignent l'archipel de la Louisiade, puis rejoignent les îles Salomon. De là, les routes sont connues depuis longtemps : Bougainville se dirige vers les Moluques, où il fait escale. Son équipage, épuisé, est atteint du scorbut : il devient urgent d'arriver. Les deux bateaux, enfin, sont à Batavia (Djakarta) à l'automne 1768. Le retour s'effectue par le Pacifique sud et le cap de Bonne-Espérance, sans difficultés particulières. Les résultats scientifiques du voyage de Bougainville sont minces. Le Français est un esprit curieux, un amateur de choses nouvelles, de paysages ou d'impressions. Il est parti à l'aventure, sans véritable programme scientifique, même s'il a pris le soin d'emmener avec lui un botaniste et un astronome. Ce dernier, Véron, ramène des calculs intéressants pour la détermination de la longitude. Quant au premier, Commerson — aidé dans sa tâche par un valet qui se révèle être une femme, Jeanne Barré —, sa négligence fait que son herbier est bientôt totalement perdu ! Au reste, l'expédition s'arrête trop peu de temps à chacune de ses escales pour mener des explorations suffisamment approfondies. Au total, Bougainville, qui a cherché longtemps un mouillage, passe seulement neuf jours à Tahiti.

Le retour

La *Boudeuse* et l'*Étoile* abordent à Saint-Malo en mars 1769. Sur les 200 hommes qui étaient partis, 191 sont revenus : les expéditions navales au loin sont généralement plus coûteuses en vies humaines. Sur le bateau se trouve un hôte supplémentaire : un jeune homme, Aoutourou, que Bougainville a ramené de Tahiti. Celui-ci devient quelque temps la coqueluche des salons parisiens, puis, lorsqu'il a fini d'amuser et de s'amuser, il exprime le souhait de rentrer dans son pays. Généreux, Bougainville sacrifie alors une partie de sa fortune pour lui permettre de réaliser son rêve légitime. Le nom de ce navigateur quelque peu dilettante du voyage reste attaché à une grande île de l'archipel des Salomon, à un détroit… et à une fleur, par lui ramenée de l'Amérique du Sud.

→ **Voir aussi :** p. 184-185 (Le premier voyage de Cook).

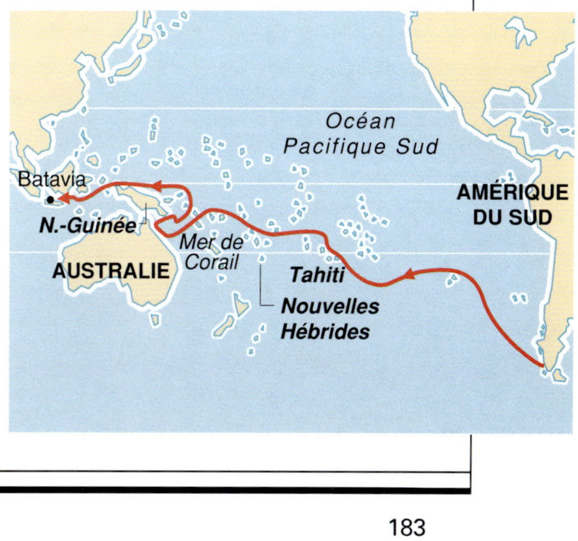

La fin du mythe de la terre australe

LE PREMIER VOYAGE DE COOK

En avril 1769, un mois après l'arrivée de la *Boudeuse* à Saint-Malo, l'*Endeavour*, navire marchand armé par la Royal Navy et commandé par le lieutenant de vaisseau James Cook, jette l'ancre à Tahiti. Son objet : établir des relevés astronomiques. Ses résultats : la première exploration enfin organisée et systématique du Pacifique.

Cook est un fils de domestique de ferme, et il est devenu marin par passion. Placé comme garçon épicier dans son enfance, il se fait engager comme mousse sur un navire charbonnier, et, d'étape en étape, parvient progressivement aux plus hauts degrés de la carrière scientifique et navale. Passé dans la flotte royale, il y est promu pour ses qualités de caractère et sa grande intelligence.

Observer Vénus

Autodidacte, Cook a su en effet acquérir des connaissances scientifiques remarquables en hydrographie, en astronomie et en mathématiques. Il a ainsi établi deux cartes impeccables, l'une de la baie du Saint-Laurent et l'autre des côtes de Terre-Neuve, et il a publié en 1766, dans une des plus prestigieuses revues scientifiques de Grande-Bretagne, un compte rendu très remarqué d'une éclipse de Soleil qu'il a pu observer. Aussi son nom, après quelques hésitations, finit-il par s'imposer à la *Royal Society* de Londres, quand celle-ci décide d'envoyer un homme capable de mener, depuis l'hémisphère Sud, des observations sur un phénomène astronomique exceptionnel qui doit y être visible entre le 3 et le 4 juin 1769 : le passage de Vénus devant le Soleil. Tahiti (l'île du roi George), découverte par le navigateur Wallis en juin 1767, apparaît d'emblée comme le lieu idéal pour mener l'étude projetée. La *Royal Navy,* qui accepte de prêter à la mission bateau et hommes, confie de plus à Cook la charge d'explorer la zone maritime et de résoudre la question, si irritante, et qui partage encore les esprits en cette seconde moitié du XVIIIe siècle, de savoir s'il y a ou non une grande terre (continent austral) au sein du Pacifique !

Une des plantes, nommée Banksia Serrata, *découverte à Botany Bay lors de l'exploration de Cook.*

L'« Endeavour »

Promu pour l'occasion lieutenant de vaisseau, à plus de 40 ans, Cook agit avec une extrême prudence. Contrairement à Bougainville, ce marin

Le débarquement de Cook à Botany Bay, en Nouvelle-Galles du Sud (Australie), en 1770 (peinture de Philipp Fox).

choisit non pas d'armer un prestigieux navire de guerre, mais d'utiliser une embarcation susceptible d'offrir les meilleures conditions de vie à son équipage et, surtout, de transporter suffisamment de vivres pour toute la durée de l'expédition. Il obtient de la marine royale qu'elle rachète un de ces navires charbonniers qu'il a toutes les raisons de connaître, l'*Earl of Pembroke,* rebaptisé pour l'occasion *Endeavour.* Il s'agit d'un navire de dimensions plutôt modestes : 25 mètres de long, 9 mètres de large, mais qui dispose d'une grande cale, et ne doit embarquer que 94 hommes, deux fois moins que la *Boudeuse* de Bougainville. Tenant bien la mer, l'*Endeavour* présente de surcroît l'avantage de pouvoir s'échouer facilement, grâce à une quille droite. On munit le navire de dix canons, à toutes fins utiles. Bougainville, lui, doit faire le voyage avec l'encombrement et le poids mort que constitue l'artillerie complète de sa frégate.

Le Pacifique

Parti de Londres le 31 juillet 1768, Cook franchit le cap Horn en janvier 1769 et atteint Tahiti en avril. Il y reste trois mois pleins, le temps de procéder, avec l'aide d'un astronome, Charles Green, aux observations qui lui ont été demandées. Le temps, aussi, d'observer, beaucoup plus finement que Bougainville n'a pu le faire, la société de Tahiti. Pendant ce temps, un naturaliste, Bank, recueille, de son côté, toutes sortes de renseignements sur la flore et la faune de l'île. Prenant la mer en juillet en direction de l'ouest puis du sud, l'*Endeavour* atteint la Nouvelle-Zélande en octobre 1769. Cook en fait le tour, dressant un relevé systématique des côtes. Ensuite, en mars 1770, il met le cap au nord et atteint une terre, qu'il nomme Nouvelle-Galles : il en prend possession au nom du roi d'Angleterre. Il s'agit de l'Australie, qu'il atteint trop au sud pour avoir été gêné par la Grande Barrière de corail face à laquelle Bougainville dut rebrousser chemin. La baie où Cook aborde est si riche en plantes inconnues de l'Europe qu'il la baptise « Botany Bay ». L'*Endeavour* explore ensuite toute la côte orientale de cette terre. Cook navigue entre la Grande Barrière et la terre : il manque d'y perdre son navire, qu'il doit échouer pour le réparer après avoir heurté un récif. Passant par le détroit de Torrès, entre Australie et Nouvelle-Guinée, Cook rejoint alors des eaux moins inconnues. Il relâche à Batavia pour caréner avant le voyage de retour. L'équipage y souffre de malaria, de dysenterie et de maladies vénériennes. L'*Endeavour* rejoint l'Angleterre le 11 juin 1771. C'est alors, sinon une épave, du moins un navire fatigué et comme désemparé. Cook, malgré ses précautions et son attention à l'hygiène du bord, a perdu la moitié de son équipage. La moisson scientifique qu'il rapporte, du point de vue géographique, ethnologique, botanique et zoologique fait de ce voyage une réussite sans commune mesure avec celle de Bougainville. Et le parcours effectué ne permet plus de douter de l'existence de la terre australe.

→ **Voir aussi :** p. 182-183 (Le voyage de Bougainville) ; p. 186-187 (Les derniers voyages de Cook).

Le vaisseau de Cook échoué sur les côtes australiennes pour y être réparé (gravure des Cartes et figures de voyages du capitaine Cook, *Paris, 1774).*

La choucroute contre le scorbut

*À l'époque des grandes explorations maritimes du monde, la nourriture est la préoccupation principale des chefs d'expédition. Constituée principalement de salaisons et de biscuits souvent gâtés, elle est forcément déséquilibrée, aucune vitamine provenant de produits frais ne pouvant plus être fournie après quelques jours passés en mer. Aussi, lors des longs voyages, les maladies de carence, dont la plus grave est le scorbut, provoqué par l'absence de vitamine C, ne tardent pas à se déclencher. Le mal se signale par un saignement des gencives, puis par la perte des dents et un affaiblissement général, qui se termine par la mort. Dans la seconde moitié du XVIII*e *siècle, les navigateurs apprennent empiriquement à prévenir le mal, au moins dans une certaine mesure : Cook, pour cela, fait manger à ses marins de la choucroute, tandis que d'autres préconisent les jus de citron.*

L'Angleterre et sa marine

Au XVIIIe **siècle, l'Angleterre développe véritablement ce prodigieux outil qu'est la fameuse *Royal Navy,*** qui va lui permettre de dominer le monde au siècle suivant. Contrairement à la France, en effet, l'Angleterre n'a pas à s'engager fréquemment sur le continent. Elle peut donc investir, et lourdement, dans ses matériels et dans son personnel.

Les matériels, ce sont d'abord **les majestueux trois-ponts,** qui embarquent jusqu'à 120 canons et un millier d'hommes. Puis les beaux et redoutables **vaisseaux de ligne** de deux ponts et 74 canons, qui portent plus d'un demi-millier de marins. Enfin, **les frégates,** plus petites et plus rapides (35 canons).

La force de la marine anglaise réside surtout dans **la qualité de son commandement.** À la différence de ce qui se passe en France à la même époque, des roturiers, et non seulement les nobles, peuvent devenir officiers, ce qui augmente considérablement les possibilités du recrutement. La carrière d'un Cook, ainsi, n'aurait pas été possible en France.

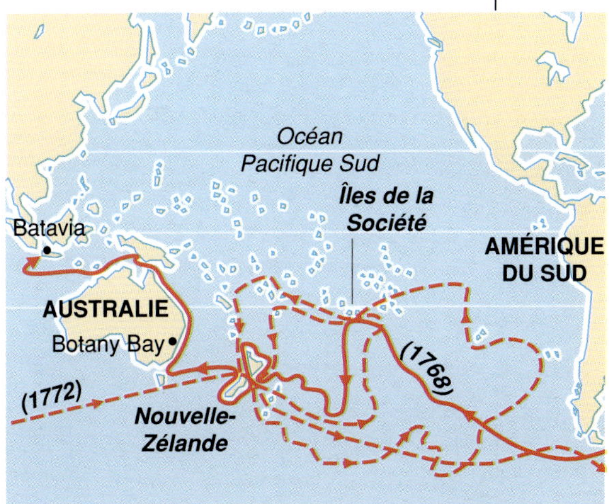

De l'Antarctique aux îles Hawaii

LES DERNIERS VOYAGES DE COOK

Dès le retour de Cook à Londres, à l'été de 1771, le succès de son voyage amène l'Amirauté britannique et la Royal Society à soutenir l'idée de lui donner une suite. Deux autres expéditions sont ainsi organisées. La première se déroule de 1771 à 1775, et la seconde de 1776 à 1780. Cook trouve la mort aux îles Hawaii le 14 février 1780.

Ces deux derniers voyages sont essentiels pour les informations nouvelles qu'ils procurent sur le globe terrestre et sa configuration. Dans sa deuxième expédition, Cook établit l'existence du continent antarctique, substitué au mythe d'une terre australe immense et riche. Dans son troisième et dernier voyage, il améliore la connaissance que l'Occident possède des côtes de l'Alaska, et reconnaît le passage qui sépare l'Eurasie de l'Amérique.

Un continent enfin trouvé : l'Antarctique

Élevé au grade de capitaine de frégate, Cook prend le commandement de deux navires du même type que l'*Endeavour,* des bâtiments de commerce réaménagés, le *Resolution* et l'*Adventure.* Embarquant à bord du *Resolution,* il emporte avec lui les premiers chronomètres de marine, c'est-à-dire des montres suffisamment précises pour donner, en toutes circonstances, l'heure du point de départ, celle de l'horloge de l'Amirauté à Greenwich. Grâce à ces nouveaux instruments, le calcul de la longitude cesse, pour la première fois, de constituer une difficulté insurmontable. Le voyage commence le 13 juillet 1772. Les deux navires mettent le cap sur la pointe sur de l'Afrique et, de là, se dirigent droit vers le sud, jusqu'à la latitude de 67°, atteinte le 16 janvier 1773. Le brouillard sépare alors les bâtiments, qui continuent isolément une navigation extrêmement éprouvante au milieu des glaces, avant de se retrouver en Nouvelle-Zélande. Deux années durant, Cook va tourner autour du continent antarctique, tentant chaque été de s'en rapprocher. La latitude la plus extrême est atteinte au mois de février 1774 : 71° sud, par 109° de longitude ouest. Cela met l'expédition à 120 km, environ, du continent. Cook, au total, aura suivi la banquise sur plus de 40°, soit environ 4 500 km. Les conditions de vie, sous ces latitudes extrêmes, sont éprouvantes pour les équipages, astreints à manœuvrer voiles et cordages gelés par des temps très rudes, même au cours de l'été austral. Peu de monde, cependant, meurt du scorbut, preuve de l'efficacité des mesures que le capitaine impose pour limiter les ravages de la maladie. Durant les étés de 1773 et de 1774, le *Resolution* et l'*Adventure* remontent vers le nord, aussi bien pour permettre à Cook de poursuivre son entreprise de découverte que pour redonner des forces aux équipages. Les îles visitées — Marquises, Tuamotu, Tahiti, Nouvelles-Hébrides — abondent, en effet, en lieux propices au ravitaillement en eau douce de bonne qualité et, surtout, fournissent, en abondance, des vivres frais, indispensables pour lutter contre le scorbut.

Le Pacifique nord

Le retour de Cook en Angleterre, le 30 juillet 1775, après trois ans de navigation, est plus magnifique encore que celui de l'été 1771. La récolte d'informations emmagasinée permet

La rencontre avec les « chevaux de mer »... Le continent austral, dont les esprits du XVIIIe siècle avaient rêvé comme d'une terre de cocagne, se révèle être une surface glacée où l'homme ne peut survivre.

La mort de Cook aux îles Sandwich (peinture de J. Cleverley, Londres, National Maritime Museum).

pour la première de concevoir une idée précise du contour des terres émergées. Pour parachever le triomphe de Cook, et résoudre une autre énigme qui irrite les esprits passionnés de géographie depuis le XVIe siècle, la *Royal Society* fait donner à celui-ci une nouvelle mission. Il s'agit cette fois de reconnaître la côte occidentale de l'Amérique vers le nord, afin de vérifier si cette dernière est ou non rattachée à l'Asie. Bref, Cook doit vérifier, en passant par l'ouest de l'Amérique, s'il existe ou non un passage praticable par les mers du Nord-Ouest, permettant de joindre l'Europe aux côtes occidentales du Nouveau Continent. L'Anglais part de Plymouth en juillet 1776 avec deux navires, le *Resolution,* bon pour une deuxième expédition, et un autre bâtiment, le *Discovery.* Une nouvelle fois, le navigateur franchit le cap de Bonne-Espérance. Suivant une route à peine moins méridionale que lors de son deuxième voyage, il passe par les îles Kerguelen, la Tasmanie et la Nouvelle-Zélande, puis infléchit sa route vers le nord pour rejoindre Tahiti, où il se trouve en août 1777. Il est alors beaucoup trop tard pour se diriger vers le nord. Il faut, par ailleurs, calfater au plus vite les vaisseaux, car il est apparu que ce travail avait été mal fait en Angleterre. En janvier 1778, enfin, les deux navires de Cook découvrent les îles Sandwich (Hawaii), qui, sur le tropique du Cancer, vont leur servir de base de départ pour leur grande expédition nordique. En mars, les bateaux, réparés, atteignent l'Alaska, dont Cook établit le relevé soigneux des rivages.

En août, l'expédition franchit le détroit de Béring. Il est trop tard dans la saison : bloqués par les glaces, les navires doivent faire demi-tour et rentrer à Hawaii, où il leur faut subir un radoub complet.

La mort du dieu vivant

Les navires ont choisi comme mouillage la baie de Kealakekua. Une foule immense et sans armes y accueille les bateaux avec force manifestations d'enthousiasme. Dans la mythologie des habitants de l'île, celui qui s'en va au loin sur les mers et revient, sain et sauf, après plusieurs mois d'absence, ne peut être qu'un demi-dieu. Les hommes apportent des présents, les femmes offrent leur corps aux matelots, heureuses de concevoir ainsi de nouveaux demi-dieux... Cook peut procéder en toute quiétude à la réparation de ses navires et avitailler comme bon lui semble. La surcharge de bouches à nourrir que représentent les équipages, de même que les exigences de leur capitaine en matière d'approvisionnement s'avèrent bientôt lourdes à supporter pour l'île. Le 4 février 1779, l'Anglais met à la voile afin de reprendre l'exploration du Grand Nord, là où il l'a laissée l'année précédente. Une tempête brise, quelques jours plus tard, son mât de misaine. Il lui faut revenir vers Hawaii, au même mouillage. Ce nouveau retour n'a pas sa place dans la cosmographie hawaïenne : attiré à terre, Cook est tué, passant du statut de divinité à celui de victime sacrificielle, au cours d'une rixe qui n'est rien d'autre qu'un meurtre rituel... La mission se poursuit toutefois, et, après un nouvel échec face à la banquise de l'océan Glacial Arctique, rentre en Angleterre, rejoignant Londres le 4 octobre 1780.

→ **Voir aussi :** p. 190-191 (L'expédition de La Pérouse) ; p. 202-203 (Nicolas Baudin en Australie).

À Hawaii (îles Sandwich), la danse des femmes indigènes (lithographie du XIXe siècle). Le premier accueil des indigènes fut hospitalier ; le retour de Cook, en 1779, fut marqué, en revanche, par la tragédie qui entraîna la mort du grand marin anglais.

Un évêque conseiller du futur empereur du Viêt Nam

PIGNEAU DE BEHAINE EN COCHINCHINE

Représentant des missions étrangères en Asie, l'évêque Pigneau de Behaine prend, à partir de 1775, le parti du prince Nguyên Anh, descendant de la dynastie Nguyên qui régnait sur la Cochinchine, et dont la famille a été détrônée par les rebelles Tây Son. Devenu le confident de Nguyên Anh, Pigneau de Behaine négocie pour lui un traité d'alliance avec le roi Louis XVI, et les troupes françaises permettent au prince d'unifier les différentes provinces du Viêt Nam, sur lequel il régnera à partir de 1802, avec le titre d'empereur, sous le nom de Gia Long.

En aidant efficacement le futur empereur du Viêt Nam, Pigneau de Behaine a établi les bases de l'influence française sur cette partie de l'Asie. De 1862 à 1867, les Français justifieront leur colonisation de la Cochinchine par l'œuvre du prélat français.

Une singulière amitié

Pierre Pigneau de Behaine est un simple prêtre lorsque, poussé par le désir de connaître l'Asie et contre la volonté de sa famille, il s'embarque secrètement, en 1765, pour se joindre aux missions étrangères travaillant en Cochinchine, au Cambodge et au Siam. Malgré les guerres civiles qui ravagent cette région et les dangers qu'il court en évangélisant les peuples indigènes, Pigneau accomplit une œuvre missionnaire importante, ce qui lui vaut d'être nommé par le pape, en 1770, évêque *in partibus* d'Adran, puis vicaire apostolique. Les circonstances l'amènent à jouer un rôle de premier plan en Cochinchine, dont il a appris parfaitement la langue. En effet, dans ce pays, la famille monarchique annamite des Nguyên a été renversée par la révolte des pirates Tây Son. Le neveu du monarque destitué, Nguyên Anh, parvient à échapper au massacre en se réfugiant dans la demeure de l'évêque d'Adran et peut ensuite commencer à rassembler ses fidèles dans le delta du Mékong, puis à passer au Siam. Alors commence une longue collaboration entre le prince vietnamien et le prélat français, qu'unissent à la fois les liens de l'amitié et ceux d'intérêts communs. Soucieux de la sécurité des missions françaises, menacées par les rebelles cochinchinois, Pigneau de Behaine devient le conseiller du souverain exilé pour organiser la reconquête de son pouvoir.

Des Cochinchinois en France

La principale difficulté de Nguyên Anh tient dans la faiblesse de ses forces (quelques centaines de soldats et une quinzaine de bateaux), très insuffisantes pour lui permettre d'affronter les Tây Son. L'Angleterre, la Hollande, le Portugal lui ont proposé de façon intéressée des secours. Pigneau de Behaine, conscient de l'importance qu'il y a pour la France d'implanter son influence dans cette région méridionale de l'Asie et de contrebalancer ainsi la puissance anglaise établie aux Indes, parvient à convaincre son royal protégé de solliciter l'aide de Louis XVI. Voilà pourquoi, en 1786, l'évêque d'Adran, accompagné du fils de Nguyên Anh âgé de six ans, de deux mandarins et d'une escorte de Cochinchinois, s'embarque pour arriver en France en 1787. L'accueil qu'il reçoit est extrêmement mitigé. Les prémices de la Révolution française sont

Des funérailles nationales

Inconsolable de la mort, en 1799, de son conseiller et ami, qu'il vénère sous le titre de « maître illustre », le roi Nguyên Anh organise en l'honneur de Pigneau de Behaine un enterrement princier.
Le corps embaumé de l'évêque est exposé pendant deux mois à Saigon et honoré par une foule cosmopolite où les chrétiens d'Asie côtoient les mandarins en vêtements de cérémonie. Pour les funérailles elles-mêmes, conduites par le monarque entouré de sa mère, de sa femme et de ses concubines, le corps du prélat, placé dans un palanquin d'apparat, est accompagné par une escorte de 12 000 gardes armés et de 100 éléphants jusqu'à une petite propriété de Pigneau de Behaine, où a lieu l'inhumation, précédée d'une oraison funèbre prononcée par Nguyên Anh lui-même.
Un deuil national est décrété dans tout le pays, dernier hommage d'un souverain qui doit à un missionnaire français la conquête de son empire.

Les divertissements de la cour en Cochinchine, vus par un artiste européen (gravure du début du XIXe siècle).

déjà suffisamment importantes pour que l'opinion publique se désintéresse de cette ambassade exotique qui, en d'autres temps, aurait suscité la curiosité. Mais l'évêque d'Adran n'est pas homme à renoncer rapidement. À force d'acharnement, il parvient, en faisant valoir les avantages commerciaux et militaires d'une alliance avec la Cochinchine, à obtenir la conclusion d'un traité : le 28 novembre 1787, au nom de Louis XVI, le comte de Montmorin signe à Versailles le document promettant d'envoyer en Cochinchine des frégates, des corps de troupes d'infanterie et d'artillerie et du matériel militaire. En échange de cette aide, le roi de Cochinchine donnera à la France Tourane (aujourd'hui Da Nang) et Poulo Condor ainsi que l'autorisation d'installer des comptoirs commerciaux dans son pays, à l'exclusion des autres puissances européennes.

Un évêque chef de guerre

Revenu en mai 1788 à Pondichéry, Behaine donne au comte de Conway, gouverneur des établissements français en Inde, les instructions royales lui commandant de soutenir Nguyên Anh. Prétextant les dangers d'une telle guerre, Conway refuse d'armer les navires demandés. En 1790, Pigneau de Behaine prend finalement le parti de recruter lui-même des volontaires ! Grâce à l'aide des négociants français de Pondichéry, conscients de l'enjeu de l'opération, l'évêque français parvient à fréter deux petits navires où s'embarquent des officiers français. Bien qu'inférieure à celle promise par le traité de 1787, cette armée permet cependant au prince cochinchinois de prendre définitivement l'avantage sur les Tây Son. Les officiers français enseignent les manœuvres européennes aux soldats du prince, font construire des vaisseaux et bâtir des fonderies. Pigneau de Behaine, s'il ne se rend pour ainsi dire jamais au palais royal, reçoit très fréquemment la visite de Nguyên Anh qui vient le consulter. Dès 1793, l'aide française permet à Nguyên Anh de se rendre maître, progressivement, des principautés d'Annam, du Tonkin et de la Cochinchine. Entrant dans Hanoï en 1801, il prend le nom de Gia Long et règne sur un empire réunifié qui prend le nom de Viêt Nam. Injustice du sort : à cette date, Pigneau de Behaine, mort en 1799, n'est plus là pour assister au triomphe de son royal protégé.

L'entrée des ambassadeurs français dans la rivière de Siam (aquarelle du XVIIe siècle). Les liens anciens de la France avec le Siam furent ravivés à la fin du XVIIIe siècle par la détermination d'un évêque.

N'Guyen Cahn, fils de Gia Long. Le jeune prince de Cochinchine fut mené à la cour de France par Pigneau de Behaine (peinture du XVIIIe siècle, Paris, Société des Missions étrangères).

La réponse de la France aux expéditions de Cook

L'EXPÉDITION DE LA PÉROUSE

Tableau des découvertes du capitaine Cook et de La Pérouse (gravure coloriée du début du XIXe siècle)

En 1785, sur ordre du roi Louis XVI, deux navires sont affrétés : l'*Astrolabe* et la *Boussole.* Leur mission officielle est la reconnaissance du Pacifique nord et la cartographie de ses côtes. Le commandement des navires est confié à Jean-François de Galaup, comte de La Pérouse, l'un des meilleurs officiers dont dispose alors la marine royale.

Louis XVI donnant mission à La Pérouse (peinture de Nicolas André Monsiaux, Versailles, château) : pour donner à la France un héros tel que l'anglais Cook, le roi en personne avait financé l'expédition malheureuse du navigateur.

Le voyage de La Pérouse est voulu et organisé par la monarchie, qui le finance entièrement. Le roi lui-même, passionné par les progrès qu'accomplit alors la connaissance du monde, s'intéresse de près aux préparatifs. Il suit la progression de l'expédition au fur et à mesure que les rapports de La Pérouse parviennent dans le royaume, et c'est sur les instances du roi que, en 1791, en pleine Révolution, l'Assemblée législative décide d'envoyer une mission à sa recherche.

Une mission encyclopédique

Ce que l'on demande à La Pérouse est étonnant de complexité. Au départ, le secrétaire d'État à la Marine, Fleurieu, a dans l'esprit de reconnaître la possibilité d'établir, au profit de la France, un courant commercial entre la côte ouest du continent nord-américain (dont on ignore toujours si on pourra ou non la rejoindre par les mers du Nord-Ouest) et l'Asie. L'entreprise, évidemment, ne pourra manquer de heurter les intérêts des États étrangers déjà impliqués dans le grand commerce avec l'Orient. Aussi La Pérouse doit-il chercher à rassembler toutes sortes de renseignements politiques, économiques et militaires sur les colonies espagnoles, sur la présence anglaise et ses supports, etc. Pour réussir, cependant, cette mission d'espionnage suppose que le navigateur rassemble des informations géographiques précises : il faut pouvoir localiser ce que l'on décrit et le représenter. La Pérouse doit donc d'abord et avant tout cartographier. Enfin, dans l'esprit du roi de France et de Fleurieu, l'expédition confiée au comte de Galaup a aussi pour

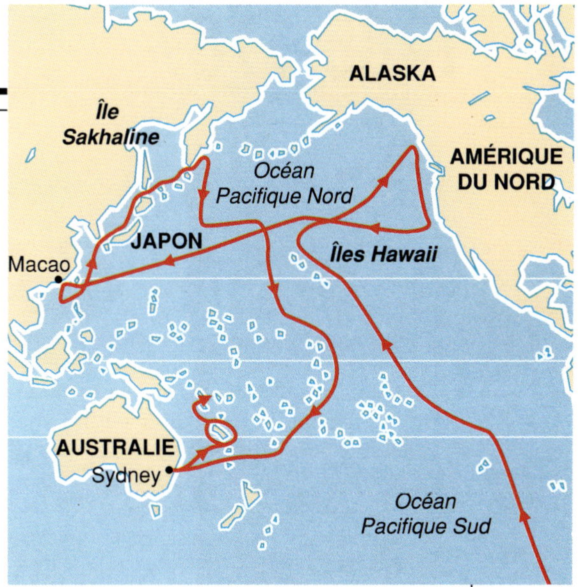

but de faire pendant aux spectaculaires découvertes de Cook, en prolongeant et complétant l'œuvre entreprise naguère par un Français prédécesseur de ce dernier, Bougainville. L'expédition emmènera donc des naturalistes, botanistes, météorologistes, physiciens et astronomes, cautions d'un programme scientifique très complet, élaboré en particulier par le savant Lavoisier.

La préparation matérielle et les conditions de navigation

Deux navires sont prévus, qui doivent embarquer chacun environ 110 hommes. Bien que les équipages et l'encadrement proviennent de la marine royale, ce ne sont pas des vaisseaux de guerre qui sont armés. Fort de l'expérience de Cook, La Pérouse choisit des navires de transport, larges et courts, sûrs et bien adaptés à la mission qu'il doit remplir, en partie simplement parce qu'ils permettent des conditions d'existence moins éprouvantes : la durée prévue de l'expédition est en effet de quatre années ! Il faut prévoir des vivres en suffisance (on en emportera pour trois ans seulement), du matériel, et de quoi commercer pour se procurer de l'eau et des vivres frais. L'un des grands soucis de La Pérouse, qu'il partage avec les autres grands navigateurs de son temps à commencer encore par Cook, est celui de la santé des équipages. Conscient de l'importance d'une alimentation saine dans la prévention des maladies qui déciment les marins et ruinent les chances de succès des expéditions les mieux préparées, il prévoit de se ravitailler fréquemment, et impose une rigoureuse hygiène à bord de ses navires. Il exige ainsi que l'entrepont où dorment les marins soit lavé à grande eau et aéré tous les jours. De semblables préoccupations sont chose nouvelle en cette fin du XVIIIe siècle.

L'itinéraire

L'itinéraire de La Pérouse est pensé de façon à compléter les découvertes de Cook. L'*Astrolabe* et la *Boussole* quittent Brest le 1er août 1785. Les deux navires franchissent le cap Horn le 9 février 1786 et font d'abord escale au Chili, puis à l'île de Pâques. De là, La Pérouse se dirige vers les îles Hawaii, puis vers le continent américain, qu'il touche au mont Saint-Élie, en Alaska. Puis, il suit la côte, dont il relève le tracé, jusqu'à Monterey en Californie. Les deux navires quittent l'Amérique le 26 novembre 1786 pour Macao, qui est atteinte le 3 janvier 1787. L'expédition fait ensuite route vers Manille, où peuvent radouber les navires, avant de repartir pour l'Asie afin de reconnaître Sakhaline. Le passage entre cette île et Hokkaido, découvert lors de ce voyage, porte depuis le nom de l'explorateur. Après une escale au Kamtchatka, les bateaux de La Pérouse font route vers l'Australie.

Le mystère d'un désastre

À partir de là, l'expédition subit un désastre, dont on n'apprendra quelques détails qu'au XXe siècle. Les dernières nouvelles des deux navires français proviennent de *Botany Bay*, où La Pérouse parvient presque en même temps que le premier convoi de forçats *(convicts)* déportés là depuis l'Angleterre. La dernière lettre de La Pérouse date du 2 février 1788, date à laquelle il n'a pas encore appareillé, mais annonce son attention de gagner la Nouvelle-Calédonie et la Nouvelle-Guinée. Il lui reste alors plus d'une année de voyage devant lui, puisque le retour des deux navires en France est prévu dans le courant de 1789. Mais, alors que le chef de l'expédition a, jusque-là, régulièrement envoyé lettres et rapports, à partir de février 1788, plus aucune nouvelle n'arrive en Europe. Très vite, l'opinion s'inquiète et ce d'autant plus qu'elle a suivi avec passion les aventures de cette expédition populaire. Le climat lourdement tendu des mois qui précèdent la Révolution, puis les graves événements de 1789-1790, ne permettent toutefois pas d'organiser une expédition de secours avant 1791.

→ **Voir aussi** : p. 186-187 (Les derniers voyages de Cook) ; p. 222-223 (Dumont d'Urville en Antarctique).

Perdrix mâle et femelle de la Californie septentrionale, gravure d'après le dessin d'un des membres de l'expédition La Pérouse, envoyé avant la tragédie finale (Vincennes, service historique de la Marine).

À la recherche de La Pérouse

L'expédition de d'Entrecastaux. En 1791, sur l'intervention de Louis XVI lui-même, l'Assemblée législative décide de dépêcher une expédition pour aller, soit secourir — on a encore l'espoir de trouver, en quelque lieu du monde, des survivants de l'expédition de La Pérouse —, soit obtenir des informations sur le destin des 200 hommes partis en 1785. D'Entrecasteaux reçoit le commandement de cette expédition. Au cours d'un voyage lui-même dramatique de deux années, il ne trouve aucun indice sur le sort des frégates. Il continue, toutefois, le programme scientifique de son prédécesseur.

Le voyage de Dumont d'Urville. Plus de trente années plus tard, en 1826, un capitaine anglais retrouve fortuitement, dans l'île de Vanikoro, les débris d'un bateau dans lequel il reconnaît l'Astrolabe. La France décide alors d'envoyer sur place une nouvelle expédition, dont le commandement est confié à Dumont d'Urville. L'expédition rapporte quelques fragments du navire, mais ne peut reconstituer les événements qui ont amené à la perte du vaisseau, ni donner d'informations sur le destin de l'autre navire.

La fin du mystère. C'est finalement au XXe siècle seulement que le mystère de la fin de l'expédition La Pérouse se trouve dévoilé. En 1962, un Néo-Zélandais découvre, en effet, l'épave de la Boussole. Celle-ci s'est fracassée sur les récits de corail entourant l'île de Vanikoro. Des vestiges spectaculaires et émouvants sont ramenés à la surface par des plongeurs. Il est certain qu'il n'y a pas eu de survivants.

Des alpinistes en costume de ville

LE MONT BLANC EST VAINCU

Personne n'osera s'aventurer sur le mont Blanc, nommé mont Maudit jusqu'en 1742, avant la fin du XVIIIe siècle (vue prise de la voûte nommée le Chapeau, du glacier des Bois et des aiguilles du Charmoz dans le massif du mont Blanc, gravure de Linck, Genève, Bibliothèque publique et universitaire).

Pendant des siècles, les hauteurs enneigées du mont Blanc enflamment les imaginations, sans que personne ose jamais affronter le « mont Maudit ». La première ascension est réalisée en 1786 par J. Balmat et le Dr Paccart, deux hommes partis de la vallée de Chamonix à l'initiative du naturaliste genevois H. B. de Saussure. Ce dernier, conduit par Balmat, parvient lui-même au sommet l'année suivante, pendant l'été de 1787.

Un an après Balmat et Paccard, au mois d'août 1787, Saussure s'élance à son tour vers le sommet du mont Blanc (aquarelle de Wocher, Genève, Bibliothèque publique et universitaire).

Dès lors, le mont Blanc perd progressivement de son mystère. Grâce à l'exploit des trois hommes, l'ascension des plus hauts sommets ne semble plus impossible et les premières techniques de l'alpinisme commencent à être mises au point.

Les « fous » du mont Maudit

Jusqu'au XVIIIe siècle, les montagnes demeurent des objets de crainte et nul n'ose s'aventurer au-delà d'une certaine altitude. Point culminant de la chaîne des Alpes, la cime enneigée de ce qui reste appelé, jusqu'en 1742, le « mont Maudit », fascine et effraie à la fois. Mais, à l'âge des Lumières, se développent le sentiment de la nature et la passion pour les explorations aventureuses. L'intérêt, alors, se tourne vers ces hauteurs jugées jusqu'alors inaccessibles pour l'homme. En 1741, déjà, deux Anglais, Richard Pococke et William Windham, avaient décidé d'explorer la vallée qui s'enfonce vers Chamonix. Bien armée (on redoute les assauts des « sauvages » qui habitent cette région mal connue), chargée d'un matériel considérable, une petite caravane parvient jusqu'au village de Chamonix dont, contrairement aux craintes des voyageurs, les habitants s'avèrent fort pacifiques. Émerveillés par le glacier sans fin qui entoure les Drus et la muraille du Montenvers, Pococke et Windham le nomment « mer de Glace ». Ils viennent d'esquisser les premiers pas vers la conquête du « mont Maudit ». L'exploit des deux Anglais enthousiasme les Européens et, parmi eux, un jeune Genevois, Horace Bénédict de Saussure qui, envoyé par ses professeurs herboriser dans la vallée de Chamonix, découvre les pentes escarpées du mont Blanc et se promet d'en faire un jour l'ascension. En 1760, il fait afficher sur la porte de l'église de Chamonix l'annonce d'une forte récompense pour qui, le premier, atteindra le sommet de la montagne inviolée. Aux yeux du jeune naturaliste — il n'a alors que vingt ans —, la conquête du mont Blanc ne représenterait nullement un exploit gratuit, mais elle permettrait un véritable travail scientifique, concernant la pression atmosphérique, la géologie, la flore et la faune de ces terres inconnues. Cependant, la récompense ne motive guère les Chamoniards et, pendant vingt-cinq ans, à l'exception de quelques tentatives infructueuses, le mont Blanc garde son secret.

Le 8 août 1786 à 18 h 23

En 1786, enfin, deux hommes de la vallée de Chamonix réalisent le projet insensé de Saussure. L'un, le docteur Michel-Gabriel Paccard, est, comme Saussure, un bourgeois fasciné par l'inaccessible montagne. L'autre, Jacques Balmat, est un paysan. À l'inverse des montagnards qui l'entourent, celui-ci n'est pas sujet aux superstitions : à une époque où l'on croit que rester en altitude provoque inévitablement la mort, il ose, pour chasser le chamois, bivouaquer seul à des hauteurs considérables. Les deux compagnons de Saussure se connaissent déjà depuis un certain temps, car Balmat, chercheur de cristal à l'occasion, comme beaucoup de montagnards, a fourni à maintes reprises en minéraux le cabinet de curiosités du docteur Paccard. Appelé un jour chez Balmat pour examiner sa fillette malade, Paccard propose au paysan de tenter avec lui l'ascension du mont Maudit, en lui promettant l'intégralité de la récompense promise. Le 7 août 1786, alors que le beau temps règne sur la vallée de Chamonix, les deux hommes, simplement équipés d'un bâton, de sacs à dos contenant les instruments scientifiques de Paccard et un minimum d'aliments, empruntent le chemin de la Montagne de la Côte où ils installent leur camp pour une nuit. Le lendemain, l'ascension devient plus pénible jusqu'aux Rochers rouges et aux Petits-Mulets. Malgré la fatigue et le froid, les deux hommes progressent sans se décourager. Tout d'un coup, brusquement, ils n'ont plus devant eux que l'infini du ciel : le 8 août, à 18 h 23 précises, la « première » du mont Blanc est enfin réussie. Après une demi-heure d'expérimenta-

tion, Balmat et Paccard entament leur descente. Dans la matinée du 9 août, les yeux brûlés par la réverbération du soleil sur la neige, ils arrivent à Chamonix, moins de 48 heures après leur départ du village.

Saussure réalise son rêve

Sitôt informé de la réussite de Balmat et Paccard, Saussure se rend à Chamonix pour gravir à son tour les pentes du mont Blanc. Cette saison-là, cependant, le mauvais temps fait obstacle à son entreprise et il lui faut attendre l'année suivante. Le 2 août 1787, c'est une véritable armée qui quitte Chamonix : Saussure, son valet de chambre, Jacques Balmat qui sert de guide, sont accompagnés de dix-huit porteurs chargés de provisions, de bois de chauffage, de matériel de couchage, des instruments scientifiques de Saussure et de son bagage personnel qui ne compte pas moins de 2 redingotes, 3 vestes, 3 gilets, 5 paires de souliers, des pantoufles, des bottes et un parasol ! L'ascension se révèle aussi difficile que celle accomplie par Balmat et Paccard l'année précédente. Saussure, qui n'est plus tout jeune et que sa corpulence handicape, s'appuie sur des perches tenues par deux guides. Le 3 août, le savant genevois atteint enfin le but qu'il s'était fixé vingt-cinq années auparavant. Malgré la fatigue de ses équipiers, il tient à rester quatre heures au sommet pour prendre des notes, mesurer l'humidité de l'air, la température d'ébullition de l'eau et enfin l'altitude, qu'il estime à 2 450 toises, autrement dit 4 775 m, soit une erreur d'une trentaine de mètres seulement. À son retour, il est accueilli en vainqueur à Chamonix : l'alpinisme, mi-exploration, mi-sport et loisir, est né.

Horace Bénédict de Saussure : dès sa jeunesse, le naturaliste genevois désira, par intérêt scientifique, faire l'ascension du mont Blanc (gravure de J. Juel, Genève, Bibliothèque publique et universitaire).

Les femmes aussi

Après les exploits des premiers alpinistes, des pionnières se lancent à leur tour à l'assaut du mont Blanc.

Maria Paradis. En 1808, une servante de Chamonix, Maria Paradis, se joint à une expédition menée par Balmat et, malgré sa fatigue, est hissée par ses compagnons jusqu'au sommet.

Henriette d'Angeville. En 1838, une aristocrate, Henriette d'Angeville, après avoir minutieusement préparé les détails de son aventure, commence l'ascension, vêtue d'un étonnant costume de son invention, pantalon bouffant « à la zouave » et redingote écossaise. Avec six guides, malgré bien des difficultés, elle gagne son pari et la « fiancée du mont Blanc », qui se flatte d'être « la femme la plus haute du monde », jouit d'un triomphe mérité.

Meta Brevoort et Isabella Straton. Mais, pendant le XIXe siècle, peu de femmes suivent son exemple, gênées en particulier par leurs vêtements, bien peu faits pour l'escalade. Il faut attendre 1865 pour qu'une Américaine, Meta Brevoort, sable le champagne sur le sommet du mont Blanc, et 1876 pour que l'Anglaise Isabella Straton réussisse la première ascension effectuée pendant l'hiver.

Un trappeur solitaire atteint le Pacifique

ALEXANDRE MACKENZIE

C'est en tant que commis d'une entreprise canadienne de pelleteries qu'Alexandre Mackenzie, à deux reprises, se lance vers le nord-ouest du continent américain pour trouver de nouveaux fournisseurs chez les Indiens. En 1789, il remonte un grand fleuve qui l'amène jusqu'à l'océan Glacial arctique et, en 1792, il parvient à traverser les montagnes Rocheuses jusqu'au Pacifique.

Des rivalités commerciales amènent ainsi de nouvelles découvertes en Amérique du Nord, et l'aventure isolée d'un marchand de peaux permet de reconnaître des voies inconnues à travers le continent.

Trappeurs et Indiens

Le nord du continent américain, dès le XVIIIe siècle, est essentiellement le territoire des commerçants de fourrures qui, pour satisfaire les demandes européennes, sont obligés d'envoyer de plus en plus loin des trappeurs à la recherche de tribus d'Indiens pratiquant la chasse. La Compagnie de la baie d'Hudson possède pendant longtemps le monopole du trafic des peaux. Mais, en 1784, elle voit ses intérêts menacés par la fondation, à Montréal, de la Compagnie du Nord-Ouest qui se lance dans la conquête de nouveaux territoires de chasse. Un commis de cette nouvelle compagnie, l'Écossais Alexandre Mackenzie, né vers 1764 et fils d'un soldat démobilisé après la guerre d'Indépendance américaine, se voit ainsi envoyé à Detroit, pour traiter avec les Indiens. Accompagné de quelques hommes, Mackenzie s'installe à l'ouest du lac Supérieur. Beaucoup de difficultés marquent la progression de la petite équipe dans ces régions encore peu explorées : aux très dures conditions climatiques s'ajoute la lutte sans merci menée contre eux par les commerçants européens déjà installés qui entravent leur travail, directement ou en excitant contre eux les tribus indiennes. Malgré les obstacles qu'elle rencontre, à partir de 1787, la Compagnie du Nord-Ouest commence à concurrencer efficacement sa rivale plus ancienne. Son poste le plus avancé est installé par Mackenzie à Fort Chippewayan, sur la rive méridionale du lac Athabaska.

Dans les montagnes Rocheuses, qu'il fut le premier à traverser du Canada à l'océan Pacifique, Mackenzie eut à affronter de nombreux périls (peinture de Thomas Moran, Washington, National Collection of Fine Arts).

Vers l'océan Glacial

Depuis longtemps, les trappeurs sont persuadés qu'un fleuve se dirige vers le nord-ouest, atteignant soit le Pacifique, soit ce qu'on nomme l'océan Glacial — c'est-à-dire l'océan Arctique. Convaincu que l'exploration du Grand Nord ne peut être que profitable au commerce des fourrures, Mackenzie obtient de sa compagnie l'autorisation d'y mener une expédition. Le 3 juin 1789, quatre pirogues transportant le trappeur, quelques Canadiens et des Indiens, quittent Fort Chippewayan et atteignent le Grand Lac de l'Esclave, dont les rives se révèlent très riches en gibier. En contournant le lac, les explorateurs découvrent à l'ouest le débouché du fleuve qui portera plus tard le nom de « Mackenzie ». Ils en descendent le cours, dont ils constatent qu'il s'oriente vers le nord, et, le 15 juillet 1789, atteignent une immense étendue de glaces, qu'ils pensent d'abord être de nouveau un lac. Ce n'est qu'en apercevant des baleines circulant au milieu des icebergs, et en constatant que le paysage autour d'eux se transforme au gré d'un mouvement de marée, qu'ils reconnaissent avoir atteint l'océan Glacial. Mackenzie plante alors sur place un poteau portant son nom, et se met en marche vers le sud. Après 102 jours de voyage, ses hommes et lui sont enfin de retour à Fort Chippewayan, le 12 septembre 1789. Grâce à leur expédition, une des voies menant à travers le Canada vers l'océan Arctique se trouve reconnue.

Vers le Pacifique

Après ce premier succès, Mackenzie se met en tête de tenter une autre entreprise entièrement inédite, dans le droit fil de sa précédente mission : explorer les voies d'eau qui pourraient permettre de relier le Canada à l'océan Pacifique. Au cours de sa première expédition, il a regretté à maintes reprises de n'être pas capable d'interpréter scientifiquement des paysages foulés pour la première fois par d'autres que des indigènes, et particulièrement d'être inhabile à repérer sa position dans l'espace. Pour améliorer ces performances, il se rend en Angleterre où il se soumet à une formation accélérée en astronomie, géographie, et dans le domaine des techniques d'évaluations topographiques. Ces préparatifs l'occupent jusqu'en juillet 1792, date à laquelle, de retour à Fort Chippewayan, il se trouve prêt à repartir. Le voyage s'avère beaucoup plus périlleux que le précédent. Comme lors de sa précédente mission, Mackenzie utilise des canots d'écorce, empruntant le cours des rivières pour réaliser l'essentiel de sa tentative de jonction. Il s'engage donc à partir du lac Athabaska sur la rivière de la Paix (Peace River), qu'il lui faut remonter à contre-courant vers l'ouest. Mais la barrière naturelle formée par la chaîne des montagnes Rocheuses interrompt à plusieurs reprises sa navigation. Plusieurs fois également, des cataractes contraignent Mackenzie et ses compagnons, à débarquer pour continuer à pied en portant les pirogues. À partir de mai 1793, après un hiver passé sur place dans une cabane en rondins, les hommes doivent constamment alterner navigation et marche à travers les forêts. Grâce aux renseignements d'un Indien, Mackenzie parvient à trouver un passage par un petit fleuve coulant vers l'ouest. Ainsi, il arrive enfin sur la côte du Pacifique, sur le détroit de Dean, à proximité des îles du Prince-de-Galles. Avec de la peinture vermillon, il écrit sur un rocher : « Mackenzie, venu du Canada par voie de terre le 22 juillet 1793 ». Après avoir établi un certain nombre de relevés astronomiques, il reprend le chemin de Fort Chippewayan, où il arrive le 23 août 1794. Il retrouve alors son activité de pelletier et seule la publication de ses notes de voyage, en 1801, fait connaître en Europe l'intérêt géographique des deux expéditions de ce voyageur discret, mort en 1820.

Mackenzie faisant naufrage sur le fleuve auquel il donna son nom.

Envoyé par la Compagnie du Nord-Ouest pour acheter des peaux aux Indiens, Mackenzie installe un comptoir à l'ouest du lac Supérieur (peinture de Frederick A. Verner, Ottawa, Galerie nationale du Canada).

Un précurseur : Samuel Hearne

La rivière de Cuivre. C'est pour le compte de la Compagnie de la baie d'Hudson qu'en 1769 Samuel Hearne part à la recherche du grand fleuve qui, d'après les Indiens, coule vers le nord à travers des territoires riches en gibier. Il doit faire plusieurs tentatives infructueuses avant d'atteindre, en 1771, la rivière de Cuivre (Coppermine) qu'il suit jusqu'à apercevoir, au loin, une étendue d'eau qui ne peut être que la mer.

Une mer, dont il faut taire l'existence. Cependant, Samuel Hearne revient à son point de départ sans poursuivre ses investigations. Mieux, il ment effrontément après son retour, prétendant que le « passage du Nord-Ouest » n'existe pas... alors qu'il l'a aperçu dans sa lunette. Il y a là en cause de puissants intérêts économiques : les Canadiens entendent conserver le strict monopole de ces grandes réserves de bêtes à fourrure que constitue le Grand Nord américain.

Un secret mal gardé. Mais un des compagnons de Hearne fait partie plus tard de l'expédition de Mackenzie et peut ainsi fournir à ce dernier des renseignements précieux sur ces régions inconnues.

1795-1805

À la découverte du fleuve Niger

LES AVENTURES DE MUNGO PARK

Avec la descente du Niger à partir de 1795 par l'Écossais Mungo Park, l'intérieur de l'Afrique s'ouvre aux Européens, surtout intéressés jusque-là par des activités commerciales impliquant les côtes du continent noir. Le journal de voyage de Mungo Park, qui peut être considéré comme le premier véritable travail ethnographique sur l'Afrique, connaît une célébrité immédiate.

En descendant le fleuve Niger, dont on ignore alors tout, Mungo Park suscite un vif intérêt chez ses contemporains.

Premier Européen à s'aventurer dans les régions du cours du fleuve Niger, Mungo Park a éveillé l'intérêt des Occidentaux pour cette partie inconnue de l'Afrique.

Un médecin prêt à l'aventure

« Se rendre jusqu'aux bords du Niger, tâcher de reconnaître exactement le cours de ce fleuve depuis son embouchure jusqu'à sa source, visiter les principales villes qu'il arrose, surtout Tombouctou », tels sont les termes de la mission que l'*African Association* confie, en 1795, à un médecin de vingt-trois ans, Mungo Park, un jeune homme blond-roux à la frêle apparence, choisi pour la seule raison qu'il a déjà voyagé à Sumatra et qu'il se montre tout prêt à vivre de nouvelles aventures lointaines. L'existence du fleuve Niger est connue depuis l'Antiquité, mais les informations le concernant sont tellement vagues qu'on ne sait s'il se dirige vers l'ouest ou vers l'est, si son embouchure se situe dans la mer ou dans un lac, et certains disent même qu'il pourrait constituer le cours supérieur du Nil, ou un de ses affluents. Mungo Park débarque à l'embouchure du fleuve Gambie et, profitant de l'hospitalité d'un négociant britannique de Pisania, il passe plusieurs mois à apprendre la langue des Mandingues, la principale ethnie de la Gambie, ainsi qu'à recueillir des renseignements sur le pays et sur ses habitants. En décembre 1795, avec deux interprètes, un cheval et deux ânes portant quelques marchandises, des instruments de mesure et deux fusils, Park se dirige vers l'est en suivant le trajet des caravanes. De nombreuses péripéties émaillent sa marche jusqu'à Ségou, but qu'il s'est fixé. Dans le pays de Boudou habité par des Foulas, il étonne les femmes du roi par son long nez. Dans le royaume Sarakolé de Galam, une partie de ses marchandises est prélevée comme péage, le reste disparaissant à l'étape suivante dans le royaume de Kasso fondé par des Peuls. Seul le souverain de Kaarta reçoit le voyageur avec aménité : il lui conseille d'ailleurs de revenir en arrière en raison de la guerre qui l'oppose au royaume bambara de Ségou. Mais Mungo Park refuse de suivre son avis et continue vers Ségou.

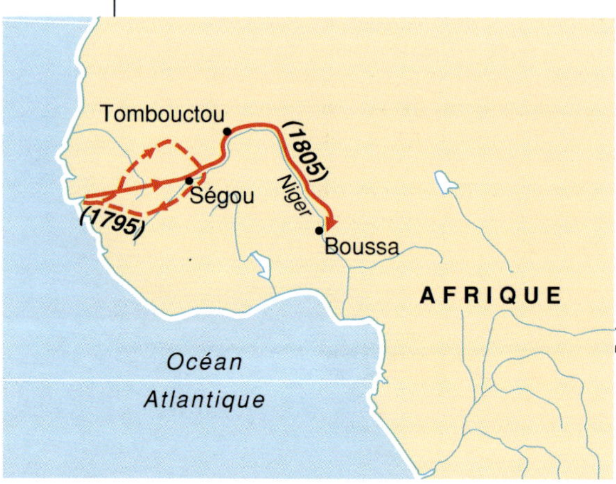

La descente de la rivière « Joliba »

L'effroi ou l'ironie que « l'homme blanc » a suscités chez les Africains ne sont rien en comparaison des mésaventures que celui-ci va connaître chez les Maures musulmans. Capturé en mars avec ses compagnons, par les guerriers du roi Ali, Park est amené dans le camp de ce dernier où il est victime de multiples brutalités et d'humiliations. Il trouve le courage de mettre à profit sa captivité pour apprendre l'arabe et noter ses observations sur les mœurs des Maures. En juin 1796, il profite de la guerre qui sévit dans la région pour s'évader, seul, bien décidé à atteindre le fleuve Niger. Surmontant la faim et la soif, il finit par parvenir à Ségou, capitale du Bambara située sur la rivière « Joliba », qui n'est autre que le Niger et qui, comme Park l'a pressenti, coule vers l'est. Le roi de Ségou, Mansong, refuse de le recevoir ; prudent, il consent pourtant à donner à ce Blanc démuni de tout un sac de 5 000 cauris (coquillages servant de monnaie) ainsi qu'un guide pour le conduire à Djenné. En fait, Park ne peut descendre le grand fleuve que jusqu'à Sansanding et Silla. Malade et craignant les dangers de nouvelles rencontres avec les Maures, il décide de revenir en arrière. Prenant par le sud, il traverse le territoire des Mandingues. Séjournant pendant la saison des pluies chez un commerçant de Kamalia, il y complète ses notes d'observations. En avril 1797, il se joint à une caravane en marche vers la Gambie. En décembre 1797, il est de retour en Angleterre.

Le dernier voyage de Mungo Park

Park, que tout le monde a cru mort, est accueilli triomphalement et l'*African Association* le presse de publier ses observa-

C'est seulement avec deux interprètes et quelques provisions que Mungo Park s'élance à la découverte du Niger.

tions. En 1798, paraît *Travels in the Interior Districts of Africa,* le premier ouvrage sur l'Afrique à présenter un caractère véritablement ethnologique. Park y décrit les pays, les conditions climatiques, les productions qui, tels l'or et l'ivoire, peuvent intéresser les commerçants européens. Mais il s'attarde également sur les us et coutumes des peuples qu'il a côtoyés, sans jamais se laisser aller à un jugement intellectuel ou moral. Traduit en plusieurs langues, l'ouvrage de Mungo Park ouvre de nouveaux horizons aux explorateurs européens. Son auteur, qui s'est retiré en Écosse, reste longtemps en marge de la notoriété que lui assurent ses exploits.

Cependant, lorsqu'en 1805 on lui demande d'organiser une nouvelle expédition vers les rives de la « Joliba », il accepte sans hésiter. Il est, cette fois, accompagné par des hommes armés et des savants, « pour élargir le commerce britannique et les connaissances géographiques ». Or, cette seconde expédition, qui passe par Famélé, puis par Bamako, tourne mal : un grand nombre de ses membres, décimés par les maladies, meurent pendant le voyage. Quittant Sansanding en bateau le 19 novembre 1805, les survivants, parmi lesquels Park lui-même, descendent le Niger sur plusieurs centaines de kilomètres, puis disparaissent mystérieusement. Les recherches effectuées par l'*African Association* permettront d'apprendre qu'ils ont été assaillis en aval de Bussa par des riverains hostiles, et ont péri noyés.

→ **Voir aussi :** p. 216-217 (Richard et John Lander).

L'« African Association »

À Londres, en 1788, est créée une association destinée à financer des voyages d'exploration à l'intérieur du continent africain. **L'*African Association* (qui est la future *Royal Geographical Society*) naît de la passion d'un aristocrate, sir Joseph Banks,** président de l'Académie des sciences, qui, compagnon de Cook dans un de ses voyages, est avide de nouvelles découvertes.

Avec une douzaine de ses amis, aristocrates ou bourgeois fortunés, Joseph Banks fonde un « club », élargi ensuite en association. **Chaque sociétaire paie une cotisation de cinq guinées** et les ressources ainsi réunies servent à **subventionner des voyages en Afrique. Les premières explorations financées par *l'African Association,* sont des échecs :** l'Américain Leydard meurt au Caire avant d'avoir pu pénétrer au Soudan ; l'Anglais Simon Lucas, parti de Tripoli, abandonne très vite son projet ; quant au major Daniel Houghton, qui prévoit de découvrir la Gambie, il est attaqué et sans doute assassiné par des Maures.

Sans toutefois se décourager, l'*African Association* **agrée alors la candidature de Mungo Park.**

Discussions animées à Londres, à l'« African Association », la future « Royal Geographical Society ».

Une exploration scientifique sans précédent

L'EXPÉDITION D'ÉGYPTE

À la fin du XVIIIe siècle, et pour la première fois depuis la campagne d'Alexandre le Grand en Asie (330-325 avant notre ère), une armée s'aventure dans un pays à conquérir avec une nombreuse équipe de savants. La décision d'emmener des scientifiques en Égypte revient au chef de l'expédition, qui n'est autre que le général Bonaparte.

Après la paix de Campoformio en 1797, la France n'est plus en guerre qu'avec l'Angleterre. Ayant conclu à l'impossibilité d'un débarquement, Bonaparte, qui a été nommé général en chef de l'armée d'Angleterre, propose, avec Talleyrand, de porter la guerre en Égypte : cela permettra de couper la route de l'Inde aux Anglais et de s'assurer le contrôle de la mer Rouge. C'est le général Bonaparte qui est chargé de l'expédition. Militairement, celle-ci s'avérera dramatique : trois ans plus tard, en septembre 1801, l'armée française, alors commandée par le général Menou, se rend aux Anglais ; ceux-ci rapatrient le corps expéditionnaire, les savants et leurs documents. Sur le plan scientifique, en revanche, l'expédition est une belle réussite.

La Commission des sciences et arts

Aux trente-cinq mille soldats recrutés pour former l'armée d'Égypte, Napoléon Bonaparte adjoint une équipe de cent cinquante et un hommes, comprenant des personnalités de grand renom comme les mathématiciens Gaspard Monge et Joseph Fourier, le chimiste Louis-Claude Berthollet, le zoologiste Étienne Geoffroy Saint-Hilaire, le géologue et minéralogiste Dieudonné Dolomieu. À ces savants célèbres s'ajoutent une quarantaine d'élèves de l'École polytechnique récemment créée, des ingénieurs, des architectes, des astronomes, des botanistes, des économistes, des artistes, des musiciens et des imprimeurs. Cette équipe, baptisée « Commission des sciences et arts », a pour mission d'étudier le pays de façon exhaustive et de recueillir le plus de renseignements possible sur son état passé et moderne. Des médecins ainsi que des officiers et des ingénieurs militaires apportent leur concours à la Commission. En novembre 1799, le général Kléber succède à Bonaparte, revenu en France au mois d'août précédent. Le nouveau commandant en chef de l'expédition a l'idée de rassembler dans une vaste publication collective les travaux — dessins et mémoires — des savants et des artistes. L'ouvrage, qui porte le titre de *Description de l'Égypte, ou recueil des observations et des recherches qui ont été faites pendant l'expédition de l'armée française,* paraît entre 1809 et 1828. Il se compose de dix volumes de planches, de neuf volumes de texte et d'un atlas.

Une civilisation sortie de l'oubli

L'équipe de savants découvre l'Égypte dans des conditions difficiles et souvent dangereuses. Il leur est impossible de circuler seuls dans ce pays en guerre. Que ce soit dans le Delta, dans la vallée du Nil ou dans les déserts, ces hommes sont contraints de suivre les soldats. Il n'est pas rare qu'ils aient à refermer brusquement leurs portefeuilles de dessins pour s'enfuir. Dès octobre 1798, le diplomate et administrateur Dominique Vivant Denon parcourt le pays avec l'armée du général Desaix qui poursuit les troupes ennemies. Il est le premier membre de l'expédition à publier un récit de l'aventure égyptienne. Celui-ci s'accompagne de dessins des monuments antiques, mais ces reproductions sont entièrement dépourvues de prétention scientifique. Il n'en va pas de même des planches gravées de la *Description de l'Égypte.* Les relevés soigneux qui sont à l'origine de ces illustrations sont dus, pour la plupart, à deux jeunes gens, Prosper Jollos et Édouard Devilliers. Ces deux hommes, ingénieurs fraîchement sortis de l'École polytechnique, arrivent en Égypte en 1799. Membres de la sous-commission qui étudie le régime du Nil et le système d'irrigation, ils se passionnent bien davantage pour les monuments anciens qu'ils découvrent. Sitôt achevé le travail qui leur est imparti, ils se hâtent vers les monuments. Les temples de Dendérah, Esnèh, Edfou, Kom-Ombo, Philae, Louqsor et Karnak, ainsi que Thèbes, l'ancienne capitale des pharaons avec ses temples et ses tombeaux, et, enfin, des sites aujourd'hui disparus comme l'ancienne Antinoë, érigée par l'empereur romain Hadrien, reprennent vie sous leurs crayons. Avant même le déchiffrement des hiéroglyphes par Jean-François Champollion en 1822, le reportage de Vivant Denon et surtout la partie antique de la *Description de l'Égypte,* qui demeure encore un livre de référence, donnent naissance à une nouvelle discipline : l'égyptologie, ou étude de l'Égypte ancienne.

Une étude complète

Outre les antiquités, les savants traitent de nombreux sujets. Une enquête, intégrée au relevé de la carte de l'Égypte, leur demande de noter le nom arabe des localités visitées, de dénombrer les habitants et les familles, de décrire les occupations des villageois et des citadins. D'autres membres de l'expédition partagent puis évoquent la vie des nomades du désert. Les médecins font l'inventaire des maladies rencontrées dans le pays — trachome, peste bubonique, tétanos, lèpre, fièvre jaune. Les botanistes classifient et dessinent les plantes sauvages et les plantes cultivées. Les minéralogistes étudient les roches et les pétrifications. La politique et l'économie sont également passées au crible. Ces travaux sont exposés par les savants à l'Institut d'Égypte, fondé en 1798 par Bonaparte sur le modèle français.

Dans des conditions parfois très difficiles, les savants font des copies minutieuses des décorations murales des tombeaux des pharaons (planche de la Description de l'Égypte, *Valenciennes, bibliothèque municipale).*

La Bataille des Pyramides, le 21 juillet 1798 (peinture de Lejeune, Versailles, château).

Protégés par les militaires, les savants découvrent la civilisation antique égyptienne (planche de la Description de l'Égypte, *Paris, Bibliothèque nationale de France).*

La passion de l'Égypte antique

« Le temple de Denderah, en dehors de toutes ses beautés, renferme un monument d'intérêt capital : je veux dire le fameux zodiaque circulaire découvert par Desaix et Denon (le relief, qui ornait le plafond d'une salle du temple, est aujourd'hui conservé au musée du Louvre) […] Nous voulûmes en avoir une représentation fidèle permettant d'étudier exactement les connaissances astronomiques des anciens Égyptiens.

Ce travail fut long et pénible ; placé dans une petite chambre construite sur le haut du grand temple, le zodiaque se trouve dans une obscurité presque complète.

Il nous fallut le copier, la plupart du temps avec de mauvaises lumières. Comme il est au plafond et très noirci par une sorte de fumée, pour bien discerner un signe il nous fallait souvent regarder de longs instants dans une position des plus incommodes. »

Édouard de Villiers du Terrage, Journal et souvenirs sur l'expédition d'Égypte, *1899.*

Deux savants explorent la jungle sud-américaine

HUMBOLDT ET BONPLAND

Grâce à leurs observations et à la documentation qu'ils rapportent de leurs voyages, Humboldt et Bonpland font considérablement progresser les connaissances scientifiques sur l'Amérique du Sud (aquarelle de Turpin).

Les voyages scientifiques français au début du XIXe siècle

1816-1822 : voyage du naturaliste Augustin de Saint-Hilaire au Brésil. Il en rapporte d'importantes collections botaniques et zoologiques et compose des ouvrages sur les mœurs des habitants.

1817-1820 : voyage de Claude de Freycinet dans les mers Australes. Son expédition, où figurent Arago et Duperrey, est destinée à étudier le magnétisme terrestre et la météorologie. Freycinet rapporte en France de nombreux spécimens de fossiles, de plantes et d'insectes.

1822-1825 : voyage de Louis-Isidore Duperrey autour du monde. Il effectue à Tahiti et en Nouvelle-Guinée des relevés hydrographiques, et Dumont d'Urville, qui fait partie de l'expédition, rapporte un herbier de 3 000 plantes, pour la plupart inconnues.

Humboldt et Bonpland remontant le cours de l'Orénoque. (gravure d'après une peinture de Ferdinand Keller).

Parmi les plus étonnants explorateurs du XVIIIe siècle, figure l'Allemand Alexandre von Humboldt qui, avec son ami Bonpland, a rassemblé des collections inestimables sur la géologie, la faune et la flore de l'Amérique du Sud. De 1799 à 1804, ces deux scientifiques à la curiosité inlassable parcourent les colonies espagnoles d'Amérique et enrichissent le domaine des connaissances mondiales par leur œuvre monumentale.

Dernier grand savant aux connaissances encyclopédiques, Humboldt (1769-1859) trouve dans le monde un inépuisable champ de découvertes qui, pour lui, se rattachent à une conception romantique de l'Univers.

Un esprit scientifique d'exception

Fils d'un officier prussien, Alexandre von Humboldt reçoit une éducation d'avant-garde, puis étudie dans les universités les plus prestigieuses (Francfort-sur-l'Oder, Göttingen, Hambourg, Freiberg). Il dispose, dès l'âge de vingt ans, d'un savoir exceptionnel touchant les techniques, la chimie, l'astronomie, la climatologie, la géologie, la botanique, etc. Comme beaucoup de ses contemporains, il croit en une harmonie universelle de la nature, et sa curiosité inépuisable s'accompagne d'une réflexion sur les forces vitales de l'Univers. De 1790 à 1798, il complète ses connaissances en séjournant dans plusieurs capitales européennes. À Paris, où il séjourne pendant la Convention, il fréquente les savants du Muséum d'histoire naturelle, ceux du Bureau des longitudes et de l'Institut de France. À l'occasion d'un séjour dans la capitale française, il se lie d'amitié avec le jeune naturaliste Aimé Bonpland, qui va devenir son compagnon de voyage. Bientôt, les deux hommes décident du but de leur première expédition scientifique : l'exploration des régions inconnues des colonies espagnoles en Amérique et la reconnaissance du cours de l'Orénoque. Le 5 juillet 1799, ils s'embarquent, à La Corogne, en Espagne, avec un matériel scientifique impressionnant. Jusqu'en avril 1804, Humboldt et Bonpland, à pied, à cheval, en canot, au milieu de difficultés considérables, explorent et décrivent les régions qui correspondent au Venezuela, à la Colombie, au Pérou, à l'Équateur et au Mexique actuels.

Vers la source de l'Orénoque

Après avoir fait relâche à Tenerife où ils font l'ascension d'un volcan en activité, ils débarquent le 17 juillet 1799 à Cumaná, petit port de Nouvelle-Andalousie (Venezuela). Ils s'enfoncent à l'intérieur de la province de Pará et, à chaque étape, installent un véritable laboratoire où leurs découvertes sont rassemblées, mesurées, décrites, classées. Les plantes et les insectes sont rangés dans des caisses spéciales pour être rapportés en Europe. Dans la jungle vénézuélienne, le río Apure permet aux savants d'atteindre l'Orénoque. Leur avancée, au milieu d'une végétation exubérante, par une chaleur torride, est retardée par l'absence de pistes et, lors de la traversée des rivières, les voyageurs sont exposés aux attaques d'animaux redoutables, tels les anguilles électriques, les caïmans et les poissons carnivores. Dans les régions inondées, il faut circuler entre les arbres en canots et parfois porter ces derniers sur la tête. Ce premier périple conduit Humboldt et Bonpland jusqu'à un minuscule cours d'eau, le Cassiquiare, qui relie l'Orénoque au río Negro : ainsi se trouve établie, grâce aux deux savants, la connexion entre le bassin de l'Orénoque et celui de l'Amazone. Cependant, redoutant l'hostilité des tribus indiennes résidant dans la zone, Humboldt et Bonpland arrêtent leur exploration à peu de distance des sources de l'Orénoque, dans cette région qui, autrefois, était considérée comme le pays mythique de l'Eldorado. De retour aux Antilles à l'automne 1800, Humboldt se consacre à l'analyse des échantillons rapportés. Les deux hommes sont d'ailleurs immobilisés par une fièvre typhoïde que Bonpland a contractée et dont il se remet grâce aux soins de son ami. Après quoi, les explorateurs effectuent quelques expéditions à Cuba, à Saint-Domingue et à la Jamaïque.

En quête de la « mer du Sud »

Le voyage de Humboldt et Bonpland de Cuba jusqu'à Lima constitue le début de leur seconde grande expédition. Ayant appris que le navigateur français Baudin doit passer par le cap Horn pour rejoindre le Pacifique à destination de l'Australie et qu'il est prêt à les prendre à son bord, les deux hommes décident de se porter à sa rencontre à Lima, où Baudin doit faire escale. À partir de Carthagène, en 1801, ils se dirigent vers Santa Fe de Bogotá, à travers des régions volcaniques. C'est encore au milieu d'innombrables difficultés qu'ils franchissent à dos de mulet la Cordillère centrale, suivant des sentiers montant parfois jusqu'à 4 000 m d'altitude. Parvenus presque au terme de ce parcours, à Quito en janvier 1802, ils apprennent qu'au dernier moment l'expédition française a choisi la route du Cap…

Leur déception extrême une fois surmontée, les deux hommes consacrent leur temps à tenter l'ascension des volcans de la région. La plus périlleuse de ces escalades est celle du Chimborazo, qui culmine à 6 272 m. Humboldt, en costume de ville, progresse seul à travers la neige, ignorant ses compagnons qui escaladent plus lentement que lui — et il parvient à une altitude de 5 600 m, à laquelle il est contraint d'abandonner. Après quoi les voyageurs redescendent les Andes, en admirant au passage l'antique chaussée monumentale construite par les Incas. En 1804, ils sont de retour en Europe. L'apport d'Humboldt à la science est inestimable. On lui donne à l'époque le surnom de « découvreur scientifique de l'Amérique ». Ses expériences de toutes sortes, les observations effectuées par Bonpland, les spécimens rapportés (près de 60 000 plantes, dont 6 300 sont alors encore inconnues en Europe), les études sur les peuples et l'histoire des régions traversées fournissent aux esprits curieux des terres lointaines une énorme masse de documentations précieuses, réunie dans une œuvre monumentale en 34 volumes dont les 1 200 illustrations sont presque toutes de sa main.

→ **Voir aussi** : p. 202-203 (Nicolas Baudin en Australie).

Lors de leur seconde expédition, dans la cordillère des Andes, Humboldt et Bonpland font l'ascension de nombreux volcans (le volcan Cajambé, près de Quito, en Équateur, aquarelle du XIXe siècle, Vincennes, Service historique de la marine).

Des vaisseaux français sur les côtes de la Nouvelle-Hollande

NICOLAS BAUDIN EN AUSTRALIE

Le port de Sydney, principale base de commerce des Britanniques dans le Pacifique (lithographie du XIXe siècle, Versailles, Bibliothèque municipale).

Du côté anglais : les explorations de Matthew Flinders

Le détroit de Bass. Accompagné du chirurgien George Bass, l'officier de marine Matthew Flinders entreprend à partir de 1795 le périple de l'Australie. Son but est de démontrer ce qu'on ne sait encore que de façon incertaine : que la terre de Van Diemen, c'est-à-dire la Tasmanie, est détachée du continent austral et constitue une île. Ne disposant que d'une petite barque pontée manœuvrée par huit hommes d'équipage, Flinders et Bass découvrent le détroit séparant la Tasmanie de la Nouvelle-Hollande (l'Australie) et lui donnent le nom de « Bass ».

Nouvelles explorations. Accueilli avec enthousiasme à son retour à Port Jackson, Flinders reçoit des autorités britanniques un navire plus important, qui lui permet, de 1801 à 1803, d'explorer les côtes méridionales de l'Australie, le golfe de Carpentarie et le détroit de Torres.

Prisonnier des Français. En revenant de son expédition, il relâche à l'île de France, où il est retenu prisonnier par les Français jusqu'en 1810.

À la fin du XVIIIe siècle, l'Angleterre et la France rivalisent pour reconnaître le littoral de la Nouvelle-Hollande, c'est-à-dire l'Australie actuelle. L'Institut de France, à l'instigation du Premier consul Napoléon Bonaparte, finance, en 1800, une expédition placée sous le commandement du capitaine Baudin dont la mission est d'explorer la côte occidentale de l'Australie.

Le bilan du voyage est d'ordre essentiellement scientifique : la France ne cherche nullement à s'installer sur le continent australien.

Le vaste projet de Nicolas Baudin

Le deuxième voyage de Cook, marqué par son exploration de la côte est de l'Australie, détermine, à la fin du XVIIIe siècle, un regain d'intérêt de la part des Européens pour l'exploration des côtes de la Nouvelle-Hollande, dont on sait maintenant qu'il s'agit d'un continent insulaire. L'Angleterre et la France sont une nouvelle fois en compétition pour découvrir de nouvelles terres dans cette région des antipodes. Alors que Matthew Flinders découvre le détroit de Bass, l'Institut de France et le Premier consul, d'un commun accord, délèguent en direction de l'Australie le capitaine Nicolas Baudin, déjà connu par les collections scientifiques ramenées lors de deux navigations en Asie. Le projet de Baudin, tel que celui-ci l'expose dans un mémoire adressé à l'Institut, consiste à « vérifier quelques points douteux de géographie » : il s'agit en fait de naviguer jusqu'aux îles Malouines, de passer par le cap Horn, puis d'explorer les côtes du Chili, du Pérou et du Mexique, ainsi que les îles Hawaii et de la Société. Discuté à l'Institut en mars 1800, ce programme, jugé trop ambitieux, est ramené à la reconnaissance de la côte sud-ouest de l'Australie. Bonaparte donne son approbation en avril. Près de six mois sont nécessaires à la préparation scientifique du périple : deux corvettes, le *Géographe* et le *Naturaliste,* sont chargées de toutes sortes d'appareils de mesure. Près de 25 savants font partie de l'expédition. Le programme fixé par l'Institut est essentiellement d'ordre scientifique (recherches en océanographie, ethnographie, histoire naturelle). Mais il a aussi un but politique : Baudin doit estimer ce que la France pourrait occuper en Australie, sans prendre toutefois la responsabilité de fonder lui-même une colonie ou même d'annexer un territoire.

Baudin rencontre Flinders

Les deux corvettes appareillent au Havre le 19 octobre 1800 et, contrairement au premier projet de Baudin, empruntent la route du Cap pour gagner le Pacifique. Il leur faut six mois pour contourner l'Afrique, de sorte qu'elles atteignent l'île de France (actuelle île Maurice) en mars 1801. Après avoir laissé sur place plusieurs officiers malades, les navires se dirigent, non vers la Tasmanie, mais, à partir du cap du Leeuwin, vers le nord de l'Australie. Ils longent une côte stérile et désolée, où ils ne peuvent s'approvisionner ni en eau ni en légumes ou fruits, et la faim, la soif, le scorbut causent des ravages parmi les marins et

les voyageurs. Cependant, les Anglais, avertis du voyage français et s'inquiétant de ses conséquences, ont envoyé Matthew Flinders sur l'*Investigator* pour surveiller les deux corvettes. La rencontre entre Baudin et Flinders a lieu en mars 1802 dans une baie surnommée pour l'occasion « *Encounter Bay* ». Anglais et Français connaissent alors les mêmes difficultés : scorbut et dysenterie rendent beaucoup d'hommes incapables de travailler, les navires sont en mauvais état, les vivres et l'eau manquent cruellement. Malgré l'épuisement général, Baudin dirige ses corvettes vers Port Jackson, où le bon accueil des Anglais permet de faire soigner les malades et de réparer les bateaux. Les Français sont émerveillés par l'essor de la ville de Sydney, devenue la première base de commerce des Anglais sur le Pacifique.

Le but de l'expédition française en Australie est avant tout scientifique (aquarelle de Lesueur illustrant le Voyage de découvertes aux terres australes, *Paris, Muséum d'histoire naturelle).*

Le bilan de l'expédition

Tandis que le *Naturaliste,* chargé des collections réunies par les savants, est réexpédié en Europe en novembre 1802, Baudin et le *Géographe* reprennent l'exploration des côtes australiennes, s'arrêtant au sud-ouest sur l'île Kangaroo, le golfe Spencer et la presqu'île d'York. Après être repassés par le cap du Leeuwin et Timor, ils sont obligés, à cause des vents contraires, d'abandonner leur voyage. Au mouillage à l'île de France, en septembre 1803, Baudin meurt, épuisé par la maladie, et les survivants du *Géographe* regagnent la France en mars 1804. Du point de vue de l'accroissement des territoires français, l'expédition est certes un échec, car Bonaparte a trop à faire en Europe, dans les années qui suivent, pour faire occuper les nombreux sites découverts par Baudin en Australie et devenir ainsi, sur ce continent, le concurrent de la puissance anglaise. En revanche, l'apport scientifique est considérable : plus de deux cents caisses reviennent en France, contenant des spécimens de zoologie, de botanique, ainsi que des semences. Des boomerangs, des pagaies, des casse-tête et autres instruments utilisés par les populations indigènes sont offerts à l'impératrice Joséphine. Les observations sur la géologie, l'astronomie, la faune (casoars, kangourous), illustrées par les dessins du peintre Lesueur, sont innombrables. Enfin, le récit du voyage est écrit par le naturaliste Péron — mais celui-ci, qu'une intense hostilité a opposé à Baudin, ne cite nulle part le nom de ce capitaine qui, malgré les périls, a su réaliser une exploration scientifique de tout premier ordre.

Une très abondante documentation est ramenée par les Français, notamment des dessins et aquarelles du peintre Lesueur (aquarelle de Lesueur illustrant le Voyage de découvertes aux terres australes, *Paris, Muséum d'histoire naturelle).*

Le premier explorateur russe
KRUSENSTERN

Spécialiste du commerce des fourrures avec l'Extrême-Orient, le navigateur von Krusenstern reçoit du tsar la mission de reconnaître les régions septentrionales de l'Asie et les côtes nord-ouest de l'Amérique. De 1803 à 1806, les deux navires placés sous son commandement accomplissent la première circumnavigation russe, et les explorateurs visitent les terres inconnues du Kamtchatka et de Sakhaline.

Otto von Kotzebue (1788-1846)

Le passage du Nord-Ouest. Après avoir accompagné, à l'âge de dix-sept ans, Krusenstern dans sa circumnavigation, le navigateur russe d'origine allemande Otto von Kotzebue est chargé en 1815 de trouver un itinéraire est-ouest le long des côtes arctiques de l'Eurasie.

Un nouveau détroit en Alaska. Parti de Kronchtadt sur le Riourik, Kotzebue passe par le cap Horn, visite plusieurs îles du Pacifique, dont l'île de Pâques, et atteint le détroit de Béring en juillet 1816. Il découvre en Alaska un détroit inconnu auquel il donne son nom, et c'est à partir de cette date que le détroit de Kotzebue va permettre le mouillage des navires sur cette côte hostile. Obligé pour cause de maladie d'abandonner son projet de reconnaissance du passage du Nord-Ouest, Kotzebue revient par le Pacifique en Russie.

Dernier voyage dans le Pacifique. En 1823-1826, Kotzebue effectue un deuxième voyage dans les îles du Pacifique, d'où il rapporte une grande quantité de documents scientifiques.

Les grandes qualités de navigateur de Krusenstern lui permettent de mener à bien la première circumnavigation menée par un Russe, au début du XIXe siècle.

La Russie entre en compétition

L'attention du tsar Alexandre Ier est attirée, en 1803, par un mémoire rédigé par le marin Adam Johann von Krusenstern (1770-1846) sur l'intérêt commercial pour les pelletiers russes d'une reconnaissance de nouvelles terres en Amérique et en Chine. Nommé capitaine de la flotte impériale, Krusenstern reçoit la mission d'explorer la côte nord-ouest de l'Amérique. Un émissaire du tsar, Rezanoff, l'accompagne pour se présenter en ambassadeur à l'empereur du Japon et lui demander de signer des accords commerciaux. Des savants, astronomes et naturalistes, doivent aussi faire partie du voyage. Avec deux navires, la *Neva* et la *Nadiejeda,* les Russes appareillent de Kronchtadt, en août 1803, pour prendre la route du Pacifique par le cap Horn. Ils visitent les Marquises et plus particulièrement l'île de Nouka-Hiva. Là, grâce à la rencontre d'un Anglais installé depuis longtemps chez les indigènes, ils rassemblent de nombreux renseignements sur la vie et la langue de ces peuples, qui leur réservent un bon accueil. Après s'être séparé de la *Neva* aux îles Sandwich, Krusenstern se rend au Kamtchatka où un petit port est baptisé par lui « Saint-Pierre-et-Saint-Paul » (actuel Petropavloski-Kamtchatski). Leur imagination pleine des légendes que racontaient les navigateurs plus anciens, notamment espagnols, les Russes recherchent vainement dans cette partie de l'océan de mythiques « îles d'or et d'argent », qui les rendraient, eux et leur pays, magnifiquement prospères. Mais Krusenstern ne perd point trop de temps à cette quête vaine. Il se dirige vers le Japon où Rezanoff doit accomplir sa mission. Or cette ambassade n'obtient aucun résultat positif. En effet, arrivés le 7 octobre 1804 dans le port de Nagasaki, les Russes reçoivent l'interdiction de descendre de leurs navires et un fonctionnaire impérial leur signifie le refus du souverain japonais de nouer toute relation avec le tsar. Après plusieurs mois de semi-captivité dans le port nippon, les deux bateaux obtiennent enfin l'autorisation de lever l'ancre, le 17 avril 1805.

Sakhaline et les Kouriles

Krusenstern remonte alors vers le nord et, sur les côtes de Corée et du Japon, se livre à des relevés hydrographiques destinés à compléter la carte dressée naguère par le navigateur français La Pérouse. Il arrive ainsi dans la grande île de Sakhaline. Là, il noue des rapports avec la population indigène, au teint sombre et à la chevelure abondante, commandée par un chef vêtu d'une robe de soie à la chinoise : il est persuadé d'avoir rencontré des Aïnous, antique population des îles japonaises. En fait,

Krusenstern dans le port de Nagasaki, au Japon.

il semble plus vraisemblable que ces hommes, vêtus de peaux de chien et de phoque, aient été des Tartares... Plus concrètement, Krusenstern constate l'abondance du poisson dans les mers qu'il fréquente — par la suite, la pêche deviendra effectivement une des principales activités économiques de l'île. De Sakhaline, les bâtiments russes gagnent l'archipel des Kouriles, dont, grâce à eux, la position est alors située avec précision. De nouvelles expéditions sur le littoral de Sakhaline et vers l'embouchure du fleuve Amour leur permettent de recueillir des renseignements complémentaires sur l'hydrographie, l'histoire naturelle et l'ethnographie de ces régions très isolées. En août 1805, après avoir rassemblé toute cette documentation en grande partie inédite, Krusenstern décide de revenir à sa base du Kamtchatka, Saint-Pierre-et-Saint-Paul.

Le retour en Russie

En novembre 1805, la *Nadiejeda* redescend jusqu'au port de Macao. Elle y est rejointe par la *Neva,* qui s'est rendue jusqu'à l'île de Kodiak, en Alaska, pour acheter de gros lots de fourrures. Avec ces pelleteries, les Russes se rendent à Canton où ils vendent leur marchandise à des prix fort avantageux. Cette escale commerciale permet à Krusenstern de rassembler des renseignements précieux sur les sociétés secrètes chinoises fort nombreuses qui, en Chine du Sud, entretiennent une agitation nationaliste contre le gouvernement mandchou. En février 1806, les deux navires russes quittent la Chine et, après être passés par le détroit de la Sonde, regagnent l'Europe. Cette expédition de plus de trois ans a permis de reconnaître des îles et des terres du Pacifique nord qui, par la suite, feront partie de l'Empire russe. Malgré la rigueur des conditions de vie et de navigation dans ces régions septentrionales, Krusenstern, grâce à la bonne gestion des équipements mis à sa disposition, a pu ramener en Russie tous les hommes embarqués sur la *Neva* et la *Nadiejeda.* L'ouvrage qu'il publie sur son tour du monde, traduit en plusieurs langues, apporte nombre d'informations précieuses sur la géographie, sur les mœurs et les idiomes des peuples rencontrés.

Avec ses compagnons de voyage, Krusenstern visite un sanctuaire dans la montagne (gravure, Paris, Bibliothèque nationale de France).

Un habitant des îles Kouriles (gravure du XIXe siècle, Paris, Bibliothèque du musée des Arts décoratifs).

Une expédition à la découverte de l'Ouest américain

LEWIS ET CLARK

Depuis son enfance, le président des États-Unis Thomas Jefferson (1801-1809) se passionne pour les étendues vierges de l'Ouest américain, foulées uniquement par les Indiens et quelques trappeurs. Avant même l'achat de la Louisiane (terme qui désigne alors les immenses territoires situés à l'ouest du Mississippi) à la France, en 1804, il songe à une expédition qui remontera le Missouri et atteindra le Pacifique.

Son arrière-pensée est la découverte d'une voie fluviale qui relierait directement l'Est et l'Ouest. Dès que s'achève le transfert de souveraineté de la Louisiane, les explorateurs sont prêts à partir et à exécuter les instructions de Jefferson.

Une préparation soigneuse

Pour mener à bien cette mission délicate, Jefferson désigne son secrétaire particulier, le capitaine Meriwether Lewis. Le jeune homme, âgé de vingt-neuf ans, demande à un ancien camarade de régiment, le lieutenant William Clark, qui a trente-trois ans, de partager avec lui le commandement de l'expédition. Cet officier un peu bourru, moins cultivé que son compagnon, a l'avantage de posséder un grand sens pratique. Le capitaine Lewis rassemble l'équipement nécessaire au voyage : un bateau à quille de 18 m de long, principal moyen de transport, des armes, des provisions, des instruments scientifiques et des cadeaux pour les Indiens. Les deux hommes recrutent une quarantaine d'hommes aux compétences diversifiées : chasseurs, trappeurs, charpentiers, forgerons, interprètes et guides, tel le Canadien français George Drouillard. Une quinzaine d'entre eux devront ramener le bateau principal au printemps 1805, lorsque les autres hommes repartiront vers l'amont, sur des embarcations forcément plus modestes. Le 14 mai 1804, le groupe commence à remonter le Missouri, à partir de Camp Wood, non loin de la ville de Saint Louis.

Du Missouri au Pacifique

Sept mois durant, les hommes affrontent la rivière impétueuse et sinueuse. Souvent, ils doivent haler leur lourde embarcation depuis les berges, qui s'effondrent. En novembre, les explorateurs s'arrêtent pour l'hiver. Ils bâtissent des cabanes près des villages des Indiens Mandans (dans le Dakota du Nord), carrefour commercial qui attire les Indiens des Plaines,

Auprès des Indiens, Lewis essaie de réunir le plus d'informations possible pour dresser des cartes des régions traversées.

Des Indiens amateurs de tabac

« Les Chinooks, les Clatsops et d'autres habitants de cette côte [pacifique] sont très portés sur le tabac. Quand ils fument, ils semblent avaler la fumée qu'ils tirent de la pipe, et pendant plusieurs bouffées cette fumée ne se voit plus : ils l'aspirent dans les poumons jusqu'à être forcés de la rejeter à une grande distance par les narines et la bouche. Je suis certain que le tabac produit ainsi une intoxication plus grande et qu'ils s'emparent de toutes ses vertus au maximum. [...] Ces gens ne semblent pas connaître l'usage des spiritueux, car il ne nous en ont jamais demandé. [...] C'est une chose très heureuse. »

M. Lewis, W. Clark, le Grand Retour : journal de la première traversée du continent nord-américain, *1804-1806, trad. J. Lambert, Phébus, Paris, 1993.*

les représentants des compagnies anglaises de fourrure et les trafiquants français du Canada. Là, les Américains en profitent pour coucher par écrit les multiples informations qu'ils ont commencé à recueillir. Comme le voulait Jefferson, en effet, les voyageurs ont traversé le pays en observant la faune et la flore, et en interrogeant les Indiens sur les terres et sur leurs propres mœurs. Ils ont par ailleurs multiplié les relevés afin de dresser des régions traversées les cartes le plus exactes possible. Dans les villages Mandans, ils continuent aussi à enquêter auprès des indigènes, avec cette fois une préoccupation particulière : réunir tous les renseignements concernant le cours supérieur du Missouri. Leur chance est de trouver sur place un homme blanc marié à une Indienne du haut Missouri : le Canadien Toussaint Charbonneau et Sacagawea, son épouse Shoshone, qui acceptent de leur servir de guides. En avril 1805, la barge prend le chemin du retour tandis que Lewis et Clark poursuivent la remontée du Missouri. À la fin du mois de mai, ils aperçoivent les montagnes Rocheuses. Les Grandes Chutes (Great Falls) interrompent leur navigation et obligent les hommes à porter héroïquement bateaux et bagages sur une trentaine de kilomètres. Arrivée aux *Three Forks of the Missouri,* la mission d'exploration s'engage sur la rivière Jefferson. Sacagawea, qui reconnaît les lieux où elle a passé son enfance, la guide pour franchir la ligne de partage des eaux et trouver les Shoshones — sa tribu d'origine. Les canots, désormais inutiles, sont alors remplacés par les chevaux achetés à ces Indiens. À travers les montagnes, les explorateurs suivent des pistes indigènes qui les mènent à Lolo Pass et à Lolo Trail. Pendant onze jours, ils souffrent le martyre sur cette piste. Finalement, ils découvrent la Clearwater River, qu'ils longent jusqu'à la Snake River, et celle-ci les conduit à la Columbia River, qui se jette dans le Pacifique. En novembre 1805, l'océan est en vue. Au mois de mars suivant, leur mission étant accomplie, Lewis et Clark retournent vers l'Est. Ils se séparent à Lolo Pass et se donnent rendez-vous au nord des villages Mandans, où ils se retrouvent effectivement. Le 23 septembre 1806, après un voyage de deux ans quatre mois et dix jours, ils pénètrent dans Saint Louis.

Des résultats considérables

Les résultats de la mission de Lewis et Clark sont considérables. En plus de leurs propres journaux et de ceux tenus par d'autres membres de l'expédition, les deux Américains rapportent une douzaine de carnets de notes et de dessins, des spécimens de plantes et d'animaux, ainsi que de nombreux objets indiens. Grâce à leurs efforts, toute une partie de la géographie de l'Ouest américain se trouve ainsi dévoilée. La formidable richesse de la flore et de la faune de ces terres que les Blancs n'avaient jamais foulées dans un esprit systématique d'observation, est une considérable révélation : 170 espèces de plantes et 122 espèces et sous-espèces d'animaux, inconnues aux États-Unis, sont répertoriées à l'occasion de ce voyage. Le rassemblement synthétique des relevés pris par Lewis et Clark permet par ailleurs d'établir la première carte jamais dressée de la région. En revanche, la remontée du Missouri n'a pas permis aux explorateurs de découvrir ce qu'ils espéraient trouver : l'existence d'une source commune pour les rivières des deux versants des Rocheuses, source qui, d'après le président Jefferson, aurait pu permettre d'établir une liaison hydrographique directe entre l'est et l'ouest de l'Union. L'échec des deux hommes s'explique par un fait d'évidence : cette source commune, en réalité, n'existe pas...

→ **Voir aussi :** p. 212-213 (Jedediah Smith) ; p. 228-229 (Une nouvelle vision de l'Ouest).

Grâce aux guides indiens, Lewis et Clark remonte le Missouri, en dépit de nombreuses difficultés.

Un homme de l'expédition grimpé dans un arbre pour échapper à un ours qu'il a blessé : par les nombreuses observations effectuées, la mission de Clark contribua à faire découvrir l'Ouest américain.

La Grande-Bretagne veut forcer le passage du Nord-Ouest

VAINCRE LA BANQUISE

Pour retrouver un prestige international après les défaites qu'elle a subies pendant les guerres napoléoniennes, la Grande-Bretagne organise des expéditions destinées à lui donner la prépondérance sur les mers polaires. William Parry puis John Franklin sont les descendants malheureux de tous les marins qui, à partir du début du XVIe siècle, ont recherché la voie maritime du Nord-Ouest.

Le projet des navigateurs anglais n'est plus de découvrir un passage en direction de la Chine, puisque les routes du Sud sont désormais ouvertes aux navires de toutes nationalités et qu'elles sont bien balisées, mais d'être les premiers à atteindre, par la mer, le pôle Nord.

À la découverte des Esquimaux

C'est l'Amirauté anglaise qui, sous l'impulsion de son secrétaire John Barrow, prend l'initiative de lancer des expéditions dans les mers polaires, pour que le mérite de la jonction maritime avec le pôle Nord revienne à la Grande-Bretagne. Dès 1818, une première expédition fait voile vers cette région. Le capitaine John Ross et le lieutenant William Parry, à bord de deux petits navires, atteignent la baie de Baffin. Mais, croyant apercevoir une chaîne de montagnes barrant la route au fond du détroit de Lancaster, Ross ordonne de remettre le cap sur l'Angleterre. L'expédition a donc échoué, mais elle a du moins permis de prendre conscience des particularités de la navigation sur les mers très septentrionales, et des contraintes liées à l'éventualité d'un hivernage. Ce savoir neuf servira pour les expéditions suivantes. Dès le mois de mai 1819, l'Amirauté confie une deuxième expédition à Parry qui, avec deux corvettes, l'*Héda* et le *Gripper,* retourne au détroit de Lancaster. Là, il se rend compte que la chaîne de montagnes que Ross avait cru apercevoir l'année précédente était un effet de son imagination. Son navire continue, en conséquence, sa progression et dépasse 110° de longitude ouest — ce qui donne à Parry droit à la récompense de 5 000 livres sterling promise par l'Amirauté à tout navigateur qui parviendrait au-delà de cette longitude. Les explorateurs atteignent en septembre 1819 l'île Melville, où ils passent l'hiver par une température de - 40 °C. Pour conserver à ses hommes santé et moral, le chef de l'expédition a pris soin d'embarquer choucroute, pommes, citrons, servis régulièrement aux repas, ainsi que du cresson cultivé sous châssis, dans le carré. De plus, il occupe l'équipage à des exercices physiques, des travaux scolaires, ainsi qu'à des divertissements théâtraux. Au printemps, l'expédition mène d'abord des reconnaissances terrestres. Le 1er août, le navire est enfin dégagé, et la navigation reprend — sans qu'on puisse aller beaucoup plus loin. Les deux navires retournent donc en Angleterre. Le bilan de l'expédition est remarquable : les connaissances géographiques sont augmentées de cartes nouvelles reproduisant près de 1 000 km de côtes. Une troisième expédition, en 1821, conduit Parry à la baie d'Hudson. Pendant son hivernage, l'Anglais entre en relation avec les Esquimaux dont il découvre le mode d'habitation (les igloos), le moyen de transport (des traîneaux tirés par des chiens) et la méthode de pêche, qui consiste à percer un trou dans la glace. Les récits que le navigateur rapporte dans son pays font connaître aux Européens ce peuple qu'ils ignoraient jusqu'alors entièrement.

Un Anglais découvre les igloos

« L'étonnement s'accrut encore en voyant l'intérieur de ces demeures extraordinaires pour les Blancs, entièrement construites avec de la neige. On y entrait en rampant par deux passages cintrés d'environ trois pieds de hauteur. Après quoi l'on arrivait dans une chambre circulaire dont le toit formait un dôme parfait ; elle donnait entrée dans trois autres pièces semblables, l'une en face, les deux autres de chaque côté. Chacune de ces chambres, ou dômes, servait d'habitation à une famille... Deux hommes, dont l'un préparait les blocs de neige et dont l'autre les disposait, pouvaient bâtir une de ces chambres en moins de deux heures de temps. »

Sir William Edward Parry, cité dans l'Histoire universelle des expéditions, vol IV, *Nouvelle Librairie de France, Paris, 1962.*

Au-delà du Spitzberg

Pour la quatrième fois, en 1827, Parry se lance dans la découverte du Grand Nord. Il se dirige cette fois vers le Spitzberg qu'on imagine alors comme une banquise entièrement plane. En compagnie de son second — un homonyme du capitaine Ross prénommé James —, il entreprend de traverser le Spitzberg à l'aide d'ingénieux véhicules inspirés de techniques esquimaudes : deux bateaux plats munis de patins comme sur les traîneaux, pouvant circuler à la fois sur la mer et sur la glace. Malgré les avantages présentés par ces canots particuliers, la progression des hommes est rendue très difficile par l'accumulation de blocs gelés infranchissables, des plaques de glace flottantes, et par le froid extrême. Ayant atteint 82° 45' de latitude nord, Parry est obligé de renoncer, et revient à Londres. L'expédition, pénible et inachevée, a permis d'apprendre que la banquise, contrairement à sa légende, n'était pas une surface plane.

→ **Voir aussi :** p. 184-185 (Le premier voyage de Cook) ; p. 186-187 (Les derniers voyages de Cook).

La troisième expédition menée par Parry permet de faire connaissance avec les Esquimaux, peuple jusqu'alors inconnu (gravure du XIXe siècle, Vincennes Service historique de la marine).

John Ross entre en communication avec les habitants de la baie de Baffin (gravure du XIXe siècle, Vincennes, Service historique de la marine).

La fin de la dramatique expédition menée par John Franklin (gravure d'après une peinture de Thomas Smith).

La dramatique expédition de Franklin

John Ross et William Edward Parry ne sont pas les seuls Britanniques à tenter l'exploration du pôle. Au même moment, d'autres voyageurs se lancent à la conquête de cette région.

L'expédition Buchan. Buchan, chef d'expédition, et Franklin son subordonné, commandant respectivement la *Dorothea* et le *Trent,* s'élancent vers le Nord en 1818, après une escale au Spitzberg — et doivent rebrousser chemin en hâte, dans une mer que la présence de plus en plus dense des icebergs rend par trop dangereuse.

La désastreuse aventure de Franklin. John Franklin repart seul en 1821 puis en 1825 en direction du littoral nord de l'Amérique. Puis, en 1845, il effectue un ultime voyage. Avec deux navires, l'*Erebus* et le *Terror,* et 138 hommes d'équipage, il doit gagner le nord de l'île du Prince-de-Galles et cingler ensuite vers le détroit de Béring en aussi droite ligne que possible. À bord sont embarqués des vivres suffisants pour cinq années d'absence ! L'expédition appareille le 26 mai 1845. Dès la fin de juillet de la même année, on n'a plus aucune nouvelle d'elle. La ténacité de la femme de Franklin, Lady Jane, parvient à persuader la *Royal Navy* de continuer les recherches. De 1847 à 1859, une trentaine d'expéditions partent à la recherche des disparus : elles aboutissent à la découverte de quelques objets et de squelettes, permettant en partie de reconstituer le drame : John Franklin étant mort, les 105 survivants ont abandonné les navires et se sont lancés dans une marche désespérée de 250 km, pendant laquelle ils ont disparu, les uns après les autres.

1820-1822

Un naturaliste s'aventure au Soudan

FRÉDÉRIC CAILLIAUD

En 1820, le vice-roi d'Égypte Méhémet Ali envoie l'un de ses fils, le prince Ismaïl, conquérir le Soudan. Malgré son peu d'attirance pour la guerre, le Nantais Frédéric Cailliaud se joint à l'expédition. C'est en effet pour lui une occasion unique de découvrir un pays d'accès difficile et encore peu connu.

Bijoutier, passionné de minéralogie, Frédéric Cailliaud débarque en Égypte en 1815. L'année suivante, il remonte la vallée du Nil jusqu'à Ouadi-Halfa. En 1817, devenu le minéralogiste officiel de Méhémet Ali, il part à la recherche des antiques mines d'émeraudes. Le naturaliste s'acquitte parfaitement de cette tâche et profite de ses moments de liberté pour visiter Thèbes et les oasis du désert occidental. En 1819, l'État français lui confie une mission scientifique, consistant notamment à dresser des cartes, et lui donne un assistant, Pierre-Constant Letorzec, aspirant de marine, originaire de la même ville que lui.

Une longue marche

Les deux Français se rendent d'abord dans les oasis et en Haute-Égypte, où ils exécutent leurs premiers travaux communs. En 1820, ils apprennent que l'expédition militaire vers le Soudan, à laquelle ils ont décidé de participer, vient de se mettre en marche plus tôt qu'ils ne le prévoyaient. Ils gagnent Assouan, au sud de l'Égypte, et pénètrent en Nubie, avec un retard bien involontaire sur les troupes. Ils suivent la piste qui longe le Nil et marchent sur les traces de l'armée. Frédéric Cailliaud reconnaît les vastes étendues désertiques et les étroites bandes de culture qui bordent le fleuve ainsi que les maisons en pisé en forme de pyramides tronquées et les vestiges archéologiques vus lors de son précédent voyage. La découverte commence véritablement pour lui au-delà de la deuxième cataracte et de Ouadi-Halfa (aujourd'hui à la frontière entre l'Égypte et le Soudan), dans le pays des Barabras. Les Nantais, qui progressent toujours le long du Nil, dépassent l'île de Saï, l'une des plus grandes du fleuve, et atteignent la troisième cataracte et le royaume de Dongola. Là, ils rallient l'armée, qui a déjà livré bataille victorieusement. L'expédition continue vers la quatrième cataracte, après quoi elle coupe à travers le désert jusqu'à la cinquième cataracte du Nil. Elle entre alors dans le riche pays de Berber, qu'elle traverse jusqu'au confluent du Nil et de l'Atbara. À ce moment, le paysage change. La végétation devient exubérante. Les troupes s'enfoncent toujours plus au sud en direction de Chendi, important centre commercial, et d'Omdourman, au confluent du Nil Blanc et du Nil Bleu. Le prince Ismaïl remonte le Nil

L'infibulation au Sennar

« L'excision pour les femmes [...] n'a point pour unique but le retranchement de la portion exubérante des nymphes ; c'est une sorte d'infibulation. Après avoir élagué ces deux membranes, les plaies de l'une et de l'autre sont rapprochées, et la patiente est tenue dans un état d'immobilité presque entière jusqu'à ce qu'elles se soient réunies ensemble par agglutination ; au moyen d'une canule très mince, on ménage une ouverture à peine suffisante pour les écoulements naturels. Quelque temps avant le mariage, il faut détruire par incision cette adhérence contraire à la nature. S'il survient quelque symptôme fâcheux, le fer rouge et le rasoir sont là. On dirait que la sensibilité émoussée chez ces peuples les empêche d'apprécier les souffrances inouïes et les accidents graves et inévitables de ces pratiques inhumaines, inventées par le despotisme du sexe le plus fort [...] Quoi qu'il en soit, il en coûte assez cher pour faire remettre une jeune fille en état de remplir les devoirs conjugaux. S'il en est quelqu'une qui, à défaut de moyens pécuniaires, se marie sans avoir subi cette préparation essentielle, c'est à l'époux à prendre à cet égard le parti qu'il convient ; mais lorsqu'il réussit, chose difficile, à la rendre féconde, elle a le droit d'exiger qu'une des matrones qui exercent ce cruel métier fasse disparaître gratis des obstacles qui contrarieraient le travail de l'enfantement. »

Frédéric Cailliaud, Voyage à Méroé, au fleuve Blanc, au-delà du Fazoql, II, *Paris, 1826.*

Échantillon de roche recueilli dans le désert par Cailliaud (gravure du XIXe siècle, Versailles, Bibliothèque municipale).

Bleu en direction du royaume de Sennar et de Singué, point ultime de l'avance égyptienne, à 4 000 km du Caire. Épuisés par la marche, la chaleur torride et les combats, les soldats égyptiens sont décimés par les fièvres. L'aspirant Letorzec, lui non plus, n'est pas épargné par la maladie.

Naturaliste et ethnologue

Malgré la fatigue, les deux Français poursuivent leur mission. Letorzec effectue les relevés astronomiques qui permettront de dresser la carte détaillée du Soudan et il note toutes les particularités du climat telles que les températures, les précipitations et la direction des vents. Cailliaud, quant à lui, se livre à l'étude de la nature. Les minéraux, les plantes et la riche faune africaine absorbent son attention. Le naturaliste enrichit son herbier, empaille les oiseaux et collectionne insectes et mollusques. Il navigue sur le Nil Bleu pour observer une colonie d'ibis noir et blanc ainsi que les hippopotames et les crocodiles. Les rives du fleuve, peuplées de singes, d'éléphants, de girafes, de buffles et d'innombrables oiseaux au magnifique plumage, l'enchantent. Au cours du voyage, le naturaliste se fait aussi volontiers ethnologue. Il ne manque pas une occasion de discuter avec les représentants des nombreux peuples et ethnies du Soudan afin de s'informer de leurs coutumes, de leurs ressources, de leur histoire, transmise oralement, et de leur organisation sociale. Il décrit et dessine avec une remarquable précision l'habitat, le mobilier, les costumes et même les chaussures. Dans le royaume du Sennar, l'Européen est horrifié par la pratique des mutilations sexuelles imposées aux femmes, qui reste la règle de nos jours.

Un pionnier de l'égyptologie

L'intérêt de Cailliaud pour les peuples du Soudan s'étend tout naturellement aux vestiges laissés par leurs ancêtres et par les Égyptiens, qui les ont conquis ou fortement influencés. Sous ses yeux émerveillés défilent les temples nubiens de Kalabcha, Dendour, Amada, Derr et Abou-Simbel, encore en partie enfoui sous le sable. Le Français admire les forteresses pharaoniques de Semna et de Mirghissa, aujourd'hui immergées pour l'éternité au fond du lac Nasser. Il se promène dans le temple de Soleb, élevé par le roi hérétique Aménophis IV/Akhénaton. Il visite encore les ruines de Kerma, jadis capitale d'un puissant royaume, ainsi que celles de Napata et de Nouri, sa nécropole hérissée de pyramides. Napata, première capitale du deuxième royaume de Kouch, fondé au VIIIe siècle avant notre ère, a été remplacée par Méroé vers 550 avant notre ère. Or, nul ne sait, au XIXe siècle, où se trouve cette dernière cité : l'un des mérites de Cailliaud archéologue est encore de parvenir à identifier son site avec certitude. Avec le sérieux qui le caractérise, celui-ci dessine les monuments, leurs reliefs et leurs statues, établit des plans des sites et rédige des descriptions détaillées. Ses travaux sont utilisés avec profit par son contemporain Jean-François Champollion, mais le seront également par les égyptologues des générations suivantes.

En véritable ethnologue, Cailliaud s'intéresse aux mœurs et aux coutumes des populations des contrées qu'il traverse (gravure du XIXe siècle, Versailles, Bibliothèque municipale).

Lors de son voyage, Cailliaud identifie avec certitude les pyramides de Méroé, cité qu'on ne savait plus où situer au XIXe siècle (gravure du XIXe siècle, Berlin, Musée d'art et d'histoire).

Un trappeur au cœur des montagnes Rocheuses

JEDEDIAH SMITH

Après Lewis et Clark, les trappeurs, attirés par le commerce des peaux avec les Indiens, sont les premiers à s'élancer dans l'Ouest américain.

En 1822, une annonce parue dans un journal propose du travail à cent jeunes trappeurs prêts à tenter leur chance aux sources de la rivière Missouri. Jedediah Strong Smith, un homme de 23 ans, se fait engager : alors commence pour lui une étonnante aventure sur les pistes vierges de l'Ouest américain.

Les trappeurs sont les premiers à exploiter les informations rapportées sur les régions de l'Ouest américain par l'expédition combinée de Meriwether Lewis et William Clark (1804-1806). Pendant quelques années qui suivent cette exploration, ils parcourent activement le cours supérieur du Missouri. Après quoi, l'hostilité de certaines tribus indiennes de la région les décourage. Une décennie durant, ils délaissent donc le cours d'eau et se tournent vers d'autres régions des Rocheuses.

En 1822, deux hommes décident d'opérer à nouveau sur cette rivière. Ils fondent une compagnie de fourrures à Saint Louis, au confluent du Missouri et du Mississippi, et font paraître l'annonce proposant du travail à cent trappeurs.

Le rapide apprentissage de la vie sauvage

L'équipe des embauchés remonte le Missouri jusqu'à son confluent avec la rivière Yellowstone, où elle installe son camp de base. Vers la fin de l'hiver 1822-1823, elle subit une attaque des Indiens, au cours de laquelle un certain nombre d'hommes trouvent la mort. Jedediah, qui a eu la chance de survivre, juge trop dangereux de rester sur place. D'accord avec ses compagnons, il décide de tenter sa chance en d'autres lieux. Deux expéditions terrestres sont donc montées, à la recherche des précieuses fourrures, depuis Fort Kiowa, sur le Missouri. L'une a pour but la rivière Yellowstone ; la seconde, sous la conduite de Jedediah Smith, prend la direction des Rocheuses.

À la tête d'un groupe de vingt hommes, Jedediah parcourt les régions arides des Badlands, dans le Dakota du Sud, et atteint les Blackhills — où il est blessé par un ours. Remis, il continue sa progression à travers les Rocheuses, malgré le froid glacial et les difficultés à trouver sa subsistance. Arrivé à la South Pass en 1824, il réalise, petit à petit, qu'il vient de redécouvrir une route, difficile mais praticable, pour traverser la barrière montagneuse. Bref, il a, le premier ou l'un des premiers, ouvert la porte terrestre de l'Ouest, qui sera empruntée à sa suite par des dizaines de milliers de migrants.

Un immense périple

En 1826, le trappeur, qui a gagné dans l'aventure une somme d'argent conséquente, organise une nouvelle expédition. Avec quatorze hommes, il part du Grand Lac Salé et longe, en direction du sud-ouest, le Grand Bassin, succession de cuvettes semi-désertiques, de montagnes et de plateaux arides, comprise entre la Sierra Nevada et les monts Wasatch. Il passe par le lac Utah, les rivières Sevier et Virgin et rejoint le Colorado. Les explorateurs, épuisés par la faim, la soif et la chaleur torride, sont heureux de se reposer dans les villages des Indiens Mohave. Ils entament ensuite l'éprouvante traversée du désert Mohave, bordé au nord par la célèbre Vallée de la Mort. Quinze jours plus tard, ils arrivent dans l'ouest de la Californie, alors territoire mexicain. Alors qu'ils se reposent à San Gabriel, les autorités locales les somment de rebrousser chemin. Smith, peu tenté par une nouvelle randonnée dans le désert Mohave, préfère choisir la route du Nord. Il découvre ainsi la Grande Vallée de Californie, tapie entre la chaîne côtière et la Sierra Nevada. Là vivent des milliers de castors, qui permettent aux trappeurs une chasse excellente. Mais Smith est animé par la passion d'aller plus loin. Laissant le gros de ses compagnons en

La connaissance de l'Ouest américain

La contribution de Jedediah Smith à la connaissance de l'Ouest américain est d'une importance considérable. **Contrairement à nombre de trappeurs avant lui, Smith, au lieu de garder pour lui le secret des pistes qu'il a ouvertes, a choisi de divulguer ses découvertes.** L'homme qui, le premier, a traversé le Grand Bassin du nord au sud et d'est en ouest, celui qui a ouvert la route de la Californie, a communiqué toutes ses observations à William Clark et au gouvernement de son pays.

Grâce à lui, dès 1830, les cartes des régions occidentales de l'Amérique comportent **des indications convenablement précises sur les bassins hydrographiques et les traits du relief** des régions qu'il a visitées.

Jedediah Smith a eu aussi le pressentiment de la richesse potentielle des régions qu'il a parcourues : dans ses lettres à Clark et aux autorités américaines, il évoque **la possibilité et l'opportunité de peupler de Blancs venus de l'est la Californie et l'Oregon.**

Californie, il part avec deux hommes à la recherche d'un passage et d'un raccourci vers le Grand Lac Salé. Après avoir passé la Sierra Nevada, les aventuriers parcourent à nouveau le Grand Bassin, d'est en ouest cette fois. La marche dans les redoutables déserts du Nevada manque être mortelle. Pour survivre, les trappeurs doivent achever leurs montures, épuisées de chaleur et de fatigue, et se nourrir de leur viande. Finalement, leur effort se révèle payant, puisque le Grand Lac Salé est atteint.

La fin tragique d'un explorateur

Cet exploit accompli, Jedediah Smith, infatigable, retourne en Californie pour retrouver les autres trappeurs. Cette fois, il chemine en vaste compagnie : dix-huit hommes et deux femmes sont du voyage, en plus de lui. Or, comme le groupe avance sur la même route que l'année précédente, il est attaqué par les Indiens Mohaves, qui s'étaient montrés pacifiques lors du précédent parcours. Dix hommes trouvent la mort dans le combat qui s'ensuit ; les femmes sont enlevées. Les survivants n'ont d'autre ressource que de fuir dans le désert Mohave, qu'ils voulaient à tout prix éviter. Le malheur de Smith ne s'arrête pas là. Après avoir rejoint la Californie à force d'épreuves, le trappeur est jeté en prison par les Mexicains, furieux de le revoir sur leur territoire. Libéré, il retrouve ses hommes et, avec eux, s'en va à travers la Californie en direction de l'Oregon. Là, sur la côte du Pacifique, au bord de la Umpqua River, se produit un nouveau bain de sang : le 14 juillet 1828, des Indiens attaquent le camp et en exterminent les occupants. Décidément béni des dieux, Jedediah, de nouveau, échappe à la mort, avec deux autres trappeurs, comme lui absents du camp au moment de l'attaque. Chevaux, fourrures, biens personnels : tout cela est perdu, en plus du désastre humain. Le trappeur explore encore la région du lac Yellowstone et du haut Missouri pendant deux ans, puis il s'établit à Saint Louis. En 1831, il trouve finalement la mort sur la piste qui relie cette ville à Santa Fe, dans une nouvelle agression des Indiens, les Comanches en l'occurrence.

La vie des trappeurs n'est pas sans danger : outre les bêtes sauvages, les montagnes désertiques et les plateaux arides, les attaques des Indiens sont fréquentes.

Vers Tombouctou la mystérieuse

LE PÈLERIN RENÉ CAILLIÉ

En 1828, un homme solitaire réussit à pénétrer dans la ville interdite de Tombouctou en se faisant passer pour un Arabe en pèlerinage. Son obstination acharnée et son idéalisme en font un être d'exception parmi tous ceux qui ont découvert les terres africaines.

L'exploit de René Caillié, souvent considéré avec sévérité par les savants, est auréolé par les méthodes peu orthodoxes utilisées par cet homme pour pouvoir réaliser un rêve d'enfant.

Des préparatifs difficiles

« La ville de Tombouctou devint l'objet continuel de toutes mes pensées, le but de tous mes efforts ; ma résolution fut prise de l'atteindre ou de périr. » Le rêve d'un adolescent poitevin, René Caillié, fils d'un bagnard, lui-même pauvre apprenti cordonnier, se forme à la lecture de *Robinson Crusoé* et plus tard des récits de Mungo Park. L'enfant exalté prend alors la décision de se venger d'un destin injuste en accomplissant un exploit particulièrement insensé. Dans la vallée du Niger, Tombouctou constitue, au début du XIXe siècle, un mystère pour les Occidentaux. On sait que, dans les années 1300, la ville a connu une période fastueuse. Cité sacrée de l'islam, elle possède alors une immense mosquée, une centaine d'écoles où s'enseigne la loi coranique ainsi que des bibliothèques renommées. Au fil des siècles, et malgré un inéluctable déclin, elle demeure un grand centre commercial, plaque tournante pour les marchandises de la Méditerranée échangées contre de l'or et des esclaves. Mais l'accès de Tombouctou est interdit aux non-musulmans. Cette interdiction ajoutant encore à l'aura de la cité, plusieurs explorateurs, avant René Caillié, tentent malgré tout d'y pénétrer, persuadés qu'ils vont y découvrir des trésors merveilleux. Tous échouent dans leur entreprise. Le seul qui soit parvenu à entrer dans la ville, le major anglais Gordon Laing, en 1825, fut en effet assassiné sur le chemin du retour. Fasciné par la mystérieuse Tombouctou, le jeune Caillié quitte son village, à l'âge de seize ans et s'embarque pour une expédition au Sénégal. Deux ans plus tard, il navigue vers la Guadeloupe. En 1824, il revient à Saint-Louis du Sénégal et séjourne une année chez les Maures braknas. Il adopte leurs vêtements, apprend l'arabe et s'initie aux pratiques musulmanes.

En se faisant passer pour un misérable musulman se rendant en pèlerinage à Tombouctou, René Caillié réussit à pénétrer dans la cité interdite aux Occidentaux.

Un pèlerin parmi d'autres

À l'opposé des autres Européens qui, avant lui, ont tenté la même aventure, Caillié est un solitaire que personne ne connaît, qui a par lui-même mesuré le danger de son expédition et est devenu maître dans l'art de tromper les Africains sur son identité. Se faisant passer pour un Égyptien musulman enlevé enfant à Alexandrie par l'armée de Bonaparte — ce qui justifie son arabe souvent hésitant — et désireux de faire un pèlerinage jusqu'à la ville sainte de Tombouctou, il se joint, en 1827, à une caravane mandingue qui chemine de la Sierra Leone vers les hautes vallées du Niger. Il transporte une petite pacotille, étoffes, tabac, verroteries. Son allure misérable fait qu'il est bien accueilli par les musulmans, apitoyés par ce pauvre hère. Cependant, il doit faire halte pendant cinq mois dans la ville de Timè, à la frontière du Mali et de la Côte d'Ivoire actuels, car il est atteint du scorbut et les plaies infectées de ses pieds l'empêchent de marcher. Encore mal remis et très maigre, ce qui ajoute à son aspect de vagabond, il reprend la route, en janvier 1828, avec une autre caravane. Furtivement, entre deux pages de son Coran, il note ses remarques sur les régions traversées. Il peut gagner Djenné, le grand port du Niger, qui est en quelque sorte l'antichambre de Tombouctou. Grâce au don de son parapluie au chérif de la ville, Caillié obtient l'autorisation de s'embarquer sur une pirogue de commerce se rendant à Tombouctou.

Une immense déception

Le 19 avril 1828, la pirogue accoste à Kabra, port fluvial de Tombouctou, et, le 20 avril, au soleil couchant, Caillié entre enfin dans la cité mystérieuse. Mais quel désappointement pour lui ! Il s'attend à trouver une ville de

La France et le Soudan

La région qu'on appelle Soudan correspond à une **zone de l'Afrique intertropicale comprise entre le Sahel, au nord, et la zone équatoriale, au sud.** Elle s'étend des côtes du Sénégal et de la Guinée actuels, à l'ouest, jusqu'à l'État du Soudan proprement dit (correspondant au bassin méridional du Nil), à l'est.

Tout l'ouest de cette région, qui comprend Tombouctou dans l'État contemporain du Mali, a donné naissance à **des États puissants et organisés au Moyen Âge,** particulièrement entre le Xe et le XVIe siècle.

Au XIXe, la zone passe progressivement sous le contrôle de la France, déjà présente au Sénégal, et qui entreprend une politique d'expansion systématique dans les années 1850-1860. L'opération de colonisation reçoit sa conclusion en 1895, date à laquelle est organisé l'ensemble nommé Afrique-Occidentale française, dirigé désormais par un très puissant gouverneur général.

légende, or il ne voit que tristesse dans le panorama qui s'étend devant ses yeux : « Elle n'offre, au premier aspect, qu'un amas de maisons en terre, mal construites ; dans toutes les directions, on ne voit que des plaines immenses de sable mouvant, d'un blanc tirant sur le jaune, et de la plus grande aridité. Le ciel, à l'horizon, est d'un rouge pâle. Tout est triste dans la nature ; le plus grand silence y règne, on n'entend pas le chant d'un seul oiseau... » Cette désillusion explique probablement que, malgré l'hospitalité d'un Maure charitable, Caillié quitte Tombouctou après seulement treize jours passés dans la ville. Le 4 mai, avec une caravane de 1 400 chameaux chargés d'ivoire, d'or et de plumes d'autruche, le Français quitte Tombouctou en direction du nord. De plus en plus loqueteux et misérable, se faisant passer pour un derviche mendiant, il est le souffre-douleur de ses compagnons de voyage. C'est un homme malade, sale et affamé que le consul de France accueille à Tanger. Après le temps de l'épreuve vient celui des honneurs. De retour en France, René Caillié reçoit de la Société de géographie de Paris un prix de neuf mille francs. Le ministre de la Marine y ajoute une somme de trois mille francs, le roi Charles X le décore de la Légion d'honneur avec le titre de « résident à Bamako sur le Niger ». En 1830, Caillié publie les trois tomes de son *Journal d'un voyage à Tombouctou et à Jenné*. Épuisé par les maladies contractées pendant son voyage, il meurt à l'âge de trente-huit ans. Les scientifiques de l'époque émettent des doutes sur les observations de cet aventurier de l'errance. Pourtant, Caillié est le seul à avoir pu observer d'aussi près les mœurs, les croyances, les activités de ces peuples encore inconnus. Pour avoir choisi l'anonymat, la pauvreté, la solitude, Caillié reste une exception parmi les explorateurs de l'Afrique au XIXe siècle.

René Caillié méditant sur le Coran et prenant des notes (Atlas de voyage à Tombouctou *par René Caillié, 1829, Paris, musée des Arts africains et océaniens).*

*Vue de Tombouctou extraite de l'*Atlas de voyage à Tombouctou *par René Caillié, 1829 (Paris, musée des Arts africains et océaniens).*

Deux frères à la recherche du vrai cours du Niger

RICHARD ET JOHN LANDER

Au début du XIXe siècle, l'intérieur de l'ouest de l'Afrique reste mal connu. Trois ans après l'expédition que le Français René Caillié mène jusqu'à Tombouctou, deux Britanniques, Richard et John Lander, jeunes gens eux aussi d'extraction extrêmement modeste, apportent leur pierre à l'exploration du continent.

Continuant l'œuvre de Mungo Park, découvreur du Niger, et de l'Écossais Hugues Clapperton, les Lander, avec des moyens matériels fort médiocres, parviennent à force d'audace et de persévérance jusqu'à l'embouchure du grand fleuve qui se jette dans la mer à l'est du golfe de Guinée. Leur exploit, qui ouvre au commerce britannique une voie de pénétration nouvelle vers le cœur du continent noir, est reconnu tardivement en Grande-Bretagne.

Deux hommes de modeste extraction

Né en 1804 en Cornouailles, d'une famille du peuple, Richard Lemon Lander nourrit depuis l'enfance le désir de parcourir le monde. Forcé de gagner sa vie très tôt, il se fait domestique, entrant au service de riches concitoyens s'aventurant au loin. De la sorte, il accompagne en Afrique le capitaine écossais Clapperton lorsque, entre 1822 et 1825, celui-ci participe à une traversée de l'Afrique occidentale de la Méditerranée au Tchad. En 1827, chef d'une nouvelle expédition partie du golfe de Guinée pour rejoindre le Niger et en suivre le cours vers l'aval, Clapperton meurt de dysenterie à Kano, à mi-chemin entre le Niger et le Tchad. Lander, revenu en Angleterre l'année suivante, fait publier le récit de voyage du défunt ainsi que son propre journal. Désormais, il n'a plus qu'un rêve : reprendre l'entreprise de Clapperton là où celui-ci l'a laissée et vérifier si le Niger se jette bien dans la mer. Pour mettre à exécution son projet, l'ancien domestique obtient du gouvernement britannique une modeste subvention de cent livres. Ce pécule lui suffit pour tenter l'aventure, et y entraîner son frère cadet, John.

De Boussa à la Bénoué

Partis de Portsmouth en janvier 1830, les frères débarquent à Badagry, sur le golfe de Guinée, avec un matériel improvisé et un incroyable costume consistant notamment en de volumineux chapeaux de paille et des pantalons bouffants écarlates ! Ils s'engagent dans la savane sans rencontrer d'hostilité notable de la part de la population, sauf dans la région du Borgou, où les autochtones manquent les dépouiller. Le 17 juin, les voici à Boussa, ville construite sur le Niger. Non sans difficulté, Richard convainc le roi local de lui fournir une pirogue pour se lancer dans la descente du fleuve. Après avoir consulté le Niger lui-même et obtenu de lui une réponse favorable, le souverain accède à la demande des Anglais. Pour la première fois, des Européens vont naviguer sur cette partie du fleuve encore inconnue. Il faut faire face à de nombreuses difficultés : les rameurs doivent être changés presque à chaque étape, car ils refusent de s'engager dans des zones inconnues. À cause de leur pauvreté, les explorateurs n'ont pas de moyens pour se procurer de la nourriture, et les indigènes rencontrés leur font des récits effrayants sur les peuples de l'aval, voleurs et assassins. Aussi Richard décide-t-il de naviguer de nuit. Le 25 octobre, à l'embouchure de la Bénoué, affluent du Niger, les Lander apprennent que la mer ne se trouve qu'à sept jours de navigation.

Les « Rivières de l'huile »

Ce court trajet va constituer la partie la plus difficile du voyage. Alors qu'ils approchent du grand marché de Kirri, les explorateurs sont attaqués par des pirates Ibos, armés et montés sur de longues pirogues, qui les dépouillent de leurs maigres biens, armes et notes de voyage. Les agresseurs les conduisent chez eux un peu en aval, à Eboé, dont le roi leur permet de poursuivre leur descente à condition de payer une forte rançon à leur arrivée dans le delta. Sous bonne conduite, Richard et John parviennent donc aux nombreux bras du delta du Niger, les « Rivières de l'huile », nommés ainsi à cause de l'importance du commerce d'huile de palme traité en cet endroit.

Le 15 novembre, les deux frères sont remis au capitaine d'un brick anglais à l'ancre dans l'embouchure, près du village de Bass. Mais ce négociant préfère injurier les Ibos que de payer la rançon de ses compatriotes. Finalement, après de multiples palabres, les deux parties parviennent à un accord, et l'Anglais embarque ses concitoyens, qui débarquent en juin 1831 en Angleterre. Richard et John Lander ont réussi un exploit ; mais ces hommes d'origine modeste brillent médiocrement dans les salons, et le succès ne parvient à eux que lentement. La *Royal Geographical Society* commence par leur donner une prime de cinquante guinées. Un éditeur, John Murray, a l'heureuse idée d'acheter le manuscrit que les Lander ont rédigé après coup sur leur périple. Sa publication révèle enfin aux Anglais, et surtout aux négociants, la découverte essentielle réalisée par ces jeunes pionniers, la solution du mystère du cours du Niger.

Mais Richard n'a guère le temps de profiter de sa gloire : en 1834, lors d'une nouvelle expédition sur le Niger, il est blessé mortellement par un indigène. Son frère John ne lui survit que cinq ans. Un peu tardivement, la Grande-Bretagne fait de ces deux aventuriers naïfs et intrépides le modèle de la jeunesse héroïque.

→ **Voir aussi :** p. 196-197 (Les aventures de Mungo Park).

Sur le cours du Niger, les Lander traversent de nombreuses régions encore inconnues, où ils découvrent des tribus parfois hostiles (art africain, collection particulière).

Les frères Lander sollicitent l'aide du roi de Badagry pour mener à bien leur expédition sur le fleuve Niger (gravure du XIXe siècle).

Clapperton, Oudney et Denham reçus par le sultan de l'antique royaume du Bornou (gravure du XIXe siècle).

L'exploration de l'Afrique de l'Ouest

En 1795, **l'Écossais Mungo Park atteint le premier le fleuve Niger,** en venant de la Gambie, c'est-à-dire des côtes ouest de l'Afrique. Lors de son second et ultime voyage, en 1805, il en descend le cours jusqu'à Boussa, où il trouve la mort.

En 1822, une expédition anglaise, comprenant le lieutenant Clapperton, le docteur Oudney et le major Denham, **se dirige de Tripoli, c'est-à-dire de la côte septentrionale de l'Afrique, en direction du haut cours du Niger.** Elle atteint tout d'abord le lac Tchad, puis, continuant vers le sud, arrive à Kouda, capitale de l'antique royaume du Bornou, dont le sultan reçoit somptueusement les étrangers. Oudney étant mort de maladie, Denham se dirige vers le sud du Tchad, où il découvre le peuple Fellata, et Clapperton poursuit de son côté sa route vers Kano, la principale ville du Soudan. À Sokoto, il est introduit auprès du sultan Mohammed Bello, un homme ouvert aux nouveautés et qui se dit prêt à accueillir les Britanniques. Lorsqu'il revient en Angleterre en 1825, Clapperton rapporte de précieux renseignements sur les dialectes, la faune et la flore de l'Afrique centrale et un manuscrit rédigé par Mohammed Bello lui-même sur les anciens royaumes africains.

Deux ans plus tard, **Clapperton repart,** cette fois depuis les côtes sud de l'Afrique (le golfe de Guinée), **avec la même mission : rejoindre le cours du Niger** et le suivre pour voir s'il s'oriente décidément vers le nord, où s'il redescend se jeter dans l'Océan.

Fitzroy et Darwin sur les côtes pacifiques

LE VOYAGE DU « BEAGLE »

En se joignant à la mission chargée d'explorer les côtes de la Patagonie, du Chili et du Pérou à partir de 1831, un jeune naturaliste, Charles Darwin, amasse une quantité de documents sur la botanique et la zoologie. Les observations qu'il effectue d'après ce matériel constituent les premiers éléments à partir desquels cet esprit révolutionnaire va commencer à élaborer sa grande doctrine de l'évolution biologique.

L'aventure de l'expédition américaine de Darwin montre comment, au XVIIIe et surtout au XIXe siècle, les grandes expéditions maritimes ont contribué à modifier radicalement non seulement la connaissance du monde, mais aussi et désormais surtout le point de vue des savants sur l'histoire de la vie sur terre.

Les débuts d'un jeune naturaliste

Certains navires, à l'ère des grandes explorations maritimes, sont spécialisés dans le repérage de contrées particulières. Ainsi, à partir de 1826, un brick de l'Amirauté britannique, le *Beagle,* sillonne les rivages de l'Amérique du Sud. Le premier commandant du *Beagle,* Pringle Stokes, étant mort, il est remplacé par le lieutenant Robert Fitzroy, un jeune homme de 21 ans qui, à ses qualités de marin, joint un intérêt particulier pour l'hydrographie et la météorologie. Le premier voyage du *Beagle* se termine en 1830 et, dès l'année suivante, Fitzroy est confirmé par l'Amirauté dans son commandement du brick et reçoit la mission d'aller approfondir l'étude de la Patagonie, de la Terre de Feu et du détroit de Magellan. Or, depuis le XVIIIe siècle, il est de coutume d'embarquer, pour chaque expédition visant à la reconnaissance de terres, un naturaliste. Fitzroy, sur les recommandations d'amis, choisit un jeune savant tout juste sorti de l'université de Cambridge : Charles Darwin, né en 1809, que passionnent depuis son enfance les collections d'insectes, de plantes et d'échantillons minéraux. La collaboration des deux hommes, dont la légende veut qu'ils aient d'abord éprouvé l'un pour l'autre une aversion profonde, va permettre une des expéditions scientifiques les plus fécondes de l'histoire.

Observations et mesures

« Le voyage du *Beagle* a été de loin l'événement le plus important de ma vie et a déterminé toute ma carrière », écrit Darwin dans son autobiographie. Pendant cinq années, le *Beagle* longe les côtes du Chili, du Pérou, de la Patagonie, de la Terre de Feu, plus quelques îles du Pacifique et le détroit de Magellan. Il parcourt une ligne circulaire autour du monde, permettant de fixer approximativement la longitude d'un certain nombre de méridiens secondaires. Mais, surtout, le naturaliste embarqué recueille au cours de ces cinq années une infinité d'informations d'une nouveauté radicale, car, au début du XIXe siècle, la faune et la flore des terres de l'hémisphère Sud restent encore largement méconnues. Fitzroy a l'intelligence de comprendre les raisons du jeune savant (qui, par ailleurs, souffrit pendant tout le voyage d'un incurable mal de mer) lorsque celui-ci lui demande de prolonger plusieurs mois durant son séjour en un lieu ou de lui fournir l'équipement nécessaire pour remonter plusieurs rivières de Patagonie afin de recueillir du matériel. Publiées au retour, les observations effectuées sur la géologie, les orchidées, les plantes insectivores, les cirripèdes et autres espèces animales ou végétales des tropiques feront sensation. Accident moins heureux : pendant le voyage, en Argentine, Darwin est piqué par cet insecte qu'on appelle la « punaise noire des pampas » — un animal dont on sait maintenant qu'il est le vecteur du trypanosome américain, responsable d'un mal alors inconnu en Europe, la maladie de Chapas, dont Darwin ne cessera de souffrir et dont il mourra finalement… en 1882.

La souris Mus Darwinis *dessinée par Darwin (Paris, Bibliothèque nationale de France).*

Le darwinisme, ou la lutte pour la vie

*Les travaux de Darwin montrent comment différents facteurs (des changements de climat, de nourriture) entraînent des variations au sein d'une même espèce. Les individus présentant des variations morphologiques ou physiologiques favorables ont plus de chances que les autres d'échapper à la disparition. C'est ce que l'on appelle le principe de la « lutte pour la vie » (*struggle for life*), ou sélection naturelle, par laquelle se trouvent éliminés les espèces faibles ou les individus déficients à l'intérieur d'une même espèce, tandis les autres peuvent se multiplier à mesure qu'ils s'adaptent à leur environnement.*

Cette sélection naturelle, comparable à la sélection artificielle pratiquée par les horticulteurs et les éleveurs, a pour résultat la formation d'espèces nouvelles et un progrès perpétuel dans leur adapta-

À bord du Beagle, *les aspirants font le point sur les différentes observations et découvertes de Fitzroy et Darwin (peinture de A. Earle).*

Des indigènes aident Darwin à chasser des spécimens d'espèces inconnues pour ses travaux de naturaliste, qui l'amèneront à développer sa théorie sur l'évolution des espèces.

Les questions de Darwin

Au-delà des révélations qu'il permet sur la nature des terres de l'hémisphère Sud, le voyage du *Beagle* a des conséquences d'une importance capitale pour la science. Les observations que Darwin effectue sur le terrain le conduisent peu à peu à mettre en doute les idées acquises concernant les animaux et les plantes pour élaborer son propre système d'interprétation : la théorie de l'évolution et de la sélection naturelle. Au temps de Darwin, en effet, chacun pense que la nature a existé depuis la Création telle qu'elle apparaît aujourd'hui : n'est-il pas écrit en effet que Dieu a créé le monde, et la Terre, et les êtres vivants, en sept jours, et non au cours de milliards d'années ? Or, en Amérique du Sud, Darwin observe des fossiles plus énormes qu'il n'en a jamais vus en Europe (fossiles *armadillos*). Il remarque également que, dans d'autres régions d'Amérique du Sud, des animaux du même type *(armadillos),* mais non exactement semblables, continuent à exister. Et, tout naturellement, mais d'une manière qui bouleverse la science du temps, il commence à poser le principe d'une transformation progressive des espèces au cours du temps. D'autres questions, par voie de conséquence, commencent à s'imposer dans l'esprit du jeune naturaliste. Ainsi, pourquoi une même espèce présente-t-elle des différences selon qu'elle vit en un lieu ou en un autre de la Terre ; inversement, pourquoi des espèces évidemment distinctes persistent-elles à conserver entre elles des ressemblances étonnantes ? Petit à petit se forment dans l'esprit de Darwin les prémices de la théorie de l'évolution. À partir des notes de voyage qu'il a prises sur le *Beagle,* le savant peut publier en 1859 son œuvre majeure, *De l'origine des espèces par voie de sélection naturelle,* une des œuvres scientifiques essentielles du XIXe siècle.

Les Français atteignent la terre Adélie

DUMONT D'URVILLE EN ANTARCTIQUE

Depuis les expéditions britanniques de la seconde moitié du XVIIIe siècle, l'existence du continent antarctique est connue, et chaque pays rêve d'être le premier à l'explorer. Au début des années 1800, Anglais, Américains et Français multiplient les expéditions en direction de ces zones encore vierges. Le navigateur français Dumont d'Urville, le premier, atteint en 1840 ces terres, qui cessent dès lors d'être mythiques.

La diligence et la ténacité du Français ont seules permis à son pays de précéder, à vrai dire seulement de quelques mois, les Américains et les Anglais dans le début de l'exploration du pôle Sud.

Un homme doué pour la découverte

C'est en 1836 que Jean-Sébastien Dumont d'Urville (1790-1842) soumet au roi Louis-Philippe son projet d'un voyage dans les mers antarctiques. La personnalité de ce navigateur est alors favorablement connue. En 1819, membre des deux expéditions hydrographiques de la *Chevrette,* en mer Égée, il a fait part au gouvernement français de la découverte de la Vénus de Milo et l'a persuadé d'acheter la statue. De 1822 à 1825, il a participé aux deux circumnavigations dirigées par Louis Duperrey. Enfin, en 1826, il a conduit avec l'*Astrolabe* l'expédition envoyée pour tenter de retrouver les restes des navires de La Pérouse, dont il est revenu avec, outre des vestiges de cette expédition, un matériel scientifique important concernant les langues indigènes des îles de l'Océanie, classées par lui, selon les différences ethniques, en Polynésie, Micronésie et Mélanésie, ainsi que des renseignements précieux sur la flore et la minéralogie des terres de ces régions.

L'« Astrolabe » et la « Zélée » dans la zone antarctique

En 1836, toutes les nations engagées dans les explorations maritimes, et particulièrement la Grande-Bretagne et les États-Unis, cultivent le projet d'atteindre le pôle Sud. Conscient de l'urgence d'agir, Louis-Philippe accueille donc favorablement la proposition du navigateur, et même, il s'engage personnellement dans l'entreprise, puisqu'il promet aux membres de l'expédition une prime de 100 francs par homme s'ils atteignent le 75e degré de latitude sud, plus 20 francs supplémentaires par degré au-dessous de ce parallèle — le tout prélevé sur sa cassette personnelle. Deux navires, déjà anciens mais équipés de nombreux instruments d'observation, sont donc armés à destination de l'extrémité sud du globe : les corvettes *Astrolabe,* c'est-à-dire le navire même qui servit dans la recherche des restes de l'expédition La Pérouse, et *Zélée.* Un ingénieur hydrologue et un anthropologue font partie de

La corvette Astrolabe, avec laquelle Dumont d'Urville et ses hommes parvinrent jusqu'en Antarctique (Paris, Bibliothèque du musée de la Marine).

Précédant de quelques mois les Anglais et les Américains dans la découverte du pôle Sud, Dumont d'Urville plante le drapeau français sur la terre Adélie, en 1840.

La terre Adélie

Les découvertes faites par Dumont d'Urville **tombèrent dans un oubli relatif,** faute d'une publication complète de la relation de voyage du navigateur et parce que la terre Adélie, reconnue par lui, ne pouvait présenter alors aucun intérêt économique.

Ce n'est qu'un siècle plus tard, en 1926, sur la proposition de J.-B. Charcot, que **la France affirma effectivement ses droits sur ce secteur de l'Antarctique**. Et c'est plus tard encore, après la Seconde Guerre mondiale, grâce à Paul-Émile Victor, que commença l'exploration systématique des 350 000 km² de ce territoire, aux températures toujours négatives, qui oscillent entre - 5 et - 60 °C.

l'équipage. Le 8 septembre 1837, les bateaux appareillent de Toulon et prennent la route du détroit de Magellan. En suivant un trajet reconnu en 1822 par un Anglais, Weddell, ils arrivent aux Shetland du Sud. Alors qu'ils sont parvenus à la latitude de 65°, ils se heurtent à une immense muraille de glace s'étendant à perte de vue, qu'ils longent sans pouvoir trouver de passage.

Cette vaine recherche les mène au sud des îles Orcades, où Dumont d'Urville aperçoit des terres auxquelles il donne les noms de « Joinville » et de « Louis-Philippe ». Cependant, des tempêtes de neige et le scorbut, qui fait des ravages dans l'équipage, obligent le chef de l'expédition à donner l'ordre, en décembre 1839, de revenir au port d'Hobart Town, afin de laisser les marins prendre du repos et de soigner les malades.

Le drapeau tricolore sur la terre Adélie

Le 1er janvier 1840, l'*Astrolabe* et la *Zélée* reprennent la mer en direction du sud, en choisissant une autre voie à partir de la Tasmanie. Après être passés entre d'impressionnantes murailles de glace formées par les icebergs, les Français arrivent en vue d'une immense terre couverte de neige, avec des sommets glacés de plus de 1 000 m d'altitude. Dumont d'Urville parvient à atteindre une baie d'où il envoie deux embarcations explorer la côte. Les marins reviennent avec des cailloux de granite, quelques manchots et des fragments d'algues. Le 20 janvier 1840, un drapeau tricolore est planté sur la terre, à laquelle Dumont d'Urville donne le nom de son épouse, Adélie, et qu'il annexe au nom du roi. Les mesures prises par les officiers prouvent que les Français sont bien les premiers à s'être approchés du pôle magnétique austral. En poursuivant leur route, l'*Astrolabe* et la *Zélée* croisent le navire *Porpoise* de l'expédition américaine Wilkes, mais une mauvaise interprétation des signaux entre les deux bateaux empêche toute communication.

Après avoir baptisé une banquise qu'il prend pour une terre et qu'il nomme « Côte Clarie », Dumont d'Urville revient à Hobart Town, puis regagne Toulon le 7 novembre 1840. Alors qu'il n'a pas encore eu le temps d'achever la publication de son *Voyage au pôle Sud,* il est victime, en mai 1842, du premier accident de chemin de fer de l'histoire, entre Paris et Versailles.

→ **Voir aussi :** p. 190-191 (L'expédition de La Pérouse) ; p. 264-265 (Les conquérants du pôle Sud) ; p. 282-283 (Les expéditions polaires françaises).

Entre 1826 et 1829, Dumont d'Urville explore les îles de l'Océanie sur les traces de La Pérouse (escales aux îles Célèbes, Paris, Bibliothèque du musée de la Marine).

Un homme seul parcourt l'Afrique centrale

DAVID LIVINGSTONE

Cameron en Afrique australe

Une expédition trop tardive. En 1872, la *Royal Geographical Society* de Londres confie au lieutenant de marine Verney Lovett Cameron la mission de retrouver Livingstone en Afrique. En 1873, Cameron débarque à Zanzibar... pour rencontrer à Kazeh les serviteurs de Livingstone qui transportent la dépouille de leur maître vers la côte.

Le sud du Tanganyika. Plutôt que de retourner en Angleterre, Cameron choisit de rester sur place et d'explorer la région sud du lac Tanganyika. Il découvre que celui-ci communique avec le Congo, et surtout que, en dépit de ce que pensait Livingstone, le Nil et le Lualaba sont deux fleuves différents.

D'est en ouest à travers l'Afrique. Se dirigeant vers l'ouest, Cameron entreprend ensuite de traverser le continent. Au prix de mille difficultés, il atteint en novembre 1875 la côte angolaise après une marche de 5 000 km.

Livingstone attaqué par un lion (gravure en couleur du XIXe siècle, collection particulière).

Médecin et missionnaire, David Livingstone arrive en 1840 sur le continent africain — qu'il ne quittera quasiment plus jusqu'à la fin de sa vie, en 1873. Il s'enfonce à plusieurs reprises dans des régions encore inexplorées, découvre les chutes du Zambèze avant de mourir, lors d'un ultime voyage vers le lac Tanganyika.

Par son désir de convertir les Noirs au christianisme et d'explorer des terres sauvages, Livingstone occupe une place de premier rang parmi les pionniers de l'Afrique.

Un missionnaire enthousiaste

La destinée généreuse de Livingstone est déjà inscrite dans la double formation de ce jeune Écossais, à la fois théologien et médecin. Son ambition est d'aider les hommes et de convertir les païens. En 1840, la Société des missions de Londres l'envoie en Afrique dans la région du Cap. Lors de sa première mission à Kuruman, sur un affluent du Limpopo, il se fait vite aimer des indigènes. Après la destruction de sa mission par les Boers, alors en guerre contre les Anglais, il quitte Kuruman en 1849 avec sa femme et ses enfants. Il traverse le désert de Kalahari et découvre le lac Ngami. L'aventure l'a tant passionné qu'il décide de se consacrer désormais à la recherche de terres inexplorées. Il s'installe sur le moyen Zambèze, chez le peuple des Kololos. Mais comment engager une famille dans des projets si risqués ? Livingstone se sépare des siens, qu'il raccompagne au Cap, où ceux-ci s'embarquent pour la Grande-Bretagne. L'Anglais peut alors envisager la traversée du continent africain du Zambèze à la côte occidentale, soit près de 2 000 km ! Avec une escorte de 27 hommes, fournie par le chef des Kololos, il remonte le cours du fleuve, de là gagne les sources du Kassaï et, en mai 1854, arrive au bord de l'océan Atlantique, dans la ville angolaise de Luanda. Il reste trois mois dans cette colonie portugaise, où il rédige un rapport adressé à la *Royal Geographical Society*.

« La fumée tonnante des chutes »

En quittant Luanda, Livingstone a le projet de redescendre le Zambèze en se dirigeant vers l'est pour trouver l'embouchure du grand

Les cataractes du Zambèze, que l'explorateur baptise Victoria Falls en l'honneur de la reine d'Angleterre (gravure du XIXe siècle, Paris, Bibliothèque du musée des Arts décoratifs).

Jeu de la découverte de l'Afrique établi à la fin du XIXe siècle à partir des voyages menés par les explorateurs Livingstone et Stanley.

fleuve dans l'océan Indien. De nouveau, le chef des Kololos lui donne les moyens de cette expédition. En novembre 1855, l'infatigable marcheur et son escorte noire aperçoivent au loin des colonnes de vapeur : « Elles sont blanches à la base et s'assombrissent dans le haut, ce qui augmente leur ressemblance avec la fumée qui s'élève du sol. » Il reconnaît en avançant les légendaires chutes du Zambèze, décrites par les Noirs Makololos comme « une fumée qui monte avec un bruit de tonnerre ». En l'honneur de la reine d'Angleterre, l'explorateur baptise ces chutes les « Victoria Falls ». L'année d'après, au mois de mai 1856, Livingstone atteint l'océan Indien : pour la première fois, un Européen a traversé le continent africain d'ouest en est. L'Anglais se décide alors à rejoindre son pays natal : il est accueilli comme un héros. Mais il ne peut oublier l'Afrique. Ayant achevé la rédaction du récit de ses voyages, dans lequel il insiste sur l'horreur que lui inspire la traite des esclaves par les marchands arabes, il retourne en Afrique. Là, paré du titre de « consul de la région du Zambèze », il reprend en 1858, avec son frère Charles, l'exploration du fleuve et découvre le lac Nyassa (aujourd'hui Malawi), une véritable mer intérieure de près de 30 000 km².

Le dernier voyage

Lors d'un nouveau séjour à Londres, destiné à obtenir d'indispensables subventions, Livingstone prend connaissance de la querelle opposant Burton et Speke à propos des sources du Nil. C'est pour lui une nouvelle piste à suivre : en 1866, il est à l'embouchure du Rovuma, d'où il s'engage vers l'intérieur des terres. Contournant les lacs Nyassa et Tanganyika, il découvre le lac Moeru, d'où, en direction du nord, part le fleuve Luvua, qui rejoint le Lualaba — qu'il prend pour le Nil. Malade, ayant perdu la plupart des hommes de son escorte, il lui faut compter aussi avec l'hostilité des marchands arabes, dont il dépend pour transporter vers le nord sa correspondance et qui lui vouent une haine inexpiable à cause de ses opinions sur le trafic d'esclaves. Aussi, à partir de 1869, le monde occidental cesse-t-il d'avoir des nouvelles de l'explorateur. En 1870, le *New York Herald* décide d'envoyer à sa recherche un de ses journalistes, Stanley. Ce dernier retrouve enfin, le 10 novembre 1871 à Ujiji, sur le lac Tanganyika, l'explorateur britannique. L'homme est en haillons, miné par les fièvres, d'une maigreur squelettique. L'Américain tente de le convaincre de rentrer au plus vite en Angleterre, mais Livingstone refuse : il choisit, malgré son épuisement, de retourner vers le bassin du Lualaba. Le 1er mai 1873, un de ses serviteurs le trouve agenouillé contre sa couchette, rigide, la tête entre les mains : Livingstone est mort pendant sa prière... Ses compagnons procèdent à un embaumement de fortune, au moyen d'eau-de-vie et de sel, après quoi ils transportent la dépouille à travers les terres, jusqu'à Zanzibar. De là, le corps de ce grand amoureux de l'Afrique est ramené en Angleterre et inhumé en grande pompe, dans l'abbaye de Westminster.

→ **Voir aussi :** p. 232-233 (Burton, Speke et Grant) ; p. 242-243 (Sur les fleuves de l'Afrique profonde).

John Eyre à travers le Sud australien

2 500 KILOMÈTRES SANS EAU

Au début du XIXe siècle, l'Australie demeure un continent très peu connu. Sur ses côtes affluent des colons, attirés par l'espoir d'une vie heureuse dans ce « Pays de la Chance » («Australia Felix »). La plupart des arrivants sont des éleveurs, et il faut trouver des terres qui leur conviennent. Des pionniers commencent donc à sillonner les déserts intérieurs, à la recherche de régions exploitables.

L'un de ces aventuriers se nomme Edward John Eyre. En 1840-1841, il est le premier Blanc à longer la Grande Baie Australienne d'est en ouest.

Les Aborigènes : l'âge de pierre au XIXe siècle

Lorsque les premiers colons blancs pénètrent en Australie, celle-ci est peuplée par **des tribus nomades, les Aborigènes** — peut-être 300 000 individus alors, contre seulement 180 000 aujourd'hui.

Ces peuples, qui se disent nés avec le continent (c'est le sens d'« Aborigène »), ont dû en réalité **arriver par vagues successives d'Asie du Sud entre 50 000 et 40 000 avant notre ère.**

Ne connaissant pas l'usage du métal, l**es Aborigènes taillent leurs outils dans la pierre et l'os. Ils ont inventé le boomerang,** arme de chasse pouvant atteindre 90 kilomètres à l'heure.

Leur culture est fort riche et très complexe. Les rituels magiques sont nombreux. Totems et tabous alimentaires soulignent l'identité de chaque clan. Les **peintures rupestres et les tatouages corporels** sont des témoignages exceptionnels de l'art de ce peuple surprenant, qui vivait encore, au XVIIIe et au XIXe siècle, comme les hommes de l'âge de pierre.

Un aborigène avec ses armes et ses tatouages corporels.

La terre des convicts s'ouvre aux éleveurs

À l'époque de John Eyre, seules les côtes occidentale et orientale australiennes sont peuplées de colons, venus essentiellement de Grande-Bretagne. Les premiers Blancs arrivés ont été des forçats déportés, les *convicts* d'abord — des condamnés de droit commun — puis des politiques (des Irlandais, en fait). Jusqu'au milieu du XIXe siècle, ces colons malgré eux représentent environ le tiers de la population du continent. Réunis dans des colonies pénitentiaires, à Sydney, à Freemantle, ou dans l'île méridionale, dite « terre de Van Dienem » (l'actuelle Tasmanie), ces hommes sont contraints au travail de la terre et vivent dans des conditions effroyables. Pourtant, la situation commence à évoluer dans le cours des années 1800. Avant même que, en 1851, la découverte de mines de charbon et d'or suscite un afflux de population, l'introduction du mouton mérinos, en 1797, fournit une source de revenus dont profitent les forçats libérés qui se fixent en Australie ainsi que les nouveaux émigrants, des volontaires de plus en plus nombreux. Cette situation inédite explique le souci de découvrir des terres où étendre la colonisation. Edward John Eyre et son compagnon aborigène Wylie jouent un rôle considérable dans l'exploration intérieure de l'Australie qui commence alors.

Un conducteur de bœufs

Eyre, né en 1815, est originaire du Yorkshire ; mais il débarque très tôt, à dix-sept ans, en Australie. Comme beaucoup d'émigrants, il trouve d'abord du travail comme conducteur de troupeaux : de 1838 à 1840, pour trouver de nouveaux pâturages, il parcourt avec ses bêtes de nombreux territoires mal connus dans la Nouvelle-Galles du Sud. En 1839, s'étant orienté vers le sud-ouest, dans l'Australie-Méridionale, il atteint le lac Torrens, bordé de marécages saumâtres, et, remontant vers le nord, découvre un autre réservoir d'eau salée, plus grand encore, qui porte aujourd'hui son nom (lac Eyre). Au-delà des deux régions qu'il a parcourues jusque-là, la Nouvelle-Galles du Sud et l'Australie-Méridionale, zones les plus peuplées du continent, s'étend le « West End », terre à peu près ignorée et dont l'exploration commence par la difficile traversée d'un gigan-

Eyre s'aventure dans la plaine de Nullarbor, gigantesque désert sans eau ni arbre, où la survie est très difficile pour l'homme.

Parti à la recherche de nouveaux pâturages, John Eyre découvre un lac salé qui porte aujourd'hui son nom, le Lake Eyre.

tesque désert sans eau potable, la bien nommée plaine de Nullarbor («Aucun arbre »). Pour survivre dans cette région hostile, Eyre décide de longer autant qu'il le pourra la côte de la Grande Baie Australienne. Il quitte Adélaïde le 25 février 1841 avec un autre Blanc, John Baxter, et trois porteurs aborigènes.

2 500 km dans une région sans eau douce

Les mois qui suivent sont épouvantables. Eyre et Baxter ont sous-estimé les difficultés. Les provisions en aliments et en eau s'épuisent avec une rapidité catastrophique, sans que les hommes parviennent à les renouveler suffisamment — ils ignorent que, à quelques kilomètres de leur route, se trouvent des réservoirs calcaires naturels où trouver des cours d'eau. En avril, le drame se produit : deux des porteurs assassinent Baxter et désertent avec ce qui subsiste des provisions et les armes. Eyre, resté seul avec son troisième porteur, Wylie, poursuit sa route un mois durant dans des terres complètement désolées. Seule l'aide de l'indigène, habitué au désert et sachant y trouver les moyens de sa survie, lui permet de résister. En juin, Eyre et Wylie, à moitié morts d'épuisement, atteignent le site d'Esperance, en face des îles de la Recherche. Le hasard veut qu'une baleinière française mouille à proximité. Les deux hommes sont recueillis par les marins et, ayant recouvré leurs forces et accumulé de nouvelles provisions, ils repartent dans de meilleures conditions. En juillet, ils pénètrent enfin dans Albany, ayant traversé à pied l'Australie du Sud sur 2 500 kilomètres, le long d'une côte où nul cours d'eau douce ne vient se jeter. En récompense de son exploit, Eyre, qui devient un véritable héros national, reçoit de la Couronne britannique le titre de « Magister et protecteur des Aborigènes » du district de Murray. Rentré en 1845 en Angleterre, il y publie un livre sur cette population, entièrement inconnue de ses compatriotes et qu'il veut révéler au monde. Aujourd'hui encore, les voyageurs qui empruntent la route Eyre, dans le sud de l'Australie, suivent à peu près le trajet parcouru par le courageux pionnier.

1842-1843

Un amiral impose l'autorité française dans le Pacifique

LES MARQUISES ET TAHITI

Dans les années 1842-1843, le contre-amiral français Abel Dupetit-Thouars, sur ordre de Louis-Philippe et de son ministre Guizot, impose le protectorat français sur les îles Marquises et à Tahiti.

Cette victoire de la politique extérieure de la monarchie de Juillet, remportée contre les ambitions anglaises qui s'imposent la même année en Nouvelle-Zélande, donne à la France, durablement, des territoires dans le Pacifique.

Baleiniers et missionnaires

Depuis la fin du XVIIIe siècle, les archipels et les îles du Pacifique se trouvent au centre des rivalités franco-anglaises. Non que, à l'exception de l'Australie, ces terres sans ressources minières et peu peuplées représentent un intérêt économique considérable — seul le bois de santal attire sur certains archipels les commerçants européens ; mais l'océan lui-même, en cette partie du monde, est le centre actif de la pêche à la baleine. Les baleiniers européens, essentiellement des Anglais et des Français, sont nombreux à croiser dans les eaux du Pacifique et à relâcher sur les côtes susceptibles de leur procurer des abris. Les navires français, venus de Dieppe, du Havre, de Nantes, de La Rochelle et de Bordeaux, sont essentiellement

Afin d'avoir des abris pour ses navires baleiniers, la France impose un protectorat aux habitants des îles Marquises et de Tahiti (gouache de Max Radiguet, 1841-1848, Vincennes, archives de la Marine).

La reine Pomaré Vahiné IV, conseillée par un pasteur anglais, fait expulser de Tahiti des missionnaires français malgré les accords de protectorat passés avec l'amiral Dupetit-Thouars.

présents dans le nord de la zone. Leur activité dans la région rapporte près de 10 millions de francs par an pendant la Restauration. Mais les conditions de vie sur les bateaux sont difficiles ; beaucoup de marins désertent et, avec des bagnards échappés d'Australie, s'installent par petits groupes dans les îles où ils se fondent avec les populations océaniennes. Ces marginaux retrouvent dans les archipels d'autres Européens installés précocement, des missionnaires protestants et catholiques. Du côté français et donc catholique, encouragées par le gouvernement de Louis-Philippe, deux congrégations, les Maristes pour la partie occidentale de l'océan et les pères des Sacrés-Cœurs de Picpus pour la partie orientale, s'emploient à tisser un réseau ecclésial et créent les deux diocèses d'Océanie. L'affrontement des impérialismes français et anglais culmine en 1840, lorsque les chefs maoris de Nouvelle-Zélande, une région convoitée par la France, sont contraints de reconnaître la domination britannique, tandis qu'un coup de force place sous pavillon français les Marquises et surtout Tahiti, où prévalait l'influence britannique depuis le début du siècle.

La France et la « Nouvelle-Cythère »

L'île des bons sauvages. Tahiti, découverte en 1767 par le Britannique Wallis, séduit tellement le Français Bougainville, l'année suivante, qu'il la nomme Nouvelle-Cythère. Par les mœurs paisibles de ses habitants, elle fournit au XVIIIe siècle le modèle mythique du paradis où vivent les « bons sauvages ».

L'œuvre des missionnaires. Unifiée au XIXe siècle par la famille Pomaré, dont la tribu prend le dessus sur les autres clans grâce à l'influence britannique, l'île est convertie au christianisme, c'est-à-dire à l'anglicanisme d'abord, puis au catholicisme lorsque l'influence française devient prépondérante. L'influence de ces deux catégories de missionnaires fait évoluer les modes de vie dans le sens d'un rigorisme qui contraste avec les libres coutumes antérieures, comme peut le constater le peintre Gauguin, venu en vain sur l'île, puis aux Marquises, chercher après 1891 les restes perdus d'une vie « primitive ».

Territoire d'outre-mer. Annexée définitivement en 1880, Tahiti devient une colonie, qui se rallie pendant la Seconde Guerre mondiale à la France libre. En 1959, elle est intégrée au territoire d'outre-mer de la Polynésie française, dont le statut est progressivement élargi pour répondre à certaines revendications autonomistes.

Premier incident

Ce sont les rois tahitiens Pomaré I (1743-1803) et Pomaré II (1780-1821) qui, aux prises avec des soulèvements populaires de leurs sujets, avaient donné l'occasion à cette domination de s'établir, en cherchant une aide auprès de la toute-puissante Société missionnaire de Londres. Celle-ci les aida effectivement à recouvrer leur autorité, moyennant la conversion du royaume au christianisme. Les choses se compliquent pour les Anglais sous le règne d'une femme, la reine Pomaré Vahiné IV, non que celle-ci repousse l'influence britannique, mais, au contraire, parce qu'elle écoute si bien son conseiller, le pasteur méthodiste anglais Pritchard, qu'elle ordonne, en 1836, l'expulsion de deux prêtres français, venus à Tahiti pour y installer une mission. La France, exigeant réparation, envoie, en 1838, le contre-amiral Dupetit-Thouars, qui, à bord de la *Vénus,* sillonne alors les eaux du Pacifique, explorant les terres et y cherchant des lieux où implanter l'influence française. L'officier obtient de la reine, outre un dédommagement financier pour son gouvernement et la nomination sur place d'un consul de France, une convention spécifiant que les Français seront reçus à Tahiti comme « les étrangers les plus favorisés ». Une fois le navire français reparti, Pomaré n'a de cesse d'enfreindre l'accord passé. En décembre 1838, le culte catholique est interdit sur l'île et deux autres prêtres français qui s'apprêtaient à débarquer sont priés de reprendre la mer.

Pomaré contrainte de se soumettre

Louis-Philippe décide alors de profiter de l'inertie anglaise pour organiser une expédition militaire contre l'île. À Valparaiso se regroupent neuf navires de guerre, parmi lesquels le navire commandant, la *Reine-Blanche,* à bord duquel se trouve de nouveau Dupetit-Thouars. Cette concentration impressionne défavorablement les Anglais, qui craignent qu'elle ne prélude à une opération contre l'Australie. En fait, Dupetit-Thouars se dirige d'abord vers les îles Marquises. Celles-ci, en mai 1842, sont soumises au protectorat français. Après quoi, à la fin d'août, il fait route vers Tahiti. Là, constatant les manquements à l'accord de 1838, Dupetit-Thouars pose un ultimatum à la reine : se soumettre au protectorat français ou payer dans les quarante-huit heures une indemnité de 10 000 piastres. Le 9 septembre, Pomaré IV signe un document demandant la protection de la France. Pritchard, cependant, est toujours à Tahiti. Après le départ de l'amiral français, il pousse la reine à la révolte. En novembre 1843, Dupetit-Thouars revient donc dans l'île, change le protectorat en annexion pure et simple et fait expulser Pritchard. Cette dernière mesure manque de provoquer un conflit entre la Grande-Bretagne et la France. Pour marquer alors leur bonne volonté, Louis-Philippe et son ministre Guizot renoncent à l'annexion pour revenir au protectorat. Cette concession ne fait que retarder une évolution désormais inéluctable : l'annexion de l'île est définitivement acquise en 1880, lorsque le fils de Pomaré IV, successeur de sa mère, fait don de son royaume à la France.

D'abord convertie au christianisme par les pasteurs anglicans, la population de Tahiti devient catholique sous l'influence française.

Les expéditions de John Charles Frémont

UNE NOUVELLE VISION DE L'OUEST

Grâce aux témoignages de Frémont sur les terres de l'Ouest, la colonisation intérieure de l'Amérique va commencer (gravure coloriée d'après un dessin de Bierstadt).

Dans la première moitié du XIXe siècle, malgré les progrès accomplis grâce aux expéditions récentes de Lewis et Clark et aux voyages du trappeur Smith, l'Ouest américain demeure une région mal connue. À partir de 1842, un homme d'une trentaine d'années, John Charles Frémont, mène dans le cadre du Service topographique de l'armée trois expéditions décisives.

Frémont est le gendre du sénateur du Missouri Thomas Hart Benton, ardent partisan de l'expansion des États-Unis vers l'ouest. Avec lui prend fin le temps des militaires (Lewis et Clark) et des coureurs de montagnes (Jedediah Smith) et commence celui des ingénieurs, sortis ou non de la fameuse académie militaire de ▷

Frémont sur les montagnes Rocheuses (gravure du XIXe siècle).

Frémont entreprend plusieurs voyages vers l'ouest afin d'établir une cartographie précise de ces régions et traverse même le terrible désert Mohave (gravure coloriée du XIXe siècle).

West Point, mais formés en tout cas au génie, à la cartographie et à la topographie. Frémont lui-même appartient au Service des relevés des côtes des États-Unis, et il a acquis l'expérience du terrain en travaillant au relevé du haut Missouri avec des savants.

La vision d'un paradis

De juin à octobre 1842, Charles Frémont dirige sa première expédition dans l'ouest. Il est chargé de faire des relevés de la piste de l'Oregon, qui part d'Independence, dans le Missouri, traverse les Grandes Plaines et franchit les Rocheuses en direction de l'Oregon et de la Californie. Dans les Rocheuses, l'ingénieur topographe s'intéresse particulièrement à la South Pass, principal point de passage de la ligne de partage des eaux et étape majeure de la piste de l'Oregon, qui sera bientôt la grande artère de l'immigration vers l'ouest. Frémont mène à bien sa mission avec l'aide du guide et ancien trappeur Kit Carson et avec la collaboration du topographe allemand Karl Preuss. Après son retour à Washington, il rédige un rapport qui est présenté au Sénat en mars 1843. Les membres de la Haute Chambre découvrent avec stupéfaction, en entendant ce rapport, que le sud-ouest des Grandes Plaines n'est pas le « grand désert américain » décrit par les explorateurs des premières années du XIXe siècle, tels Zebulon Pike (1806-1807) et Stephen Long (1819-1820). Rebutés par ces immenses étendues vides d'arbres, les deux hommes avaient considéré un peu vite qu'il s'agissait de terres stériles. Frémont, le premier, ose affirmer le contraire, et il imagine, dans la relation de son expédition, de riants pâturages et des champs de blé dans les Grandes Plaines. Le parti expansionniste américain, c'est-à-dire celui du beau-père de Charles Frémont, triomphe : un puissant obstacle à la colonisation de l'Ouest vient en effet d'être levé avec les conclusions optimistes du jeune ingénieur.

Le tour complet de l'Ouest

En 1843-1844, Charles Frémont prend donc la tête d'une deuxième expédition, qui a pour but, cette fois, d'enquêter sur les possibilités de peuplement de l'Ouest. Comme il l'a fait lors de son premier voyage, il recrute ses guides parmi les vétérans des montagnes et les trappeurs. Kit Carson, Tom Fitzpatrick, Alexis Godey et Joe Walker : tels sont les noms de certains de ces rudes découvreurs de l'Ouest américain. L'équipe parcourt les Grandes Plaines en suivant la Republican River, après quoi elle se dirige vers la South Pass. Elle traverse les monts Wasatch et arrive au nord du Grand Lac Salé. Sous la plume de l'explorateur, plus enthousiaste que jamais, la vallée désertique devient un jardin. Cette description alléchante contribue à la venue des mormons (fondateurs de Salt Lake City) en ces lieux. Mais le paradis terrestre se mérite : si Frémont ne s'est pas trompé sur les possibilités de mise en culture de la région, ce n'est qu'au prix d'un travail acharné d'irrigation que les terres deviendront fertiles. Du Grand Lac Salé, l'expédition remonte vers l'Oregon et la Columbia River ; puis elle descend vers le sud en longeant la vallée des Chutes River pour arriver dans le Grand Bassin. L'ingénieur est le premier à reconnaître les caractéristiques géographiques de cette très vaste région et à lui donner son nom de Grand Bassin. L'expédition progresse ensuite sur le versant est de la sierra Nevada. La traversée de la chaîne s'effectue en plein hiver, dans des conditions pénibles et dangereuses, mais les hommes parviennent finalement au-dessus du lac Tahoe. La descente vers la côte, le long de l'American River, les mène au ranch Sutter. Là, quelques années plus tard, sera découvert une pépite d'or : l'annonce de l'événement dans la presse suscitera la première ruée vers l'or (1849). Mais, en 1844, Frémont ignore encore tout des ressources aurifères du pays ; il se concentre sur les fabuleuses possibilités offertes à l'agriculture. Mieux que dans la région du Grand Lac Salé, le tableau qu'il brosse correspond à la réalité.

Une mission réussie

Revenus dans l'Est par le désert Mohave, le plateau du Colorado et les monts Uinta — contrées qui comptent parmi les plus sauvages de l'Ouest —, Frémont et son équipe divulguent aussitôt, d'abord auprès des sénateurs, des informations qui ravissent les partisans de la colonisation. Ils établissent d'autre part la première carte de l'ensemble de l'Ouest. L'ingénieur, qui refuse d'inclure les terres qu'il n'a pas visitées, commet cependant une erreur inexplicable. Il relie le Grand Lac Salé au lac Utah, qui est une étendue d'eau douce. Le cartographe Karl Preuss dessine une autre carte plus spécialisée, destinée explicitement aux pionniers qui emprunteront la piste de l'Oregon pour migrer dans l'Ouest. Il y donne des indications sur les distances, les points de repère à utiliser, désigne les gués où l'on peut traverser les rivières, indique les pâturages favorables pour les bêtes et énumère les tribus indiennes. Une troisième fois, en 1845, Frémont repart vers l'Ouest, doté d'une mission officielle. Celle-ci s'achève en Californie avec l'insurrection contre le Mexique. En 1848-1849 et 1853-1854, Frémont organise deux autres expéditions plus modestes dans l'Ouest, cette fois pour le compte de compagnies de chemin de fer. Mais les grands résultats ont été acquis lors de ses deux premiers voyages.

→ **Voir aussi** : p. 206-207 (Lewis et Clark) ; p. 212-213 (Jedediah Smith).

Un cours d'eau imaginaire

Au XVIIIe et au XIXe siècle, on cultive l'espoir qu'un cours d'eau unissant les bassins hydrographiques est et ouest de l'Amérique existe dans la région des Rocheuses. On appelle ce cours d'eau le rio Buenaventura et on situe sa source dans le désert du Grand Bassin.
Jedediah Smith, qui a arpenté cette contrée sans trouver la fameuse rivière, contrairement à ses espérances, ébranle le premier le mythe de ce providentiel fleuve.
En 1843, lorsque Charles Frémont quitte la Columbia River en direction du sud et du Grand Bassin, il rêve également de trouver le rio. Mais ses recherches restent vaines. Il devient évident que la rivière n'a jamais existé.

1843-1846

Des lazaristes parviennent à Lhassa

LE VOYAGE DU PÈRE HUC

Pour être mieux accueilli par les populations chinoises, le missionnaire Huc adopte le costume du pays et apprend le chinois (Paris, Bibliothèque du musée de la Marine).

Déguisé en Lama tibétain, il s'introduit également au Tibet, pour visiter Lhassa, interdite d'accès aux étrangers (le Potala et les monuments voisins de Lhassa, tanka tibétaine, Paris, musée Guimet).

Une vision fantasmagorique

« Au moment où nous passâmes le Mourouï-Oussou sur la glace, un spectacle assez bizarre s'offrit à nos yeux. Déjà nous avions remarqué de loin, pendant que nous étions au campement, des objets informes et noirâtres, rangés en file en travers de ce grand fleuve. Nous avions beau nous rapprocher de ces îlots fantastiques, leur forme ne se dessinait pas d'une manière plus nette et plus claire. Ce fut seulement quand nous fûmes tout près que nous pûmes reconnaître plus de cinquante bœufs sauvages incrustés dans la glace. Ils avaient voulu, sans doute, traverser le fleuve à la nage au moment de la concrétion de l'eau et ils s'étaient trouvés pris par les glaçons, sans avoir la force de s'en débarrasser et de continuer leur route. Leur belle tête, surmontée de grandes cornes, était encore à découvert. Mais le reste du corps était pris dans la glace, qui était si transparente qu'on pouvait distinguer facilement la position de ces imprudentes bêtes. On eût dit qu'elles étaient encore à nager. Les aigles et les corbeaux leur avaient arraché les yeux. »

Évariste Huc, Souvenirs d'un voyage dans la Tartarie et le Tibet.

En 1844, deux pères lazaristes pleins d'enthousiasme, Huc et Gabet, décident de parcourir la Mongolie puis de s'aventurer jusqu'à Lhassa, au Tibet. Déguisés en lamas tibétains, les deux religieux connaissent de nombreuses aventures cocasses ou pénibles jusqu'à la ville sainte, d'où ils sont d'ailleurs rapidement expulsés. Les livres de souvenirs du père Huc, véritables best-sellers de l'époque, relatent avec humour cette expédition peu banale.

Même si les spécialistes du Tibet jugent parfois sévèrement les notations du père Huc sur la Chine, la Mongolie et le Tibet, ce missionnaire pittoresque a eu l'avantage de faire découvrir aux Européens les régions ignorées du centre de l'Asie.

Un Gascon missionnaire

En 1839 débarque à Macao un jeune missionnaire lazariste, Évariste Régis Huc, envoyé par sa congrégation en Chine. Pour rejoindre sa mission en Mongolie, il lui faut traverser tout l'Empire chinois jusqu'à la Grande Muraille, soit près de 5 000 km. Le seul fait d'entrer en Chine à cette époque est dangereux, car, après deux siècles d'ouverture sur l'Occident, le pays s'est replié sur lui-même, hostile aux étrangers et plus particulièrement aux missionnaires, accusés de corrompre les populations. En 1820, François Régis Clet et, en 1840, Jean-Gabriel Perboyre, deux lazaristes, ont été martyrisés et mis à mort. Pour cette raison, Huc, qui a appris à lire les caractères chinois et s'est instruit des manières de vivre des autochtones, se donne l'apparence d'un Chinois grâce à une longue tresse postiche fixée à son crâne rasé, du fard jaune et une robe longue. Avec trois compagnons, il se dirige vers le nord en circulant essentiellement sur les fleuves, les canaux et les lacs. Sans rencontrer trop de difficultés, les voyageurs atteignent Pékin et, après avoir franchi la Grande Muraille, parviennent en Mongolie dans le village de Xiwanzi, où se trouve la mission française. Là, Évariste Huc fait la connaissance du père Gabet, avec lequel il décide d'entreprendre une des plus folles tentatives d'exploration de l'Asie.

Deux « lamas de Jéhovah »

Protégé à la fois par les frontières quasi infranchissables de l'Himalaya et par le refus des lamas de laisser des étrangers souiller leur territoire sacré, le Tibet constitue alors une des régions les plus fermées du continent où se trouve le père Huc. Quelques explorateurs ont bien tenté, depuis le début du XIXe siècle, d'atteindre Lhassa, capitale du dieu vivant, le dalaï-lama : aucun n'est parvenu à son but. Or, le hasard, ou presque, conduit Gabet et Huc vers cette forteresse inviolable. En août 1844, leurs supérieurs leur ordonnent de s'enfoncer à l'intérieur de la Mongolie pour évangéliser les populations nomades. Depuis la mission des Eaux-Noires, en Tartarie chinoise, Huc et Gabet, accompagnés d'un jeune lama converti au christianisme, entrent avec un cheval, un mulet et trois chameaux dans la région des Ortous, c'est-à-dire la province fermée d'un côté par la Grande Muraille et des trois autres côtés par la boucle du fleuve Jaune. Lors de leurs premières étapes, qui les conduisent à la grande cité commerciale de Dolon-Nor et à Hohkot, la « Ville Bleue », ils apprennent à mieux connaître la langue et la religion du Tibet, dont ils commencent à s'approcher en cheminant vers le sud. Ils ont déjà troqué leurs costumes chinois pour la grande robe jaune des lamas, serrée sur les reins par une large ceinture rouge, un gilet rouge à col violet et un bonnet jaune surmonté d'un bouton rouge. Ils ont dû renoncer au vin et à la pipe, incompatibles avec leur nouvelle dignité de « lamas de Jéhovah ». Trois mois passés dans la lamaserie de Khumbum leur permettent de perfectionner leurs connaissances. En septembre 1845, ils se joignent à une ambassade tibétaine qui revient de Chine : alors commence la partie la plus difficile de leur trajet. Ils sont maintenant sur les hauteurs de l'Himalaya, franchissent des cols à plus de 5 000 m d'altitude. La neige, le gel, le froid extraordinairement intense sont autant d'obstacles à leur pénible progression. Aux étapes, les voyageurs épuisés n'ont pour se sustenter que la *« tsampa »*, une farine d'orge constituant l'essentiel de la nourriture traditionnelle des Tibétains, qui la consomment mélangée à du thé bouillant. Le père Gabet tombe gravement malade, la figure et les mains gelées, et seules les peaux de bêtes dont Huc l'empaquette l'empêchent de mourir.

Un bref séjour à Lhassa

Le 20 janvier 1846, les deux lazaristes aperçoivent enfin les toits des temples de Lhassa et entrent dans la cité. Ils sont bien accueillis par les dirigeants tibétains, car, déjà, des religieux chrétiens s'étaient installés à Lhassa au XVIIe siècle. Mais l'œuvre d'évangélisation des deux pères est brève, car leur rêve d'installer une mission à Lhassa est brisé par le légat impérial chinois de la ville, qui, à peine quatre semaines après leur arrivée, les expulse vers Canton. Une nouvelle fois, les deux lazaristes changent de vêtements, remplaçant leurs tuniques de peaux de mouton par une robe à la chinoise et une calotte jaune enrichie de franges de soie rouge. Ils arborent ainsi sans le savoir des couleurs qui sont l'attribut exclusif de la famille impériale chinoise, ce qui leur permet d'être reçus avec un extrême respect par les habitants des villages traversés ! En septembre 1846, ils sont enfin à Canton, où leur arrivée provoque la surprise, car des rumeurs ont circulé selon lesquelles ils seraient morts. En deux ans, les deux lazaristes ont traversé la Mongolie, six provinces chinoises et le Tibet, soit un parcours de 10 000 km. Après une nouvelle mission en Chine, Huc, épuisé par ses voyages, revient en France en 1851. La publication de ses souvenirs lui apporte une célébrité méritée.

Grand lama de la secte jaune tibétaine, coiffé d'un bonnet pointu à longs pans (bronze doré du XVIIIe siècle, Paris, musée Guimet).

La polémique sur les sources du Nil

BURTON, SPEKE ET GRANT

Parmi les explorateurs partis à la recherche des mythiques sources du Nil, John Speke est considéré comme ayant résolu en partie le problème de l'origine du grand fleuve. En 1858, lors de son premier voyage avec Burton, il découvre les lacs Tanganyika et Victoria. Sa seconde expédition avec Grant lui permet de confirmer les résultats de sa première découverte.

Depuis l'Antiquité, on s'interroge sur les sources du plus grand fleuve du monde. Dès le IIe siècle de notre ère, le géographe grec Ptolémée sait que des lacs servent de réservoirs au fleuve et que celui-ci se compose de deux branches importantes. Ces affirmations, oubliées ou reléguées au rang de légende des siècles durant, se trouvent petit à petit être confirmées par les explorateurs du XIXe siècle. Parmi ceux-ci, John Hanning Speke (1827-1864) peut être regardé comme un véritable initiateur.

Un curieux tandem d'explorateurs

En 1856, la *Royal Geographical Society* adjoint cet officier, qui a déjà mené dans l'Himalaya des recherches zoologiques et minéralogiques, à une expédition confiée à Richard Francis Burton, un ancien officier de l'armée des Indes qui a déjà voyagé dans les pays arabes. Les deux hommes sont dans la force de l'âge (Burton est né en 1821, Speke en 1827), ils ont en commun un passé militaire et l'expérience des voyages en pays inconnu et ils sont pourtant singulièrement différents : excentrique, irascible, parlant vingt-trois langues et féru aussi bien de littérature érotique que de textes sacrés, Richard Burton contraste entièrement avec le calme Speke, passionné de botanique. Partie de Zanzibar en juin 1857, c'est-à-dire de la côte est de l'Afrique, l'expédition atteint en janvier 1858 Kawelé, sur la côte est du lac Tanganyika. Les observations convainquent les explorateurs que ce lac ne peut alimenter le cours du Nil. Le trajet a été difficile et les deux hommes sont malades : Burton souffre de malaria, Speke d'une ophtalmie qui le rend provisoirement aveugle. Aussi retournent-ils se soigner dans le bourg de Kazé. Mais les relations entre les deux Anglais sont, à cette époque, devenues exécrables ; remis de son infection, Speke, sans attendre l'entière guérison de Burton, décide de continuer seul sa marche vers le nord.

Une controverse passionnée

Le 9 juillet 1858, il quitte Kazé avec trente-cinq hommes et, d'étape en étape, atteint l'extrémité d'un autre lac, appelé « Nyanza » par les indigènes et qu'il nomme « Victoria ». Après avoir pris rapidement les mesures de cette véritable mer intérieure, il rentre à Kazé, où il annonce triomphalement à son ancien compagnon qu'il a découvert le lac réservoir du Nil ! Or, bien loin de le féliciter, ce dernier se moque de son enthousiasme, traite Speke de vantard et d'ignorant et affirme que les recherches doivent s'orienter au contraire au sud, vers le Kilimandjaro. La rupture est alors complète. Revenu à Londres, Speke, dans une communication à la *Royal Geographical Society,* fait part de ses découvertes : le lac Tanganyika, qui ne peut à ses yeux faire partie du bassin du Nil, et la révélation d'un réservoir que Speke présente comme la source vraie du fleuve, le Victoria Nyanza. Burton, de son côté, continue à contester la « prétendue découverte » de Speke, affirmant être le seul à connaître la vérité sur les sources du Nil. Speke n'a plus qu'une solution : retourner en Afrique. Il obtient pour cela de nouveaux subsides de la *Royal Geographical Society.*

La seconde mission de Speke

Cette fois-ci, Speke choisit pour compagnon un ami de longue date, le capitaine James Grant — lui aussi un ancien officier de l'armée des Indes. En octobre 1860, l'expédition, partie de Zanzibar, suit le même trajet qu'en 1858, jusqu'à Kazé. En 1862, Speke atteint l'extrémité nord du lac Victoria, d'où tombent d'impressionnantes chutes d'eau : « Je voyais de mes yeux l'antique Nil sortir du lac Victoria et je m'assurais que, comme je l'avais dit, ce lac est la principale source du fleuve. J'ai baptisé "Ripon Falls" les chutes du Nil à sa sortie du lac Victoria. » Mais les indigènes parlent alors aux explorateurs d'une autre grande masse d'eau située en amont. S'agit-il encore d'un réservoir insoupçonné du système fluvial du Nil ? Speke et Grant brûlent de se rendre sur place, mais le

Speke présentant ses trophées de chasse au roi Rumanika : la veille de pouvoir exposer sa découverte des sources du Nil, Speke se tuera dans un accident de chasse (dessin d'Émile Bayard).

Les expéditions menées par Burton et Speke, par Burton seul, puis par Speke et Grant confirment que c'est bien dans le lac Tanganyika que le Nil prend sa source (le lac Tanganyika, Versailles, Bibliothèque municipale).

Richard Burton, explorateur anglais de grande culture, réputé pour son caractère excentrique et irascible (peinture de T. Seddon, Londres, Fine Art Society).

souverain local ne le leur permet pas. L'expédition choisit donc de repartir par le nord, en descendant le Nil. À Gondoroko, en février 1863, les deux officiers ont la surprise de rencontrer leurs compatriotes Samuel et Florence Baker, qui, eux aussi, cherchent les sources du Nil. Après quoi, les explorateurs rejoignent Le Caire et reviennent à Londres. L'accueil qui leur est fait est mitigé : malgré les indices rapportés, les géographes anglais hésitent à conclure que le lac Victoria et un autre hypothétique réservoir forment la véritable origine du Nil. Leur scepticisme est accru par le fait que Burton, en l'absence de Speke et de Grant, a continué sa campagne, et qu'il a obtenu en particulier le précieux appui de l'explorateur Livingstone, persuadé lui aussi que le fleuve prend sa source dans des régions bien plus méridionales de l'Afrique. En septembre 1864, la *Royal Geographical Society* organise une rencontre où les différents protagonistes doivent confronter leurs théories. Mais, la veille de la réunion, Speke est victime d'un accident de chasse, tué par son propre fusil... Sa découverte sera confirmée plus tard par l'expédition de Stanley.

→ **Voir aussi :** p. 224-225 (David Livingstone) ; p. 244-245 (Sur les fleuves de l'Afrique profonde).

Les sources du Nil : la fin d'un long mystère

La « mer d'Oudjidji ». Au XIXe siècle, le problème posé par les sources du Nil trouve enfin, tardivement, sa solution. Au début des années 1800, des missionnaires disent avoir aperçu au sud de l'Équateur une mer intérieure, qu'on appelle la mer d'Oudjidji, dont l'existence semblerait confirmer la tradition très ancienne d'une source lacustre du Nil. Cette fameuse mer d'Oudjidji est en réalité le lac Tanganyika, que Speke et Burton atteignent en février 1858.

Du lac Victoria au lac Albert. La découverte, au nord du lac Tanganyika, d'une nouvelle importante masse d'eau, le lac Victoria, amène les géographes à se poser autrement la question : est-ce du lac Victoria que le Nil tire ses eaux ? La réponse, positive, apportée par la deuxième expédition de Speke en 1860, n'élucide pas entièrement le problème. On suppute dès cette époque, d'après des révélations faites par les indigènes, que d'autres lacs peuvent alimenter le fleuve naissant : la découverte du lac Albert par Baker, réservoir d'eau situé un peu en aval du premier, vient ensuite confirmer cette hypothèse.

Le lac Édouard. Les derniers éléments permettant de résoudre définitivement la question des origines du Nil sont ensuite apportés par les voyages d'explorateurs nommés Gordon, Chaillé-Long, Gossi, Mason et Felkin — et surtout par ceux de l'Américain Stanley, qui, plus clairvoyant que son modèle David Livingstone (qui avait pris le fleuve Lualaba pour le Nil, alors qu'il correspond au cours supérieur du Congo, ou Zaïre), découvrit un troisième lac alimentant le Nil dans cette région, le lac Édouard.

Du sud au nord à travers l'Australie

L'ÉPOPÉE DE BURKE ET DE WILLS

Portrait de Burke sculpté dans un arbre de Coopers Creek.

Une vingtaine d'années après l'expédition de John Eyre dans le sud du continent, la dramatique épopée de Burke et de Wills fournit de nouveaux personnages mythiques à l'histoire australienne. Pourtant, c'est avec un bon équipement que les deux hommes quittent Melbourne en 1860 pour traverser, du sud au nord, le continent australien. Mais les membres de l'expédition meurent les uns après les autres et un seul survivant pourra raconter les épisodes tragiques de cette marche vers la mort.

Malgré l'héroïsme de ses membres, l'expédition Burke, une des plus coûteuses parmi les explorations de l'Australie, n'apporte pas grand-chose de positif à la connaissance du continent.

Une expédition organisée avec soin

À la différence de la plupart des périples menés à travers l'Australie par des pionniers, l'expédition Burke a été organisée officiellement : c'est à Melbourne qu'a été décidée la mission chargée de traverser l'Australie du sud au nord jusqu'au golfe de Carpentarie, en suivant le fleuve Darling, puis le Coopers Creek. Cette mission est financée par des aides gouvernementales ainsi que par des souscriptions privées, qui atteignent la somme de 12 000 livres. Le commandement de la mission est confié à un officier de police de quarante ans, Robert O'Hara Burke. L'homme a sous sa responsabilité un astronome et météorologue, John Wills, ainsi que dix autres Blancs, parmi lesquels un médecin et un géologue, et des domestiques aborigènes. Pour la première fois, en Australie, on emploie pour le voyage vingt-cinq chameaux importés d'Afghanistan. C'est dire qu'il s'agit là d'une des expéditions les plus coûteuses organisées pour la prospection des régions encore inconnues de ce continent. Robert Burke, s'il n'a pas de véritable qualification pour diriger une expédition scientifique, a l'ambition solidement ancrée d'être le premier à réussir la traversée sud-nord. La motivation et les moyens matériels semblent réunis pour garantir de bonnes chances de succès. Le 20 août 1860, hommes, chevaux et chameaux quittent Melbourne. Très vite, provoquées par le caractère autoritaire de Burke, des dissensions s'élèvent entre lui et son second, un nommé Landells, qui préfère rentrer dans le rang et laisser sa place de sous-chef à Wills.

De Coopers Creek au golfe de Carpentarie

Après une lente progression de 600 km, la troupe atteint Menindee sur le Darling. Burke et Wills abandonnent une partie de l'équipe

Quand l'Australie devient meurtrière

1829-1830, Charles Sturt. Il accomplit plusieurs expéditions qui permettent la fondation de la colonie d'Australie-Méridionale. En 1830, il prend la tête d'une mission qui descend le cours du Murray, dont il pense qu'il se jette dans l'océan, au nord-ouest. Contraints de rebrousser chemin, les explorateurs, épuisés et affamés, après quarante-sept jours de marche, parviennent à rejoindre Sydney. Cette marche de la dernière chance rend Sturt provisoirement aveugle. Il mènera par la suite d'autres expéditions en Australie.

1844-1848, Ludwig Leichhardt. De 1844 à 1846, ce jeune déserteur prussien, parti de Brisbane, parvient à joindre Darwin en traversant le Queensland. Reparti en 1848 de Sydney pour joindre Perth, il disparaît avec son expédition sans laisser de traces. De 1852 à 1953, neuf expéditions de recherche ne peuvent résoudre l'énigme de cette disparition.

1848, E.B. Kennedy. Parti avec douze hommes à la recherche d'une route menant à la presqu'île d'York, il est tué par des indigènes au niveau de l'île d'Albany. Les autres membres de l'expédition meurent de faim ou disparaissent sans qu'on ait retrouvé leurs traces.

et des bêtes sur place et décident d'avancer en éclaireurs vers le nord, avec « seulement » six hommes et quinze chameaux. Ils ont l'intention d'emprunter un chemin suivi par un de leurs devanciers, Sturt, mais un éleveur établi là, Wright, leur indique un trajet plus facile. En novembre 1860, l'expédition arrive à Coopers Creek, au nord-est du lac Eyre. Un campement est dressé et on envoie un homme chercher le reste de l'équipe. Au bout de six semaines, ne voyant personne venir, Burke, rongé d'impatience, choisit de partir en avant avec Wills, deux autres membres de l'équipe, King et Gray, six chameaux, un cheval et de la nourriture pour trois mois. À Coopers Creek demeurent quatre hommes, sous la responsabilité d'un certain Brahe, six chameaux et quatre chevaux. La marche de Burke, Wills, King et Gray les conduit au fleuve Flinders, dont les explorateurs atteignent en février 1861 l'embouchure, dans le golfe de Carpentarie. Le but est atteint : les quatre hommes ont réussi la première traversée du continent australien.

Un rendez-vous manqué

Mais, leurs provisions diminuant dangereusement, les explorateurs, sans se donner le temps de reconnaître la côte où ils sont arrivés, décident de revenir immédiatement sur leurs pas pour rejoindre le campement de Coopers Creek. Pendant le trajet, particulièrement difficile, Gray meurt, d'épuisement sans doute, bien que certaines versions parlent d'assassinat. Le 21 avril 1861, les trois survivants, à bout de force et décharnés, entrent enfin dans le camp de Coopers Creek, pour le découvrir désert... Brahe, qui a reçu des instructions pour rester là trois mois, mais qui, en fait, a attendu quatre mois, s'est découragé de ne pas voir revenir ses compagnons. Il a quitté Coopers Creek le jour même, sept heures seulement avant l'arrivée des trois hommes, en ne laissant que quelques provisions ! Or, contrairement au sage avis de Wills qui juge possible de rattraper Brahe, Burke décide de se diriger vers les villes du sud du continent, qu'il estime beaucoup plus proches de Coopers Creek qu'elles ne le sont en réalité. Cette erreur s'avère fatale aux trois hommes, qui s'engagent dans le désert de Pierres sans nourriture ni boisson. Dans les premiers temps, ils arrivent à subsister grâce à des poissons et à des graines donnés par des Aborigènes rencontrés. Mais c'est insuffisant pour leur permettre de résister. En juin, à deux jours d'intervalle, Wills et Burke meurent d'inanition. King, secouru par des indigènes, parvient à survivre. Recueilli par une expédition de secours partie de Melbourne à la recherche des explorateurs, il fournit les indications qui permettent de découvrir les corps de Wills et de Burke, auxquels l'Australie fait des funérailles nationales.

→ **Voir aussi :** p. 226-227 (2 500 kilomètres sans eau).

Pour mener à bien l'expédition dans les terres désertiques de l'Australie, Burke a fait importer des chameaux d'Afghanistan (gravure de Nicolas Chevalier, 1860).

À cours de vivres, Burke, Wills et King s'engagent dans le désert de Pierres, où, malgré les provisions fournies par les aborigènes, ils meurent d'épuisement. Seul, King, secouru par les aborigènes, survivra.

1860-1862

Le dur triomphe de John Mac Doual Stuart

D'ADÉLAÏDE À PORT DARWIN

Autour de 1850, les tragédies qui scandent les essais de traversée de l'Australie ne découragent pas les explorateurs. De 1860 à 1862, l'Écossais John Mac Doual Stuart, à trois reprises, atteint le centre du continent, mettant fin au mythe d'une vaste mer intérieure. À la troisième tentative, il réussit la traversée de l'île d'Adélaïde à Port Darwin.

C'est le long de la route suivie par Stuart à travers le désert qu'est établie, à partir de 1870, la grande ligne télégraphique joignant la côte du Sud à celle du Nord.

Les premières expéditions de Stuart

Charles Sturt et Ludwig Leichhardt ont été les premiers à vouloir explorer le centre du continent australien, dont on pense, dans la première moitié du XIXe siècle, qu'il est peut-être occupé par une mer fermée. Malgré l'échec de leurs tentatives, leur exemple est suivi par d'autres Australiens, dont les voyages permettent progressivement de dresser la cartographie des déserts, montagnes, cours d'eau et lacs de l'intérieur des terres. John Mac Doual Stuart est le plus obstiné de ces pionniers, celui aussi dont les efforts ont été le mieux couronnés de succès. Écossais émigré en Australie du Sud en 1838, cet ancien membre des expéditions de Sturt en 1844, puis de William Finke en 1858 et 1859, connaît déjà les territoires largement ignorés bordant le lac Torrens lorsque, en 1860, il conçoit l'ambitieux projet de traverser l'Australie du sud au nord. Parti en mars avec deux hommes et treize chevaux, Stuart franchit les monts Macdonnell et atteint la hauteur qui porte désormais son nom. Se dirigeant ensuite vers le nord-ouest, il affronte les terres hérissées

Les membres de l'expédition de Stuart qui réussit à traverser l'Australie du sud au nord.

Faune et flore singulières d'Australie

Les récits et les notes des explorateurs de l'Australie permettent à leurs contemporains de découvrir les spécificités zoologiques et botaniques du continent.
À cause de son isolement insulaire, l'Australie ne possède pas la plupart des espèces courantes existant dans le reste du monde, mais, en revanche, elle est la seule terre où subsistent des espèces archaïques qui ont entièrement disparu sur les autres continents.
La majorité des mammifères est constituée par des marsupiaux (kangourou, koala, opossum, wallaby) et des monotrèmes (ornithorynque, échidné). Les oiseaux sont représentés par de nombreuses espèces de perroquets et par des oiseaux aptères, les émeus. Ces espèces fossiles, après la colonisation, doivent cohabiter avec des animaux importés volontairement (chameau, dingo, mouton) ou involontairement (lapin).
Quant à la flore australienne d'origine, elle compte essentiellement des eucalyptus et des acacias.

des redoutables spinifex, ou « herbes porcs-épics », qui rendent la marche fort douloureuse. Attaqué par les indigènes et atteint d'une ophtalmie qui le rend un moment aveugle, il se trouve contraint de rebrousser chemin. L'explorateur est de retour à Adélaïde en octobre.

Avec l'aide du gouvernement

L'expédition de Stuart, si elle n'a pas entièrement réussi, a cependant avancé si loin dans des régions inconnues que son chef n'a nulle difficulté pour obtenir du gouvernement qu'il lui fournisse des subsides pour une nouvelle mission. Aussi, en novembre 1860, soit trois mois après le départ de Burke et Wills à partir de Melbourne, Stuart quitte-t-il Adélaïde avec douze hommes et cinquante chevaux. En avril 1861, il arrive à Attack Creek. Il traverse plusieurs montagnes et des fleuves jusqu'à Newcastle Water. Mais le manque d'eau lui interdit de poursuivre plus avant vers le nord et, de nouveau sans avoir accompli son but, il revient en septembre à Adélaïde. Les observations faites pendant ce voyage, ajoutées à celles rassemblées lors des périples précédents, permettent de conclure définitivement qu'il n'y a pas de mer intérieure au centre du continent australien.

L'exploit est réalisé

Stuart arrive à Adélaïde au moment où l'on apprend la nouvelle de la tragique destinée de l'expédition de Burke et Wills. Mais cela ne

Le célèbre site d'Ayer's Rock, dans les terres arides de l'intérieur de l'Australie.

décourage pas l'explorateur et, une nouvelle fois avec l'aide des autorités gouvernementales, celui-ci prépare son troisième grand voyage, pour repartir dès décembre 1861. Après un retard dû à un accident de cheval survenu peu après le départ, Suart et les hommes placés sous son commandement progressent pour rejoindre Newcastle Water, où l'Écossais était déjà parvenu l'année précédente. Après quoi, les hommes continuent à travers la brousse alors que les difficultés s'accumulent : la température étouffante provoque la mort de nombre de chevaux, les hommes se heurtent aux populations indigènes, qui leur manifestent une grande hostilité. Pourtant, l'expédition progresse, atteignant un fleuve que Stuart baptise « Strangway ». En suivant ce cours d'eau, elle arrive au Roper, traverse les montagnes, parvient aux sources du fleuve Adélaïde, qu'elle descend jusqu'à atteindre enfin l'océan, en juillet 1862, au golfe de Van Demen, non loin de Darwin. Le retour, presque aussi difficile, s'accomplit également sans drame mortel. La ténacité de Stuart lui a permis de gagner son pari : si Burke et Wills ont été les premiers Blancs à accomplir la traversée de l'Australie, Stuart, une année plus tard, a ouvert à moindres frais humains et financiers la meilleure route pour la jonction sud-nord du continent. Son itinéraire servira

Les spinifex, touffes d'herbes redoutablement piquantes qui recouvrent le sol d'immenses étendues et rendent la marche très difficile (vue aérienne).

de tracé pour construire, de 1870 à 1872, la première ligne télégraphique transcontinentale — qui fournira par la suite un point de repère essentiel aux explorateurs de la fin du siècle. L'exploit de Stuart est complété en 1875 par la traversée effectuée par Ernest Giles, qui, par le désert, joint les régions méridionale et occidentale de l'Australie. À partir de cette date, on peut considérer que les principales zones géographiques du continent sont désormais reconnues

→ **Voir aussi :** p. 234-235 (L'épopée de Burke et de Wills).

Doudart de Lagrée et Garnier remontent le Mékong

LES MYSTERES D'UN GRAND FLEUVE

Chargés de servir l'expansion française en Extrême-Orient et de rechercher un accès au marché chinois, en 1866, le capitaine Doudart de Lagrée et le lieutenant Francis Garnier prennent la tête d'une mission qui s'engage dans l'exploration de la vallée du Mékong.

Après deux ans de recherches épuisantes, au cours desquelles Doudart de Lagrée trouve la mort, il devient évident qu'il faut chercher une autre voie fluviale pour atteindre la Chine : ce sera le Song Koi, ou fleuve Rouge, dont le débouché sur la mer de Chine est au nord — et non à l'extrême sud — de l'actuel Viêt Nam. L'échec de l'expédition de la canonnière française sur le Mékong aura donc servi de prélude à la conquête du Tonkin, la région correspondant précisément à la plaine méridionale du fleuve Rouge.

Les visées de la France sur l'Indochine

La politique d'intervention militaire du second Empire en Indochine se justifie par la volonté d'assurer la protection des missions catholiques, persécutées par l'empereur Tu Duc (1848-1883), mais il y a aussi le dessein d'obtenir des bases navales, afin de favoriser la pénétration commerciale dans la péninsule et surtout de pouvoir préparer une expansion de ce type dans le sud de la Chine. La région de Saigon, puis la Cochinchine, pointe sud-ouest du pays, constituent les premières régions annexées, entre 1859 et 1863. Après quoi, un protectorat est signé avec le royaume du Cambodge, sous protectorat vietnamien depuis 1834. À cette époque, la France rêve que le Mékong lui fournira la voie dont elle a besoin pour progresser vers le nord. Un officier de marine, Francis Garnier, qui a eu l'occasion de servir en Cochinchine, alimente cet espoir en adressant, en 1864, à son ministre de tutelle un opuscule qui expose l'utilité qu'aurait la France à lancer une mission de reconnaissance sur le cours de ce fleuve. Le projet du marin reçoit évidemment un accueil favorable. Cependant, à cause de sa jeunesse — il est né en 1839 —, ce n'est pas à lui qu'est confiée la reconnaissance de la voie du Mékong, mais au capitaine Ernest Doudart de Lagrée, qui a signé le traité de protectorat sur le Cambodge avec le roi Norodom. Garnier devient donc, sans grand plaisir, le subordonné de Doudart de Lagrée.

Les mécomptes de l'expédition

« Déterminer géographiquement le cours du fleuve par une connaissance rapide poussée le plus loin possible ; chemin faisant, étudier les ressources des pays traversés et rechercher par quels moyens efficaces pourrait être unie commercialement la vallée supérieure du Mékong au Cambodge et à la Cochinchine » : tels sont les termes de la mission confiée aux deux officiers par le gouvernement français. On leur adjoint un attaché du ministère des Affaires étrangères, des médecins et une petite troupe de marins français et indigènes. Le 5 juin 1866, les hommes embarquent à

L'expédition française du Mékong (de gauche à droite : Garnier, Delaporte, Joubert, Thorel, Carné, Doudart de Lagrée).

Saigon sur une canonnière à vapeur. La première partie de la remontée du Mékong se déroule sans incident majeur. À Phnom Penh, le roi Norodom leur réserve une réception fastueuse. Doudart de Lagrée conduit ses compagnons jusqu'à Angkor, qu'il a déjà eu l'occasion de visiter à deux reprises. Les notes sur les ruines que rédige alors Garnier seront intégrées plus tard dans son *Voyage d'exploration en Indochine.* L'expédition repart depuis Phnom Penh. Mais des inondations rendent la navigation de plus en plus difficile. À partir du port cambodgien de Kratié, les explorateurs sont obligés d'abandonner le navire : le fleuve n'est plus navigable autrement que sur les frêles embarcations en forme de pirogue utilisées localement. Les conditions du voyage deviennent dès lors très éprouvantes : d'abord la canicule, puis les pluies diluviennes incessantes ; les hommes souffrent de fièvres persistantes, ils doivent affronter aussi l'hostilité à peine déguisée de la plupart des populations qu'ils trouvent. En octobre 1867, seize mois après le départ de Saigon, les Français parviennent aux gorges du Mékong. Ils abandonnent le fleuve pour poursuivre leur pénétration vers la Chine de l'Ouest par la province du Yunnan.

La leçon de l'aventure

Épuisés par leur voyage, Doudart de Lagrée et Garnier savent désormais que le Mékong n'est pas la voie fluviale reliant facilement le sud de l'Indochine à la Chine. Des informations livrées par des fonctionnaires chinois leur apprennent qu'il existe un autre trajet, aisé et court : celui du fleuve Rouge qui, en quelques jours, permet de joindre le Yunnan au golfe du Tonkin... Garnier tente l'expérience en descendant en pirogue une partie du fleuve. Doudart de Lagrée, lui, informe les autorités françaises que la mission a été remplie et qu'il ne faut plus songer au Mékong pour joindre la Chine, mais bien plutôt au fleuve Rouge.

En mars 1868, Doudart de Lagrée, malade depuis longtemps, meurt à Dongchuan. Le soin de ramener la petite troupe à Saigon revient alors à Garnier : il choisit de le faire par la voie de la mer de Chine, qu'il regagne en descendant le Yangzi Jiang, en profitant pour explorer sa vallée qui, à cette hauteur, restait inconnue aux Occidentaux. L'exploration a convaincu les Français qu'il fallait s'emparer du Tonkin, véritable voie d'accès vers la Chine.

La région est conquise par Garnier lui-même, qui emporte la citadelle de Hanoi en 1873, mais où il est tué par des pirates, les Pavillons-Noirs.

Campement de l'expédition dans le lit du Mékong (lithographie d'après Delaporte illustrant le Voyage d'exploration de l'Indochine*, de Doudart de Lagrée, 1874, Paris, bibliothèque du musée des Arts décoratifs).*

Les populations de la Chine méridionale (lithographie d'après Delaporte illustrant le Voyage d'exploration de l'Indochine*, de Doudart de Lagrée, 1874, Paris, bibliothèque du musée des Arts décoratifs).*

La découverte d'Angkor

Jusqu'au XIXe siècle, l'ancienne capitale cambodgienne des rois khmers, Angkor, avec ses temples et ses palais somptueux laissés à l'abandon depuis le XVe siècle, reste ignorée des Européens ; seuls quelques rares visiteurs isolés ont eu l'occasion de la voir.

Charles Bouillevaux... Avec l'ouverture du Cambodge au protectorat français, Angkor est enfin découverte dans toute sa splendeur. Un père français des Missions étrangères, Charles Bouillevaux, qui a parcouru le site en 1850, rédige dès 1858 une relation sur les monuments qu'il a pu admirer, dépeignant les bas-reliefs où les guerriers khmers avec leurs éléphants affrontent leurs ennemis, décrivant les immenses statues de Bouddha, l'architecture étonnante des monuments que la végétation engloutit.

... et Henri Muhot. Les récits du père Bouillevaux sont complétés en 1858 par un botaniste jurassien, Henri Muhot, qui, non seulement confirme les dires de Bouillevaux, mais surtout exécute une multitude de dessins, gravures et peintures, qui font connaître aux Européens ces ruines grandioses. Dès lors, des missions scientifiques et archéologiques vont étudier systématiquement la cité royale perdue dans la forêt.

Un Allemand parcourt pour la première fois le Tibesti

NACHTIGAL, DU DÉSERT AU LAC TCHAD

C'est dans le prolongement de l'œuvre de son compatriote Heinrich Barth que s'inscrit le voyage de Gustav Nachtigal dans le Tibesti. Chargé par un autre explorateur, Rohlfs, d'apporter des cadeaux du roi de Prusse au cheikh du Bornou, Nachtigal accomplit, de 1869 à 1874, une remarquable œuvre de reconnaissance autour du lac Tchad.

Comme Barth ou Rohls, Nachtigal appartient au groupe des explorateurs allemands qui, par leurs découvertes, incitent leur nation à se tailler un empire colonial en Afrique.

Vers le continent mystérieux

C'est parce qu'il est atteint de tuberculose que le médecin allemand Gustav Nachtigal vient s'installer en 1862 à Tunis, pour tâcher d'y rétablir sa santé. Devenu médecin du bey, ayant acquis une bonne connaissance de la langue et des coutumes arabes, mais indigné par l'incurie qui règne à la cour du souverain tunisien, il se dispose à retourner en Allemagne, lorsque le hasard amène auprès de lui son compatriote, l'explorateur Rohlfs. Celui-ci a été chargé par le roi de Prusse (futur empereur d'Allemagne Guillaume Ier) d'aller porter des cadeaux (parmi lesquels les portraits du roi et de la reine, un trône de velours rouge et un harmonium) au cheikh Omar, souverain du Bornou, pour le remercier d'avoir fait bon accueil aux premiers voyageurs allemands. Explorateur passionné, Rohlfs persuade Nachtigal de tenter à son tour l'aventure du voyage solitaire en allant à sa place, à travers le Sahara, jusque chez le cheikh. L'Allemand hésite à peine : il part de Tripoli en février 1869, en compagnie du guide arabe qui accompagnait déjà Barth et Rohlfs. Peu après le début de son voyage, il rencontre, à Mourzouk, Alexine Tinné, une riche Néerlandaise, première Européenne à vouloir traverser le Sahara et qui se déplace avec une luxueuse escorte comprenant des dizaines de serviteurs, européens et africains ! Nachtigal progresse seul, quant à lui, et s'en va vers le massif du Tibesti, qui est alors complètement inconnu des Européens. Capturé par les Toubous, tribus habitant le Tibesti, il parvient à s'évader après avoir enduré plusieurs semaines de mauvais traitements et revient vers Mourzouk. Là, en novembre 1869, il apprend l'assassinat d'Alexine Tinné, tuée lors d'un affrontement entre son escorte et des Touaregs, qui voulaient s'emparer des richesses ostentatoires de la jeune femme.

Porteur d'un message pour le cheikh Omar, roi du Bornou, Nachtigal traverse le désert du Sahara (aquarelle, Paris, Société de géographie).

Rohlfs dans le Hoggart : un prédécesseur de Nachtigal

Le Sahara. Ancien officier de la Légion étrangère, l'Allemand Gerhard Rohlfs, qui se fait passer pour musulman, parcourt en 1861 les régions du Sahara.

L'oasis de Touat. En 1864, un deuxième voyage l'amène jusqu'à l'oasis de Touat, mais les conflits entre les tribus touarègues l'obligent à abandonner son projet de joindre Tombouctou.

De la Méditerranée au Bénin. L'année suivante, partant de Tripoli, il rejoint le Bornou, descend la Bénoué jusqu'au Niger et atteint Lagos, effectuant ainsi la première traversée transversale de l'Afrique, de la côte méditerranéenne au golfe du Bénin.

L'Éthiopie et la Libye. Ensuite il se lance dans l'exploration de l'Éthiopie, puis du désert de Libye. Seize ans durant, Rohlfs a parcouru les déserts, moins dans un souci scientifique qu'à cause d'une passion profonde pour les peuples musulmans.

À la cour du cheikh Omar

En avril 1870, Nachtigal repart de Mourzouk et se dirige vers le sud pour rejoindre le Bornou. La traversée du Tchad lui fait une profonde impression : le pays lui semble « enchanteur » avec sa maigre végétation, en comparaison de la sécheresse désertique du Tibesti. Le 6 juillet, l'Allemand entre à Kouka, capitale du royaume du Bornou, et

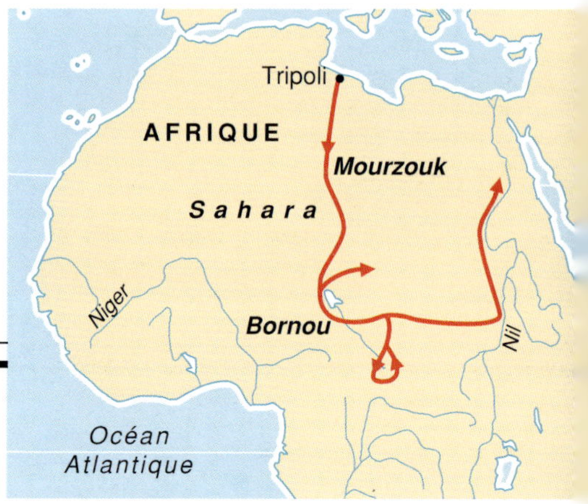

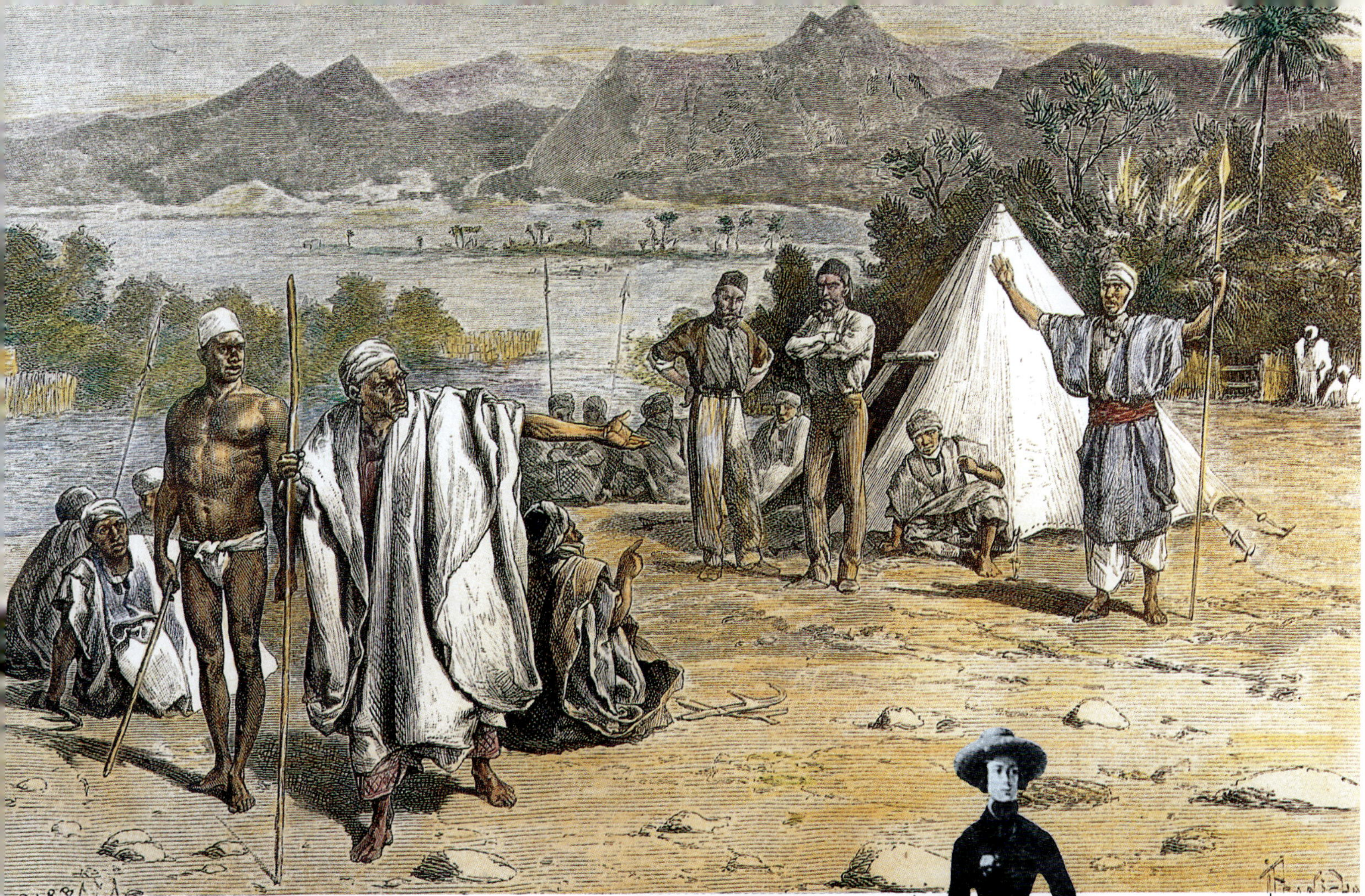

reçoit un accueil chaleureux du cheikh Omar, auquel il remet les cadeaux du roi Guillaume Ier. Trois ans durant, le médecin allemand fait de Kouka son quartier général et le point de départ des explorations qu'il mène dans la région alentour. Comme Caillié et Barth, il se vêt en musulman, et apprend du mieux qu'il le peut la langue locale — le kanouri. Bref, il tâche de se fondre dans la population pour la connaître. Il parcourt le nord du Tchad, visite les bords du lac Tchad, le Kanem, le Borkou et atteint le fleuve Chari. Ses notes de voyage constituent une documentation de premier ordre sur cette région de l'Afrique. Ses descriptions, colorées, vivantes et accompagnées de dessins, révèlent à ses contemporains les mœurs de peuples alors complètement ignorés : le cheikh Omar avec sa garde de soldats habillés de costumes à carreaux jaunes, rouges, verts, et ses archers vêtus en tout et pour tout d'une ceinture ; les notables du Bornou tellement couverts de vêtements qu'ils ne peuvent monter sans aide sur leurs montures ; les femmes à plateaux, qui habitent près du fleuve Logone ; les princesses tchadiennes, qui voyagent à dos de chameau dans de petits habitacles entièrement fermés par des tentures. Toutes ces images, publiées dans les livres édités après son retour, feront rêver des centaines d'explorateurs en chambre.

Nachtigal dans son campement au bord du lac Tchad.

Alexine Tinné, première Européenne à vouloir traverser le Sahara, accompagnée de ses serviteurs, sera assassinée par les Touaregs.

Un séjour dans l'Ouaddaï

En 1873, Nachtigal décide de visiter l'Ouaddaï, partie du Tchad située aux confins du Sahara. Il se rend dans cette région inexplorée de l'Afrique, vêtu comme à son habitude en pèlerin musulman. À Abéché, la ville principale, il retrouve les traces de son compatriote Vogel, disparu depuis dix-sept ans alors qu'il était à la recherche de Barth : Vogel a été exécuté sur ordre du roi local, qui l'a pris pour un sorcier en le voyant crayonner son image ! Nachtigal, qui bénéficie d'un meilleur accueil, demeure neuf mois dans l'Ouaddaï. Après quoi, par le Darfour, il rejoint Khartoum, sur le bord du Nil. Il séjourne dans cette région jusqu'au printemps 1875, année de son retour en Allemagne. Sa renommée, alors, est devenue mondiale. Aussi est-ce Nachtigal qui, en 1884, est choisi par Bismarck pour aller prendre possession, au nom de l'Allemagne, du Togo, du Cameroun et du Sud-Ouest africain. À la fin de cette mission, l'ancien tuberculeux meurt dans le golfe de Guinée sur le bateau qui le ramène en Allemagne.

Henry Stanley successeur de Livingstone

SUR LES FLEUVES DE L'AFRIQUE PROFONDE

Du jour au lendemain, un jeune journaliste américain, Henry Stanley, acquiert la célébrité en retrouvant en Afrique l'explorateur David Livingstone, qu'on croyait mort. Sa rencontre avec le vieil Anglais décide de sa carrière : il va, à son tour, rechercher la solution au mystère du fleuve Lualaba — cours supérieur du Zaïre, que certains confondent toujours avec celui du Nil —, descendre le Congo, puis, à la demande du roi des Belges, participer à la fondation du Congo belge.

Avc une très nombreuses escorte, Stanley s'enfonce dans la forêt vierge, pour vérifier que le Lualaba n'est pas un affluent du Nil.

Avec Henry Stanley, la reconnaissance des terres de l'Afrique centrale prend un sens nouveau. Désormais, ce n'est plus l'intérêt scientifique qui prime, mais la conquête de nouveaux empires.

« Doctor Livingstone, I presume ? »

C'est le hasard journalistique qui fait de Henry Stanley le successeur de David Livingstone en Afrique centrale. Né en 1841, d'origine galloise, adopté par un Américain, Stanley, après des années d'une existence chaotique, entre comme journaliste au *New York Herald*, dont il devient le correspondant en Europe. À la fin de 1870, le directeur du journal, Gordon Bennett, connaissant sa ténacité, lui confie comme reportage à sensation la mission de retrouver Livingstone, dont, à ce moment, on n'a plus de nouvelles depuis près de deux ans. Arrivé à Zanzibar en janvier 1871, Stanley pénètre avec une forte escorte de 190 hommes à l'intérieur de l'Afrique vers la région des grands lacs. On est en pleine saison des pluies, la malaria se déclare chez les porteurs, les chefs des villages traversés imposent de lourds tributs et, parfois, Stanley et ses hommes doivent affronter des guerriers indigènes. Ils ont parcouru plus de 3 500 km lorsque, le 23 octobre 1871, presque par hasard, ils rencontrent dans la ville d'Ujiji, au bord du lac Tanganyika, un homme blanc vêtu d'une vieille veste rouge... Livingstone est enfin retrouvé. La rencontre entre les deux hommes est restée légendaire par la banalité apparente des propos échangés, contrastant fortement avec l'aspect miraculeux de ces retrouvailles : ôtant son chapeau de paille, Stanley aurait tendu la main au vieil homme en disant : « Docteur Livingstone, je présume ? — Oui, répondit sobrement Livingstone, heureux de vous rencontrer ! » Un mois durant, Stanley s'attarde à Ujiji. Avec Livingstone, il navigue sur le lac Tanganyika, explorant les côtes et cherchant le cours hypothétique qui, en partant vers le nord, pourrait s'avérer être le Nil. Mais il ne réussit pas à convaincre l'explorateur anglais de revenir en Europe et, à bout d'arguments, rentre seul en Angleterre.

Sur le Congo

L'exploit d'avoir retrouvé Livingstone vaut à Stanley une formidable notoriété. Mais, au contact du grand homme, enterré à Westminster pendant l'été 1873, le journaliste s'est pris à son tour de passion pour l'exploration du grand continent noir. Bientôt, il nourrit le projet d'accomplir un des rêves de celui qui était devenu son ami : descendre le cours du Lualaba pour vérifier s'il ne s'agit pas du Nil.

Au service du roi des Belges

Même si les Britanniques reconnaissent en Stanley un journaliste intrépide et si le récit de son expédition sur le Congo a démontré ses qualités exceptionnelles, ils ne suivent pourtant pas ses conseils de tenter l'annexion de l'Afrique centrale. En revanche, le roi des Belges, Léopold II, qui a fondé l'Association internationale africaine pour étendre l'influence de son pays sur le continent noir, fait appel à Stanley pour refaire son périple sur le Congo en sens inverse.

Le fondateur du Congo belge. De 1879 à 1884, avec une escorte importante, l'Américain remonte le fleuve jusqu'au Stanley Pool. Au prix de bien des difficultés, il fait reconnaître par les chefs de tribus l'installation des Belges sur la rive gauche du Congo. Il fonde Léopoldville et Stanleyville, construit route et voie ferrée. C'est ainsi que naît le Congo belge, face à la ville fondée sur l'autre rive du fleuve par Savorgnan de Brazza et future capitale de l'Afrique-Équatoriale française.

Au secours d'Emin Pacha. En 1887, Stanley mène sa dernière expédition en Afrique, cette fois pour le compte des Britanniques. Ceux-ci lui demandent d'aller secourir Emin Pacha, un médecin allemand devenu gouverneur du Soudan et assiégé par des révoltés mahdistes, près du lac Albert. L'explorateur réussit à retrouver Emin Pacha et à le ramener à Zanzibar en 1889. À partir de cette année-là, Stanley renonce à sa vie aventureuse et se retire en Angleterre.

La fameuse rencontre entre Stanley et l'explorateur Livingstone, disparu depuis des années et que tout le monde croyait mort.

Le Lady Alice *sur les rapides du Zaïre.*

En 1874, il conclut un accord avec deux journaux, le *New York Herald* et le *Daily Telegraph,* qui, en échange de la publication à venir de ses relations de voyage, lui fournissent l'argent nécessaire. Si Livingstone voyageait presque seul, Stanley voit grand : 360 personnes composent son escorte, partie de Zanzibar le 12 novembre 1874, et on amène un bateau de 13 mètres, le *Lady Alice,* que l'on sera obligé de couper en morceaux pour atteindre, à travers les terres, le Lualaba ! En 1876, Stanley atteint le lac Victoria Nyanza, puis le lac Albert Nyanza. À partir de Nyangwé, il décide de s'enfoncer dans la forêt vierge vers l'ouest. Le trajet est loin d'être pacifique, les escarmouches se multiplient entre les indigènes et les membres de l'expédition. Disposant de volontaires armés, Stanley n'hésite pas à faire preuve de sa force militaire, souvent sans modération. Parvenu enfin au Lualaba, il navigue sur un fleuve qui d'abord coule vers le nord, comme s'il allait rejoindre en effet la région du Nil — mais qui, à hauteur de l'équateur, s'infléchit vers l'ouest et finalement vers le sud, et dont Stanley comprend bientôt qu'il ne peut s'agir que du Congo (Zaïre). 999 jours après son départ de Zanzibar, Stanley, épuisé, arrive à la côte atlantique ! Son étonnante expédition a donné la solution des mystères de l'hydrographie de l'Afrique centrale, résolvant définitivement la question du cours du Nil et de celui du Congo.

→ **Voir aussi** : p. 232-233 (Burton, Speke et Grant).

Le plus grand des explorateurs russes

NIKOLAÏ PRJEVALSKI EN ASIE

Passionné de géographie, le jeune officier russe Nikolaï Mikhaïlovitch Prjevalski devient un des plus fameux explorateurs de l'Asie centrale. Au cours de ses nombreux voyages en Mongolie, en Chine et au Tibet, de 1871 à 1885, il amasse une quantité impressionnante de renseignements concernant le climat, la faune et la flore de ces régions.

Nikolaï Prjevalski et les membres de son expédition pour le Tibet.

Pourtant, l'explorateur russe ne peut jamais, malgré plusieurs tentatives, réaliser son rêve : pénétrer dans Lhassa.

Un officier devenu savant

Issu d'une famille de la noblesse russe et entré dans l'armée à l'âge de seize ans, Prjevalski (1839-1888), devenu officier, est chargé de donner à l'École militaire des conférences sur les découvertes géographiques des trois derniers siècles. Parallèlement, il poursuit des études en géologie, zoologie et botanique. La qualité de son travail attire sur lui l'attention de la Société géographique russe, qui, en 1867, le charge d'une mission dans la vallée de l'Oussouri, en Sibérie orientale. Il en rapporte des descriptions très précises sur le climat, l'histoire et les populations, ainsi qu'une collection de plantes et de 310 spécimens d'oiseaux. Dès son retour en 1870, la Société géographique russe lui confie sa première grande expédition en Mongolie et en Chine du Nord. Le départ se fait de Pékin vers le désert de Gobi, à travers la Mongolie. En 1872, empruntant la route qu'avaient suivie en Tartarie les pères Huc et Gabet, Prjevalski, à la tête d'une importante caravane escortée de cosaques armés, parvient jusqu'aux limites du Tibet. Mais là, à bout de ressources financières, il lui faut rebrousser chemin sans chercher à joindre Lhassa. Après être monté jusqu'au lac

Jan Potocki, prédécesseur de Prjevalski

Considéré comme le « père de l'ethnologie slave », l'auteur du célèbre roman fantastique le Manuscrit trouvé à Saragosse (1804-1805), le Polonais Jan Potocki, né en 1761, peut être considéré comme un précurseur du Russe Prjevalski.

Un regard scientifique sur les peuples d'Asie. Voyageur infatigable, il se met au service de la Russie, qui domine alors son pays et s'est rendue maîtresse, au XVIIe et au XVIIIe siècle, de la Sibérie jusqu'aux rivages de l'océan Arctique et de l'océan Pacifique. Il consacre plusieurs ouvrages aux Slaves et s'intéresse notamment aux peuples du Caucase et de la Haute Asie. Dans ses livres, rédigés en français, il décrit avec des méthodes déjà scientifiques les mœurs des différentes populations qu'il rencontre.

Jusqu'à Pékin. Durant l'hiver 1805-1806, il est chargé d'accompagner l'ambassadeur Golovkine dans une mission à Pékin, mission qui échoue à cause du refus de Golovkine de suivre les conseils judicieux de Potocki.

Retraite polonaise. Après quoi, Potocki se retire dans son domaine de Pologne, où il se suicide en 1815.

Koukou Nor, situé à 3 000 mètres d'altitude, il termine son périple à Ourga — l'actuelle Oulan-Bator. Il a parcouru près de 12 000 kilomètres en trois ans, en affrontant aussi bien la canicule du désert que le froid extrême des cimes montagnardes. La publication de ses *Recherches en Mongolie et en Tartarie* attire sur lui l'attention du monde entier.

Dans le désert de Lob Nor

Financée par un don gouvernemental de 24 000 roubles, la deuxième grande expédition de Prjevalski part de Kouldja, dans la haute vallée de l'Ili, en 1876. Ce voyage lui permet d'arriver jusqu'au mystérieux lac du Lob Nor, où se jette le fleuve Tarim : depuis Marco Polo, aucun Européen n'a pu retrouver ce réservoir dont les eaux changent de place dans le désert... Toujours accompagné d'une considérable escorte, Prjevalski explore ensuite la haute chaîne montagneuse de l'Altyntagh et longe ainsi les contreforts du plateau du Tibet. Malade, il ne peut encore une fois continuer sa route jusqu'au but qu'il s'est fixé, Lhassa. Son voyage a du moins eu pour résultat appréciable de fixer précisément les contours du Turkestan et de la Dzoungarie.

Lhassa, objectif impossible

Dès 1879, l'explorateur russe reprend le chemin du Tibet, toujours poussé par le même désir, entrer dans Lhassa. Par le désert de Gobi — dont il constate qu'il s'agit d'un bassin et non d'une région convexe, comme on le croyait alors — et par la chaîne du Nanshan, il parvient jusqu'au centre du Tibet. Mais, alors qu'il est parvenu à moins de 300 kilomètres de la capitale politique et religieuse du pays, il doit rebrousser chemin, devant le refus obstiné des autorités tibétaines à lui laisser poursuivre sa route vers la cité sainte. L'expédition, outre de nombreux renseignements de divers ordres, permet au monde occidental de redécouvrir une race de cheval disparue d'Europe depuis le milieu du siècle, le cheval de Prjevalski — *Equus caballus prjevalskii* — petite bête trapue, à forte tête et aux membres massifs, à la robe isabelle ou bai clair. Entre 1883 et 1885, un nouveau grand voyage conduit Prjevalski jusqu'aux sources du fleuve Jaune et du Yangzi. Il explore aussi les montagnes du Tibet, se heurtant à plusieurs reprises aux attaques des pillards tangoutes. De cette expédition comme des précédentes, il rapporte d'innombrables observations topographiques, zoologiques et botaniques, qu'il consigne par écrit, ainsi que de monumentales collections de minéraux, de végétaux et d'animaux (petits mammifères, reptiles, oiseaux, poissons).

Mais le Russe n'a pas renoncé à son vieux rêve : être le premier Européen, au XIXe siècle, à pénétrer dans Lhassa. En 1888, il prépare une ultime expédition qui doit le conduire à cette destination. Or, alors que celle-ci est sur le point de partir, Prjevalski meurt du typhus sur la rive orientale du lac Issyk-Koul, dans un bourg nommé Karakol — et qui, par la suite, sera rebaptisé Prjevalsk.

L'expédition de Prjevalski traversant le passage difficile d'un contrefort du plateau du Tibet.

De l'exploration à la colonisation pacifique

SAVORGNAN DE BRAZZA

Alors que les politiques français font porter leurs efforts sur la conquête militaire et commerciale de l'Afrique, un officier, Savorgnan de Brazza, obtient en 1875 de reconnaître le cours de l'Ogooué. Lors de ses trois expéditions dans la région du Congo, Brazza, à la différence d'autres colonisateurs, se montre respectueux des populations indigènes qu'il rencontre, et va jusqu'à se faire une gloire d'avoir conquis un territoire sans avoir tiré un seul coup de feu.

Par sa vision idéaliste de la mission civilisatrice de la France en Afrique, Savorgnan de Brazza reste une exception parmi les explorateurs européens de son temps.

La reconnaissance de la vallée de l'Ogooué

En 1875, une petite troupe française part de l'embouchure de l'Ogooué pour tenter de reconnaître le cours supérieur du fleuve, inconnu des Européens, qui espèrent trouver en lui une voie de pénétration vers le centre du continent africain. Trois Français (un médecin, un naturaliste et un quartier-maître de marine), treize « laptots » (tirailleurs sénégalais) et quelques indigènes constituent la modeste expédition confiée à un officier de vingt-trois ans, Pierre Savorgnan de Brazza. Noble italien naturalisé français, Brazza cultive depuis l'enfance le désir de découvrir des terres inconnues, et celui, teinté d'un humanisme un peu naïf, d'apporter aux indigènes les bienfaits de la civilisation occidentale. À partir de 1874, il jette son dévolu sur ce fleuve encore mal connu, l'Ogooué. Du ministère de la Marine et des Colonies, il tâche d'obtenir l'autorisation et les fonds pour explorer le fleuve, et, finalement, ne pouvant recueillir une subvention suffisante, il apporte lui-même une partie du financement. À partir de Lambaréné, ville qu'il atteint grâce à un bateau à vapeur, Savorgnan distribue hommes et équipement sur quatre grandes pirogues. Ce train, bien plus modeste que celui de Stanley — son grand rival dans l'exploration du cœur du continent noir —, lui permet de pénétrer assez aisément dans les différentes tribus qui habitent le long du fleuve. Partout les Français sont bien reçus ; le chef de l'expédition profite des bonnes dispositions de ses hôtes indigènes pour, à plusieurs reprises, proposer et obtenir le rachat d'esclaves. Une seule fois, sur l'Alima, un affluent du Congo, la petite troupe est attaquée, par la tribu des Apfourous : cette agression décisive l'oblige à interrompre sa progression. Le voyage a duré deux ans. Il a permis de démontrer que le cours de l'Ogooué se dirigeait vers le sud et qu'il fallait par conséquent trouver une autre voie pour atteindre le centre de l'Afrique. Brazza a de plus la satisfaction personnelle d'avoir mené une mission « humanitaire » en rachetant la liberté de dizaines de personnes.

Le protectorat avec le roi Makoko

À son retour en France, Brazza reçoit du roi de Belgique Léopold II la proposition de se joindre à Stanley dans les recherches entreprises au Congo. Il refuse cette mission, par attachement pour sa patrie d'accueil. En 1880, il repart cependant, sur mission du gouvernement français. Stanley aussi reprend la route de l'Afrique cette année-là. Mais le Français compte sur l'efficacité de la manière pacifique pour devancer l'Anglais dans la découverte de la région qui les intéresse tous deux. Sa devise reste : « Efforcez-vous de comprendre la mentalité des Noirs. Mêlez-vous à leur vie. Pas d'arme, pas d'escorte. N'oubliez pas que vous êtes l'intrus, qu'on ne vous a pas appelés. » Un détail significatif de la volonté de Brazza de bien se distinguer des « conquérants » réside dans le fait qu'il ne porte pas de casque colonial, mais enveloppe sa tête d'un turban, selon la coutume locale. En septembre 1880, Brazza atteint en effet, avant Stanley, la rive droite du Congo. Il se concilie le Makoko, roi des puissants Tékés, qui signe un traité d'amitié dans lequel il accorde à la France le protectorat sur ses territoires et lui donne une partie de la rive droite du fleuve. Un poste est aussitôt installé dans la région cédée par le souverain africain — il deviendra Brazzaville. Beaucoup moins chaleureuse est l'entrevue entre Brazza et Stanley, qui se rencontrent la même année, en pleine brousse : « Deux hommes, écrit Brazza, deux antithèses : la rapidité et la lenteur, la hardiesse et la prudence, la puissance et la faiblesse. » Lorsque Brazza revient à Paris, il fait ratifier l'alliance signée avec le Makoko. Malgré bien des difficultés, la France et la Belgique parviennent à un accord pour se

À la suite d'un accord entre la Belgique et la France, une partie du Congo revient à la France et Savorgnan de Brazza remet au roi Makoko le traité de protectorat ratifié par le gouvernenemt français.

répartir la région du Congo, la rive droite étant française et la gauche, belge.

Le dernier voyage

Mais Brazza reste aux yeux du gouvernement français un utopiste aux méthodes dangereuses. Il a beaucoup de difficultés à persuader les autorités de lui confier une nouvelle expédition pour assurer sur place les intérêts français et organiser les structures du nouveau territoire. Partis en 1883, une centaine d'hommes dressent des relevés géographiques et étudient les mœurs des habitants. Brazza, fidèle à son rêve de colonisation civilisatrice, veut établir sur place des entreprises contrôlées par l'État qui recruteront la main-d'œuvre locale et la feront travailler en la faisant profiter des bénéfices acquis. Mais le Congo, en fait, est abandonné à des sociétés d'exploitation pressées d'utiliser la force de travail indigène pour fournir caoutchouc, ivoire, bois précieux, sans procurer aux Africains de véritable contrepartie. En 1898, Brazza, dont les indiscrètes convictions idéalistes dérangent le mercantilisme triomphant, est brutalement mis en disponibilité. En 1905, prié de retourner en Afrique à la tête d'une commission d'enquête, il constate les méfaits du « colonialisme » sur la terre qu'il a découverte. Malade, miné par la dysenterie, il meurt au retour à l'hôpital militaire de Dakar, désespéré de son impuissance. Ainsi disparaît un ennemi de la violence qui rêvait d'enrichir l'Afrique par les bienfaits de la civilisation.

À la tête d'une petite troupe, Savorgnan de Brazza part vers les régions inconnues du centre de l'Afrique.

Par ses méthodes pacifiques et respectueuses, Savorgnan de Brazza parvient à conquérir une grande partie de Congo pour le compte de la France.

Le Congo français

Entré dans la mouvance française grâce à Savorgnan de Brazza, **le Congo est organisé en colonie en 1886. Il se fond au sein de l'Afrique-Équatoriale française en 1910, et sa capitale, Brazzaville, devient siège du gouvernement général.** Les excès des compagnies concessionnaires, la sous-administration et les mesures de déplacement autoritaires de personnes, par exemple le long de la voie de chemin de fer Congo-Océan construite entre 1921 et 1934, imposent de lourdes épreuves à la population.

En 1940, le Congo, entraîné par le gouverneur général Félix Éboué, rallie le camp des Alliés dès l'appel du général de Gaulle.

En 1946, il devient territoire d'outre-mer, puis, en 1960, accède à l'indépendance.

À vaisseau ou à traîneau

S'APPROCHER DU PÔLE NORD

Dans le cours des années 1800, l'exploration du « passage du Nord-Est », c'est-à-dire des régions arctiques situées aux longitudes du vieux continent, au même titre que celle du « passage du Nord-Ouest », autrement dit du Grand Nord américain, demeure un enjeu fondamental de la compétition entre nations.

Dans la partie du monde située au nord du continent européen, en utilisant aussi bien les voies maritimes que terrestres, et au prix de terribles souffrances et parfois de leur mort, les explorateurs de la fin du XIXe siècle se rapprochent petit à petit du pôle.

Le tour d'Asie de Nordenskjöld

Dans la seconde moitié de ce siècle, les reconnaissances tentées depuis le début de l'exploration des ces régions permettent aux géographes et aux marins de mieux comprendre le système du fameux « passage du Nord-Est », c'est-à-dire les différents détroits faisant communiquer, au nord du vieux continent, l'océan Atlantique et le Pacifique. En 1875, un Finlandais au service de la Suède, Adolf-Érik Nordenskjöld, parvient le premier à réussir l'exploit tenté en vain par tant de navigateurs : mener son bateau de la Suède au Japon en passant par l'océan glacial Arctique. L'homme est un habitué du Grand Nord. Il a accompli auparavant plusieurs voyages au Spitzberg et au Groenland. À l'été 1875, puis de nouveau au cours de la belle saison 1876, parti du port norvégien de Tromsø puis de celui de Trondhjem, il commence à explorer la route maritime menant vers l'Asie en s'engageant de plus en plus loin vers l'est. Puis, le 21 juillet 1878, il repart de Tromsoe, avec un navire de 300 tonneaux, le *Véga,* pour sa grande expédition. L'expédition commence par la découverte de populations frustes, à peu près ignorées jusque-là. Dans la mer de Barents, sur les côtes du détroit de Yougor, le navigateur et ses hommes rencontrent des Samoyèdes, dont les pratiques païennes encore extrêmement vivaces suscitent leur étonnement. Dans l'île Waigatz, Nordenskjöld a ainsi l'occasion de

Le capitaine Sverdrup sur le pont du Fram *et les chiens polaires utilisés par Nansen pour s'engager sur la banquise.*

photographier un autel de sacrifices où les habitants déposent leurs offrandes, défenses de mammouths, os de rennes, morceaux de bois taillé. Plus loin, dans les îles de la Nouvelle-Sibérie, ce sont des cimetières de mammouths et de rhinocéros préhistoriques presque intacts que les Européens découvrent. Le froid, cependant, devient de plus en plus intense. En septembre, le *Véga* est bloqué par les glaces, et, pendant neuf mois, l'équipe doit se résigner à hiverner. Recouverte entièrement par la neige, la coque du navire est utilisée comme un abri tempéré, et l'on construit à proximité un autre abri, en neige, où l'on procède à des observations. L'ordinaire, rigoureux, est un peu amélioré par des échanges avec les indigènes tchouktches qui habitent les parages et acceptent volontiers d'échanger du lard de baleine ou de phoque contre un peu de tabac ou d'eau-de-vie... Après neuf mois d'immobilisation, le 18 juillet 1879, le *Vega,* libéré des glaces, peut enfin reprendre sa navigation. Le 2 septembre suivant, le navire, intact, parvient à Yokohama, ayant accompli sa mission. L'expédition regagne ensuite l'Europe en passant par Canton, Ceylan et Suez, bouclant ainsi pour la première fois le tour de l'Asie.

La tragédie de la « Jeannette »

Avant même qu'on apprenne sa réussite, la tentative entreprise par Nordenskjöld suscite une autre expédition, américaine cette fois, qui se termine en tragédie. Le directeur du *New York Herald,* Gordon Bennett, célèbre pour avoir financé la fameuse recherche du docteur Livingstone par Stanley et désireux de promouvoir un nouveau reportage à sensation, confie à un navigateur expérimenté, le lieutenant George De Long, le soin d'accomplir en sens inverse le trajet du *Véga.* Le 8 juillet 1879, le vapeur à trois mâts *Jeannette* appareille donc de San Francisco avec 32 hommes d'équipage et, par le détroit de Béring, se dirige vers le pôle Nord. Mais le navire, qui s'est engagé très au nord pour renchérir sur l'exploit du Finlandais, est broyé par les glaces le 13 juin 1881, après donc presque deux années de route et d'hivernages. Ne pouvant continuer par voie de mer, De Long et ses hommes s'engagent sur la banquise en traînant trois chaloupes chargées de provisions, mises à l'eau lorsque l'on découvre un secteur de mer dégagée. L'une des embarcations sombre avec ses passagers, l'équipe comprenant De Long meurt de froid et d'épuisement ; dirigé par l'ingénieur Melville, un troisième groupe est recueilli par des indigènes et sauvé. L'année suivante, Melville revient sur place pour retrouver les corps de ses compagnons. Le carnet de route de De Long permet de connaître le martyre enduré par les malheureux explorateurs.

Dérive et parcours en traîneau

L'affaire de la *Jeannette* a à son tour des conséquences. En 1884, des Esquimaux retrouvent des restes du navire sur la côte sud-ouest du Groenland, qui ont donc dérivé trois ans durant du détroit de Béring au Groenland par le cercle polaire. La révélation de cette découverte inspire un plan au jeune navigateur norvégien Fridtjof Nansen (1861-1930), qui a déjà conduit plusieurs expéditions au Groenland. Il fait construire un bateau d'un type nouveau, le *Fram,* dont la coque convexe doit échapper aux pressions latérales et se laisser porter par les glaces. Le 24 juin 1893, le *Fram* quitte Christiania — aujourd'hui Oslo. Alors commence une lente dérive, rompue par deux hivernages successifs, qui surviennent sans accident pour le navire. Seize mois après son départ, et alors que tout s'est bien passé jusqu'alors, Nansen entame la réalisation de la seconde partie de son plan. Avec un compagnon, Hjalmar Johansen, il quitte le bâtiment et, équipé de 3 traîneaux, 2 kayaks et 28 chiens samoyèdes, s'engage sur la banquise. Le 8 avril 1895, les deux hommes atteignent la latitude 86° 14′ Nord. Ils y plantent le drapeau norvégien et entreprennent de rejoindre des régions plus hospitalières. Il n'est plus question de rejoindre le *Fram,* qui a continué à dériver — et rejoindra sain et sauf Tromsø : les explorateurs se dirigent vers l'archipel François-Joseph, situé à 670 km de là et dont on connaît l'existence depuis le début des années 1870. Ils y arrivent le 6 août, ayant survécu en mangeant leurs chiens l'un après l'autre. Jusqu'en mai 1896, ils doivent hiverner sur la glace en se contentant de la chair des ours qu'ils chassent. Le 17 juin, alors qu'en kayak ils longent le cap Flora pour pêcher, peu après avoir échappé à une attaque de morses, ils entendent des aboiements. Ils sont sauvés. La rencontre entre Nansen, hirsute, en haillons et noir de graisse et un autre explorateur du pôle, l'Anglais Jackson, élégamment botté de caoutchouc et parfumé d'eau de Cologne, vaut celle de Livingstone et de Stanley : « N'êtes-vous pas Nansen ? — Oui, c'est moi. — Heureux de vous voir. »

→ **Voir aussi :** p. 266-267 (Robert Peary).

Après le naufrage de la Jeannette, *l'équipage tente de continuer sa route sur la banquise, en traînant les chaloupes du bateau, mais un tiers seulement des hommes survivra.*

Nansen et Johansen, seuls sur la banquise, tentent de rejoindre l'archipel François-Joseph, avec pour toute nourriture les ours qu'ils chassent et leurs chiens de traîneaux.

Le dernier des grands explorateurs de l'Afrique

L'AVENTURE DE CHARLES DE FOUCAULD

À la suite d'une conversion religieuse brutale, un jeune aristocrate décide de renoncer à sa carrière d'officier pour « ne vivre que pour Dieu ». Après 1883, Charles de Foucauld explore le désert aux confins du Maroc et se mêle aux populations musulmanes qu'il évangélise jusqu'à sa mort tragique.

L'aventure d'un solitaire illuminé par la révélation de la foi constitue l'expérience particulière de Charles de Foucauld, l'ermite de Tamanrasset qui a partagé, jusqu'à la mort, l'existence des hommes du désert.

La découverte du désert

En mai 1881, une grave révolte éclate en Algérie à Bu 'Amama. Dans les armées françaises chargées de la pacification se trouve un jeune officier du 4e hussard, Charles de Foucauld, qui, mis en congé en mars précédent pour « indiscipline doublée d'inconduite notoire », a demandé à être réintégré dans l'armée pour revenir sur cette terre d'Afrique où il a déjà séjourné l'année précédente avec son régiment. La campagne de pacification dans le Sud oranais dure huit mois. Foucauld apprend à mieux connaître les Arabes et surtout le désert, qui exerce sur lui une véritable fascination. Jusque-là, ce jeune homme, aristocrate originaire d'Alsace et saint-cyrien, a mené une vie d'excentricité et de débauche. Frondeur et paresseux, il est mal noté de ses supérieurs et son seul souci est de « faire la fête ». Par sa rencontre avec les solitudes désertiques du Sahara, il devient un autre homme. L'insurrection de Bu 'Amama étant réprimée, il demande un congé pour voyager dans le Sud et, n'ayant pas obtenu cette autorisation, démissionne de l'armée en janvier 1882. Pendant dix-huit mois, ce jeune homme de vingt-quatre ans circule en Afrique du Nord. Il passe plusieurs mois à apprendre la langue et les coutumes arabes et, déguisé en mendiant juif (il a aussi appris l'hébreu), parvient à pénétrer au Maroc, terre encore fermée aux Français et interdite aux chrétiens. Parti de Tanger en juin 1883, il passe par Tétouan, Chaouen, Taza, Sefrou, Bou el-Djad. De plus en plus séduit par l'islam, il observe aussi l'anarchie qui règne au Maroc. Les notes qu'il prend pendant ses pérégrinations lui valent d'être récompensé par la Société française de géographie.

Vers l'ascèse de l'anachorète

En 1886, Charles de Foucauld reprend ses voyages, cette fois-ci dans le Sud algérien et le Sud tunisien. Il sent que sa vocation est de vivre dans ces régions désertiques qu'il connaît maintenant bien, au milieu de cette population dans laquelle il se fond sans difficultés. Sa conversion religieuse lui fournit l'occasion de vivre sa foi dans le pays qu'il s'est choisi. En effet, sous l'influence de l'abbé Huvelin, il revient au catholicisme en 1886. Il écrit : « Aussitôt que je crus qu'il y avait un Dieu, je ne pouvais faire autrement que de ne vivre que pour lui : ma vocation religieuse date de la même heure que ma foi. » À partir de là et jusqu'en 1901 — date de son ordination comme prêtre —, il franchit les différentes étapes qui le mènent vers une vie

Albert Schweitzer à Lambaréné

Le pasteur. C'est une expérience assez comparable à celle de Charles de Foucauld que vit Albert Schweitzer, professeur à la faculté de théologie protestante de Strasbourg et organiste de la société Jean-Sébastien Bach à Paris, lorsqu'il décide de quitter l'Europe pour venir en aide aux indigènes d'Afrique-Équatoriale française.

Le médecin. Après avoir obtenu son doctorat en médecine, il s'embarque avec sa femme en 1913 pour le Gabon et installe en pleine forêt vierge, à Lambaréné, un hôpital pour accueillir les lépreux et leurs familles. Le « grand docteur blanc » accomplit son œuvre dans des conditions particulièrement difficiles, tenant au climat, à son isolement, au manque de matériel médical et d'assistants compétents.

Une mission de civilisation. De 1924 à sa mort, en 1965, Albert Schweitzer se consacre entièrement à sa fondation de Lambaréné. En bon théologien, il considère que c'est un devoir des nations occidentales envers les peuples colonisés.

Albert Schweitzer soignant les malades à Lambaréné.

d'ascète. Son premier pèlerinage en Terre sainte est pour lui une révélation : il lui faut retrouver la pauvreté dans laquelle a vécu Jésus. En 1890, il entre à la trappe de Notre-Dame-des-Neiges en Ardèche, mais l'existence des trappistes lui semblant trop douce, il commence à projeter de fonder une congrégation, répartie en petites communautés vivant pauvrement, uniquement de métiers manuels. Pendant l'année qui précède son ordination, il approfondit son projet et, partant du constat qu'il n'existe pas de prêtre chrétien au Maroc, il décide que sa terre de mission sera l'Afrique. Lors de ses séjours en Algérie, il a connu les « zaouïa », petites communautés musulmanes qui pratiquent l'hospitalité. Foucauld imagine ainsi d'établir une « zaouïa » chrétienne en Algérie.

Le père de Foucauld en 1915 : un chrétien passionné par le désert.

Dessin de l'album de Charles de Foucauld lors de son voyage dans le Sud algérien et dans le Sud tunisien. vue d'El Goléa.

Touareg parmi les Touareg

Ayant reçu des autorités ecclésiastiques l'autorisation de s'installer en Afrique, il débarque à Alger en 1901 et est conduit par une escorte militaire jusqu'à l'oasis de Beni Abbès, à la frontière marocaine. Il installe sa première « fraternité » dans le milieu de la population de l'oasis, une centaine de familles de pauvres agriculteurs continuellement menacés par les pillards marocains. La première lutte de celui que les indigènes appellent « *khaonia Carlo* » (« frère Charles ») concerne l'esclavage, une pratique officiellement interdite en Algérie, mais tolérée dans le Sahara. Ayant envoyé sans résultat des pétitions aux autorités françaises, il consacre l'argent que lui envoie sa famille à racheter des esclaves. Pour connaître encore mieux les peuples du désert et parce qu'il n'a pas abandonné son projet de pénétrer au Maroc, il apprend la langue des Touareg et peut ainsi rédiger une grammaire et un dictionnaire touareg-français, ainsi que la traduction en touareg des quatre Évangiles. En janvier 1905, il descend au cœur du Hoggar pour vivre avec les Touareg dans l'oasis de Tamanrasset. Sans vouloir évangéliser à tout prix, menant une vie essentiellement contemplative, il est très vite connu et apprécié des populations nomades du Hoggar. Avec son visage amaigri entouré d'une courte barbe, sa gandourah blanche sur laquelle tranchent un chapelet à la ceinture et un Sacré-Cœur en tissu rouge cousu sur la poitrine, le père de Foucauld peut enfin mener la « vie de Nazareth », l'ascétisme absolu au service des non-chrétiens. Mais, en décembre 1916, une bande pillards senousis attaque son ermitage et le religieux est abattu d'une balle dans la tête. Le destin de Charles de Foucauld a été celui d'un homme qui, par sa seule présence, a été respecté par tous les peuples du désert, qui ont été ses véritables compagnons.

Un Suédois parcourt l'Asie centrale

SVEN HEDIN SUR LA ROUTE DE LA SOIE

Jusqu'à un âge avancé, le Suédois Sven Hedin mène des explorations audacieuses en Asie centrale. En 1893 — à l'âge de vingt-huit ans —, il parvient presque à atteindre le sommet du Pamir, puis, dans le désert de Takla-Makan, fait des découvertes archéologiques importantes. En 1927-1928, à soixante-deux ans, il dirige encore des expéditions dans le désert de Gobi et étudie des projets de route vers l'Ouest chinois.

À sa mort en 1952, Sven Hedin laisse un grand nombre d'ouvrages, qui livrent des informations précieuses concernant les dernières régions de l'Asie qui demeuraient à reconnaître.

Sur le toit du monde

À la fin du XIXe siècle, la plupart des expéditions en Asie centrale sont menées par les Russes et elles se doublent d'arrière-pensées impérialistes. Pourtant, à la même époque, quelques savants nourrissent des préoccupations moins mercantiles : ils spéculent sur la localisation des antiques cités jalonnant la route de la soie. Celle-ci, empruntée pendant des dizaines de siècles, partant de la Méditerranée ou de la mer Noire, se divisait à partir du Pamir en deux parcours entourant le couloir du Xinjiang : l'un, septentrional, par la chaîne des monts du Tian Shan au nord ; l'autre, plus méridionale, par Yarkand et Khotan. Cartographe et géographe de formation, le Suédois Sven Hedin est l'un de ces savants qui rêvent de retrouver les vestiges laissés par les villes-étapes de cette longue route. À vingt et un ans, en 1886, il effectue son premier voyage en Perse et en Transcaucasie. Puis, à partir de 1890, il commence à suivre le début de la route de la soie, allant à Samarkand, à Kachgar, et finalement jusqu'au Xinjiang. À partir de 1893, Sven Hedin décide de s'aventurer sur le « toit du monde », la région montagneuse bordée à l'ouest par le Pamir, à l'est par les monts du Tibet. Sa fortune lui permet de se faire escorter par une importante caravane. Le voyage, cette première fois, s'en trouve d'autant plus tragique : la grande majorité des hommes périssent de soif au fil des étapes ! Mais un tel drame ne dissuade pas Sven Hedin, qui, désormais, dirigea toutes ses expéditions ultérieures vers cette partie de l'Asie.

Les ruines de Jiaohe près de Turfan, dans le Turkestan chinois : on doit à Hedin la découverte des vestiges perdus de la route de la soie.

Sven Hedin dans un campement kirghiz.

La ville des sables

Parmi les principales prouesses des explorations de Sven Hedin figure l'ascension du Mustagh Ata, haut de 7 500 mètres. Ayant commencé à gravir les pentes de cette montagne en hiver, Sven Hedin est obligé d'attendre, à 2 000 mètres d'altitude et dans des conditions précaires, le retour du beau temps. Mais, sous le soleil de l'été, il ne peut parvenir qu'à 6 300 mètres, le mal des montagnes l'empêchant de continuer. Puis la descente du fleuve Tarim lui fait traverser le désert de Takla-Makan, que plusieurs voyages difficiles lui permettent d'explorer de façon très complète. C'est ainsi qu'il retrouve le lac Lob Nor dont les contours se sont encore modifiés depuis le passage de Prjevalski en 1876. Mais le but principal du Suédois est de localiser dans ces solitudes désertiques les vestiges d'antiques cités, dont les peuples du Takla-Makan évoquent les restes perdus dans les sables. Il parvient effectivement à découvrir une de ces villes, probablement abandonnée au VIIe siècle : il donne le nom de Takla-Makan à ces vestiges de maisons de bois, conservés grâce à l'exceptionnelle sécheresse du désert et dans lesquels il retrouve quelques instruments agricoles et une petite statue de Bouddha. Cette première découverte d'une cité morte est suivie d'autres trouvailles archéologiques lors des voyages qu'effectue l'explorateur entre 1902 et 1908. À Sven Hedin revient ainsi le mérite d'avoir, le premier, entrepris de ressusciter le souvenir de peuples dont dépendirent longtemps les contacts entre l'Asie et l'Occident.

L'« université ambulante »

Sven Hedin accomplit sa dernière expédition à plus de soixante, entre 1926 et 1933, lorsqu'il reçoit du gouvernement chinois la mission d'explorer le désert de Gobi. Les autorités attendent de lui qu'il jette les bases d'une route qui relierait le désert à l'ouest de la Chine ; et ils lui demandent de fournir les informations utiles au projet d'une ligne aérienne joignant Berlin à Pékin en survolant l'Asie centrale. Une importante participation de scientifiques, de professeurs et d'étudiants chinois vaut à cette expédition pléthorique le surnom d'« université ambulante ». La mission jouit en outre d'un énorme équipement matériel : une station météorologique est installée au bord de l'Edsin-gol, rivière au nord-est du désert de Gobi ; un aérostat équipé d'instruments enregistreurs permet de survoler la région. Les informations scientifiques obtenues sont, dans ces conditions, considérables. La mission permet par ailleurs à Sven Hedin de découvrir de nouveaux sites archéologiques : plus d'une centaine d'habitations de l'âge de pierre sont localisées au sud du désert de Gobi. Les dernières années de Sven Hedin servent moins sa mémoire : retiré dans son pays natal, l'explorateur manifeste, après 1933, un regrettable soutien à l'hitlérisme.

L'attaque d'un yack sauvage : l'archéologue passionné que fut Hedin était aussi un homme d'action et un fervent chasseur.

D'autres savants sur la route de la soie

Aurel Stein (1862-1943). D'origine hongroise et de nationalité anglaise, Aurel Stein, archéologue et orientaliste de formation, s'installe en 1888 en Inde, d'où il lance un grand nombre de missions géographiques et archéologiques. Lors de ses principales expéditions en Chine orientale (1900-1901), dans le Turkestan chinois (1906-1908) et en Asie centrale (1913-1916), il retrouve les traces d'antiques routes caravanières ainsi que de nombreux documents et pièces archéologiques chinoises.

Paul Pelliot (1878-1945). Cet orientaliste français, après s'être trouvé à Pékin en 1900 au moment de la révolte des Boxers, organise de 1906 à 1909 une expédition archéologique en Asie centrale. En 1908, sur le site de Dunhuang (ou Touen-Houang), dans le Gansu, aux frontières du désert de Gobi, il explore les « grottes des Mille Bouddhas ». Il en rapporte des milliers de manuscrits antérieurs au Xe siècle de notre ère ainsi que des gravures sur bois et des peintures sur papier.

Un géographe et un prince en Asie centrale

L'EXPÉDITION BONVALOT-D'ORLÉANS

Dans leur expédition de la Sibérie au Tonkin, Gabriel Bonvalot et le prince Henri d'Orléans, en 1889-1890, longent la frontière occidentale du Tibet. Ils sont les premiers voyageurs européens à traverser l'Asie entière du nord-ouest au sud-est.

L'un notant les détails pittoresques, l'autre les photographiant, Bonvalot et le prince d'Orléans accomplissent ensemble un véritable travail de reporters, livré au public après le retour des deux hommes, sous la forme d'un livre intitulé *De Paris au Tonkin à travers le Tibet inconnu,* qui remporte aussitôt un formidable succès.

Un des spécialistes de l'Asie centrale

En 1889, Bonvalot, âgé de trente-six ans, a déjà derrière lui un long passé de voyageur. Neuf ans plus tôt, il a été chargé par le ministère de l'Instruction publique d'une mission archéologique dans le Turkestan. Là, il a visité les ruines de Samarkand et de Boukhara, et découvert les restes de la ville de Chari-Samane.

En 1882, avec le jeune naturaliste Guillaume Capus, il a remonté le cours du fleuve Zerafchan, toujours pour y reconnaître des sites archéologiques. Puis, en 1886-1887, en compagnie de Capus et du peintre Pépin, toujours pour le compte du même ministère, il a traversé la Perse et s'est rendu en Afghanistan avec le projet de rejoindre l'Inde : après avoir affronté les froids extrêmes des plateaux du Pamir, la petite équipe a été retenue un mois durant par les Afghans — son chef a bien mérité, à son retour, la médaille d'or que lui remet la Société de géographie de Paris.

De Paris au Tonkin

Bonvalot est donc connu et respecté comme un explorateur courageux et un bon connaisseur des peuples et des langues de l'Asie centrale. Aussi, lorsque le fils aîné du duc de Chartres, le jeune prince Henri d'Orléans, passionné de voyages, convainc son père, à l'âge de vingt-deux ans, de financer une expédition en Asie centrale consacrée à la géographie, à la chasse et à la photographie, il demande tout naturellement à Bonvalot de devenir le chef de cette aventure. En juillet 1889, Bonvalot et Henri d'Orléans commencent donc un périple qui doit les amener par voie de terre de Paris au Tonkin. La première partie du voyage est essentiellement touristique : à partir de Moscou, ils traversent l'Oural jusqu'à Djarkend, dernière ville sibérienne. Le 6 septembre, ils se trouvent à Kouldja, la première étape du Turkestan. Là

commence la préparation de l'expédition proprement dite. Le père Dedeken, membre de la mission belge de Kouldja et excellent sinologue, et un homme nommé Abdoullah, qui fut autrefois le guide-interprète de Prjevalski, se joignent à leur groupe. Les explorateurs traversent le Tian Shan et, par la vallée du Tarim, atteignent le lac du Lob Nor.

À partir de l'Altyn Tagh, les guides sibériens sont remplacés par des kalmouks. Les difficultés de l'aventure deviennent considérables, puisqu'il s'agit de franchir cette chaîne aux pics escarpés par des passes situées à plus de 6 000 mètres d'altitude. Les voyageurs affrontent de terribles tempêtes de neige, bêtes et hommes souffrent d'autant plus qu'ils sont atteints du « mal des montagnes ».

Les solitudes tibétaines

Cette épreuve achevée, l'expédition parvient dans les immenses étendues désertiques du plateau tibétain, semées de lacs gelés et hérissées de chaînes montagneuses — tous lieux que Bonvalot baptise des noms de voyageurs français : le mont Dupleix, le pic Reclus, le lac Montcalm, etc. N'ayant rencontré aucun être humain dans les montagnes qu'ils viennent de traverser, les explorateurs voient, le 31 janvier 1890, les premiers Tibétains, des bergers nomades se déplaçant avec leurs yacks. À partir du lac salé de Tengri Nor, ils rejoignent la route que suivent les pèlerins pour atteindre Lhassa. Mais, à soixante kilomètres de la ville sainte, les lamas tibétains interdisent aux étrangers de poursuivre leur chemin — la ville sainte reste décidément fermée. Obliquant alors vers l'est, Bonvalot et Henri d'Orléans traversent le Tibet oriental en direction de la Chine. Ils rencontrent un missionnaire français, le père Desgodins, qui leur fournit de nombreuses et précieuses indications sur la région. Le prince d'Orléans, fort à son aise, organise de gigantesques battues et capture de nombreux spécimens zoologiques qui seront rapportés en France. Il prend aussi nombre de photographies des lieux et des gens, constituant ainsi un précieux reportage sur un pays peu connu. Après quoi les voyageurs atteignent la Chine et, par le Sichuan, accomplissent la dernière partie de leur voyage, jusqu'à Hanoi, où l'exploration est accueillie en triomphe en septembre 1890. La grande médaille d'or de la Société de géographie est donnée à Bonvalot, chef de l'expédition, seul explorateur français à avoir été ainsi récompensé à deux reprises.

Les chameaux utilisés pour le portage (photographie d'Henri d'Orléans).

Henri d'Orléans et son expédition.

« Sauvage tibétain accompagnant nos yaks » (photographie et commentaire d'Henri d'Orléans).

Un missionnaire cartographe au Tibet : le père Desgodins

Les explorateurs qui voyagent en Asie centrale, et plus particulièrement au Tibet, doivent beaucoup aux informations livrées sur cette région par le **père Auguste Desgodins.**

Envoyé en Inde par les Missions étrangères afin de trouver un accès facile vers le Tibet, **Desgodins, de 1855 à 1860, explore le Ladak, le Sikkim et le Bhoutan.** Avec d'autres religieux, il installe une mission d'abord à Bouga, puis à Yerkalo, qui devient un centre de recherches scientifiques sur le Tibet. Grâce à de nombreuses expéditions dans des régions généralement fermées aux Européens, le missionnaire rassemble **une documentation exceptionnelle sur la géographie, les ressources naturelles, les peuples, les religions du Tibet.**

Ses **cartes géographiques,** quoiqu'elles comportent encore bien des lacunes, sont des documents extrêmement précieux pour les Européens qui s'aventurent dans les parages à la fin du XIXe siècle.

À la conquête de la montagne des dieux
LES PIONNIERS DE L'HIMALAYA

Au XIXe siècle, depuis l'ascension du mont Blanc par Saussure, les monts alpins ont perdu de leur mystère et commencent à devenir des destinations pour les touristes. Les Européens se tournent alors vers les plus hauts sommets du monde, ceux de la chaîne himalayenne, qui s'échelonnent du Pakistan au Bhoutan.

La conquête des premiers sommets hauts de 6 000 à 7 000 mètres, presque tous situés à l'ouest de la chaîne himalayenne, date des années 1880. Il faudra encore plus de un demi-siècle pour que les géants de la chaîne, les « plus de 8 000 m », soient vaincus à leur tour.

Topographes et ascensionnistes

Pour les bouddhistes, ces pics de rocs et de glace sont les demeures des dieux, défendues par des dragons et des démons. Les négociants et les pèlerins de la région, depuis des siècles, passent par les hautes vallées de la chaîne, mais la carte de l'ensemble de l'Himalaya reste vierge en bien des points jusqu'au début du XIXe siècle, où les premiers explorateurs commencent à recueillir des données permettant de dresser une cartographie approximative des monts. Un de ces pionniers, Charles Webb, qui évalue en 1808 l'altitude du Dhaulagiri à 8 162 mètres (soit une erreur de 10 mètres), est qualifié de fantaisiste par des savants en chambre, incapables d'imaginer des sommets atteignant une telle hauteur. Cependant, à partir de 1830, les travaux de la Survey of India, le service topographique des Indes, confié au Britannique George Everest — l'homme qui donnera son nom au plus haut sommet du monde —, permettent de confirmer que quatorze pics de l'Himalaya ont plus de 8 000 mètres, et 200 plus de 7 000 mètres... En 1852 et 1856, les topographes anglais découvrent les points culminants de la chaîne, l'Everest et le K2.

Mais c'est à la fin du siècle seulement, particulièrement au Karakorum, dans le Cachemire, et dans la partie occidentale de la chaîne, que des hommes entreprennent de conquérir ces terribles sommets. La première tentative notable est celle de l'alpiniste britannique William Conway, qui effectue en 1892 les premières ascensions importantes du Karakorum. Avec deux compagnons, Bruce et Eckenstein, il gravit le Pioneer Peak, un pic culminant à 6 890 mètres. L'exploration apporte la révélation des difficultés particulières liées à cette montagne inconnue : à-pic vertigineux, gouffres insondables et, surtout, raréfaction de l'air à haute altitude. Dix-sept ans plus tard (1909), le duc des Abruzzes conduit la première expédition scientifique en altitude : munie d'un matériel scientifique considérable et d'appareils photographiques, son équipe, admirablement organisée, établit un nouveau record d'altitude, à 7 418 mètres.

William Conway : en 1892, il mena la première expédition importante sur le Karakorum.

La conquête des quatorze « plus de 8 000 m »

L'Annapurna (8 078 m). Le 3 juin 1950, l'expédition française conduite par M. Herzog et L. Lachenal parvient au sommet.

L'Everest (8 848 m). Le 29 mai 1953, l'expédition anglaise conduite par Hunt permet à E. Hillary et Tenzing de vaincre le plus haut sommet du monde.

Le Nanga Parbat (8 126 m). Le 4 juillet 1953, l'expédition allemande menée par K. Herrligkoffer parvient au sommet.

Le K2, ou **Godwin Austin (8 611 m).** Le 31 juillet 1954, l'expédition italienne conduite L. Lacedelli, A. Compagnoni et A. Desio vainc ce sommet.

Le Cho Oyu (8 154 m). Sommet atteint le 9 octobre 1954. L'expédition est autrichienne et dirigée par H. Tichy et S. Jöchler.

Le Makalu (8 515 m). Sommet vaincu le 18 mai 1955. Expédition française comprenant J. Couzy, L. Terray et J. Franco.

Le Kangchenjunga (8 598 m). Le 25 mai 1955, l'expédition anglaise de C. Evans, G. Band et J. Brown parvient au sommet.

Le Manaslu (8 157 m). Sommet vaincu le 9 mai 1956. Expédition japonaise (Imanishi, Norbu, Kato et Higeta).

Le Lhotse (8 511 m). Sommet atteint le18 mai 1956. Expédition suisse (F. Luchsinger et E. Reiss)

Le Gasherbrum II (8 035 m). Le 7 juillet 1956, l'expédition autrichienne comprenant F. Moravec, S. Larch et H. Willenpart parvient au sommet.

Le Broad Peak (8 047 m). Sommet vaincu le 9 juin 1957. Expédition autrichienne (M. Schmuck, H. Buhl, K. Diemberger et F. Wintersteller).

Le Hidden Peak (8 068 m). Sommet vaincu le 5 juillet 1958. L'expédition américaine est conduite par P. Schoening et A. Kauffman.

Le Dhaulagiri (8 172 m). Sommet vaincu le 13 mai 1960. Expédition suisse menée par M. Eiselin.

Le Gosainthan (8 013 m). 2 mai 1964. Expédition chinoise (Xiu-Jing).

Des Français sur l'Annapurna

En 1913, seuls deux pics importants de plus de 7 000 mètres ont été conquis, le Trisul et le Kun. Entre les deux guerres, les expéditions se multiplient, mais aucun « 8 000 mètres » n'est gravi. Une nouvelle étape est franchie après 1945 grâce à l'amélioration du matériel et à une meilleure utilisation de l'oxygène. Alors, pendant les années 1950, les quatorze « plus de 8 000 mètres » tombent les uns après les autres. En 1950, un premier sommet, l'Annapurna (8 078 m) est atteint par une équipe française dirigée par Maurice Herzog. Le camp de base est installé à 4 000 mètres, au pied du versant nord de la montagne, où se situe le seul itinéraire praticable. Puis, sur 2 800 mètres de dénivelés du glacier, sont placés cinq camps — le dernier à 7 400 mètres d'altitude —, reliés par un système de navettes destinées à faire monter rapidement le matériel. Le 3 juin 1950, Maurice Herzog et Louis Lachenal, sans être encordés, après une marche épuisante dans la neige épaisse, atteignent le sommet : à 14 heures, Herzog brandit au sommet de l'Annapurna son piolet portant un drapeau français. Pour la première fois, un homme a foulé le sol à plus de 8 000 mètres d'altitude. La redescente est très difficile : pieds et mains gelés, Herzog et Lachenal rejoignent à grand-peine le camp V, où les attendent Gaston Rébuffat et Lionel Terray. Dans des souffrances extrêmes, les quatre hommes rejoignent le 8 juin le camp de base. Le retour vers la plaine est encore très pénible. Mais les blessures comptent peu au regard de la joie qu'éprouve l'équipe française à avoir, la première, franchi l'altitude symbolique des 8 000 mètres.

L'Everest

Le plus haut sommet de l'Himalaya, l'Everest, devient après cet exploit le but visé par les alpinistes du monde entier. En 1952, une équipe suisse tente en vain son ascension. À leur tour, les Anglais se lancent dans l'entreprise. Après un premier échec, ils montent, sous la direction du colonel John Hunt, une nouvelle expédition aux moyens considérables et qui tient compte des expériences acquises lors des tentatives précédentes. Au printemps 1953, 10 alpinistes, 28 sherpas et 350 porteurs établissent le camp de base à 5 445 mètres d'altitude. Comme pour l'expédition de l'Annapurna, des camps-relais sont installés jusqu'à 8 000 mètres. Le 29 mai, à l'aube, le Zélandais Hillary et le sherpa Tenzing commencent leur progression vers l'arête aiguë du sommet de l'Everest. À 11 h 30, les deux hommes trouvent enfin l'éminence la plus élevée, à 8 840 mètres : la montagne la plus haute du monde est vaincue. Pour remercier les dieux qui ont permis cette violation de leur espace sacré, Tenzing laisse dans un trou creusé dans la neige des offrandes, consistant en quelques biscuits.

→ **Voir aussi** : p. 192-193 (Le mont Blanc est vaincu).

L'expédition française de Maurice Herzog sur l'Annapurna : le difficile retour vers le camp de base (au premier plan, Lionel Terray et le sherpa Ang-Tarkey).

Le Zélandais Hillary sur l'Everest : le 29 mai 1953, le plus haut sommet du monde est vaincu.

Porteurs sherpas dans l'Himalaya : les autres héros anonymes des grandes

Une femme seule parcourt l'Afrique noire

LES VOYAGES DE MARY KINGSLEY

On parle peu des femmes qui, épouses ou filles, ont accompagné les pionniers de la découverte de l'Afrique. Mary Kingsley appartient à une autre catégorie, celle de la femme seule se lançant dans l'exploration de terres inconnues.

Avec beaucoup de pertinence, cette voyageuse hors du commun, qui raconte toujours avec beaucoup humour ses aventures sur le continent africain, décrit les mœurs des peuples rencontrés.

Une jeune fille de l'Angleterre victorienne

Rien ne semblait prédisposer la jeune Mary Kingsley à un destin aventureux. Fille d'un médecin et de sa cuisinière, elle vit dans la maison familiale, essentiellement chargée des tâches domestiques et recevant, comme les jeunes filles de son époque, un enseignement fort limité. Mais, curieuse d'esprit, et largement livrée à elle-même, elle fouille dans la bibliothèque paternelle et acquiert ainsi, de façon un peu désordonnée, des connaissances assez remarquables en physique, en chimie et dans les sciences naturelles. Pour échapper à la monotonie de son existence, elle dévore aussi les livres de voyages que son père possède en grand nombre. Sa curiosité est enfin développée par l'exemple et la personnalité de ses deux oncles : l'un est le réformateur et écrivain Charles Kingsley, un des dirigeants du mouvement appelé abusivement « socialisme chrétien »; l'autre, Henry, qui fut chercheur d'or en Australie, a publié des romans qui passent pour être les premiers de la littérature australienne. À trente ans, Mary, qui ne s'est pas mariée, se trouve cantonnée dans le rôle de garde-malade de ses parents — mais ceux-ci, en 1893, meurent à quelques semaines d'intervalle. « Pour la première fois de ma vie, écrit-elle, je me retrouvai avec cinq ou six mois de liberté devant moi. » Son choix, bientôt fait, sidère son entourage : elle découvrira l'Afrique tropicale. Chacun, autour d'elle, s'emploie à décourager la jeune femme, et le manuel de conversation courante au Dahomey qu'elle consulte n'est pas fait pour la rassurer : les premières expressions à apprendre sont « Au secours, je me noie ! », « Debout, bande de fainéants ! » et « Comment se fait-il qu'on n'ait pas enterré cet homme ? » Pourtant, de juillet à décembre 1893, Mary longe en bateau les côtes de la Sierra Leone et de l'Angola. Mais cette « initiation » à l'Afrique lui semble trop superficielle ; sitôt rentrée en Angleterre, elle commence à préparer avec beaucoup de soin une nouvelle expédition, cette fois-ci vers le Gabon.

Une aventurière audacieuse : Mary Henrietta Kingsley.

En remontant l'Ogooué

À la différence d'autres exploratrices de la fin du XIXe siècle, Mary Kingsley ne cherche pas à dissimuler son identité. C'est en robe longue à jupons et armée d'une ombrelle que l'Anglaise, en 1895, part de Libreville pour aller rejoindre l'embouchure de l'Ogooué. Elle a décidé d'aller étudier les espèces inconnues de poissons qui vivent dans le fleuve et de recueillir des renseignements sur les coutumes religieuses indigènes. Par précaution, elle se

Mary Kingsley sur le fleuve Ogooué.

présente comme partant à la recherche de son mari disparu... Voyageant seule avec quelques porteurs, elle n'emporte qu'un petit sac de voyage et quelques marchandises disparates (tissus, tabac, rhum, hameçons), destinées à être échangées contre de la nourriture ou des spécimens rares de poissons. Avec une intrépidité peu commune pour une femme de son époque et ayant son passé, elle affronte les tourbillons des rapides de l'Ogooué (elle tombe à l'eau à plusieurs reprises), apprend à manier seule une pirogue, repousse à coups d'ombrelle (à l'en croire) de redoutables animaux, crocodiles ou hippopotames et avale les mets étranges offerts par les indigènes des villages où elle fait halte — toutes aventures qu'elle raconte dans son livre de souvenirs.

L'ascension du « trône du tonnerre »

Mais cette excentrique « *miss* » ne se contente pas de chercher des émotions. Elle se préoccupe réellement de science, et recueille nombre de spécimens de poissons inconnus qu'elle conserve dans des bocaux d'alcool et qui, par la suite, enrichiront les collections du British Museum. Elle étudie aussi, en sachant éviter tout jugement hâtif, les mœurs des tribus qu'elle rencontre, particulièrement celles des Fangs, une population bantoue habitant le nord-ouest du Gabon. Mieux que d'autres explorateurs contemporains venus d'Europe, elle comprend la spécificité africaine, s'abstenant de condamner polygamie ou fétichisme, analysant avec objectivité jusqu'aux pratiques cannibales, dont elle met en évidence les arrière-plans culturels. Pour terminer son odyssée, elle fait l'ascension du Mungo Mah Lobeh (actuel mont Cameroun), surnommé le « trône du tonnerre », qui culmine à 4 000 mètres d'altitude. Divers incidents tragi-comiques émaillent cette montée vers le sommet où le brouillard l'empêche de jouir du superbe panorama sur l'Afrique occidentale... mais non de glisser sa carte de visite entre des pierres, avant de redescendre !

Le mont Cameroun, volcan de 4 000 m d'altitude, à l'ascension duquel se lança Mary Kingsley.

Des exploratrices modernes

Jeanne Magre, épouse Dieulafoy (1851-1916). Cette archéologue française, avec son mari Marcel Dieulafoy, accomplit trois campagnes de fouilles en Perse de 1881 à 1886. Vêtue en homme, elle parcourt avec intrépidité le Moyen-Orient. On lui doit la reconstitution de la fameuse « frise des Archers » du palais de Darius à Suse, aujourd'hui conservée au musée du Louvre à Paris.

Isabelle Eberhardt (1877-1904). Cette Française d'origine russe découvre l'Algérie en 1897. Fascinée par ce pays, elle y retourne et épouse un Algérien en 1902. Dès lors, convertie à l'islam et habillée en cavalier arabe, elle parcourt le Sud algérien jusqu'à sa mort prématurée.

Freya Stark. Cette voyageuse, à partir de 1927, parcourt le Liban, le Yémen, l'Iran, le Népal et le Pamir, se mêlant dans des conditions très dangereuses aux peuples de ces pays. Elle meurt centenaire en 1993.

En ballon pour conquérir le pôle

LA FIN TRAGIQUE DE SALOMON ANDRÉE

« Lâchez tout ! » : le glorieux départ pour une aventure à l'issue tragique (11 juillet 1897).

Alors que les autres explorateurs de l'Arctique utilisent des techniques traditionnelles, bateau ou traîneau à chiens, en 1897, le Suédois Salomon Andrée a l'idée de partir du Spitzberg en ballon pour se laisser porter le plus près possible du pôle Nord. Or, son aérostat, l'*Oernen*, trois jours après son décollage, est obligé de se poser sur la banquise, et on n'a plus de nouvelles de son équipage, c'est-à-dire d'Andrée et de ses trois compagnons.

L'imprudente tentative du Suédois pour atteindre le pôle par la voie des airs préfigure, malgré son échec, les brillantes réussites ultérieures de l'aviation dans l'exploration des régions extrêmes du globe.

L'aéronautique, auxiliaire de l'exploration

Après l'exploit de Nansen, qui a réussi à faire dériver un navire sur l'océan Arctique en même temps qu'il entreprenait un raid vers l'extrême Nord en traîneau, l'intérêt des explorateurs se détourne du voyage maritime dans les mers septentrionales pour s'orienter vers la conquête du pôle géographique — l'axe de la rotation de la Terre — et, en premier lieu, le pôle Nord. Or, un nouveau moyen de transport s'offre désormais aux candidats au voyage. Depuis plus de cent ans, en effet, la voie des airs est ouverte, par l'invention de la montgolfière. Bientôt naîtront des dirigeables : des aérostats à moteur. Mais, en 1897, les ballons doivent encore se laisser porter par les vents. Aussi l'ingénieur suédois Salomon Andrée conçoit-il l'idée de survoler le pôle en ballon en partant du Spitzberg et en se laissant dériver vers le nord. Le projet est hardi : deux grands spécialistes du pôle, Erik Nordenskjöld et Otto Sverdrup, manifestent leurs réticences, quoiqu'ils l'aient d'abord suggéré à Andrée, car trop d'inconnues subsistent à leurs yeux. Nul ne sait comment le ballon supportera le givrage qui risque de l'alourdir ; et, si le système des courants d'air au pôle est mal connu, on sait du moins que les vents en direction du sud sont rares, ce qui ne peut manquer de poser aux

Les carnets de l'explorateur, retrouvés dans un pull-over bourré de paille dont il avait pris soin de les entourer, avant sa mort.

Umberto Nobile et son dirigeable

Premier exploit. L'échec de Salomon Andrée ne dissuade pas définitivement les passionnés d'aérostation de tenter de nouveau l'entreprise. Au début des années 1920, un ingénieur italien, Umberto Nobile, dessine les plans d'un dirigeable qu'il nomme *Norge.* Avec celui-ci, entre le 11 et le 13 mai 1926, emmenant 16 personnes à bord, il accomplit le premier survol réussi du pôle Nord en compagnie d'Amundsen et d'Ellsworth.

La seconde tentative. Deux ans plus tard, avec un nouveau dirigeable, l'*Italia,* il réédite son exploit, mais, au retour, le dirigeable se perd au-dessus du Spitzberg. Nobile et ses compagnons se retrouvent sur la banquise, où ils sont réduits à attendre les secours. Six pays européens envoient des équipes de sauvetage. Parmi elles, les Français se servent d'un hydravion. Le 18 juillet 1928, l'appareil, dans lequel a pris place Roald Amundsen, l'homme qui a trouvé le passage du Nord-Ouest et conquis le pôle Sud, se perd au-dessus de la mer de Barents et disparaît. Quant à Nobile, il est recueilli avec ses compagnons par un brise-glace soviétique.

La chasse à l'ours, condition d'une survie éphémère des trois accidentés : photographie tirée des pellicules découvertes en 1930 avec les cadavres des explorateurs suédois.

explorateurs de graves difficultés pour rentrer en Europe. Mais Salomon Andrée, soutenu financièrement par le souverain de Suède lui-même, le roi Oscar, ainsi que par l'industriel Alfred Nobel — l'inventeur de la dynamite —, ne veut rien entendre. Dès le mois de juin 1896, en compagnie de deux autres aéronautes, il accomplit une première tentative : il se fait poser par un vapeur avec un ballon de 4 800 m³, le *Pôle Nord,* devant l'île des Danois, à la pointe extrême du Spitzberg, c'est-à-dire au lieu le plus septentrional où son matériel peut être transporté. Cette fois-là, par manque de vents favorables, le ballon s'élève en l'air sans pouvoir quitter les parages.

La disparition de l'« Oernen »

Ce premier échec ne décourage pas l'ingénieur. L'année suivante, il tente de nouveau l'expérience avec un ballon agrandi et amélioré, l'*Oernen* (« L'Aigle »). Avec une nacelle prévue pour trois hommes, une capacité de 5 400 m³, pouvant porter cinq tonnes et muni d'un dispositif nouveau pour permettre de profiter des vents, l'*Oernen* est transporté à l'île des Danois. Le 11 juillet, Andrée, le photographe Strindberg (le neveu du dramaturge) et un ingénieur nommé Fraenkel prennent leur envol. Après un faux départ dû au fait que le guide-rope, ou corde pendant de la nacelle, s'est accroché à un obstacle, le lest lâché, le ballon s'élève brusquement et disparaît à l'horizon nord-est. Andrée a emporté une dizaine de pigeons voyageurs. Le 16 juillet, un seul de ces pigeons, recueilli par un baleinier, donne ce message des aéronautes : « 13 juillet 12 h 30 — position : latitude 82° 02′ N, longitude 15° 15′ Greenwich — Ceci est notre troisième message par pigeon — Tout va bien à bord. » Ce message fournit les dernières nouvelles de l'*Oernen,* que nul ne vit plus jamais et dont on chercha en vain à retrouver la trace.

Un calvaire tardivement connu

Trente-trois ans plus tard seulement, en août 1930, alors que le souvenir de la malheureuse expédition se trouve presque complètement effacé, le monde apprend le sort atroce des trois Suédois. Cette année-là, une chaleur exceptionnelle fait fondre les glaces jusqu'à des latitudes plus septentrionales qu'à l'ordinaire. Un phoquier norvégien, le *Bratvaeg,* peut ainsi parvenir jusqu'à l'île Blanche, bien à l'est du Spitzberg — une terre généralement inaccessible. Deux des pêcheurs, ayant abordé, trouvent au fond d'un ruisseau recouvert de glace un bateau de toile et quelques objets marqués « Expédition polaire Andrée ». Au fond du bateau, un squelette est identifié, par le monogramme subsistant sur les lambeaux de vêtements, comme étant celui d'Andrée. Un peu plus loin encore, le corps de Strindberg est enterré sous un amas de pierres. Quelques mois plus tard, le squelette de Fraenkel est découvert à quelque distance, avec l'appareil photographique de Strindberg et le journal de bord de l'*Oernen.* Ce document, publié avec les photographies développées avec tant de retard, révèle toutes les phases du calvaire des trois hommes. Trois jours après son départ, le ballon, alourdi par une couche de glace, est forcé de se poser à environ 750 kilomètres du pôle. Andrée, Strindberg et Fraenkel, après être demeurés sur place pendant une semaine, décident de chercher à atteindre la terre François-Joseph, qu'ils savent se situer à environ 300 kilomètres à vol d'oiseau. Mal équipés pour affronter le froid, sans provisions suffisantes — même s'ils parviennent à abattre, de temps à autre, un ours ou un phoque pour manger sa chair —, les trois explorateurs cheminent avec difficulté sur la glace et la neige fondue, parcourant au plus trois kilomètres par jour. Épuisés, ils arrivent au début d'octobre 1897 à l'île Blanche. Strindberg meurt le premier et est enterré par les deux autres, qui le suivent probablement très vite dans la mort. Le courage des trois explorateurs a été admirable, mais leur préparation insuffisante.

→ **Voir aussi :** p. 264-265 (Les conquérants du pôle Sud).

Une mission scientifique tourne à l'incident diplomatique

FRANÇAIS ET ANGLAIS À FACHODA

En septembre 1897, la rencontre au Soudan d'une expédition anglaise dirigée par lord Kitchener, le général commandant de l'armée égyptienne, et de la colonne française confiée au commandant Marchand menace de provoquer une guerre entre les deux pays.

L'incident de Fachoda est un des exemples les plus significatifs de la difficulté qu'ont les États européens qui font alors main basse sur le continent africain à déterminer pacifiquement les frontières des territoires qu'ils acquièrent ainsi.

L'expédition Marchand du Congo jusqu'au Nil va durer plus d'une année et rencontrer d'énormes difficultés.

Les zones d'influence au Soudan

L'Afrique est le principal champ de bataille de la rivalité coloniale franco-britannique dans les années 1800. Il faut attendre la dernière décennie du siècle pour que les deux nations européennes concluent les premiers accords fixant leurs zones d'influence respectives dans l'ouest du continent. Ces négociations, qui ne concernent que l'ouest du continent, laissent subsister des possibilités de conflits dans les autres régions. L'Afrique orientale, et en particulier la zone de la vallée du Nil et du Soudan, constitue alors la région la plus sensible. La Grande-Bretagne y possède d'incontestables avantages. Déjà le Zanzibar est son protectorat, et l'Ouganda le devient en 1890, lorsque les Allemands renoncent à faire valoir ce qu'ils estiment leurs droits dans cette zone. Surtout, en 1874 puis en 1882, le gouvernement britannique réussit à se substituer en Égypte à l'influence française, prépondérante depuis l'époque du percement du canal de Suez, en rachetant au khédive — ou souverain —, Ismaïl Pacha, ses actions du canal de Suez, puis en intervenant militairement pour soutenir le pouvoir de son successeur Tewfik. Or, au sud de l'Égypte, le Soudan reste, à la fin du XIXe siècle, hors de toute influence européenne. Mais, à partir de 1881, le pays est en pleine insurrection, des musulmans du mouvement mahdiste organisé autour de Muhammad Ahmad ibn Abd Allah ayant entrepris de conquérir le pouvoir et d'étendre au nord leur influence. En 1885, ces fanatiques, qui se sont emparés de Khartoum, tuent le représentant du gouvernement anglais, l'officier Charles Gordon, surnommé « Gordon Pacha », en charge de l'évacuation des derniers Britanniques dans la région. Onze ans plus tard, le *sirdar* — commandant en chef — lord Kitchener se voit confier la mission d'organiser la reconquête de la région contre les mahdistes, alors menés par le successeur du Mahdi, Abd Allah ibn Muhammad Al-Ta'a'ichi. L'expédition, qui dure quatre ans, aboutit à l'élimination complète des partisans de ce dernier, massacrés en 1898 à Omdurman, et à l'instauration d'un condominium anglo-égyptien sur le Soudan, avec un gouverneur général anglais.

La mission Marchand

En France, la question d'Égypte est vécue comme une « source permanente d'irritation ». Exclus de la moyenne et de la basse vallée du Nil, les Français cherchent à s'implanter dans les régions orientales d'Afrique. Établissant des relations amicales avec le négus éthiopien, ils obtiennent son accord pour un projet de voie ferrée entre sa capitale, Addis-Abeba, et Djibouti. Cette occupation déguisée d'une partie de la route menant vers l'Inde est qualifiée d'« acte inamical » par les Anglais. En 1897, le capitaine français Marchand reçoit la mission de remonter le Congo jusqu'au Nil. L'expédition, théoriquement scientifique, ne trompe personne : il s'agit de tracer une voie commerciale menant de Pointe-Noire aux hauts plateaux éthiopiens et de là à Djibouti. Avec 7 officiers et 150 tirailleurs sénégalais, le Français quitte Brazzaville en mars, remonte l'Oubangui, franchit les monts Bomou et arrive dans le bassin du Nil. Pendant plus d'un an, Marchand et ses hommes avancent dans des terres inconnues au milieu de difficultés considérables. Leur vapeur, le *Faidherbe,* est bien inutile dans le centre de l'Afrique où les lits des rivières sont le plus souvent à sec. Il est complètement démonté et ses pièces sont portées à dos d'homme jusqu'au Nil où il est remonté. Le 10 juillet 1898, la mission Marchand parvient devant le village soudanais de Fachoda, sur le Nil Blanc. Au nom de la France, Marchand prend possession de l'endroit et hisse le drapeau tricolore.

La rencontre de Fachoda

À cette date, l'expédition que les Anglais ont envoyée au Soudan pour écraser la révolte des mahdistes se trouve un peu plus au nord, à Khartoum. Ayant appris l'arrivée de Marchand à Fachoda, Kitchener, à la tête d'une flottille de navires transportant 20 000 soldats anglo-égyptiens, se dirige à son tour vers le hameau soudanais. Il y parvient en septembre, deux mois après l'arrivée des Français. Et son premier geste est de faire hisser le drapeau... égyptien. Les deux chefs, Marchand et Kitchener, se rencontrent. Si, grâce à leur sang-froid, le conflit armé est évité, Marchand cependant refuse d'évacuer Fachoda avant d'en avoir reçu l'ordre de son gouvernement. La France est plongée alors dans la crise de l'Affaire Dreyfus et sait qu'elle n'a pas de forces navales suffisantes pour soutenir une guerre qui, contre l'Angleterre et à propos des colonies, se jouera essentiellement sur mer. Le 3 novembre, le ministre des Affaires étrangères Delcassé envoie donc à Marchand l'ordre d'évacuer Fachoda, officiellement pour des raisons sanitaires. En mars 1899, une convention franco-anglaise ratifie la renonciation de la France à la haute vallée du Nil et fixe la frontière du Soudan.

Les frontières de l'Afrique

Pendant tout le XIXe siècle, l'Afrique est l'enjeu des expéditions européennes qui, après avoir contribué à dresser une carte à peu près complète du continent noir, ouvrent la voie aux **conflits entre les nations** pour s'approprier telle ou telle de ses parties.

Le partage de l'Afrique ne se fait pas en fonction des frontières naturelles ou des ethnies propres à chaque région, mais **au gré des négociations** entre les nations colonisatrices. En 1884-1885, **la conférence de Berlin,** réunissant les délégués de quatorze nations européennes, formule les règles du partage du continent : toute puissance européenne établie sur les côtes africaines peut reculer ses frontières de domination dans l'arrière-pays jusqu'à ce qu'elle rencontre une autre colonisation européenne. Toute annexion et tout traité conclu avec un peuple indigène doivent être approuvés par les autres nations.

Au moment où éclate la Première Guerre mondiale, l'Afrique se trouve ainsi partagée en **colonies qui ne correspondent pas obligatoirement aux pays antérieurs à la colonisation.** Les deux nations victorieuses de ce partage sont **la France** (Afrique-Occidentale française et Afrique-Équatoriale française) et **la Grande-Bretagne** (est et sud du continent). L'Allemagne est installée au Cameroun, la Belgique au Congo, le Portugal en Angola, l'Italie en Libye.

Le commandant Marchand fait hisser le drapeau français à Fachoda et prend possession du territoire au nom de la France.

La rencontre de l'Anglais Kitchener et du Français Marchand, à Fachoda, sur le Nil : l'incident diplomatique entre les deux pays se soldera par l'évacuation des Français.

Le courage de Scott et d'Amundsen

LES CONQUÉRANTS DU PÔLE SUD

Alors que les expéditions vers le pôle Nord se multiplient à la fin du XIXe siècle, la conquête des régions antarctiques reste au point mort. Au début du XXe siècle seulement, des explorateurs de différentes nationalités entreprennent d'atteindre les premiers le pôle Sud, pour leur propre gloire et pour celle de leur pays.

À la fin de l'année 1911, le Norvégien Amundsen triomphe de peu dans ce combat, tandis que l'équipe rivale britannique menée par Scott disparaît tragiquement.

Les pionniers de la victoire

La course au pôle Sud commence en 1898. Avec le *Belgica,* le baron belge De Gerlache parvient aux Shetlands du Sud et découvre le détroit séparant la terre de Palmer de l'archipel de Graham. Immobilisé dans la banquise, le *Belgica* se trouve forcé d'hiverner dans les glaces de l'océan Antarctique, ce qui permet des observations météorologiques et géographiques. Cette aventure donne le signal du départ : dans les années suivantes, Anglais, Allemands, Norvégiens, Suédois, Français envoient simultanément des expéditions dans les mers antarctiques. En 1903, l'Anglais Scott, à bord du *Discovery,* atteint ainsi la terre Victoria. La même année, le Français Charcot dans le trois-mâts le *Français,* emmène vers le pôle Sud des représentants de toutes les disciplines scientifiques. L'importance des informations réunies, notamment en ce qui concerne l'hydrographie de la région, conduit le gouvernement à financer la construction d'un nouveau bâtiment, qui sera confié au même homme, le *Pourquoi-Pas ?* Le véritable tournant dans l'histoire de l'exploration du pôle Sud se situe cependant en 1907, avec la tentative de l'Irlandais Shackleton pour atteindre le pôle géographique. À bord d'un petit phoquier, le *Nimrod,* Ernest Shackleton arrive en 1908 dans la terre des Baleines et établit une base sur l'île de Ross. En février 1909, au début de l'été austral, un groupe de trois hommes atteint à pied le pôle magnétique tandis que, de son côté, Shackleton et trois compagnons se donnent pour but de parvenir à traîneau au pôle géographique. Mais l'Irlandais a commis l'erreur de choisir pour tirer ses traîneaux des poneys de Mandchourie plutôt que des chiens. Les bêtes peinent, s'enfoncent dans la neige et finissent par mourir sous les coups du terrible blizzard qui sévit dans la région. Après avoir franchi une barrière montagneuse en passant par un glacier, l'équipe parvient à 175 km du but et, là, considérant l'état d'épuisement général et le manque de vivres, Shackleton plante le drapeau britannique et prend la sage décision de rebrousser chemin pour rejoindre le *Nimrod.*

L'exploit d'Amundsen

C'est finalement au Norvégien Roald Amundsen que revient la gloire d'atteindre le premier le pôle Sud. L'homme, qui a participé naguère à l'expédition du *Belgica,* a l'expérience d'une expédition décisive en Arctique qui lui a permis en 1906, premier de tous les navigateurs après des siècles d'efforts, de passer de l'Atlantique au Pacifique par le nord de

La conquête du pôle : Amundsen et ses compagnons plantent l'étendard de la victoire : une vision heureuse de l'événement, livrée par une « réclame » contemporaine.

Une grotte de glace photographiée par l'expédition Scott en 1911. Au fond, le « Terra Nova ».

l'Amérique — c'est-à-dire de trouver le « passage du Nord-Ouest ». En 1910, il s'apprête à repartir en direction de l'extrême nord lorsqu'il apprend que l'Anglais Scott, qui a juré d'être le premier à planter son drapeau au pôle Sud, prépare activement une expédition. Changeant entièrement la direction de ses projets, Amundsen décide de devancer ce rival. C'est sur le *Fram*, le bateau historique de Nansen, qu'Amundsen s'embarque en août 1910. Le 16 janvier 1911, le bateau à coque ronde pénètre dans la baie des Baleines, où le Norvégien choisit un point de débarquement qu'il dénomme « Framheim ». En février-mars, les explorateurs installent trois dépôts de vivres aux latitudes de 80°, 81° et 82° — ils veulent prévenir l'obstacle auquel Shackleton s'est heurté, le manque de vivres. Le 19 octobre, Amundsen et quatre hommes (Hanssen, Bjaaland, Hassel et Wisting) partent de Framheim avec 4 traîneaux, 52 chiens, passent par les trois relais et, le 14 décembre, parviennent à la latitude de 89° 53′ — c'est-à-dire au pôle. Les cinq explorateurs victorieux saisissent ensemble la hampe du drapeau norvégien pour l'enfoncer dans la glace. Une tente de soie est dressée à cet endroit, et Amundsen y place une lettre pour le roi de Norvège et une autre pour... Scott.

Le désastre de l'expédition de Scott

L'arrivée au pôle Sud a été une course de vitesse entre Amundsen et Scott. Ce dernier, parti d'Angleterre en juin 1910 pour l'Antarctique, reçoit en cours de route le message envoyé par Amundsen lui annonçant que le Norvégien, lui aussi, marche vers le sud. Le navire de Scott, le *Terra Nova,* apporte un matériel important et des vivres jusqu'au cap Evans. Scott dispose de traîneaux automobiles à chenilles, de poneys et de chiens, et il fait installer des relais de dépôts de vivres — en fonction d'une méthode choisie aussi par Amundsen. En fait, les poneys résistent aussi mal que ceux de Shackleton, les véhicules automobiles tombent en panne et les traîneaux à chiens eux-mêmes s'avèrent inadéquats — l'assaut final s'accomplit à pied. Le 13 décembre 1911, le plateau antarctique une fois atteint, huit hommes, parmi lesquels Scott, possèdent encore assez de force pour s'engager dans les 567 kilomètres qui demeurent à franchir avant d'atteindre le pôle. La petite caravane marche, en tirant et poussant les deux traîneaux contenant le matériel indispensable. Les jours fastes, la progression quotidienne est d'un peu moins de 30 km. Le 17 janvier 1912, Scott, Wilson, Oates, Bowers et le sous-officier Evans (les trois autres hommes ont dû être renvoyés en arrière) parviennent enfin au but. Leur déception est terrible lorsqu'ils découvrent la tente qu'Amundsen a plantée un peu plus d'un mois auparavant... Il ne leur reste plus qu'à revenir ; mais le retour se transforme en un calvaire encore pire que l'aller, car le sentiment de l'effort inutile rend la fatigue accumulée plus pesante. Le 17 février, Evans meurt. Le 16 mars, Oates, dont les jambes sont gagnées par la gangrène, se perd volontairement dans le blizzard pour ne pas retarder la marche de ses camarades. À vingt kilomètres d'un des dépôts de vivres, les trois derniers membres de l'expédition, Scott, Wilson et Bowers meurent à leur tour d'épuisement. C'est seulement en novembre que leurs cadavres sont retrouvés par les autres membres de l'expédition.

Un Américain atteint le pôle Nord

ROBERT PEARY

En 1909, l'Américain Peary atteint enfin le pôle Nord. Mais cet exploit suscite aussitôt une intense polémique. En effet, Frederick Cook dispute à Peary la gloire d'avoir été le premier à accomplir cet exploit.

La victoire de Peary concrétise toutes les tentatives, heureuses ou malheureuses, de ceux qui ont cherché à atteindre le point le plus septentrional du monde.

« La gloire de Christophe Colomb »

Les expéditions successives de Nansen en 1893 puis de Louis de Savoie, duc des Abruzzes, qui parvint à atteindre 86° 34´ en 1900, avaient montré à la fois l'accessibilité du pôle et la nécessité, pour l'atteindre, d'une meilleure adaptation au milieu polaire. L'officier de marine américain Robert E. Peary (1856-1920) a l'intelligence de méditer les expériences de ses prédécesseurs avant d'entreprendre à son tour la conquête du point le plus septentrional du globe. En 1891-1892, accompagné de son épouse et de son serviteur noir, Matthew Henson, il accomplit un séjour de treize mois chez les Esquimaux habitant à l'entrée du détroit de Smith, s'initiant auprès d'eux aux techniques de la survie dans des conditions de froid extrême. En 1893, il revient au Groenland avec sa femme, qui accouche, à 77° 40´ Nord, d'une fille dénommée Mary Anighito — le premier bébé blanc à naître sous une telle latitude. Jusqu'en 1909, d'abord sur son yacht, le *Winwar,* puis sur le *Theodore-Roosevelt,* un bateau plus puissant, il poursuit ses reconnaissances et, le 20 avril 1906, parvient sur la glace jusqu'à la latitude de 87° 06´ Nord. C'est un record, qui laisse pourtant le but ultime non atteint. Or, l'urgence de la réussite est extrême, car Peary apprend à cette date qu'un de ses compatriotes, ancien participant de ses expéditions, le médecin de Brooklin Frederick A. Cook est aussi en route pour atteindre le pôle.
Aussi, à cinquante-deux ans, se décide-t-il à lancer l'expédition définitive pour remporter la victoire.

Le dernier voyage polaire en traîneau

Un explorateur inuit. Fils d'une Esquimaude, le Danois Knud Rasmussen se distingue des autres explorateurs polaires par sa parfaite connaissance de la langue et des mœurs des peuples habitant l'Arctique.

La dernière exploration de l'âge romantique. En 1910, il fonde au Groenland la station de « Thulé », qui va servir de base pour les échanges commerciaux avec les Esquimaux et de point de départ pour les expéditions. En 1911, puis en 1916, Rasmussen traverse tout l'inlandsis groenlandais en traîneau. De 1921 à 1924, il réalise son rêve, explorer toutes les régions habitées par les Inuit (nom que se donnent les Esquimaux).

L'ethnologue d'une civilisation qui meurt. Rasmussen, le dernier explorateur à voyager avec des traîneaux tirés par des chiens, a beaucoup apporté pour la connaissance de l'ethnologie et de l'archéologie des tribus esquimaudes, du savoir des chamans en particulier, désormais entièrement disparu.

« La bannière étoilée flotte sur le pôle Nord »

Parti de New York le 6 juillet 1908, le *Roosevelt* parvient sur la côte nord-ouest de la terre de Grant, où plusieurs familles esquimaudes ainsi que des chiens de traîneau se joignent à l'équipe. Une fois les préparatifs terminés, partis entre le 15 et le 22 février 1909, vingt-quatre hommes, dix-neuf traîneaux et cent trente-trois chiens montent par équipes vers le nord, plaçant des dépôts de provisions tout au long de l'itinéraire. Le 27 mars, la latitude 87° 6´ est atteinte. Il ne reste plus qu'une étape pour atteindre le but. Celle-ci est franchie, à partir du 2 avril, par Peary lui-même — les autres Blancs sont restés ou ont été renvoyés en arrière —, son serviteur noir et quatre Esquimaux : Ootah, Egingwah, Seegloo et Ooqueah. Le 6 avril à midi, les mesures indiquent 89° 57´. Il ne reste plus que quelques kilomètres, et, à six heures du soir (heure du méridien du cap Columbia), la victoire est confirmée par des observations convergentes : « Enfin le pôle. La récompense de trois siècles. Mon rêve et mon but depuis vingt ans. Enfin je le tiens. » Cinq drapeaux sont solennellement hissés sur le sommet du monde : celui de la Paix et de la Liberté, tenu par Henson ; ceux de la *Navy League,* de l'association Delta-Kappa-Epsilon, de la Croix-Rouge, hissés par des Esquimaux. Le drapeau américain est planté par Peary lui-même sur un tertre. L'explorateur enferme dans une bouteille un acte de prise de possession au nom des États-Unis — on ne retrouvera jamais cette bouteille. Quelques heures sont consacrées à des observations météorologiques. L'expédition ayant prouvé que le

◁ *Peary ou Cook vainqueur du pôle Nord ? La polémique concernant la désignation du véritable triomphateur, vue par l'illustrateur du « Petit Journal » (septembre 1909).*

Peary et ses chiens.

pôle se trouvait au centre d'une mer glacée, Peary tente de sonder la profondeur de l'eau en dévidant un fil à travers un trou percé dans la glace, mais il doit s'arrêter à 3 000 mètres sans avoir touché le fond. Le 23 avril, les six hommes sont de retour à Crane City, le camp de base, et, le 27 avril, le *Roosevelt* est rejoint. Ce n'est toutefois que le 5 septembre que, depuis Indian Harbord, au Labrador, Peary peut câbler aux États-Unis ce cri de victoire : « La bannière étoilée flotte sur le pôle Nord. »

Qui est arrivé le premier ?

La nouvelle de l'exploit de Peary arrive aux États-Unis alors que, cinq jours auparavant, le *New York Herald* a reçu un télégramme signé Frederick Cook, dans lequel ce dernier affirme avoir atteint le pôle Nord au printemps 1908 — exactement le 21 avril —, soit près de un an avant Peary ! Parmi les faits avancés par le récit de Cook, deux seulement sont certains : le 19 février 1908, l'Américain est parti d'Annoatok, un village esquimau situé à 1 300 kilomètres du pôle, avec dix Esquimaux et cent cinq chiens ; et il y est revenu le 18 avril 1909, avec deux Esquimaux survivants, un traîneau bricolé et sans aucun chien. Une très vive polémique éclate alors. Le *New York Times,* la National Geographic Society et un connaisseur des régions arctiques comme Rasmussen soutiennent que seul Peary a atteint le pôle, sans admettre que Cook ait pu mener jusque-là son expédition et survivre dans un si terrible hivernage. Cook, à l'inverse, est appuyé par le *New York Herald,* l'Explorer Club et d'autres spécialistes reconnus de la zone polaire, tels Nordenskjöld, Nansen, Amundsen, Sverdrup. Deux ans durant, la polémique continue sans qu'aucun élément nouveau la nourrisse. En avril 1911, l'affaire a pris une telle ampleur que le Congrès américain doit se prononcer : il désigne à la majorité Peary comme le « vainqueur du pôle Nord ». La décision impose pour l'Histoire le nom de Peary comme unique vainqueur de ce point ultime du monde ; mais nul ne saurait dire si Cook, dont le récit paraît aujourd'hui de moins en moins plausible, fut un mystificateur ou s'il fut la victime d'observations qu'il avait sincèrement effectuées et mal interprétées.

Une Parisienne à Lhassa

ALEXANDRA DAVID-NEEL

En janvier 1924, une vieille femme, le visage caché par un bonnet enfoncé jusqu'aux yeux, entre furtivement dans la cité sainte de Lhassa. Celle que les Tibétains prennent pour une paysanne du Ladakh est en réalité une intrépide voyageuse française qui réalise son rêve en étant la première femme européenne à pénétrer dans la ville interdite.

Personnage hors du commun, Alexandra David-Neel, fascinée par la spiritualité tibétaine, voue sa vie à ce pays et à ce peuple, dont elle devient en quelque sorte l'ambassadrice pour le reste du monde.

« La vie commence à quarante-trois ans »

Ce que, malgré leurs efforts, ni Bonvalot et Henri d'Orléans, ni Sven Hedin, ni d'autres explorateurs de la fin du XIXe siècle n'ont pu réaliser, entrer dans la capitale interdite du Tibet, Lhassa, c'est une bourgeoise parisienne qui le fait en 1924. Au prix de mille dangers, elle réussit son exploit en utilisant la méthode déjà employée par d'autres voyageurs : prendre l'apparence d'un habitant du pays — une femme en l'occurrence — pour dissimuler sa qualité d'étrangère. Elle a plus de cinquante ans lorsqu'elle s'engage dans cette épopée qui va faire d'elle un personnage de légende. Alexandra David, épouse de l'ingénieur Philippe Neel, est une « féministe » qui a été tour à tour chanteuse, comédienne, écrivain, journaliste. Dès l'âge de vingt-trois ans, elle effectue toute seule un voyage en Inde, pays qui l'éblouit. Pourtant, le Tibet, qu'elle découvre en 1910, exerce sur elle une fascination plus grande encore : à quarante ans, elle décide de changer entièrement son mode de vie. Elle se fait accueillir dans divers monastères bouddhistes, revêt la robe ocre et l'écharpe rouge des novices, et commence à parcourir ces régions où les Occidentaux sont rares voire absents : l'Inde du Nord, le Népal, le Bouthan, le Sikkim. En 1914, elle devient disciple d'un grand sage tibétain, le Gomchen de Lachen, et habite une caverne de l'Himalaya, à plus de 4 000 mètres d'altitude. De 1918 à 1921, elle réside dans la ville-monastère de Kum-Bum, où elle approfondit sa formation mystique.

La réalisation du « Grand Projet »

« Je tente une nouvelle et dernière aventure... Où me conduira-t-elle ? C'est mystère pour moi... Mais certainement tout ira bien. C'est une longue promenade à faire, c'est tout. » C'est par ces lignes sibyllines qu'Alexandra informe son mari d'un nouveau voyage. En fait, il s'agit pour elle de mettre à exécution le « Grand Projet » qu'elle médite depuis longtemps, entrer à Lhassa, résidence du dalaï-lama, ville strictement interdite aux étrangers depuis 1846. Accompagnée du jeune lama Yongden (qu'elle adoptera par la suite), Alexandra s'engage sur la route du « Pays des Neiges ». Afin d'être prise pour une paysanne, elle s'enduit le visage de suie, mélange des poils de yack à sa chevelure passée à l'encre de Chine et entourée d'un turban rouge. Elle porte sur son dos une part du bagage commun : une tente de coton, une marmite, deux bols, de la *tsampa* (farine d'orge grillée), qui, mélangée à du thé et du beurre rance, constitue l'alimentation essentielle des Tibétains. Huit mois durant, mendiante vagabonde, elle suit avec Yongden la route menant à Lhassa, voyageant la nuit par souci de sécurité. La femme et le jeune homme affrontent la faim, le froid, la neige, la méfiance des fonctionnaires locaux. Constatant que son turban rouge attire l'attention, Alexandra l'échange pour un misérable bonnet de peau d'agneau trouvé sur un chemin.

Les incidents, dont certains pourraient être tragiques, ne manquent pas. Alors qu'elle traverse une rivière attachée à un câble faisant office de pont, la corde se rompt et l'exploratrice se retrouve suspendue au-dessus des tourbillons d'eau. Au col d'Aigni, pour aller plus vite, elle veut descendre en ligne droite, mais elle perd l'équilibre et descend comme sur un toboggan, passant à la vitesse d'une flèche devant Yongden ébahi. À la fin du périple, les bottes des pèlerins sont en lambeaux et, le soir de Noël 1923, les deux « mendiants » ont pour tout repas des rognures de semelles bouillies dans de l'eau !

Les toits d'or du Potala

Après toutes ces aventures dont son livre *Voyage d'une Parisienne à Lhassa* fait le récit savoureux, Alexandra, en janvier 1924, se trouve enfin aux portes de Lhassa, surmontée du Potala, résidence du dalaï-lama : « Le Potala grandissait à vue d'œil. L'on distinguait nettement à présent les lignes élégantes de ses nombreux toits dorés dont les angles aigus accrochent la lumière, lançant des éclairs. » Au moment où les deux voyageurs entrent dans la ville sainte, une tempête de sable subite enveloppe le monument d'un gigantesque rideau d'or, ce qu'Alexandra interprète comme un bon présage. Pour la première fois, une femme étrangère a pu entrer dans la citadelle du dalaï-lama. Jusqu'en avril, toujours prise pour une paysanne du Ladakh, elle circule sans rencontrer de difficultés dans les rues de Lhassa, visite le Potala, assiste à de spectaculaires fêtes religieuses. Mais cette ville, dont elle a si longtemps rêvé, la déçoit finalement : elle est de dimensions réduites, entièrement privée de système sanitaire ; sur le marché, on ne trouve que des « casseroles en aluminium », de la « pacotille » importée d'Inde ou d'Angleterre, d'« horribles cotonnades, des faïences vulgaires ». C'est donc sans regret qu'elle quitte la ville sacrée pour revenir vers Gyantzê, troisième ville du Tibet. Le reste de sa vie est consacré au Tibet, qu'elle continue à visiter et qu'elle fait connaître au monde entier. À la veille de mourir, à cent ans, en 1969, cette voyageuse infatigable fait renouveler son passeport !

Avant le Tibet, l'Inde : l'exploratrice française en 1893.

Alexandra dans son habit de mendiante tibétaine.

Lhassa, ville interdite

Jusqu'en 1959, année de l'invasion du Tibet par les Chinois, **Lhassa est la résidence du dalaï-lama, chef de la religion bouddhique et incarnation perpétuelle de l'esprit sacré.**

La résidence du dalaï-lama était **le Potala, ou « Montagne de Bouddha »,** palais colossal du XVIIe siècle, édifié sur un rocher qui domine la ville. C'est **une véritable citadelle, haute de 178 mètres, construite à la mode tibétaine, et dont les toits plats sont recouverts de plaques d'or.** Rares furent les voyageurs qui purent entrer dans cette cité sacrée, fermée aux étrangers à partir de 1846.

Alexandra David-Neel et son fils adoptif Yongden devant le Potala de Lhassa.

André Citroën ouvre l'ère de l'exploration automobile

LA CROISIÈRE NOIRE

En 1924, le constructeur automobile André Citroën organise une grande expédition qui doit relier l'Afrique du Nord à l'île de Madagascar. Prouesse technique et exploit humain, la traversée, vite connue sous le nom de « Croisière noire », est aussi une exploration scientifique majeure.

En 1923, le succès de la traversée du Sahara par ses véhicules à chenilles détermine André Citroën à se lancer dans un projet à l'échelle du continent africain. Un an plus tard, huit voitures, équipées de remorques, sont prêtes à prendre le départ. Elles emmènent Georges-Marie Haardt, le chef de l'expédition, son adjoint Louis Audouin-Dubreuil, six spécialistes de disciplines artistiques ou scientifiques et neuf mécaniciens. Quatre équipes s'occupent du ravitaillement en pièces détachées et en essence sur l'ensemble du parcours.

À l'assaut de l'Afrique

Le 28 octobre 1924, l'expédition quitte Colomb-Béchar (aujourd'hui Béchar), en Algérie, en direction de l'océan Indien avec des autochenilles qui ne dépassent pas 40 km/h. Elle franchit le Sahara par la piste de la vallée de la Saouara et rejoint Bourem (au Mali) sur le fleuve Niger. Les voitures longent ensuite le cours d'eau jusqu'à Gao, ancien centre caravanier du Mali puis jusqu'à Niamey, la capitale du Niger. À partir de là, elles roulent vers l'est, en direction du lac Tchad. Entre l'Algérie et ce lac, la Croisière noire passe uniquement par des territoires français, qui sont ainsi raccordés entre eux pour la première fois. Afin de rester dans les régions contrôlées par la France, les équipages gagnent le nord du lac Tchad et descendent vers Fort-Lamy (N'Djamena) et Fort-Archambault (Sarh), au Tchad, puis vers Bangui (en République centrafricaine). Ils franchissent l'Oubangui dans le but d'établir la première liaison avec le Congo belge. Puis ils remontent vers le nord, à travers la forêt équatoriale, pour atteindre la frontière du Soudan anglo-égyptien et réaliser la première jonction avec ce pays. Les autochenilles retrouvent leur route à Yalinga et se détournent à nouveau de leur chemin pour aller à Stanleyville, au Congo belge (aujourd'hui Kisangani, au Zaïre). De retour à Bouta, elles se dirigent vers le nord du lac Victoria et vers Kampala (Ouganda).

Sultan africain (dessin de Iacovleff effectué lors de l'expédition Citroën).

La traversée des gués : un des nombreux moments difficiles de ce raid aux aventures multiples.

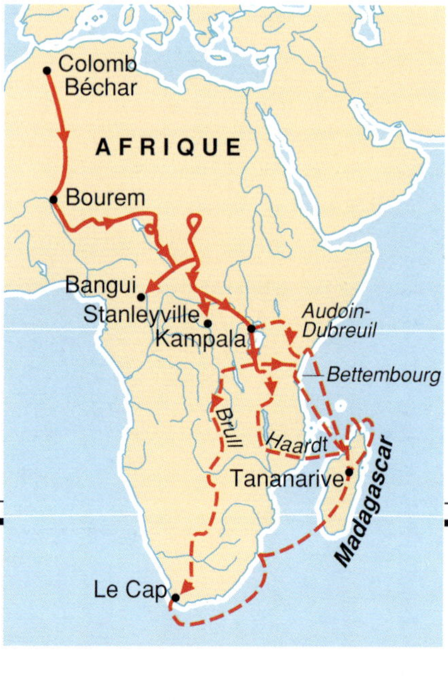

L'expédition commence alors sa scission en quatre équipes de deux véhicules. Louis Audouin-Dubreuil et ses compagnons mettent le cap sur le Kenya et sur le port de Tanga (en Tanzanie). Le reste de l'expédition se sépare à Tabora, au sud du lac Victoria. Georges-Marie Haardt progresse vers le sud sur le trajet le plus difficile. Après avoir contourné le lac Malawi en circulant le plus souvent dans l'eau, il continue vers le Mozambique et l'océan Indien. Le troisième groupe emprunte la voie la plus courte vers Dar es-Salaam. Le quatrième, qui descend jusqu'à la ville du Cap, au sud de l'Afrique, ne touchera au but que le 8 septembre 1925. Les trois premières équipes se rejoignent à Madagascar et entrent triomphalement dans Tananarive le 26 juin.

Une aventure fixée par l'objectif

La Croisière noire rapporte 27 000 mètres de pellicule, qui fourniront la matière de 50 documentaires, et 8 000 photographies. Les images témoignent des difficultés rencontrées par les explorateurs sur un continent où routes et pistes sont souvent inexistantes. Les voyageurs, qui s'orientent à la boussole, sont confrontés à des sables mous, à la boue épaisse des marais, aux herbes hautes de la brousse et à la végétation impénétrable de la forêt dans laquelle ils se frayent un chemin au moyen de coupe-coupe ou de haches. Parfois, des rochers arrêtent leur progression. Ils les dégagent à la dynamite ! Le passage des rivières est toujours un sérieux problème. Pour franchir celles qui sont dépourvues de gué, les membres de la Croisière utilisent des radeaux soutenus par des pirogues, qui sont halés à partir des rives ; ou bien, ils construisent des ponts ! Ainsi, l'équipe qui va de Tabora à Dar es-Salaam édifie, avec l'aide de 130 indigènes, deux ponts d'une longueur de 19 m et de 39 m... Le cinéma et la photographie relatent aussi les diverses activités de l'expédition : chasse aux fauves ou aux éléphants et aux hippopotames, et traitement des animaux destinés au Muséum d'histoire naturelle dans le laboratoire ambulant de taxidermie. Tout en faisant la chronique de l'expédition, le réalisateur et son cameraman filment les tribus africaines, leur habitat, leurs coutumes, leurs cérémonies.

La chasse au lion (cliché de l'expédition).

Les femmes à plateau

« Les plateaux des Sara-Djingé [tribu établie sur la rive droite du Chari] sont en bois et mesurent jusqu'à vingt-quatre centimètres de diamètre. [...] Il semble qu'on se trouve en présence d'un rite se rapportant aux croyances obscures des fétichistes sur leurs propres origines. [...]
C'est le futur époux qui perce lui-même les lèvres de sa fiancée lorsqu'elle est toute jeune [cinq à six ans]. L'opération se fait au moyen de longues épines qui doivent rester en place pendant quelques jours. Elles sont remplacées ensuite par des chevilles de bois changées périodiquement ; leur diamètre croissant distend les lèvres jusqu'à les transformer en deux lanières encerclant un plateau de bois de vingt-quatre centimètres de diamètre. Leur poids atteint parfois cent dix grammes. [...].
Boire et manger sont, on le conçoit, des manœuvres difficiles, d'autant que le frottement des plateaux sur les gencives fait rapidement tomber toutes les dents des malheureuses, obligées alors de se nourrir avec des boulettes de pâte de mil fermentée. »

G.-M. Haardt, L. Audouin-Dubreuil, la Croisière noire, *Paris, 1927.*

La science en marche

Le peintre de la mission, Alexandre Iacovleff, complète le travail des cinéastes avec des dessins et des peintures des paysages, des animaux et des hommes. Sa documentation anthropologique, qui fixe, par exemple, les extraordinaires coiffures des femmes Mangbétous et les lèvres dilatées par des plateaux des femmes Saras, constitue un matériel d'une formidable richesse. D'autres membres de l'expédition s'occupent de climatologie et de géographie. Ils dressent des tableaux des températures et des précipitations. Ils effectuent aussi les relevés topographiques et les calculs de latitude et de longitude nécessaires à la réalisation des cartes. Un ancien professeur de médecine établit la carte de la pathologie en Afrique. Il constate que la lèpre et la maladie du sommeil — transmise par la mouche tsé-tsé — sont des fléaux qui touchent une grande partie du continent et que le paludisme et le typhus sont des maladies très répandues. Le savant localise également des foyers de peste. Dès le retour en France, diverses expositions font connaître au grand public l'aventure de la Croisière noire et diffusent ses résultats scientifiques.

→ **Voir aussi :** p. 276-277 (La Croisière jaune).

Une famille russe sur les pistes de l'Asie centrale

LES ROERICH

Entre 1925 et 1928, un peintre russe émigré depuis peu aux États-Unis, Nikolaï Konstantinovitch Roerich (1874-1947), effectue en compagnie de sa femme Elena et de leur fils adulte, Georges, le tour complet de l'Asie centrale. L'expédition, à but artistique, scientifique et culturel, se démarque des explorations essentiellement géographiques du XIXe siècle.

Nikolaï Roerich, qui s'est spécialisé jusqu'alors dans les décors de théâtre, veut renouveler son inspiration en cherchant dans les civilisations de l'Asie profonde des motifs nouveaux, scènes populaires ou paysages. Son fils Georges, éminent linguiste, est spécialiste des langues de l'Asie continentale et particulièrement de celles de l'Himalaya.

Une Chine peu accueillante

L'expédition s'ébranle de Srinagar, la capitale du Cachemire, le 8 août 1925. Elle abandonne rapidement l'automobile, inutilisable sur les pistes de montagne, et poursuit sa route avec une caravane de chevaux et de yacks qui transportent ses importants bagages. Après un séjour de trois semaines à Leh, la capitale du royaume du Ladakh, où ils bénéficient de l'hospitalité royale, les Roerich se préparent à traverser l'Himalaya pour rejoindre la province chinoise du Xinjiang. Il leur faut partir vite, avant que la neige ne leur barre entièrement le passage. Trois semaines durant, l'expédition progresse sur la route la plus haute du monde et passe des cols dont l'altitude oscille entre 5 000 m et plus de 6 000 m. La neige, le blizzard, le gel et les malaises provoqués par la haute altitude rendent la progression difficile. Le spectacle de la piste jonchée de cadavres d'animaux et jalonnée de tombes humaines n'entame cependant pas le sens esthétique de Nikolaï Roerich, qui multiplie dessins et esquisses. En octobre, l'expédition arrive dans l'oasis de Khotan, au Turkestan chinois. Hostiles aux étrangers, les autorités locales l'y retiennent pendant deux mois et demi. Les Roerich, libres de leurs mouvements à l'intérieur de l'îlot de végétation, ont tout loisir d'étudier la vie commerciale locale : important centre caravanier de l'antique route de la soie, Khotan ne se consacre plus désormais aux échanges de produits de luxe, jade et tapis finement ouvragés, mais à ceux de denrées plus ordinaires. Une fois libérés, les Roerich rejoignent Ouroumtsi, la capitale du Xinjiang. Là, ils se heurtent de nouveau à la méfiance du gouverneur du lieu, un Chinois traditionaliste, qui craint les changements que pourrait apporter la présence des trois Européens porteurs d'idées nouvelles. Les Roerich se voient forcés de rentrer en Russie.

Chez les Mongols

Après avoir séjourné à Moscou quelques semaines, Nicolas, Elena et Georges prennent place à bord du Transsibérien. Ils descendent du train près de la frontière entre la Sibérie et la Mongolie Extérieure. De là, ils se rendent à Ourga, rebaptisée Oulan-Bator, la capitale de la République populaire de Mongolie proclamée en 1924. Ils y demeurent plusieurs mois, assistant au glissement progressif de la ville, établissement mi-permanent, mi-nomade, vers la modernité. Aux yourtes mongoles — des tentes de feutre — se substituent des demeures de style russe ou chinois, à un seul niveau. Ces maisons ne sont pas toujours adaptées au climat rigoureux de la Mongolie, et, l'hiver, nombre d'habitants des nouvelles constructions choisissent de déserter les habitations en dur pour regagner les yourtes, plus chaudes. Ourga, qui reste à cette époque un centre religieux important, abrite d'imposants temples bouddhistes. Deux vies parallèles s'organisent dans la ville : d'une part, les moines des temples et les fidèles organisent de somptueuses processions, reflets de l'ancienne Mongolie. D'autre part déambulent dans la ville des soldats en tenue kaki, symbole de la nouvelle Mongolie, qui évitent

Nicolaï Roerich — un peintre (portrait fait par son fils) doublé d'un ethnographe et d'un explorateur.

Avec sa famille, il parcourt les pistes difficiles de l'Himalaya et de la lointaine Asie intérieure.

de se mêler aux fidèles et même maltraitent le cas échéant le clergé des monastères. Les Roerich décrivent aussi les progrès qui, peu à peu, modifient mœurs et modes de vie : l'introduction de l'électricité, l'école désormais obligatoire, le développement de l'imprimerie, qui se substitue tardivement à la production des ateliers de copistes… À la fin du mois de mars 1927, la famille se remet en marche en direction du Tibet. Elle franchit le désert de Gobi par une route qu'aucun Européen n'a encore fréquentée. La randonnée, très pénible à cause de la chaleur du jour, du froid glacial des nuits et des tempêtes de sable, mène les explorateurs dans la province chinoise du Gansou, puis au Tsaidam (Qaidam Pendi). À la lisière de cette région désertique située au nord-est du Tibet, la famille Roerich partage quelque temps la vie de la tribu mongole des Kurluks.

L'inaccessible Lhassa

Les Kurluks sont des pasteurs nomades qui élèvent chameaux, chevaux et moutons. Pour protéger leurs troupeaux de la convoitise des pillards des montagnes, ils circulent toujours armés. La chasse aux loups, aux ours, aux renards alimente un petit commerce avec des négociants chinois, durs en affaires. La tribu vit dans des yourtes pauvrement meublées où des piles de peaux de mouton font office de lit. Quelques ustensiles de cuisine, des barattes pour faire le thé au beurre salé, qui constitue la principale boisson, riche en graisses et en calories nécessaires, et des selles, en bois couvert de cuir, complètent l'équipement. Devant la tente, des bannières de prière bouddhiques sont dressées, gardiennes du bonheur de la famille. Peu après la mi-août, les Roerich prennent congé de leurs hôtes mongols, pour s'enfoncer dans le Tsaidam et les hauts plateaux du Tibet. Après la passe de la Thang-La, à 6 096 mètres d'altitude, ils sont arrêtés par des soldats tibétains. Alors même qu'ils ont toutes les autorisations nécessaires, les militaires les empêchent de continuer sur Lhassa. Pendant quatre mois, l'expédition campe en pleine montagne, par des températures qui descendent jusqu'à – 55 °C, en attendant une décision du gouvernement du Tibet. Elle endure des souffrances inouïes qui causent la mort de cinq personnes et de presque toutes les bêtes de la caravane. Finalement, les autorités consentent à laisser repartir les voyageurs, non vers Lhassa mais en direction de l'Inde. Les Roerich, qui achèvent leur périple à Darjeeling le 26 mai 1928, ne verront donc jamais la mythique capitale du Tibet.

Les premiers vols au-dessus des pôles

RICHARD EVELYN BYRD

Officier de marine, passionné d'aviation, Richard Evelyn Byrd inaugure un nouveau chapitre de l'exploration polaire en entreprenant la conquête des pôles par la voie des airs. Il est le premier pilote à accomplir l'exploit de survoler les immenses étendues glacées de l'Arctique et de l'Antarctique jusqu'aux pôles.

En 1926, lorsque Richard Byrd se lance dans sa première grande aventure, il n'est pas un nouveau venu dans les régions polaires. En effet, l'année précédente, il a participé en tant que pilote à une expédition au Groenland. C'est au cours de cette mission qu'il a rencontré Floyd Bennett, mécanicien et second pilote, avec lequel il organise le survol du pôle Nord. Il s'agit d'un projet très audacieux, car, à cette époque encore proche des débuts de l'aviation les appareils sont peu puissants, peu rapides, et ils volent à une altitude assez faible.

Un vol sans problème

Richard Byrd et Floyd Bennett, qui choisissent le Spitzberg comme point de départ de leur équipée, rejoignent l'archipel à bord d'un bateau à vapeur, prêté par la Commission marine américaine. Le navire, parti de New York, transporte également leur avion, le *Josephine Ford,* et une cinquantaine de volontaires. L'appareil, déchargé avec beaucoup de difficultés sur la rive, isolée par le pack (les glaces en dérive), est ensuite hissé jusqu'au terrain d'aviation improvisé. Le 9 mai 1926, équipé de skis, et non de roues, il s'arrache à la glace après plusieurs essais infructueux. L'avion vole bientôt en direction du pôle, situé à quelque 1 200 km de distance, à une vitesse de croisière de 160 km/h. Après avoir franchi le pack polaire, les deux hommes, qui se relaient aux commandes, finissent par pénétrer dans « des régions que nul œil mortel n'avait jamais contemplées ». « Oubliant les jouissances de l'aviation », R. E. Byrd goûte alors « pleinement celles de l'explorateur ». À 9 h 02, heure de Greenwich, le pôle est atteint. Les deux aviateurs le photographient et le filment. Après avoir tourné deux fois, en sens inverse, autour du pôle, ils reprennent la direction du Spitzberg. Le vol a duré quinze heures et demie.

Une année au pôle Sud

Après le pôle Nord, le commandant Byrd s'intéresse au pôle Sud. En 1928, il prend la tête d'une expédition privée qui atteint la banquise de Ross en décembre et qui débarque à l'est de la baie des Baleines. La mission mobilise 42 hommes, parmi lesquels de nombreux scientifiques, 80 chiens de traîneau et 4 avions. Tandis qu'à 13 km de la rive, les membres de la mission construisent la base, baptisée *Little America* (Petite Amérique), Richard Byrd effectue ses premiers vols au-dessus de l'Antarctique. Il découvre des monts, qu'il nomme « Rockefeller » en hommage à l'un des mécènes de l'expédition, et une vaste terre vierge à laquelle il donne le nom de « Mary Byrd », son épouse. Avant le début de l'hiver polaire, les géologues partent explorer les monts en avion. Dès que la longue nuit tombe sur le pôle, les hommes, qui ont enterré engins et approvisionnements, hivernent. Au retour du printemps, à la fin du mois de septembre, les préparatifs pour le survol du pôle reprennent. L'itinéraire fixé est celui qu'a tracé l'explorateur norvégien Roald Amundsen en 1911. L'appareil traversera la banquise de Ross et sa grande barrière de glace, le glacier Axel-Heiberg, dans la chaîne de montagnes de la Reine-Maud, qui culmine à 4 560 mètres, puis le plateau polaire. Des réserves d'essence sont placées au pied du glacier Axel-Heiberg. Pour parer à toute éventualité sur ce continent complètement désert où il n'y a aucun moyen de subsistance, des dépôts de vivres sont installés entre le glacier et *Little America.*

Un nouveau défi

Le 28 novembre 1929, à 15 h 29 (heure de Greenwich) le *Floyd Bennett,* qui porte le nom du défunt compagnon de Richard Byrd mort au pôle Nord, profite de conditions météorologiques favorables pour décoller. Il emporte quatre hommes, Richard Byrd, qui se charge de la navigation, un pilote, un opérateur radio et un photographe. Après avoir franchi la banquise, la petite équipe parvient à la redoutable chaîne de montagnes de la Reine-Maud. Richard Byrd renonce à passer par le glacier Axel-Heiberg et s'engouffre dans le glacier Liv voisin, qui offre une plus grande ouverture.

Richard Evelyn Byrd.

Au pôle Sud

« À 1 h 14 du matin, heure de Greenwich, nos calculs nous ont indiqué que nous étions au pôle Sud. J'ai ouvert la trappe et j'ai laissé tomber, exactement au-dessus de l'emplacement du pôle, le petit drapeau attaché à la pierre de la tombe de Bennett. Avec une profonde émotion, nous les avons regardés descendre ensemble dans l'espace. [...]
Nous sommes restés quelques secondes au-dessus de l'endroit où Amundsen avait fait halte, le 14 décembre 1911, et où Scott s'était aussi arrêté, trente quatre jours plus tard, et avait lu le billet qu'Amundsen avait laissé pour lui. En leur honneur, nous avons lancé au-dessus du pôle les drapeaux anglais et norvégien. Aucune pompe extérieure ne rehaussait cette scène, mais le cadre majestueux de l'immense étendue désolée, troublée seulement par le bruit des moteurs, lui conférait une grandeur solennelle. Le Pôle se trouvait au centre d'une plaine sans limites. [...]
Comme on le voit, la description que l'on peut donner du pôle Sud n'est pas longue. On y arrive, et il n'y a guère autre chose à en dire. Ce qui compte, c'est l'effort qu'on a fourni pour y arriver. »

Amiral Byrd, Mes explorations. Épisodes d'une vie aventureuse, *Pierre Ducray Éditeur, Paris, 1950.*

Le Floyd Bennett sous la neige.

La base antarctique de Little America, photographiée d'avion en 1929.

Bientôt, le pilote signale que l'avion n'atteint pas une altitude suffisante pour franchir le sommet du glacier. Richard Byrd prend très vite la décision de sacrifier les gros sacs de vivres, emportés en cas de problème, pour alléger l'avion et faciliter son ascension. La manœuvre réussit et le *Floyd Bennett* pénètre sur le plateau polaire. À 1 h 14, le pôle Sud est atteint. Onze minutes plus tard, l'appareil, qui a décrit un cercle autour du pôle, prend le chemin du retour. Il fait le plein d'essence au pied de l'Axel-Heiberg et se pose à *Little America* à 10 h 10. Le voyage, que Roald Amundsen a fait en trois mois, a duré quinze heures et cinquante et une minutes. Après cet exploit, Richard Byrd est accueilli triomphalement à New York. Il est promu amiral de réserve. En 1934-1935, 1939-1941 et 1946-1947, l'officier participe encore à trois grandes expéditions américaines dans l'Antarctique. Dans ces missions d'exploration, l'avion occupe une place prépondérante.

L'automobile entreprend la conquête de l'Asie

LA CROISIÈRE JAUNE

Après la Croisière noire en Afrique, qui a passionné le monde entier, l'industriel André Citröen se lance dans une aventure encore plus audacieuse. Cette fois, les autochenilles et leurs équipages traverseront le continent asiatique, de Beyrouth à Pékin ou de la Méditerranée à l'Atlantique.

Quand les temples servent d'occasionnel garage.

Les automobiles dans les cols de l'Himalaya… ou, quand les hommes tractent les voitures.

Les difficultés ne sont pas seulement techniques ou mécaniques : il faut aussi trouver un chemin dans des régions où nulle route n'existe encore.

L'expédition Citroën Centre-Asie, ou « Croisière jaune », qui s'apprête à affronter de très hautes montagnes et l'un des déserts les plus vastes du monde, demande deux ans et demi de préparation minutieuse. C'est le temps nécessaire pour étudier sur place les itinéraires, obtenir les autorisations de la part des pays concernés et installer les relais de ravitaillement en essence, vivres et pièces détachées. Cela permet aussi de mettre au point les véhicules et un équipement adapté aux climats les plus divers. Une trentaine d'hommes participent à la mission : un ingénieur, de nombreux mécaniciens, des opérateurs radio, deux médecins chirurgiens ainsi que des artistes et des savants investis d'une mission culturelle et scientifique. Aux cinéastes et au peintre Alexandre Iacovleff se joignent le père Teilhard de Chardin — au titre de géologue et de paléontologiste —, un naturaliste, deux archéologues, un représentant de la National Geographic Society de Washington, et, enfin, un journaliste.

L'avance du groupe Pamir

Conscients de l'impossibilité de faire franchir la barrière himalayenne à leurs sept autochenilles, les organisateurs scindent l'expédition en deux équipes. Le groupe Pamir, dirigé par Georges-Marie Haardt, chef de l'ensemble de la Croisière jaune, et par son second, Louis Audouin-Dubreuil, quitte Beyrouth le 4 avril 1931 à destination de Pékin. Il doit retrouver de l'autre côté des montagnes du Pamir le groupe Chine, parti de T'ien-tsin, qui vient le chercher avec sept autres voitures à chenilles. Après avoir effectué leur jonction, ils poursuivront ensemble la randonnée jusqu'à Pékin et l'océan Pacifique. De Beyrouth, le groupe Pamir gagne la Syrie et Damas. Après quoi, il parcourt le nord de l'Iran en passant par Hamadan, Téhéran et la ville sainte de Mechhed. Au cours de cinq semaines, les équipages couvrent 3 100 km à travers le désert, la plaine mésopotamienne et le plateau iranien, tout en rassemblant une importante documentation. La mission Centre-Asie poursuit sa route en Afghanistan, visite les cités d'Harat, de Kandahar et de Kaboul. La capitale afghane est le point de départ d'une excursion à la vallée de Bamiyan, dominée par deux statues colossales de Bouddha sculptées dans la pierre. Après Djalalabad, la Croisière arrive aux portes de l'Inde. Le 24 juin, elle campe à Srinagar, la capitale du royaume du Cachemire, dans la chaîne himalayenne. Le groupe Haardt, qui a parcouru 5 500 km

La réparation des automobiles, sous le regard curieux des habitants du lieu.

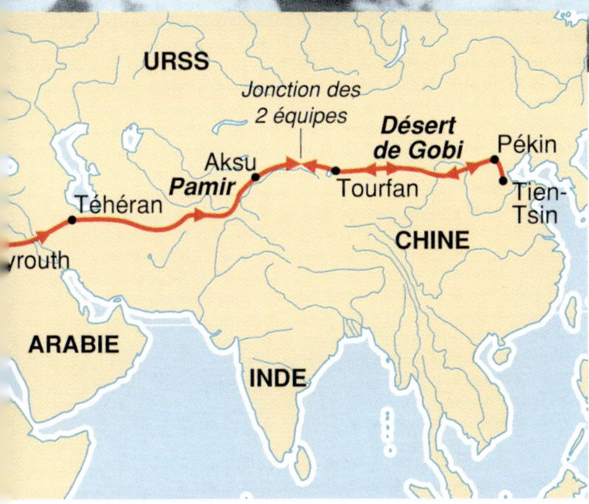

depuis Beyrouth, est parvenu au terme de la partie aisée du trajet. Il se prépare maintenant à traverser l'Himalaya et les massifs du Pamir et du Karakoram. Ces montagnes, qui séparent l'Inde de la Chine, possèdent certains des sommets les plus élevés du monde.

Le mur himalayen

Avant de se hasarder entre les cimes, l'expédition reconnaît le terrain. Elle constate que la piste surplombe de profonds abîmes et que, par endroits, elle ne dépasse pas un mètre de largeur. Cela décide Georges-Marie Haardt à n'emmener que deux autochenilles. Le chef se résout ensuite à scinder son groupe en trois sections et à étaler leur départ. Il est en effet impossible de réunir en une seule caravane les très nombreux porteurs et chevaux mobilisés pour le transport du matériel et de l'équipement. Dès que le premier contingent sera parvenu à un relais, il renverra ses porteurs et ses bêtes au second groupe, qui, lui-même, les cédera à la troisième équipe. Le premier départ a lieu le 2 juillet. L'avant-garde prépare la piste pour les voitures. Dix jours plus tard, les autochenilles s'ébranlent et s'engagent avec Georges-Marie Haardt et onze membres de l'expédition dans les montagnes. Les véhicules, qui pèsent quatre tonnes, progressent au prix d'efforts surhumains. Au col de Bourzil, à 4 200 m, la colonne peine dans une couche de neige dans laquelle les chevaux s'enfoncent jusqu'au poitrail. En d'autres lieux, la seule solution pour contourner la piste effondrée est de démonter les autochenilles ! C'est par morceaux que les porteurs les hissent au sommet d'une pente fortement inclinée et couverte d'éboulis. À un autre endroit, on descend les voitures au fond d'un ravin avec des câbles... Le 4 août, l'expédition atteint Gilgit. En parcourant 300 km en vingt-trois jours, elle a réussi un extraordinaire exploit. À Gilgit, Georges-Marie Haardt, qui ne veut pas prendre le risque de s'attarder dans les montagnes et d'être surpris par l'hiver, abandonne les véhicules.

D'heureuses retrouvailles

Le groupe Pamir, reformé à Gilgit, franchit le col de Chili à 5 000 m d'altitude. Cette passe constitue la frontière entre l'Inde, la Chine, l'URSS et l'Afghanistan. Sur le point d'entrer dans la province chinoise du Xinjiang, Georges-Marie Haardt et ses hommes s'interrogent. Vont-ils retrouver comme prévu leurs camarades du groupe Chine dont ils sont sans nouvelles ? Le groupe Chine, retardé par les autorités chinoises, n'a quitté Kalgan que le 16 mai. Huit jours plus tard, il est entré dans le désert de Gobi, où il a essuyé deux violentes tempêtes. Au Xinjiang, secouée par une révolte musulmane, l'équipe de la Croisière jaune est retenue prisonnière durant des semaines par le gouverneur chinois. Après d'interminables tractations, le dignitaire consent à laisser partir d'Ouroumtsi quatre voitures qui vont à la rencontre du groupe Pamir. Le 8 octobre, la mission Centre-Asie célèbre avec joie et soulagement la jonction de ses deux groupes à Aksu. Le 30 novembre, après un nouveau séjour forcé à Ouroumtsi, l'expédition se met en route pour le désert de Gobi au début de la pire période, le plein hiver. C'est une épreuve redoutable pour les hommes et le matériel, soumis à des températures inférieures à – 20 °C. Pékin est finalement atteinte le 12 février, après un voyage de dix mois et huit jours. Un mois après ce succès, au retentissement mondial, la Croisière jaune est endeuillée par la mort de son chef, Georges-Marie Haardt, emporté par une pneumonie. Le projet de retour à Beyrouth par le sud de l'Asie est abandonné. Hommes et voitures rentrent en France par la mer.

→ **Voir aussi :** p. 270-271 (La Croisière noire).

1931-1933

Un intellectuel à la découverte de l'Afrique

MICHEL LEIRIS

Leiris écrivant dans sa tente à Gallabat.

Leiris et Griaule devant les cases « kono » remplies de crânes et d'os d'animaux sacrifiés, sous les ornements de terre séchée de style soudanais.

Les vol du « kono »

Dans un village malien, l'expédition repère une case contenant un kono *— un autel utilisé par une des sociétés d'initiation — « avec ses niches remplies de crânes et d'os d'animaux sacrifiés » : « [...] Nous brûlons d'envie de voir le kono. Griaule fait dire qu'il faut le sortir. Le chef du* kono *fait répondre que nous pouvons offrir un sacrifice. »*
Mais comme rien ne se produit, Griaule exige que le chef de village lui livre le kono « en échange de dix francs, sous peine que la police soi-disant cachée dans le camion prenne le chef et les notables du village pour les conduire à San où ils s'expliqueront devant l'administration. Affreux chantage !
Devant la maison du kono, nous attendons. Le chef de village est écrasé. Le chef du kono a dit que, dans de telles conditions, nous pourrions emporter le fétiche. »
Celui-ci est emballé dans une bâche et emporté par Marcel Griaule et Michel Leiris : « Nous traversons le village, devenu complètement désert et, dans un silence de mort, nous arrivons aux véhicules. Les hommes sont rassemblés à quelque distance. [...] Les dix francs sont donnés au chef et nous partons en hâte, au milieu de l'ébahissement général et parés d'une auréole de démons ou de salauds particulièrement puissants et osés. »
Le lendemain, l'équipe renouvelle le sacrilège à deux reprises.

Michel Leiris, l'Afrique fantôme, *Gallimard, Paris, 1934.*

De 1931 à 1933, l'écrivain Michel Leiris participe à la Mission ethnographique et linguistique Dakar-Djibouti qui traverse l'Afrique d'ouest en est pour mener une enquête auprès des populations indigènes placées sous la domination des puissances coloniales. Cette expérience transforme sa vie, et, en retour, elle modifie la vision que l'Occident se faisait du vieux continent noir.

L'expédition se traduit pourtant pour Leiris par le sentiment d'une frustration. Durant tout le voyage, l'écrivain tient son journal, dont l'ambition est de décrire le continent tel qu'il l'a vu et lui-même tel qu'il est : c'est *l'Afrique fantôme,* publiée en 1934. Le titre, qui dénie la « plénitude d'existence » à l'Afrique exprime sa « déception d'Occidental mal dans sa peau qui avait follement espéré que ce long voyage dans des contrées alors plus ou moins retirées et, à travers l'observation scientifique, un contact vrai avec leurs habitants feraient de lui un autre homme, plus ouvert et guéri de ses obsessions ».

Une expédition officielle

Créée par la loi du 31 mars 1931, la Mission ethnographique et linguistique Dakar-Djibouti 1931-1933 est organisée par l'Institut ethnologique de Paris et par le Muséum d'histoire naturelle. Des organismes publics et privés, des associations, des entreprises apportent leur contribution financière ou fournissent du matériel. L'expédition est dirigée par l'ethnographe et linguiste Marcel Griaule, qui engage son ami Michel Leiris comme secrétaire-archiviste et enquêteur. Elle se compose de deux autres membres permanents et de spécialistes qui rejoignent le groupe pour des études temporaires. Cette mission ethnographique, qui est la première à avoir été décrétée officiellement par la France, est placée sous le signe du colonialisme. La IIIe République attend de cette vaste enquête une meilleure connaissance des populations africaines soumises afin de mieux développer leurs richesses tout en humanisant sa politique. Les ethnologues envoyés sur le terrain ont aussi pour rôle de consigner les éléments caractéristiques des cultures indigènes avant qu'elles ne changent ou qu'elles ne disparaissent au contact de la civilisation européenne. Dans son journal, Michel Leiris évoque le travail qui consiste à s'informer auprès des tribus et à collecter les objets les plus variés. Des photographies, des films et des enregistrements sonores complètent la documentation.

Les circoncis de Ségou, dans le costume spécial qu'ils portent durant la retraite qui suit l'opération (1931).

Chez les Dogons du Mali

Partis de Dakar, au Sénégal, Leiris et ses compagnons visitent l'Afrique-Occidentale française, le Nigeria, sous domination anglaise, et l'Afrique-Équatoriale française. Après quoi ils pénètrent au Congo belge (Zaïre) et se dirigent vers le Soudan anglo-égyptien et l'Éthiopie. La randonnée prend fin à Djibouti, dans l'ancienne Côte française des Somalis. Au Mali, chez les Dogons établis dans les falaises de Bandiagara, la mission française mène l'une de ses enquêtes les plus approfondies. Parmi les principaux sujets d'étude figurent la circoncision, pratiquée par les forgerons, et la société des hommes, qui rassemble les villageois mâles. Les adolescents récemment circoncis entrent dans la société par initiation. Celle-ci a lieu à l'occasion des fêtes qui accompagnent les funérailles. Les jeunes gens fabriquent alors des masques avec lesquels ils prennent part aux danses funéraires. Leurs aînés leur présentent les objets sacrés du culte, conservés comme les masques dans des abris situés hors des villages, loin des regards des non-initiés, et ils leur enseignent le langage secret de la société. Durant ce séjour chez les Dogons, Leiris se renseigne, non sans mal, sur la langue secrète. Les échanges avec le vieux Dogon qui lui sert d'informateur s'avèrent souvent difficiles. « Dès que je demande la traduction d'un mot ou d'un membre de phrase isolé, il perd le fil, doit reprendre tout son texte d'un bout à l'autre, mais s'embrouille et, naturellement, me donne chaque fois un texte différent. »

L'écrivain face à l'Afrique

Immergé pendant de longs mois dans le monde colonial, le voyageur qu'est Michel Leiris analyse, sans indulgence, son comportement d'intellectuel européen confronté aux tribus africaines administrées par les étrangers. À la suite du vol de fétiches africains qu'il commet avec ses camarades dans un village du Mali, il constate qu'« on se sent tout de même joliment sûr de soi lorsqu'on est un Blanc et qu'on tient un couteau dans sa main ». Ailleurs, il avoue son impatience envers les Africains, qui l'agacent, et il « mesure à quel degré de bestialité doivent pouvoir atteindre, dans les rapports avec l'indigène, ceux qui sont épuisés par le climat et que ne retient aucune idéologie... ». Ailleurs encore, il se change lui-même le temps d'un éclair en « brute coloniale » lorsqu'il frappe un grand garçon qui laisse travailler ses compagnons plus jeunes. Plus l'expédition progresse, moins il supporte l'idée du colonialisme, de ce colonialisme au service duquel il se trouve. Mais il n'adopte cependant pas encore la position résolument anticolonialiste qui deviendra la sienne par la suite. L'autre déception de Leiris concerne les limites que peut atteindre l'enquête ethnographique. Celle-ci, avait-il espéré, devait aboutir à une meilleure compréhension du monde africain et donc à un rapprochement. Mais les populations indigènes demeurent inexorablement étrangères pour l'homme blanc : les Dogons rencontrés livrent une partie de leurs coutumes à ceux qui les interrogent ; après l'enquête, le fond de leurs mythes demeure presque aussi imperméable à une compréhension profonde qu'il l'était auparavant, et tel est probablement le désir réel des Dogons et leur moyen de résister au viol intellectuel tenté par le colonisateur.

À la rencontre des Bédouins du « Quartier vide »

WILFRED THESIGER EN ARABIE

Animé par le désir d'explorer une région encore très peu connue — phénomène de plus en plus rare après la Seconde Guerre mondiale —, l'Anglais Wilfred Thesiger se tourne vers le désert du sud de l'Arabie, baptisé le Rub' al-Khali, c'est-à-dire le « Quartier vide », ou les « Sables » ou encore le « Désert des Déserts ».

Cet immense désert s'étend sur 1 340 km de la frontière du Yémen à l'ouest, aux contreforts d'Oman à l'est, et il couvre 800 km de la côte sud de la péninsule arabique au golfe Persique et au plateau du Nadjd. Traversé pour la première fois par Bertram Thomas en 1930, il est parcouru l'année suivante par Harry Saint John Philby puis retombe dans l'oubli. Wilfred Thesiger est convaincu que le Quartier vide et ses Bédouins ont encore bien des secrets à livrer.

Dans les Sables à deux reprises

C'est en tant que membre d'un organisme de lutte contre les criquets que Wilfred Thesiger obtient, en 1945, l'autorisation de pénétrer dans la péninsule arabique. Afin de localiser les éventuels foyers d'apparition des locustes, il organise une expédition qui le conduit aux confins du Rub' al-Khali. Durant ce voyage, il s'initie au désert et au mode de vie des Bédouins, et il se prépare à affronter le «Désert des Déserts ». À la fin de l'année 1946, l'explorateur anglais organise sa première traversée du Rub' al-Khali. Il recrute ses guides et ses compagnons parmi les Bédouins de la tribu des Rashid, l'une des seules à vivre dans le Quartier vide. Il fait d'énormes provisions de farine, de riz, de beurre fondu, de café, de sucre et de dattes, qui nourriront sa petite troupe. Fusils et cartouches, pharmacie, thermomètre, baromètre, boussole et appareil de photographie complètent l'équipement. Le 25 octobre, la caravane quitte Salalah, sur la côte du Zufar, et remonte vers Mughshin, oasis qui marque l'entrée du Désert des Déserts. Elle se dirige ensuite vers le nord-ouest et parcourt 600 km avant d'atteindre le Dhafara et l'oasis d'Al Jiwa. L'expédition revint à Salalah au début de l'année 1947 par les contreforts d'Oman. Pour sa seconde traversée, durant l'hiver 1947-1948, Wilfred Thesiger, toujours accompagné par des Bédouins de la tribu Rashid, choisit un itinéraire situé à l'ouest du premier. Celuici part de Shibam et décrit une grande boucle qui se termine à Abu Dhabi.

Le désert au quotidien

Wilfred Thesiger, qui conçoit son voyage d'exploration non seulement comme une découverte des autres mais aussi comme un défi lancé à lui-même, imite en tout point les Bédouins. Il se vêt à leur mode d'un turban, d'un pagne et d'une longue tunique serrée à la taille par le ceinturon qui maintient son poignard. Il marche sans chaussures, s'assied à l'arabe, genoux pliés, surmonte la douleur que lui infligent ses membres ankylosés et supporte avec stoïcisme les tourments provoqués par la marche des chameaux. Plus que tout, il endure le froid glacial des nuits passées à la belle étoile, la faim dévorante et la soif obsessionnelle. Comme ses compagnons, il tremble au moindre mouvement et au moindre bruit, car, sur le désert, plane constamment la menace d'une razzia sanglante menée par une tribu ennemie. Dans ces conditions, la progression dans les sables devient un acte d'héroïsme, et l'ascension de hautes dunes aux pentes raides par des hommes épuisés

Caravane itinérante dans le « Quartier vide ».

Thesiger ou la passion du désert.

Les Bédouins de la tribu des Rashid : ils furent les compagnons de Thesiger deux hivers durant.

La chamelle, don de Dieu

Lors de leurs déplacements dans le désert, les Bédouins utilisent surtout des chamelles, qui leur servent de monture tout en leur donnant du lait, aliment de base.

« Ata Allah, ou don de Dieu : tel est le nom qu'ils [les Bédouins] donnent à sa femelle [celle du chameau] dont la patience a su gagner leur cœur. Jamais je n'ai vu un Bédouin frapper ou maltraiter un chameau. Ses besoins sont toujours prioritaires, non seulement parce que l'existence du Bédouin dépend du bien-être de ses bêtes, mais aussi parce qu'il éprouve pour elles une réelle affection. […] [Les Bédouins] laissent généralement les chamelles nourrir leurs petits pendant six semaines sans intervenir. Puis ils leur recouvrent les mamelles d'un sac et ne permettent aux petits de téter qu'avant la traite du matin et celle du soir. Ceux-ci sont sevrés à l'âge de neuf mois environ. Les chamelles continuent à donner du lait pendant au moins quatre ans, si elles ne sont pas saillies entre-temps. Elles peuvent donner naissance à une douzaine de petits et avoir une vie active pendant environ vingt ans. »

Wilfred Thesiger, le Désert des Déserts, *Plon, Paris, 1978.*

constitue un véritable exploit. C'est à ce prix que Wilfred Thesiger admire la resplendissante beauté des dunes et des sables rouge brique, violets, vert doré ou couleur de café ou de miel.

Mœurs bédouines

Au cours de ses traversées du Désert des Déserts, l'explorateur anglais se familiarise avec la mentalité et les coutumes des nomades. Il respecte en eux des hommes fiers, d'une scrupuleuse honnêteté, d'une loyauté à tout épreuve vis-à-vis de leur tribu, comme il apprécie leur courage, leur extraordinaire endurance et leur sens de l'hospitalité. Il s'émerveille aussi de la loquacité de ses compagnons de voyage. Les discussions, qui ont pour sujet le prix des choses, les viandes que la religion interdit de consommer ou non, des histoires de razzia et de vendetta, se prolongent pendant des heures. Tout le monde prend part, qu'il y soit invité ou non, aux débats et aux querelles. Les contestations se règlent par un serment que les arbitres font prêter à l'une des parties. L'explorateur anglais est effrayé, en revanche, par le caractère sommaire des soins médicaux, et par les pratiques chirurgicales en particulier, qui se réduisent à la cautérisation, remède souverain contre tous les maux. Après avoir vu un Bédouin s'appliquer un fer rouge sur le talon, il comprend pourquoi les nomades du désert sont couverts de cicatrices. Thesiger décrit le mode de vie de ces musulmans scrupuleux. Les Bédouins ne manquent aucune des prières rituelles et observent rigoureusement le jeûne du mois de Ramadan. L'Européen s'étonne que, en l'état de promiscuité des campements et alors que durant les longues randonnées dans les sables les hommes sont entièrement privés de femmes, l'homosexualité ne soit pas plus fréquente. Il apprécie la douceur relative du sort des femmes bédouines. Celles-ci ne portent pas le voile ; et les épouses adultères, les vierges qui commettent la faute de prendre un amant avant le mariage, même si elles sont sévèrement punies, ne sont pas exécutées aussitôt par leurs familles désireuses de laver leur honneur, comme cela se fait parmi d'autres peuples musulmans.

Paul-Émile Victor explore le Groenland

LES EXPÉDITIONS POLAIRES FRANÇAISES

« Mon idée était de créer un organisme dont je n'imaginais pas qu'il pourrait durer plus de cinquante ans, devenir officiel, permanent et employer près de cent cinquante hommes sur le terrain. Ce que je voulais, c'était organiser une expédition qui aurait duré plusieurs années afin d'étudier le Groenland, sa calotte glaciaire, sa morphologie, sa physiologie. »

Trois années après la fin de la Seconde Guerre mondiale, alors que l'exploration du monde commence désormais à se tourner vers de nouveaux domaines — les zones sous-marines, les profondeurs de la Terre ou les volcans, avant l'immensité de l'espace —, l'ethnologue Paul-Émile Victor a l'idée de fonder une association vouée à l'étude de l'intérieur du Groenland. Sollicité par trois jeunes gens qui lui soumettent un projet d'exploration de la terre Adélie, il décide d'étendre le champ d'action de la future structure à l'Antarctique. Les Expéditions polaires françaises, organisation privée subventionnée pour les deux tiers de ses dépenses par l'État, sont créées officiellement le 27 février 1947 par décret ministériel. Dès l'origine, elles affirment leur volonté d'explorer systématiquement les deux régions polaires. En 1948, Paul-Émile Victor dirige la première mission des Expéditions polaires françaises au Groenland.

Une campagne préparatoire

Lorsque l'équipe de Paul-Émile Victor y débarque en juin 1948, cette terre immense, recouverte par un désert de glace appelé inlandsis, grande comme près de quatre fois la France, est l'une des rares régions du monde qui demeure encore en grande partie inexplorée. Cette année-là, l'objectif de la trentaine de scientifiques et de techniciens qui participent à la campagne polaire est d'établir une base dans le nord-est de la baie de Disko, sur la côte occidentale du Groenland, afin de préparer une mission de plus grande envergure. Le premier travail des homme est de construire une route qui, sur 8 km de long, servira à transporter des dizaines de tonnes de matériel au-delà de l'étroite bande montagneuse de la côte. Au bout de cette voie, l'équipe installe un téléphérique qui franchit une falaise de 110 m de haut. Le reste de la saison est consacré aux premiers travaux scientifiques et aux reconnaissances, à pied et en *weasels* — des véhicules à chenilles amphibies —, qui tâchent de repérer la meilleure piste à suivre pour se rendre au cœur de l'inlandsis. La campagne sert aussi à tester le matériel et à vérifier la résistance des hommes en milieu polaire.

La station centrale

L'année suivante, trente-cinq hommes retournent sur place. Ils s'attachent maintenant au gros de l'opération : l'installation d'une station au cœur de la région, à l'endroit même où une expédition scientifique allemande a séjourné huit mois durant, en 1931. Le lieu, baptisé « Eismitte », s'élève à près de 3 000 m d'altitude, à quelque 400 km de la côte occidentale. Le groupe qui tente le premier de rallier ce secteur, avec des engins à moteur remorquant des traîneaux chargés de matériel, connaît les plus grandes difficultés à cause de la brutale fonte des neiges sur les bords de l'inlandsis. Exposée tour à tour à la pluie et au gel, l'expédition

Hivernage à la station centrale

Cette cuisine, ces repas ! Ces débats sur la nourriture ! Certes, nous ne mourrons pas de faim. Entreposés dans les couloirs, autour de la baraque, des centaines et des centaines de fûts s'entassent [...]. Nous avons en abondance de la purée, des œufs, de la citronnade en poudre, du riz, des pâtes. Nous manquons de légumes et de viande. [...]
À la corvée déjà matériellement écrasante du repas [l'homme du jour doit, sans rien négliger de son travail, s'occuper de tout : vaisselle, nettoyage, neige à faire fondre, repas à préparer et à servir à l'heure] s'ajoute la question chaque jour plus pesante : « Qu'est-ce qu'on va manger ? » L'eau de la soupe bout longuement avant qu'on se décide à y jeter la purée, qui l'« épaissira », le bouillon Kub ou un reste quelconque qui « en changera le goût ». L'essentiel est d'« innover ». Une gamelle de purée ? On n'en veut plus ! Les omelettes à base d'œufs en poudre restent le privilège envié — c'est vite fait — de ceux qui les réussissent [...] et d'ailleurs nous nous en lassons vite.

Michel Bouché, Groenland station centrale, *Grasset, Paris, 1952.*

Le cinéaste Samivel, tournant un film scientifique lors de l'expédition de 1948.

Aménagement de la piste pour le passage des weasels : Paul-Émile Victor montre l'exemple.

s'enfonce dans la boue, puis traverse une zone de crevasses rendue extrêmement dangereuse par le radoucissement de la température. Soumises à rude épreuve, les chenilles des weasels cassent à plusieurs reprises, immobilisant le convoi pendant de longues heures, tandis que les mécaniciens tentent d'effectuer les réparations nécessaires, par une température de – 20 °C... Le parachutage de chenilles neuves vient sauver in extremis l'opération de l'échec, et l'expédition finit par atteindre Eismitte. La station elle-même est édifiée en un mois. Enfoncée dans la neige à une profondeur de plus de deux mètres, elle consiste en une baraque reliée à l'extérieur par des couloirs taillés dans la neige et comportant dortoir, cuisine, laboratoires scientifique et photographique. En surface sont implantés la tour de lancement des radiosondes et les mâts météo et radio. Le 24 août, huit membres des Expéditions polaires françaises voient partir leurs camarades ; commence un long hivernage, dans un environnement particulièrement hostile. En février, la température du grand désert blanc balayé par de violents blizzards descend jusqu'à – 64 °C. Les occupants de la station — les premiers hommes à survivre en hiver à une latitude si extrême — étudient le climat et font des observations météorologiques régulières en surface et dans les hautes couches de l'atmosphère.

Le Groenland exploré

Lors du deuxième hiver, les travaux continuent dans la station centrale. Ils sont complétés par les campagnes d'été. Des équipes sillonnent l'est de l'inlandsis. Un groupe de géophysiciens effectue des tirs sismiques tous les 15 km tandis qu'un groupe géodésique plante des balises de plusieurs mètres de hauteur afin de mesurer les variations du volume de l'inlandsis sur plusieurs années. À l'automne de 1951, les Expéditions polaires françaises ont parcouru quelque 95 000 km avec leurs véhicules à chenilles. Sur cette distance, 10 000 km n'avaient jamais été reconnus auparavant. Cette exploration en profondeur permet de préciser la morphologie du Groenland, gigantesque cuvette bordée à l'ouest et à l'est par des montagnes ; elle établit aussi que le sol rocheux formant le fond de la cuvette se trouve à peu près au niveau de la mer. À partir de mesures, de sondages et de relevés, les scientifiques ont aussi dressé une carte du sous-sol rocheux, calculé le volume et l'épaisseur de l'inlandsis, et déterminé la température et la densité de la glace en surface et en profondeur. Après ces premières campagnes, les Expéditions polaires françaises restent très actives à la fois au Groenland et dans l'Antarctique, où elles collaborent notamment à des programmes de recherches internationaux.

Paul-Émile Victor dirige la première mission des Expéditions polaires françaises au Groenland.

→ **Voir aussi :** p. 286-287 (Port-Martin).

Haroun Tazieff entreprend l'exploration des volcans

LE CRATÈRE DU NYIRAGONGO

En 1948, au Congo belge (aujourd'hui le Zaïre), Haroun Tazieff descend dans le cratère du Nyiragongo, dans la chaîne des monts Virunga entièrement formée de volcans. L'expérience est inoubliable et décide de la vocation du jeune homme.

Au lendemain de la Seconde Guerre mondiale, Haroun Tazieff travaille comme géologue dans ce qui est encore le Congo belge. Passionné de haute montagne et excellent grimpeur, cet homme de trente-quatre ans gravit pour la première fois les pentes du Nyiragongo en 1947. L'ascension s'avère sans grand intérêt pour un alpiniste chevronné, et le cratère, noyé dans une épaisse fumée, s'il est le premier qu'il voit, ne lui fait pas grande impression. Dans les mois qui suivent, cependant, l'éruption du Nyamlagira tout proche oriente les travaux d'Haroun Tazieff vers la volcanologie ; c'est ainsi qu'il recommence à s'intéresser, de façon professionnelle cette fois, au Nyiragongo.

Un rougeoiement dans la nuit

Alors qu'il observe le Nyamlagira, Tazieff est vivement intrigué par la puissante lueur rouge qui teinte, la nuit, le panache de fumée s'échappant du Nyiragongo. Le volcanologue débutant en conclut logiquement qu'un feu immense couve dans le volcan. S'il ne l'a pas vu en 1947, c'est à cause des nuées très denses qui masquaient le fond de l'abîme. Malgré l'opinion générale, qui juge impossible la descente dans le cratère, Haroun Tazieff décide de tenter l'aventure. Au cours de son excursion, il a en effet repéré une voie de descente possible dans la paroi abrupte. Au mois d'août 1948, accompagné d'un camarade et de quatre porteurs indigènes, le jeune homme retrouve le sommet du Nyiragongo. Les Africains, qui

Le volcanologue français en expédition.

Au cœur du Nyiragongo

En 1972, Haroun Tazieff observe la formidable activité nocturne du lac de lave.

« Juste au-delà du lobe [formé par une coulée de lave], le front [d'une nappe de lave] atteignit un abrupt que nous ne soupçonnions pas [...] et un torrent étincelant dévala jusqu'à un pilier de roc noir qui le divisa en deux bras, le plus large des deux envahissant un profond canyon sombre dont il illumina les parois et nous révéla le fond par sa course éclatante, tandis que celui qui avait divergé vers la gauche tombait d'un à-pic de plusieurs mètres en cataracte d'un jaune éblouissant, remplissait une large vasque qui se trouvait au bas, en débordait, virait sur la droite et se jetait enfin dans le fleuve principal.

« Le lobe, à cet instant, atteignit le gueulard [cavité] qui vociférait ses gaz sous pression, flammes bleutées dardées jusqu'à trente mètres. [...] La lave s'engouffra dans la gueule béante, et l'instant d'après, des myriades de gouttelettes de feu alourdissaient d'or les flammes transparentes. »

Haroun Tazieff,
Nyiragongo ou le Volcan interdit,
Flammarion, Paris, 1975.

redoutent un déchaînement de violence, s'efforcent d'abord de dissuader les deux Blancs de pénétrer dans le royaume des esprits. Puis, au moment où ceux-ci disparaissent dans le vide, ils les chargent de messages pour les âmes de leurs proches. La descente s'avère difficile à cause du manque de solidité des prises, pourtant nombreuses : les vibrations incessantes et les secousses fréquentes du volcan ont en effet descellé les roches. Après plus de deux heures d'efforts, les deux hommes parviennent enfin à une vaste terrasse horizontale dont le rebord est tranché net. Quand un coup de vent chasse un moment l'écran de fumée, un spectacle inattendu et extraordinaire est dévoilé deux cents mètres plus bas : « Un lac, qui me parut énorme, de lave en pleine ébullition étendait son croissant sur un tiers environ du large cercle formant le fond du puits. [...] D'énormes lames brassaient cette surface couleur de métal gris, et révélaient un bref instant l'or liquide du brasier sous-jacent. »

Le volcan interdit

Haroun Tazieff laisse exploser sa joie. Après avoir réussi la première descente au sein du Nyiragongo, il a fait une découverte capitale : celle du seul lac permanent de lave connu alors dans le monde. Le géologue réalise aussitôt l'intérêt de ce type d'activité pour la volcanologie. Son imagination s'enflamme. Il rêve déjà d'un observatoire permanent. Mais, hélas, scientifiques et fonctionnaires modèrent bientôt son enthousiasme. Les premiers accueillent sans enthousiasme excessif sa découverte. Les seconds, quant à eux, ne voient que des inconvénients à une telle révélation : les responsables des parcs nationaux du Congo, craignant que la nouvelle ne fasse fuir les premiers touristes, ferment carrément au jeune volcanologue l'accès du Nyiragongo ; après quoi, ses supérieurs hiérarchiques lui demandent de renoncer à toute recherche volcanologique. Il n'en faut pas plus pour convaincre Haroun Tazieff de sa mission : il démissionne de sa charge et commence son tour du monde des volcans... En 1953, Haroun Tazieff brave l'interdiction de l'Administration belge. Avec un groupe d'amis et de porteurs, il escalade les flancs du Nyiragongo de nuit pour échapper à la vigilance des gardes. Dans le cratère, le volcanologue retrouve la plate-forme atteinte cinq ans plus tôt et il admire de nouveau le lac de lave incandescente, qui s'est enfoncé de 30 mètres et a rétréci de moitié depuis sa dernière visite. En se retirant, le brasier liquide a dégagé une seconde terrasse circulaire. Ces observations permettront à Haroun Tazieff de préparer de futures explorations scientifiques.

Une activité permanente

En 1958, Haroun Tazieff obtient enfin l'autorisation de retourner au Nyiragongo avec une expédition officielle. C'est la première mission importante qu'il organise. Une vingtaine de personnes, parmi lesquelles douze scientifiques, géophysiciens et géologues, y participent. Les travaux, qui se déroulent sur les deux plates-formes, incluent des mesures sismiques, gravimétriques ainsi que des mesures de champs magnétiques et de températures. Les savants font également des prospections au compteur de radioactivité et ils recueillent de nombreux échantillons de roches. Ces études concourent à une meilleure connaissance du volcan et de son activité, mais aussi à une meilleure maîtrise des techniques de la volcanologie. L'année suivante, une autre expédition scientifique complète l'exploration du Nyiragongo. Le lac, dont le niveau a encore baissé, a laissé apparaître une troisième terrasse. L'objectif est désormais d'atteindre la surface de lave en fusion, située à 400 mètres de la lèvre du cratère. La longue descente s'effectue à l'aide d'un treuil, relayé par des échelles. Des combinaisons calorifuges protègent les volcanologues de la chaleur extrême du lac de feu tandis qu'ils prélèvent des échantillons de lave et de gaz éruptifs à plus 1 000 °C. L'analyse de leur composition bouleversera des idées bien ancrées. Elle apprend par exemple que les fumerolles ne sont pas constituées essentiellement d'eau. Celles du Nyiragongo n'en contiennent que 14 %. En 1972, Haroun Tazieff conduit une nouvelle expédition au Nyiragongo. Le volcan, dont le lac de lave est cette fois remonté de manière impressionnante, lui réserve encore de belles surprises et des heures inoubliables.

Pour la première fois dans l'histoire de la volcanologie, un homme, Haroun Tazieff, va s'aventurer sur un lac de lave en fusion, dans le cratère du Nyiragongo.

Tazieff réglant un appareil à l'intérieur d'un volcan.

La France s'installe dans l'Antarctique

PORT-MARTIN

En 1950, cent dix ans après la découverte de la terre Adélie par l'explorateur Jules Dumont d'Urville, les Français retournent dans cette région de l'Antarctique. Ils y fondent la base permanente de Port-Martin, qui accueille les premières expéditions et sert de point de départ à l'exploration de terres encore inconnues.

En 1948, le navire polaire *Commandant-Charcot* part de France à destination de l'Antarctique avec à son bord une équipe de scientifiques et de techniciens, et plusieurs tonnes de matériel. Mais les glaces de la banquise, infranchissables cette année-là, obligent le navire à faire demi-tour. En janvier 1950, le bateau franchit les plaques de glace du pack et il débarque en terre Adélie la première mission des Expéditions polaires françaises, association fondée en 1947 grâce à l'action de Paul-Émile Victor.

À la découverte de la terre Adélie

Dès leur arrivée, les onze hommes de l'équipe entreprennent de construire la base de Port-Martin, baptisée ainsi du nom d'un de leurs camarades décédé pendant le voyage. La station comprend une baraque principale, constituée d'une salle commune, d'un dortoir, d'une cuisine, d'une buanderie, de laboratoires scientifiques et d'un laboratoire photographique. À proximité se trouvent des magasins pour les vivres et les carburants et une baraque qui renferme un atelier et les deux groupes électrogènes. À bonne distance de ces installations est aménagé un abri de secours. L'obscurité de la nuit polaire, le froid, le vent qui souffle à 180 km/h, le blizzard qui charrie de la neige et provoque un épais brouillard rendent la vie des hommes difficile et compliquent leur travail. Les habitants de Port-Martin installent des instruments de mesure tels que sismographes et marégraphes, appareils qui enregistrent la hauteur des marées. Ils exécutent des relevés astronomiques et topographiques afin de dresser la cartographie de la plus australe des terres françaises. Et surtout — c'est pour eux une question de survie —, ils surveillent les conditions météorologiques. L'équipe entreprend aussi douze raids en *weasels* — des véhicules à chenilles — et en traîneaux à chiens. L'une de ces expéditions s'enfonce de 600 km à l'intérieur du plateau polaire tandis que d'autres atteignent le secteur australien à l'est et l'archipel de Pointe-Géologie à quelque 75 km à vol d'oiseau à l'ouest de Port-Martin. En janvier 1951 arrive la relève. Les nouveaux « polaires » effectuent des sorties en mer pour cartographier les fonds marins et poursuivent les études glaciologiques, océanographiques et météorologiques. Ils complètent la cartographie de la côte et ils effectuent d'autres randonnées. Un an plus tard encore (janvier 1952), juste avant le départ du navire qui procède à l'échange des équipes, la base de Port-Martin est dévastée en pleine nuit par un incendie. Le travail scientifique échappe en grande partie à la destruction, mais, surtout, aucune victime humaine n'est déplorée. La mission doit cependant être réduite. Sept hommes hivernent dans la petite station de Pointe-Géologie, les autres retournent en France.

Une « rookerie » de manchots

L'investigation topologique ou climatologique de la région ne constitue pas la seule activité des savants arrivés en terre Adélie.

Les manchots empereurs

Michel Barré, responsable de la deuxième expédition en terre Adélie, relate sa première rencontre avec ces animaux :

« À dire vrai, nous commencions à perdre un peu d'espoir. Nous les avions cherchés partout, et malgré l'éclairage de la lune, nous n'apercevions rien que le noir des roches et le blanc de la neige. Nous n'imaginions évidemment pas trouver le spectacle qui nous attendait. Nous avons devant nous plusieurs milliers de manchots empereurs tassés, groupés, au coude à coude et ventre à dos, dans un carré de cent mètres de côté tout au plus ; présentant leurs dos noir vers l'extérieur du carré, leurs têtes inclinées reposant entre les épaules des manchots placés immédiatement devant eux. Les milliers d'empereurs, immobiles sous la lune, forment un spectacle impressionnant. [...] Les œufs sont déjà pondus. Il semble qu'il y en ait un par manchot, ou à peu près ; étant donné la température extérieure et celle de la surface de la neige sur laquelle ils se trouvent, ces malheureux animaux ne peuvent pas poser leurs œufs par terre pour les couver, ils sont obligés de les laisser en équilibre sur leurs pattes. »

Michel Barré, Blizzard terre Adélie, 1951, *Éditions Ouest-France, 1994.*

Pesée d'un manchot empereur adulte sur l'île des Pétrels, en 1952.

Les installations de la base de Port-Martin. ▷

En 1952, la base de Port-Martin est dévastée en pleine nuit par un incendie.

Lors de leur première visite à Pointe-Géologie, en 1950, les explorateurs français ont fait une magnifique découverte. Ils ont trouvé une *rookerie,* ou colonie, de manchots, phénomène très rare puisqu'on ne connaissait alors que quatre autres rookeries dans le monde. Les oiseaux, qui sont au nombre de 15 000 quand la colonie est au complet, sont évidemment observés avec avidité par les biologistes de l'équipe. En mars, quand la glace commence à se former, les manchots, qui sont alors très gras, quittent l'eau pour le continent, où ils s'accouplent. C'est en effet au cœur de l'hiver austral, au moment où les conditions atmosphériques sont les plus rigoureuses, que les manchots se reproduisent. Les femelles pondent leur unique œuf au mois de mai et en confient la garde au mâle, qui le pose sur ses pattes et le bloque sous un repli de son ventre. Les mâles, groupés en rangs serrés, se déplacent constamment de façon que chacun séjourne, à tour de rôle, au centre du groupe, où règne une température plus élevée qu'à l'extérieur. Pendant ce temps, la mère s'absente pour aller chercher de la nourriture au loin, dans l'eau libre. Lorsqu'elle revient, deux mois plus tard, elle peut alimenter le poussin, né en juillet, avec les provisions accumulées dans son tube digestif et son estomac. Le mâle, qui a alors perdu la moitié de son poids, va se nourrir à son tour…

→ **Voir aussi** : p. 282-283 (Les Expéditions polaires françaises).

L'Année géophysique internationale

Dumont-d'Urville, nouvelle base française. En 1956, après une interruption de trois ans, les expéditions reprennent en terre Adélie. La base de Port-Martin, ravagée par un incendie en 1952, est abandonnée et une nouvelle station, nommée Dumont-d'Urville, est édifiée à Pointe-Géologie.

Un projet international. La première mission prépare les expéditions des années 1957 et 1958, qui se dérouleront dans le cadre de l'Année géophysique internationale. Il s'agit d'un immense programme de recherches, monté à l'initiative de savants américains et mené en collaboration par soixante-sept pays et des dizaines de milliers de scientifiques appartenant aux disciplines les plus diverses. Le projet, qui privilégie l'étude de la physique de la haute atmosphère, accorde une place particulière aux fusées, aux satellites — mais aussi à l'Antarctique.

Un continent livre ses secrets. Dans cette région, en effet, onze nations mènent des études exhaustives et installent de nombreuses stations d'observation. S'appuyant sur l'expérience et la compétence des Expéditions polaires françaises, la France, naturellement, n'est pas en reste. Grâce à ces recherches, le continent antarctique, encore très largement inexploré en 1956, peut être décrit pour la première fois dans son ensemble, sous-sol compris.

1950

La « Calypso » à la découverte des océans

LE COMMANDANT COUSTEAU

En 1950, Jacques-Yves Cousteau quitte la Marine nationale avec le grade de capitaine de corvette, et il acquiert, avec l'aide d'un mécène britannique, un ancien dragueur de mines. Le navire de 350 tonnes et de 42 mètres de long, baptisé la « Calypso », est transformé en navire océanographique.

Huit ans plus tôt, Jacques-Yves Cousteau a révolutionné la plongée sous-marine en inventant avec l'ingénieur Émile Gagnan le scaphandre autonome, alimenté par des bouteilles à air comprimé. L'appareil, enfin libéré des câbles qui le reliaient à la surface, permet aux plongeurs d'atteindre de plus grandes profondeurs, de séjourner plus longtemps sous l'eau et de circuler sans entrave. Avec la *Calypso,* Jacques-Yves Cousteau entend mettre ces nouvelles techniques de plongée au service de l'exploration scientifique.

De nouveaux champs d'exploration

Doté des instruments scientifiques les plus modernes afin de remplir des missions de topographie, d'acoustique, de géophysique ou encore de géologie, le bâtiment devient le premier laboratoire expérimental de l'océanographie française de haute mer. Dès la fin de l'année, le commandant de la *Calypso* entreprend son premier voyage d'exploration. Celui-ci a pour but l'étude des récifs de corail de l'archipel de Farsan, dans la mer Rouge. L'équipe scientifique est formée du volcanologue Haroun Tazieff et de spécialistes de biologie, de géologie, d'hydrologie, ravis de pouvoir observer directement les fonds sous-marins. Les nombreuses plongées révèlent aux savants l'existence de cuvettes volcaniques et de gisements de minerais précieux et conduisent à l'identification de nouvelles espèces animales et végétales. Après avoir démontré les immenses possibilités qu'offre la plongée en scaphandre autonome, le commandant Cousteau met son navire et son équipe de plongeurs au service d'autres disciplines. Ainsi, en juillet 1952, il ouvre, à 20 km au large de Marseille, le premier chantier d'archéologie sous-marine, placé sous la direction scientifique d'un archéologue. Les plongeurs fouillent l'épave d'un navire grec qui a sombré au IIIe siècle avant notre ère. Le bateau, qui se trouve à 40 m de profondeur, contient toujours son importante cargaison d'amphores et de vaisselle. L'équipe de la *Calypso* remonte patiemment ces objets à la surface. L'aventure, d'un genre totalement nouveau, passionne le public.

Le Monde du silence

Pour entretenir son très coûteux bateau et organiser ses propres expéditions, le commandant Cousteau réalise de nombreuses missions de prospection pour le compte de diverses sociétés. La première d'entre elles, commandée par une filiale de la compagnie British Petroleum, se déroule dans le golfe Persique, sous la direction d'un géophysicien et d'un géologue. Les centaines de sondages effectués à partir de la surface sont complétés par le travail des plongeurs de la *Calypso,* qui prélèvent des échantillons du sol sous-marin. Cette méthode, inédite, se révèle extrêmement fructueuse puisqu'elle conduit à la découverte de riches gisements pétrolifères. En 1955, la *Calypso* se consacre au cinéma. Plusieurs mois durant, le navire sillonne la mer Rouge et l'océan Indien pour le tournage du *Monde du silence,* codirigé par Jacques-Yves Cousteau et le cinéaste Louis Malle. Les deux hommes, qui bénéficient de la collaboration d'une douzaine de plongeurs cameramans, filment des coraux, des poissons multicolores, des dauphins, des marsouins, des baleines, des requins dévorant un jeune cachalot — sans oublier la vedette du long-métrage, Jojo le Mérou. Les cinéastes s'intéressent aussi aux oiseaux et aux tortues géantes. Le film, d'une qualité exceptionnelle, fait découvrir à un vaste public la vie sous-marine.

Vivre sous l'eau

Au cours de ses expéditions, Jacques-Yves Cousteau éprouve le besoin de dépasser les profondeurs atteintes par les plongeurs. Il imagine un petit engin, facile à manœuvrer et à transporter, qui est construit par l'OFRS (Office français de recherches sous-marines) créé en 1953 pour mettre au point l'équipement de la *Calypso.* La « soucoupe plongeante », reconnue opérationnelle six ans plus tard, devient le complément indispensable du navire. L'appareil, qui fait descendre deux hommes jusqu'à 350 m de fond, élargit considérablement le domaine de l'exploration des fonds sous-marins. En se fondant sur des travaux anglais et américains, le commandant Cousteau affine ensuite un projet de « maison sous la mer », appelé *Précontinent.* Pour cela, en 1962, la *Calypso* dépose à 10 m de profondeur, dans la rade de Marseille, un cylindre dans lequel

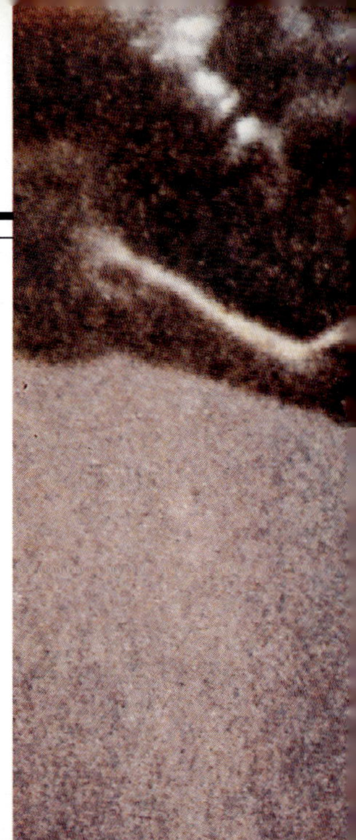

Les plongeurs filmés par Louis Malle.

Le commandant Cousteau à bord de la « Calypso ».

deux océanautes passent une semaine. L'idée est d'éviter les problèmes de décompression liés à la plongée. L'habitation est soumise à une pression équivalente à celle qui règne sous l'eau à cette profondeur. De cette façon, les deux hommes sortent plusieurs fois par jour sans sentir de différence entre l'intérieur et l'extérieur. Au cours de *Précontinent II*, qui dure un mois, trois hommes vivent et travaillent à des recherches pétrolifères à partir d'une maison installée à 10 m de profondeur. De leur expérience naît le film *le Monde sans soleil*. La série des essais de vie sous la mer est finalement abandonnée en 1965 après *Précontinent III*. La fatigue que ressentent les océanautes à la fin de ce dernier séjour sous l'eau pose la question du danger d'une trop longue immersion. La rentabilité de telles maisons est, par ailleurs, en cause... En 1966, la *Calypso* prend une nouvelle orientation. Après l'exploration à but scientifique et la réalisation de films de cinéma, elle entame une longue et brillante carrière de films documentaires pour la télévision.

Le monde du silence

« Nous avons appris à nager sans effrayer la population de la mer. Il nous arrive de déboucher dans quelque paysage sous-marin où toutes sortes de poissons nous acceptent de la meilleure grâce du monde. Si l'on pousse des cris auprès d'eux, cela ne les dérange pas. Mais il suffit parfois d'un signal occulte, d'une onde engendrée par nos nageoires de caoutchouc, pour qu'une panique se déclenche et que le vide se fasse autour de nous. Les poissons, en effet, ne réagissent que peu ou pas du tout au bruit. [...] Les baleines et les dauphins crient ; quelques espèces de poissons coassent comme les grenouilles. Certains jours, si l'on tend l'oreille, en retenant sa respiration, l'on perçoit un faible crissement dans les profondeurs [...] Les bruits sous-marins sont rares [...]. Pour nous — je ne crains pas de l'écrire malgré la publicité faite aux bruits de la mer — l'océan est le monde du silence. »

Jacques-Yves Cousteau, le Voyage de la « Calypso ». Le monde du silence, *Hachette, Paris, 1957.*

Le « Monde du silence », ou la beauté des fonds marins révélée au public.

Un ethnologue à la rencontre des Inuit
JEAN MALAURIE

La chasse et la pêche procurent aux Inuit la nourriture, les vêtements et l'huile pour l'éclairage.

En 1950, Jean Malaurie obtient du Centre national de la recherche scientifique une mission dans le nord du Groenland. C'est la première expédition française d'ethnographie chez les Esquimaux polaires, ou Inuit. Cette étude est pour lui l'occasion de partager durant une année la rude existence de ce peuple dans le district de Thulé et de découvrir leurs mœurs.

En 1948 et 1949, alors qu'il participe aux deux premières missions des Expéditions polaires françaises au Groenland en tant que géographe, Jean Malaurie apprend que des Esquimaux « primitifs », encore peu touchés par la civilisation occidentale, habitent le nord-ouest de l'île. Aucun de ses compatriotes n'a encore vécu parmi ces hommes, découverts en 1818 par le capitaine John Ross. Malaurie s'enthousiasme à l'idée d'être le premier Occidental à partager la vie d'un des derniers peuples inconnus de la Terre. L'expérience qu'il s'apprête à vivre fera du géomorphologue qu'il était un ethnologue.

La maîtrise de l'attelage

« À l'abri des regards, dans une baie propice, je m'entraîne pendant dix semaines au difficile maniement du fouet [...]
Dans les premières semaines, la lanière du long fouet de 8 mètres s'enroule irrésistiblement autour de mon torse, de mes jambes ou de ma manche droite. La mèche parfois claque au visage. Je me protège les yeux. Un coup malheureux et je pourrais perdre un œil. Un Esquimau en est resté borgne. Peu à peu, je m'enhardis. Les gestes se font plus sûrs. Ayant détaché les laisses de mes bêtes d'un trou creusé dans la glace, je m'apprête à les atteler. Moment appelant la plus vive attention : le fouet est sous le bras ; les laisses ne sont comme rattachées à rien. Vous posez seulement le pied sur elles une fois rassemblées. Mais que les chiens aient la subite envie de s'en aller, attirés par une odeur ou quelque humeur, il vous appartient de les retenir en vous jetant sur un faisceau de 7 mètres de laisses de cuir, quitte, sur des centaines de mètres, à vous faire traîner. »

Jean Malaurie,
les Derniers Rois de Thulé,
Plon, Paris, 1989.

« Une si jolie petite plage »

En juillet 1950, Jean Malaurie s'embarque donc pour le district de Thulé. Ce secteur, qui s'étend sur 350 km de long du nord au sud, abrite neuf hameaux et soixante-dix familles de chasseurs inuit, isolées du reste du monde. La tribu rassemble au total 302 individus, qui sont les habitants les plus septentrionaux de la Terre. Le scientifique fait escale dans le petit centre de Thulé où il trouve un navire qui le conduit à Siorapaluk — nom qui signifie « une si jolie petite plage » en langage inuit —, à 150 km au nord de la localité. Dans ce site extraordinaire, bordé par un fjord et par de hautes falaises surplombées par le désert de glace de l'inlandsis, neuf cabanes esquimaudes se blottissent. Malaurie s'installe dans une de ces maisons traditionnelles, ou igloo, qui se trouve inhabitée. Il étonne vivement les Inuit car il est seul, alors que les douze expéditions britanniques, américaines ou danoises qui l'ont précédé comprenaient de nombreux membres. Comme il s'agit d'une cabane en bois, la première tâche du Français est de l'entourer d'une épaisse couche de tourbe afin de l'isoler du froid. D'autres igloos, moins nombreux, sont bâtis avec de la tourbe mélangée avec des pierres. Les igloos de neige sont quant à eux réservés aux raids de chasse. L'habitation esquimaude permanente, de forme rectangulaire ou carrée, est formée d'un corridor qui donne accès à une unique grande pièce. En 1950, le quart des maisons, habitations des Inuit les plus démunies, sont encore chauffées uniquement par les lampes à huile de phoque, de morse ou de baleine, utilisées aussi pour l'éclairage. Les autres sont équipées de réchauds à essence ou brûlent du charbon. Les igloos sont occupés en général par une seule famille.

La dure loi du Nord

Pendant l'été, Jean Malaurie achète un bon attelage de neuf chiens et s'entraîne longuement à le conduire. Il noue le lien indispensable avec les bêtes, parfois féroces, auxquelles il confiera sa vie lors des raids et des expéditions sur la glace. Le savant préfère supposer qu'il ne doit pas compter sur ses hôtes : ceux-ci, qui ont déjà une vie difficile, n'ont aucune raison de s'attendrir sur le sort d'un Européen pris de la fantaisie de vivre à leur manière. L'opinion de Malaurie reçoit confirmation dès sa première randonnée en traîneau, qui a lieu au mois de novembre en compagnie de quatre chasseurs. En route pour un hameau situé à 50 km au sud de Siorapaluk, le Français, bon dernier, est surpris par une tempête de neige et perd la piste des Esquimaux. Il se retrouve seul dans la nuit polaire, égaré dans l'immensité blanche et glaciale sans savoir dans quelle direction aller. Son bonheur est d'apercevoir au loin une lueur : celle d'une pipe allumée par l'un des hommes. Il est sauvé. Mais à peine a-t-il rejoint ses compagnons que ceux-ci lèvent le camp, sans lui jeter un regard et sans lui laisser le temps de se reposer. Pour les Esquimaux, un homme « doit être capable de faire face à toutes les situations : tuer, dépecer, coudre, s'orienter dans la nuit, la brume, la tempête, lutter sans relâche contre sa peur et sa lassitude. À la pire adversité [...] doit être opposé sinon un rire de défi, du moins une marque d'indifférence. »

Des traditions ancestrales

Petit à petit, le Français, qui a appris la langue des Inuit, pénètre la culture et les habitudes de ses hôtes. Les Esquimaux tirent l'essentiel de leur nourriture et celle de leurs chiens, la graisse pour l'éclairage ainsi que les peaux pour leurs vêtements, de la chasse du phoque, du morse, du narval, de la baleine blanche, du renard bleu et du renard blanc. La chasse du lièvre et des oiseaux et la pêche du saumon complètent en partie l'alimentation. Quand Malaurie arrive à Siorapaluk, une boutique, tenue par un représentant sud-groenlandais de l'administration danoise, pourvoit aussi à de nouveaux besoins. Deux jours par semaine, elle reçoit les Esquimaux qui viennent vendre leurs peaux de renard, unique moyen d'échange pour accéder au monde moderne. Avec l'argent qu'on leur verse, ils achètent des produits européens : thé, sucre, biscuits, tabac, lait, fusil, carburant, combustible et textiles. Jean Malaurie interroge les Inuit sur leur organisation sociale, fondée sur la possession commune du sol et des terrains de chasse, mais aussi sur l'inégalité entre les sexes et les âges. Il constate que les femmes mangent à part, après les chiens, les enfants et les hommes. Les jeunes non nubiles, les pauvres sans attelage ne participent pas aux débats. Les vieux sont considérés avec indifférence et, en tout cas, sans qu'on leur manifeste de respect particulier. Jadis, au temps où les pénuries menaçaient la survie même du groupe, le sort des faibles était bien plus redoutable encore. Les Esquimaux sacrifiaient les bouches inutiles. Les vieillards étaient abandonnés ; les fillettes surnuméraires ou les enfants mal formés ou débiles étaient étouffés à la naissance. Le séjour de Jean Malaurie dans l'Arctique s'achève après la grande expédition cartographique et géomorphologique qu'il dirige entre mars et juin 1951 dans les terres d'Inglefield, de Washington et d'Ellesmere. Par la suite, il ne cessera jamais de se préoccuper du sort des Inuit, confrontés à partir de cette date à la brutale irruption de la civilisation moderne avec la création de l'importante base américaine de Thulé.

Le secteur de Thulé : neuf hameaux avec soixante-dix familles isolées du reste du monde.

Pendant une année, Jean Malaurie a vécu comme les Inuit.

Une extraordinaire plongée dans la fosse des Mariannes

LE BATHYSCAPHE TRIESTE

En 1960, le bathyscaphe « Trieste » touche le fond de la fosse des Mariannes, dans le Pacifique, à moins 10 916 mètres. Cet exploit marque le début de l'exploration des grandes profondeurs sous-marines.

En 1937, le physicien suisse Auguste Piccard, qui a été le premier à explorer la stratosphère à bord d'un ballon de son invention, conçoit un engin autonome susceptible de descendre très bas sous la mer. L'appareil ambitionne de dépasser les performances limitées des sous-marins qui ne peuvent supporter une pression supérieure à celle qui s'exerce entre 200 et 300 mètres de profondeur. Il se propose aussi de battre le record détenu depuis 1934 par la bathysphère de l'Américain William Beebe, qui a emmené deux hommes à 923 mètres de profondeur. Cette boule d'acier, attachée à un câble qui la descend et la remonte, ne possède pas de moyen de propulsion propre.

Atteindre le fond des mers

Ce n'est qu'après la Seconde Guerre mondiale qu'Auguste Piccard, assisté du professeur Max Cosyns, peut construire son engin. Appelé « bathyscaphe », celui-ci est formé d'une sphère-cabine fixée à un flotteur, qui s'inspire de la forme d'un dirigeable et qui est propulsé par un moteur. Au cours des essais effectués en novembre 1948 au large de Dakar, en présence de nombreux scientifiques, le bathyscaphe plonge, à vide, jusqu'à 1 380 mètres. Le record est battu. Mais l'expérience révèle les graves défauts de l'engin, qui ne peut pas résister au mauvais temps une fois revenu à la surface. La déception est vive. La France, encouragée par Jacques-Yves Cousteau, décide pourtant de reprendre le projet, et elle négocie un accord avec les Belges qui ont d'abord financé l'entreprise. Dans le nouveau programme, le physicien suisse obtient un simple rôle de conseiller, qu'il juge, naturellement, inacceptable. Il se tourne alors vers la marine italienne, qui lui permet, quant à elle de réaliser librement un autre bathyscaphe, avec le concours de son fils Jacques. En 1953, avec les essais des deux bathyscaphes, débute la course aux profondeurs. L'appareil français, le *FNRS III,* atteint 2 100 m au large de Toulon. Le *Trieste* d'Auguste et Jacques Piccard se pose, quant à lui, au fond de la mer Tyrrhénienne, à 3 150 m. L'année suivante, le *FNRS III* plonge à 4 050 m au large de Dakar. Les deux appareils

Auguste Piccard, l'inventeur du bathyscaphe.

À bord du Trieste

« À 13 h 06 exactement, le Trieste *vint se poser sur le fond de la fosse des Mariannes, par près de 11 000 m de profondeur. Au moment du « touch down », un léger nuage de vase se souleva, nous permettant mieux d'apprécier la finesse de cet extraordinaire sédiment. Aucune taupinière si classique à petite et moyenne profondeur n'était visible ici ; il y avait quand même quelques petites irrégularités dans le sol. Mais surtout, surtout, au moment où nous arrivâmes, nous eûmes la chance immense de voir juste au milieu du cercle de lumière apportée par un de nos projecteurs, un poisson ; ainsi donc en une seconde, mais après des années de préparation, nous pouvions répondre à la question que des milliers d'océanographes s'étaient posée depuis des dizaines d'années ! La vie, sous forme supérieurement organisée était donc possible en mer, quelle que soit la profondeur. C'était apparemment un véritable poisson osseux, très semblable à une sole, de 30 cm environ de long et de 15 de large. »*

Jacques Piccard, Profondeur 11 000 mètres, l'histoire du bathyscaphe « Trieste », *Arthaud, Paris, 1961.*

Le bathyscaphe « Trieste », conquérant des grandes profondeurs.

La faille de la fosse des Mariannes, point le plus profond du globe.

ont plongé finalement jusqu'à environ 4 000 m. Mais, déjà, les Américains s'intéressent à l'appareil.

Un record jamais battu

La marine américaine, qui se rend acquéreur du *Trieste* pour plonger au fond des abysses, le modifie. Elle l'équipe d'une sphère beaucoup plus résistante, capable de subir la pression de 1 t / cm² qui s'exerce par 10 000 m de fond. Lors de ses deux premières plongées, au large des îles Mariannes, dans le Pacifique, la nouvelle version du *Trieste* atteint 5 530 m, puis 7 025 m. Le bathyscaphe est prêt à affronter la fosse des Mariannes, qui recèle le point le plus profond de toutes les mers du globe. Le 23 janvier 1960, à 8 h 23, le *Trieste,* piloté par Jacques Piccard assisté du lieutenant de la marine américaine Don Walsh, s'enfonce sous l'eau. Il descend à une vitesse de 1 mètre par seconde (3,6 km/h) jusqu'au contact avec des couches d'eaux froides plus denses, qui le freinent. Après les avoir dépassées, l'engin observe la même allure jusqu'à 8 000 m. À partir de 800 m, le froid a contraint les deux occupants de la sphère à revêtir des vêtements chauds. À 7 000 m (propre record du Trieste) le bathyscaphe pénètre dans des profondeurs jamais atteintes par l'homme. L'eau est d'une très grande limpidité. La vitesse tombe à 60 cm par seconde après 8 000 m, puis à 30 cm après 9 300 m. Le pilote avance prudemment vers le fond, dont on ignore entièrement le relief. Tout choc avec une paroi serait probablement fatal au submersible. Enfin, à 12 h 56, une ligne noire se dessine sur le sondeur. Le fond est tout proche. À 13 h 06, quatre heures trois quarts après le départ, le *Trieste* se pose doucement sur le fond de la fosse, à 10 916 m de profondeur ! Il est accueilli par un poisson qui nage devant l'un de ses hublots. Les deux hommes demeurent sur place une demi-heure afin de se livrer à des observations. Le fond est plat, clair et solide. La température de l'eau est de 2,4° C. À 16 h 50, le *Trieste,* qui vient d'établir le record absolu de profondeur, refait surface.

Vers une ère nouvelle

En 1961, la France lance un nouveau bathyscaphe, construit en collaboration avec la Belgique et appelé *Archimède.* Conçu pour plonger à d'aussi grandes profondeurs que le *Trieste, Archimède* s'aventure dans la fosse des Kouriles, au large du Japon. Mais, comme le point le plus profond de l'abîme ne dépasse pas 9 545 m, *Archimède* ne peut battre le record du *Trieste.* Les exploits du *Trieste* et de l'*Archimède* montrent que ces appareils sont parfaitement au point. L'exploration des océans par les bathyscaphes entre alors dans une nouvelle phase. À la course au record et à l'observation ponctuelle des premières plongées succèdent les grandes expéditions scientifiques.

1961

Le premier vol habité dans l'espace

VOSTOK 1

Le 12 avril 1961, l'Union soviétique étonne le monde entier en envoyant le premier homme dans l'espace. Avec cet immense succès scientifique et technologique, la puissance communiste confirme la suprématie acquise depuis quelques années dans le domaine de l'astronautique.

Au lendemain de la Seconde Guerre mondiale et pour des raisons militaires, l'URSS s'engage activement dans l'aventure spatiale. Elle cherche à combler son retard sur les

Le départ de Vostok 1, le 12 avril 1961. À son bord, Youri Gagarine, le premier explorateur de l'espace.

Vostok 1

Le vaisseau Vostok est propulsé par une fusée, formée d'un corps central entouré de quatre accélérateurs et par un étage orbital. Ce dernier se sépare du vaisseau dès qu'il a été placé sur orbite.

Le vaisseau se compose de deux parties : l'habitacle, ou capsule de rentrée, et le compartiment des équipements, ou module de service. L'habitacle sphérique abrite le cosmonaute, installé sur un siège éjectable. Le module de service transporte les réserves d'oxygène et d'azote, les batteries alimentant les appareils de bord et la rétrofusée qui permet de sortir de l'orbite et de revenir sur la Terre.

Poids du vaisseau : 4,73 t ; longueur : 4,40 m ; diamètre de la capsule de rentrée : 3,30 m ; volume de la capsule : 5,20 m3.

Durée du vol : 1 h 48 ; durée de l'orbite : 1 h 29

Périgée (point de l'orbite où le vaisseau Vostok est le plus proche de la Terre) : 181 km. Apogée (point de l'orbite où le vaisseau Vostok est le plus éloigné de la Terre) : 327 km.

Américains, qui détiennent l'arme atomique. Après une dizaine d'années passées à concevoir et à mettre au point des fusées et des satellites, les Soviétiques lancent, le 4 octobre 1957, le premier satellite artificiel, Spoutnik. Ils ouvrent ainsi triomphalement l'ère de l'exploration spatiale. Le mois suivant, Spoutnik 2 emporte dans l'espace la chienne Laïka, le premier être vivant satellisé, ainsi que des instruments qui mesurent les rayons solaires et cosmiques. Ces réussites, confirmées par le lancement de Spoutnik 3, invitent l'Union soviétique à poursuivre son programme de vol habité.

Un passager pour Vostok 1

Dès 1959, les autorités recrutent parmi les pilotes de l'aviation militaire des volontaires pour une mission secrète et dangereuse. Lorsque la sélection définitive s'achève en mai 1960, il reste six hommes. Six mois durant, les candidats, qui savent désormais qu'un voyage dans l'espace les attend, reçoivent une formation théorique. Commencent ensuite les séances d'entraînement intensif, qui durent six autres mois. Les futurs cosmonautes sont confrontés à des machines qui simulent les conditions de vol et testent les réactions des organismes. Il s'agit de savoir comment ces hommes supportent les accélérations extrêmement brutales (de l'ordre de 1 300 kilomètres à l'heure en quelques secondes), les décélérations et les pressions très fortes qui en résultent. Ils se préparent aussi au vol en apesanteur. Ce n'est qu'au soir du 10 avril 1961 que les Soviétiques désignent l'occupant du vaisseau Vostok 1. Le premier voyageur de l'espace sera le lieutenant Youri Gagarine. Né le 9 mars 1943, le jeune officier, fils de charpentier, est marié à une infirmière et est père de deux fillettes.

Un vol sans histoire

Le 11 avril 1961, la fusée qui doit emporter le vaisseau Vostok 1 est transportée sur l'aire de lancement de la base de Tiouratam-Baïkonour, dans l'Asie centrale soviétique. Le 12 au matin, Gagarine, enveloppé d'une combinaison spatiale pourvue d'un casque et reliée à une pompe à oxygène, s'installe sur le siège-couchette éjectable de la capsule de Vostok 1, face à une caméra qui le filme. À 6 h 07, en temps universel, la fusée décolle. Trois minutes plus tard, comme prévu, elle perd sa coiffe, c'est-à-dire sa partie supérieure de forme conique. Cinq minutes après le décollage, c'est le corps central de la fusée qui se sépare. Enfin, à 6 h 21, après la mise en orbite du vaisseau, l'étage orbital se détache. Vostok 1, dont le nom signifie « Orient », commence à effectuer sa révolution autour de la Terre d'est en ouest. Le vol étant entièrement automatique, Youri Gagarine n'a aucune manœuvre à accomplir. Il est un simple passager dont les savants étudient les réactions. À travers le hublot de la capsule, le cosmonaute profite donc pleinement de l'extraordinaire spectacle qu'il est le premier homme à contempler : la Terre vue d'une distance de 200 à 300 km. Ce merveilleux voyage dans l'espace se double bientôt d'un voyage dans le temps. À 6 h 49, Vostok 1 entre dans l'ombre de la Terre, c'est-à-dire dans la nuit. À 6 h 57, l'engin survole l'Amérique. Vingt minutes plus tard, le vaisseau quitte l'ombre de la Terre et retrouve le jour. Youri Gagarine vit sa deuxième aube de la journée. Durant le vol, il est prévu que le cosmonaute prenne une légère collation : en vue des futurs vols habités, qui seront forcément plus longs, les scientifiques veulent en effet étudier les réactions de l'organisme dans l'espace, lorsqu'il ingère de la nourriture. Gagarine avale donc une gelée contenue dans un tube et de l'eau conservée dans un petit réservoir équipé d'un tuyau À 7 h 25, le tour de la Terre s'achève. C'est un des moments les plus dangereux : la rétrofusée du module de service, qui doit faire sortir le vaisseau de l'orbite et amorcer le retour sur la Terre, va-t-elle s'allumer ?

Un retour sans problème

Les savants, qui ont prévu une possible défaillance du moteur, ont choisi de placer Vostok 1 sur une orbite basse. À partir de cette orbite, le vaisseau, privé de moyen de propulsion, rentrerait dans l'atmosphère au bout de dix jours... Ces précautions s'avèrent inutiles. Le contact avec l'atmosphère produit un échauffement très important qui transforme la capsule en boule de feu. Le phénomène est prévu : à l'intérieur de l'habitacle, la température est toujours de 20 °C. Peu après l'entrée dans l'atmosphère, la capsule et le module de service se détachent. À 7 000 mètres d'altitude, l'écoutille de la cabine s'ouvre et le siège s'éjecte. Un parachute se déploie. À 4 000 m, Youri Gagarine se sépare du siège éjectable et fait fonctionner son propre parachute. Il touche le sol à une vitesse de 18 km/h. À l'époque, les Soviétiques, sans doute par crainte que le vol habité ne soit pas reconnu, ont tu le fait que le passager devait s'éjecter au retour. L'opération était pourtant inévitable, étant donné la brutalité de l'atterrissage de la capsule, que le corps humain n'aurait pu supporter. À 7 h 55, Youri Gagarine pose donc les pieds sur le sol de l'Union soviétique. Le premier homme à avoir volé dans l'espace devient instantanément un héros dont le nom restera à jamais attaché aux débuts de la conquête spatiale.

La capsule de retour de Vostok 1, lors de son atterrissage.

1969

Les hommes marchent sur la Lune

APOLLO 11

Le 21 juillet 1969 à 2 h 56 (temps universel), le cosmonaute américain Neil Armstrong pose le pied sur la Lune. À cet instant, la mission Apollo 11 ouvre une nouvelle page de l'exploration humaine : pour la première fois de son histoire, l'homme foule le sol d'une autre planète, située à quelque 380 400 km de la Terre.

Avec leur programme lunaire, les États-Unis rattrapent avec éclat le retard pris initialement sur les Russes dans le domaine spatial. À la fin de la Seconde Guerre mondiale, les Américains, qui font venir dans leur pays l'Allemand Wernher von Braun (l'inventeur des premières fusées modernes, les meurtrières V1 et V2) et son équipe de savants, bénéficient pourtant d'un atout majeur. Mais il leur manque encore la volonté politique. En 1957, le lancement du premier satellite, Spoutnik 1, par les Soviétiques, provoque une vive réaction aux États-Unis qui se lancent dès lors dans la course à l'espace. Le 1er octobre 1958 voit la création de la NASA (National Aeronautics and Space Administration), organisme responsable de l'ensemble des programmes spatiaux, doté de très vastes moyens.

Objectif Lune

Le 25 mai 1961, quelques semaines après que les Russes ont envoyé le premier homme dans l'espace, le président John Kennedy déclare devant le Congrès : « Cette nation se doit de réussir, avant la fin de la décennie, à faire atterrir un homme sur la Lune et à le ramener sain et sauf. » Ce discours est suivi de la mise en œuvre du programme Apollo, arrêté définitivement un an après. Wernher von Braun conçoit Saturn V, la puissante fusée qui doit emporter le vaisseau spatial de 43 tonnes. D'une hauteur de 111 m, elle comprend trois étages, qui se détacheront les uns après les autres au cours du vol, et pèse 2 850 tonnes au décollage. En même temps, les Américains élaborent le vaisseau Apollo, constitué de trois éléments : le module de commande, dans lequel voyageront les hommes, le module de service, équipé du moteur de fusée principal, qui propulsera le vaisseau, et le module d'exploration lunaire qui se posera sur la Lune. Une longue préparation précède le vol d'Apollo 11. En 1965 et 1966, le programme Gemini étudie le comportement des astronautes au cours de séjours prolongés dans l'espace, expérimente leurs sorties dans l'espace, fait des essais d'arrimage en orbite et procède à des changements d'orbite manuels. Les vols Apollo prennent la relève de Gemini à partir de 1967. Le 21 décembre 1968, Apollo 8 réalise le premier vol habité autour de la Lune. Les vols Apollo 9 et Apollo 10 effectuent les ultimes essais de séparation et d'arrimage du module lunaire en orbite terrestre et lunaire.

On a marché sur la Lune

Le moment attendu par le monde entier arrive enfin. Le 16 juillet 1969, la fusée Saturn V décolle de cap Kennedy, en Floride, avec Apollo 11. À bord du vaisseau spatial ont pris place trois astronautes, Neil Armstrong, Edwin Aldrin et Michael Collins. Trois jours plus tard, à 18 h 22 (temps universel), Apollo

Le module lunaire, la Lune et le clair de Terre…

En approchant de la Lune

« Ce qui m'a le plus frappé, ce sont certainement les vues. La plus spectaculaire et la plus impressionnante a été, pour moi du moins, celle que nous avons eue en approchant de la Lune, alors que nous étions dans son ombre. Nous étions encore à des milliers de kilomètres, mais la Lune emplissait déjà entièrement notre hublot. Elle éclipsait le Soleil, et la couronne solaire l'entourait sur plusieurs diamètres lunaires, comme une gigantesque soucoupe de lumière. C'était absolument magnifique, mais la Lune elle-même l'était sans doute encore davantage. Nous étions dans son ombre, et le Soleil ne la frappait nulle part. Elle n'était éclairée que par le clair de terre. Elle était d'un gris bleuté, et l'ensemble avait un relief extraordinaire. »

Neil Armstrong, N. Armstrong, M. Collins, E. E. Aldrin Jr, Premiers sur la Lune, *Robert Laffont, Paris, 1970*

11 se place en orbite autour de la Lune. Le 20 juillet, à 21 h 17, le module lunaire, baptisé « Eagle », alunit sur la mer de la Tranquillité avec Neil Armstrong et Edwin Aldrin. Après de longs préparatifs, Neil Armstrong descend l'échelle du module lunaire et pose enfin son pied sur la Lune. Il déclare : « Ce n'est qu'un petit pas pour l'homme, mais un bond de géant pour l'humanité. » Il est 2 h 56. Un vieux rêve de l'homme est devenu réalité : on a marché sur la Lune. Quelque temps après, Edwin Aldrin foule à son tour le sol grisâtre et poussiéreux. Sur la Terre, cinq cents millions de téléspectateurs assistent aux évolutions des deux astronautes qui déposent une petite plaque commémorative et plantent le drapeau américain sur l'astre. Pendant deux heures et demie, ceux-ci recueillent des échantillons et ils installent des instruments scientifiques. Leur mission accomplie, Armstrong et Aldrin repartent dans la partie supérieure du module lunaire, qui est abandonnée après le retour dans la capsule. Le 24 juillet à 3 h 17 Apollo 11 amerrit dans le Pacifique. Les astronautes subissent une quarantaine afin de vérifier qu'ils n'ont pas rapporté de l'espace des germes inconnus.

L'exploration continue

Le programme Apollo se prolonge jusqu'en décembre 1972, date à laquelle est lancé Apollo 17. Les vols suivants, à l'exception d'Apollo 13, victime d'une explosion qui l'empêche de se poser sur la Lune, poursuivent les travaux commencés par l'équipe d'Apollo 11. Au cours des trois dernières missions, les astronautes roulent sur la Lune avec le premier véhicule extraterrestre piloté par l'homme... Ces deux années et demi d'exploration, suivies de nombreuses analyses et études scientifiques, apportent une masse d'informations sur le satellite de la Terre. On sait maintenant qu'il s'est formé il y a environ 4,6 milliards d'années, c'est-à-dire au même moment que la Terre, mais indépendamment de celle-ci. On connaît la composition de son noyau, de son manteau et de son écorce, et les âges des bombardements des grands météorites. On a répertorié ses roches, moins variées que celles de la Terre. Les voyages sur la Lune s'achèvent, au moins dans leur phase scientifique, mais l'exploration du système solaire s'intensifie.

→ **Voir aussi :** p. 294-295 (Vostok 1).

Le 21 juillet 1969, à 2 heures 56 minutes et quelques secondes : pour la première fois, un homme, Neil Armstrong, va poser le pied sur un autre sol que celui de la Terre.

1973-1974

Les savants observent le fond des océans

L'EXPÉDITION FAMOUS

En 1971 germe chez les scientifiques américains et français l'idée d'une exploration océanographique commune d'une ampleur inconnue jusque-là. Le programme FAMOUS naît alors, sigle qui signifie « French American Mid Ocean Undersea Survey ». Il donnera lieu à deux campagnes, l'une en 1973, l'autre en 1974.

Les savants ont très vite compris l'intérêt que les bathyscaphes et les autres appareils de plongée à de grandes profondeurs présentaient pour leurs recherches. Grâce à ces engins, ils peuvent non seulement observer directement le fond des océans, mais aussi mener à bien des études systématiques et de grande envergure.

Une campagne bien préparée

L'expédition FAMOUS repose sur l'utilisation de deux engins de plongée français, le bathyscaphe *Archimède* et la soucoupe *Cyana,* et sur celle d'un petit sous-marin américain, l'*Alvin.* Ces submersibles, qui ont un poids et une manœuvrabilité différents, mais qui plongent tous à une profondeur d'au moins 3 000 m, sont complémentaires. Ils sont équipés d'un matériel électronique et acoustique de pointe ainsi que de caméras de télévision et d'appareils photographiques. Ces engins possèdent en outre un bras télémanipulateur, capable de prélever des échantillons de roches et de sédiments. Quatre navires français et américains transportent les appareils sur les lieux de la plongée et servent de base aux équipages et aux scientifiques, géophysiciens, géologues, chercheurs de pétrole et volcanologues. Ils ont également pour rôle de relever en permanence la position des trois appareils pendant les plongées. La zone de l'océan Atlantique de 20 km de long sur 4 à 5 km de large qui intéresse les savants est située à 650 km au sud des Açores, à une profondeur de 3 000 m. Elle se trouve à l'intersection du Rift, c'est-à-dire la vallée centrale qui entaille la chaîne de montagnes sous-marine de 60 000 km de long sur 1 000 km de large (dorsale médio-océanique) avec une faille transformante (fracture perpendiculaire). Une première maquette du secteur à explorer a été réalisée à partir des relevés faits par des navires de surface.

Plongeurs sous-marins : là où l'homme ne peut plus aller, le bathyscaphe prend le relai.

Le Rift

Le Rift, ou profond fossé qui entaille l'axe de la dorsale médio-océanique, l'immense chaîne de montagnes sous-marine, est au cœur de la majeure partie des phénomènes géologiques du globe. C'est la fracture par laquelle la lave en fusion remonte en permanence de l'intérieur de la Terre et où se crée la croûte océanique.

Cette nouvelle croûte s'écoule de chaque côté du Rift et repousse à la vitesse de quelques centimètres par an l'ancienne croûte vers les grandes fosses océaniques dans lesquelles elle s'enfonce pour retourner au sein de la Terre (dans le manteau). Les savants comparent ce phénomène à un tapis roulant qui se déplace des deux côtés de la vallée centrale. Le Rift est l'endroit où le tapis monte et les fosses océaniques celui où il descend. Il faudrait à ce tapis deux cents à trois cents millions d'années pour aller du Rift aux fosses et donc pour se renouveler complètement. La « montée » et la « descente » de ces masses énormes s'accompagnent de frottements et de collisions qui provoquent les séismes et certaines éruptions volcaniques.

Le Rift est une ligne brisée par des fractures perpendiculaires, les failles transformantes, qui sont des zones frontières où coulissent les grandes plaques de l'écorce terrestre.

À la découverte du Rift

L'opération FAMOUS commence pendant l'été 1973 avec les plongées de l'*Archimède.* Le 2 août, le bathyscaphe emmène pour la première fois un scientifique au fond du Rift, afin de vérifier qu'il s'agit bien d'une structure volcanique. Avec une intense émotion, le géophysicien Xavier Le Pichon découvre, à plus 2 500 m de profondeur, un extraordinaire paysage. Sous ses yeux défilent une gigantesque cascade de lave figée sur une pente verticale, de grands conduits noirs recouverts d'une couche de verre et des petits éclats de roche qui tapissent le fond. Le savant contemple aussi des formations ressemblant à des coussins, les *pillows,* et un enchevêtrement de tubes. Le monde animal est représenté par une magnifique gorgone géante (colonie de coraux), une « tulipe », ou espèce d'éponge, et des poissons. L'*Archimède,* qui explore le Rift à sept reprises, parcourt 9 km au total. Il rapporte 90 kilogrammes de roches et plus de 2 000 photographies. Grâce à cette campagne, la morphologie du fond et les difficultés qu'il présente pour les submersibles sont mieux connues. Cette prospection a en outre soulevé

de nouvelles questions au sujet du Rift. Les savants s'efforceront d'y répondre l'année suivante.

Le fond de la mer, avec ses « pillows », tel que le vit le géophysicien Xavier Le Pichon à 2 500 m de profondeur.

Le bathyscaphe « Archimède » : l'engin de plongée français fut un outil essentiel de l'exploration des fonds océaniques.

Une exploration exhaustive

La campagne de 1974 engage les trois submersibles. L'*Alvin* et l'*Archimède* se concentrent sur le fond du Rift et sur ses parois tandis que la soucoupe *Cyana* explore la faille transformante. Les plongées sont subordonnées aux conditions météorologiques, soigneusement étudiées avant les immersions. Chaque appareil emporte trois personnes, un pilote, un copilote et un scientifique. Avant le départ, ce dernier et le pilote mettent au point les ultimes détails de l'itinéraire à suivre au fond de l'océan, où des balises acoustiques servent de point de repère. Après une descente qui dure une heure et demie environ, le scientifique scrute le paysage. Il enregistre les commentaires que celui-ci lui inspire sur un magnétophone. Il oriente la navigation en fonction de ses observations. Souvent, il demande au pilote de prélever des échantillons avec le bras mécanique. Les résultats des 51 plongées de 1973 et de 1974 sont considérables. Les scientifiques ont étudié 91 km de fond. Ils ont rapporté deux tonnes d'échantillons et 23 000 photographies.

De fascinants fonds sous-marins

L'expédition FAMOUS permet aux scientifiques américains et français de vérifier, de confirmer et de compléter par l'observation directe les théories récentes élaborées au sujet des phénomènes géologiques qui se produisent au fond des océans. Dans la zone sillonnée par les submersibles, les savants peuvent observer directement les laves qui ont coulé des deux côtés du Rift et qui constituent le nouveau plancher de l'océan. Grâce à l'exploration du Rift et de la faille transformante, ils prouvent que le mouvement des grandes plaques formant l'écorce terrestre correspond bien à la théorie de la tectonique des plaques, qui explique l'ouverture et la fermeture des océans et la dérive des continents. L'équipe de FAMOUS est aussi la première à être témoin du processus de la création permanente de minerais sous l'océan. C'est au cours d'une plongée de la soucoupe *Cyana* dans la faille transformante qu'un scientifique fait cette sensationnelle découverte qui explique la formation de certains types de gisements de minerais.

Des spéléologues dans les gouffres de la Nouvelle-Bretagne

L'EXPLORATION DU MONDE SOUTERRAIN

En 1980, la Fédération française de spéléologie envoie une équipe à la découverte des gouffres de la Nouvelle-Bretagne, île de l'archipel Bismarck située au nord-est de la Nouvelle-Guinée. Dans le sol calcaire de cette terre au climat équatorial s'ouvrent des gouffres immenses et se cachent des cavités souterraines très étendues.

L'entrée de Naré, un des puits géants de la Nouvelle-Bretagne.

L'exploration du sous-sol de la Nouvelle-Bretagne nécessite de longs préparatifs. Elle est précédée, en 1978, par une expédition de reconnaissance. En un mois, six spéléologues localisent les abîmes qui leur paraissent les plus prometteurs de belles découvertes. Ils espèrent notamment que l'équipe à venir trouvera une cavité plus profonde que celle du gouffre Jean-Bernard, en Haute-Savoie, qui détient le record du monde avec ses 1 535 m de dénivellation. Le petit groupe définit aussi les principales difficultés auxquelles sera confrontée l'expédition principale : l'absence de pistes permettant d'accéder aux gouffres situés dans une jungle épaisse, et le risque de violents orages, qui peuvent entraîner des crues souterraines brutales, fort dangereuses pour les explorateurs.

Dans le gouffre de Kavakuna

Onze hommes participent à l'expédition finale, qui se déroule du 10 janvier au 10 mai 1980. On compte parmi eux deux moniteurs et un instructeur de l'École française de spéléologie, des responsables de la Fédération française de spéléologie, parmi lesquels Jean-François Pernette, qui dirige le groupe, un médecin et deux spéléologues chargés de la photographie. L'exploration commence par le gouffre de Kavakuna et le système de la rivière souterraine Matali. L'abîme

À l'intérieur des grottes, un paysage impressionnant de calcaire clair.

L'exploration souterraine est synonyme de multiples dangers, parmi lesquels les rivières à fort débit ne sont pas les moindres.

Naissance et développement de la spéléologie

L'exploration des cavernes commence véritablement au XVIIIe siècle. Dans les années 1800, elle devient une discipline à part entière. En 1894, elle prend le nom de « spéléologie ».

Un pionnier. Édouard Alfred Martel (1859-1938), qui consacre une importante partie de sa vie à l'exploration du monde souterrain, visite plus de un millier d'abîmes, d'abord en France, où il découvre notamment le gouffre de Padirac dans le Lot, puis dans le reste du monde. Ses nombreux ouvrages de vulgarisation font de lui le pionnier le plus célèbre de la spéléologie. Avec les théories concernant le creusement des cavernes, il pose les fondements de la spéléologie scientifique.

Un explorateur solitaire. Originaire des Pyrénées, le spéléologue Norbert Casteret (1897-1987) se fait connaître en 1923 grâce à la découverte de la grotte de Montespan (Haute-Garonne), ornée de sculptures préhistoriques. Cet explorateur pénètre dans plus de 2 000 cavités. Il localise les sources de la Garonne et descend dans le gouffre Martel (– 303 m), qui est alors le plus profond de France.

La spéléologie moderne. À la même époque, Robert de Joly (1887-1968) modernise les méthodes d'exploration. Il renouvelle le matériel d'exploration et fonde la Société spéléologique de France, qui donnera naissance à la Fédération française de spéléologie.

Une révolution technique. Dans les années 1970, le remplacement de la descente et de la remontée sur échelle par les techniques de descente et remontée sur une seule corde constitue une véritable révolution technique.

lui-même se révèle peu intéressant, car la rivière conduit rapidement à un siphon infranchissable. L'équipe s'introduit alors dans un puits voisin, baptisé « Ka 2 », qui mène à une vaste galerie remplie de superbes stalactites et stalagmites. Après s'être glissés dans un passage bas, unique point de passage vers la suite du réseau, les spéléologues progressent au milieu d'un décor de stalactites, de stalagmites, de colonnes hautes de plusieurs mètres, de cascades pétrifiées et de cristaux scintillants. Ils atteignent finalement une salle de 200 m de haut, de 190 m de longueur et de 90 m de large, où coulent une rivière au débit extraordinaire et son affluent. Sur une des rives de celui-ci, les Français aperçoivent des perles des cavernes, ou pisolithes. Il s'agit de grains de sable ou de petits graviers roulés pendant des millénaires par l'eau chargée de calcaire qui tombe sur le sol et qui enrobe le noyau de pellicules concentriques. Ces formations extrêmement rares font l'admiration des spéléologues, qui considèrent que celles du Kavakuna sont les plus belles qu'ils aient jamais vues. En aval, les membres de l'expédition atteignent une salle grandiose, hérissée de milliers de stalagmites de toutes tailles.

Un monde féerique

La mission se poursuit avec l'abîme de Lusé, dépression de 750 m de diamètre, qui est le plus vaste gouffre du monde. Mais le fond de ce gouffre apparaît décevant, car il ne recèle aucune faille débouchant sur un réseau souterrain. Une partie des spéléologues se tourne alors vers la perte (lieu où disparaît un cours qui ressort plus loin) du Grand Vuvu, un puits géant de 140 m de profondeur. Celui-ci est accessible sur un de ses côtés par un profond cañon aux parois verticales, couvertes de végétation. Au fond de l'abîme se dresse un porche haut de 40 m, qui précède une longue galerie. À 370 m sous terre, les explorateurs découvrent une petite rivière. La principale difficulté du gouffre du Grand Vuvu est une zone de puits-marmites, un étrange univers tout en concavités, qui nécessite de fréquentes escalades. La contemplation d'un splendide paysage de stalagmites, de stalactites et d'un lac récompense leurs efforts. Parallèlement, une autre équipe explore la perte du Petit Vuvu, où elle ne rencontre pas de difficultés. Les galeries souterraines, qui s'étendent sur 6 800 m, offrent le spectacle magnifique d'« un indescriptible feu d'artifice de cristaux scintillants, de stalactites immaculées, de cascades pétrifiées, de fragiles concrétions excentriques, le tout inviolé depuis sa création ». L'exploration se termine par le gouffre géant de Naré, au fond duquel rugit une rivière au débit considérable. Les puissants cours d'eau posent des problèmes inédits à l'expédition qui a dû trouver des techniques nouvelles pour les franchir. Si les spéléologues, qui ont exploré plus de vingt kilomètres de cavernes, n'ont pas battu de record de profondeur, l'immensité des cavités qu'ils ont explorées donne un sens nouveau à la découverte de la Terre. De nouvelles expéditions sont organisées en 1985 et en 1988. En 1994-1995, une équipe menée par Jean-Paul Sounier parvient à – 1 141 m, profondeur encore jamais atteinte dans l'hémisphère Sud.

La première station orbitale habitée en permanence

LA STATION MIR

À la fin des années 1960, alors que les États-Unis entreprenaient de conquérir la Lune avec le programme « Apollo », les Soviétiques commençaient à développer un projet de station spatiale. Entre 1971 et 1982, les missions « Saliout » expérimentent la possibilité pour l'homme de vivre longuement dans l'espace. Après quoi, en 1986, « Mir » inaugure une nouvelle génération de stations orbitales.

Grâce aux stations spatiales, les Soviétiques ont commencé à étudier les problèmes posés par les séjours dans l'espace, et ils ont apporté les premiers éléments qui permettront un jour aux Terriens d'entreprendre de longs voyages d'exploration hors de notre planète.

Une maison dans l'espace

Placée en orbite à une altitude de quelque 400 km, le 19 février 1986, la station *Mir* se présente comme un cylindre de 13,50 m de long et d'un diamètre maximal de 4,15 m. Elle pèse 21 tonnes et elle est alimentée en électricité par des panneaux solaires. Surtout, la grande originalité de *Mir* par rapport aux *Saliout,* les stations orbitales de la génération précédente, est l'aménagement de six points d'amarrage qui permettent d'agrandir progressivement la station en lui ajoutant différents modules. Dès 1987, ainsi, vient se fixer le premier module, *Kvant,* laboratoire d'astrophysique destiné à l'étude de la composition chimique et physique de la matière céleste. Il est suivi en 1989 par *Kvant 2,* qui renferme des équipements pour contrôler l'eau et l'oxygène, une douche, des toilettes et un fauteuil motorisé pour les sorties dans l'espace. L'année suivante est lancé le module *Kristall,* voué à la recherche médicale et à la fabrication des métaux et des cristaux en apesanteur. Le corps central de *Mir,* principalement réservé à l'habitation, est équipé d'un système de communication perfectionné et d'ordinateurs de contrôle. Toutes les trois à six semaines, un vaisseau inhabité d'approvisionnement, *Progress,* ravitaille les cosmonautes en vivres, en eau et leur apporte du courrier. Il transporte également le carburant pour les fusées qui contrôlent la position de la station et des instruments scientifiques. Quand il repart, il emporte avec lui avec les déchets et les appareils inutiles et se désintègre en entrant dans l'atmosphère. Un vaisseau, cependant, reste en permanence attaché à la station afin que les cosmonautes puissent l'évacuer en cas d'urgence.

S'adapter à l'apesanteur

L'infime pesanteur de l'espace, ou microgravité, rend la vie dans les vaisseaux spatiaux très différente de ce qu'elle est sur la Terre. Ainsi, les objets flottent dans l'habitacle, l'eau ne coule pas mais elle forme une boule. Quant aux hommes, ils ne peuvent pas circuler sans de multiples points d'appui. La station spatiale est aménagée en fonction de ces difficultés. Un jet d'air chaud entraîne par exemple l'eau vers le bas dans la douche ; des attaches, souvent de type Velcro, fixent les objets à leur place ; des mains courantes saillent un peu partout à l'intérieur et à l'extérieur de *Mir* pour faciliter les déplacements. Lorsque les hommes s'installent à leur poste, ils utilisent cale-pieds et barres pour se maintenir dans leur position. L'eau à boire ou à injecter dans des sacs contenant des aliments ou des boissons déshydratés est contenue dans des pistolets. Les repas sont présentés également dans des sacs, ou encore dans des plats recouverts d'une pellicule comestible… La microgravité n'est pas sans conséquences sur l'organisme humain. Les astronautes, qui ont souvent à souffrir, dans les premiers temps, de nausées provoquées par le mal de l'espace, subissent à plus long terme des changements physiques importants mais heureusement temporaires. Les fluides affluent dans la partie supérieure du corps, le cœur se réduit, les muscles, privés de tout effort, s'atrophient, la taille de l'individu gagne quelques centimètres, et les os se décalcifient. La nourriture, au fil de l'expérience acquise, a été rééquilibrée de façon à remédier à certains de ces déséquilibres. Les exercices sportifs, course sur un tapis roulant ou bicyclette fixe, sont une nécessité pour les hommes vivant dans les stations orbitales, et ils se plient à cette obligation chaque jour pendant deux heures pour fortifier leurs muscles.

La vie en orbite

Des cosmonautes, appelés à passer des semaines, des mois, voire plus d'une année dans l'isolement loin de la Terre, risquent de subir des traumatismes psychologiques considérables. L'intérêt des vols *Mir* a également été d'étudier les conséquences sur l'équilibre mental des individus de ces séjours prolongés dans l'espace. Le record du plus long vol est détenu par Valeri Poliakov, revenu sur la Terre le 22 mars 1995 après avoir vécu 437 jours et 18 heures à bord de *Mir !* Le danger, la promiscuité, l'enfermement et l'éloignement de tout l'entourage affectif habituel créent une combinaison de stress, d'ennui et une augmentation de l'irritabilité. Les concepteurs de *Mir* ont aménagé la station pour pallier autant qu'il leur était possible ces inconvénients. Ils ont marqué des repères, dans ce monde sans haut ni bas, en différenciant par exemple plafond et plancher par la couleur. Ils ont installé des cabines individuelles. Les hublots, qui relient visuellement les hommes à la Terre, ne sont pas négligés dans la construction de l'appareil. Les cosmonautes, rejoints à bord de Mir, après les premières missions expérimentales, par des scientifiques et des astronautes de diverses nationalités, sont cependant occupés une partie de leurs journées.

Toutes sortes d'essais et d'expérimentations leur sont demandés, auxquels ils procèdent dans les modules complémentaires. Ils fabriquent ainsi des métaux et des cristaux en apesanteur ; ils plantent divers végétaux pour déterminer si l'homme peut produire sa propre nourriture dans l'espace et espérer ainsi vivre durablement en autarcie. Des expériences médicales visent aussi à mieux connaître les réactions de l'organisme dans l'espace. Les données accumulées depuis le lancement de la station orbitale permettent de rêver à un avenir de vie provisoire dans l'espace, à des fins d'exploration ou pour produire des matières rares et précieuses que l'on ne peut fabriquer sur la Terre.

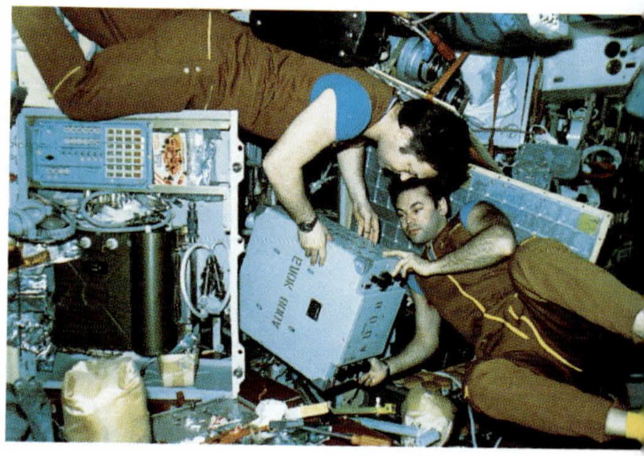

Vivre dans l'espace, c'est aussi s'habituer à se mouvoir en apesanteur.

Demain : une station orbitale mondiale ?

Un projet mondial. Les États-Unis, la Russie, l'Europe, le Canada et le Japon collaborent à un programme de station spatiale mondiale, baptisée Alpha. Le complexe, qui devrait être placé en orbite en 2022, ne pourrait être réalisé sans cette coopération tant son coût est élevé.

La participation de l'Europe. L'Europe spatiale, qui a abandonné en 1992 le projet de navette Hermes et qui a développé le lanceur Ariane 5, s'est engagée en octobre 1995 dans ce projet de station spatiale mondiale. La décision fait suite à trois années d'âpres discussions entre les États membres de l'ESA (Agence spatiale européenne). Les Européens construiront le COF (Colombius Orbital Facility), module laboratoire, un vaisseau cargo automatique ATV (Automated Transfer Vehicle) qui ravitaillera le complexe orbital en vivres, en carburant et en matériel et ils mettront à l'étude une capsule, le CTV (Crew Transport Vehicle), pour le transport des équipages. Ces éléments seront lancés par la fusée Ariane 5.

L'équipe russo-américaine de l'expédition « Cosmos », à bord du complexe « Mir-Atlantis » (juillet 1995) : l'exploration de l'espace débouchera-t-elle sur un conflit de puissances ou sur une coopération internationale?

La station « Mir ».

La mission de la sonde américaine « Voyager 2 » s'achève

LES PLANÈTES LOINTAINES

Envoyer au loin des objets inhabités pour recueillir des informations sur des régions que l'homme ne peut explorer lui-même pour l'instant : telle est l'entreprise dans laquelle s'engagent parallèlement les États-Unis et l'Union soviétique dès le début de conquête de l'espace. Mises au point à la veille des années 1960, les premières sondes spatiales ont pour glorieux héritier « Voyager 2 », engin américain dont la mission se termine en 1989.

Le vol de *Voyager 2* correspond au « Grand Tour » mis au point par la NASA pour profiter d'une circonstance exceptionnelle : l'alignement Jupiter-Saturne-Uranus-Neptune, événement qui ne se produit que tous les 175 ans. La position des planètes qualifiées de géantes ou d'externes, par référence à leur éloignement du Soleil, offre l'opportunité à la sonde de les survoler et de les observer toutes les quatre successivement.

Un programme trop ambitieux

L'agence spatiale américaine prévoit longtemps à l'avance la construction d'un vaisseau lourd pourvu d'un équipement extrêmement sophistiqué et très cher. Ce dernier devra être lancé en 1977 pour rencontrer les planètes géantes au cours d'un voyage qui durera une douzaine d'années. La mission du futur engin est préparée par les sondes *Pioneer 10* et *Pioneer 11,* lancées en 1972 et 1973, qui sont les premières à explorer les planètes externes. Les deux vaisseaux transmettent des images de Jupiter et de Saturne, de qualité moyenne, et font surtout d'intéressantes découvertes : celle d'un treizième satellite de Jupiter, ainsi que d'un anneau et deux satellites supplémentaires pour Saturne. *Pioneer 11* vérifie en outre que le passage vers Uranus et Neptune n'est pas fermé par un anneau de particules qui détériorerait la sonde du Grand Tour. En 1972, la nouvelle orientation du programme spatial américain, qui privilégie la navette, remet en cause le périple très coûteux vers les planètes externes. Le projet, qui limite alors ses objectifs en fonction de ressources financières réduites, évolue vers les missions concertées Voyager 1 et 2.

« Voyager 2 » : une sonde dont le « Grand Tour » devait apporter d'exceptionnelles informations sur quatre planètes.

Des engins performants

La sonde *Voyager 1* est lancée le 20 août 1977 et *Voyager 2* le 5 septembre suivant. Les deux engins suivent des trajectoires différentes, déterminées avec une très grande précision : ils survolent tous deux Jupiter et Saturne, puis s'orientent suivant des directions opposées. *Voyager 1* progresse en direction de Pluton, trop éloignée lors de son passage pour être examinée. *Voyager 2* continue sa course vers Uranus et Neptune avant de quitter, comme le fait sa jumelle, le système solaire. Pour accélérer leur voyage à travers l'espace, les appareils utilisent la gravité des planètes survolées, gravité qui les projette à la manière d'une fronde vers la planète suivante. L'alignement des quatre planètes géantes permet cet accroissement considérable de la vitesse sans lequel le périple ne pourrait

Jupiter, vu de « Voyager ».

Saturne, la planète aux anneaux, vue par « Voyager ».

avoir lieu. Les deux sondes sont équipées d'ordinateurs et de petits moteurs qui effectuent corrections et modifications de trajectoires, conformément aux instructions transmises depuis la Terre. Pour explorer de loin les quatre planètes, les deux engins disposent de deux caméras de télévision, installées sur une plate-forme orientable, ainsi que d'instruments d'observation et de mesure scientifiques — magnétomètres, spectromètres, détecteur de rayons cosmiques ou de particules, et photopolarimètre. Les informations envoyées par les sondes sont captées sur la Terre par un réseau de stations qui quadrille le globe.

Des images extraordinaires

En août 1989, *Voyager 2* passe à 1 000 km de Neptune et à 6 000 km de son satellite Triton. Elle est alors sur le point de terminer l'exploration des planètes géantes. Comme *Voyager 1*, elle a transmis des images à haute définition des planètes et de leurs satellites. Les sondes, qui ont survolé Jupiter à 286 000 km et à 643 000 km de distance, ont montré comme on ne l'avait jamais vue l'étonnante couverture nuageuse de cette planète. Celle-ci bouge constamment et change sans cesse de couleurs. Les appareils ont découvert deux nouveaux anneaux de Jupiter et trois nouveaux satellites. *Voyager 2* a mis en évidence l'intense activité volcanique du satellite Io. En novembre 1980, les deux sondes ont survolé Saturne, dont elles ont dévoilé les anneaux de glace et de poussière, et elles ont filmé ses satellites. *Voyager 2* a atteint Uranus en 1986, puis Neptune, située à 4,5 milliards de kilomètres de la Terre. Les deux sondes, qui ont pris au total 81 200 images, ont en outre recueilli de nombreuses informations sur la composition chimique, la température et la circulation des atmosphères et sur les champs magnétiques des planètes. En quittant le système solaire, *Voyager 1* et *2* n'ont pas entièrement terminé leur mission. Chargées chacune d'un disque de cuivre gravé d'un message destiné à d'éventuels êtres intelligents, elles ont poursuivi leur route vers l'extérieur du système solaire : rencontreront-elles un jour une forme de vie ?

→ **Voir aussi :** p. 308-309 (Le télescope Hubble).

Les sondes spatiales et le système solaire

Les planètes intérieures. Proches du Soleil, les planètes intérieures sont Mercure, Vénus et Mars. Mercure a été survolée en 1974 et 1975 par la sonde Mariner 10, qui a cartographié presque la moitié de sa surface, émaillée de cratères. Au cours des années 1960 et 1970, Vénus et Mars ont été explorées par les sondes soviétiques Venera et Mars seule par les sondes américaines Mariner, Pioneer-Venus et Viking. Les engins ont étudié la surface et l'atmosphère des deux planètes, au prix parfois de graves échecs : perdue en 1993, la sonde Mars Observer américaine n'a pas pu remplir comme prévu sa mission de préparation d'un atterrissage sur Mars. En 1991 la sonde américaine Magellan, placée en orbite autour de Vénus, a procédé à la cartographie du sol de la planète par des mesures radar.

Les planètes externes. Après les missions de Pioneer 10 et 11 et de Voyager 1 et 2, la sonde américaine Galileo, lancée en 1989, explore Jupiter en 1995 et 1996. Le 7 décembre 1995, elle envoie vers cette planète un module qui transmet pendant une heure et quart des informations sur les nuages cernant celle-ci. Pour 1997, l'Agence spatiale européenne et la NASA ont prévu de lancer la sonde Cassini, qui se placera en orbite autour de Saturne au début du prochain siècle pour une durée de quatre ans. Cassini observera la planète et son satellite Titan, vers lequel elle détachera la sonde Huygens. Pluton est la seule planète à ne pas avoir reçu la visite d'une sonde.

Autour du Soleil. En 1974 et 1976, l'Allemagne fédérale a envoyé les premières sondes, nommées Helios 1 et Helios 2, vers le Soleil. Les deux engins ont effectué des mesures qui ont permis notamment de mieux comprendre le climat de la Terre. En 1990 a été lancée la sonde européenne Ulysse, qui a observé les deux pôles de l'astre en 1994 et 1995.

Une comète célèbre. En 1986, la sonde européenne Giotto, les deux sondes soviétiques Vega et deux sondes japonaises se sont approchées de la comète de Halley et ont analysé sa composition chimique. Cette exploration a considérablement amélioré la connaissance de ce type de corps céleste.

Jean-Louis Étienne traverse le continent austral

TRANSANTARCTICA

C'est au cœur de l'Arctique que débute pour le médecin français Jean-Louis Étienne l'aventure de l'Antarctique. Alors qu'il traverse les immenses étendues glacées en direction du pôle Nord, l'explorateur fait une rencontre inattendue, qui décide de sa prochaine expédition polaire.

En 1986, tandis que le Français Jean-Louis Étienne s'élance vers le pôle Nord tout seul, à skis et tirant derrière lui son traîneau, une équipe américaine, dirigée par Will Steger, entreprend le même voyage avec des traîneaux à chiens. Parties en mars, à une journée d'intervalle, les deux expéditions se rejoignent par le plus grand des hasards un mois plus tard. Liés par leur passion commune, Étienne et Steger conçoivent le projet d'un voyage en commun dans l'Antarctique. Le lendemain, ils reprennent chacun leur route. Le 11 mai, dix jours après les Américains, le docteur Étienne arrive au pôle Nord. Il est le premier Français à avoir accompli cet exploit et à planter le drapeau national en ce point du globe.

Une idée qui se concrétise

L'été suivant, Jean-Louis Étienne et Will Steger se rencontrent pour mettre au point le projet de la traversée de l'Antarctique d'ouest en est, une course de 6 300 km : « Transantarctica » est née. Les deux hommes considèrent cette expédition comme un moyen de défendre le statut du pôle Sud, terre vierge de toute exploitation, terre de paix et de science, décrétée telle par le traité international de 1961. Cet accord doit en effet être rediscuté en 1991 et, au milieu des années 1980, des voix commencent à s'élever dans le monde pour exiger la mise en valeur des ressources minières de la terre australe. L'Américain et le Français entendent attirer l'attention de l'opinion mondiale sur la menace qui plane sur ce continent : aussi veulent-ils donner à l'expédition une dimension importante. Les années qui suivent se passent à trouver de l'argent. Il faut en effet des « sponsors » pour un si vaste projet : des entreprises qui prennent en charge le budget de l'expédition, que les deux hommes évaluent à plus de 11 millions de dollars. Les premières assurances obtenues, Étienne et Steger commencent à recruter leurs futurs compagnons. L'équipe est délibérément cosmopolite : outre les deux initiateurs, elle sera formée d'un Anglais, un Russe, un Chinois et un Japonais. Les spécialités des participants sont aussi diverses : on compte trois maîtres-chiens, un médecin, un glaciologue et un physicien. L'expédition comprendra des chiens huskies spécialement entraînés. Il faudra construire un bateau spécial, base de communication avec laquelle les explorateurs se mettront en liaison tous les soirs pour établir leur position. Au printemps 1988, cinq des six membres de Transantarctica parcourent le Groenland du sud au nord avec des chiens pour éprouver leur capacité de résistance au froid extrême, au vent violent et à l'altitude. La même année, l'Anglais Geoff Somers se charge de jalonner une partie du parcours de dépôts de vivres.

Une péninsule inhospitalière

Le 27 juillet 1989, les six hommes quittent le nunatak — la saillie rocheuse — du Phoque, en bordure de la plate-forme de Larsen, avec 36 chiens attelés à trois traîneaux de 350 kg chacun. Le parcours de 6 300 km à travers le continent austral, qui commence par la péninsule antarctique, région montagneuse, se poursuit par la chaîne Ellsworth, les monts Thiel Mountains et le plateau polaire. La péninsule, où les vents peuvent atteindre 180 km/h et les températures – 43 °C, représente une épreuve terrible. Dès que le blizzard dépasse 80 km/h, la visibilité, devenue nulle, contraint les hommes à s'immobiliser. Durant les trois premiers mois, le mauvais temps impose ainsi au groupe vingt et une journées de repos forcé ! Les hommes doivent affronter également un autre danger : des crevasses de 10 à 20 mètres de large qui les obligent à tâter sans cesse le terrain. Malgré cette précaution, il arrive que les chiens disparaissent brusquement. On les remonte, souvent sains et saufs, grâce aux harnais auxquels ils sont attachés. Le 21 octobre, une amélioration se produit enfin. Le temps se lève et dévoile aux six compagnons le magnifique spectacle du massif d'Ellsworth et du mont Vinson, point culminant de l'Antarctique. Les ondulations du terrain, ou sastrugis, qui s'élèvent jusqu'à 1 m ou 1,5 m de hauteur et ressemblent vraiment à des vagues, rendent toutefois la progression vers les sommets extrêmement pénible. À la fin du mois de novembre, l'expédition arrive devant les monts Thiel. De nouveau, les sastrugis compliquent l'ascension. Derrière les montagnes, les explorateurs découvrent enfin le plateau polaire, situé à 2 500 m d'altitude, et un paysage d'une platitude monotone.

Jusqu'à l'océan Indien

Le 11 décembre 1989, l'équipe de Transantarctica parvient au pôle Sud : l'émotion est vive. Après une halte de trois jours, Transantarctica entame la dernière partie du voyage. Il lui reste encore 2 500 km à parcourir. Sur cette partie de l'expédition, les dépôts de

L'arrivée en Antarctique : seuls les phoques accueillent les explorateurs soucieux de l'équilibre écologique du dernier continent sauvage.

La longue traversée

« 10 septembre 1989, – 25 °C. C'est l'ouragan ? Nous sommes pilonnés par des à-coups de 150 km/h... Effarant ! La visibilité est à moins d'un mètre, car je ne vois même pas les piquets de la tente ! [...]

La neige qui s'est infiltrée goulûment entre les parois du double toit s'y est agglomérée et, en gelant, elle a formé une dure carapace. C'est du dernier chic, nous habitons un igloo ! Les avantages sont multiples : isolant contre le bruit — cela atténue un tantinet le vacarme du blizzard —, isolant contre le froid, cela va sans dire. Mais tout privilège a son revers, et la contrepartie odieuse est que tout ce qui était gelé [...] a fondu du fait de la hausse notable de la température ambiante. Nous marinons désormais dans un cloaque. »

« 1er janvier 1990, – 24 °C. Sastrugis ! Sastrugis ! Elles vont nous rendre fous ! [...] Elles se chevauchent en tous sens, elles s'étagent, elles se croisent, elles font surface très haut pour vite replonger très bas ! Il y en a de toutes tailles... Désespérant. Sans arrêt des à-coups dans le bras gauche qui tient le bâton ! Les skis qui se croisent, qui heurtent violemment la glace vive ! Des chocs dans les jambes, des épaules démises ! L'injure aux lèvres ! »

Dr Jean-Louis Étienne, Transantarctica, la traversée du dernier continent, *Robert Laffont, Paris, 1990.*

Bivouac dans la tempête : les six hommes de l'expédition Transantarctica eurent à affronter des conditions climatiques épouvantables.

Comme au temps d'Amundsen et de Scott : le meilleur moyen pour se déplacer dans les régions glacées du pôle Sud reste le traîneau tracté par les chiens.

vivres ont été installés à partir des bases russes de Vostok et de Mirny. Les six hommes, qui montent progressivement jusqu'à 3 500 m, sont essoufflés par l'altitude. Le 18 janvier, ils pénètrent dans la station de Vostok, le point le plus froid du globe (jusqu'à – 89, 3 °C en hiver). Les 1 200 km qui les séparent encore de Mirny, sur l'océan Indien, seront les plus faciles du périple. Le 26 février, l'océan Indien est en vue. Le 3 mars, Transantarctica entre dans Mirny, sous l'œil des caméras de télévision. Les épreuves, qui ont duré sept mois, sont terminées. Transantarctica a non seulement réussi la plus grande traversée du continent austral, mais elle a aussi rempli son objectif, qui est de faire parler de l'avenir de l'Antarctique. En 1991, le statut de l'Antarctique est maintenu et l'exploitation minière interdite pour les cinquante années à venir.

La réparation d'un œil géant qui explore l'espace

LE TÉLESCOPE SPATIAL « HUBBLE »

Le télescope « Hubble », vu de la navette « Discovery », au moment où il fut lâché dans l'espace.

Les télescopes spatiaux

Des observatoires dans l'espace. Dès la fin des années 1960 et au début des années 1970, les États-Unis, l'Union soviétique et l'Europe développent des programmes d'étude systématique de l'espace à l'aide de télescopes placés sur des satellites. Ces appareils, qui effectuent des observations inaccessibles aux télescopes terrestres, utilisent deux techniques complémentaires : l'imagerie, ou observation visuelle à l'aide de caméras très sensibles, et la spectroscopie, c'est-à-dire l'analyse du rayonnement électromagnétique des astres en fonction de leur longueur d'onde. Certains télescopes sont spécialisés dans l'observation d'un type particulier de radiations, rayons infrarouges, ultraviolets, X ou gamma.

Le satellite européen ISO. Lancé par une fusée Ariane à partir de la base française de Kourou, en Guyane, le satellite ISO (Infrared Space Observatory) est placé en orbite en novembre 1995. Il est équipé d'un télescope de 60 cm de diamètre, d'une caméra, de deux spectromètres et d'un photomètre, qui mesure les intensités lumineuses. Il doit fournir de l'espace des images à l'infrarouge d'une précision et d'une sensibilité encore jamais atteintes, et procurer des données sur les astéroïdes (petites planètes en orbite autour du Soleil), sur les planètes lointaines, Jupiter, Saturne, Uranus, Neptune et leurs satellites, sur les comètes ainsi que sur les étoiles en formation et les galaxies.

À la fin du XXe siècle, et malgré le précédent de la mission « Apollo » sur la Lune, l'exploration de l'espace se fait encore largement sans l'homme, c'est-à-dire au moyen d'engins inhabités du type des sondes spatiales. Le 25 avril 1990, c'est la navette américaine « Discovery » qui met en orbite à quelque 600 kilomètres de la Terre un gigantesque télescope. Cet instrument, dénommé « Hubble », destiné à l'exploration de l'Univers, est comme un œil gigantesque lancé dans l'espace pour voir ce qu'on ne peut saisir en observant depuis la Terre.

Deux mois après le lancement de *Hubble,* les astronomes, qui attendaient cet événement sans cesse retardé depuis sept ans et comptaient beaucoup sur cet appareil pour révolutionner leurs connaissances de l'espace, sont consternés. Le télescope est « myope ». Les images qu'il transmet sont floues. En décembre 1993, la NASA se trouve forcée d'envoyer des astronautes réparer ce très coûteux produit de la technologie moderne !

Pour scruter l'Univers

Le télescope *Hubble* est un appareil de 13,1 m de longueur qui possède un diamètre maximal de 4,3 m et pèse 11 tonnes. Il est orienté par des ordinateurs de bord et alimenté en énergie par deux panneaux solaires. *Hubble* est équipé d'un miroir principal de 2,40 m de diamètre, de deux chambres photographiques, dont une pour objets faiblement lumineux réalisée par les Européens, et de deux spectrographes — des instruments chargés d'étudier le rayonnement d'un objet en fonction de sa longueur d'ondes. *Hubble* est spécialisé dans l'observation des rayons compris entre l'ultraviolet extrême et l'infrarouge lointain. L'analyse des informations qu'il envoie doit permettre de déterminer les éléments qui composent les astres, planètes, comètes et étoiles par exemple. Le télescope, conçu pour examiner des étoiles cinquante fois moins lumineuses et dix fois plus éloignées que celles observées à partir de la Terre, ne remplit d'abord pas l'attente des scientifiques dans le domaine optique. À cause d'un défaut dans la courbure du miroir principal, il envoie des images floues. Dans un premier temps, les savants utilisent des programmes informatiques pour améliorer la qualité des vues et ils adaptent leurs programmes aux capacités réduites du télescope. Ces aménagements permettent de remédier en partie à la défaillance du télescope. *Hubble* fournit ainsi les meilleurs clichés jamais obtenus de la planète Pluton et de son satellite Charon. Grâce à lui, les astronomes étudient l'enveloppe extérieure d'une supernova — une étoile dont l'éclat augmente brusquement et très intensément —, dont l'explosion a été observée quelques années auparavant, et ils reçoivent quatre images d'un quasar — un corps céleste envoyant de puissantes émissions radioélectriques — éloigné de huit milliards d'années-lumière (une année-lumière correspond à 9 461 milliards de kilomètres).

Un succès complet

Ces résultats encourageants accroissent d'autant plus la frustration des astronomes, qui voudraient obtenir la totalité des images que *Hubble,* théoriquement, aurait dû expédier. Aussi la NASA se résout-elle à intervenir directement sur le télescope. En décembre 1993, des astronautes quittent la Terre à bord de la navette *Endeavour* afin de réparer en orbite l'appareil défectueux. Le 5 du mois, la navette, qui vole à la même vitesse que *Hubble,* c'est-à-dire à 28 000 km/h, capture l'appareil à l'aide de son bras télécommandé. Au cours des jours suivants, l'équipage se relayant, et effectue cinq sorties au cours desquelles les hommes interviennent, plusieurs heures durant, sur le télescope. Les astronautes changent les gyroscopes qui ont pour fonction d'orienter l'appareil, les panneaux solaires, et ils posent une nouvelle caméra à grand champ qui tient compte du défaut de fabrication du miroir principal — qu'il est exclu de changer dans l'espace. L'équipe installe aussi un important dispositif optique qui donne à tous les instruments de *Hubble* une vision nette et en profite pour augmenter encore la mémoire des ordinateurs de bord. Le 10 décembre, le télescope remis à neuf est de nouveau largué dans l'espace. Les opérations, qui se sont déroulées dans des conditions difficiles, constituent un véritable exploit.

Saturne, comme on ne l'avait jamais vue avant « Hubble. »

Des galaxies et des étoiles

Hubble, à partir de cette date, commence à explorer l'immensité de l'espace. Filmant les confins de l'Univers, il rapporte des images extrêmement spectaculaires qui remontent à une époque où l'Univers avait un dixième de son âge... Dans une infime parcelle du cosmos sur laquelle il reste pointé pendant une dizaine de jours, il repère 1 500 à 2 000 galaxies nouvelles. Cette découverte signifie-t-elle que les galaxies, qui se comptent déjà par dizaines de milliards, sont beaucoup plus nombreuses qu'on ne le pense ? Il est encore trop tôt pour le savoir. À 7 000 années-lumière de distance de la Terre, dans la nébuleuse de l'Aigle et la constellation du Serpent, situées dans notre Galaxie, le télescope spatial prend des images de la naissance des étoiles. Là, dans les « nuages » du cosmos, volutes magnifiques, se trouve une « nursery » où une cinquantaine d'« œufs » d'étoiles sont en éclosion. *Hubble* assiste à la transformation de la masse de gaz, surtout de l'hydrogène, en une boule en fusion. Le télescope spatial remplit désormais les espoirs placés en lui par les astronomes concepteurs du projet. Tourné vers des horizons lointains, il explore le passé de l'Univers autant que son immensité. Ce voyage dans le temps doit permettre aux savants de recueillir des premiers éléments de réponses pour résoudre les questions qu'ils se posent au sujet de la formation des galaxies, des étoiles et de l'activité de la matière cosmique dans l'Univers.

→ **Voir aussi :** p. 304-305 (Les planètes lointaines).

Piliers de gaz dans l'espace : un de ces paysages fabuleux livrés aux hommes par l'intermédiaire du télescope « Hubble ».

INDEX DES PERSONNES

A

Aelius Gallus, 44, 45
Agricola (Cnaeus Julius), 52, 53, 55
Albuquerque (Alonso d'), 117, 124, 125
Aldrin (Edwin), 296, 297
Alexandre Ier, tsar de Russie, 204
Alexandre le Grand, 28, 29, 30, 31, 32, 34, 35, 36, 39, 40, 54, 198
Almagro (Diego de), 138, 139
Almeida (Francisco de), 116, 124
Alphonse V de portugal, 102, 105, 106
Aménophis IV/Akhénaton, 173, 211
Amundsen (Roald), 261, 262, 263, 264, 265, 267, 274, 275, 307
Anaximandre, 55
Andrée (Salomon), 260, 261
Angeville (Henriette d'), 193
Ango (Jean), 136, 137, 146
Anson (George), 180, 181
Argoun, 86, 87
Aristote, 110, 127
Armstrong (Neil), 296, 297
Arosca, 118, 119
Atahualpa, 138, 139
Attila, 56
Audouin-Dubreuil (Louis), 270, 271, 276
Avila (Pedro Arias de), 131

B

Baffin (William), 162
Baker (Samuel et Florence), 233
Balboa (Vasco Nunez de), 130, 131, 138, 141
Balmat (Jacques), 192, 193
Banks (sir Joseph), 185, 197
Barents (Guillaume), 154, 155, 163
Barré (Michel), 286
Barrow (John), 208
Barth ((Heinrich), 240, 241
Bass (George), 202
Baudin (Nicolas), 201, 202, 203
Behaim (Martin), 108
Benalcazar (Sébastien de), 139, 157
Benjamin de Tulède, 74, 75
Bennett (Floyd), 274
Benton (Thomas Hart), 228
Béring (Vitus), 176, 177
Bernier (François), 169
Berthollet (Louis-Claude), 198
Béthencourt (Jean de), 94, 95
Bismarck (Otto Eduard Léopold Bismarck-Schönhausen), 241
Bonaparte (Napoléon), 173, 198, 202, 214
Bonpland (Aimé), 157, 200, 201
Bonvalot (Gabriel), 254, 255, 268
Bougainville (Louis Antoine de), 181, 182, 183, 184, 191, 226
Bouillevaux (Charles), 239
Bouvet de Lozier (Jean-Baptiste), 119
Brevoort (Meta), 193
Britto (Jean de), 158
Burke (Robert O'Hara), 234, 235, 237
Burrough (Stephen), 144
Burton (Richard Francis), 223, 232, 233
Bylot (Robert), 162
Byrd (Richard Evelyn), 274, 275
Byron (John), 175, 180, 181

C

Cabot (Jean), 71, 122, 123, 136, 140
Cabot (Sébastien), 122, 123, 128, 136, 140, 144
Cabral (Pedro Alvares), 108, 116, 117
Ca'da Mosto (Alvise), 98, 99
Cailliaud (Frédéric), 210, 211
Caillié (René), 214, 215, 216, 241
Callisthène, 28
Calvin (Jean), 146
Cameron (Verney Lovett), 222
Cano (Sébastien del), 134, 135
Cao (Diogo), 103, 104, 105, 108
Capus (Guillaume), 254
Carson (Kit), 229
Carteret (Philip), 180, 181
Cartier (Jacques), 140, 141, 144
Casteret (Nobert), 301
Çauma (Rabban), 86, 87
Cavendish (Thomas), 149
César (Jules), 42, 4353
Champlain (Samuel), 164, 165
Champollion (Jean-François), 198, 211
Chancellor (Richard), 123, 144
Charcot (Jean-Baptiste), 220, 264
Chardin (Jean), 169
Charles Quint, 122, 127, 133, 134, 138
Charles X, 215
Charles XII, roi de Suède, 176
Cicéron, 24
Citroën (André), 270, 276
Clapperton (Hugues), 216, 217
Clark (William), 206, 207, 212, 228
Claude, 53
Clément V (pape), 89
Cléopâtre III, 41
Clet (François Régis), 231
Clovis, 56
Coligny (Gaspard de Châtillon, sire de), 141, 146
Collins (Michael), 296
Colomb (Christophe), 55, 84, 108, 110, 111, 112, 113, 114, 116, 117, 120, 121, 122, 126, 128, 134, 136, 160
Commerson (Philibert), 182, 183
Confucius, 152
Constantin, 56, 57, 58, 59
Conway (William), 189, 256
Cook (Frederick), 266, 267
Cook (James), 115, 174, 181, 184,185, 186, 187, 191, 197, 202
Cornelius Balbus, 51
Cortés (Hernan), 126, 132, 133, 157
Cousteau (Jacques-Yves), 288, 289, 292
Covilha (Pero da), 106, 107, 114
Cratère, 28
Cyrus, 26, 27

D

Dampier (William), 161
Darwin (Charles), 218, 219
David-Neel (Alexandra), 268, 269
Davis (John), 69, 145
Defoe (Daniel), 174, 175
De Gerlache (baron), 264
Deinocratès, 28
Delafosse (Eustache), 102, 103, 104
De Long (George), 249
Denon (Dominique Vivant, baron), 198, 199
Desaix (Louis Charles Antoine Des Aix, dit), 198, 199
Dias (Bartolomeu), 105, 106, 107, 108, 109, 111, 113, 114, 116
Dieulafoy (Jeanne et Marcel), 259
Domitien, 50, 51, 52, 53, 58
Doudart de Lagrée (Ernest), 238, 239
Drake (Francis), 148, 149, 155, 156, 166
Drouillard (George), 208
Dumont d'Urville (Jean-Sébastien), 191, 200, 220, 221, 286
Duperrey (Louis-Isidore), 200, 220
Dupetit-Thouars (Abel), 226, 227
Duplessis-Mornay, 119

EF

Eanes (Gil), 99
Eberhardt (Isabelle), 259
Éboué (Félix), 247
Edrisi, 66
Égérie, 58
Élisabeth Ier, reine d'Angleterre, 145, 148, 149, 156
Ennin, 62, 63
Entrecasteaux (Antoine Raymond Joseph de Bruni, chevalier d'), 191
Ératosthène, 55
Ergaménès, 37
Erik le Rouge, 68, 69, 70, 71
Eriksson (Leif), 68, 69, 70, 71
Étienne (Jean-Louis), 306, 307
Eudoxe de Cyzique, 23, 40, 41
Everest (George), 256
Eyre (Edward John), 224, 225, 234
Federmann (Nicolas), 139, 157
Ferdinand d'Aragon (dit, le Catholique), 110, 111, 112, 120, 126, 130
Fernandes (Alvaro), 99
Fernandez de Queiróz (Pedro), 160
Finke (William), 236
Fitzpatrick (Tom), 229
Fitzroy (Robert), 218, 219
Fleurieu (Pierre Claret, comte de), 190
Flinders (Matthew), 202, 203
Fonseca, 120
Foucauld (Charles de), 250, 251
Fourier (Joseph), 198
François Ier, 136, 137, 140, 169
François d'Assise (saint), 78, 79
François Xavier (saint), 142, 143, 152, 158
Franklin (John), 208, 209
Frédéric-Guillaume (dit, le Grand Électeur), 169
Frémont (John Charles), 228, 229
Freycinet (Claude de), 200
Frobisher (Martin), 144, 145
Frontenac (Louis de Buade, comte de Palluau et de), 171

G

Gagarine (Youri), 294, 295
Gagnan (Émile), 288
Galland (Antoine), 169
Gama (Vasco de), 108, 113, 114, 115, 116, 117, 124, 134
Garnier (Francis), 238, 239
Gauguin (Paul), 227
Gengis Khan, 78, 79, 80
Geoffroy Saint-Hilaire (Étienne), 198
Georges III, roi d'Angleterre, 180
Gia Long (Nguyên Anh), 188, 189
Godin des Odonnais (Louis), 178
Gomes (Diogo), 99
Gomes (Fernao), 105
Gonneville (Binot Le Paulmier de), 118, 119
González (Felipe), 175
Gordon (Charles) 233, 262
Gorgos, 28
Grant (James), 232, 233
Green (Charles), 185
Grégoire XV (pape), 158
Griaule (Marcel), 278, 279
Guillaume Ier, empereur d'Allemagne, 240, 241
Guillaume II le Bon, 76
Guizot (François), 226, 227

H

Haardt (Georges-Marie), 270, 271, 276, 277
Hannon, 20, 21
Hatchepsout, 18, 19
Hawkins (John), 148
Hearne (Samuel), 195
Hedin (Sven), 252, 253, 268
Hélène, 58
Henri II, roi de France, 119, 146
Henri III de Castille, 95
Henri IV, roi de france, 164
Henri VII d'Angleterre, 122
Henri VIII d'Angleterre, 128
Henri d'Orléans (prince), 254, 255, 268
Henri le Navigateur (Dom Henrique de Portugal, dit), 98, 99, 105, 109, 111, 112
Herjolfsson (Bjarni), 71
Hérode, 72
Hérodote, 22, 23, 24, 25, 48, 51, 55
Herzog (Maurice), 256, 257
Hillary (sir Edmund Percival), 256, 257
Hippale, 41

Hipparque, 47, 55
Hirkhouf, 16, 17
Hojeda, 120, 121
Houghton (Daniel), 197
Huc (Évariste Régis), 230, 231, 244
Hudson (Henry), 162, 163
Humboldt (Alexandre von), 157, 200, 201
Hunt (John), 256, 257
Huygens (Christiaan), 179

IJ

Iacovleff (Alexandre), 271, 276
Ibn Battuta, 92, 93
Ibn Djubayr, 76, 77, 92, 93
Ibn Fadlan (Ahmed), 64, 65
Ibn Hawqal, 66, 67
Indicopleustès (Cosmas), 55
Innocent IV (pape), 78, 79
Innocent X (pape), 153
Isabelle de Castille, 110, 111, 112, 113, 120
Isidore de Séville, 110
Ivan IV le Terrible, 144, 150
Jacques Ier, roi d'Angleterre, 156
Janszoon (Willem), 160
Jayavarman VII, 90
Jean (le prêtre), 80, 106, 108, 131
Jean II de Portugal, 104, 105, 106, 107, 109, 111, 114, 116
Jean XXII (pape), 89
Jefferson (Thomas), 206, 207
Jérôme (saint), 58
Jésus, 46, 59
Johansen (Hjalmar), 249
Jolliet (Louis), 170, 171
Jollos (Prosper), 198
Joly (Robert de), 301
Julius Maternus, 50, 51, 55
Jussieu (Joseph de), 178

K

Karlsefni (Thorfinn), 71
Kennedy (John), 296
Kerguelen de Trémarec (Yves), 119
Kingsley (Mary Henrietta), 258, 259
Kitchener (lord), 262, 263
Kléber (Jean-Baptiste), 198
Kotzebue (Otto von), 204
Krusenstern (Adam Johann von), 204, 205
Kubilay Khan, 79, 82, 83, 85

L

Lachenal (Louis), 256
La Condamine (Charles Marie de), 178, 179
Lander (Richard et John), 216, 217
La Pérouse (Jean-François de Galaup, comte de), 174, 190, 191, 204, 220, 221
Laptev ou Laptiev (Chariton et Dimitri), 176
La Salle (Gadifer de), 94, 95
Las Casas (Bartolomé), 126, 127
Leichhardt (Ludwig), 234, 236
Leiris (Michel), 278, 279
Lemaire (Isaak), 166, 167, 174, 175
Lemaire (Jakob), 160, 166
Le Pichon (Xavier), 298, 299
Lesseps (Ferdinand de), 130
Lesueur (Charles Alexandre), 203
Letorzec (Pierre-Constant), 210, 211
Lewis (Meriwether), 206, 207, 212, 228
Livingstone (Charles), 223, 233
Livingstone (David), 222, 223, 242, 243, 249
Louis de Savoie, duc des Abruzzes, 256, 266
Louis IX voir Saint Louis
Louis XIV, roi de France, 169
Louis XV, roi de France, 169, 182
Louis XVI, roi de France, 188, 189, 190, 191
Louis-Philippe, roi des Français, 220, 226, 227
Loyola (Ignace de), 142, 143

M

Mackenzie (Alexandre), 194, 195
Magellan (Ferdinand), 123, 130, 134, 135, 136, 137, 141
Mahomet, 92
Malaurie (Jean), 290, 291
Malle (Louis), 288
Manco Capac, 138
Manuel Ier de Portugal, 108, 114, 115, 116, 117, 124, 134
Marchand (Jean-Baptiste), 262, 263
Marcos (Rabban), 86
Marin de Tyr, 54
Marquette (Jacques), 170, 171
Martel (Édouard Alfred), 301
Martial, 50
Martini (Marino), 158
Maur (Vincent de), 159
Medinaceli (duc de), 120
Mégasthène, 34, 35
Méhémet Ali, 210
Mendaña (Alvaro de), 160
Menou (Jacques François de Boussay, baron de), 198
Mercator (Gehard Kremer, dit), 158
Moctezuma, 132, 133
Monge (Gaspard), 198
Montaigne (Michel de), 119
Montcorvin (Giovanni da Montecorvino dit, Jean de), 88, 89, 107, 152
Montesquieu (Charles de Secondat, baron de La Brède et de), 169
Montmorin (comte de), 189
Moucheron (Balthazar de), 154

N

Nachtigal (Gustav), 240, 241
Nansen (Fridtjof), 249, 260, 265, 266, 267
Nay (Cornelis), 154, 155
Néarque, 28, 30, 31
Néhésy, 18, 19
Nékao II, 21, 22, 23
Néron, 48, 49, 53, 58
Nicolet (Jean), 165
Nikitine (Athanase), 100, 101
Nobel (Alfred), 261
Nobile (Umberto), 261
Nobili (Roberto de), 153, 158
Noort (Olivier Van), 149
Nordenskjöld (Adolf-Érik), 248, 249, 260, 267

OP

Orellana (Francisco de), 139
Oudney (Walter), 217
Paccart (Michel-Gabriel), 192, 193
Pacha (Emin), 242
Paradis (Marie), 193
Park (Mungo), 196, 197, 214, 216, 217
Parry (William Edward), 208, 209
Patrocle, 35
Paul (saint), 46, 47
Paul III (pape), 142
Paule (sainte), 58, 59
Peary (Robert), 266, 267
Pelliot (Paul), 253
Pépi II, 16, 17
Perboyre (Jean-Gabriel), 231
Pérez de Quesada (Hernan), 157
Périclès, 24
Pernette (Jean-François), 300
Péron (François), 203
Petronius, 48
Phidias, 24
Philippe III d'Espagne, 160
Philippe IV le Bel, 86, 87
Philippe d'Orléans, 172
Philon, 36
Picaud (Aimery), 72
Piccard (Auguste), 292
Piccard (Jacques), 292, 293
Pierre le Grand, 176, 177
Pigneau de Behaine, 188, 189
Pike (Zebulon), 229
Pilate (Ponce), 72, 75
Pinzon (Martin Alonso), 113
Pistaoia (Niccolo da), 88
Pizarro (Francisco), 131, 138, 139, 157
Pizarro (Gonzalo), 139
Pizarro (Hernando), 139
Plan Carpin (Giovanni da Pian Carpino dit, Jean du), 78, 79, 80, 81, 82, 88
Pline l'Ancien, 20, 44, 45, 48, 49, 110
Poivre (Pierre), 179
Polo (Marco), 78, 82, 83, 84, 85, 88, 93, 107, 110, 111, 118, 131, 245
Polo (Matteo et Niccolo), 82, 83, 84, 85, 88
Pomaré Vahiné IV, 226, 227
Ponce de León (Juan), 128, 129, 157
Pordenone (Odéric de), 88, 89
Potocki (Jan), 244
Preuss (Karl), 229
Prjevalski (Nikolaï Mikhaïlovitch), 244, 245, 253, 255
Ptolémée (Claude), 48, 53, 54, 55, 56, 108, 110, 111, 120, 160
Ptolémée II Philadelphe, 36, 37
Pythéas, 32, 33, 53, 54

R

Raleigh (Walter), 156, 157
Rasmussen (Knud), 266
Rébuffat (gaston), 257
Rhodes (Alexandre de), 159
Ricci (Matteo), 152, 153, 158
Richelieu (Louis François Armand de Vignerot du Plessis, duc de), 164
Richthofen (Ferdinand von), 38
Roberval (Jean-François), 141
Roerich (Nikolaï Konstantinovitch), 272, 273
Roggeveen (Jacob), 174, 175
Rohlfs (Gerhard), 240
Ross (James), 208
Ross (John), 208, 209, 290
Rubrouck (Guillaume de), 80, 81, 82, 88, 89
Rustichello de Pise, 84, 85

S

Saint Louis, roi de France, 80, 81, 88
Saint-Hilaire (Augustin de), 200
Saussure (Horace Bénédict de), 192, 193, 256
Savorgnan de Brazza (Pierre), 242, 246, 247
Schouten (Willem Cornelisz), 160, 166, 167, 174, 175
Schweitzer (Albert), 147, 250
Scott (Robert Falcon), 264, 265, 307
Selkirk (Alexander), 175
Sénèque, 48, 49
Septimius Flaccus, 51, 55
Sepulveda (Juan Ginés de), 127
Sertak, 80, 81
Shackleton (Ernest), 264, 265
Sicard (Claude), 172, 173
Smith (Jedediah Strong), 212, 213, 228, 229
Sodré (Vincent), 124
Sounier (Jean-Paul), 301
Speke (John Hanning), 223, 232, 233
Stanley (Henry), 223, 233, 242, 243, 246, 249
Stark (Freya), 259
Strabon, 45, 48
Straton (Isabella), 193
Stuart (John Mac Doual), 236, 237
Sturt (Charles), 234, 235, 236
Sverdrup (Otto), 248, 260, 267
Syllaios, 44, 45

T

Tasman (Abel Janssen), 160
Tavernier (Jean-Baptiste), 168, 169
Tazieff (Haroun), 284, 285, 288
Teilhard de Chardin (Pierre), 276
Tenzing, 256, 257
Thesiger (Wilfred), 280, 281
Thévenot (Jean de), 169
Thevet (André), 119, 146
Tinné (Alexine), 240, 241
Tournefort (Joseph Pitton de), 169
Tristam (Nuno), 99

U-Z

Usodimare (Antoniotto), 99
Verrazano (Giovanni da), 136, 137, 140, 141, 144, 147
Verrazano (Girolamo), 137
Vespucci (Amerigo), 120, 121, 123, 134
Victor (Paul-Émile), 220, 282, 283, 286
Villegaignon (Nicolas Durand de), 146, 147
Vogel (Eduard), 241
Voltaire (François Marie Arouet, dit), 178
Waldseemüller (Martin), 121
Wallis (Samuel), 180, 181, 182, 184, 185, 227
Webb (Charles), 256
Weddell (James), 221
Wendover (Roger de), 75
Willoughby (sir Hugh), 144
Wills (John), 234, 235, 237
Windham (William), 192
Xénophon, 26, 27
Xuan Zang, 60, 61
Yermak, 150, 151
Zeno (Nicolo), 144, 145
Zhang Qian, 38, 39
Zheng He, 96, 97
Zhou Daguan, 90, 91

Crédits photographiques

Page 12 : AKG, Berlin. 13 h : Glinn B. - Magnum. 13 b : Colombel P. - Musée de l'Homme, Paris. 14 g : Vigne J. 14 d : Vigne J. 15 : Hoepker T. - Magnum. 16 : Dagli Orti G. 17 h : Nomachi K. - Rapho. 17 b : Lessing E. - Magnum. 18 : Dagli Orti G. 19 g : Lessing E. - Magnum. 19 d : Lessing E. - Magnum. 20 : Charmet J.L. 21 h : Arthus-Bertrand Y. - Altitude. 21 md : Lessing E. - Magnum. 22 : Coll. Larousse. 23 h : Kharbine Tapabor. 23 b : Lessing E. - Magnum. 24 : Nimatallah - Artephot. 25 h : Giraudon. 25 b : Weiss - Rapho. 26 : Lessing E. - Magnum. 27 m : Michaud R. - Rapho. 27 b : Studio Koppermann - Glyptothek, Munich. 28 : Nimatallah - Artephot. 29 h : Giraudon. 29 b : Giraudon. 30 : Kharbine Tapabor. 31 h : Giraudon. 31 b : Held S. 32 : Dagli Orti G. 32/33 : Lessing E. - Magnum. 33 : Mazin R. 34 : Dagli Orti G. 34/35 : Thomas A. - Explorer. 35 : Charmet J.L. 36 : Lessing E. - Magnum. 37 h : Viollon - Rapho. 37 b : Lawson - Rapho. 38 : Museum of Fine Arts, Boston. 38/39 : Kubota H. - Magnum. 39 : Bibliothèque nationale de France, Paris. 40 : Michaud R. et S. - Rapho. 41 m : Arthus-Bertrand Y. - Altitude. 41 b : Lessing E. - Magnum. 42 : Kharbine Tapabor. 43 h : Charmet J.L. 43 b : De Selva - Tapabor. 44 : Oronoz - Artephot. 45 h : Maréchaux P. 45 b : Lessing E. - Magnum. 46 : Charmet J.L. 47 h : AKG, Berlin. 47 b : AKG, Berlin. 48 : Alinari - Giraudon. 49 h : Nomachi K. - Rapho. 49 md : Artephot. 50/51 : Lessing E. - Magnum. 51 h : Gerster G. - Rapho. 51 b : Lénars C. 52 g : Lessing E. - Magnum. 52 hd : Bridgeman - Giraudon. 52/53 : Mansell Collection. 54 : Bibliothèque nationale de France, Paris. 54/55 : Kharbine Tapabor. 55 : Coll. Larousse. 56 : AKG, Berlin. 57 h : AKG, Berlin. 57 b : AKG, Berlin. 58 : Lessing E. - Magnum. 58/59 : Giraudon. 59 : Giraudon. 60 b : Lénars C. 61 h : Fujita Museum of Art, Osaka - Artephot. 61 : Bibliothèque nationale de France, Paris. 62 : Bibliothèque nationale de France, Paris. 63 h : Charmet J.L. 63 b : Dagli Orti G. 64 g : Bibliothèque nationale de France, Paris. 64 d : Garanger M. 65 : Bibliothèque nationale de France, Paris. 66 : Bibliothèque nationale de France, Paris. 67 h : Lauros - Giraudon. 67 b : Charmet J.L. 68/69 : Mary Evans - Explorer. 69 m : Geopress - Explorer. 69 b : Anderson T. - Explorer. 70 g : Pierpont Morgan Library, New York. 70 bd : Scandibild - Artephot. 71 : Vigne J. 72 : Dagli Orti G. 72/73 : AKG, Berlin. 73 : Oronoz - Artephot. 74 : Roger-Viollet. 75 h : AKG, Berlin. 75 b : AKG, Berlin. 76 : Dagli Orti G. 77 hg : AKG, Berlin. 77 d : Dagli Orti G. 78 h : Coll. Gardin. 78 b : Bibliothèque nationale de France, Paris. 79 : Bibliothèque nationale de France, Paris. 80 : Dagli Orti G. 81 h : Bibliothèque nationale de France, Paris. 81 b : Bibliothèque nationale de France, Paris. 82 : Bibliothèque nationale de France, Paris. 83 h : Bibliothèque nationale de France, Paris. 83 b : Bibliothèque nationale de France, Paris. 84 h : Bibliothèque nationale de France, Paris. 84/85 : Bibliothèque nationale de France, Paris. 85 : Bibliothèque nationale de France, Paris. 86 : Charmet J.L. 87 h : Bibliothèque nationale de France, Paris. 87 b : Bibliothèque nationale de France, Paris. 88 : Giraudon. 89 h : Bibliothèque nationale de France, Paris. 89 b : Charmet J.L. 90 : Boiffin - Explorer. 90/91 : Réunion des Musées Nationaux, Paris. 91 : D.R. 92/93 : Roger-Viollet. 93 h : Bibliothèque nationale de France, Paris. 93 md : Michaud. 94 m : Treguilly B. - Sea and See. 94 b : Roger-Viollet. 95 : Kharbine Tapabor. 97 : Vision - Artephot. 97 d : Roger-Viollet. 97/98 : D.R. 98 : AKG, Berlin. 99 h : Dagli Orti G. 99 d : AKG, Berlin. 99 mb : Oronoz - Artephot. 100 : Michaud. 101 h : Charmet J.L. 101 b : Lauros - Giraudon. 102 : Giraudon. 103 g : Bibliothèque nationale de France, Paris. 103 d : AKG, Berlin. 104 h : Réunion des Musées Nationaux, Paris. 104 b : Dagli Orti G. 105 b : Dagli Orti G. 105 h : Bibliothèque nationale de France, Paris. 107 : Bibliothèque nationale de France, Paris. 108 h : Charmet J.L. 108 m : Roger-Viollet. 108 : Dagli Orti G. 109 h : Lauros - Giraudon. 109 d : Oronoz - Artephot. 110 : Oronoz - Artephot. 111 : Bildarchiv Preussischer Kulturbesitz. 112 : The Granger Collection, New York. 113 h : Michaud. 113 b : Oronoz - Artephot. 114/115 : Oronoz - Artephot. 115 h : Dagli Orti G. 115 b : Coll. Larousse. 116 : AKG, Berlin. 117 h : Dagli Orti G. 117 m : Dagli Orti G. 118 : Giraudon. 119 h : Tallandier. 119 b : AKG, Berlin. 120 : Bildarchiv Preussischer Kulturbesitz. 121 h : AKG, Berlin. 121 b : AKG, Berlin. 121 : Oronoz - Artephot. 122 h : Bridgeman - Giraudon. 122 md : AKG, Berlin. 124 : Michaud. 124/125 : Oronoz - Artephot. 125 : Tallandier. 126 : Dagli Orti G. 126/127 : The Granger Collection, New York. 127 : Oronoz - Artephot. 128 : Lauros - Giraudon. 129 hg : The Granger Collection, New York. 129 d : The Granger Collection, New York. 130 : AKG, Berlin. 131 h : The Granger Collection, New York. 131 mb : Dagli Orti G. 132 : Charmet J.L. 133 h : Giraudon. 133 d : Oronoz - Artephot. 134 m : Bibliothèque nationale de France, Paris. 134 b : Kharbine Tapabor. 135 : Giraudon. 136 : Dagli Orti G. 137 g : Dagli Orti G. 137 d : Lauros - Giraudon. 138 : Coll. Larousse. 139 m : Oronoz - Artephot. 139 b : Coll. Larousse. 140 : Lauros - Giraudon. 140/141 : Dagli Orti G. 141 : Dagli Orti G. 142 : Charmet J.L. 143 bg : Dagli Orti G. 143 hd : Dagli Orti G. 144 : Bridgeman - Giraudon. 144/145 : Bridgeman - Giraudon. 145 : Dorka. 146 : Lauros - Giraudon. 147 h : Lauros - Giraudon. 147 b : Lauros - Giraudon. 148 : AKG, Berlin. 148/149 : Tallandier. 149 : D.R. 150 : Charmet J.L. 150/151 : Itar - Tass. 151 : Gardin J. 152 : Charmet J.L. 153 bg : Charmet J.L. 153 d : Charmet J.L. 154 : Bridgeman - Giraudon. 155 h : Dagli Orti G. 155 b : Bridgeman - Giraudon. 156 : AKG, Berlin. 157 h : AKG, Berlin. 157 b : Dorka. 158 : Giraudon. 159 b : AKG, Berlin. 159 h : Mary Evans Pict. Lby. 160 : Bridgeman - Artephot. 161 h : Charmet J.L. 161 b : Dorka. 162 : Dorka. 163 h : Bulloz. 163 md : Mary Evans Pict. Lby. 164 : Dorka. 164/165 : Dorka. 165 h : Dagli Orti G. 166/167 : Allisy D. - Sea and See. 167 h : Giraudon. 167 b : AKG, Berlin. 168 : Dorka. 168/169 : Bibliothèque nationale de France, Paris. 169 : Dorka. 170 : Mayer F. - Magnum. 171 b : The Granger Collection, New York. 171 : Dorka. 172 : AKG, Berlin. 172/173 : AKG, Berlin. 173 : Dorka. 174 b : Vigne J. 174 m : Dorka. 175 : Oronoz - Artephot. 176 : Edimedia. 177 h : Dorka. 177 m : Charmet J.L. 178/179 : Charmet J.L. 179 hg : Dagli Orti G. 179 hd : Charmet J.L. 180/181 : Vigne J. 181 h : AKG, Berlin. 181 m : Charmet J.L. 182 h : Dagli Orti G. 182 b : Charmet J.L. 182/183 : Jourdes - Edimages. 184 b : Dorka. 184 h : Dorka. 185 : Vigne J. 186 : Bibliothèque nationale de France, Paris. 186/187 : E.T. Archive. 187 : Vigne J. 188 : Vigne J. 189 h : Charmet J.L. 189 b : Charmet J.L. 190 h : Dagli Orti G. 190 b : Dagli Orti G. 191 : Charmet J.L. 192 : Dagli Orti G. 193 h : Dagli Orti G. 193 m : Dagli Orti G. 194/195 : Edimedia. 195 h : Edimedia. 195 : Dorka. 196 : Edimedia. 197 h : Mary Evans Pict. Lby. 197 b : Dorka. 198 : Dagli Orti G. 199 h : Giraudon. 199 b : Lorette - Giraudon. 200 g : AKG, Berlin. 200 hd : AKG, Berlin. 201 : Dagli Orti G. 202 : Vigne J. 202/203 : Edimedia. 203 : Edimedia. 204 : Edimedia. 204/205 : Jeanbor - Photeb. 205 : Charmet J.L. 206 : The Granger Collection, New York. 207/208 : The Granger Collection, New York. 207 : The Granger Collection, New York. 208/209 : Vigne J. 209 h : Dagli Orti G. 209 md : The Granger Collection, New York. 210/211 : AKG, Berlin. 211 h : Vigne J. 211 md : Vigne J. 212 : The Granger Collection, New York. 213 h : The Granger Collection, New York. 213 b : The Granger Collection, New York. 214 : Kharbine Tapabor. 215 h : Dagli Orti G. 215 b : Dagli Orti G. 216 : Edimedia. 216/217 : Mary Evans Pict. Lby. 217 : Royal Geographical Society, Londres. 218 : Charmet J.L. 218/219 : Dorka. 219 : Dorka. 221 : Dagli Orti G. 221/222 : A.D.P.C. - Artephot. 222 : Dagli Orti G. 222 h : Bridgeman Art Library. 222 b : Charmet J.L. 223 : Charmet J.L. 224 : Edimedia. 225 b : Chapuis O. - Sea and See. 225 h : Spiegel T. - Rapho. 226 g : Vigne J. 226 bd : Giraudon. 227 : Bibliothèque nationale de France, Paris. 228 : The Granger Collection, New York. 228/229 : Culver Pictures Incorporated. 229 : AKG, Berlin. 230 g : Dagli Orti G. 230 hd : Dagli Orti G. 231 : Dagli Orti G. 232 : Kharbine Tapabor. 232/233 : Vigne J. 233 : Bridgeman - Giraudon. 234 : E.T. Archive. 235 m : Dagli Orti G. 235 b : E.T. Archive. 236 : E.T. Archive. 236/237 : Sea and See. 237 : Gerster G. - Rapho. 238 : Charmet J.L. 239 h : Charmet J.L. 239 b : Charmet J.L. 240 : Dagli Orti G. 241 h : Dorka. 241 m : Royal Geographical Society, Londres. 242 : Kharbine Tapabor. 243 g : Kharbine Tapabor. 243 d : Kharbine Tapabor. 244 : Dorka. 244/245 : Dorka. 246 : Coll. Larousse. 247 h : Coll. Larousse. 247 b : Coll. Larousse. 248 : Dorka. 249 g : Charmet J.L. 249 d : Dorka. 250 : Roger-Viollet. 251 h : Roger-Viollet. 251 m : Dagli Orti G. 252 : Michaud. 252/253 : Royal Geographical Society, Londres. 253 : Vigne J. 254/255 : Vigne J. 255 m : Vigne J. 255 b : Vigne J. 256 : Royal Geographical Society, Londres. 257 h : Ichac M. - Coll. Larousse. 257 m : Royal Geographical Society, Londres. 257 b : Froissardey-Atlas Photo - Coll. Larousse. 258 : Royal Geographical Society, Londres. 258/259 : Mary Evans Pict. Lby. 259 : Huet M. - Hoa-Qui. 260 : Kharbine Tapabor. 261 h : Roger-Viollet. 261 m : Roger-Viollet. 262 : Kharbine Tapabor. 263 g : Kharbine Tapabor. 263 bd : Roger-Viollet. 264/265 : Kharbine Tapabor. 265 : Popperfoto. 266 : Roger-Viollet. 267 h : Roger-Viollet. 267 b : Vigne J. 268 : Dorka. 269 g : Fondation Alexandra David-Neel. 269 bd : Fondation Alexandra David-Neel. 270 : Dagli Orti G. 270/271 : Citroën. 271 : Citroën. 272/273 : Michaud. 273 h : Novosti. 273 hd : Musée Nicholas Roerich, New York. 273 m : Musée Nicholas Roerich, New York. 274 : Photri. 274/275 : Photri. 275 : Photri. 276 g : Citroën. 276 m : Citroën. 276/277 : Citroën. 277 : Citroën. 278 g : Griaule M. - Musée de l'Homme, Paris. 278 hd : Griaule M. - Musée de l'Homme, Paris. 279 : Griaule M. - Musée de l'Homme, Paris. 280 : Thesiger W. - Collection Plon/Terre Humaine. 281 h : Thesiger W. - Collection Plon/Terre Humaine. 281 m : Thesiger W. - Royal Geographical Society, Londres. 282 : Keystone l'Illustration. 282/283 : Expéditions polaires françaises. 283 : Expéditions polaires françaises. 284 : Coll. Larousse. 284/285 : Krafft I. et V. - Hoa-Qui. 285 : Keystone. 286 : Expéditions polaires françaises. 286/287 : Expéditions polaires françaises. 287 : Expéditions polaires françaises. 288 : Kipa. 288/289 : Coll. Christophe L. 289 : Coll. Christophe L. 290 : Malaurie J. 291 m : Malaurie J. 291 b : Malaurie J. 292 : AFP. 292/293 : AFP. 293 : Ifremer. 294 h : Novosti. 294 b : Novosti. 295 : Novosti. 296 : S.P.L./NASA - Cosmos. 296/297 : Photri. 298 : Ifremer. 298/299 : Ifremer. 299 : Ifremer. 300 : Sounier J.-P. 300/301 : Sounier J.-P. 301 : Sounier J.-P. 302 : Novosti. 304 bg : Novosti. 304 d : Novosti. 304/305 : Photri. 305 h : S.P.L./NASA - Cosmos. 305 m : Photri. 306/307 : AFP. 307 h : Desmier X. - Rapho. 307 b : AFP. 308 : S.P.L./NASA - Cosmos. 309 h : Photri. 309 b : Photri.

Couverture : hg Dagli Orti G. ; hd, Photri ; mg, Alexander B. & C. - Cosmos ; bd, Roger-Viollet ; md, Charmet J.L ; bg, Dagli Orti G.

Imp. Kapp Lahure Jombart, 27000 Évreux
Dépôt légal : Octobre 1996 - N° de série Éditeur 19114 - 505305 - Octobre 1996